Droemer
Knaur®

Karen Armstrong

Nah ist und schwer zu fassen der Gott

*3000 Jahre Glaubensgeschichte von
Abraham bis Albert Einstein*

Aus dem Englischen von Doris Kornau,
Ursel Schäfer und Renate Weitbrecht

Droemer Knaur

Titel der Originalausgabe: A History of God
Originalverlag: Heinemann, London

Die Deutsche Bibliothek – CIP-Einheitsaufnahme

Armstrong, Karen:
Nah ist und schwer zu fassen der Gott: 3000 Jahre
Glaubensgeschichte von Abraham bis Albert Einstein/
Karen Armstrong. Aus dem Engl. von Doris Kornau... –
München: Droemer Knaur, 1993
Einheitssacht.: A history of god <dt.>
ISBN 3-426-26693-8

Die Folie des Schutzumschlags sowie die Einschweißfolie sind
PE-Folien und biologisch abbaubar.
Dieses Buch wurde auf chlor- und säurefreiem Papier gedruckt.

Umschlaggestaltung: Agentur ZERO, München
Satzarbeiten: Büro Dr. Ulrich Mihr, Tübingen
Druck und Bindearbeiten: Mohndruck, Gütersloh
Printed in Germany
ISBN 3-426-26693-8

1 3 5 4 2

Inhalt

Einleitung

Als Kind hatte ich eine Reihe tiefer religiöser Überzeugungen, mein Vertrauen in Gott war jedoch nicht sehr ausgeprägt. Es ist ein Unterschied, ob wir bestimmte Aussagen glauben oder ob wir soviel Vertrauen in sie setzen, daß wir uns fest darauf verlassen. Ich glaubte vorbehaltlos an die Existenz Gottes, ebenso glaubte ich an die tatsächliche Gegenwart Jesu Christi in der Eucharistie, an die Wirksamkeit der Sakramente, an die Möglichkeit der ewigen Verdammnis und an die Realität des Fegefeuers. Trotzdem kann ich nicht sagen, daß mich der Glaube an diese religiösen Aussagen über die Natur der Wirklichkeit dazu gebracht hätte, das Leben hier auf Erden besonders gut oder angenehm zu finden. Der römisch-katholische Glaube meiner Kindheit vermittelte eine reichlich furchteinflößende Weltanschauung, James Joyce hat sie in seinem Buch »Jugendbildnis« treffend geschildert. Ich mußte mir Predigten über das Höllenfeuer anhören, die Hölle erschien mir realer und überzeugender als Gott, weil ich mir darunter in meiner Phantasie mehr vorstellen konnte. Gott dagegen war eine konturlose Gestalt, die aus abstrakten Begriffen bestand und nicht aus anschaulichen Bildern. Im Alter von ungefähr acht Jahren mußte ich eine bestimmte, vom Katechismus vorgeschriebene Antwort auf die Frage »Was ist Gott?« auswendig lernen: »Gott ist der höchste Geist, der als einziger nur aus sich selbst heraus existiert und dessen Makellosigkeit in Ewigkeit fortbesteht.« Wie nicht anders zu erwarten, konnte ich damit nicht viel anfangen, und ich muß gestehen, daß mich dieser Satz auch heute noch kaltläßt. Diese spezielle Definition wirkte auf mich immer in höchstem Maße schal, pompös und arrogant. Seit ich mit dem vorliegenden Buch begonnen habe, halte ich sie darüber hinaus auch noch für falsch.

Mit zunehmendem Alter wurde mir klar, daß Religion nicht zwangsläufig mit Furcht verbunden sein muß. Ich las über das Leben der Heiligen, beschäftigte mich mit metaphysischen Dichtern und machte mich mit T. S. Eliot und einigen einfacheren Werken der Mystik vertraut. Allmählich eröffnete sich mir die Schönheit der Liturgie, und obwohl mir Gott nicht näher gekommen war, hatte ich das Gefühl, es müßte möglich sein, den Durchbruch zu ihm zu schaffen. Diese Vision, so glaubte ich, würde mir gestatten, die gesamte Schöpfung in einem anderen Licht zu sehen. Um mein Ziel zu erreichen, trat ich in einen religiösen Orden ein. Dort erfuhr ich als Novizin und junge Nonne sehr viel mehr über den Glauben. Ich beschäftigte mich mit Apologetik, mit der Heiligen Schrift, mit Theologie und Kirchengeschichte, ich befaßte mich eingehend mit der Geschichte des klösterlichen Lebens und begann, mich ausführlich mit der Regel meines eigenen Ordens auseinanderzusetzen, die wir auswendig lernen mußten. Seltsamerweise war von Gott bei all dem nur sehr selten die Rede, das Augenmerk schien sich vor allem auf die zweitrangigen, eher an der Peripherie befindlichen Aspekte der Religion zu konzentrieren. Wenn ich betete, rang ich innerlich mit mir und versuchte, meine Seele zu einer Begegnung mit Gott zu zwingen. Er blieb jedoch ein strenger Zuchtmeister, nicht einmal mein kleinster Verstoß gegen die Regel entging ihm. Oder er wahrte kalte Distanz, was ich als besonders schmerzlich empfand. Je mehr ich über die ekstatischen Zustände der Heiligen las, desto mehr fühlte ich mich als Versagerin. Niedergeschlagen führte ich mir vor Augen, daß ich meine wenigen religiösen Erfahrungen bei der Analyse meiner eigenen Gefühle und Phantasien gewissermaßen selbst erzeugt hatte. Bisweilen stellte sich ein andächtiges Gefühl als ästhetische Antwort auf die Schönheit des gregorianischen Gesangs und der Liturgie ein, doch nichts widerfuhr mir, was nicht seinen Ursprung in mir selbst gehabt hätte, nie erhaschte ich einen Blick auf den von Propheten und Mystikern beschriebenen Gott. Jesus Christus, über den wir viel öfter sprachen als über »Gott«, schien eine rein historische Gestalt zu sein, unentwirrbar verwoben mit der späten Antike. Starke Zweifel beschlichen mich auch bei manchen Lehren der Kirche. Wie konnte irgend jemand sicher wissen, daß Jesus, der Mensch, der fleischgewordene Gott gewesen war, und welche Bedeutung hatte ein solcher Glaube? Lehrte das Neue Testament wirklich die komplizierte – und äußerst widersprüchliche – Doktrin der Dreieinigkeit, oder handelte es sich dabei wie bei so vielen anderen Punkten des Glaubensbekenntnisses um eine Mutmaßung, die Theologen Jahrhunderte nach dem Tod von Jesus Christus in Jerusalem aufgestellt hatten?

Voller Bedauern nahm ich schließlich Abschied vom religiösen Leben. Kaum war ich von der drückenden Last meiner Mißerfolge und Unzulänglichkeiten befreit, fühlte ich, wie sich mein Glaube an Gott fast unmerklich verflüchtigte. Gott hatte nie wirklich Anteil an meinem Leben gehabt, obwohl ich mein Bestes getan hatte, ihm eine solche Anteilnahme zu ermöglichen. Nun, da mich ihm gegenüber keine Schuldgefühle und keine Unruhe mehr plagten, verblaßte sein Bild zu sehr, um noch real zu sein. Mein Interesse an der Religion blieb jedoch weiter bestehen, ich erarbeitete etliche Fernsehsendungen über die frühe Geschichte des Christentums und über das Wesen religiöser Erfahrung. Je mehr ich über die Geschichte der Religion erfuhr, desto berechtigter erschienen mir meine früheren Zweifel. Die Lehren, die ich als Kind kritiklos hingenommen hatte, waren tatsächlich künstliche Gebilde, über einen langen Zeitraum hinweg entstanden. Die Wissenschaft hatte offenkundig die Behauptung widerlegt, daß Gott der Schöpfer der Erde war, und Bibelwissenschaftler hatten bewiesen, daß Jesus nie göttliche Natur für sich beansprucht hatte. Ähnlich einem Epileptiker hatte ich mitunter Visionen, die, so wußte ich, nichts weiter waren als neurologische Fehlschaltungen: Hatte es sich bei den Visionen und ekstatischen Zuständen der Heiligen auch nur um kurze geistige Verwirrtheitszustände gehandelt? Immer mehr kam es mir vor, als sei Gott eine geistige Verirrung, eine Vorstellung, der die Menschheit inzwischen entwachsen war.

Trotz meiner Zeit im Kloster halte ich meine Erfahrungen mit Gott nicht für ungewöhnlich. Meine Vorstellungen von Gott wurden in meiner Kindheit geprägt und hielten nicht Schritt mit meinem wachsenden Wissen in anderen Bereichen. Im Laufe der Zeit gab ich allzu unbedarfte Kindheitsansichten über den Weihnachtsmann auf und entwickelte ein reiferes Verständnis für die vielfältigen Probleme der Menschheit. Dennoch hatten sich meine frühen, zwiespältigen Vorstellungen von Gott nicht geändert oder weiter entfaltet. Auch Menschen ohne meine besondere religiöse Vorgeschichte stellen möglicherweise fest, daß ihr Bild von Gott aus ihrer Kleinkinderzeit stammt. Seit damals haben wir uns von kindischen Vorstellungen frei gemacht und uns von dem Gott unserer ersten Jahre verabschiedet.

Doch bei meinem Studium der Kirchengeschichte ist mir klar geworden, daß Menschen spirituelle Geschöpfe sind. In der Tat sprechen gewichtige Gründe dafür, den Homo sapiens auch als Homo religiosus zu bezeichnen. Von dem Zeitpunkt an, da Männer und Frauen erkennbar menschliche Züge trugen, beteten sie Götter an, zusammen mit ihren Kunstwerken schufen sie auch Religionen. Dies geschah nicht allein aus dem Grund, daß sie gewaltige Naturkräfte günstig stimmen wollten, vielmehr drückten die frühen Glaubensbekenntnisse auch das Wunderbare und Geheimnisvolle aus, das offenbar immer ein wesentlicher Bestandteil der menschlichen Erfahrung in dieser gleichzeitig schönen und furchterregenden Welt gewesen ist. Ähnlich wie die Kunst war die Religion ein Versuch, dem Leben Sinn und Bedeutung zu verleihen trotz der Leiden, die die Menschen als Erblast erdulden müssen. Wie mit jedem anderen Menschenwerk kann auch mit der Religion Mißbrauch getrieben werden, doch immer haben wir uns mit Religion befaßt. Die Religion wurde keineswegs durch Manipulationen von Königen und Priestern einer ursprünglich nicht religiösen Spezies aufgezwungen, sondern entsprach der menschlichen Natur. In der Tat ist die Lösung von religiösen Bindungen, wie wir sie heute beobachten, eine völlig neue Entwicklung, eine Erscheinung, die es in der Menschheitsgeschichte bisher noch nie gab. Es bleibt abzuwarten, ob sie sich bewähren wird. Man muß auch sagen, daß unser westlicher liberaler Humanismus uns nicht von der Natur mit auf den Weg gegeben wurde, wie die Wertschätzung von Kunst und Dichtung muß er kultiviert werden. Der Humanismus ist eine Religion ohne Gott – selbstverständlich sind nicht alle Religionen theistisch. Unser weltliches Ethos hat seine eigenen Lehrsätze für Geist und Seele und ermöglicht uns, an einen letzten Sinn menschlichen Lebens zu glauben, das heißt, es hat die Nachfolge der konventionellen Religionen angetreten.

Als ich damit begann, die Geschichte der Gottesbilder und Gotteserfahrungen in den drei miteinander verwandten monotheistischen Glaubensbekenntnissen Judentum, Christentum und Islam zu erforschen, rechnete ich damit festzustellen, daß Gott lediglich eine Projektion menschlicher Bedürfnisse und Wünsche war. Ich dachte, »er« würde die Befürchtungen und Sehnsüchte der Gesellschaft in jedem Stadium ihrer Entwicklung widerspiegeln. Zwar waren meine Ahnungen nicht gänzlich falsch, doch einige Entdeckungen überraschten mich sehr. Ich wünschte, ich hätte all das schon dreißig Jahre früher herausgefunden, zu der Zeit, als ich mich intensiv auf das religiöse Leben einließ. Sehr viele Bedenken und Befürchtungen wären mir erspart geblieben, hätte ich erfahren – und zwar von bedeutenden Monotheisten aller drei Glaubensbekenntnisse –, daß ich mir bewußt selbst ein Bild von Gott schaffen sollte, anstatt darauf zu warten, daß er von seinen höchsten Sphären zu mir herabstieg. Rabbis, Priester und Sufis hätten mir eindringlich klargemacht, daß Gott keine Realität – in jeder Hinsicht – »dort draußen« war. Sie hätten mich gewarnt, daß ich nicht erwarten durfte, ihn als objektive Tatsache zu erfahren, die auf die übliche Weise durch die Vernunft erfaßt werden konnte. Sie hätten mir gesagt, wie wichtig es ist, Gott in gewisser Hinsicht als Produkt der schöpferischen Phantasie zu betrachten wie die Dichtung und Musik, die ich als so inspirierend empfand. Einige hochangesehene Monotheisten hätten mir ruhig und unbeirrt erklärt, daß Gott nicht wirklich existiert – und dennoch die bedeutendste Realität auf der Welt ist.

Dieses Buch handelt nicht von der unerforschlichen Realität Gottes jenseits von Zeit und Wandel, sondern von der Art und Weise, wie Männer und Frauen ihn seit Abrahams Zeiten bis in die Gegenwart hinein wahrgenommen haben. Das menschliche Bild von Gott hat eine Geschichte, denn die Bilder unterschiedlicher Gruppen von Menschen zu unterschiedlichen Zeiten weichen voneinander ab. Das Gottesbild, das in der einen Generation von bestimmten Menschen geformt wurde, konnte schon in der nächsten durch ein anderes abgelöst werden. In der Tat hat die Erklärung »Ich glaube an Gott« keine objektive Bedeutung, sondern ergibt wie jede andere

Erklärung nur in einem bestimmten Zusammenhang einen Sinn, wenn sie von einer bestimmten Gemeinschaft abgegeben wird. Folglich beinhaltet der Begriff »Gott« keine starre Vorstellung, sondern ein ganzes Spektrum von teils widersprüchlichen, teils sogar einander ausschließenden Bedeutungen. Wäre der Gottesbegriff nicht so flexibel gewesen, hätte er sich nicht durchsetzen und zu einer der großen Ideen der Menschheit werden können. Immer wenn eine bestimmte Auffassung von Gott als bedeutungslos aufgegeben wurde, tauchte eine neue Theologie auf. Ein Fundamentalist würde widersprechen, denn der Fundamentalismus bestreitet, daß die Geschichte eine Rolle spielt: Dem Fundamentalismus liegt die Überzeugung zugrunde, daß Abraham, Mose und die späteren Propheten ihren Gott in genau derselben Art und Weise erfuhren wie die Menschen heute. Bei der Betrachtung unserer drei Religionen stellen wir jedoch fest, daß es keinen unpersönlichen Gottesbegriff gibt; jede Generation muß sich das Bild von Gott schaffen, das für sie am besten geeignet ist. Das gleiche gilt für den Atheismus. Die Erklärung »Ich glaube nicht an Gott« hatte in jeder Epoche der Geschichte eine etwas andere Bedeutung. Den Menschen, die man im Laufe der Geschichte als »Atheisten« bezeichnete, wurde stets eine spezifische Gottesvorstellung abgesprochen. Ist der »Gott«, den Atheisten heute ablehnen, der Gott der Patriarchen, der Gott der Propheten, der Gott der Philosophen, der Gott der Mystiker oder der Gott der Deisten des 18. Jahrhunderts? All diese Gottheiten wurden als Gott der Bibel und des Korans von Juden, Christen und Muslimen zu unterschiedlichen Zeiten der Geschichte verehrt. Wir werden sehen, daß sie sich erheblich voneinander unterscheiden. Der Atheismus war oft ein Übergangsstadium. Juden, Christen und Muslime wurden von ihren heidnischen Zeitgenossen alle als »Atheisten« bezeichnet, da sie sich eine revolutionäre Vorstellung von Göttlichkeit und Transzendenz zu eigen gemacht hatten. Ist der moderne Atheismus in ähnlicher Weise die Verleugnung eines »Gottes«, der angesichts der Probleme unserer Zeit nicht mehr angemessen erscheint?

Obgleich Religion von einer anderen Welt handelt, ist sie etwas sehr Pragmatisches. Wir werden feststellen, daß es für eine bestimmte Vorstellung von Gott weit wichtiger ist, daß sie wirksam ist, als daß sie logischer oder wissenschaftlicher Überprüfung standhält. Sobald sie nicht mehr wirksam ist, tritt eine andere – manchmal grundverschiedene – Idee an ihre Stelle. Die meisten Monotheisten vor unserer heutigen Zeit störte das nicht, denn sie gaben unumwunden zu, daß ihre Vorstellungen von Gott nicht sakrosankt waren, sondern nur provisorisch sein konnten. Sie entstammten ganz und gar der menschlichen Vorstellungskraft – etwas anderes sei gar nicht möglich – und seien völlig unabhängig zu sehen von der nicht zu beschreibenden Realität, die sie symbolisierten. Manche Menschen entwickelten recht kühne Methoden, diesen bedeutsamen Unterschied zu betonen. Im Mittelalter ging ein Mystiker sogar so weit zu sagen, daß die letzte Realität – irrtümlicherweise als »Gott« bezeichnet – nicht einmal in der Bibel erwähnt sei. Schon immer in der Geschichte haben Männer und Frauen eine Dimension des Geistes erfahren, die über die irdische Welt hinausreichte. Dabei handelt es sich um eine interessante Eigenschaft des menschlichen Geistes, der in der Lage ist, auf diese Weise Konzeptionen zu erfassen, die über das Irdische hinausgehen. Für welche Interpretation dieses Phänomens wir uns letztlich auch entscheiden, die menschliche Erfahrung der Transzendenz war immer eine Lebenswirklichkeit. Nicht alle Menschen betrachteten das Phänomen als etwas Göttliches. Wie wir noch sehen werden, lehnten die Buddhisten die Vorstellung ab, daß ihre Visionen und Erkenntnisse übernatürlichen Ursprungs seien, nach ihrer Auffassung gehörten sie zur menschlichen Natur. Alle bedeutenden Religionen stimmen jedoch darin überein, daß es unmöglich sei, die Transzendenz mit den üblichen sprachlichen Begriffen zu beschreiben. Monotheisten nennen sie »Gott«, knüpfen jedoch wichtige Bedingungen daran. Den Juden ist es beispielsweise untersagt, den geheiligten Namen Gottes auszusprechen, und Muslimen ist es verboten, das Göttliche in bildlichen Darstellungen auszudrücken. Das Verbot soll daran erinnern, daß die Realität, die wir »Gott« nennen, jede menschliche Ausdrucksform übersteigt.

Das vorliegende Buch ist keine Geschichtschronik im üblichen Sinn, da die Vorstellung von Gott nicht an einem bestimmten Punkt entstand und sich linear zu einer endgültigen Konzeption entfaltete. Wissenschaftliche Vorstellungen entwickeln sich nach diesem Muster, Kunst und Religion jedoch nicht. Ebenso wie es nur eine bestimmte Anzahl von Themen in der Liebeslyrik gibt, haben die Menschen auch immer wieder das gleiche über Gott gesagt. In der Tat werden wir feststellen, daß sich die Vorstellungen über das Göttliche bei Juden, Christen und Muslimen auf eindrucksvolle Weise ähneln. Obwohl Juden wie Muslime die christlichen Lehren von der Dreifaltigkeit und Menschwerdung geradezu für blasphemisch halten, haben sie doch ihre eigenen Versionen dieser umstrittenen Lehren. Jede Manifestation der universellen Themen weicht leicht von den anderen ab und zeigt die Genialität und den Erfindungsgeist der menschlichen Phantasie in dem Bemühen, ihre Empfindung von Gott auszudrücken.

Da es sich um ein so umfangreiches Thema handelt, habe ich mich bewußt auf den »einen Gott« beschränkt, der von Juden, Christen und Muslimen angebetet wird, obwohl ich gelegentlich heidnische, hinduistische und buddhistische Auffassungen der elementaren Realität mit berücksichtige, um einen monotheistischen Standpunkt besser darstellen zu können. Die Gottesvorstellung hat viel mit den Gedanken zu tun, die sich in unterschiedlichen Religionen ganz unabhängig voneinander entwickelt haben. Zu welchen Schlußfolgerungen wir bei unserem Nachdenken über die Realität Gottes auch kommen, die Geschichte der Gottesidee enthüllt uns etwas Wichtiges über den menschlichen Geist und die Art unseres Strebens. Trotz der in der westlichen Gesellschaft weit verbreiteten weltlichen Einstellung hat die Vorstellung von Gott immer noch im Leben von Millionen Menschen einen Platz. Nach jüngsten Umfrageergebnissen glauben neunundneunzig Prozent der Amerikaner an Gott – aber an welchen »Gott« von den vielen, die zur Wahl stehen?

Oft erscheint die Theologie langweilig und abstrakt, doch die Geschichte Gottes zeugt von Leidenschaft und Intensität. Anders als manche andere Auffassung über die letzte Wahrheit war sie von Anfang an von Ringen und Kampf begleitet. Die Propheten Israels erlebten ihren Gott als einen physischen, stechenden Schmerz in allen Gliedern, der sie mit Wut und Hochstimmung zugleich erfüllte. Die Wirklichkeit, die sie Gott nannten, wurde von Monotheisten oft unter außergewöhnlichen Umständen erlebt: Bei unserer Lektüre werden uns Begriffe wie Berggipfel, Dunkelheit, Verzweiflung, Kreuzigung und Schrecken begegnen. Das westliche Gotteserleben wirkt besonders traumatisch. Was war der Grund für diese enorme Anstrengung? Andere Monotheisten sprechen von Licht und Verklärung. Sie gebrauchen eine sehr kühne Bildersprache, um die Komplexität der Realität auszudrücken, die sie erlebten und die weit über die orthodoxe Theologie hinausging. In jüngster Zeit lebt das Interesse an der Mythologie wieder auf, möglicherweise ein Hinweis auf den weitverbreiteten Wunsch, die religiösen Wahrheiten eher als Bilder zu verinnerlichen. Die Arbeiten des amerikanischen Wissenschaftlers Joseph Campbell haben inzwischen viele Leser gefunden: Er erforschte die schon immer vorhandene Mythologie der Menschheit und verwob Mythen aus alten Zeiten mit solchen, die heute noch in traditionellen Gesellschaften existieren. Oft heißt es, die Religionen, die von drei Göttern berichten, seien bar jeder Mythologie und jedes poetischen Symbolismus. Obwohl die Monotheisten ursprünglich die Mythen ihrer heidnischen Nachbarn ablehnten, sickerten diese doch in vielen Fällen zu einem späteren Zeitpunkt in das Glaubensbekenntnis ein. Beispielsweise haben bestimmte Mystiker Gott in Gestalt einer Frau gesehen, andere sprachen ehrfürchtig von Gottes Sexualität und versahen das Göttliche mit einem weiblichen Zug.

Das stellt mich vor ein schwieriges Problem. Da Gott in seinen Anfängen eine männliche Gottheit war, gebrauchten die Monotheisten für gewöhnlich die Bezeichnung »er«. Damit waren in den letzten Jahren aber verständlicherweise die Feministinnen nicht einverstanden. Da ich die Gedanken und Einsichten von Menschen aufzeichnen werde, die von ihrem Gott als »er« sprachen, habe ich mich für die gebräuchliche maskuline Form entschieden außer in den Fällen, in denen die Bezeichnung »es« angebrachter schien. Dennoch lohnt es sich vielleicht zu erwähnen, daß der maskuline Tenor im Sprechen über Gott besonders in unserer Sprache problematisch ist. Im Hebräischen, Arabischen und Französischen verleiht das grammatikalische Geschlecht dem theologischen Diskurs eine Art geschlechtliches Gegengewicht und eine Dialektik, die für ein Gleichgewicht sorgt, das bei uns

15

oft fehlt. So ist im Arabischen Allah (die höchste Bezeichnung für Gott) grammatikalisch maskulin, das Wort für das göttliche und unerforschliche Wesen Gottes, *al-dhat*, ist feminin.

Alles Sprechen über Gott hat mit schier unüberwindlichen Schwierigkeiten zu kämpfen. Dennoch betrachteten Monotheisten die Sprache immer als etwas sehr Positives, und das obgleich sie der Auffassung waren, mit Sprache lasse sich die transzendente Realität nicht ausdrücken. Der Gott der Juden, Christen und Muslime ist ein Gott, der – in gewisser Weise – spricht. Sein Wort ist in allen drei Glaubensbekenntnissen von höchster Bedeutung. Das Wort Gottes hat die Geschichte unserer Kultur geprägt. Es liegt an uns, zu entscheiden, ob der Begriff »Gott« für uns heute noch eine Bedeutung hat.

Anmerkung: Da ich die Geschichte Gottes aus jüdischer, christlicher und muslimischer Sicht betrachte, sind die Begriffe »vor Christus« und »nach Christus«, die üblicherweise im Westen gebraucht werden, ungeeignet. Ich habe mich daher für die Alternativen »v. u. Z.« (vor unserer Zeitrechnung) und »u. Z.« (unserer Zeitrechnung) entschieden.

1

Am Anfang ...

Am Anfang schufen die Menschen einen Gott als erste Ursache und Herrscher über Himmel und Erde. Von ihm gab es kein Bild, er besaß keine Tempel, ihm dienten keine Priester. Er galt als zu erhaben für unzulängliche menschliche Verehrung. Ganz allmählich verschwand er aus dem Bewußtsein der Menschen, die an ihn geglaubt hatten. Er war zu einer so fernen Gestalt geworden, daß sie beschlossen, in Zukunft ohne ihn auszukommen. Schließlich hieß es, er sei verschwunden.

Diese Theorie über Gott vertritt Pater Wilhelm Schmidt in seinem Buch *Der Ursprung der Gottesidee*, das erstmals 1912 erschien. Schmidt meint, daß es einen primitiven Monotheismus gab, bevor die Menschen begannen, eine Vielzahl von Göttern anzubeten. Ursprünglich kannten sie nur eine oberste Gottheit, die die Welt erschaffen hatte und die Geschicke der Menschen aus der Ferne lenkte. Der Glaube an einen so mächtigen Gott (manchmal als Himmelsgott bezeichnet, da er mit dem Firmament in Verbindung gebracht wurde) ist bei vielen afrikanischen Stämmen immer noch ein fester Bestandteil des religiösen Lebens. Sie wenden sich im Gebet an Gott und sind überzeugt, daß er über sie wacht und Unrecht bestraft. Dennoch spielt er in ihrem täglichen Leben eine merkwürdig untergeordnete Rolle: Er wird mit keinem besonderen Kult verehrt, und es existieren keinerlei Bilder von ihm. Die Eingeborenen sagen, es sei nicht möglich, ihn darzustellen, er dürfe von der Welt der Menschen nicht besudelt werden. Manche sagen auch, er sei »fortgegangen«. Anthropologen vermuten, dieser Gott wurde eines Tages so distanziert und erhaben, daß man ihn durch weniger bedeutende Geister und zugänglichere Götter ersetzte. Nach Schmidts Theorie wurde genauso in früheren Zeiten der mächtige Gott durch die faßlicheren Götter der heidnischen Pantheons ersetzt. Am Anfang gab es also einen einzigen Gott. Wenn es sich wirklich so verhielt, war der Monotheismus einer der ersten Versuche des Menschen, das Mysterium Leben und die Tragödie des Lebens zu erklären. Und der Versuch zeigt, mit welchen Problemen sich eine solche Gottheit konfrontiert sah. Es ist unmöglich, diese Vermutungen zu beweisen. Mit dem Ursprung der Religion befassen sich viele Theorien. Auf jeden Fall schufen sich die Menschen anscheinend zu allen Zeiten einen Gott oder Götter. Wenn eine bestimmte religiöse Vorstellung ihren Zweck erfüllt hatte, wurde sie durch eine andere ersetzt. Gottesvorstellungen verschwinden wie der Himmelsgott unauffällig, ohne großes Aufheben. In unserer heutigen Zeit sind sicher viele Menschen der Meinung, daß der Gott, den Juden, Christen und Muslime seit Jahrhunderten anbeten, so unbedeutend wie der Himmelsgott geworden ist. Manche haben allen Ernstes behauptet, er sei gestorben. Zweifellos scheint er aus dem Leben von immer mehr Menschen insbesondere in Westeuropa zu verschwinden. Sie sprechen von einem Vakuum in ihrem Bewußtsein, das früher durch Gott ausgefüllt worden sei. Obschon in bestimmten Bereichen irrelevant, spielte er in unserer Geschichte eine entscheidende Rolle und war eines der großen menschlichen Leitbilder. Wenn wir verstehen wollen, was wir verlieren würden, sollte Gott gänzlich verschwinden, müssen wir uns damit befassen, wie die Menschen lebten, als sie anfingen, Gott anzubeten, müssen wir fragen, welche Bedeutung er hatte und wie die Gottesidee entstand. Zu diesem Zweck müssen wir uns in die alte Welt des Nahen Ostens zurückversetzen, wo sich die Vorstellung von unserem Gott vor ungefähr 3000 Jahren allmählich entwickelte.

Einer der Gründe, warum Religion heute irrelevant zu sein scheint, ist darin zu suchen, daß viele von uns nicht mehr das Gefühl haben, von unsichtbaren Mächten umgeben zu sein. Unsere von der Wissenschaft geprägte Kultur erzieht uns dazu, unsere Aufmerksamkeit auf die physische und materielle Welt um uns herum zu richten. Diese Methode, sich mit der uns umgebenden Welt zu befassen, zeitigte großartige Wirkung. Aber sie hatte auch die Folge, daß wir jenes Gefühl für das »Spirituelle« oder das »Heilige«

sozusagen ausgeklammert haben, das das Leben von Menschen in traditionelleren Gesellschaften in allen Bereichen prägt und das einst eine wesentliche Komponente unserer Weltanschauung war. Auf den Südseeinseln nennt man diese geheimnisvolle Kraft *mana*. Manche erleben sie als eine Erscheinung oder einen Geist, andere als unpersönliche Kraft, als eine Art Radioaktivität oder Elektrizität. Von Stammeshäuptlingen, Pflanzen, Felsen oder Tieren glaubte man, sie besäßen jene geheimnisvolle Kraft. Die Römer spürten die Nähe von Geistern, *numina,* in heiligen Hainen, die Araber glaubten, die Natur sei von Dschinn bevölkert. Natürlich wollten die Menschen mit diesen Wesen in Kontakt kommen und sie sich zunutze machen, aber sie wollten sie auch einfach nur bewundern. Sie personalisierten die unsichtbaren Kräfte, machten sie zu Göttern, die mit dem Wind, der Sonne, dem Meer und den Sternen assoziiert wurden, jedoch menschliche Charakterzüge besaßen. Dadurch drückten sie ihre Verbundenheit mit den Unsichtbaren und mit der sie umgebenden Welt aus.

Der deutsche Religionshistoriker Rudolf Otto vertrat in seinem 1917 veröffentlichten bedeutenden Werk *Das Heilige* die Auffassung, das Gefühl für das »Spirituelle« sei für die Religion von grundlegender Bedeutung. Es sei die Voraussetzung für den Wunsch, den Ursprung der Welt zu erklären oder Regeln für ethisches Verhalten zu finden. Die spirituelle Kraft wurde von Menschen auf unterschiedliche Art und Weise erlebt – manchmal inspirierte sie zu wilder bacchantischer Erregung, dann wieder ging eine tiefe Ruhe von ihr aus, manchmal verspürten die Menschen Grauen, Ehrfurcht und Demut in Gegenwart der geheimnisvollen, jedem Aspekt des Lebens innewohnenden Kraft. Als die Menschen begannen, sich ihre Mythen zu schaffen und ihre Götter anzubeten, suchten sie nicht nach nüchternen Erklärungen für Naturphänomene. Die symbolischen Geschichten, Höhlenzeichnungen und Schnitzereien waren ein Versuch, ihr Erstaunen auszudrücken und dieses durchdringende Mysterium mit ihrem eigenen Leben zu verknüpfen; heute hegen Dichter, bildende Künstler und Musiker oft ähnliche Wünsche. In der Altsteinzeit, als der Ackerbau sich entwickelte, drückte der Kult um die Mutter-Gottheit das Gefühl aus, daß die Fruchtbarkeit, die das menschliche

Leben veränderte, etwas Heiliges war. Künstler schnitzten jene Statuen von der Mutter-Gottheit als nackter, schwangerer Frau, die Archäologen überall in Europa, im Nahen Osten und in Indien gefunden haben. Die große Mutter beschäftigte jahrhundertelang die Phantasie der Menschen. Wie der alte Himmelsgott ging sie in spätere Pantheons ein und bekam einen Platz an der Seite der älteren Gottheiten. Für gewöhnlich war sie eine der mächtigsten Gottheiten, zweifellos mächtiger als der Himmelsgott, der eine eher schattenhafte Gestalt blieb. Bei den alten Sumerern trug sie den Namen Inana, in Babylon wurde sie Anat und in Kanaan Ischtar genannt, in Ägypten Isis und in Griechenland Aphrodite. In all diesen Kulturen rankten sich bemerkenswert ähnliche Geschichten um sie, die ihre Rolle im spirituellen Leben der Menschen ausdrücken sollten. Diese Mythen sind nicht wörtlich zu verstehen, es waren Versuche, eine Realität bildhaft zu beschreiben, die zu schwer begreiflich und komplex war, um sie auf andere Art zu erfassen. Diese dramatischen und beziehungsreichen Geschichten von Göttern und Göttinnen halfen den Menschen, ihrem Gefühl für die mächtigen, wenn auch unsichtbaren Kräfte um sie herum Ausdruck zu verleihen.

Die Menschen in früheren Zeiten glaubten offenbar, daß sie nur dann wahrhaft menschlich waren, wenn sie am göttlichen Leben teilhatten. Das irdische Leben war zerbrechlich und überschattet von der Sterblichkeit. Doch wenn die Menschen Handlungen der Götter nachahmten, bekamen sie bis zu einem gewissen Grad Anteil an ihrer größeren Macht und Wirksamkeit. Daher hieß es, die Götter hätten den Menschen gezeigt, wie sie ihre Städte und Tempel errichten sollten, angeblich genau nach dem Bild ihrer eigenen Heimstätten im Reich der Götter. Die heilige Welt der Götter war Erzählungen in Mythen zufolge nicht nur ein Ideal, das zu erreichen Männer und Frauen sich bemühten, sondern der Prototyp menschlicher Existenz; sie stellte das ursprüngliche Muster oder den Archetyp dar, nach dem das Leben hier unten geformt worden war. Man glaubte somit, alles auf Erden sei ein Ebenbild der Dinge in der Welt der Götter. Diese Auffassung setzte sich in der Mythologie, in der religiösen und sozialen Organisation der meisten Kulturen der Antike durch und spielt heute noch in traditionellen Ge-

20

sellschaften eine Rolle.[1] Im alten Persien nahm man beispielsweise an, jeder Mensch und jeder Gegenstand der irdischen Welt *(getik)* habe sein Gegenstück in der archetypischen Welt der heiligen Realität *(menok)*. Eine solche Perspektive ist für uns in unserer modernen Welt schwer nachvollziehbar, da wir Autonomie und Unabhängigkeit für höchst erstrebenswerte menschliche Werte halten. Dennoch drückt die bekannte Redensart *post coitum omne animal triste* immer noch eine allgemeingültige Erfahrung aus: Nach einem intensiv empfundenen und sehnsüchtig erwarteten Erlebnis spüren wir oft, daß uns etwas noch Bedeutenderes entglitten ist und gerade außerhalb unserer Reichweite liegt. Die Imitation eines Gottes ist nach wie vor eine wichtige religiöse Vorstellung. Am Sabbat zu ruhen oder am Gründonnerstag jemandem die Füße zu waschen ist – für sich allein gesehen bedeutungslos – sinnvoll und segensreich, weil die Menschen glauben, daß einst Gott diese Handlungen verrichtete.

Ähnliche religiöse Vorstellungen gab es in der alten Welt von Mesopotamien. Im Tal zwischen Euphrat und Tigris, dem heutigen Irak, siedelten um 4000 v. u. Z. die Sumerer, ein Volk, das eine der ersten bedeutenden Kulturen der Oikumene, der zivilisierten Welt, begründet hatte. In ihren Städten Ur, Erech und Kisch ersannen die Sumerer ihre Keilschrift, bauten sie ihren außergewöhnlichen Tempel, die Zikkurat, und schufen sie eine beeindruckende Rechtsprechung, Literatur und Mythologie. Nicht lange danach fielen die semitischen Akkadier, die Sprache und Kultur der Sumerer übernommen hatten, in dieses Gebiet ein. Noch später, um 2000 v. u. Z., eroberten die Amoriten die sumerisch-akkadische Kultur und machten Babylon zu ihrer Hauptstadt. Zuletzt, ungefähr 500 Jahre später, ließen sich die Assyrer im nahegelegenen Aschur nieder, und im 8. Jahrhundert v. u. Z. eroberten sie schließlich Babylon. Die babylonische Tradition hatte auch Auswirkungen auf die Mythologie und Religion von Kanaan, dem Gelobten Land der frühen Israeliten. Wie andere Menschen in der alten Welt schrieben die Babylonier ihre kulturellen Errungenschaften den Göttern zu, die ihren Lebensstil den mythischen Vorfahren der Menschen offenbart hatten. Daher galt Babylon selbst als Ebenbild des göttlichen Reiches und jeder Tempel von Babylon als Abbild eines himmlischen Palastes. Die Verbindung zur Welt der Götter feierten die Babylonier jedes Jahr aufs neue während des großen Neujahrsfestes, das im 17. Jahrhundert v. u. Z. zur Tradition wurde. Das Fest fand in der heiligen Stadt Babylon im Monat Nisan statt, unserem April. Dabei wurde der König feierlich inthronisiert und für ein weiteres Jahr als Herrscher bestätigt. Die politische Stabilität konnte jedoch nur so lange bestehen, wie sie an der beständigeren und effektiveren Regierung der Götter teilhatte, die bei der Erschaffung unserer Welt Ordnung in das ursprüngliche Chaos gebracht hatten. In den elf heiligen Tagen verließen die Teilnehmer des Festes durch rituelle Gebärden ihr weltliches Dasein und gelangten in das immerwährende Reich der Götter. Das Schlachten eines »Sündenbockes« symbolisierte das alte, vergangene Jahr; die öffentliche Erniedrigung des Königs und die Krönung eines Karnevalkönigs an seiner Stelle veranschaulichten noch einmal das ursprüngliche Chaos; eine Scheinschlacht zeigte erneut den Kampf der Götter gegen die zerstörerischen Kräfte.

Die symbolischen Handlungen hatten sakramentalen Charakter. Sie gaben den Einwohnern von Babylon Gelegenheit, sich in die heilige Kraft oder *mana* zu vertiefen, auf der ihre bedeutende Zivilisation gründete. Kultur wurde als eine sehr zerbrechliche Errungenschaft angesehen, die stets in Gefahr war, ein Opfer zügelloser und zersetzender Kräfte zu werden. Am Nachmittag des vierten Festtages schritten Priester und Chorsänger feierlich zum Allerheiligsten und rezitierten das Enuma elisch, das epische Gedicht, das den Sieg der Götter über das Chaos pries. Die Handlung ist kein sachlicher Bericht über die physikalischen Ursprünge des Lebens auf der Erde, sondern ein bewußt symbolisch gehaltener Versuch, ein großes Mysterium anzudeuten und seine heilige Kraft auf die Menschen einwirken zu lassen. Ein wahrheitsgetreuer Bericht von der Schöpfung war nicht möglich, da niemand diese unvorstellbaren Ereignisse miterlebt hatte. Mythos und Symbol waren daher die einzig möglichen Mittel, sie zu beschreiben. Das Enuma elisch gewährt uns einen Einblick in das religiöse Denken, aus dem unser eigener Schöpfer, Gott, Jahrhunderte später hervorging. Zwar weichen die Schöpfungsberichte der Bibel und des Korans letztendlich stark voneinander ab, dennoch verschwanden diese seltsamen Mythen nie vollständig, sondern tauchten in der Geschichte Gottes zu einem viel späteren Zeitpunkt in Form eines monotheistischen Idioms wieder auf.

Die Handlung beginnt mit der Erschaffung der Götter – ein Thema, das, wie wir noch sehen werden, in der jüdischen und muslimischen Mystik große Bedeutung erlangte. Am Anfang, so heißt es im Enuma elisch, entstiegen die Götter paarweise einer konturlosen wäßrigen Masse, einer Substanz, die selbst göttlichen Ursprungs war. Der babylonische Mythos – wie auch später die Bibel – kennt keine Schöpfung aus dem Nichts, diese Vorstellung war der alten Welt fremd. Bevor es Götter und Menschen gab, existierte bereits die Ursubstanz. Die Babylonier stellten sich diese uranfängliche göttliche Substanz so ähnlich vor wie die sumpfige Einöde Mesopotamiens, wo das zerbrechliche Werk der Menschen ständig in Gefahr war, durch die Fluten zerstört zu werden. Im Enuma elisch wird das Chaos daher nicht als feurige, brodelnde Masse beschrieben, sondern als verworrenes Durcheinander ohne jegliche Abgrenzung, Definition und Identität:

> Als Festland nicht war, noch Marsch sich fand,
> als von allen Göttern kein einziger lebte,
> keiner benannt, kein Schicksal bestimmt war,
> da wurden gebildet die Götter in ihrer Mitte.[2]

Drei Götter entstiegen der ursprünglichen Einöde: Apsu (der mit den wilden Wassern der Flüsse identifiziert wurde), seine Frau Tiamat (das salzige Meer) und Mummu, die Wiege des Chaos. Diese Götter waren sozusagen ein frühes, minderwertiges Modell, das der Weiterentwicklung bedurfte. Die Namen »Apsu« und »Tiamat« können mit »Schlund«, »Leere« oder »bodenloser Abgrund« übersetzt werden. Sie teilten die formlose Trägheit der ursprünglichen Konturlosigkeit und hatten noch keine eindeutige Identität.

Etliche andere Götter kamen nach ihnen in einem als Offenbarung bezeichneten Prozeß, der für die Geschichte unseres eigenen Gottes große Bedeutung erlangen sollte. Die neuen Götter traten paarweise nacheinander auf, im Verlauf der göttlichen Evolution erhielt jedes Paar klarere Konturen als das vorhergehende. Zuerst kamen

Lahmu und Lahamu (ihre Namen bedeuten »Schlamm«: Wasser und Erde sind immer noch vermischt), als nächste Anshar und Kishar, die mit den Horizonten des Himmels beziehungsweise des Meeres gleichgesetzt wurden. Dann folgten Anu (das Firmament) und Ea (die Erde), damit schien die Offenbarung abgeschlossen. Die Welt der Götter umfaßte Himmel, Flüsse und Erde, alles deutlich voneinander getrennt. Die Schöpfung hatte jedoch gerade erst begonnen, die Kräfte des Chaos und der Zersetzung konnten nur durch mühsamen und unablässigen Kampf in Schach gehalten werden. Die jüngeren, dynamischen Götter erhoben sich gegen ihre Eltern. Ea gelang es zwar, Apsu und Mummu zu überwältigen, aber gegen Tiamat konnte er sich nicht durchsetzen, denn sie hatte eine ganze Brut mißgebildeter Monster hervorgebracht, die für sie kämpften. Glücklicherweise hatte Ea selbst auch ein wunderbares eigenes Kind: Marduk, den Sonnengott, das vollkommenste Wesen der göttlichen Linie. Bei einem Treffen der Großen Götterversammlung versprach Marduk, Tiamat unter der Bedingung zu bekämpfen, daß er Herrscher über alle würde. Doch nur unter größten Schwierigkeiten und nach einer langen, gefährlichen Schlacht konnte er Tiamat töten. In diesem Mythos wird das Schöpfertum als ein Kampf dargestellt, der in zähem Ringen gegen eine überwältigende Übermacht geführt werden muß.

Schließlich stand Marduk vor Tiamats gewaltigem leblosem Körper und beschloß, eine neue Welt zu schaffen: Er teilte ihren Körper in zwei Hälften und formte daraus den Himmelsbogen und die Welt der Menschen. Dann ersann er Gesetze, die dafür sorgen sollten, daß alles an seinem angestammten Platz blieb; Ordnung mußte hergestellt werden. Doch es war kein vollkommener Sieg, er mußte Jahr für Jahr mit einer speziellen Liturgie erneut errungen werden. Daher trafen sich die Götter in Babylon, dem Mittelpunkt der neuen Erde, und errichteten einen Tempel, in dem die himmlischen Riten zelebriert werden konnten. Das Ergebnis war die große Zikkurat zu Ehren von Marduk, »der irdische Tempel, Symbol des unendlichen Himmelreiches«. Als der Bau fertiggestellt war, nahm Marduk seinen Platz auf dem höchsten Punkt des Tempels ein, und die Götter riefen laut: »Dies ist Babylon, teure Stadt Gottes, deine geliebte Heimat!« Danach zelebrierten sie die Liturgie, »von der das Universum seine Struktur erhält, die die verborgene Welt zugänglich macht und den Göttern ihren Platz im Universum zuweist«.[3] Die Gesetze und Rituale sind für jeden bindend, auch die Götter müssen sie befolgen, damit das Überleben der Schöpfung gesichert ist. Der Mythos drückt die geheime Bedeutung der Zivilisation in den Augen der Babylonier aus. Sie wußten sehr gut, daß ihre eigenen Vorfahren die Zikkurat gebaut hatten, doch die Legende des Enuma elisch verlieh ihrem Glauben Ausdruck, daß ihr schöpferisches Unternehmen nur Bestand haben konnte, wenn es Anteil an der göttlichen Macht hatte. Die Liturgie, die sie beim Neujahrsfest zelebrierten, war vor dem Erscheinen des Menschen entstanden: Sie spiegelte die Natur der Dinge wider, der sich sogar die Götter zu unterwerfen hatten. Der Mythos brachte auch ihre Überzeugung zum Ausdruck, daß Babylon eine geheiligte Stätte war, der Mittelpunkt der Welt und die Heimat der Götter – eine Auffassung, die für fast alle religiösen Systeme der Antike charakteristisch ist. Die Vorstellung einer heiligen Stadt, in der Männer und Frauen sich eng verbunden mit heiligen Kräften fühlen konnten, mit der Quelle allen Seins und aller Wirksamkeit, spielte später bei allen drei monotheistischen Versionen unseres eigenen Gottes eine wichtige Rolle.

Schließlich schuf Marduk noch den Menschen, beinahe so, als sei ihm dieser Einfall erst nachträglich gekommen. Er nahm Kingu, den einfältigen Gefährten Tiamats, den sie nach Apsus Niederlage geschaffen hatte, tötete ihn und formte den ersten Menschen, indem er das göttliche Blut mit Staub vermischte. Die Götter sahen erstaunt und voller Bewunderung zu. Dieser mythische Bericht von den Ursprüngen der Menschheit entbehrt nicht einer gewissen Komik: Der Mensch ist demnach keineswegs die Krone der Schöpfung, sondern stammt von einem besonders einfältigen und nutzlosen Gott ab. Doch die Legende beinhaltet einen anderen wichtigen Punkt. Der erste Mensch wurde aus der Substanz eines Gottes geschaffen, er hatte Anteil an der göttlichen Natur, wenn auch nur in geringem Maße. Keine unüberwindliche Kluft trennte Menschen und Götter. Die natürliche Welt, Männer, Frauen und die Götter selbst, sie waren alle von derselben Art und besaßen dieselbe göttliche Substanz. Die heidnische Vision war ganzheitlicher Natur. Die Götter waren nicht in einer separaten ontologischen Sphäre von der menschlichen Spezies getrennt, folglich bestand keine Notwendigkeit für eine besondere Offenbarung der Götter oder für ein göttliches Gesetz, das von den höchsten Sphären zur Erde gesandt werden mußte. Götter und Menschen waren in derselben Lage, mit dem einzigen Unterschied, daß die Götter größere Macht hatten und unsterblich waren.

Diese ganzheitliche Anschauung war nicht auf den Nahen Osten beschränkt, sondern allgemein verbreitet in der alten Welt. Im 6. Jahrhundert v. u. Z. brachte Pindar die griechische Version dieses Glaubensbekenntnisses in seiner sechsten Nemeischen Ode (Vers 1–5) zum Ausdruck:

> Ein und dieselbe ist der Menschen und
> der Götter Abkunft; von einer einzigen/
> Mutter her atmen wir beide,
> doch trennt sie gänzlich verschiedenes/
> Vermögen. Denn das eine ist ein Nichts, wohingegen
> der eherne Himmel als ewig unzerstörbare Stätte/
> Bestand hat. Doch gleichwohl vermögen wir
> gewissermaßen den Göttern/
> hohen Sinn oder großes Wesen entgegenzuhalten.[4]

Pindar sieht die Athleten nicht als einzelne Kämpfer, jeder bestrebt, sein Bestes zu geben, sondern er stellt den Leistungen der Menschen die Heldentaten der Götter gegenüber und mißt sie daran. Die Menschen kopieren nicht sklavisch die Götter als hoffnungslos in weiter Ferne lebende Wesen, sondern nutzen die Möglichkeiten ihrer eigenen, im wesentlichen göttlichen Natur.

Der Mythos von Marduk und Tiamat hat offenbar das Volk von Kanaan beeinflußt, das eine ganz ähnliche Legende über Baal-Habad verbreitete, den Gott des Sturmes und der Fruchtbarkeit, über den soviel Nachteiliges in der Bibel steht. Die Geschichte von Baals Schlacht mit Yamm-Nahar, dem Gott der Meere und der Flüsse, wird auf Tafeln erzählt, die aus dem 14. Jahrhundert v. u. Z. stammen. Baal und Yamm lebten beide mit El zusammen, dem mächtigen Gott Kanaans. Auf Anraten Els fordert Yamm, Baal solle sich ihm ergeben. Mit zwei magischen Waffen besiegt Baal Yamm und ist im Begriff ihn zu töten, als Aschera (Els Frau und Mutter der Götter) fleht, es sei unehrenhaft, einen Gefangenen zu töten. Baal schämt sich und verschont Yamm. Yamm verkörpert den feindseligen Aspekt der Meere und Flüsse, die ständig die Erde zu überschwemmen drohen, während Baal, der Sturmgott, die Erde fruchtbar macht. In einer anderen Version des Mythos erschlägt Baal den siebenköpfigen Drachen Lotan, auf hebräisch Leviathan. In fast allen Kulturen symbolisiert der Drache das Verborgene, Unfertige, Undifferenzierte. Baal verhindert auf diese Weise den Rückschritt zum ursprünglichen Chaos in einem wahrhaft kreativen Akt, zur Belohnung errichten die Götter ihm zu Ehren einen prächtigen Palast. In den allerersten Anfängen der Religion wurde Schöpfertum als etwas Göttliches angesehen, und immer noch benutzen wir religiöse Begriffe, um die kreative »Inspiration« auszudrücken, die eine Realität neu formt und etwas Neues in die Welt bringt.

Baal erleidet jedoch eine Niederlage: Er stirbt und muß hinab in die Welt von Mot, dem Gott des Todes und der Unfruchtbarkeit. Als der erhabene Gott El vom Schicksal seines Sohnes erfährt, steigt er von seinem Thron, hüllt sich in Sackleinen und schlitzt sich die Wangen auf, doch kann er seinen Sohn nicht zurückgewinnen. Anat, Baals Geliebte und Schwester, verläßt das göttliche Reich und begibt sich auf die Suche nach ihrem Bruder, »ihn herbeisehnend wie eine Kuh ihr Kalb oder wie ein Schaf sein Lamm«.[5] Als sie seine Leiche findet, richtet sie ihm zu Ehren ein Fest zu seinem Begräbnis aus, ergreift Mot, haut ihn mit ihrem Schwert in Stücke, siebt, verbrennt und zermahlt ihn wie Getreide und sät ihn dann in den Boden. Ähnliche Geschichten ranken sich auch um die anderen großen Göttinnen – Inana, Ischtar und Isis –, die nach dem toten Gott suchen und dem Boden neues Leben bringen. Anats Sieg muß Jahr für Jahr in einer rituellen Feier wiederholt werden. Später wird Baal wieder zum Leben erweckt – auf welche Weise, wissen wir nicht, da unsere Quellen unvollständig sind – und mit Anat vereint. Diese Apotheose der Ganzheit und Harmonie, symbolisiert durch die Vereinigung der Geschlechter, wurde im alten Kanaan mit sexuellen Riten zelebriert. Indem Männer und Frauen auf diese Weise die Götter imitierten, kämpften sie gemeinsam gegen Unfruchtbarkeit und sorgten für die Kreativität und Fertilität der Welt. Der Tod eines Gottes, die Suche der Göttin und die triumphale Rückkehr in die göttliche Sphäre waren in vielen Kulturen ständig wiederkehrende religiöse Themen und tauchten später in der völlig anderen Religion des von Juden, Christen und Muslimen angebeteten einen Gottes wieder auf.

Diese Religion wird in der Bibel auf Abraham zurückgeführt, der Ur verließ und irgendwann zwischen dem 20. und 19. Jahrhundert v. u. Z. in Kanaan seßhaft wurde. Wir besitzen keine zeitgenössischen Aufzeichnungen über Abraham, doch Wissenschaftler sind der Ansicht, daß er möglicherweise einer der Nomadenführer war, die gegen Ende des 3. Jahrtausends v. u. Z. ihr Volk von Mesopotamien zum Mittelmeer führten. Die Nomaden, von denen manche in mesopotamischen und ägyptischen Geschichtsquellen Abiru, Apiru oder Habiru genannt werden, sprachen westsemitische Sprachen, unter anderem Hebräisch. Sie waren keine herkömmlichen Wüstennomaden wie die Beduinen, die mit ihren Herden entsprechend dem Wechsel der Jahreszeiten von Ort zu Ort zogen, sie waren schwieriger einzuordnen und kamen daher häufig in Konflikt mit den konservativen Behörden. Ihr kultureller Status war im allgemeinen höher als der des Wüstenvolkes. Einige dienten als Söldner, andere wurden Regierungsangestellte, wieder andere arbeiteten als Händler, Diener oder Kesselflicker. Manche wurden reich und versuchten dann wohl, Land zu erwerben und sich niederzulassen. Die Geschichten über Abraham im ersten Buch Mose handeln davon, wie er dem König von Sodom als Söldner dient, und beschreiben seine zahlreichen Konflikte mit den Behörden in Kanaan und Umgebung. Schließlich erwarb Abraham nach dem Tod seiner Frau Sara Land in Hebron, das heute auf der Westbank liegt.

Der Bericht in der Schöpfungsgeschichte über Abraham und seine unmittelbaren Nachkommen mag ein Hinweis darauf sein, daß es drei große Wellen früher hebräischer Besiedlung in Kanaan gab, dem heutigen Israel. Die eine Welle der Besiedlung wurde mit Abraham und Hebron in Verbindung gebracht und ist ungefähr auf das Jahr 1850 v. u. Z. zu datieren. Bei der zweiten Welle spielte Abrahams Enkel Jakob eine Rolle, der in »Israel« (»Gott möge seine Stärke zeigen!«) umbenannt wurde. Er ließ sich in Schechem, der heutigen arabischen Stadt Nablus, auf der Westbank nieder. Aus der Bibel erfahren wir, daß Jakobs Söhne, die Vorfahren der zwölf Stämme Israels, während einer schweren Hungersnot in Kanaan nach Ägypten auswanderten. Die dritte hebräische Siedlungsbewegung fand etwa 1200 v. u. Z. statt, als Stämme, die sich als Nachkommen Abrahams bezeichneten, aus Ägypten in Kanaan eintrafen. Sie sagten, die Ägypter hätten sie versklavt und eine Gottheit namens Jahwe, der Gott ihres Führers Mose, habe sie befreit. Nachdem sie gewaltsam nach Kanaan eingedrungen waren, verbündeten sie sich mit den dortigen Hebräern und wurden als das Volk Israel bekannt. Aus der Bibel geht klar hervor, daß das Volk, das wir als die alten Israeliten kennen, ein Zusammenschluß verschiedener ethnischer Gruppen war, verbunden hauptsächlich durch ihre Loyalität gegenüber Jahwe, dem Gott Moses. Die biblische Schilderung wurde jedoch erst Jahrhunderte später verfaßt, etwa im 8. Jahrhundert v. u. Z., allerdings geht sie auf frühere mündliche Überlieferungen zurück. Der Bibelwissenschaftler Julius Wellhausen (1844–1918) und seine Schüler entwickelten eine kritische Methode und identifizierten damit vier verschiedene Quellen für die ersten fünf Bücher der Bibel: Genesis, Exodus, Levitikus, Numeri und Deuteronomium. Diese fünf Bücher wurden später, im 5. Jahrhundert v. u. Z., in dem endgültigen Text zusammengefaßt, den wir als Pentateuch kennen. Diese auf formale Kriterien gestützte Unterscheidung war sehr umstritten, aber bis heute konnte niemand mit einer Theorie aufwarten, die befriedigender erklärt, warum von bedeutenden biblischen Ereignissen zwei ganz unterschiedliche Schilderungen vorliegen, beispielsweise von der Sintflut. Die beiden frühesten biblischen Autoren, deren Werke in der Schöpfungsgeschichte und im Exodus zu finden sind, verfaßten ihre Aufzeichnungen wahrscheinlich im 8. Jahrhundert, manche Wissenschaftler datieren sie allerdings auch früher. Der eine Autor ist als »J« bekannt, weil er seinen Gott »Jahwe« nennt, der andere als »E«, weil er den formelleren göttlichen Titel »Elohim« vorzieht. Im 8. Jahrhundert teilten die Israeliten Kanaan in zwei Königreiche auf. J verfaßte seine Schriften im südlichen Königreich Juda, E stammte aus dem nördlichen Königreich Israel. (Siehe Karte

S. 551). In Kapitel 2 werden wir die beiden anderen Quellen des Pentateuch erörtern – die Berichte der Deuteronomisten (D) und Priester (P) von der alten Geschichte Israels.

Wir werden sehen, daß sowohl J wie auch E in vielerlei Hinsicht die religiösen Sichtweisen ihrer Nachbarn im Nahen Osten teilten. Doch ihre Schilderungen zeigen auch, daß die Israeliten um das 8. Jahrhundert v. u. Z. eine ganz eigene Vorstellungswelt zu entwickeln begannen. Beispielsweise beginnt J seine Geschichte von Gott mit einem Bericht von der Erschaffung der Welt, der im Vergleich zum Enuma elisch erstaunlich nichtssagend ist:

> Zu der Zeit, als Gott, der Herr, Erde und Himmel machte, gab es auf der Erde noch keine Feldsträucher und wuchsen noch keine Feldpflanzen; denn Gott, der Herr, hatte es auf die Erde noch nicht regnen lassen, und es gab noch keinen Menschen, der den Ackerboden bestellte; aber Feuchtigkeit stieg aus der Erde auf und tränkte die ganze Fläche des Ackerbodens.
> Da formte Gott, der Herr, den Menschen aus Erde vom Ackerboden und blies in seine Nase den Lebensatem. So wurde der Mensch zu einem lebendigen Wesen.[6]

Dies war ein vollkommen neuer Ausgangspunkt. Während sich seine heidnischen Zeitgenossen in Mesopotamien und Kanaan auf die Erschaffung der Welt und die vorgeschichtliche Zeit konzentrierten, befaßt sich J mit gewöhnlicher historischer Zeit. In Israel interessierte man sich nicht ernsthaft für die Schöpfung, bis im 6. Jahrhundert v. u. Z. der Autor, den wir »P« nennen, seine majestätische Schilderung in dem heutigen ersten Kapitel des ersten Buches Mose abfaßte. J stellt nicht absolut klar, daß Jahwe wirklich der alleinige Schöpfer des Himmels und der Erde ist. Höchst bemerkenswert ist jedoch, daß er einen gewissen Unterschied zwischen dem Menschen und dem Göttlichen macht. Der Mensch und sein Gott sind nicht aus demselben Stoff geschaffen, sondern der Mensch *(adāam)* gehört, wie das Wortspiel besagt, zur Erde *(adāmah)*.

Anders als seine heidnischen Nachbarn verwirft J die weltliche Geschichte nicht als profan, schwach und unwirklich verglichen mit der heiligen, ursprünglichen Zeit der Götter. Er streift die Ereignisse der vorgeschichtlichen Zeit nur kurz. Zur mythischen Periode gehören Berichte über die Sintflut und den Turmbau von Babel, danach geht er über zur Darstellung der Geschichte des Volkes Israel. Die Geschichte beginnt abrupt in Kapitel Zwölf damit, daß dem Mann Abram, der später den neuen Namen Abraham erhält (»Vater einer großen Anzahl von Menschen«), von Jahwe befohlen wird, seine Familie in Haran, der heutigen Osttürkei, zu verlassen und nach Kanaan unweit des Mittelmeeres auszuwandern. Wir haben gehört, daß sein Vater Terach, ein Heide, bereits mit seiner Familie von Ur aus in Richtung Westen gezogen ist. Nun eröffnet Jahwe Abraham, daß für ihn ein besonderes Schicksal ausersehen ist: Er soll der Stammvater eines mächtigen Volkes werden, das dereinst mehr Köpfe zählen wird, als Sterne am Himmel stehen, und seine Nachkommen werden eines Tages das Land Kanaan besitzen. J's Bericht von der Berufung Abrahams gibt der weiteren Geschichte dieses Gottes die Richtung vor. Im Nahen Osten des Altertums wurde das göttliche *mana* durch Rituale und Mythen erlebt. Von Marduk, Baal und Anat erwartete man nicht, daß sie Anteil nahmen am gewöhnlichen, profanen Leben der Menschen, die sie anbeteten: Ihre Handlungen waren in biblischer Zeit vollbracht worden. Der Gott Israels setzte seine Macht jedoch in gegenwartsbezogenen Ereignissen in der wirklichen Welt ein, er wurde im Hier und Jetzt erfahren. Seine erste Offenbarung ist ein Befehl: Abraham soll sein Volk verlassen und in das Land Kanaan ziehen.

Doch wer ist Jahwe? Betete Abraham zu demselben Gott wie Mose oder kannte er ihn unter einem anderen Namen? Für uns in der heutigen Zeit ist das eine Frage von höchster Wichtigkeit, aber die Bibel äußert sich seltsam vage zu dem Thema und gibt widersprüchliche Antworten. J berichtet, daß die Menschen Jahwe seit der Zeit von Adams Enkel angebetet hätten. Doch im 6. Jahrhundert klingt es bei »P« so, als hätten die Israeliten bis zu dem Zeitpunkt, da Jahwe Mose in dem brennenden Dornbusch erschien, nie von ihm gehört. P läßt Jahwe erklären, daß er wirklich identisch ist mit dem Gott Abrahams, als wäre das umstritten: Er teilt Mose mit, Abraham habe ihn »El-Schaddai« (Gott den Allmächtigen) genannt, den göttlichen Namen Jahwe kenne er nicht.[7] Die Diskrepanz hat offenbar weder die biblischen Autoren noch die

Herausgeber übermäßig gestört. J nennt seinen Gott stets »Jahwe«; als er seine Berichte verfaßte, war Jahwe auch tatsächlich der Gott Israels, und allein das zählte. Die Religion der Israeliten war pragmatisch. Sie interessierten sich nicht sehr für die spekulativen Details, die uns beschäftigen. Dennoch sollten wir daraus nicht schließen, daß sowohl Abraham als auch Mose genau so an ihren Gott glaubten, wie wir es heute tun. Wir sind so vertraut mit dem Inhalt der Bibel und der Geschichte Israels, daß wir dazu neigen, unsere Kenntnisse der späteren jüdischen Religion auf die frühen historischen Personen zu übertragen. Dementsprechend nehmen wir auch an, daß die drei Patriarchen Israels – Abraham, sein Sohn Isaak und sein Enkel Jakob – Monotheisten waren und nur an einen Gott glaubten. Das scheint jedoch nicht der Fall gewesen zu sein. Zutreffender ist es wohl, diese frühen Hebräer als Heiden zu bezeichnen, die viele religiöse Vorstellungen ihrer Nachbarn in Kanaan teilten. Zweifellos glaubten sie an die Existenz von Göttern wie Marduk, Baal und Anat. Möglicherweise beteten sie nicht alle dieselbe Gottheit an: Es ist denkbar, daß es sich beim Gott Abrahams, dem »Schrecken« oder »Verwandten« Isaaks und Jakobs »Allmächtigen« um drei verschiedene Götter handelte.[8]
Wir können noch weiter spekulieren. Höchstwahrscheinlich war Abrahams Gott El, der Hochgott von Kanaan. Er stellt sich Abraham mit einem seiner traditionellen Namen als El-Schaddai (El des Berges) vor.[9] An anderen Stellen wird er als El-Eljon (der Höchste Gott) oder El von Bet-El bezeichnet. Der Name des kanaanitischen Hochgottes ist in hebräischen Bezeichnungen wie Isra-El oder Isma-El erhalten geblieben. Die Menschen in Kanaan erlebten ihren Gott auf eine Art und Weise, die den Heiden des Nahen Ostens sicher vertraut war. Wir werden sehen, daß die Israeliten Jahrhunderte später das *mana* oder die »Heiligkeit« Jahwes als furchteinflößend erfuhren. Beispielsweise erschien Gott Mose auf dem Berg Sinai inmitten eines furchtbaren Vulkanausbruches, die Israeliten mußten sich von ihm fernhalten. Im Vergleich dazu ist Abrahams Gott El sehr sanftmütig. Er spricht zu Abraham als Freund und nimmt manchmal sogar menschliche Gestalt an. Diese Art von göttlicher Erscheinung, bekannt unter dem Namen Epiphanie, war in der heidnischen Welt der Antike nichts Ungewöhnliches. Wenn auch im

allgemeinen von den Göttern nicht erwartet wurde, daß sie sich unmittelbar in das Leben sterblicher Männer und Frauen einmischten, waren doch gewisse privilegierte Menschen in mythischen Zeiten ihren Göttern von Angesicht zu Angesicht begegnet. In der Ilias kommen sehr viele solche Epiphanien vor. Die Götter und Göttinnen erscheinen Griechen und Trojanern im Traum, einem Zustand, in dem, wie man glaubte, die Grenzen zwischen der menschlichen und der göttlichen Welt verschwimmen. Am Ende der Ilias wird Priamos von einem reizvollen jungen Mann zu den Schiffen der Griechen geführt, dieser junge Mann gibt sich schließlich als Hermes zu erkennen.[10] Im Rückblick auf das goldene Zeitalter ihrer Helden glaubten die Griechen, sie hätten in enger Verbindung mit den Göttern gestanden und die Götter seien letzten Endes von derselben Art gewesen wie die Menschen. Die Berichte von Epiphanien sind Ausdruck der ganzheitlichen heidnischen Sicht: Unterschied sich das Göttliche nicht wesentlich von der Natur oder den Menschen, konnte es ohne größere Schwierigkeiten erlebt werden. Die Welt war voll von Göttern, jederzeit konnten sie unerwartet auftauchen, hinter einer Ecke oder in der Person eines vorübergehenden Unbekannten. Offenbar glaubten die einfachen Menschen an die Möglichkeit solcher göttlicher Begegnungen im Laufe ihres eigenen Lebens. Das erklärt vielleicht die seltsame Begebenheit in der Apostelgeschichte, als die Bewohner von Lystra in der heutigen Türkei den Apostel Paulus und seinen Schüler Barnabas noch im 1. Jahrhundert u. Z. fälschlicherweise für Zeus und Hermes hielten.[11]

Auf ganz ähnliche Weise sahen die Israeliten im Rückblick auf ihr eigenes goldenes Zeitalter das gute Verhältnis zwischen Abraham, Isaak und Jakob und ihrem Gott. El gibt ihnen wohlwollende Ratschläge, ähnlich einem Scheich oder Häuptling: Er führt sie bei ihren Wanderschaften, sagt ihnen, wen sie heiraten sollen, und spricht zu ihnen in ihren Träumen. Gelegentlich sehen sie ihn wohl auch in menschlicher Gestalt – eine Vorstellung, die in späteren Zeiten für die Israeliten ein Anathema war. In Kapitel achtzehn der Genesis berichtet uns J, daß Gott Abraham bei den Eichen von Mamre in der Nähe von Hebron erschien. Abraham blickt auf und sieht drei Fremde, die sich in der größten Hitze des Tages seinem Zelt nähern. Mit der für den Nahen Osten typischen Höflichkeit besteht er darauf, daß sie sich hinsetzen und ausruhen, während er ihnen eilends ein Mahl zubereitet. Im Lauf der Unterhaltung stellt es sich ganz selbstverständlich heraus, daß einer dieser Männer kein anderer als sein Gott ist, den J stets »Jahwe« nennt. Die anderen beiden Männer erweisen sich als Engel. Niemand scheint von dieser Offenbarung sonderlich überrascht. Zu der Zeit, als J im 8. Jahrhundert v. u. Z. seine Schriften verfaßte, hätte kein Israelit erwartet, Gott auf diese Art und Weise zu »sehen«, die meisten hätten allein schon die Vorstellung schockierend gefunden. J's Zeitgenosse »E« hält die alten Darstellungen über die Vertrautheit der Patriarchen mit Gott für unangemessen: Bei seinen Erzählungen über Abrahams oder Jakobs Umgang mit Gott zieht er es vor, die Begebenheit zurückhaltend zu beurteilen und die alten Legenden weniger anthropomorph wiederzugeben. So sagt er beispielsweise, daß Gott durch einen Engel zu Abraham spricht. J hingegen teilt diese Überempfindlichkeit nicht und behält den ursprünglichen Tenor der primitiven Epiphanien in seinen Berichten bei.

Auch Jakob erlebt mehrere Epiphanien. Bei einer Gelegenheit hat er sich zur Rückkehr nach Haran entschlossen, um sich eine Frau unter seinen Verwandten dort zu suchen. Auf dem ersten Abschnitt seiner Reise schläft er in Lus unweit des Jordantales, dabei dient ihm ein Stein als Kissen. In der Nacht träumt er von einer Leiter, die von der Erde bis in den Himmel reicht, Engel steigen daran auf und nieder zwischen dem Reich Gottes und dem Land der Menschen. Zwangsläufig werden wir an Marduks Zikkurat erinnert: An ihrem höchsten Punkt, sozusagen zwischen Himmel und Erde schwebend, konnte ein Mensch seinen Göttern begegnen. Am höchsten Punkt seiner eigenen Leiter sieht Jakob im Traum El. El segnet ihn und wiederholt die Verheißungen, die er Abraham angekündigt hat: Jakobs Nachkommen würden zu einem mächtigen Volk anwachsen und das Land Kanaan in Besitz nehmen. Er verspricht noch etwas, das, wie wir noch sehen werden, großen Eindruck auf Jakob macht. Die heidnische Religion war ganz von territorialem Denken durchdrungen: Ein Gott hatte nur eine bestimmte Region als Hoheitsgebiet, und es war immer ratsam, bei Reisen in ein fremdes Gebiet die ortsansässigen Götter anzubeten. Doch El versprach Jakob, er werde ihn auch dann beschützen, wenn er Kanaan verlassen und in einem fremden Land weilen werde: »Ich bin mit dir, ich behüte dich, wohin du auch gehst.« [12] Der Bericht von dieser frühen Epiphanie zeigt, daß dem Hochgott Kanaans allmählich eine umfassendere Bedeutung zugeschrieben wurde.

Jakob erwacht und erkennt, daß er, ohne es zu wissen, die Nacht an einem heiligen Ort verbracht hat, an dem Menschen mit ihren Göttern sprechen können. »Wirklich, der Herr ist an diesem Ort, und ich wußte es nicht!« legt J ihm in den Mund. Jakob ist erfüllt von dem fassungslosen Staunen, das Heiden oft verspüren, wenn sie mit der heiligen Macht des Göttlichen in Berührung kommen: »Wie ehrfurchtgebietend ist doch dieser Ort! Hier ist nichts anderes als das Haus Gottes und das Tor des Himmels.« [13] Dann gibt er dem Ort den Namen Bet-El, Gotteshaus. Instinktiv hat er sich in der religiösen Sprache seiner Zeit und Kultur ausgedrückt: Babylon, der Wohnsitz der Götter, wurde »Tor der Götter« *(Bab-ili)* genannt. Jakob beschließt, den heiligen Boden in der traditionellen heidnischen Art und Weise des Landes zu weihen. Er nimmt den Stein, den er als Kopfkissen benutzt hat, stellt ihn auf und weiht ihn, indem er Öl darauf gießt. Von da an heißt der Ort nicht mehr Lus, sondern Bet-El. Aufgerichtete Steine spielten eine wichtige Rolle in kanaanitischen Fruchtbarkeitskulten, die in Bet-El bis zum 8. Jahrhundert v. u. Z. gepflegt wurden. Obwohl die Israeliten später diese religiöse Urform strikt ablehnten, wurde das heidnische Heiligtum Bet-El in frühen Legenden mit Jakob und seinem Gott in Zusammenhang gebracht.

Bevor Jakob Bet-El verläßt, beschließt er, den Gott, dem er dort begegnet ist, zu seinem Elohim zu machen. Mit diesem speziellen Begriff wurde all das bezeichnet, was die Götter für Frauen und Männer bedeuten konnten. Jakob befand, wenn El (oder Jahwe, wie ihn J nennt) ihn in Haran wirklich in seine Obhut nehmen konnte, dann bewies das, daß er besonders mächtig war. Jakob traf eine Vereinbarung: Als Gegenleistung für seinen besonderen Schutz wollte er ihn künftig als seinen einzigen Gott verehren, seinen Elohim. Der Gottesglaube der Israeliten war ausgesprochen pragmatisch. Abraham und Jakob setzten beide ihr Vertrauen in El, weil er für sie tätig war. Sie bemühten sich nicht darum, seine Existenz zu beweisen, El war keine philosophische Abstraktion. In der alten Welt verstand man unter *mana* einen selbstverständlichen Sachverhalt, und ein Gott stellte seinen Wert dadurch unter Beweis, daß er dies wirksam vermitteln konnte. Pragmatismus spielte in der Geschichte Gottes stets eine Rolle. Die Menschen favorisierten eine bestimmte Vorstellung des Göttlichen, weil es ihnen half, und nicht, weil die Vorstellung wissenschaftlich oder philosophisch fundiert war.

Jahre später kehrt Jakob mit seinen Frauen und seiner Familie von Haran zurück. Als er erneut das Land Kanaan betritt, erlebt er eine weitere seltsame Epiphanie. An der Furt des Jabbok, auf der heutigen Westbank, begegnet er einem Fremden, und sie ringen die ganze Nacht miteinander. Wie die meisten spirituellen Wesen sagt der Gegner bei Tagesanbruch, er müsse gehen, doch Jakob hält ihn fest. Er will ihn erst dann gehen lassen, wenn er seinen Namen genannt hat. In der antiken Welt glaubte man, eine gewisse Macht über einen anderen Menschen zu haben, wenn man seinen Namen kannte. Der Fremde will seinen Namen offenbar nur ungern preisgeben. Im weiteren Verlauf dieser seltsamen Begegnung wird Jakob klar, daß sein Gegner niemand anderer als El ist:

> Nun fragte Jakob: Nenne mir doch deinen Namen! Jener entgegnete: Was fragst du mich nach meinem Namen? Dann segnete er ihn dort. Jakob gab dem Ort den Namen Penuël [Gottesgesicht] und sagte: Ich habe Gott von Angesicht zu Angesicht gesehen und bin doch mit dem Leben davongekommen.[14]

Diese Epiphanie ist dem Geist nach der Ilias verwandter als dem späteren jüdischen Monotheismus, bei dem ein so intimer Kontakt mit dem Göttlichen eine blasphemische Vorstellung gewesen wäre.

Diese frühen Berichte zeigen zwar, daß die Patriarchen ihrem Gott auf ganz ähnliche Weise begegneten wie ihre heidnischen Zeitgenossen, doch darüber hinaus machen sie uns mit einer neuen Kategorie religiöser Erfahrung bekannt. Überall in der Bibel wird Abraham als Mann des »Glaubens« bezeichnet. In der heutigen Zeit definieren wir Glaube überwiegend als intellektuelle Zustimmung zu einem bestimmten Bekenntnis. Für die biblischen Autoren war, wie wir gesehen haben, der Glaube an Gott keine abstrakte oder metaphysische Vorstellung. Wenn sie Abrahams »Glauben« preisen, würdigen sie nicht seine Orthodoxie (die Rechtgläubigkeit im Sinne einer korrekten theologischen Auffassung von Gott), sondern sein Vertrauen, vergleichbar unserer Aussage, daß wir unser Vertrauen in eine Person oder ein Ideal setzen. In der Bibel gilt Abraham als gläubiger Mensch, weil er darauf vertraut, daß Gott seine Verheißungen einlösen wird, selbst wenn sie absurd erscheinen. Wie sollte Abraham der Vater eines großen Volkes werden, wenn seine Frau Sara unfruchtbar war? Allein die Vorstellung, sie könnte ein Kind bekommen, ist so lächerlich – Sara hat das Klimakterium längst hinter sich –, daß Sara und Abraham in Gelächter ausbrechen, als sie diese Verheißung hören. Dann wird allen Regeln der Wahrscheinlichkeit zum Trotz ihr Sohn geboren, und sie nennen ihn Isaak, was »Gelächter« bedeutet. Das Lachen vergeht ihnen jedoch, als Gott eine entsetzliche Forderung stellt: Abraham soll ihm seinen eigenen Sohn opfern.

Menschenopfer waren in der heidnischen Welt allgemein üblich. Sie waren grausam, entbehrten jedoch nicht einer logischen Grundlage. Das erste Kind galt oft als Abkömmling eines Gottes, der die Mutter unter Berufung auf das *droit de seigneur* geschwängert hatte. Bei der Zeugung des Kindes hatte der Gott seine Energie eingebüßt; um ihn wieder mit dieser Energie zu versorgen und den Kreislauf von *mana* wiederherzustellen, wurde der Erstgeborene seinem göttlichen Vater zurückgegeben. Isaaks Fall lag jedoch völlig anders. Isaak war ein Geschenk Gottes, nicht sein eigener Sohn. Es gab keinen Grund für das Opfer, keinen Bedarf, die göttliche Energie zu erneuern. Tatsächlich wurde das Opfer Abrahams ganzes Leben ad absurdum führen, das auf dem Versprechen gründete, er werde der Stammvater eines großen Volkes. Man fing bereits an, diesen Gott mit anderen Augen zu sehen als die meisten anderen Gottheiten der antiken Welt. Er konnte mit menschlichen Maßstäben nicht gemessen werden, er benötigte keinen Energieschub von Menschen. Er befand sich auf einer anderen Ebene und konnte alles fordern, was ihm beliebte. Abraham entschließt sich, seinem Gott zu vertrauen. Er und Isaak brechen zu einer dreitägigen Reise zum Berg Morija auf; dort wurde später der Tempel in Jerusalem errichtet. Isaak, der nichts von dem göttlichen Befehl ahnt, muß das Holz für das Feuer tragen, in dem er als Brandopfer sterben soll. Erst im allerletzten Augenblick, als Abraham schon das Messer in der Hand hält, lenkt Gott ein und sagt, er habe ihn nur prüfen wollen. Abraham hat sich als würdig erwiesen, der Stammvater eines mächtigen Volkes zu werden, dessen Nachkommen so zahlreich wie die Sterne am Himmel oder die Sandkörner am Meeresstrand sein sollen.

In unseren Ohren klingt diese Geschichte heute entsetzlich: Sie schildert Gott als einen despotischen und launenhaften Sadisten. Es ist nicht verwunderlich, daß viele Menschen, die als Kinder diese Geschichte zu hören bekamen, eine solche Gottheit ablehnen. Der Mythos vom Auszug aus Ägypten, als Gott Mose und die Kinder Israels in die Freiheit führt, ist für das heutige Empfinden ebenso anstößig. Die Geschichte ist allgemein bekannt. Der Pharao will das Volk der Israeliten nicht ziehen lassen, daher sendet Gott, um Druck auf ihn auszuüben, dem ägyptischen Volk zehn furchtbare Plagen: Das Wasser des Nils wird zu Blut, die Felder werden von Heuschrecken und Fröschen verwüstet, das ganze Land versinkt in undurchdringlicher Finsternis. Schließlich schickt Gott die schrecklichste aller Plagen: Er entsendet den Todesengel mit dem Auftrag, die erstgeborenen Söhne aller Ägypter zu töten, die Söhne der hebräischen Sklaven jedoch zu verschonen. Verständlicherweise entschließt sich der Pharao, die Israeliten ziehen zu lassen. Doch später ändert er seine Meinung wieder und verfolgt sie mit seiner Armee. Am Roten Meer holt er sie ein, aber Gott rettet die Israeliten, indem er das Meer teilt, so daß sie es trockenen Fußes durchschreiten können. Als die Ägypter ihnen nachfolgen, läßt Gott die Wasser über ihnen zusammenschlagen und ertränkt den Pharao und seine Armee.

Wir haben es hier mit einem brutalen, parteiischen und mörderischen Gott zu tun: einem Kriegsgott, der unter dem Namen Jahwe Zebaoth, Gott der Heere, bekannt war. Er ergreift glühend Partei, hegt außer für seine eigenen Günstlinge wenig Mitgefühl für andere und ist nichts anderes als ein Stammesgott. Ein so barbarischer Gott wäre zum Besten aller Beteiligten so schnell wie möglich verschwunden. Der Mythos vom Auszug aus Ägypten, wie er uns in der Bibel überliefert ist, war ganz sicher nicht als buchstabengetreue Schilderung der Ereignisse gedacht. Für die Menschen des Nahen Ostens in der Antike bedeutete diese Darstellung jedoch eine gut verständliche Botschaft, da sie an Götter gewöhnt waren, die Meere in zwei Teile teilten. Im Gegensatz zu Marduk und Baal hatte Jahwe jedoch angeblich das tatsächlich existierende Meer in der profanen Welt historischer Zeit geteilt. Realismus spielte eine nur untergeordnete Rolle. Als die Israeliten die Geschichte vom Auszug aus Ägypten erzählten, waren sie an historischer Authentizität nicht so sehr interessiert wie wir heute. Statt dessen war ihnen wichtig, die Bedeutung des ursprünglichen Ereignisses zu betonen, gleichgültig worum es sich handelte. Einige moderne Wissenschaftler vermuten, daß die Geschichte des Exodus die mythische Darstellung eines erfolgreichen Bauernaufstands gegen die Lehnsherrschaft Ägyptens und seiner Verbündeten in Kanaan ist.[15] Das wäre zur damaligen Zeit ein äußerst seltenes Ereignis gewesen und hätte gewiß bei allen Beteiligten einen unauslöschlichen Eindruck hinterlassen: die außergewöhnliche Erfahrung, daß die Unterdrückten sich gegen die Starken und Mächtigen durchsetzen.

Der Mythos war zwar in allen drei monotheistischen Religionen von Bedeutung, aber Jahwe blieb nicht der grausame, gewalttätige Gott des Exodus. So verwunderlich es ist: Die Israeliten verwandelten Jahwe in ein nicht wiederzuerkennendes Symbol der Transzendenz und des Erbarmens. Doch die blutige Darstellung des Exodus nährte weiterhin die bedrohliche Vorstellung eines rachsüchtigen Gottes. Wir werden feststellen, daß im 7. Jahrhundert v. u. Z. der Autor des Deuteronomiums (D) den alten Mythos zur Veranschaulichung der furchtbaren Theologie der Gnadenwahl benutzte, die zu verschiedenen Zeiten eine verhängnisvolle Rolle in der Geschichte aller drei Glaubensbekenntnisse spielte. Wie jede menschliche Idee kann auch die Gottesidee ausgenutzt und mißbraucht werden. Der Mythos von einem auserwählten Volk und einer göttlichen Gnadenwahl führte häufig zu einer engstirnigen, primitiven Theologie, die Linie reicht von der Zeit des Deuteronomiums bis zum jüdischen, christlichen und muslimischen Fundamentalismus, der unglücklicherweise heute so weit verbreitet ist. Der Verfasser des Deuteronomiums überlieferte allerdings auch eine Auslegung des Berichts vom Auszug aus Ägypten, die die Geschichte des Monotheismus ebenfalls beeinflußte, und zwar erheblich positiver. Sie handelt von einem Gott, der auf der Seite der Schwachen und Unterdrückten steht. Im 26. Kapitel des Deuteronomiums finden wir eine Stelle, bei der es sich möglicherweise um eine frühe Auslegung der Exodus-Geschichte handelt, bevor sie in den Schilderungen von J und E niedergeschrieben wurde. Den Israeliten wird befohlen, die ersten Früchte der Ernte den Priestern Jahwes darzubringen und folgendes Bekenntnis abzulegen:

> Mein Vater war ein heimatloser Aramäer. Er zog nach Ägypten, lebte dort als Fremder mit wenigen Leuten und sie wurden dort zu einem großen, mächtigen und zahlreichen Volk. Die Ägypter behandelten uns schlecht, machten uns rechtlos und legten uns harte Fronarbeit auf. Wir schrien zum Herrn, dem Gott unserer Väter, und der Herr hörte unser Schreien und sah unsere Rechtlosigkeit, unsere Arbeitslast und unsere Bedrängnis. Der Herr führte uns mit starker Hand und hoch erhobenem Arm, unter großem Schrecken, unter Zeichen und Wundern aus Ägypten, er brachte uns an diese Stätte [nach Kanaan] und gab uns dieses Land, ein Land, in dem Milch und Honig fließen. Und siehe, nun bringe ich hier die ersten Erträge von den Früchten des Landes, das du mir gegeben hast, Herr.[16]

Der Gott, der möglicherweise den Anstoß zum ersten erfolgreichen Bauernaufstand in der Geschichte gab, ist ein revolutionärer Gott. In allen drei Glaubensbekenntnissen steht er für das Ideal der sozialen Gerechtigkeit. Allerdings muß man konstatieren, daß Juden, Christen und Muslime diesem Ideal oft nicht entsprachen und ihn zum Gott des Status quo machten.

Die Israeliten nannten Jahwe »den Gott unserer Väter«. Es hat jedoch den Anschein, daß er sich sehr stark von dem Gott El unterschied, dem kanaanitischen Hochgott, der von den Patriarchen angebetet wurde. Vielleicht beteten ihn andere Menschen an, bevor er der Gott Israels wurde. Wann immer Jahwe Mose erschien, beharrte er hartnäckig darauf, daß er wirklich der Gott Abrahams war, auch wenn er ursprünglich El-Schaddai genannt wurde. Dieses Beharren ist möglicherweise auf eine sehr weit zurückliegende, frühe Debatte über die Identität des Gottes von Mose zurückzuführen. Es wurde behauptet, Jahwe sei ursprünglich ein Kriegsgott gewesen, ein Gott der Vulkane, und er sei in Midian, dem heutigen Jordanien, angebetet worden.[17] Wir werden nie feststellen können, wo die Israeliten Jahwe entdeckten und ob er wirklich eine vollkommen neue Gottheit war. Das wäre wiederum eine sehr wichtige Frage für uns in unserer heutigen Welt, für die Verfasser der Bibel war sie offensichtlich weniger relevant. In der heidnischen Zeit der Antike verschmolzen unterschiedliche Götter häufig zu einem Gott, oder der Gott eines Gebietes wurde als identisch mit dem Gott eines anderen Volkes angesehen. Sicher können wir indes sagen, daß Jahwe durch die Ereignisse des Exodus unabhängig von seiner Herkunft zum endgültigen Gott Israels wurde und daß es Mose gelang, die Israeliten zu überzeugen, daß Jahwe wirklich der eine Gott war, identisch mit El, der geliebte Gott Abrahams, Isaaks und Jakobs.

Die sogenannte »Midianitische Theorie« – die besagt, daß Jahwe ursprünglich ein Gott des Volkes von Midian gewesen ist – wird heute für gewöhnlich verworfen, doch hatte Mose in Midian seine erste Vision von Jahwe: Mose muß aus Ägypten fliehen, weil er einen Ägypter getötet hat, der einen israelitischen Sklaven mißhandelt hatte. Mose sucht Zuflucht in Midian und heiratet dort. Während er die Schafe seines Schwiegervaters hütet, sieht er etwas Seltsames: einen brennenden Dornbusch, der nicht verbrennt. Als er näher tritt, um ihn genauer zu untersuchen, ruft Jahwe ihn mit Namen, und Mose antwortet: »Hier bin ich! *(Hineni!)*« So antwortete jeder israelitische Prophet bei der Begegnung mit seinem Gott, der völlige Aufmerksamkeit und Loyalität forderte:

Der Herr sagte: Komm nicht näher heran! Leg deine Schuhe ab; denn der Ort, wo du stehst, ist heiliger Boden. Dann fuhr er fort: Ich bin der Gott deines Vaters, der Gott Abrahams, der Gott Isaaks und der Gott Jakobs. Da verhüllte Mose sein Gesicht; denn er fürchtete sich, Gott anzuschauen.[18]

Trotz der Versicherung, daß Jahwe tatsächlich der Gott Abrahams ist, unterscheidet sich dieser Gott ganz deutlich von dem, der mit Abraham und seinem Freund zusammensaß und an deren Mahl teilnahm. Er verbreitet Schrecken und besteht auf Distanz. Als Mose sich nach dem Namen des Gottes erkundigt und Genaueres über ihn wissen will, antwortet Jahwe mit einem Wortspiel, das, wie wir sehen werden, Monotheisten jahrhundertelang benutzten. Anstatt seinen Namen direkt zu nennen, antwortet Jahwe: »Ich bin der ›Ich-bin-da‹.« *(Ehyeh asher ehyeh.)*[19]

Was meint er damit? Sicher wollte er damit nicht sagen, wie Philosophen später behaupteten, er sei ein aus sich selbst heraus existierendes Wesen. Das Hebräische verfügte zu diesem Zeitpunkt noch nicht über eine solche metaphysische Dimension, es dauerte noch fast 2000 Jahre, bevor dies denkbar war. Gott hat offenbar etwas Naheliegenderes gemeint. *Ehyeh asher ehyeh* ist eine hebräische Wendung, die eine bewußte Unbestimmtheit ausdrücken soll. Steht in der Bibel ein Satz wie: »Sie gingen, wohin sie gingen«, so bedeutet das: »Ich habe nicht die leiseste Ahnung, wohin sie gingen«. Die Antwort Gottes auf die Frage nach seinem Namen lautet mit anderen Worten: »Wer ich bin, kann dir vollkommen gleichgültig sein!« oder »Kümmere dich um deine eigenen Angelegenheiten!« Wie Gott beschaffen war, sollte nicht erörtert werden, und es sollte ganz gewiß kein Versuch unternommen werden, ihn zu manipulieren, wie es Heiden manchmal taten, wenn sie die Namen ihrer Götter rezitierten. Jahwe ist der Absolute: Ich werde das sein, was ich sein werde. Er wird genau der sein, der er zu sein wünscht, und sich für nichts verbürgen. Er verspricht lediglich, er werde an der Geschichte seines Volkes Anteil nehmen. Die Geschichte vom Auszug aus Ägypten gab die Richtung vor: Sie weckte Hoffnung für die Zukunft, selbst unter äußerst widrigen Umständen.

Für das neue Gefühl der Allmacht mußte ein Preis bezahlt werden. Die alten Himmelsgötter hatte man zu distanziert für menschliche Belange erlebt, die jüngeren Gottheiten wie Baal, Marduk und die Muttergöttinnen waren der Menschheit nahe gekommen, doch Jahwe hatte die Kluft zwischen den Menschen und der göttlichen Welt wieder vergrößert. Anschaulich geschildert wird das in der Geschichte vom Berge Sinai. Bei der Ankunft am Berg wird den

Menschen befohlen, die Kleider zu waschen und in einiger Entfernung zu bleiben. Mose muß die Israeliten warnen: »Hütet euch, auf den Berg zu steigen oder auch nur seinen Fuß zu berühren. Jeder, der den Berg berührt, wird mit dem Tod bestraft.« Die Menschen treten vom Berg zurück, und Jahwe steigt in Feuer und Rauch gehüllt auf ihn herab:

> Am dritten Tag, im Morgengrauen, begann es zu donnern und zu blitzen. Schwere Wolken lagen über dem Berg, und gewaltiger Hörnerschall erklang. Das ganze Volk im Lager begann zu zittern. Mose führte es aus dem Lager hinaus Gott entgegen. Unten am Berg blieben sie stehen. Der ganze Sinai war in Rauch gehüllt, denn der Herr war im Feuer auf ihn herabgestiegen. Der Rauch stieg vom Berg auf wie Rauch aus einem Schmelzofen. Der ganze Berg bebte gewaltig.[20]

Mose steigt allein zum Gipfel hinauf und nimmt die Gesetzestafeln in Empfang. Die Prinzipien von Ordnung, Harmonie und Gerechtigkeit werden nicht mehr, wie in heidnischer Sicht üblich, unmittelbar durch die Natur der Dinge erlebt, sondern das Gesetz wird von oben verordnet. Der Gott der Geschichte kann mit größerer Aufmerksamkeit der irdischen Welt, der Bühne seines Wirkens, rechnen, aber er kann sich ihr auch zutiefst entfremden.

Im letzten Bibeltext, verfaßt im 5. Jahrhundert v. u. Z., schließt Gott angeblich auf dem Berg Sinai einen Bund mit Mose (das Ereignis soll um 1200 herum stattgefunden haben). Über diesen Punkt entbrannte ein Gelehrtenstreit: Manche Wissenschaftler meinen, daß der Bund erst im 7. Jahrhundert v. u. Z. in Israel Bedeutung erlangte. Unabhängig vom genauen Datum erfahren wir durch die Idee des Bundes jedoch, daß die Israeliten noch keine Monotheisten waren, denn ein solcher Bund ist nur vor einem polytheistischen Hintergrund sinnvoll. Die Israeliten glaubten nicht, daß Jahwe, der Gott des Sinai, der einzige Gott war, sondern sie gelobten in ihrem Bund, alle anderen Götter zu ignorieren und ihn allein anzubeten. Es ist sehr schwierig, im gesamten Pentateuch auch nur eine einzige monotheistische Aussage zu finden. Selbst die auf dem Berg Sinai übergebenen Zehn Gebote setzen die Existenz anderer Götter voraus: »Du sollst neben mir keine anderen Götter haben.«[21] Die Anbetung eines einzigen Gottes war ein fast beispielloser Schritt: Der ägyptische Pharao Echnaton hatte durchzusetzen versucht, daß die Ägypter nur den Sonnengott anbeteten und die anderen traditionellen Gottheiten Ägyptens ignorierten, doch sein Vorstoß wurde durch seinen Nachfolger sofort wieder rückgängig gemacht. Eine potentielle Quelle von *mana* zu ignorieren grenzte geradezu an Tollkühnheit. Die weitere Geschichte der Israeliten zeigt, daß es ihnen sehr schwer fiel, den Kult der anderen Götter aufzugeben. Zwar hatte Jahwe sein Geschick in der Kriegsführung unter Beweis gestellt, doch er war kein Fruchtbarkeitsgott. Bei der Besiedelung von Kanaan riefen die Israeliten instinktiv den Gott Baal an, den Herrn über Grund und Boden in Kanaan, der seit ewigen Zeiten für das gute Wachstum des Getreides und der Feldfrüchte gesorgt hatte. Die Propheten beschworen die Israeliten, sich an den Bund zu halten, doch die Mehrheit betete weiterhin auf die traditionelle Art Baal, Aschera und Anat an. So erfahren wir aus der Bibel, daß der Rest des Volkes sich wieder der älteren heidnischen Religion Kanaans zuwendet, während Mose auf dem Berg Sinai ist: Sie gießen ein goldenes Kalb, das traditionelle Abbild von El, und zelebrieren die alten Riten. Diesen Vorfall gleichzeitig mit der furchteinflößenden Offenbarung auf dem Berg Sinai zu schildern mag ein Versuch des letzten Bearbeiters des Pentateuch gewesen sein, auf die verhärteten Fronten in Israel hinzuweisen. Propheten wie Mose predigten die erhabene Religion Jahwes, der überwiegende Teil des Volkes wünschte jedoch die alten Rituale mit ihrer ganzheitlichen Sicht der Einheit zwischen den Göttern, der Natur und der Menschheit.

Aber die Israeliten hatten versprochen, Jahwe nach dem Exodus als ihren einzigen Gott zu verehren, und die Propheten erinnerten sie in den folgenden Jahren immer wieder an ihr Versprechen. Sie hatten gelobt, ausschließlich Jahwe als ihren Elohim anzubeten, und er hatte seinerseits verheißen, sie zu seinem auserwählten Volk zu machen und ihnen seinen außergewöhnlich wirksamen Schutz zu gewähren. Sollten sie dieses Gelübde brechen, so hatte Jahwe sie gewarnt, werde er sie unbarmherzig vernichten. Ungeachtet dieser Drohung stimmten die Israeliten dem Bund zu. Im Buch Josua finden wir eine frühe Niederschrift, die möglicherweise die Verherrlichung des Bundes zwischen Israel und seinem Gott zum Inhalt hat. Bei dem Bund handelte es sich um einen formellen Vertrag, wie er häufig in der Politik des Nahen Ostens angewandt wurde, um zwei Parteien zusammenzuführen. Der Vertrag ist nach einem festgelegten Muster abgefaßt. Zuerst wird der mächtigere König der beiden Vertragspartner vorgestellt, es folgt ein Bericht über die bisherigen Beziehungen der Vertragsparteien. Dann werden die Vereinbarungen formuliert und die Bedingungen und Strafen festgesetzt für den Fall, daß der Bund gebrochen wird. Wesentlich an der Idee des Bundes ist die Forderung nach absoluter Loyalität. In dem Bund, der im 14. Jahrhundert zwischen dem Hetiterkönig Mursilis II. und seinem Vasallen Duppi Tasched geschlossen wurde, stellte der König folgende Forderung: »Wende dich keinem anderen zu. Deine Väter zollten Ägypten ihren Tribut; du sollst dies unterlassen ... Mit meinem Freund sollst auch du befreundet sein, und mit meinem Feind sollst auch du verfeindet sein.« Aus der Bibel erfahren wir, daß alle Nachkommen Abrahams einen Bund mit Jahwe schlossen, nachdem die Israeliten in Kanaan angekommen waren und sich dort wieder mit ihren Verwandten vereint hatten. Die Zeremonie wurde von Moses Nachfolger Josua durchgeführt, der Jahwe repräsentierte. Das Abkommen folgt dem traditionellen Muster: Jahwe wird vorgestellt, seine Verhandlungen mit Abraham, Isaak und Jakob kommen zur Sprache, anschließend werden die Ereignisse des Exodus geschildert. Schließlich setzt Josua den Wortlaut des Abkommens fest und erbittet die formelle Zustimmung des versammelten Volkes von Israel:

Fürchtet also jetzt den Herrn, und dient ihm in vollkommener Treue. Schafft die Götter fort, denen eure Väter jenseits des Stroms [Jordan] und in Ägypten gedient haben, und dient dem Herrn! Wenn es euch aber nicht gefällt, dem Herrn zu dienen, dann entscheidet euch heute, wem ihr dienen wollt: den Göttern, denen eure Väter jenseits des Stroms dienten, oder den Göttern der Amoriter, in deren Land ihr wohnt.[22]

Die Menschen haben die Wahl zwischen Jahwe und den traditionellen Göttern Kanaans. Sie zögern nicht. Es gibt keinen Gott, der Jahwe gleichkommt, kein anderer Gott hat jemals soviel für seine Anhänger getan. Jahwes wirksames Eingreifen in ihre Angelegenheiten hat eindrucksvoll demonstriert, daß er der Aufgabe, ihr Elohim zu sein, gewachsen sein würde: Ihn allein wollen sie künftig anbeten und den anderen Göttern entsagen. Josua warnt sie, daß Jahwe ausgesprochen eifersüchtig sei. Wenn sie die Bedingungen des Bundes mißachteten, werde er sie vernichten. Das Volk bleibt standhaft, es wählt Jahwe allein zu seinem Elohim: »Schafft also jetzt die fremden Götter ab, die noch bei euch sind!« ruft Josua, »und neigt eure Herzen dem Herrn zu, dem Gott Israels!«[23]

Aus der Bibel geht hervor, daß das Volk sich nicht an die Bedingungen des Bundes hielt. Die Menschen erinnerten sich an Jahwe zu Kriegszeiten, wenn sie seinen fachkundigen militärischen Schutz brauchten, doch in Friedenszeiten beteten sie Baal, Anat und Aschera auf die althergebrachte Weise an. Obwohl Jahwes Kult in seiner historischen Richtung fundamental anders war, kam er doch häufig in Vorstellungen des alten Heidentums zum Ausdruck. Als König Salomo für Jahwe einen Tempel in Jerusalem errichten ließ, der Stadt, die sein Vater David den Jebusitern abgerungen hatte, war dieser Tempel den Tempeln für die kanaanitischen Götter ähnlich. Er bestand aus drei quadratischen Flächen, deren Mittelpunkt ein würfelförmiger, als Allerheiligstes bekannter Raum bildete. Dieser Raum enthielt die Bundeslade, den tragbaren Altar, den die Israeliten während ihrer Jahre in der Wildnis mit sich geführt hatten. Im Innern des Tempels befanden sich ein riesiger Wasserbehälter aus Bronze, der Yamm darstellte, das urzeitliche Meer des kanaanitischen Mythos, sowie bis zu vierzig Fuß hohe freistehende Säulen, ein Hinweis auf den Fruchtbarkeitskult Ascheras. Die Israeliten beteten Jahwe weiterhin in den alten Schreinen an, die sie von den Kanaanitern in Bet-El, Schilo, Hebron, Bethlehem und Dan geerbt hatten; dort fanden häufig noch heidnische Zeremonien statt. Der Tempel entwickelte sich jedoch bald zu etwas Besonderem, obwohl auch dort bemerkenswert unorthodoxe Handlungen vorgenommen wurden, wie wir noch sehen werden. Allmählich betrachteten die

Israeliten den Tempel als Ebenbild von Jahwes himmlischem Hof. Sie begingen im Herbst ihr eigenes Neujahrsfest, das am Bußtag mit der Sündenbock-Zeremonie begann und fünf Tage später vom Erntedankfest des Tabernakelfestes zu Beginn des landwirtschaftlichen Jahres abgelöst wurde. Es wurde behauptet, manche Psalmen hätten die Einsetzung Jahwes in seinem Tempel anläßlich des Tabernakelfestes zum Inhalt, das Tabernakelfest symbolisiere wie die Erhebung Marduks auf den Thron immer wieder von neuem den ursprünglichen Sieg über das Chaos.[24] König Salomo war selbst ein großer Synkretist: Er hatte viele heidnische Frauen, die ihre eigenen Götter anbeteten, und er unterhielt freundschaftliche Beziehungen zu seinen heidnischen Nachbarn.

Der Jahwe-Kult war immer in Gefahr, durch das volkstümliche Heidentum verdrängt zu werden. Besonders akut wurde diese Bedrohung in der zweiten Hälfte des 9. Jahrhunderts. Im Jahre 869 bestieg König Ahab als Nachfolger den Thron des nördlichen Königreichs Israel. Seine Frau Isebel, die Tochter des Königs von Tyrus und Sidon im heutigen Libanon, war eine überzeugte Heidin und entschlossen, das Land zur Religion von Baal und Aschera zu bekehren. Sie ließ Baalspriester einreisen, und die scharten bald eine Anhängerschaft unter den Menschen des Nordens um sich, die König David erobert hatte und die nur halbherzige Anhänger Jahwes waren. Zwar blieb Ahab Jahwe treu, doch versuchte er nicht, Isebels Bekehrungseifer zu zügeln. Als gegen Ende seiner Regentschaft das Land von einer schweren Dürre heimgesucht wurde, wanderte ein Prophet namens Elija (»Jahwe ist mein Gott«) durch das Land, angetan mit einem Pelzüberwurf und einem ledernen Lendentuch, und prangerte die Untreue gegenüber Jahwe an. Er forderte König Ahab und sein Volk auf, sie sollten einem Wettstreit zwischen Jahwe und Baal auf dem Berg Karmel beiwohnen. Im Beisein von 450 Propheten Baals tritt Elija vor das Volk und ruft: »Wie lange noch schwankt ihr nach zwei Seiten?« Dann verlangt er zwei Stiere, einen für sich selbst und einen für Baals Propheten, die auf zwei Altare gelegt werden sollen. Jeder wird seinen Gott anrufen und dann sehen, welcher von ihnen Feuer vom Himmel sendet und das Brandopfer annimmt. »Der Vorschlag ist gut«, ruft das Volk. Die Propheten Baals schreien den ganzen Morgen lang seinen Namen, während sie brüllend und hüpfend um den Altar tanzen und sich mit Schwertern und Lanzen gegenseitig ritzen. Doch »es kam kein Laut, und niemand gab Antwort.« Elija verspottet sie und sagt: »Ruft lauter! Er ist doch Gott. Er könnte beschäftigt sein, könnte beiseite gegangen oder verreist sein. Vielleicht schläft er und wacht dann auf.« Doch nichts geschieht: »Es kam kein Laut, keine Antwort, keine Erhörung.«

Dann ist die Reihe an Elija. Das Volk drängt sich um Jahwes Altar, während Elija einen Graben rund um den Altar aushebt und mit Wasser füllt, um das Entfachen eines Feuers noch zusätzlich zu erschweren. Elija ruft Jahwe an. Natürlich kommt sofort Feuer vom Himmel, verzehrt den Altar und den Stier und leckt auch das Wasser im Graben auf. Die Menschen werfen sich auf das Angesicht nieder und rufen: »Jahwe ist Gott, Jahwe ist Gott!« Elija ist kein großzügiger Sieger. »Ergreift die Propheten des Baal!« befiehlt er. Keiner soll verschont bleiben. Er führt sie zu einem nahegelegenen Tal und läßt dort alle töten.[25]

Die Heiden strebten für gewöhnlich nicht danach, ihren Glauben anderen aufzudrängen – Isebel ist eine interessante Ausnahme –, da es im Tempel neben den vorhandenen Göttern immer noch Platz für einen weiteren Gott gab. Diese frühen mythischen Ereignisse zeigen, daß der Jahwe-Kult von Beginn an die energische Unterdrückung und Ablehnung anderer Glaubensbekenntnisse forderte, ein Phänomen, das wir im nächsten Kapitel näher untersuchen werden. Nach dem Massaker steigt Elija auf den Gipfel des Berges Karmel, kauert sich betend auf den Boden nieder und legt seinen Kopf zwischen die Knie. Mehrmals befiehlt er seinem Diener, den Horizont abzusuchen. Schließlich meldet der Diener, er habe eine kleine Wolke – klein wie eine Menschenhand – aus dem Meer aufsteigen sehen. Elija schickt ihn los, König Ahab zu warnen, er solle nach Hause eilen, bevor der Regen ihn aufhalte. Fast gleichzeitig mit seiner Rede verfinstert sich der Himmel durch Sturm und Wolken, und es fällt ein starker Regen. In einer Art Ekstase gürtet Elija sich und läuft neben Ahabs Wagen her. Jahwe hat die Funktion Baals, des Sturmgottes, übernommen und Regen gesandt. Damit war bewiesen, daß er nicht nur Geschick in der Kriegsführung besaß, sondern auch als Fruchtbarkeitsgott von großem Nutzen sein konnte.

Da Elija nach dem Massaker an den Propheten Vergeltung fürchtet, flieht er zur Sinai-Halbinsel und sucht Schutz auf dem Berg, wo Gott sich Mose gezeigt hat. Dort wird er Zeuge einer Gotteserscheinung, die zeigt, was für ein Gott Jahwe ist. Elija wird angewiesen, sich in einer Felsenhöhle vor der göttlichen Kraft zu schützen:

> Da zog der Herr vorüber. Ein starker, heftiger Sturm, der die Berge zerriß und die Felsen zerbrach, ging dem Herrn voraus. Doch der Herr war nicht im Sturm. Nach dem Sturm kam ein Erdbeben. Doch der Herr war nicht im Erdbeben. Nach dem Beben kam ein Feuer. Doch der Herr war nicht im Feuer. Nach dem Feuer kam ein sanftes, leises Säuseln. Und als Elija es hörte, hüllte er sein Gesicht in den Mantel.[26]

Im Gegensatz zu den heidnischen Gottheiten ist Gott in keiner der Naturgewalten, sondern in einem gesonderten Reich. Man spürt seine Gegenwart im kaum vernehmbaren Klang eines schwachen Säuselns, im Paradoxon einer hörbaren Stille.

Die Geschichte von Elija enthält die letzte mythische Schilderung der Vergangenheit in der Heiligen Schrift der Juden. In der Oikumene lag Veränderung in der Luft. Der Zeitraum zwischen 800 und 200 v. u. Z. wurde als »Achsenzeit« bezeichnet. In allen bedeutenden Regionen der zivilisierten Welt errichteten die Menschen neue Gedankengebäude, die wichtig und formgebend waren. Die neuen religiösen Systeme spiegelten die veränderten ökonomischen und sozialen Verhältnisse wider. Aus Gründen, die uns nicht vollständig klar sind, entwickelten sich alle bedeutenden Zivilisationen in die gleiche Richtung, selbst in den Fällen, in denen keine Handelsverbindungen bestanden (wie zwischen China und Europa). Ein neuer Wohlstand hatte zur Folge, daß die Schicht der Kaufleute erstarkte. Die Macht ging von König und Priester, von Tempel und Palast über auf den Marktplatz. Der Reichtum führte zu einer intellektuellen und kulturellen Blüte und zur Entwicklung des individuellen Gewissens. Ungleichheit und Ausbeutung traten deutlicher zutage, als sich das Tempo des Wandels in den Städten beschleunigte und die Menschen begriffen, daß ihr eigenes Verhalten das Schicksal zukünftiger Generationen beeinflussen konnte. Jede Region entwickelte eine für sie charakteristische Geisteshaltung im Umgang mit den neuen Problemen und Anliegen: In China waren es Taoismus und Konfuzianismus, in Indien Hinduismus und Buddhismus, Europa brachte den philosophischen Rationalismus hervor. Der Nahe Osten wartete nicht mit einer einheitlichen Lösung auf, doch entwickelten Zarathustra und die hebräischen Propheten für den Iran beziehungsweise für Israel unterschiedliche Versionen des Monotheismus. So seltsam es klingt: Die Idee von »Gott« wie auch die anderen bedeutenden religiösen Erkenntnisse dieses Zeitraums entstanden in einer Marktwirtschaft, in einem Geist des aggressiven Kapitalismus.

Ich möchte kurz zwei dieser Entwicklungen beschreiben, bevor ich im nächsten Kapitel dazu übergehe, die reformierte Religion Jahwes zu untersuchen. Das religiöse Leben in Indien folgte einer ähnlichen Entwicklungslinie, doch gibt der anders gelagerte Schwerpunkt dieser Religion Aufschluß über die Besonderheiten und Schwierigkeiten der israelitischen Vorstellung von Gott. Der Rationalismus von Plato und Aristoteles spielte ebenfalls eine Rolle, da Juden, Christen und Muslime übereinstimmend bestimmte Vorstellungen aus dem griechischen Denken übernahmen und versuchten, sie mit ihrem eigenen religiösen Erleben in Einklang zu bringen, auch wenn der Gott der Griechen sich von ihrem eigenen stark unterschied.

Im 17. Jahrhundert v. u. Z. waren Arier aus dem heutigen Iran in das Tal des Indus vorgedrungen und hatten die einheimische Bevölkerung unterworfen. Sie zwangen den Menschen ihre religiösen Vorstellungen auf, die wir in der als Rigweda bekannten Odensammlung ausgedrückt finden. Wir treffen dort eine Vielzahl von Göttern an, die weithin dieselben Werte repräsentierten wie die Götter des Nahen Ostens und die die Naturgewalten gleichermaßen mit Macht, Leben und Persönlichkeit erfüllt symbolisierten. Allem Anschein nach kamen die Menschen allmählich zu der Erkenntnis, daß die verschiedenen Götter Manifestationen eines göttlichen Alleinherrschers sein könnten, der sie alle übertraf. Wie die Babylonier waren sich auch die Arier vollkommen darüber im klaren, daß ihre Mythen keine Tatsachenberichte aus der realen Welt waren, sondern Ausdruck eines Mysteriums, das nicht einmal die Götter selbst angemessen erklären konnten. Wenn sie sich vorzustellen versuchten, wie die Götter und die Welt sich aus dem ursprünglichen Chaos entwickelt hatten, kamen sie zu dem Schluß, daß niemand – nicht einmal die Götter – das Mysterium der Existenz begreifen konnten:

> Wer weiß denn, woher sie stammt
> Woher diese Emanation kommt
> Ob Gott sie schuf oder nicht, –
> Nur der, der das Ganze vom höchsten Punkt
> des Himmels aus überblickt, weiß die Antwort.
> Möglicherweise aber auch nicht![27]

Die Religion der Weda-Anhänger versuchte nicht, den Ursprung des Lebens zu erklären oder verbindliche Antworten auf philosophische Fragen zu geben. Statt dessen war sie darauf ausgerichtet, den Menschen dabei zu helfen, sich mit den wunderbaren und schrecklichen Seiten des Daseins abzufinden. Sie warf mehr Fragen auf, als sie beantwortete, das Volk verharrte in einer Haltung ehrfürchtigen Staunens.

Im 8. Jahrhundert v. u. Z., als J und E ihre Chroniken verfaßten, führten Veränderungen der sozialen und wirtschaftlichen Verhältnisse auf dem indischen Subkontinent dazu, daß die alte wedische Religion an Bedeutung verlor. Die Vorstellungen der einheimischen Bevölkerung, unterdrückt in den Jahrhunderten nach der Invasion der Arier, setzten sich wieder durch. Das neu erwachte Interesse am Karma, der Auffassung, daß das persönliche Schicksal vom eigenen Handeln abhängt, bewirkte, daß man nicht mehr bereit war, die Götter für unvernünftiges Verhalten von Menschen verantwortlich zu machen. Man betrachtete die Götter zunehmend als Symbole einer eigenen, transzendenten Wirklichkeit. Die wedische Religion hatte sich sehr mit Opferritualen beschäftigt. Das Interesse, Yoga wieder auf die alte indische Art zu praktizieren (die geistigen Kräfte durch besondere Konzentrationsübungen zu unterwerfen), drückte aus, daß die Menschen zunehmend unzufrieden wurden mit einer Religion, die sich nur auf Äußerlichkeiten beschränkte. Opfer und Liturgie genügten ihnen nicht mehr, sie wollten den tieferen Sinn der Riten erfassen. Wir werden noch sehen, daß die Propheten Israels die gleiche Unzufriedenheit verspürten. In Indien betrachtete man die Götter nicht mehr als andersartige, von den Gläubigen unterschiedene Wesen, statt dessen strebten die Menschen eine innere Wahrheitsfindung an.

Die Götter spielten keine große Rolle mehr. Künftig wurden sie von den Religionslehrern abgelöst, sie bekamen einen höheren Stellenwert als die Götter. Wertvorstellungen von Menschlichkeit und der Wunsch, das eigene Schicksal zu beeinflussen, wurden immer wichtiger; die Zeit der großen religiösen Erkenntnisse auf dem Subkontinent war angebrochen. Die neuen Religionen Hinduismus und Buddhismus leugneten weder die Existenz der Götter, noch untersagten sie dem Volk, sie anzubeten. Ihrer Auffassung nach war eine solche Unterdrückung und Ablehnung schädlich. Statt dessen suchten Hindus und Buddhisten nach Wegen, die Götter zu transzendieren, über sie hinaus zu gehen. Im Laufe des 8. Jahrhunderts begannen Weise sich mit diesen Themen in den Aranjakas und Upanischaden genannten Abhandlungen zu befassen, die unter dem Sammelbegriff Wedanta bekannt wurden: das Ende der Weden. Immer mehr Upanischaden erschienen, gegen Ende des 5. Jahrhunderts v. u. Z. gab es bereits ungefähr zweihundert. Es ist unmöglich, die Religion, die wir Hinduismus nennen, auf eine allgemeingültige Formel zu bringen, denn sie entzieht sich systematischen Einordnungsversuchen und ausschließlichen Interpretationen. Die Upanischaden entwickelten jedoch eine deutliche Vorstellung des Göttlichen, das die Götter transzendiert und zugleich allen Dingen innewohnt.

In der wedischen Religion hatten die Menschen bei ihren Opferritualen eine heilige Macht gespürt. Diese heilige Macht nannten sie Brahman. Die Kaste der Priester, die Brahmanen, stand in dem Ruf, diese Macht ebenfalls zu besitzen. Da das rituelle Opfer als der Mikrokosmos des gesamten Universums angesehen wurde, verstand man im Laufe der Zeit unter Brahman eine alles stützende Macht. Die ganze Welt galt als das Ergebnis göttlichen Handelns, ausgehend vom Mysterium Brahman, der tieferen Bedeutung jeglicher Existenz. Die Upanischaden ermutigten die Menschen, bei allem ein Gefühl für das Brahman zu kultivieren. Ein Prozeß der Offenbarung im wörtlichen Sinn kam in Gang: die Enthüllung der tieferen Bedeutung allen Seins. Alles sich Ereignende wurde eine Manifestation des Brahman, wirkliche Einsicht bestand darin, die Einheit hinter den unterschiedlichen Phänomenen wahrzunehmen. In manchen Upanischaden wurde das Brahman als eine persönliche Macht dargestellt, in anderen war es vollkommen unpersönlich. An Brahman kann man sich nicht wenden, es ist ein neutraler Begriff, weder »er« noch »sie«. Brahman ist auch nicht der Wille einer souveränen Gottheit. Brahman richtet nicht das Wort an die Menschen, es kann Frauen und Männern nicht begegnen, es transzendiert alle menschliche Erfahrung. Es reagiert auch nicht persönlich auf uns: Sünde »beleidigt« es nicht, und man kann auch nicht sagen, daß es uns »liebt« oder uns etwas »übelnimmt«. Ihm für die Erschaffung der Welt zu danken oder es zu preisen wäre vollkommen unangebracht.

Diese göttliche Macht bliebe uns ganz und gar fremd, wäre da nicht die Tatsache, daß sie auch uns selbst durchdringt, stützt und inspiriert. Die Techniken des Yoga schärfen das Bewußtsein der Menschen für eine innere Welt. Die Disziplinen Haltung, Atmung, Ernährung und geistige Konzentration wurden davon unabhängig auch in anderen Kulturen entwickelt. Offenkundig enthalten sie eine Erfahrung von Aufklärung und Erleuchtung, die zwar unterschiedlich interpretiert wurde, jedoch zur Natur des Menschen gehört. Den Upanischaden zufolge handelte es sich bei dieser Erfahrung einer neuen Dimension des Selbst um dieselbe heilige Macht, die auch die übrige Welt stützte. Das immerwährende Prinzip in jedem Individuum wurde Atman genannt. Darunter war eine neue Version der alten ganzheitlichen Sicht des Heidentums zu verstehen, eine Wiederentdeckung unter den neuen Bedingungen des »einen Lebens« in uns und unserer Umgebung, das durch und durch göttlich war. Die Chandoga-Upanischad erläutert das in der Salzparabel: Ein junger Mann namens Sretaketu hat zwölf Jahre lang die Weden studiert und ist sehr von sich eingenommen. Sein Vater Uddalaka stellt ihm eine Frage, die er nicht beantworten kann, und erteilt ihm dann eine Lektion über die fundamentale Wahrheit, von der er absolut nichts weiß. Er befiehlt seinem Sohn, ein Stück Salz in Wasser zu legen und ihm am nächsten Morgen Bericht zu erstatten. Als der Vater am Tag darauf das Salz sehen will, kann Sretaketu es nicht finden, weil es sich vollkommen aufgelöst hat. Uddalaka setzt seine Lektion fort:

> »Würdest du bitte von dieser Seite des Glases kosten? Wie schmeckt es?« fragte er.
>
> »Salzig.«
>
> »Koste jetzt von der Mitte. Wie schmeckt es?«
>
> »Salzig.«
>
> »Koste jetzt von der anderen Seite. Wie schmeckt es?«
>
> »Salzig.«
>
> »Schütte es weg und komme dann zu mir.«
>
> Er tat, wie ihm geheißen wurde, doch [hinderte dies das Salz nicht daran] unverändert [zu] bleiben.
>
> [Sein Vater] sagte zu ihm: »Mein liebes Kind, es trifft zu, daß du hier nichts Stoffliches wahrnehmen kannst, doch trifft es ebenso zu, daß es tatsächlich da ist. Dieses erste innere Wesen – das dem ganzen Universum innewohnende eigene Selbst: Das ist die Wirklichkeit: Das ist das Selbst: Das bist du, Sretaketu!«

Auch wenn wir es nicht sehen können, durchdringt das Brahman auf diese Weise das Universum und ist, wie der Atman, ewig in jedem von uns vorhanden.[28]

Der Atman verhinderte, daß Gott ein Idol wurde, eine äußere Realität »dort draußen«, eine Projektion unserer eigenen Ängste und Wünsche. Gott wird im Hinduismus daher nicht als Wesen angesehen, das der Welt, die wir kennen, hinzugefügt wurde, noch ist er identisch mit dem Universum. Es gibt keine Möglichkeit, diese Zusammenhänge vernunftmäßig zu ergründen. Sie werden uns lediglich durch eine Erfahrung *(anubhara)* »ent-hüllt«, die nicht in Worten oder Begriffen ausgedrückt werden kann. Brahman bedeutet: »Was nicht in Worten ausgedrückt werden kann, doch womit Worte gesprochen werden … Was nicht mit dem Verstand in Gedanken gefaßt werden kann, doch womit der Verstand in die Lage versetzt wird zu denken.«[29] Es ist unmöglich, zu einem Gott von solcher Immanenz zu sprechen oder Überlegungen über ihn anzustellen und ihn dabei als rein gedankliches Objekt zu behandeln. Er ist eine Wirklichkeit, die nur in der Ekstase wahrgenommen werden kann, im ursprünglichen Sinn des Hinausgehens über das eigene Selbst: Gott

> wird von denen gedanklich erfaßt, die Ihn über ihre Gedanken hinaus kennen, nicht von denen, die sich vorstellen, Er könne gedanklich erfaßt werden. Er ist den Gebildeten unbekannt und den einfachen Menschen bekannt.
> Er wird erkannt in der Ekstase eines Erwachens, das die Tür zum ewigen Leben öffnet.[30]

Wie die Götter wird die Vernunft nicht negiert, sondern transzendiert. Die Erfahrung des Brahman oder Atman kann ebensowenig rational erklärt werden wie ein Musikstück oder ein Gedicht. Intelligenz ist notwendig für das Schaffen eines solchen Kunstwerks und seine Würdigung, doch ermöglicht es eine Erfahrung, die über die rein logischen oder zerebralen Fähigkeiten hinausgeht. Das wird ein immer wiederkehrendes Thema bei der Geschichte Gottes sein.

Das Ideal persönlicher Transzendenz verkörpert der Yogi, der seine Familie verläßt, sich auf der Suche nach Erleuchtung von allen sozialen Bindungen und Verpflichtungen frei macht und sich in einen anderen Bereich seines Wesens zurückzieht. Um das Jahr 538 v. u. Z. verließ auch ein junger Mann namens Siddhartha Gautama seine schöne Frau, seinen Sohn und sein luxuriöses Heim in Kapilavastu, etwa hundertsechzig Kilometer nördlich von Benares, und zog als Bettelmönch durch das Land. Aufgewühlt von all dem Leid am Straßenrand, wollte er das Geheimnis ergründen, wie man dem kummervollen Dasein, dem er auf Schritt und Tritt begegnete, entrinnen konnte. Sechs Jahre lang saß er zu Füßen verschiedener Gurus und nahm furchtbare Bußen auf sich, aber er fand nicht, was er suchte. Die Lehren der Weisen überzeugten ihn nicht, und die Kasteiungen stürzten ihn nur in tiefe Verzweiflung. Die Erleuchtung kam, als er diese Methoden aufgab und sich eines Nachts in Trance versetzte. Der gesamte Kosmos gab seiner Freude Ausdruck, die Erde bebte, Blumen fielen vom Himmel, wohlriechende Luft umwehte ihn, und die Götter in ihren verschiedenen Himmeln jubilierten. Wie in der heidnischen Sichtweise waren Götter, Natur und Menschheit im Gleichklang der Gefühle vereint. Neue Hoffnung auf Befreiung von Leid und auf das Erlangen von Nirwana, dem Ende der Schmerzen, keimte auf. Gautama war Buddha geworden, der Erleuchtete. Zunächst führte ihn der Dämon Mara in Versuchung, dort zu bleiben, wo er war, und seinen neuerworbenen Zustand der Glückseligkeit zu genießen: Seine Botschaft zu verkünden war sinnlos, da niemand ihm Glauben schenken würde. Doch zwei Götter des traditionellen Pantheons – Maha Brahma und Sakra, Herr über die Dewas – kamen zu Buddha und baten ihn, der Welt zu sagen, was er erfahren hatte. Buddha willigte ein und wanderte in den folgenden fünfundvierzig Jahren durch ganz Indien, um seine Botschaft zu verkünden: In dieser Welt des Leidens war nur eines beständig und unwandelbar, und das war Dharma, die Wahrheit über die richtige Lebensführung, das einzige, was uns von Schmerz befreien kann.

Mit Gott hatte das nichts zu tun. Buddha glaubte unerschütterlich an die Existenz der Götter, da sie Teil seiner Kultur waren, doch er glaubte nicht, daß sie den Menschen viel nützen könnten. Die Götter waren wie die Menschen Opfer von Leiden und Krankheit. Die Erleuchtung verdankte Buddha nicht den Göttern, sie waren in den Zyklus der Wiedergeburt verstrickt wie alle anderen Geschöpfe und würden mit der Zeit verschwinden. Dennoch hatte er in entscheidenden Augenblicken seines Lebens – beispielsweise als er den Entschluß faßte, seine Botschaft zu verkünden – das Gefühl, die Götter beeinflußten ihn und spielten eine wichtige Rolle bei seiner Entscheidung. Buddha bekannte sich zur Existenz der Götter, stellte aber die elementare Realität des Nirwana über die Götter. Wenn Buddhisten bei der Meditation Glückseligkeit oder ein Gefühl der Transzendenz verspüren, schreiben sie das nicht dem Kontakt mit einem übernatürlichen Wesen zu. Solche Zustände sind vielmehr in der Natur des Menschen angelegt, mit der richtigen Lebensführung und Wissen um die Techniken des Yoga kann sich jeder hineinversetzen. Daher empfahl Buddha seinen Schülern eindringlich, sich selbst zu retten, anstatt sich auf einen Gott zu verlassen.

Als Buddha nach seiner Erleuchtung in Benares mit seinen ersten Schülern zusammentraf, beschrieb er sein System, das auf einer wesentlichen Tatsache basierte: Jegliche Existenz war *dukkha*. Sie bestand ganz und gar aus Leiden, das Leben war vollkommen widersinnig. Die Dinge kommen und gehen in einem bedeutungslosen Ablauf, nichts ist von bleibender Wichtigkeit. Am Anfang einer Religion steht die Erkenntnis, daß etwas nicht in Ordnung ist. In der heidnischen Antike hatte das zum Mythos einer göttlichen, archetypischen, unserer eigenen Welt entsprechenden Welt geführt, die ihre Stärke an die Menschen weitergeben konnte. Buddha lehrte die Möglichkeit, von *dukkha* befreit zu werden durch Sanftmut und Mitgefühl für alle Lebewesen: Sanfte Sprache und sanfte Gesten, Freundlichkeit und Sorgfalt, Ablehnung aller Drogen und berauschenden Getränke, die die Sinne trüben. Buddha erhob nicht den Anspruch, er habe dieses System erfunden, aber er bestand darauf, daß er es entdeckt hatte: »Ich sah einen alten Pfad, eine alte Straße, beschritten von Buddhas eines längst vergangenen Zeitalters.«[31] Wie die Gesetze des Heidentums war dieses System mit der elementaren Struktur des Lebens verbunden, wohnte es den Lebensbedingungen inne. Es hatte objektive Realität, nicht weil es mit logischen Beweisen dargelegt werden konnte, sondern weil jeder, der sich ernsthaft bemühte, danach zu leben, feststellen konnte, daß er damit Erfolg hatte. Wirksamkeit war im Gegensatz zu philosophischer oder historischer Beweisführung immer das Merkmal einer erfolgreichen Religion: Über Jahrhunderte hinweg stellten Buddhisten in vielen Teilen der Welt fest, daß diese Lebensweise ein Gefühl für die Bedeutung der Transzendenz verlieh.

Das Karma zwang Frauen und Männer zu einem endlosen Zyklus der Wiedergeburt in einer Vielzahl schmerzerfüllter Daseinsformen. Doch wenn sie sich von ihrer Selbstbezogenheit zu lösen vermochten, konnten sie ihr Schicksal ändern. Buddha verglich den Prozeß der Wiedergeburt mit einer Flamme, die eine Lampe zum Leuchten bringt, von der eine zweite Lampe ihr Licht bekommt und so weiter, bis die Flamme verlöscht. Wenn jemand mit der falschen Einstellung stirbt, zündet er im Tod eine neue Lampe an. Erst wenn das Feuer verlöscht ist, endet der Zyklus des Leidens, und das Nirwana ist erreicht. »Nirwana« bedeutet wörtlich »Abkühlung« oder »Verlöschen«. Es handelt sich dabei keineswegs um einen nur negativen Zustand, sondern Nirwana spielt im buddhistischen Leben eine Rolle, die analog zu Gott zu sehen ist. Wie Edward Conze in seinem Buch *Der Buddhismus. Wesen und Entwicklung* erläutert, gebrauchen die Buddhisten häufig die gleiche Bildersprache wie die Theisten, wenn sie das Nirwana, die elementare Wirklichkeit, beschreiben:

> Sie versichern uns, daß das Nirwana ewig sei, beständig, unvergänglich, unbeweglich, weder dem Altern noch dem Tode unterworfen, ungeboren und ungeworden, daß es Macht, Segen und Seligkeit bedeute, ein rechter Zufluchtsort sei, ein Obdach und ein Platz unangreifbarer Sicherheit; die wirkliche Wahrheit und die höchste Wirklichkeit; daß es das Gute sei, das höchste Ziel und die einzige Erfüllung unseres Lebens, ewiger, verborgener und unbegreiflicher Frieden.[32]

Manche Buddhisten würden diesen Vergleich vielleicht ablehnen, da sie den Begriff »Gott« zu begrenzt fänden, um ihre Auffassung von der elementaren Wirklichkeit auszudrücken. Das liegt vor allem daran, daß Theisten das Wort »Gott« auf eine einschränkende Art gebrauchen: Sie meinen ein Wesen, das nicht sehr verschieden von uns ist. Wie die Weisen der Upanischaden bestand auch Buddha darauf, daß es unmöglich ist, das Nirwana wie irgendeine andere menschliche Wirklichkeit zu definieren und zu erörtern.

Das Nirwana zu erlangen ist nicht vergleichbar mit »in den Himmel kommen«, wie Christen es oft verstehen. Buddha lehnte es stets ab, Fragen über das Nirwana oder andere elementare Dinge zu beantworten, weil sie »ungehörig« oder »unpassend« seien: Wir könnten nicht sagen, was das Nirwana sei, weil sich unsere Worte und Begriffe auf eine Welt des Verstandes und des ständigen Wandels bezögen. Erfahrung sei der einzig verläßliche »Beweis«. Seine Schüler wußten, daß das Nirwana einfach deswegen existierte, weil die richtige Lebensführung sie in die Lage versetzen würde, es zu erkennen.

Mönche, es existiert ein noch Ungeborenes und noch nicht Gewordenes, ein Unfertiges, Zerfallenes; wenn dieses Ungeborene, noch nicht Gewordene, Unfertige, Zerfallene nicht existierte, Mönche, gäbe es hier kein Entrinnen von den Geborenen, den Gewordenen, den Fertigen, den Zusammengesetzten. Doch weil es ein Ungeborenes, ein noch nicht Gewordenes, ein Unfertiges, ein Zerfallenes gibt, ist auch ein Entrinnen von dem Geborenen, dem Gewordenen, dem Fertigen, dem Zusammengesetzten möglich.[33]

Buddhas Mönche sollten nicht über die Beschaffenheit des Nirwana spekulieren. Er konnte nicht mehr für sie tun, als sie mit einem Floß auszustatten, das sie zu »ferneren Ufern« tragen konnte. Fragte man ihn, ob ein Buddha, der das Nirwana erreicht habe, nach dem Tod weiterlebe, wies er die Frage als »ungehörig« zurück. Das sei, als frage man, welche Richtung eine Flamme einschlage, wenn sie »verlösche«. Ebenso ungehörig waren die Aussagen, ein Buddha existiere im Nirwana beziehungsweise er existiere dort nicht: Das Wort »existieren« stehe in keinerlei Bezug zu einem Zustand, den wir mit dem Verstand erfassen könnten. Wir werden sehen, daß Juden, Christen und Muslime im Lauf der Jahrhunderte die gleiche Antwort auf die Frage nach der »Existenz« Gottes gegeben haben. Buddha versuchte zu zeigen, daß die Sprache ein ungeeignetes Mittel ist, um sich mit einer Wirklichkeit jenseits von Begriffen und Vernunft zu befassen. Er erteilte der Vernunft keine Absage und bestand auf der Wichtigkeit von klarem und korrektem Denken und Sprechen. Letztendlich war er aber der Auffassung, daß die Religion oder der Glaube, zu dem sich ein Mensch bekannte, wie auch die Rituale, die er praktizierte, bedeutungslos seien. Solche Dinge konnten interessant sein, doch sie waren nicht von entscheidender Bedeutung. Einzig und allein ein tugendhaftes Leben zählte. Versuchten Buddhisten, ein solches Leben zu führen, stellten sie fest, daß das Dharma existierte, auch wenn sie diese Wahrheit nicht in logischen Begriffen ausdrücken konnten.

Die Griechen andererseits interessierten sich brennend für Logik und Vernunft. Plato (427–346 v. u. Z.) beschäftigte sich ständig mit Fragen der Erkenntnis und der Natur der Weisheit. In seinen frühen Schriften ging es hauptsächlich um die Verteidigung von

Sokrates, der die Menschen durch seine zum Nachdenken anregenden Fragen genötigt hatte, ihre Anschauungen präzise darzulegen, und der im Jahre 399 zum Tode verurteilt worden war, nachdem man ihn angeklagt hatte, gottlos zu sein und die Jugend zu verderben. In einer Hinsicht war dies vergleichbar mit der Entwicklung in Indien: Sokrates hatte sein Mißfallen über die alten religiösen Feste und Mythen bekundet, weil er sie unpassend und entwürdigend fand. Plato war auch von dem im 6. Jahrhundert lebenden Philosophen Pythagoras beeinflußt, der seinerseits auf dem Umweg über Persien und Ägypten möglicherweise Ideen aus Indien aufgenommen hatte. Pythagoras hatte geglaubt, die Seele sei eine gestrauchelte, verdorbene Gottheit, im Körper wie in einem Grab eingekerkert und zu einem unaufhörlichen Kreislauf der Wiedergeburt verdammt. Er hatte die allgemeine menschliche Erfahrung in Worte gefaßt, sich wie ein Fremder in einer Welt zu fühlen, die nicht unser wahres Element zu sein scheint. Pythagoras hatte gelehrt, die Seele könne durch rituelle Waschungen befreit und in die Lage versetzt werden, in Harmonie mit dem auferlegten Universum zu leben. Plato glaubte gleichfalls an die Existenz einer göttlichen, unwandelbaren Realität jenseits der faßbaren Welt und daran, daß die Seele eine gefallene, aus ihrem Element gerissene Gottheit sei, im Körper gefangen, doch imstande, ihren göttlichen Status durch die Läuterung der Vernunftkräfte des Geistes wiederzuerlangen. In seinem berühmten Höhlengleichnis beschreibt Plato die Finsternis und Düsterkeit des menschlichen Lebens auf der Erde: Der Mensch nimmt nur flackernde Schatten der unvergänglichen Wirklichkeit an der Höhlenwand wahr. Doch allmählich kann er herausgelangen, erleuchtet und befreit werden, und seine Seele gewöhnt sich an das göttliche Licht.

Später in seinem Leben hat Plato sich möglicherweise von der Lehre der unwandelbaren Formen oder Ideen distanziert. Für viele Monotheisten war sie jedoch äußerst bedeutsam, sie half ihnen, ihre Vorstellung von Gott in Worte zu fassen. Die Ideen sind unveränderliche, konstante Wirklichkeiten, die mit den vernunftmäßigen Kräften des Geistes begriffen werden können. Sie sind eine umfassendere, beständigere und realere Wirklichkeit als die veränderlichen und unzulänglichen materiellen Phänomene, die wir mit unseren Sinnen aufnehmen können. Die Dinge dieser Welt sind nur ein Echo der ewigen Formen im Reich Gottes, an dem sie »teilhaben« oder das sie »imitieren« können. Jedem unserer allgemeinen Begriffe wie Liebe, Gerechtigkeit und Schönheit entspricht eine Idee. Die bedeutendste all dieser Formen ist die Idee des Guten. Plato hat den alten Mythos von den Archetypen in eine philosophische Form gekleidet. Seine ewig unveränderlichen Ideen können als rationale Version der mythischen göttlichen Welt verstanden werden, in der irdische Dinge nur eine äußerst geringe Rolle spielen. Er erörtert nicht die Natur Gottes, sondern beschränkt sich auf die göttliche Welt der Formen, obwohl es gelegentlich den Anschein hat, als stehe vollendete Schönheit oder das Gute bei ihm tatsächlich für eine höchste Wirklichkeit. Plato war überzeugt von der Unwandelbarkeit der göttlichen Welt. Die Griechen sahen Bewegung und Wandel als Zeichen einer minderwertigen Realität: Was wahre Identität besaß, blieb immer gleich, war charakterisiert durch Dauerhaftigkeit und Unveränderlichkeit. Als vollkommenste Bewegung galt ihnen daher der Kreis, da er sich in ständiger Rotation befindet und immer wieder zu seinem Ausgangspunkt zurückkehrt; die in ständiger Rotation befindlichen himmlischen Sphären imitieren die göttliche Welt auf die bestmögliche Art. Dieses absolut statische Bild von Göttlichkeit hatte einen sehr starken Einfluß auf Juden, Christen und Muslime, auch wenn es wenig gemeinsam hat mit dem Gott der Offenbarung, der ständig aktiv und innovativ auftritt und der Bibel zufolge sogar seine Meinung ändert. So bereut er beispielsweise, daß er den Menschen erschaffen hat, und faßt den Entschluß, die menschliche Rasse durch die Sintflut zu zerstören. Platos Werk besticht durch einen mystischen Aspekt, in dem Monotheisten sich wiedererkannten. Platos göttliche Formen waren keine Wirklichkeiten »dort draußen«, sondern konnten im eigenen Selbst entdeckt werden. In seinem dramatischen Dialog *Das Gastmahl* zeigt er, wie die Liebe zu einem schönen Körper in eine ekstatische Betrachtung *(theoria)* idealer Schönheit geläutert und transformiert werden kann. Er läßt Diotima, Sokrates' Mentorin, erklären, daß dieses Schöne einzigartig, ewig und absolut ist, vollkommen anders als alles, was wir in dieser Welt erfahren können:

Zum ersten ist es ein ewig Seiendes, weder entstehend noch vergehend, weder zunehmend noch abnehmend, sodann nicht in gewisser Beziehung schön, in anderer häßlich, auch nicht bald schön, bald wieder nicht, auch nicht beziehungsweise schön und beziehungsweise hinwiederum häßlich, auch nicht hier schön, dort häßlich, so daß es die einen schön, die anderen häßlich finden. Auch wird sich dies Schöne dem Beschauer nicht darstellen als ein Gesicht oder in der Gestalt von Händen oder von sonst etwas Körperhaftem, ebensowenig aber auch als irgendeine Art von Rede oder wissenschaftlicher Erkenntnis, auch nicht als etwas, das in irgendeinem anderen ist, sei es in einem lebenden Wesen oder sei es auf Erden oder im Himmel oder sonst in irgend etwas anderem, sondern rein für sich und mit sich in unabänderlicher Daseinsform verharrend.[34]

Kurz gesagt: Die Idee hat – wie auch die Schönheit – viel mit dem gemein, was die Theisten »Gott« nennen. Obgleich es sich bei den Ideen um etwas Transzendentes handelt, keimen sie im menschlichen Geist. Wir modernen Menschen erleben das Denken als eine Tätigkeit, als etwas, das wir ausüben. Bei Plato ist das Denken etwas, was dem Geist widerfährt: Objekt des Denkens sind Wirklichkeiten, die im Intellekt des Menschen aktiv sind, während er sie betrachtet. Wie Sokrates sieht Plato das Denken als einen Prozeß des Erinnerns, als Wahrnehmung von etwas, das wir schon immer gewußt, aber vergessen haben. Da Menschen für Plato gestürzte Gottheiten sind, sind die Formen der göttlichen Welt in ihnen und können durch die Vernunft »berührt« werden, und das ist keine Vernunft- oder Verstandestätigkeit, sondern eine intuitive Erfassung der ewigen Wirklichkeit in uns. Diese Vorstellung übte einen starken Einfluß auf Mystiker aller drei monotheistischen Religionen aus.
Plato glaubte, das Universum sei im wesentlichen rational. Dies war ein weiterer Mythos oder eine weitere imaginäre Auffassung von der Wirklichkeit. Aristoteles (384–322) ging noch einen Schritt weiter. Als erster würdigte er die Bedeutung logischer Argumentation, die Basis jeglicher Wissenschaft, und war von der Möglichkeit überzeugt, durch Anwenden dieser Methode das Uni-

versum zu begreifen. Neben dem Versuch, in den vierzehn als *Metaphysik* bekannten Abhandlungen zu einem theoretischen Verständnis der Wahrheit zu gelangen (die Bezeichnung wurde vom Herausgeber geprägt, der diese Abhandlungen »nach der *Physik*« plazierte: *meta ta physika*), befaßte sich Aristoteles auch mit theoretischer Physik und empirischer Biologie. Doch er blieb durchdrungen von einer tiefen intellektuellen Demut und beharrte darauf, niemand sei imstande, eine angemessene Vorstellung von der Wahrheit zu erlangen. Jeder könne jedoch einen kleinen Beitrag zu unserem kollektiven Verständnis beisteuern. Über Aristoteles' Haltung zu Platos Werk wurde viel diskutiert. Es hat den Anschein, als habe Platos Transzendenz-Theorie der Formen seinem Naturell widerstrebt. Er lehnte auch die Auffassung ab, die Ideen hätten eine frühere, unabhängige Existenz hinter sich. Aristoteles zufolge haben die Formen nur insoweit Realität, als sie konkret existieren, materielle Objekte in unserer eigenen Welt sind.

Trotz dieser erdgebundenen Einstellung und seiner Forderung nach wissenschaftlichen Fakten hatte Aristoteles tiefes Verständnis für die Natur und für die Bedeutung von Religion und Mythologie. Wer in die Mysterien eingeweiht werde, meint er, solle nichts lernen *(mathein)*, sondern etwas erleben *(pathein)* und in einen bestimmten seelischen Zustand versetzt werden, sofern er dieses Zustands überhaupt fähig ist.[35] Daher stammt auch seine berühmte literarische Theorie, daß die Tragödie eine Läuterung *(katharsis)* von den Gefühlen Furcht und Mitleid bewirke. Die griechischen Tragödien, ursprünglich Bestandteil eines religiösen Festes, waren keine Tatsachenberichte von historischen Ereignissen, sondern Versuche, einer bedeutenderen Wahrheit auf die Spur zu kommen. Die Geschichte war trivialer als Poesie und Mythos. Das eine beschreibt, was wirklich geschah, das andere, was hätte geschehen können. Die Poesie ist philosophischer und bedeutender als die Geschichte, denn Poesie behandelt das Universale, Geschichte nur einzelne Fakten.[36] Gleichgültig, ob es in der Geschichte einen Achilles oder Ödipus gegeben hat, die Fakten aus ihrem Leben sind irrelevant für die Charaktere, die wir bei Homer und Sophokles kennenlernen. Sie drücken eine andere, tiefgründigere Wahrheit über die Lage des Menschen aus. Aristoteles'

Auffassung von der kathartischen Wirkung der Tragödie war die philosophische Darstellung einer Wahrheit, die der Homo religiosus immer schon intuitiv begriffen hatte: Eine symbolische, mythische oder rituelle Darstellung von Ereignissen, die im alltäglichen Leben unerträglich wären, kann den Menschen mit diesen Sachverhalten versöhnen und sie in etwas Reines und sogar Angenehmes verwandeln.

Aristoteles' Gottesvorstellung hatte sehr großen Einfluß auf die späteren Monotheisten, besonders auf die Christen der westlichen Welt. In der *Physik* befaßt sich Aristoteles mit der Beschaffenheit der Wirklichkeit und der Struktur und Substanz des Universums. Er entwickelt gleichsam eine philosophische Version der alten Schöpfungsmythen. Aristoteles zufolge besteht eine Hierarchie der Daseinsformen, jede einzelne reicht ihre Form und Veränderung an eine spätere weiter. Anders als in den alten Mythen werden bei Aristoteles die Emanationen schwächer, je weiter sie von ihrem Ausgangspunkt entfernt sind. An der Spitze dieser hierarchischen Ordnung steht der unbewegte Beweger, den Aristoteles mit Gott gleichsetzt. Dieser Gott ist etwas rein Seiendes und als solches ewig, unbeweglich und geistig. Gott ist ausschließlich Denken, gleichzeitig Denker und Gedanke, in einem ewigen Moment in die Betrachtung seiner selbst, des höchsten Gegenstandes des Wissens, versunken. Da Stoff unvollkommen und vergänglich ist, gibt es bei Gott oder den höheren Ebenen des Seins kein stoffliches Element. Der unbewegte Beweger veranlaßt jegliche Bewegung und Tätigkeit im Universum, da jede Bewegung eine Ursache bedingt, die zu einem einzelnen Ausgangspunkt zurückverfolgt werden kann. Er aktiviert die Welt durch einen Prozeß der Anziehung, da alle Lebewesen sich zum vollkommenen Sein hingezogen fühlen.

Der Mensch befindet sich in einer besonderen Position: Seine menschliche Seele besitzt das göttliche Geschenk des Intellekts, weshalb er mit Gott verwandt ist und an der göttlichen Schöpfung teilhaben kann. Die gottähnliche Fähigkeit der Vernunft erhebt ihn über die Tier- und Pflanzenwelt. Als Körper und Seele gesehen, ist der Mensch ein Mikrokosmos innerhalb des gesamten Universums, er trägt dessen elementare Stoffe wie auch das göttliche Attribut der Vernunft. Es ist seine Pflicht, durch die Läuterung seines Intellekts unsterblich und göttlich zu werden. Weisheit, Sophia, ist die höchste aller menschlichen Tugenden. Wie bei Plato findet sie auch bei Aristoteles ihren Ausdruck in der Kontemplation (Theoria) der Wahrheit im philosophischen Sinn, die uns durch die Nachahmung Gottes selbst Göttlichkeit verleiht. Theoria wird nicht allein durch Logik erreicht, sie bedeutet geschulte Intuition, die in eine ekstatische Selbsttranszendenz mündet. Nur ganz wenige Menschen sind zu dieser Art von Weisheit fähig, die meisten können nur die Phronesis erreichen, den Gebrauch von Vernunft und kluger Vorausschau im alltäglichen Leben.

Obwohl der unbewegte Beweger in Aristoteles' System eine wichtige Stellung einnimmt, ist sein Gott von geringer religiöser Relevanz. Er hat die Welt nicht erschaffen, denn dies hätte eine unangebrachte Veränderung und temporale Aktivität mit sich gebracht. Selbst wenn alle sehnsüchtig nach diesem Gott verlangen, steht er der Existenz des Universums vollkommen gleichgültig gegenüber, da er über etwas ihm Unterlegenes nicht nachzusinnen vermag. Ganz offensichtlich lenkt oder führt er die Welt nicht und kann auch nicht auf die eine oder andere Weise in unser Leben eingreifen. Die Frage bleibt offen, ob Gott überhaupt von der Existenz des Kosmos weiß, der als notwendige Folge seiner eigenen Existenz durch Emanation entstanden ist. Die Frage nach der Existenz eines solchen Gottes ist zwangsläufig nur von geringer Bedeutung. Möglicherweise verwarf Aristoteles selbst seine Theologie zu einem späteren Zeitpunkt in seinem Leben. Aristoteles wie Plato waren beide Männer der Achsenzeit, und sie beschäftigten sich beide besonders intensiv mit dem individuellen Gewissen, dem tugendhaften Leben und der Frage nach der Gerechtigkeit in der Gesellschaft. Doch ihr Denken war elitär. Die reine Welt von Platos Ideen oder Aristoteles' distanzierter Gott hatten wenig zu tun mit dem Leben der gewöhnlichen Sterblichen, eine Tatsache, die ihre späteren jüdischen und muslimischen Bewunderer gezwungenermaßen anerkennen mußten.

In den neuen Gedankengebäuden der Achsenzeit bestand Konsens darüber, daß das menschliche Leben ein wesentliches transzendentes Element enthielt. Die verschiedenen hier genannten Denker legten die Transzendenz auf unterschiedliche Weise aus, stimmten jedoch darin überein, daß sie die Transzendenz als entscheidend für die Entwicklung zu vollwertigen Menschen betrachteten. Sie verwarfen die alten Mythen nicht, aber sie interpretierten sie neu und zeigten den Menschen einen Weg, sich darüber hinwegzusetzen. Zur selben Zeit, als diese folgenschweren Gedankengebäude errichtet wurden, suchten die Propheten Israels nach Antworten auf die Fragen der sich wandelnden Zeit mit dem Ergebnis, daß Jahwe der einzige Gott wurde. Doch wie konnte der jähzornige Jahwe mit anderen hochfliegenden Visionen mithalten?

2

Ein Gott

Im Jahre 742 v. u. Z. hatte ein Mitglied der königlichen Familie von Juda eine Vision von Jahwe in dem Tempel, den König Salomon in Jerusalem gebaut hatte. Es war eine schwere Zeit für das Volk Israel. König Usija von Juda war in diesem Jahr gestorben. Sein Sohn Ahas, der ihm auf den Thron nachfolgte, ermutigte seine Untertanen, neben Jahwe auch heidnische Götter anzubeten. Das nördliche Königreich Israel stand am Rande der Anarchie: Nach dem Tod von König Jerobeam II. regierten zwischen 746 und 736 fünf Könige, während der Assyrer-König Tiglat-Pileser III. begehrliche Blicke auf ihre Ländereien warf und bestrebt war, sie seinem expandierenden Reich einzuverleiben. Im Jahre 722 eroberte sein Nachfolger, König Sargon II., das nördliche Königreich und deportierte die Bevölkerung. Er zwang die zehn Stämme aus dem Norden Israels, sich zu assimilieren, und verurteilte sie durch diese Maßnahme zu geschichtlicher Bedeutungslosigkeit. Unterdessen kämpfte das kleine Königreich Juda ums Überleben. Als Jesaja kurz nach König Usijas Tod im Tempel betete, war er höchstwahrscheinlich von bösen Ahnungen erfüllt. Gleichzeitig war er sich wohl voller Unbehagen der Tatsache bewußt, wie unangebracht die prunkvolle Tempelzeremonie war. Obwohl Jesaja der führenden Schicht angehörte, vertrat er populistische und demokratische Ansichten und nahm Anstoß an der schlimmen Lage der Armen. Während der Weihrauch im Altarraum vor dem Allerheiligsten seinen Duft verströmte und der Tempel vom Blut der Opfertiere troff, mochte ihn die Sorge beschäftigt haben, daß die Religion Israels ihre Integrität und Bedeutung verloren hatte.
Auf einmal ist ihm, als sehe er Jahwe auf seinem himmlischen

Thron unmittelbar über dem Tempel, einer exakten Nachbildung seines himmlischen Hofes auf Erden. Jahwes Gefolge füllt den Altarraum, zwei Seraphime begleiten ihn und bedecken das Gesicht mit ihren Flügeln, um nicht sein Antlitz zu schauen. Sie rufen einander zu: »Heilig, heilig, heilig ist der Herr der Heere. Von seiner Herrlichkeit ist die ganze Erde erfüllt.«[1] Der Klang ihrer Stimmen scheint den Tempel in seinen Grundfesten zu erschüttern, Rauch steigt auf und hüllt Jahwe in eine undurchdringliche Wolke, ähnlich der Wolke und dem Rauch, die ihn vor Mose auf dem Berg Sinai verborgen hatten. Wenn wir das Wort »heilig« heute gebrauchen, meinen wir normalerweise einen Zustand moralischer Größe. Das hebräische Kaddisch hat jedoch nichts mit Moral zu tun, sondern bedeutet Anderssein, eine radikale Abspaltung. Das Auftreten von Jahwe auf dem Berg Sinai hatte den ungeheuren Abgrund zwischen den Menschen und der göttlichen Welt deutlich gemacht. Nun rufen die Seraphime: »Jahwe ist anders, anders, anders!« Jesaja empfindet das Gefühl des Numinosen, das immer wieder über Männer und Frauen hereinbrach und sie mit Faszination und Schauer erfüllte. In seinem klassischen Werk *Das Heilige* beschreibt Rudolf Otto die furchtbare Erfahrung mit transzendenter Wirklichkeit als *mysterium tremendum et fascinosum*: Das Mysterium ist *tremendum*, weil wir es als schweren Schock erleben, bei dem uns die Möglichkeit des üblichen Trosts verwehrt bleibt, und es ist *fascinosum*, weil es paradoxerweise eine unwiderstehliche Anziehungskraft auf uns ausübt. Diese überwältigende Erfahrung hat nichts Rationales. Otto vergleicht sie mit der Wirkung von Musik oder Erotik: Die Gefühle, die dabei geweckt werden, lassen sich in Worten nicht angemessen ausdrücken. In der Tat kann man dieses Gefühl für das vollkommen Andere gar nicht als »existent« bezeichnen, da es in unserem üblichen Realitätsschema keinen Platz hat.[2] Der neue Jahwe der Achsenzeit war zwar immer noch »der Gott der Heere« (Zebaoth), doch er war kein reiner Kriegsgott mehr. Er war auch nicht einfach nur ein Stammesgott, der sich leidenschaftlich zu Israel hingezogen fühlte: Sein Ruhm beschränkte sich nicht länger auf das Gelobte Land, sondern hatte sich über die ganze Welt verbreitet.

Jesaja war kein Buddha, dem die Erfahrung der Erleuchtung Ruhe und Glückseligkeit bescherte. Er war auch kein vollkommener Lehrer für die Menschen geworden. Statt dessen ruft er, von maßlosem Entsetzen erfüllt, laut aus:

> Weh mir, ich bin verloren. Denn ich bin ein Mann mit unreinen Lippen und lebe mitten in einem Volk mit unreinen Lippen, und meine Augen haben den König, den Herrn der Heere, gesehen.[3]

Überwältigt von der transzendenten Heiligkeit Jahwes, kommt Jesaja nur seine eigene Unzulänglichkeit und Unreinheit in den Sinn. Anders als Buddha oder ein Yogi hat er sich auf diese Erfahrung nicht durch spirituelle Übungen vorbereitet, sie trifft ihn völlig unvorbereitet und verwirrt ihn durch ihren überwältigenden Eindruck. Einer der Seraphime fliegt mit einer glühenden Kohle zu ihm und reinigt damit seine Lippen, so daß sie Gottes Wort verkünden können. Viele Propheten waren entweder nicht willens oder nicht in der Lage, für Gott zu sprechen. Als Gott Moses, das Urbild aller Propheten, aus dem brennenden Dornbusch anrief und ihm befahl, sein Bote beim Pharao und bei den Kindern Israels zu sein, wandte Moses ein, er sei »keiner, der gut reden kann«.[4] Gott ließ den Einwand gelten und gestattete seinem Bruder Aaron, anstelle von Moses zu sprechen. Dieses regelmäßig wiederkehrende Motiv in den Schilderungen über die Berufung von Propheten symbolisiert die Schwierigkeit, Gottes Wort zu verkünden. Die Propheten drängten sich nicht danach, die göttliche Botschaft zu verbreiten, sie unternahmen nur ungern eine mit großen Anstrengungen und Qualen verbundene Mission. Die Transformation des Gottes Israels in ein Symbol für transzendente Macht war kein ruhiger, heiterer Prozeß, sondern von Schmerzen und Kampf begleitet. Hindus hätten Brahman nie als einen großen König bezeichnet, da ihr Gott nicht in solchen menschlichen Begriffen beschrieben werden konnte. Wir müssen uns davor hüten, die Schilderung von Jesajas Vision wörtlich auszulegen: Es handelt sich dabei um einen Versuch, das Unbeschreibliche zu beschreiben, und Jesaja greift instinktiv auf die mythologischen Traditionen seines Volkes zurück, um seinen Zuhörern einen Eindruck davon zu geben, was ihm widerfuhr. In den Psalmen wird Jahwe oft als ein in seinem Tempel residierender König besungen, genau wie Baal, Marduk und Dagon,[5] die Götter von Israels Nachbarn, die als Monarchen in ihren ganz ähnlichen Tempeln herrschten. Neben der mythologischen Bildersprache bildete sich in Israel allmählich eine ganz deutliche Auffassung von der elementaren Wirklichkeit heraus: Die Erfahrung mit diesem Gott bestand aus einer Begegnung mit einer Person. Trotz seines furchterregenden Andersseins kann Jahwe sprechen, und Jesaja kann ihm antworten. Auch dies wäre für die Weisen der Upanischaden unvorstellbar gewesen, da die Vorstellung, mit Brahman-Atman einen Dialog zu führen oder ihm zu begegnen, unangebracht anthropomorph gewesen wäre.

Jahwe fragt: »Wen soll ich senden? Wer wird für uns gehen?« Und wie Mose vor ihm antwortet Jesaja sogleich: »Hier bin ich! (Hineni!) Sende mich!« Diese Vision hat nicht den Sinn, den Propheten zu erleuchten, sondern ihm soll ein praktischer Auftrag erteilt werden. In erster Linie ist ein Prophet ein Mensch, der in Gottes Nähe weilt, doch führt diese Erfahrung der Transzendenz nicht wie im Buddhismus zur Vermittlung von Wissen, sondern zu Taten. Hervorragende Eigenschaft des Propheten ist nicht mystische Erleuchtung, sondern Gehorsam. Wie man sich leicht vorstellen kann, ist die Botschaft nie einfach. Mit typisch semitischer Widersprüchlichkeit sagt Jahwe Jesaja, das Volk werde die Botschaft nicht hören wollen, er solle nicht erschrecken, wenn sie Gottes Wort ablehnten: »Geh und sag diesem Volk: Hören sollt ihr, hören, aber nicht verstehen; sehen sollt ihr, sehen, aber nicht erkennen.«[6] Siebenhundert Jahre später zitiert Jesus diese Worte, als die Menschen es ablehnen, seine gleichermaßen unangenehme Botschaft anzuhören.[7] Die Menschheit vermag nicht allzu viel Realität zu ertragen. Zu Jesajas Zeit standen die Israeliten am Rande von Krieg und Vernichtung, und Jahwe hatte keine aufmunternde Botschaft für sie: Ihre Städte würden verwüstet werden, die Landschaften zerstört, die Häuser stünden menschenleer. Jesaja wurde 722 Zeuge der Zerstörung des nördlichen Königreichs und der Deportation der zehn Stämme. Im Jahre 701 fiel Sennacherib mit einer gewaltigen assyrischen Armee in Juda ein, belagerte sechsundvierzig Städte und Festungen, spießte die verteidigenden Offiziere auf Pfähle, verschleppte ungefähr 2000

Menschen und kerkerte den jüdischen König in Jerusalem ein »wie einen Vogel in einem Käfig«.[8] Jesaja hatte die undankbare Aufgabe, sein Volk vor diesen bevorstehenden Katastrophen zu warnen:

> Das Land wird leer und verlassen sein. Bleibt darin noch ein Zehntel übrig, auch sie werden schließlich vernichtet, wie bei einer Eiche oder Terebinthe, von der nur der Stumpf bleibt, wenn man sie fällt.[9]

Für einen scharfsinnigen politischen Beobachter wäre es nicht schwierig gewesen, diese Katastrophen vorherzusehen. Was an Jesajas Botschaft beklemmend neuartig anmutet, ist die Analyse der Situation. Der alte parteiische Gott von Mose hätte den Assyrern die Rolle des Feindes zugedacht, der Gott Jesajas betrachtete sie als sein Instrument. Nicht Sargon II. und Sennacherib trieben die Israeliten ins Exil und verwüsteten das Land, »Jahwe trieb die Menschen weit weg«.[10]

Dieses Thema wurde in der Botschaft der Propheten der Achsenzeit immer wieder aufgegriffen. Der Gott Israels hatte sich ursprünglich von den heidnischen Gottheiten dadurch unterschieden, daß er sich bei konkreten Ereignissen offenbarte und nicht nur in der Mythologie und in der Liturgie. Nun, so beharrten die neuen Propheten, enthüllten sowohl politische Katastrophen als auch Siege den Gott, der im Begriff stand, Herr und Meister der Geschichte zu werden. Die Assyrer gerieten ihrerseits in Bedrängnis aus dem einfachen Grund, weil ihre Könige nicht erkannt hatten, daß sie nur Werkzeuge in der Hand eines Wesens waren, das sehr viel größer war als sie.[11] Da Jahwe die endgültige Zerstörung Assyriens vorausgesagt hatte, bestand eine ferne Hoffnung für die Zukunft. Doch kein Israelit hätte gerne vernommen, daß sein eigenes Volk durch seine kurzsichtige Politik und sein ausbeuterisches Verhalten schuld war an der politischen Zerstörung. Niemand hätte gerne gehört, daß Jahwe die erfolgreichen assyrischen Feldzüge von 722 und 701 geleitet hatte, ebenso wie er die Heere Josuas, Gideons und König Davids angeführt hatte. Was hatte er eigentlich vor mit den Menschen, die angeblich sein auserwähltes Volk waren? In Jesajas Schilderung von Jahwe ist von der Erfüllung irgendwelcher Wünsche keine Rede. Anstatt den Menschen ein Allheilmittel anzubieten, wird Jahwe eingesetzt, um sie mit der unwillkommenen Realität zu konfrontieren; anstatt in den alten kultischen Bräuchen Zuflucht zu suchen, die sie in mythische Zeiten zurückversetzten, versuchten Propheten wie Jesaja, ihre Landsleute dazu zu bringen, daß sie die wirklichen Ereignisse der Geschichte realistisch sahen und sie als einen furchterregenden Dialog mit ihrem Gott begriffen.

Während der Gott Moses ein frohlockender Gott war, ist der Gott Jesajas voller Trübsal. Die uns überlieferte Prophezeiung beginnt mit einer für die Menschen des Bundes wenig schmeichelhaften Klage: Der Ochse kennt seinen Besitzer und der Esel die Krippe seines Herrn, »Israel aber hat keine Erkenntnis, mein Volk hat keine Einsicht«.[12] Jahwe empfindet großen Widerwillen gegen die Schlachtopfer im Tempel, ekelt sich vor dem Fett der Rinder, dem Blut der Stiere und Böcke und vor dem Blutgeruch, der von den Brandopfern aufsteigt. Er kann die Feste, Neujahrszeremonien und Pilgerfahrten nicht ertragen.[13] Jesajas Zuhörer wären schockiert gewesen: Im Nahen Osten waren diese kultischen Feiern ein wesentlicher Teil der Religion. Die heidnischen Götter brauchten diese Zeremonien, weil dadurch ihre erschöpften Energien wieder erneuert wurden, auch hing ihr Prestige teilweise von der Pracht der Tempel ab. Und nun behauptete Jahwe, diese Dinge seien völlig bedeutungslos. Wie andere Weise und Philosophen in der Oikumene war auch Jesaja der Meinung, daß oberflächliche Feiern nicht genügten. Die Israeliten müßten die innere Bedeutung ihrer Religion entdecken. Jahwe wollte lieber Mitgefühl als Opfer:

> Wenn ihr auch noch so viel betet,
> Ich höre es nicht.
> Eure Hände sind voller Blut.
> Wascht euch, reinigt euch!
> Laßt ab von eurem üblen Treiben!
> Hört auf, vor meinen Augen Böses zu tun!
> Lernt, Gutes zu tun!
> Sorgt für das Recht!
> Helft den Unterdrückten!
> Verschafft den Waisen Recht!
> Tretet ein für die Witwen![14]

Die Propheten hatten sich für das Mitgefühl als oberste Pflicht entschieden. In allen neuen Gedankengebäuden, die sich zu der Zeit in der Oikumene entwickelten, war der Beweis für die Authentizität, daß das religiöse Erleben sich erfolgreich mit dem täglichen Leben vereinbaren ließ. Es genügte nicht mehr, die Ausübung der kirchlichen Regeln mit dem Tempel und der jenseits der Zeit gelegenen Welt der Mythen zu verknüpfen. Nach der Erleuchtung mußte ein Mensch zum Marktplatz zurückkehren und allen Lebewesen tätige Nächstenliebe erweisen.

Das soziale Ideal der Propheten war seit Sinai in den Kult Jahwes mit eingeschlossen: Die Schilderung des Auszugs aus Ägypten hatte deutlich gemacht, daß Gott sich auf die Seite der Schwachen und Unterdrückten stellte. Der Unterschied bestand darin, daß nun Israeliten als Unterdrücker bestraft wurden. Zur Zeit von Jesajas hellseherischer Vision predigten zwei Propheten in dem aufgewühlten nördlichen Königreich bereits eine ähnliche Botschaft. Der eine war Amos, kein Aristokrat wie Jesaja, sondern ein Schäfer, der ursprünglich in Tekoa im südlichen Königreich gelebt hatte. Um das Jahr 752 war Amos von einem überraschenden Befehl überrumpelt worden, der ihn ins nördliche Königreich Israels verschlagen hatte. Dort war er in das alte Heiligtum Bet-El hineingeplatzt und hatte die Feier mit einer Untergangsprophezeiung gestört. Amazja, der Priester von Bet-El, versuchte, ihn fortzuschicken. Aus seinem hochmütigen Tadel dem unbeholfenen Hirten gegenüber können wir die überlegene Stimme der Oberschicht heraushören. Amazja glaubte natürlich, Amos gehöre zu einer der vielen Wahrsagerzünfte, die in Gruppen umherwanderten und ihren Lebensunterhalt durch Prophezeiungen verdienten. »Geh, Scher!« sagte er verächtlich. »Flüchte ins Land Juda! Iß dort dein Brot, und tritt dort als Prophet auf! In Bet-El darfst du nicht mehr als Prophet reden; denn das hier ist ein Heiligtum des Königs und ein Reichstempel.« Furchtlos richtete sich Amos zu seiner vollen Größe auf und entgegnete spöttisch, er sei kein Prophet, sondern er komme mit einem Auftrag direkt von Jahwe: »Ich war kein Prophet und kein Prophetenschüler, sondern ich war ein Viehzüchter, und ich zog Maulbeerfeigen. Aber der Herr hat mich von meiner Herde weggeholt und zu mir gesagt: ›Geh und rede als Prophet zu meinem

Volk Israel!‹«[15] Die Menschen von Bet-El wollten Jahwes Botschaft nicht hören? Nun gut, er hatte noch eine andere Prophezeiung für sie: Ihre Frauen würden gezwungen, als Dirnen zu leben, ihre Kinder würden unter dem Schwert fallen, und sie selbst würden weit entfernt von Israel in der Verbannung sterben.

Ein wesentliches Merkmal des Propheten war sein Einsiedlertum. Wie Amos war er allein, er hatte sich von seinem früheren Lebensrhythmus und seinen Pflichten aus der Vergangenheit losgesagt. Er hatte sich keineswegs freiwillig dafür entschieden, sondern es war einfach passiert. Es schien, als sei er aus der normalen Bewußtseinsebene herausgerissen worden und nicht mehr in der Lage zu steuern, was mit ihm geschah. Er war gezwungen, Prophezeiungen auszustoßen, ob er wollte oder nicht. Amos drückte es so aus:

> Der Löwe brüllt; wer fürchtet sich nicht?
> Gott, der Herr, spricht: Wer wird da nicht zum Propheten?[16]

Amos war nicht wie Buddha in die selbstlose Aufhebung des Nirwana vertieft, sondern Jahwe hatte sein Ich übernommen und ihn in eine andere Welt entführt. Amos war der erste Prophet, der nachdrücklich die Bedeutung sozialer Gerechtigkeit und sozialen Mitgefühls betonte. Wie Buddha war er sich der Qualen der leidenden Menschheit zutiefst bewußt. In Amos' Weissagungen spricht Jahwe im Namen der Unterdrückten, er gibt dem stummen, ohnmächtigen Leid der Armen eine Stimme. In der allerersten Zeile der uns überlieferten Prophezeiung tobt Jahwe in seinem Tempel in Jerusalem vor Entsetzen angesichts des Elends in allen Ländern des Nahen Ostens einschließlich Judas und Israels. Das Volk Israel sei genauso schlecht wie die *gojim,* die Nichtjuden. Sie mochten in der Lage sein, die Grausamkeit gegenüber den Armen und deren Unterdrückung zu übersehen, Jahwe kann das jedenfalls nicht. Er registriert jeden Vorfall, der von Betrug, Ausbeutung und Erbarmungslosigkeit zeugt: »Beim Stolz Jakobs hat der Herr geschworen: Keine ihrer Taten werde ich jemals vergessen.«[17] Sind sie wirklich so dreist, den Tag des Herrn herbeizusehnen, an dem Jahwe Israel preisen und die *gojim* demütigen wird? Ein Schock steht ihnen bevor: »Was nützt euch denn der Tag des Herrn? Finsternis ist er, nicht Licht!«[18]

Denken sie wirklich, sie seien Gottes auserwähltes Volk? Sie haben sich ein völlig falsches Bild von der Art des Bundes gemacht, der weniger Privilegien als Verantwortung beinhaltet: »Hört dieses Wort, das der Herr gesprochen hat über euch, ihr Söhne Israels«, ruft Amos, »über den ganzen Stamm, den ich aus Ägypten heraufgeführt habe:

> Nur euch habe ich erwählt aus allen Stämmen der Erde; darum ziehe ich euch zur Rechenschaft für alle eure Vergehen.«[19]

Der Bund bedeutet, daß das gesamte Volk Israel von Gott auserwählt ist und gut behandelt werden muß. Gott greift nicht einfach deshalb in den Lauf der Geschichte ein, um Israel zu erheben, sondern um soziale Gerechtigkeit zu sichern. Das ist sein Anteil an der Geschichte, und notfalls wird der durch den Einsatz der assyrischen Armee Gerechtigkeit in seinem Land durchsetzen. Verständlicherweise lehnten die meisten Israeliten die Einladung des Propheten ab, in einen Dialog mit Jahwe zu treten. Sie zogen eine weniger gebieterische, kultische Bräuche beinhaltende Religion entweder im Tempel von Jerusalem oder nach dem Vorbild der alten kanaanitischen Fruchtbarkeitskulte vor. So ist es bis heute geblieben: Die Religion des Erbarmens hat nur wenige Anhänger, die meisten religiösen Menschen begnügen sich mit gefälliger Anbetung in Synagogen, Kirchen, Tempeln und Moscheen. Die alten kanaanitischen Religionen wurden in Israel noch lange sehr geschätzt. Im 10. Jahrhundert v. u. Z. hatte König Jerobeam I. in den Heiligtümern Dan und Bet-El zwei kultische Stiere aufstellen lassen. Wie wir aus den Weissagungen des Propheten Hosea wissen, eines Zeitgenossen von Amos, nahmen die Israeliten zweihundert Jahre später noch immer an Fruchtbarkeitsriten und heiligen sexuellen Zeremonien teil.[20] Einige Israeliten glaubten anscheinend, Jahwe habe wie die anderen Götter eine Frau: Archäologen entdeckten unlängst bei Ausgrabungen Zeichnungen mit der Widmung »für Jahwe und seine Aschera«. Hosea war besonders beunruhigt darüber, daß Israel durch die Anbetung anderer Götter, beispielsweise Baals, gegen die Vereinbarungen des Bundes verstieß. Wie allen neuen Propheten war ihm der tiefere

Sinn der Religion ein großes Anliegen. Er zitiert Jahwe: »Liebe *(hesed)* will ich, nicht Schlachtopfer; Gotteserkenntnis *(daath Elohim)* statt Brandopfer.«[21] Er meinte damit nicht theologische Erkenntnis: Das Wort *daath* ist von dem hebräischen Verb *yada*, erkennen, abgeleitet, das auch eine sexuelle Konnotation hat. So schreibt J, Adam habe Eva, seine Frau, »erkannt«.[22] In der alten kanaanitischen Religion hat das Volk mit rituellen Orgien Baals Vermählung mit der Erde gefeiert. Hosea beharrte darauf, daß Jahwe seit dem Bund Baals Platz eingenommen und sich mit dem Volk Israel vermählt habe. Sie mußten einsehen, daß Jahwe und nicht Baal die Erde fruchtbar machen würde.[23] Noch immer umwarb er Israel wie ein Liebhaber, entschlossen, es von den Baalen, die es verführt hatten, wegzulocken:

> An jenem Tag – Spruch des Herrn – wird sie zu mir sagen: Mein Mann! und nicht mehr: Mein Baal! Ich lasse den Namen der Baale aus ihrem Mund verschwinden, so daß niemand mehr ihre Namen anruft.[24]

Während Amos die soziale Verderbtheit anprangerte, richtete Hosea sein Hauptaugenmerk auf die mangelnde Verinnerlichung der israelitischen Religion: Die »Erkenntnis« Gottes entsprach »*hesed*«, und dies bedeutete, daß ein inneres Einvernehmen und eine innerliche Beziehung zu Jahwe wichtiger waren als äußerliche Bräuche und Regeln.

Hosea vermittelt uns erstaunliche Einsichten, wie die Propheten ihr Gottesbild entwickelten. Ganz zu Beginn seines Wirkens erteilte Jahwe ihm offenbar einen schockierenden Befehl: Er trug Hosea auf, eine Dirne *(esheth zeuunim)* zu heiraten, denn »das Land hat den Herrn verlassen und ist zur Dirne geworden«.[25] Anscheinend befahl Gott Hosea aber nicht, auf der Suche nach einer Prostituierten durch die Straßen zu streifen: Unter *esheth zeuunim* (wörtlich »eine Frau der Prostitution«) verstand man entweder eine Frau mit einem Hang zur Promiskuität oder eine heilige Dirne in einem Fruchtbarkeitskult. Nimmt man Hoseas Interesse an Fruchtbarkeitsritualen zum Maßstab, kann man wahrscheinlich annehmen, daß seine Frau Gomer eine der heiligen Dienerinnen des Baal-Kultes war. Seine Ehe symbolisierte Jahwes Beziehung zu dem treulosen Israel. Hosea und Gomer hatten drei Kinder mit schicksalsträchtigen, symbolischen Namen. Ihr ältester Sohn hieß nach einem berühmten Schlachtfeld Jesreel, ihre Tochter Lo-Ruhama (kein Erbarmen) und ihr jüngster Sohn Lo-Ammi (nicht mein Volk). Bei der Geburt von Lo-Ammi erklärte Jahwe den Bund mit Israel für nichtig: »Ihr seid nicht mein Volk, und ich bin nicht der ›Ich-bin-da‹ für euch.«[26] Wir werden noch sehen, daß die Propheten oft zu wohldurchdachten Schauspielen angeregt wurden, um die mißliche Lage ihres Volkes zu demonstrieren. Allem Anschein nach wurde Hoseas Heirat nicht von Anfang an vollkommen gefühllos geplant. Aus dem Text geht hervor, daß Gomer erst nach der Geburt ihrer Kinder eine *esheth zenunim* wurde, und Hosea gelangte erst später zu der Einsicht, daß seine Ehe auf Betreiben Gottes zustande gekommen war. Der Verlust seiner Frau erschütterte ihn tief. Diese Erfahrung gab Hosea einen Eindruck davon, wie Jahwe sich gefühlt haben mußte, als sein Volk ihn im Stich ließ und um die Gunst von Göttern wie Baal buhlte. Zunächst war Hosea versucht, Gomer öffentlich zu brandmarken und zu verkünden, er wolle nichts mehr mit ihr zu tun haben: Tatsächlich verlangte das Gesetz, daß ein Mann sich von einer treulosen Frau trennte. Doch Hosea liebte Gomer immer noch, er folgte ihr und kaufte sie von ihrem neuen Herrn zurück. Er sah seinen eigenen Wunsch, Gomer zurückzugewinnen, als ein Zeichen, daß Jahwe beabsichtigte, Israel noch eine Chance zu geben.

Indem die Propheten ihre eigenen menschlichen Gefühle und Erfahrungen Jahwe zuschrieben, schufen sie einen Gott nach ihrem eigenen Bild. Jesaja, ein Mitglied der königlichen Familie, sah Jahwe als König. Amos führte sein Einfühlungsvermögen für die notleidenden Armen auf Jahwe zurück. Hosea sah Jahwe als verlassenen Ehemann, der sich auch weiterhin in sehnsüchtiger Liebe nach seiner Frau verzehrte. Jede Religion muß mit einer gewissen Vermenschlichung beginnen. Eine den Menschen vollkommen fremde Gottheit wie beispielsweise Aristoteles' unbewegter Beweger vermag keine spirituelle Suche in Gang zu setzen. Solange die Projektion nicht zum Selbstzweck wird, kann sie nützlich und vorteilhaft sein. Man muß sagen, daß dieses phantasiereiche, in menschlichen Begriffen ausgedrückte Bild von Gott zu einer sozialen Anteilnahme führte, die im Hinduismus nicht zu beobachten war. Alle drei monotheistischen Religionen teilen Amos' und Jesajas geradezu sozialistische ethische Lehre von der Gleichheit aller. Als erstes Volk in der alten Welt errichteten die Juden ein Wohlfahrtssystem, das ihre heidnischen Nachbarn sehr bewunderten.

Wie all die anderen Propheten quälte auch Hosea das Entsetzen über die Abgötterei. Er sann darüber nach, welche Form der göttlichen Rache die Stämme im Norden durch die Anbetung von Götzen auf sich ziehen würden, die sie sogar selbst geschaffen hatten:

> Nun sündigen sie weiter und machen sich aus ihrem Silber gegossene Bilder, kunstfertig stellen sie Götzen her, alles nur ein Machwerk von Schmieden.
> Ihnen, so sagen sie, müßt ihr opfern. Menschen küssen Kälber![27]

Natürlich handelte es sich dabei um eine höchst unfaire und geringschätzige Beschreibung der kanaanitischen Religion. Die Menschen von Kanaan und Babylon hatten nie geglaubt, ihre Götterbilder seien göttlich; sie waren niemals niedergekniet, um eine Statue anzubeten. Das Abbild war immer nur ein Symbol für die Göttlichkeit gewesen. Wie ihre Mythen über die unvorstellbaren uranfänglichen Ereignisse war es ersonnen worden, um die Aufmerksamkeit des Anbetenden von der eigenen Person abzulenken. Marduks Statue im Tempel von Esagila und Ascheras aufgerichtete Steine in Kanaan hatte man niemals als identisch mit den Göttern angesehen, sondern sie waren als Brennpunkte verstanden worden, die den Menschen halfen, sich auf das transzendente Element menschlichen Lebens zu konzentrieren. Unerfreulicherweise verhöhnten die Propheten dennoch häufig die Gottheiten ihrer heidnischen Nachbarn und straften sie mit Verachtung. In ihren Augen »sind diese selbstgemachten Götzen nur Holz, verziert mit Gold und Silber; ein Werk aus der Hand des Schnitzers, in ein paar Stunden zusammengesetzt. Sie sind wie Vogelscheuchen im Gurkenfeld. Sie können nicht sehen, sie können nicht hören, sie können nicht reden; man muß sie tragen, weil sie nicht gehen können;

sie alle sind töricht und dumm.« Verglichen mit Jahwe, dem Elohim Israels, sind sie *elilim*, nichtig, Spottgebilde. Die *gojim*, die sie anbeten, sind Narren, und Jahwe haßt sie.[28]
Heute ist uns die Intoleranz, die leider als ein Charakteristikum des Monotheismus anzusehen ist, sehr vertraut und möglicherweise erkennen wir nicht, daß die Feindseligkeit anderen Göttern gegenüber eine neue religiöse Haltung bedeutete. Das Heidentum war im wesentlichen ein tolerantes Glaubensbekenntnis: Wenn die alten Kulte durch eine neue Gottheit nicht bedroht waren, gab es immer noch Platz für einen weiteren Gott im traditionellen Pantheon. Selbst dort, wo die neuen Gedankenwelten der Achsenzeit die alte Götterverehrung ersetzten, wurden die alten Gottheiten nicht so heftig abgelehnt. Wir haben gesehen, daß Hinduismus und Buddhismus die Menschen ermutigten, lieber über die Götter hinauszuwachsen, als sich mit Widerwillen gegen sie zu wenden. Doch die Propheten Israels waren nicht in der Lage, eine so gelassene Haltung gegenüber den Gottheiten einzunehmen, die sie als Jahwes Rivalen betrachteten. In der Heiligen Schrift der Juden wird die neue Sünde der »Abgötterei«, der Anbetung »falscher« Götter, als geradezu ekelerregend beschworen. Diese Reaktion ist vielleicht dem Abscheu einiger Kirchenväter vor der Sexualität vergleichbar: keine rationale, wohlüberlegte Haltung, sondern Ausdruck großer Angst und starker Hemmungen. Machten die Propheten sich vielleicht unbewußt Sorgen wegen ihres eigenen religiösen Verhaltens? Waren sie sich möglicherweise mit Unbehagen der Tatsache bewußt, daß ihre eigene Auffassung von Jahwe der Abgötterei der Heiden ähnlich war, da auch sie einen Gott nach ihrem eigenen Abbild schufen?
Der Vergleich mit der christlichen Haltung zur Sexualität ist auch in anderer Hinsicht aufschlußreich. An diesem Punkt glaubten die meisten Israeliten vorbehaltlos an die Existenz der heidnischen Götter. Zwar übernahm Jahwe bei manchen allmählich die Funktionen des Elohim der Kanaaniten: Hosea versuchte beispielsweise zu argumentieren, daß Jahwe ein besserer Fruchtbarkeitsgott als Baal sei. Doch es war offensichtlich schwierig für den eindeutig männlichen Jahwe, die Funktion von Göttinnen wie Aschera, Ischtar oder Anat an sich zu reißen, die noch immer eine große An-

hängerschaft unter den Israeliten hatten, besonders unter den Frauen. Auch wenn Monotheisten immer wieder beteuerten, ihr Gott transzendiere das Geschlecht, blieb er doch im wesentlichen männlich. Allerdings wurden einige Versuche unternommen, diese Unausgewogenheit auszugleichen. Teilweise hing sein Geschlecht mit seinen Ursprüngen als Kriegsgott eines Stammes zusammen. Sein Kampf mit den Göttinnen spiegelt jedoch ein weniger positives Merkmal der Achsenzeit wider, in dem sich ganz allgemein die Stellung der Frauen und der Stellenwert des Weiblichen verschlechterten. Es scheint, als hätten in primitiveren Gesellschaften Frauen manchmal einen höheren Status gehabt als Männer. Das Ansehen der großen Göttinnen in den traditionellen Religionen zeigt die Verehrung des Weiblichen. Das Aufblühen der Städte hatte jedoch zur Folge, daß männliche Eigenschaften wie körperliche Kraft und Kampfesfreude angesehener waren als weibliche Eigenschaften. Von nun an wurden Frauen an den Rand gedrängt und in den neuen Kulturen der Oikumene zu Menschen zweiter Klasse gemacht. Besonders gering geschätzt war ihre Stellung in Griechenland – daran sollte jeder im Abendland denken, wenn er die patriarchalische Haltung des Orients abschätzig kommentiert. Das demokratische Ideal galt nicht für die Frauen Athens, sie lebten isoliert und wurden als minderwertige Geschöpfe verachtet. Auch in der israelitischen Gesellschaft herrschte mittlerweile das männliche Element vor. Früher waren Frauen selbstbewußt aufgetreten und hatten sich gleichberechtigt mit ihren Männern gefühlt. Manche Frauen hatten wie Debora eine Armee in die Schlacht geführt. Die Israeliten verehrten auch weiterhin heroische Frauen wie Judit und Ester, doch nachdem Jahwe erfolgreich die anderen Götter und Göttinnen Kanaans und des Nahen Ostens bezwungen hatte und als einziger Gott übriggeblieben war, wurde seine Religion fast ausschließlich von Männern verwaltet. Der Kult der Göttinnen wurde verdrängt Ausdruck eines für die neu zivilisierte Welt charakteristischen kulturellen Wandels.

Wie wir sehen werden, war Jahwes Sieg schwer erkämpft. Er kostete große Anstrengungen, Gewaltanwendung und Konfrontation und legt die Vermutung nahe, daß die Israeliten die neue Religion des einen Gottes nicht so leicht akzeptieren konnten wie die Menschen des indischen Subkontinents den Buddhismus oder Hinduismus. Jahwe schien nicht imstande zu sein, die älteren Gottheiten auf friedliche, natürliche Weise zu überwinden, er mußte es zur Konfrontation kommen lassen. So lesen wir in Psalm 82 von einem Vortrag, den er an die Leitung der Versammlung der Götter richtete, die eine so bedeutende Rolle sowohl im babylonischen als auch im kanaanitischen Mythos gespielt hatte:

Gott steht auf in der Versammlung der Götter, im Kreis der Götter hält er Gericht.[29]
»Wie lange noch wollt ihr ungerecht richten und die Frevler begünstigen? Verschafft Recht den Unterdrückten und Waisen, verhelft den Gebeugten und Bedürftigen zum Recht! Befreit die Geringen und Armen, entreißt sie der Hand der Frevler!«
Sie aber haben weder Einsicht noch Verstand, sie tappen dahin im Finstern. Alle Grundfesten der Erde wanken. Wohl habe ich gesagt: Ihr seid Götter, ihr alle seid Söhne des Höchsten. Doch nun sollt ihr sterben wie Menschen, sollt stürzen wie jeder der Fürsten.

Jahwe erhebt sich und tritt dem Rat gegenüber, in dem El seit unvordenklichen Zeiten den Vorsitz führt. Er beschuldigt die anderen Götter, sie hätten es nicht geschafft, der sozialen Herausforderung der Zeit gerecht zu werden. Jahwe steht für das moderne, erbarmungsvolle Ethos der Propheten; seine göttlichen Kollegen hingegen haben nichts getan, um im Lauf der Jahre Gerechtigkeit und Unparteilichkeit zu fördern. In der alten Zeit war Jahwe bereit gewesen, sie als Elohim, als Söhne von El-Elyon (»Höchster Gott«)[30] anzuerkennen, doch nun haben sich die Götter als alt und verbraucht erwiesen. Sie sind verfallen wie die sterblichen Menschen. Der Psalmist schildert Jahwe nicht nur als einen Gott, der seine Mitgötter zum Tode verurteilt, er betont auch, daß Jahwe dadurch das traditionelle Hoheitsrecht Els an sich gerissen hat, der offenkundig immer noch Anhänger in Israel besaß.
Die in der Bibel so sehr geschmähte Abgötterei ist zunächst einmal nichts Verwerfliches, sie wird erst fragwürdig oder naiv, wenn man das so liebevoll entworfene Gottesbild mit der unbeschreiblichen Realität, auf die es sich bezieht, verwechselt. Wie wir noch sehen

werden, befaßten sich einige Juden, Christen und Muslime zu einem späteren Zeitpunkt der Geschichte Gottes mit einem solchen frühen Bild der absoluten Realität und zogen Schlußfolgerungen, die den Vorstellungen der Hindus oder Buddhisten sehr nahe kamen. Andere gingen nicht so weit, sondern hielten an der Auffassung fest, ihre Vorstellung von Gott sei identisch mit dem allerletzten Mysterium. Die Gefahren einer »Götzen«-Religiosität traten um 622 v. u. Z. während der Regentschaft des Königs Joschija von Juda klar zutage. Ihm lag sehr viel daran, die synkretistischen Bestrebungen seiner Vorgänger, König Manasses (687–642) und König Amons (642–640), wieder rückgängig zu machen. Sie hatten ihr Volk ermuntert, neben Jahwe auch die Götter Kanaans anzubeten. Manasse hatte sogar ein Bild von Aschera im Tempel anbringen lassen, wo eifrig dem Fruchtbarkeitskult gehuldigt wurde. Da die meisten Israeliten Aschera treu ergeben waren und einige sie als Jahwes Frau verehrten, fanden nur die striktesten Anhänger Jahwes dies blasphemisch. Entschlossen, den Jahwe-Kult zu fördern, ordnete Joschija umfangreiche Instandsetzungsarbeiten im Tempel an. Während die Arbeiter alles von oben nach unten kehrten, entdeckte der Hohepriester Hilkija angeblich ein altes Manuskript mit einem Bericht von Moses letzter Predigt an die Kinder Israels. Er übergab es Joschijas Staatsschreiber Schafan, und der las es in Gegenwart des Königs laut vor. Als er den Inhalt des Manuskripts vernahm, zerriß der junge König entsetzt seine Gewänder: Kein Wunder, daß Jahwe mit seinen Vorfahren so hart ins Gericht gegangen war! Sie hatten schmählich versäumt, seinen strikten Anweisungen an Mose Folge zu leisten.[31]

Es ist beinahe sicher, daß das von Hilkija entdeckte »Gesetzbuch« im wesentlichen den Text zum Inhalt hatte, den wir heute als Deuteronomium kennen. Über den so überaus günstigen Zeitpunkt seiner Entdeckung durch einen Vertreter der Reformbewegung kursieren unterschiedliche Theorien. Manche deuteten sogar an, das fragliche Gesetzbuch sei von Hilkija und Schafan mit Unterstützung der Prophetin Hulda, die Joschija unverzüglich aufsuchte, heimlich selbst verfaßt worden. Was wirklich geschah, werden wir nie erfahren. Das Buch spiegelte zweifellos eine vollkommen neue Unversöhnlichkeit in Israel wider, die für das 7. Jahrhundert cha-

rakteristisch war. In seiner letzten Predigt sprach Mose weisungs-
gemäß dem Bund und der Erwählung Israels eine neue zentrale
Bedeutung zu. Jahwe hatte sein Volk nicht aufgrund besonderer
Verdienste, sondern wegen seiner großen Liebe zu ihm unter allen
anderen Staaten auserkoren. Als Gegenleistung forderte er bedingungslose Loyalität und die entschlossene Abkehr von allen anderen Göttern. Das Kernstück des Deuteronomiums schließt die
Erklärung mit ein, die später das jüdische Glaubensbekenntnis
wurde:

> Höre *(shema)*, Israel! Jahwe, unser Gott, Jahwe ist einzig *(ehad)!*
> Darum sollst du den Herrn, deinen Gott, lieben mit ganzem Herzen,
> mit ganzer Seele und mit ganzer Kraft. Diese Worte, auf die ich dich
> heute verpflichte, sollen auf deinem Herzen geschrieben stehen.[32]

Gottes Wahl hatte die Israeliten den *goyim* entfremdet, weshalb
der Verfasser Mose bei der Ankunft im Gelobten Land verkünden
läßt, die Israeliten sollten keinerlei Umgang mit der ortsansässigen
Bevölkerung pflegen. Sie »sollen keinen Vertrag mit ihnen schließen und sie nicht verschonen«.[33] Keine Mischehe soll geschlossen
werden und kein sozialer Austausch stattfinden. Vor allem aber
sollen sie die kanaanitische Religion beseitigen: »Ihr sollt ihre Altäre niederreißen, ihre Steinmale zerschlagen, ihre Kultpfähle um-
hauen und ihre Götterbilder im Feuer verbrennen«, befiehlt Mose
den Israeliten, »denn du bist ein Volk, das dem Herrn, deinem
Gott, heilig ist. Dich hat der Herr, dein Gott, ausgewählt, damit
du unter allen Völkern, die auf der Erde leben, das Volk wirst, das
ihm persönlich gehört.«[34]
Bei der Rezitation des Sch'ma achten die Juden heute auf eine monotheistische Interpretation: Jahwe, unser Gott, ist einzig und einzigartig. Der Verfasser des Deuteronomiums hatte sich diese Sichtweise noch nicht zu eigen gemacht. »Jahwe *ehad*« bedeutete nicht
»Gott ist einzig«, sondern hieß nur, daß Jahwe die einzige Gottheit
war, die man anbeten durfte. Andere Götter waren immer noch
eine Bedrohung. Ihre Kulte besaßen große Anziehungskraft und
konnten die Israeliten von Jahwe, einem sehr eifersüchtigen Gott,
fortlocken. Befolgten sie Jahwes Gesetze, segnete er sie und brachte

ihnen Wohlstand; wandten sie sich von ihm ab, waren die Folgen verheerend:

> Du wirst aus dem Land, in das du nun hineinziehst, um es in Besitz zu nehmen, herausgerissen werden. Der Herr wird dich unter alle Völker verstreuen, vom einen Ende der Erde bis zum anderen Ende der Erde. Dort mußt du anderen Göttern dienen, die du und deine Väter vorher nicht einmal gekannt haben, Göttern aus Holz und Stein ... Du wirst in Lebensgefahr schweben, bei Tag und bei Nacht erschrecken ... Am Morgen wirst du sagen: Wenn es doch schon Abend wäre!, und am Abend: Wenn es doch schon Morgen wäre! – um dem Schrecken zu entfliehen, der dein Herz befällt, und dem Anblick, der sich deinen Augen bietet.[35]

Als König Joschija und seine Untertanen Ende des 7. Jahrhunderts diese Worte vernahmen, stand eine neue politische Bedrohung unmittelbar bevor. Da es ihnen gelungen war, die Assyrer in Schach zu halten, hatten sie nicht dasselbe Schicksal erlitten wie die zehn nördlichen Stämme, die von den beschriebenen Strafen tatsächlich heimgesucht wurden. Im Jahr 606 v. u. Z. unterwarf der babylonische König Nebupolassar die Assyrer und begann mit dem Aufbau seines eigenen Reiches.

Vor dem Hintergrund dieser äußerst angespannten Lage gewannen die Sichtweisen der Deuteronomisten stark an Einfluß. Weit entfernt, Jahwes Befehle zu befolgen, hatten die letzten beiden Könige Israels das Unglück bewußt herausgefordert. Mit beispiellosem Eifer nahm Joschija eine Reform in Angriff. Alle Bilder, Idole und Fruchtbarkeitssymbole wurden aus dem Tempel entfernt und verbrannt. Joschija vernichtete auch das große Bildnis von Aschera und zerstörte die Wohnungen der Tempel-Prostituierten, die dort Kleidungsstücke für Aschera webten. Alle alten Altäre im Land, Enklaven des Heidentums, wurden zerstört. Von nun an durften die Priester nach der Reinigung des Tempels in Jerusalem nur Jahwe ihre Opfer darbringen. Der Chronist, der Joschijas Reformen fast 300 Jahre später aufzeichnete, liefert uns eine eindrucksvolle Beschreibung dieser Frömmigkeit der Verweigerung und Unterdrückung:

Vor seinen [Joschijas] Augen riß man die Altäre der Baale nieder. Er ließ die Rauchopferaltäre, die auf ihnen standen, zerschlagen, die Kultpfähle zerstören, die Schnitz- und Gußbilder zermalmen, ihren Staub auf die Gräber derer streuen, die ihnen geopfert hatten, und Gebeine von Priestern auf ihren Altären verbrennen. So reinigte er Juda und Jerusalem. Auch in den Städten von Manasse, Efraim, Simeon bis nach Naftali riß er überall auf ihren Plätzen die Altäre nieder, zerstörte die Kultpfähle, zermalmte die Götzenbilder und zertrümmerte die Rauchopferaltäre im ganzen Land Israel.[36]

Diese Haltung ist weit entfernt vom Wohlwollen Buddhas gegenüber den Göttern, über die er, wie er glaubte, hinausgewachsen war. Das Zerstörungswerk entspringt einem Haß, der in verborgener Angst und Furcht wurzelt.

Die Reformer zeichneten die Geschichte Israels neu auf. Das Verständnis der Bücher Josua, Richter, Samuel und Könige wurde entsprechend der neuen Ideologie verändert. Später fügten die Herausgeber des Pentateuch noch Passagen hinzu, in denen sie die älteren Schilderungen von J und E mit einer deuteronomistischen Interpretation versahen. Jahwe wurde als Urheber eines Vernichtungskrieges in Kanaan dargestellt. Den Israeliten wurde gesagt, die einheimischen Kanaaniter sollten nicht in ihrem Land bleiben.[37] Mit der Durchsetzung dieser Politik wird Josua beauftragt, und er erledigt sie mit furchtbarer Gründlichkeit:

Damals zog Josua auch gegen die Anakiter, die im Gebirge, in Hebron, in Debir, in Anab, im Bergland von Juda und im Bergland von Israel wohnten; er rottete sie überall aus und weihte sie samt ihren Städten dem Untergang. Im Land der Israeliten blieben keine Anakiter übrig; nur in Gaza, Gat und Aschdod verblieben sie.[38]

Tatsächlich wissen wir nichts über die Eroberung Kanaans durch Josua und die Richter, zweifellos fand ein großes Blutvergießen statt. Nun wurde das Blutvergießen als religiöses Grundprinzip gerechtfertigt. Die Gefahren einer solchen Theologie der Gnadenwahl, die durch die Transzendenzperspektive eines Jesaja nicht zu rechtfertigen ist, zeigen sich deutlich in den heiligen Kriegen, den Schandflecken in der Geschichte des Monotheismus. Anstatt Gott als ein Symbol darzustellen, das unsere Vorurteile angreift und uns zwingt, über unsere eigenen Unzulänglichkeiten nachzudenken, kann er dazu benutzt werden, unseren egoistischen Haß zu unterstützen und ihm absoluten Vorrang zu verleihen. Es hat den Anschein, als verhalte sich Gott genauso wie wir, als sei er einfach nur ein Mensch wie wir alle. Ein solcher Gott ist höchstwahrscheinlich anziehender und beliebter als der Gott von Amos und Jesaja, der unbarmherzige Selbstkritik fordert.

Den Juden wird oft zum Vorwurf gemacht, daß sie glauben, das auserwählte Volk zu sein. Doch ihre Kritiker machen sich oft derselben Ignoranz schuldig, die den Groll gegen die Abgötterei in biblischen Zeiten nährte. Alle drei monotheistischen Glaubensbekenntnisse haben zu verschiedenen Zeiten in ihrer Geschichte ähnliche Theologien der Gnadenwahl entwickelt, manchmal mit sogar noch verheerenderen Folgen als den im Buch Josua geschilderten. Christen aus dem Abendland fanden besonderen Gefallen an der schmeichelhaften Überzeugung, sie seien Auserwählte Gottes. Im 11. und 12. Jahrhundert rechtfertigten die Kreuzfahrer ihre heiligen Kriege gegen Juden und Muslime damit, daß sie sich als das neue auserwählte Volk bezeichneten und die göttliche Berufung für sich in Anspruch nahmen, die die Juden angeblich verloren hatten. Calvinistische Vorstellungen von der Gnadenwahl bestärkten die Amerikaner in dem Glauben, sie seien Gottes eigene Nation. Wie in Usijas Königreich Juda gedeiht eine solche Überzeugung am besten in Zeiten politischer Instabilität, wenn die Menschen in Angst vor ihrer Vernichtung leben. Möglicherweise aus diesem Grund führte sie in den verschiedenen Formen des Fundamentalismus, der zu der Zeit, da dieses Buch geschrieben wurde, unter Juden, Christen und Muslimen weit verbreitet war, zu einer neuen Lebenszuversicht. Ein persönlicher Gott wie Jahwe kann das eigene belagerte Volk unterstützen, ein unpersönlicher Gott wie Brahman kann das nicht.

Wir sollten im Auge behalten, daß in den Jahren vor der Zerstörung Jerusalems durch Nebukadnezar im Jahre 587 v. u. Z. und der Verschleppung der Juden nach Babylon nicht alle Israeliten sich dem Geist des Deuteronomiums verschrieben hatten. Im Jahre 604, dem Jahr von Nebukadnezars Thronbesteigung, brachte der Prophet Jeremia wieder die bilderstürmerische Perspektive Jesajas ins Spiel, die die triumphale Lehre vom auserwählten Volk auf den Kopf stellte: Gott benutzte Babylon als Mittel, um Israel zu bestrafen, und es war die Reihe an Israel »verbannt zu werden«.[39] Siebzig Jahre mußten die Israeliten im Exil leben. Als König Jojakim dieses Orakel vernahm, entriß er dem Schriftgelehrten die Pergamentrolle, schnitt sie in Stücke und warf sie ins Feuer. Jeremia fürchtete um sein Leben und zog sich an einen verborgenen Ort zurück. Jeremias Werdegang zeigt, welch ungeheure Mühe es verursachte, dieses streitbare Gottesbild zu verbreiten. Er haßte es, Prophet zu sein, und litt sehr darunter, das Volk, das er liebte, verdammen zu müssen.[40] Von seiner Wesensart her war er kein Unruhestifter, sondern ein weichherziger Mann. Als er vom Herrn berufen wurde, rief er protestierend: »Ach, mein Gott und Herr, ich kann doch nicht reden, ich bin ja noch so jung!« Jahwe mußte »seine Hand ausstrecken« und seine Lippen berühren, um seine Worte in Jeremias Mund zu legen. Die Botschaft, die Jeremia verkünden mußte, war zweideutig und widersprüchlich: »ausreißen und niederreißen, vernichten und einreißen, aufbauen und einpflanzen«.[41] Die Folge war eine unerträgliche Spannung zwischen unvereinbaren Extremen. Jeremia erlebte Gott als einen Schmerz, der seine Glieder zittern ließ, ihm das Herz brach und ihn veranlaßte, wie ein Betrunkener herumzutorkeln.[42] Das prophetische Erlebnis des *mysterium tremendum et fascinosum* war gleichzeitig Entführung und Verführung:

> Du hast mich betört, o Herr, und ich ließ mich betören; du hast mich gepackt und überwältigt …
> Sagte ich aber: Ich will nicht mehr an ihn denken und nicht mehr in seinem Namen sprechen!, so war es mir, als brenne in meinem Herzen ein Feuer, eingeschlossen in meinem Innern.
> Ich quälte mich, es auszuhalten, und konnte nicht.[43]

Jeremia sah sich durch Gott in zwei unterschiedliche Richtungen gedrängt: Einmal übte Jahwe eine starke Anziehungskraft auf ihn aus, die ganz die Züge der angenehmen Hingabe einer Verführung trug, ein anderes Mal wieder fühlte er sich von einer ungestümen Kraft gegen seinen Willen fortgerissen.

Seit dem Erscheinen von Amos waren die Propheten stets allein aufgetreten. Im Gegensatz zu den anderen Gebieten der Oikumene in der damaligen Zeit gab es im Nahen Osten keine allgemein verbreitete, verbindliche religiöse Gedankenwelt.[44] Der Gott der Propheten zwang die Israeliten, sich vom mythischen Bewußtsein des Nahen Ostens abzugrenzen und eine vollkommen andere Richtung als der Großteil der Bevölkerung einzuschlagen. An den seelischen Qualen Jeremias sehen wir, welch ungeheurer Trennungsschmerz und welche Verwirrung damit verbunden waren. Israel war eine winzige Enklave mit Anhängern Jahwes inmitten einer heidnischen Welt. Außerdem wurde Jahwe auch von vielen Israeliten abgelehnt. Selbst für den Verfasser des Deuteronomiums mit seinem deutlich weniger bedrohlichen Gottesbild war ein Treffen mit Jahwe eine erschütternde Konfrontation: Mose erklärt den Israeliten, die von der Aussicht auf eine Begegnung mit Jahwe ohne Vermittler entsetzt sind, Gott werde ihnen in jeder Generation einen Propheten senden und dieser werde die Verbindung zu Gott in ihrem Namen aufrechterhalten.

Bis zu dem Zeitpunkt existierte noch nichts, was mit Atman vergleichbar gewesen wäre, dem immanenten göttlichen Prinzip innerhalb des Jahwekults. Jahwe wurde als äußere, transzendente Realität erlebt. Er mußte auf irgendeine Weise menschliche Züge erhalten, damit er weniger fremd erschien. Die politische Situation verschlechterte sich zusehends: Die Babylonier besetzten Juda und verschleppten den König und eine erste Gruppe von Israeliten ins Exil, schließlich wurde auch Jerusalem belagert. Als sich die Lage noch mehr zuspitzte, knüpfte Jeremia an die Tradition an, Jahwe menschliche Gefühle zuzuschreiben: Er läßt Gott seine Heimatlosigkeit, Niedergeschlagenheit und Trostlosigkeit beklagen, Jahwe fühlt sich genauso betäubt, erzürnt und verlassen wie sein Volk, er erscheint genauso verwirrt, verstört und ohnmächtig. Der Zorn, den Jeremia in seinem eigenen Herzen aufsteigen fühlt, ist nicht sein eigener, sondern der Zorn Jahwes.[45] Wenn die Propheten über den »Menschen« nachdachten, dachten sie automatisch auch an »Gott«, dessen Gegenwart auf der Welt untrennbar mit seinem Volk verknüpft war. In der Tat ist Gott von den Menschen abhängig, wenn er auf der Welt wirken möchte – eine Vorstellung, die in der jüdischen Auffassung von den göttlichen Dingen immer mehr an Bedeutung gewann. Es gibt sogar gewisse Hinweise, daß Menschen das Wirken Gottes in ihren eigenen Gefühlen und Erfahrungen wahrnehmen können und in der Lage sind festzustellen, daß Jahwe ein Teil des Menschseins ist.

Solange der Feind vor dem Tor stand, herrschte Jeremia im Namen Gottes sein Volk an (obwohl er Gott gegenüber als Fürsprecher für die Israeliten aufgetreten war). Doch sobald Jerusalem im Jahr 587 in die Hände der Babylonier gefallen war, wurden Jahwes Weissagungen tröstlicher: Er versprach, sein Volk nun, da es eine Lektion bekommen hatte, zu retten und es heimzuführen. Jeremia hatte von den babylonischen Behörden die Erlaubnis erhalten, in Juda zurückzubleiben. Als Ausdruck seines Vertrauens in die Zukunft erwarb er ein Grundstück: »Denn so spricht der Herr der Heere: Man wird wieder Häuser, Äcker und Weinberge kaufen in diesem Land.«[46] Verständlicherweise machten einige Menschen Jahwe für die Katastrophe verantwortlich. Während eines Besuchs in Ägypten traf Jeremia auf eine Gruppe von Juden, die ans Nildelta geflüchtet waren. Sie lehnten Jahwe entschieden ab. Ihre Frauen behaupteten, alles sei in Ordnung gewesen, solange sie noch die traditionellen Riten zu Ehren Ischtars, der Himmelskönigin, zelebriert hätten. Doch sobald sie auf Geheiß von Männern wie Jeremia damit aufgehört hätten, seien Verderben, Niederlagen und Armut über sie hereingebrochen. Die Tragödie schien Jeremias Einsichtsfähigkeit zu stärken.[47] Nach dem Untergang Jerusalems und der Zerstörung des Tempels erkannte er allmählich, daß es sich bei solch äußerlichem Pomp in der Religion um nichts anderes als Symbole eines inneren, subjektiven Zustands handelte. Künftig hatte der mit Israel geschlossene Bund einen ganz anderen Wortlaut: »Ich lege mein Gesetz in sie hinein und schreibe es auf ihr Herz ...«[48]

Die zum Exil Verurteilten wurden nicht zur Anpassung gezwungen, wie es 722 bei den zehn Stämmen im Norden der Fall gewesen war. Sie lebten in zwei Gemeinschaften: die eine direkt in Babylon, die andere an den Ufern des Flusses Kebar, eines vom Euphrat ausgehenden Kanals, unweit der Städte Nippur und Ur in einem Gebiet, das sie Tel Aviv (Frühlingshügel) nannten. Zu den ersten Verbannten, die 597 deportiert worden waren, gehörte ein Priester namens Ezechiel. Etwa fünf Jahre lang lebte er allein in seinem Haus und sprach mit keiner Menschenseele. Dann hatte er eine überwältigende Vision von Jahwe, die ihn buchstäblich zu Boden warf. Es ist wichtig, seine erste Vision etwas ausführlicher zu schildern, da sie – Jahrhunderte später – sehr bedeutsam für die jüdischen Mystiker wurde, wie wir in Kapitel 7 sehen werden. Ezechiel erblickte eine große Wolke mit flackerndem Feuer, umgeben von einem hellen Schein. Ein Sturmwind blies von Norden. Inmitten der sturmdurchtosten Dunkelheit schien er – er legte Wert auf diese vorsichtige Einschränkung – einen großen Triumphwagen zu sehen, der von vier starken Tieren gezogen wurde. Sie hatten Ähnlichkeit mit den in die Palastpforten in Babylon eingekerbten *karibu,* doch macht es uns Ezechiel fast unmöglich, sie uns vorzustellen. Jedes Tier hatte vier Köpfe: einen Menschenkopf, einen Löwenkopf, einen Stierkopf und einen Adlerkopf. Jedes Rad rollte in eine andere Richtung. Diese bildliche Darstellung diente einfach dazu, den fremdartigen Eindruck der Visionen zu betonen, die sich nur sehr schwer in Worte fassen ließen. Das tosende Rauschen der Flügel der vier Tiere war ohrenbetäubend; es war »wie das Rauschen gewaltiger Wassermassen, wie die Stimme des Allmächtigen, eine Stimme wie ein Sturm, wie der Lärm eines Heerlagers«. Auf dem Triumphwagen befand sich etwas, das einem Thron »glich«, und darauf saß in prächtigem Ornat »eine Gestalt, die wie ein Mensch aussah«: Sie glänzte wie Gold und war von einem Feuerkranz umgeben. Sie erinnerte auch an »etwas, das wie die Herrlichkeit *(kabod)* des Herrn aussah«.[49] Ezechiel fiel nieder auf sein Angesicht und hörte, wie jemand das Wort an ihn richtete.

Die Stimme nannte Ezechiel »Menschensohn«, als wolle sie die nun zwischen der Menschheit und dem Reich Gottes bestehende Distanz betonen. Erneut folgt auf die Erscheinung Jahwes ein Plan zu praktischem Handeln: Ezechiel soll den rebellischen Söhnen Israels das Wort Gottes verkünden. Die nichtmenschliche Art der göttlichen Botschaft wird durch ein extremes Bild vermittelt: Dem Propheten streckt sich eine Hand entgegen, die eine mit Klagen und Weherufen bedeckte Buchrolle hält. Ezechiel wird befohlen, die Buchrolle zu essen, das Wort Gottes in sich aufzunehmen und es zu einem Teil seiner selbst zu machen. Wie immer ist das Mysterium sowohl *fascinosum* als auch *tremendum*: Es stellt sich heraus, daß die Buchrolle süß wie Honig schmeckt. »Schließlich«, sagt Ezechiel, »hob mich der Geist empor und trug mich fort. Ich ging dahin, mit bitterem und grollendem Herzen, und die Hand des Herrn lag schwer auf mir.«[50] Er traf in Tel Aviv ein und fühlte sich dort eine ganze Woche lang »völlig verstört«.

An Ezechiels seltsamem Werdegang wird deutlich, wie andersartig und fremd die göttliche Welt in den Augen der Menschen geworden war. Er mußte selbst ein Symbol für diese Fremdartigkeit werden. Jahwe befahl ihm häufig, sonderbare Verhaltensweisen an den Tag zu legen, die ihn von normalen Sterblichen unterschieden. Sein seltsames Gebaren sollte auch an die Gefährdung Israels während der Krise erinnern; auf eine symbolische Art wies es darauf hin, daß Israel selbst allmählich zum Außenseiter in der heidnischen Welt wurde. So durfte Ezechiel nach dem Tod seiner Frau nicht um sie trauern, er mußte 390 Tage lang auf der einen und 40 Tage lang auf der anderen Seite liegen, einmal mußte er seine Taschen packen und wie ein Flüchtling ohne festen Wohnsitz in Tel Aviv umherwandern. Jahwe sandte ihm so schwere Angstzustände, daß er unablässig zitterte und nur noch ruhelos umhergehen konnte. Ein anderes Mal wurde er gezwungen, Exkremente zu essen als Symbol für die Hungersnot, die seine Landsleute während der Belagerung Jerusalems zu erdulden hatten. Ezechiel verkörperte das ganz und gar unstete Leben, das der Jahwe-Kult mit sich brachte: Nichts war selbstverständlich, und normale Antworten wurden verweigert.

Im Heidentum hingegen spielte es eine Rolle, daß man Kontinuität zwischen den Göttern und der natürlichen Welt fühlte. Ezechiel fand nichts Tröstliches an der alten Religion und bezeichnete sie regelmäßig als »Schmutz«. Bei einer seiner Visionen nahm er an einer Führung durch den Tempel in Jerusalem teil. Zu seinem Entsetzen stellte er fest, daß das Volk von Juda trotz der drohenden Vernichtung immer noch heidnische Götter im Tempel Jahwes anbetete. Der Tempel selbst war zu einem alptraumhaften Ort geworden: Die Wände waren mit sich windenden Schlangen und abstoßenden Tieren bemalt; die Priester zelebrierten ihre »schmutzigen« Riten im Halbdunkel, fast als trieben sie verbotene Sexspiele in Hinterzimmern. »Hast du gesehen, Menschensohn, was die Ältesten des Hauses Israel im Finstern treiben, jeder in der Kammer seines Götterbildes?«[51] In einem anderen Raum saßen Frauen und beweinten den Gott Tammus. Andere beteten die Sonne an, mit dem Rücken zum Tempel des Herrn. Schließlich sah der Prophet den seltsamen Triumphwagen, der in seiner ersten Vision aufgetaucht war, davonschweben und mit ihm »die Herrlichkeit« des Herrn. Dennoch ist Jahwe kein völlig distanzierter Gott. Ezechiel schildert, wie er in den letzten Tagen vor der Zerstörung Jerusalems gegen das israelische Volk wütet und vergeblich versucht, die Aufmerksamkeit und Anerkennung der Israeliten zu erlangen. Israel ist ausschließlich selbst verantwortlich für die drohend bevorstehende Katastrophe. So fremdartig Jahwe den Israeliten oft auch erscheinen mochte, Menschen wie Ezechiel vermittelte er doch die Erkenntnis, daß die Schicksalsschläge der Geschichte nicht zufällig und willkürlich erfolgen, sondern eine tiefere Logik und Gerechtigkeit besitzen. Er versuchte, in der grausamen Welt der Politik einen Sinn zu entdecken.

An den Ufern der Flüsse Babylons kamen einige der Verbannten zwangsläufig zu der Meinung, daß sie ihre Religion nicht außerhalb des Gelobten Landes praktizieren konnten. Heidnische Götter hatten immer in einem bestimmten Territorium gewirkt, und manche Israeliten fanden es unvorstellbar, Jahwes Lieder in einem fremden Land zu singen: Sie ergötzten sich an der Vorstellung, babylonische Kinder zu packen und sie an einem Felsen zu zerschmettern.[52] Ein neuer Prophet predigte jedoch Gelassenheit. Wir wissen nichts über ihn, was möglicherweise von Bedeutung ist, da seine Weissagungen und Psalmen keinerlei Hinweis auf einen persönlichen Kampf liefern, wie ihn seine Vorgänger durchleben mußten. Da sein Werk später den Weissagungen Jesajas hinzugefügt wurde, wird er für gewöhnlich als der Zweite Jesaja bezeichnet. Im Exil gingen einige Juden dazu über, die alten Götter Babylons anzubeten, andere empfanden ein neues religiöses Gefühl. Jahwes Tempel lag in Trümmern, die alten Kultaltäre in Bet-El und Hebron waren zerstört. In Babylon konnten die Israeliten nicht an der Liturgie teilnehmen, die für ihr religiöses Leben zu Hause von zentraler Bedeutung gewesen war. Jahwe war alles, was sie hatten. Der Zweite Jesaja ging noch einen Schritt weiter und verkündete, Jahwe sei der einzige Gott. In seiner Neufassung der israelitischen Geschichte wird der Mythos vom Exodus in Bildern geschildert, die uns an den Sieg Marduks über Tiamat, das urzeitliche Meer, erinnern:

> Der Herr trocknet die Bucht des ägyptischen Meeres aus; er schwingt in glühendem Zorn seine Faust gegen den Euphrat und zerschlägt ihn in sieben einzelne Bäche, so daß man in Sandalen hindurchgehen kann ...
> eine Straße, wie es sie für Israel gab, als es aus Ägypten heraufzog.[53]

Der Erste Jesaja hatte die Geschichte als göttliche Warnung dargestellt; nach der Katastrophe sah der Zweite Jesaja in seinem Buch des Trostes die Geschichte als Hoffnung für die Zukunft. Wenn Jahwe Israel in der Vergangenheit schon einmal befreit hatte, konnte er dies auch wieder tun. Er leitete die geschichtlichen Vorgänge, in seinen Augen waren alle *gojim* nicht mehr als ein Tropfen Wasser in einem Eimer. Er war der einzige Gott, der zählte. Der Zweite Jesaja stellte sich vor, wie die alten Götter Babylons auf Karren geladen wurden und auf den Sonnenuntergang zu rollten.[54] Ihre Zeit war vorüber: »War es nicht ich, der Herr?« fragt er wiederholt. »Es gibt keinen Gott außer mir.«[55]

> Vor mir wurde kein Gott erschaffen,
> und auch nach mir wird es keinen geben.
> Ich bin Jahwe, ich,
> und außer mir gibt es keinen Retter.[56]

Der Zweite Jesaja vergeudete keine Zeit damit, die Götter der *gojim* zu brandmarken, die seit der Katastrophe als siegreich hätten gelten können. Mit ruhiger Bestimmtheit setzte er voraus, Jahwe – nicht Marduk oder Baal – habe die großen mythischen Taten vollbracht, denen die Entstehung der Welt zu verdanken sei. Zum ersten Mal interessierten sich die Israeliten ernsthaft für Jahwes

Rolle bei der Schöpfung, vielleicht aufgrund des erneuten Kontaktes mit den kosmologischen Mythen Babylons. Selbstverständlich bemühten sie sich nicht um eine wissenschaftlich begründete Erforschung der physikalischen Ursprünge des Universums, sondern sie versuchten, Trost in der rauhen Welt der Gegenwart zu finden. Wenn Jahwe in den uranfänglichen Zeiten über die Monster des Chaos gesiegt hatte, würde es ein leichtes für ihn sein, die verbannten Israeliten wieder zu befreien. In Anbetracht der Parallelen zwischen dem Exodus-Mythos und den heidnischen Legenden vom Sieg über das wässerige Chaos am Anfang aller Zeit bestärkte der Zweite Jesaja sein Volk darin, zuversichtlich in die Zukunft zu blicken im Vertrauen auf eine neue Demonstration der göttlichen Macht. Er nimmt beispielsweise Bezug auf den Sieg Baals über Lotan, das Seeungeheuer aus der kanaanitischen Schöpfungsmythologie, das auch Rahab, der Drache *(tannīm)* und die Flut *(tehōm)* genannt wurde:

> Wach auf, wach auf, bekleide dich mit Macht,
> Arm des Herrn!
> Wach auf wie in den früheren Tagen,
> wie bei den Generationen der Vorzeit!
> Warst du es nicht, der die Rahab zerhieb
> und den Drachen *[tannīm]* durchbohrte?
> Warst du es nicht, der das Meer austrocknen ließ,
> die Wasser der großen Flut *[tehōm]*,
> der die Tiefen des Meeres zum Weg gemacht hat,
> damit die Erlösten hindurchziehen konnten?[57]

Jahwe hatte endlich seine Rivalen aus der religiösen Vorstellungswelt Israels verbannt. Im Exil büßte das Heidentum an Anziehungskraft ein, das Judentum konnte entstehen. Zu einer Zeit, in der man mit gutem Grund den Zerfall des Jahwe-Kults hätte erwarten können, befähigte er die Menschen trotz unerträglicher Lebensumstände Hoffnung zu schöpfen.

Auf diese Weise wurde Jahwe der eine und einzige Gott. Man unternahm keinen Versuch, seinen Anspruch philosophisch zu rechtfertigen. Wie immer hatte die neue Religion nicht deshalb Erfolg, weil sie auf rationale Weise anschaulich zu vermitteln war, sondern weil sie effektiv dazu eingesetzt werden konnte, Verzweiflung abzuwenden und neue Hoffnung aufkeimen zu lassen. In ihrer Verwirrung darüber, im Exil leben zu müssen, fanden die Juden die Sprunghaftigkeit des Jahwe-Kults nicht länger fremdartig und beunruhigend. Sie entsprach genau ihrer eigenen Lage.

Dennoch trug das Gottesbild des Zweiten Jesaja keineswegs anheimelnde Züge. Gott entzog sich weiterhin dem Vorstellungsvermögen des Menschen:

> Meine Gedanken sind nicht eure Gedanken,
> und eure Wege sind nicht meine Wege – Spruch des Herrn.
> So hoch der Himmel über der Erde ist,
> so hoch erhaben sind meine Wege über eure Wege,
> und meine Gedanken über eure Gedanken.[58]

Die Realität Gottes liegt jenseits von Worten und Begriffen, Jahwe handelt auch nicht immer so, wie es sein Volk erwartet. In einer sehr gewagten Passage, die heute von besonderer Brisanz ist, sieht der Prophet voller Freude einer Zeit entgegen, in der neben Israel auch Ägypten und Assyrien zu Völkern Jahwes werden. Jahwe sagt: »Gesegnet ist Ägypten, mein Volk, und Assur, das Werk meiner Hände, und Israel, mein Erbbesitz.«[59] Jahwe ist zum Symbol transzendenter Realität geworden, engstirnige Interpretationen von Auserkorensein erscheinen kleinlich und unangemessen.

Als König Kyrus von Persien im Jahr 539 v. u. Z. das babylonische Reich eroberte, bestätigte dies anscheinend die Weissagungen der Propheten. Kyrus zwang seinen neuen Untertanen die persischen Götter nicht auf, sondern betete im Tempel von Marduk zu ihnen, nachdem er im Triumphzug in Babylon eingezogen war. Er brachte auch die Götterbilder, die den von den Babyloniern eroberten Völkern gehörten, an ihren angestammten Platz zurück. Nun, da sich die Welt an das Leben in riesigen Imperien gewöhnt hatte, brauchte Kyrus wahrscheinlich nicht mehr auf die alte Praxis der Vertreibung zurückzugreifen. Das Regieren war für ihn einfacher, wenn die ihm untergebenen Völker ihre eigenen Götter in ihren eigenen Gebieten anbeteten. Überall in seinem Reich sorgte er für den Wiederaufbau ehemaliger Tempel und behauptete immer wieder, die Götter der jeweiligen Tempel hätten ihn mit dieser Aufgabe betraut. Kyrus diente als Beispiel für die Toleranz und Großzügigkeit mancher Formen heidnischer Religion. Im Jahre 538 erließ er ein Edikt, das den Juden die Rückkehr nach Juda und den Wiederaufbau ihres eigenen Tempels gestattete. Die meisten entschlossen sich jedoch zu bleiben, von nun an lebte nur noch eine Minderheit im Gelobten Land. Aus der Bibel wissen wir, daß 42 360 Juden Babylon und Tel Aviv verließen und mit der Rückwanderung nach Hause begannen, wo sie ihr neues Judentum ihren verwirrten Brüdern aufdrängten.

Wir können sehen, wie sich dies in der Priesterschrift (P) niederschlug, die nach dem Exil verfaßt und dem Pentateuch beigefügt wurde. Dort werden die von J und E geschilderten Ereignisse neu interpretiert, zwei neue Bücher, Numeri und Leviticus, kommen hinzu. Wie nicht anders zu erwarten, hatte P ein verfälschtes und exaltiertes Bild von Jahwe. Er glaubte beispielsweise nicht, daß irgend jemand Gott tatsächlich auf die von J angenommene Art und Weise sehen konnte. Er teilte viele Ansichten Ezechiels und war überzeugt, daß zwischen der menschlichen Auffassung von Gott und der Realität ein Unterschied bestand. In P's Erzählung von Mose auf dem Sinai bittet Mose darum, Jahwe sehen zu können, der ihm daraufhin antwortet: »Du kannst mein Angesicht nicht sehen; denn kein Mensch kann mich sehen und am Leben bleiben.«[60] Statt dessen muß sich Mose vor der überwältigenden göttlichen Präsenz in einen Felsspalt retten, und von dort aus sieht er Jahwe einen Augenblick lang von hinten. P formulierte einen Gedanken, der große Bedeutung in der Geschichte Gottes erlangte: Die Menschen können nur ein schwaches Nachglühen der göttlichen Gegenwart wahrnehmen, das er als »die Herrlichkeit *(kabod)* des Herrn« bezeichnet, eine Manifestation seiner Gegenwart, die nicht mit Gott selbst zu verwechseln ist.[61] Als Mose vom Berg heruntersteigt, spiegelt sein eigenes Gesicht die »Herrlichkeit« wider und strahlt ein so unerträglich helles Licht aus, daß die Israeliten ihn nicht anschauen können.[62]

Die »Herrlichkeit« Jahwes ist ein Symbol seiner Präsenz auf Erden und betont den Unterschied zwischen den von Menschen geschaffenen begrenzten Gottesbildern und der Heiligkeit Gottes. Auf diese Weise erzeugt sie ein Gegengewicht zur Götzen-Natur der israelitischen Religion. Im Rückblick auf die alten Erzählungen des Exodus kann P sich nicht vorstellen, daß Jahwe die Israeliten auf ihrer Wanderung persönlich begleitet hatte; das erscheint ihm als eine unziemliche Vermenschlichung. Statt dessen schildert er, wie die »Herrlichkeit« Jahwes das Zelt erfüllt, in dem er sich mit Mose trifft. In ähnlicher Weise ist auch der Tempel von der »Herrlichkeit Jahwes« durchdrungen.[63]

P's berühmtester Beitrag zum Pentateuch ist natürlich der Schöpfungsbericht im ersten Kapitel der Genesis, der sich am Enuma elisch orientiert. P beginnt mit den Wassern der urzeitlichen Flut (*tehōm,* eine Entartung von Tiamat), aus der Jahwe Himmel und Erde formt. Eine Schlacht zwischen den Göttern oder ein Kampf mit Yamm, Lotan oder Rahab findet jedoch nicht statt. Jahwe trägt allein die Verantwortung dafür, alle Dinge zum Leben erweckt zu haben. Die Emanation der Realität vollzieht sich nicht stufenweise, sondern Jahwe schafft Ordnung durch einen mühelosen Willensakt. Natürlich hielt P die Welt nicht für göttlich und glaubte nicht, sie setze sich aus demselben Stoff zusammen wie Jahwe. In der Tat spielt der Begriff »Trennung« eine entscheidende Rolle in P's Theologie: Jahwe macht aus dem Kosmos einen Ort, an dem alles seine Ordnung hat, er trennt die Nacht vom Tag, das Wasser vom Festland und das Licht von der Dunkelheit. In jedem Stadium segnet und rechtfertigt er die Schöpfung und erklärt sie für »gut«. Im Gegensatz zur babylonischen Legende ist die Erschaffung des Menschen der Höhepunkt der Schöpfung, kein sonderbarer nachträglicher Einfall. Die Menschen teilen zwar nicht die göttliche Natur, doch sind sie das Ebenbild Gottes und müssen seine schöpferischen Aufgaben fortführen. Wie im Enuma elisch folgt auf die sechs Schöpfungstage am siebten Tag ein Ruhetag, der Sabbat. Im babylonischen Bericht ist dies der Tag, an dem die Große Götterversammlung zusammenkommt, um »die Geschicke festzulegen« und Marduk die göttlichen Titel zu übertragen. Bei P steht der Sabbat in symbolischem Kontrast zu dem urzeitlichen Chaos am ersten Schöpfungstag. Der belehrende Tonfall und die Wiederholungen legen nahe, daß P's Schöpfungsgeschichte wie das Enuma elisch für liturgisches Rezitieren vorgesehen war, um das Werk Jahwes zu preisen und ihn als Schöpfer und Herrscher von Israel einzusetzen.[64]

Natürlich war der neue Tempel von zentraler Bedeutung für P's Judentum. Im Nahen Osten hatte man den Tempel oft als eine Nachbildung des Kosmos betrachtet, der Bau von Tempeln galt als ein Akt der *imitatio dei,* der die Menschen befähigte, an der Kreativität der Götter teilzuhaben. Im Exil hatten viele Juden aus den alten Erzählungen von der Bundeslade Trost geschöpft, dem tragbaren Schrein, in dem Gott inmitten seines Volkes »sein Zelt aufgeschlagen« *(shakan)* und ihre Heimatlosigkeit geteilt hatte. Bei der Beschreibung der Errichtung des Allerheiligsten, des Offenbarungszeltes in der Wüste, orientierte sich P an der alten Mythologie. Der architektonische Entwurf war kein Original, sondern eine Kopie des göttlichen Modells. Mose erhält auf dem Sinai von Jahwe sehr lange und ausführliche Anweisungen: »Macht mir ein Heiligtum! Dann werde ich in eurer Mitte wohnen. Genau nach dem Muster, das ich dir zeige, sollt ihr den Tabernakel und alle anderen Gegenstände herstellen.«[65] Der lange Bericht von der Errichtung des Heiligtums ist offensichtlich nicht wörtlich zu verstehen; niemand dachte auch nur im entferntesten daran, daß die alten Israeliten tatsächlich einen so kunstvollen Schrein aus »Gold, Silber und Kupfer, violettem und rotem Purpur, Karmesin, Byssus, Ziegenhaaren, rötlichen Widderfellen, Tahaschhäuten, Akazienholz ...« und so weiter gefertigt hatten.[66] Der langatmige Einschub erinnert stark an P's Schöpfungsbericht. In jedem einzelnen Stadium der Herstellung »besichtigte Mose das ganze Werk« und »segnete« die Menschen wie Jahwe in den sechs Schöpfungstagen. Das Allerheiligste wird am ersten Tag des ersten Monats des Jahres errichtet; Bezalel, der Architekt des Schreins, ist vom Geist Gottes inspiriert *(ruach elohim),* der auch bei der Erschaffung der Welt zugegen war. Beide Berichte betonen außerdem die Bedeutung des Ruhetages.[67] Der Bau eines Tempels war auch ein Symbol für die ursprüngliche Harmonie vor der Zerstörung der Welt durch die Menschen.

Dem Deuteronomium zufolge wurde der Sabbat eingesetzt, um allen, einschließlich der Sklaven, einen freien Tag zu geben und um die Israeliten an den Exodus zu erinnern.[68] P verleiht dem

Sabbat eine neue Bedeutung: Er wird zum Akt der Imitation Gottes und zum Tag des Gedenkens an die Erschaffung der Welt. Mit der Einhaltung des Sabbats taten die Juden etwas, was ursprünglich nur Gott getan hatte. Es war ein symbolischer Versuch, das göttliche Leben nachzuvollziehen. In den alten heidnischen Zeiten hatte jede menschliche Handlung die Handlungen der Götter imitiert, der Jahwe-Kult jedoch offenbarte eine ungeheure Kluft zwischen der göttlichen Welt und der Welt der Menschen. Nun wurden die Juden ermutigt, durch die Einhaltung der Gesetze von Moses Thora Jahwe näherzukommen. Im Deuteronomium sind eine Anzahl verpflichtender Gesetze aufgeführt, darunter die Zehn Gebote. Im Exil und unmittelbar danach wurde daraus eine komplexe Gesetzgebung erarbeitet, die aus den in Levitikus genannten 613 Geboten (Mizwot) bestand. Die ausführlichen Verfügungen erscheinen einem Außenstehenden verwirrend und wurden im Neuen Testament polemisch in einem sehr negativen Licht dargestellt. Die Juden sahen darin keine unerträgliche Belastung, wie die Christen gerne glauben, sondern ein Symbol dafür, daß sie in der Gegenwart Gottes lebten. Im Deuteronomium waren die Speiseverbote ein Zeichen für Israels herausgehobene Position.[69] P erkennt darin außerdem einen ritualisierten Versuch, die heilige Isoliertheit Gottes zu teilen, die schmerzliche Trennung zwischen der Menschenwelt und dem Göttlichen zu überwinden. Die Menschheit kann von Sünden gereinigt werden, wenn die Israeliten Gottes schöpferische Handlungen imitieren und Milch von Fleisch, Reines von Unreinem und den Sabbat vom Rest der Woche trennen.

Die Priesterschrift wurde dem Pentateuch neben den Berichten von J und E und der Deuteronomisten hinzugefügt. Dies mag als Hinweis dienen, daß sich jede größere Religion aus mehreren voneinander unabhängigen Sichtweisen und Denkungsarten zusammensetzt. Manche Juden fühlten sich mehr zu dem deuteronomistischen Gott hingezogen, der sich für Israel entschieden hatte und wollte, daß sein Volk sich nachdrücklich von den *gojim* absonderte. Manche gingen so weit, dies auf die messianischen Mythen auszudehnen, die dem Tag Jahwes am Ende der Zeit freudig entgegensahen, wenn er Israel preisen und die anderen Staaten demütigen würde.

Diese mythologischen Berichte hatten die Tendenz, Gott als ein sehr distanziertes Wesen zu beschreiben. Man war stillschweigend übereingekommen, daß die Ära der Prophezeiungen nach dem Exil vorüber war. Zu Gott sollte kein direkter Kontakt mehr hergestellt werden, Kontakt gab es nur in den symbolischen Visionen, die bedeutenden Gestalten einer längst vergangenen Zeit zugeschrieben wurden, beispielsweise Henoch und Daniel.

Einer dieser Helden aus ferner Zeit wurde in Babylon als beispielhaft im Erdulden von Leid verehrt: Ijob. Nach dem Exil warf einer der Überlebenden anhand dieser alten Legende fundamentale Fragen über die Natur Gottes und seine Verantwortung für die Leiden der Menschen auf. In der alten Erzählung wurde Ijob von Gott geprüft; weil er sein unverdientes Leid geduldig ertrug, belohnte Gott ihn und verhalf ihm wieder zu seinem früheren Wohlstand. In der neuen Version der Geschichte Ijobs teilt der Verfasser die alte Legende in zwei Hälften und berichtet, Ijob sei über Gott sehr erzürnt gewesen. Gemeinsam mit seinen drei Freunden wagt Ijob, die göttlichen Dekrete in Frage zu stellen und läßt sich auf eine leidenschaftliche intellektuelle Debatte ein. Zum ersten Mal in der Geschichte der jüdischen Religion wird die religiöse Vorstellungskraft auf eine abstrakte Betrachtung gerichtet. Die Propheten hatten behauptet, Gott habe Israel wegen seiner Sünden Leid erdulden lassen; der Verfasser des Buches Ijob zeigt, daß einigen Israeliten die herkömmlichen Antworten nicht mehr genügten. Ijob verwirft diese Meinung und prangert ihre intellektuelle Unzulänglichkeit an, doch plötzlich schaltet sich Gott in seine erbitterten Theorien ein. Er offenbart sich Ijob in einer Vision und weist ihn auf die Wunder der Welt hin, die er erschaffen hat: Wie kann ein kümmerlicher kleiner Wicht wie Ijob es wagen, mit dem transzendenten Gott zu rechten? Ijob gibt sich geschlagen, aber ein moderner Leser, bemüht um eine plausiblere und mehr philosophische Antwort auf das Problem menschlichen Leids, wird sich mit dieser Lösung nicht zufriedengeben. Der Verfasser des Buches Ijob spricht den Menschen nicht das Recht ab, Fragen zu stellen, doch er legt nahe, daß der Intellekt allein nicht in der Lage ist, damit fertigzuwerden. Intellektuelle Spekulationen müssen einer unmittelbaren Offenbarung Gottes weichen, wie sie die Propheten empfingen.

Die Juden hatten noch keine eigene Philosophie entwickelt, wurden jedoch im 4. Jahrhundert vom griechischen Rationalismus beeinflußt. Im Jahre 332 v. u. Z. besiegte Alexander von Makedonien Darius III. von Persien, daraufhin begannen die Griechen mit der Kolonisierung Asiens und Afrikas. Sie gründeten Stadtstaaten in Tyrus, Sidon, Gaza, Philadelphia (Amman), Tripolis und sogar in Schechem. Die Juden aus Palästina und die Juden im Exil waren von einer hellenischen Kultur umgeben, die manche sehr verwirrte; andere hingegen fanden das griechische Theater, die Philosophie, den Sport und die Dichtkunst der Griechen anregend. Sie lernten Griechisch, trainierten im Gymnasium und nahmen griechische Namen an. Einige kämpften als Söldner in den Armeen der Griechen. Sie übersetzten sogar ihre eigene Heilige Schrift ins Griechische und schufen eine Version, die unter dem Namen Septuaginta bekannt wurde. Auf diese Weise lernten einige Griechen den Gott Israels kennen und beschlossen, Jahwe (oder Iao, wie sie ihn nannten) neben Zeus und Dionysos anzubeten. Manchen Griechen gefielen die Synagogen oder Versammlungshäuser, die die vertriebenen Juden nun statt des Tempels für ihre Gebete benutzten. Sie lasen dort ihre Heilige Schrift, beteten und hörten Predigten. Die Synagoge war einmalig in der religiösen Welt des Altertums. Da keine Rituale oder Opfer zelebriert wurden, wirkte sie auf viele eher wie eine Schule der Philosophie. Viele Menschen drängten in die Synagoge, wenn ein bekannter jüdischer Prediger in die Stadt kam, wie sie auch lange Warteschlangen bildeten, um ihren eigenen Philosophen zuzuhören. Einige Griechen richteten sich sogar nach bestimmten Teilen der Thora und schlossen sich Juden in synkretistischen Sekten an. Im 4. Jahrhundert v. u. Z. gab es vereinzelt Hinweise darauf, daß Juden und Griechen Jahwe mit einem der griechischen Götter verschmolzen hatten.

Die meisten Juden blieben jedoch unter sich, und es entwickelte sich ein gespanntes Verhältnis zwischen Juden und Griechen in den hellenistischen Städten des Nahen Ostens. In der Welt des Altertums war Religion keine Privatangelegenheit. Die Götter waren für die Städte äußerst wichtig, und man glaubte, sie würden den Städten ihren Schutz entziehen, wenn ihr Kult vernachlässigt wurde. Juden, die behaupteten, solche Götter existierten nicht, wurden als

»Atheisten« und Feinde der Gesellschaft gebrandmarkt. Im 2. Jahrhundert v. u. Z. hatte sich diese Feindseligkeit verfestigt. In Palästina gab es sogar einen Aufstand, als Antiochus Epiphanes, der Statthalter der Seleukiden, versuchte, Jerusalem zu hellenisieren und den Kult des Zeus im Tempel einzuführen. Die Juden verfaßten eigene Schriften, in denen es hieß, Weisheit wurzele nicht in der Klugheit der Griechen, sondern in Gottesfürchtigkeit. Die Weisheitsliteratur war ein altvertrautes Genre im Nahen Osten. Die Verfasser versuchten den Sinn des Lebens zu ergründen, und zwar nicht durch philosophische Reflexion, sondern durch die Erforschung der besten Lebensweise. Oft waren die Schriften betont pragmatisch. Der Verfasser des Buches der Sprichwörter, der im 3. Jahrhundert v. u. Z. schrieb, ging noch ein Stück weiter und wies darauf hin, daß unter Weisheit der meisterliche Plan zu verstehen sei, den Gott bei der Erschaffung der Welt ersonnen habe, daß die Weisheit daher das erste seiner Geschöpfe sei. Diese Vorstellung war sehr wichtig für die frühen Christen, wie wir in Kapitel 4 noch sehen werden. Der Autor personifiziert die Weisheit, und sie sagt:

> Der Herr hat mich geschaffen im Anfang seiner Wege, vor seinen Werken in der Urzeit.
> In frühester Zeit wurde ich gebildet, am Anfang, beim Ursprung der Erde ..., als er die Fundamente der Erde abmaß, da war ich als geliebtes Kind bei ihm. Ich war seine Freude Tag für Tag und spielte vor ihm allezeit.
> Ich spielte auf seinem Erdenrund, und meine Freude war es, bei den Menschen zu sein.[70]

Zwar ist die Weisheit kein göttliches Wesen, doch über sie ganz besonders läßt sich sagen, daß sie von Gott geschaffen wurde. Sie entspricht der von den priesterlichen Autoren beschriebenen Herrlichkeit Gottes und steht stellvertretend für Gottes Plan, den die Menschen in der Schöpfung und in den menschlichen Angelegenheiten erahnen können. Der Autor verkörpert die auf den Straßen wandelnde Weisheit *(hokhma),* die die Menschen aufruft, Jahwe zu fürchten. Im 2. Jahrhundert v. u. Z. schilderte Jesus Sirach, ein frommer Jude aus Jerusalem, die Weisheit auf ähnliche Art. Er beschreibt, wie sie sich in der Versammlung Gottes erhebt und sich selbst preist: Sie sei aus dem Mund des Höchsten hervorgegangen als das göttliche Wort, durch das Gott die Welt erschaffen habe. In der Schöpfung sei sie allgegenwärtig, doch habe sie Wurzel gefaßt inmitten des Volkes von Israel.[71]

Wie die Herrlichkeit Jahwes ist auch die Weisheit ein Symbol für Gottes Wirken in der Welt. Die Juden kultivierten eine so erhabene Vorstellung von Jahwe, daß ein unmittelbares Eingreifen seinerseits in menschliche Angelegenheiten nur schwer vorstellbar gewesen wäre. Wie P zogen sie es vor, den Gott, den sie erkennen und erfahren konnten, von der göttlichen Realität zu unterscheiden. Wenn wir lesen, wie die göttliche Weisheit Gott verläßt, um auf der Suche nach den Menschen auf der Welt umherzuwandern, fällt es schwer, keine Parallelen zu ziehen zu heidnischen Göttinnen wie Ischtar, Anat und Isis, die genauso in einer Erlösungsmission von der göttlichen Welt herabgestiegen waren. Um das Jahr 50 v. u. Z. entwickelte die Weisheitsliteratur in Alexandria polemische Tendenzen. In der Schrift *Die Weisheit Salomos* beschwor ein Jude aus der bedeutenden jüdischen Gemeinde von Alexandria seine Glaubensgenossen, der verführerischen griechischen Kultur in ihrem Umkreis zu widerstehen und den eigenen Traditionen treu zu bleiben: Furcht vor Jahwe und nicht griechische Philosophie mache die wahre Weisheit aus. In griechischer Sprache personifizierte auch er in seinem Werk die Weisheit (Sophia) und behauptete, sie könne nicht getrennt von dem jüdischen Gott gesehen werden:

> [Sophia] ist ein Hauch der Kraft Gottes,
> und reiner Ausfluß der Herrlichkeit des Allherrschers;
> darum fällt kein Schatten auf sie.
> Sie ist der Widerschein des ewigen Lichts,
> der ungetrübte Spiegel von Gottes Kraft,
> das Bild seiner Vollkommenheit.[72]

Diese Passage war für die Christen sehr wichtig, als sie die Stellung Jesu zu erörtern begannen. Der jüdische Autor sah Sophia nur als einen Aspekt des unerforschlichen Gottes, der sich dem menschlichen Verständnis angepaßt hat. Sie verkörpert »Gott-wie-er-sich-dem-Menschen-offenbart-hat«, die menschliche Vorstellung von Gott, die sich auf geheimnisvolle Weise von der vollständigen Realität Gottes unterscheidet; letztere wird unserem Verständnis immer verborgen bleiben.

Der Verfasser der *Weisheit Salomos* hatte das gespannte Verhältnis zwischen griechischem Gedankengut und jüdischer Religion richtig erkannt. Wir haben gesehen, daß ein entscheidender und vielleicht unvereinbarer Gegensatz zwischen dem Gott von Aristoteles, der die von ihm erschaffene Welt kaum bemerkt, und dem Gott der Bibel besteht, der leidenschaftlich Anteil nimmt an den Geschicken der Menschen. Der griechische Gott kann mit dem menschlichen Verstand erfaßt werden, während der Gott der Bibel sich nur durch Offenbarungen zu erkennen gibt. Eine große Kluft trennte Jahwe von der Welt, doch die Griechen glaubten, die Gabe der Vernunft mache die Menschen Gott ähnlich; sie hatten daher die Möglichkeit, Gott durch eigene Anstrengungen nahe zu kommen. Doch immer wenn Monotheisten mit der griechischen Philosophie liebäugelten, versuchten sie unweigerlich, deren Gott ihrem eigenen anzupassen. Dieses Phänomen wird im vorliegenden Buch eine große Rolle spielen. Einer der ersten, der dies versuchte, war der bedeutende jüdische Philosoph Philon von Alexandria (ungefähr 30 v. u. Z.–45 u. Z.). Philon war Platoniker und hatte einen ausgezeichneten Ruf als eigenständiger rationalistischer Philosoph. Er schrieb in erlesenem Griechisch und sprach wohl nicht Hebräisch, doch er war auch ein strenggläubiger Jude, der die Mizwot befolgte. Er sah keine Unvereinbarkeit zwischen seinem Gott und dem Gott der Griechen. Man muß jedoch anmerken, daß Philons Gott nicht viel Ähnlichkeit mit Jahwe hatte. Zum einen war Philon offensichtlich vom Inhalt der historischen Bücher der Bibel peinlich berührt und suchte sie in kunstvolle Allegorien umzuwandeln. Aristoteles hatte, daran sei erinnert, Geschichte als unphilosophisch angesehen. Philons Gott besitzt keine menschlichen Eigenschaften: Beispielsweise ist es völlig unzutreffend, ihn als »zornig« zu beschreiben. Alles, was wir über Gott in Erfahrung bringen können, ist die bloße Tatsache seiner Existenz. Als praktizierender Jude glaubte Philon dennoch daran, daß Gott sich den Propheten geoffenbart hatte. Wie war das möglich gewesen? Philon erläutert das Problem, indem er streng zwischen Gottes Wesen *(ousia),* das gänzlich unverständlich ist, und seinem Wirken in der Welt unterscheidet. Letzteres bezeichnet er als Gottes »Kräfte« *(dynameis)* oder »Energien« *(energeiai).* Im Grunde genommen ähnelt seine Theorie der von P und den Verfassern der Weisheitsliteratur: Wir können Gottes innerstes Wesen nie begreifen. Philon legt ihm im Gespräch mit Mose die Worte in den Mund: »Das Verständnis meines Wesens ist aber nicht nur dem Menschen, sondern auch dem ganzen Himmel und dem Weltall versagt.«[73] Um sich unserem begrenzten Intellekt anzupassen, hält Gott die Verbindung zu uns durch seine »Kräfte« aufrecht, die Platos göttlichen Formen zu entsprechen scheinen (allerdings ist Philon in diesem Punkt nicht immer konsequent). Sie sind die höchsten Wirklichkeiten, die der menschliche Geist erfassen kann. Philon sieht sie von Gott ausströmen, ähnlich wie Plato und Aristoteles den Kosmos unaufhörlich der ersten Ursache entströmen sahen. Zwei Kräfte sind von besonderer Bedeutung. Philon nennt sie die königliche Kraft, die Gott in der Ordnung des Universums zeigt, und die kreative Kraft, durch die Gott sich in den Wohltaten offenbart, die er den Menschen angedeihen läßt. Keine dieser Kräfte ist mit dem göttlichen Wesen *(ousia)* zu verwechseln, das als undurchdringliches Mysterium im Verborgenen bleibt. Sie geben uns nur die Möglichkeit, einen kurzen Blick auf eine Realität zu erhaschen, die alles übersteigt, was wir geistig erfassen können. Manchmal spricht Philon von Gottes ureigenstem Wesen *(ousia)* in Verbindung mit der königlichen und der kreativen Kraft als einer Art Trinität. Über die Schilderung von Jahwes Besuch mit den beiden Engeln bei Abraham in Mamre schreibt er beispielsweise, dies sei eine allegorische Darstellung von Gottes *ousia* – der Seiende mit den beiden höchsten Kräften.[74] J wäre über diese Deutung erstaunt gewesen, und tatsächlich lehnten die Juden Philons Auffassung von Gott immer als unangemessen ab. Die Christen hingegen fanden seine Gedankengänge sehr hilfreich, und die Griechen griffen, wie wir noch sehen werden, begierig seine Unterscheidung zwischen Gottes unerforschlichem »Wesen« und den

»Energien« auf, durch die wir ihn erkennen können. Die Griechen wurden auch durch seine Theorie des göttlichen Logos beeinflußt. Wie die Verfasser der Weisheitsliteratur ist auch Philon der Meinung, Gott habe einen meisterhaften Plan *(logos)* der Schöpfung entworfen; der Plan entspricht Platos Reich der Ideen. Die Ideen hätten dann im physikalischen Universum feste Gestalt angenommen. Wieder sind Philons Argumente nicht ganz konsistent. An manchen Stellen behauptet er, der Logos sei eine der Kräfte; ein anderes Mal scheint er zu glauben, der Logos stehe über den Kräften und sei die höchste Vorstellung von Gott, die Menschen erreichen können. Durch die Betrachtung des Logos gelangen wir zu keinem positiven Wissen von Gott, sondern wir werden über den Bereich der diskursiven Vernunft hinaus zu einem intuitiven Verstehen geführt, das »höher ist als irgendeine andere Art des Denkens, kostbarer als alles, was nur gedacht wird«.[75] Dieses Verstehen ist Platos Betrachtung *(theoria)* ähnlich. Philon beharrt darauf, daß wir Gott in seinem tiefsten Innern nie erreichen werden. Die höchste uns zugängliche Wahrheit ist die verzückte Erkenntnis, daß Gott den menschlichen Geist ganz und gar transzendiert.

Das ist nicht so nüchtern gemeint, wie es klingt. Philon beschreibt eine leidenschaftliche, freudige Reise ins Unbekannte, die ihm Befreiung und kreative Energie brachte. Wie Plato sieht er die Seele gleichsam im Exil, gefangen in der physischen Welt der Materie. Sie muß zu Gott aufsteigen, Leidenschaft, Sinne und selbst die Sprache zurücklassen, da diese uns an die unvollkommene Welt binden. Schließlich erreicht sie einen ekstatischen Zustand, der den Menschen über die trostlosen Grenzen des Ichs hinaus in eine umfassendere, erfülltere Realität erhebt. Wir haben gesehen, daß die Gottesvorstellung oftmals eine Leistung der Phantasie war. Propheten reflektierten über eine Erfahrung und kamen zu dem Schluß, sie könne dem Wesen, das sie Gott nannten, zugeschrieben werden. Philon zeigt, daß religiöse Betrachtung viel gemein hat mit anderen Formen der Kreativität. Wie er sagt, gab es Zeiten, in denen er sich verbissen mit seinen Büchern abmühte und keine Fortschritte machte; dann wieder fühlte er, daß das Göttliche von ihm Besitz ergriffen hatte:

... doch plötzlich ward mein Geist voll, da die Gedanken von oben unsichtbar herniederströmten und ausgesät wurden, so daß ich in göttlicher Begeisterung ganz verzückt war und nichts mehr erkannte: weder den Ort noch die Anwesenden, noch mich selbst, noch was gesprochen, noch was geschrieben ist. Denn es offenbart sich mir förmlich ein Erkenntnisstrom, ein Lichtgenuß, eine ganz scharfblickende Schau, eine außerordentlich durchsichtige Klarheit der Dinge, wie es mit den Augen in deutlichstem Zeigen nur geschehen könnte.[76]

Bald schon war es den Juden nicht mehr möglich, eine solche Synthese mit der Welt der Griechen zu erreichen. Im Jahr von Philons Tod gab es Pogrome gegen die jüdische Gemeinde in Alexandria, die Furcht vor einem Aufstand der Juden war weit verbreitet. Als die Römer im 1. Jahrhundert v. u. Z. ihr Reich in Nordafrika und dem Nahen Osten gesichert hatten, fanden auch sie Gefallen an der griechischen Kultur, führten sie ihre Götter mit den Göttern der Griechen zusammen und übernahmen begeistert die griechische Philosophie. Doch sie hatten nicht mit der Feindseligkeit der Griechen gerechnet. Den Juden wurde uneingeschränkte Religionsfreiheit gewährt: Ihre Religion war als sehr alt bekannt und wurde dementsprechend respektiert. Das Verhältnis zwischen Juden und Römern war im allgemeinen selbst in Palästina harmonisch, wo fremde Herrscher weniger bereitwillig akzeptiert wurden. Im 1. Jahrhundert u. Z. nahm die jüdische Religion eine sehr starke Position innerhalb des Römischen Reiches ein. Ein Zehntel des gesamten Imperiums war jüdisch, in Philons Alexandria machten die Juden vierzig Prozent der Bevölkerung aus. Die Menschen im Römischen Reich suchten nach neuen religiösen Erklärungen; monotheistische Ideen lagen förmlich in der Luft, und lokale Götter wurden zunehmend als bloße Manifestationen einer umfassenderen Göttlichkeit betrachtet. Die Römer waren von den hohen moralischen Prinzipien des Judentums angetan. Diejenigen, die verständlicherweise Vorbehalte gegen die Beschneidung hatten und nicht alle Regeln der Thora befolgen wollten, wurden oft unter der Bezeichnung »die Gottesfürchtigen« Ehrenmitglieder der Synagogen. Ihre Zahl wuchs stetig, es wurde sogar behauptet, einer der flavischen Kaiser sei möglicherweise zum jüdischen Glauben übergetreten, wie später Konstantin zum christlichen Glauben konvertierte. In Palästina hingegen lehnte sich eine politische Gruppierung fanatischer Eiferer erbittert gegen die römische Herrschaft auf. Im Jahre 66 u. Z. organisierten sie einen Aufstand gegen Rom, und so unglaublich es war, es gelang ihnen, die römischen Armeen vier Jahre lang in Schach zu halten. Da die Regierung fürchtete, auch die Juden in der Diaspora könnten sich dem Aufstand anschließen, schlug sie ihn erbarmungslos nieder. Im Jahre 70 u. Z. eroberten die Armeen des neuen Kaisers Vespasian Jerusalem, brannten den Tempel nieder und machten aus der Stadt eine römische Festung namens Aelia Capitolana. Wieder einmal wurden die Juden vertrieben.

Der Verlust des Tempels, der Inspiration des neuen Judentums, war ein harter Schlag. Doch nachträglich sieht es so aus, als wären die Juden Palästinas, die oft konservativer waren als die hellenisierten Juden in der Diaspora, auf die Katastrophe vorbereitet gewesen. Im Heiligen Land hatten sich mehrere Sekten ausgebreitet, die sich auf unterschiedliche Weise vom Jerusalemer Tempel distanzierten. Die Essener und die Qumran-Sekte glaubten beide, vom Tempel sei Unehrlichkeit und Korruption ausgegangen; sie hatten sich zurückgezogen und lebten in eigenen Gemeinschaften wie beispielsweise einer klösterlichen Gemeinschaft an den Ufern des Toten Meeres. Sie waren überzeugt, daß sie einen neuen Tempel bauten, wenn auch nicht mit den Händen. Sie wollten einen Tempel des Geistes schaffen, an Stelle der alten Schlachtopfer strebten sie nach Läuterung und Vergebung ihrer Sünden durch Taufzeremonien und gemeinsame Mahlzeiten. Gewiß würde Gott lieber in einer Bruderschaft leben, in der ein liebevoller Umgang gepflegt wurde, als in einem Tempel aus Stein.

Die fortschrittlichsten Juden in Palästina waren die Pharisäer, die den Weg der Essener als zu elitär ablehnten. Im Neuen Testament werden die Pharisäer als weiß getünchte Gräber und widerliche Heuchler dargestellt. Dies ist eine Folge der polemischen Verzerrungen im ersten Jahrhundert. Die Pharisäer waren leidenschaftlich gläubige Juden. Nach ihrem Verständnis war ganz Israel aufgerufen, eine heilige Nation von Priestern zu sein. Gott konnte in der bescheidensten Hütte ebenso gegenwärtig sein wie im Tempel. Folglich lebten die Pharisäer wie die Vertreter des offiziellen Priesterstandes und befolgten die besonderen Reinheitsgebote bei sich zu Hause. Sie beharrten darauf, ihre Mahlzeiten nach einer rituellen Reinigung einzunehmen, da sie glaubten, der Tisch jedes einzelnen Juden entspreche Gottes Altar im Tempel. Sie entwickelten ein Gespür für die Gegenwart Gottes in den kleinsten Dingen des täglichen Lebens. Die Juden konnten sich nun direkt an ihn wenden, ohne die Vermittlung eines Vertreters des Priesterstandes und ein umständliches Ritual in Anspruch nehmen zu müssen. Durch barmherzige Taten ihren Mitmenschen gegenüber konnten sie für ihre Sünden büßen, Nächstenliebe war das wichtigste Gebot der Thora. Wenn zwei oder drei Juden gemeinsam die Thora studierten, war Gott in ihrer Mitte. In den Anfangsjahren des Jahrhunderts hatten sich zwei rivalisierende Richtungen herausgebildet: Die eine wurde von Schammai dem Älteren vertreten, der eine strengere Haltung einnahm, die andere von dem großen Rabbi Hillel dem Älteren. Die letztgenannte Richtung wurde zur mit Abstand beliebtesten pharisäischen Partei. Nach einer Erzählung trat eines Tages ein Heide auf Hillel zu und vertraute ihm an, er wolle zum Judentum übertreten, wenn der Meister ihm die gesamte Thora auf einem Bein stehend aufsagen könne. Hillel antwortete: »Behandle andere nicht so, wie du selbst nicht behandelt werden möchtest. Das ist die ganze Thora: Geh hin und lerne sie.«[77]

Im verhängnisvollen Jahr 70 waren die Pharisäer die wichtigste Sekte mit dem höchsten Ansehen innerhalb des palästinensischen Judentums. Sie hatten ihren Anhängern gezeigt, daß sie, um Gott anbeten zu können, keinen Tempel brauchten, wie diese berühmte Begebenheit zeigt:

Einmal, als Rabbi Johannan Ben Zakkai Jerusalem verließ, folgte ihm Rabbi Josua und erblickte den völlig zerstörten Tempel.
»Wehe uns!« sagte Rabbi Josua, »daß diese Stätte hier, in der Israel für seine Schandtaten büßen konnte, in Trümmern liegt!«
»Mein Sohn«, sagte Rabbi Johannan, »gräme dich nicht. Wir verfügen über eine gleichermaßen wirksame Buße. Welche meine ich wohl? Akte fürsorglicher Nächstenliebe, wie es ja auch heißt: ›Barmherzigkeit will ich, nicht Opfer.‹«[78]

Es heißt, daß Rabbi Johannan nach der Eroberung Jerusalems in einem Sarg aus der brennenden Stadt geschmuggelt worden sei. Er war gegen die jüdische Revolte gewesen und hatte die Meinung vertreten, für die Juden sei es besser, keinen eigenen Staat zu haben. Die Römer gestatteten ihm, eine selbstverwaltete pharisäische Gemeinde in Jabneh westlich von Jerusalem zu gründen. Ähnliche Gemeinden entstanden in Palästina und Babylonien, sie blieben eng miteinander verbunden. Diese Gemeinden brachten die als die *tannaim* bezeichneten Gelehrten hervor und große Persönlichkeiten wie Rabbi Johannan, Rabbi Akiba und Rabbi Ismael. Sie stellten die Mischna zusammen und legten die Abhandlungen vor, die allgemein unter dem Namen Talmud bekannt sind. Genaugenommen waren zwei Talmude zusammengestellt worden; der Jerusalemer Talmud, der gegen Ende des 4. Jahrhunderts fertig war, und der als verbindlicher eingeschätzte Babylonische Talmud, der erst Ende des 5. Jahrhunderts vollendet wurde. Der Prozeß setzte sich in der Weise fort, daß jede neue Generation von Gelehrten den Talmud und die Exegese ihrer Vorgänger kommentierte. Diese Betrachtungen sind nicht so trocken, wie es Außenstehenden vielleicht erscheint. Es handelt sich um eine endlose Meditation über das Wort Gottes, das neue Allerheiligste; jeder neue Ansatz der Exegese stand für die Mauern und Höfe eines neuen Tempels, der die Gegenwart Gottes inmitten seines Volkes gewährleistete.

Jahwe war immer ein transzendenter Gott gewesen, er leitete die Menschen von oben und von außerhalb. Die Rabbis stellten eine intensive Verbindung zwischen Gott und den Menschen her und integrierten ihn in die kleinsten Dinge des Lebens. Nach dem Verlust des Tempels und der quälenden Erfahrung eines erneuten Exils brauchten die Juden einen Gott in ihrer Mitte. Die Rabbis stellten keine Lehrsätze über Gott auf, sondern sie erlebten ihn als eine fast greifbare Präsenz. Ihre Spiritualität wurde als ein Zustand der »gewöhnlichen mystischen Versenkung« beschrieben.[79] In den frühesten Abschnitten des Talmud wird Gott in geheimnisvollen physischen Phänomenen erfahren. Die Rabbis sprachen von dem Heiligen Geist, der uber die Schöpfung und den Bau des Allerheiligsten nachgegrübelt hatte und seine Gegenwart durch das Brausen des Windes oder ein loderndes Feuer erahnen ließ. Andere hörten ihn aus dem Läuten einer Glocke oder einem lauten Klopfen heraus. Eines Tages beispielsweise erörterte Rabbi Johannan Ezechiels Vision vom Thronwagen, da schoß ein Feuerstrahl vom Himmel herab, und Engel standen neben ihm. Eine Stimme vom Himmel bestätigte, daß der Rabbi einen besonderen Auftrag von Gott erhalten hatte.[80]

So ausgeprägt war ihr Gefühl von der Gegenwart Gottes, daß für offizielle, objektive Lehren kein Platz war. Die Rabbis sagten oft, als Mose auf dem Berg Sinai war, habe jeder einzelne Israelit unten am Fuß des Berges Gott auf eine andere Art erfahren. Gott hatte sich sozusagen jeder Person »entsprechend der Auffassungsgabe jedes einzelnen« angepaßt.[81] Ein Rabbi formulierte es so: »Gott überfällt den Menschen nicht tyrannisch, sondern im Einklang mit der Kraft eines jeden, ihn zu empfangen.«[82] Diese sehr wichtige Einsicht der Rabbis bedeutete, daß Gott nicht in ein Schema gepreßt werden konnte, als wäre er für jeden gleich, Gott war vor allem eine subjektive Erfahrung. Jeder Mensch erlebt die Wirklichkeit »Gottes« auf andere Weise, abhängig von den Besonderheiten seines Temperaments. Jeder Prophet habe Gott anders erfahren, beharrten die Rabbis, weil die Persönlichkeit die Auffassung von Gott beeinflusse. Wir werden sehen, daß andere Monotheisten eine ganz ähnliche Vorstellung entwickelten. Bis zum heutigen Tag sind theologische Ideen, die Gott betreffen, in der jüdischen Religion Privatangelegenheit und können den Menschen nicht von außen aufgezwungen werden.

Jede offizielle Doktrin würde das so wichtige Mysterium Gott einschränken. Die Rabbis betonten, daß Gott völlig unbegreiflich sei, nicht einmal Mose sei in der Lage gewesen, zum Mysterium Gott vorzudringen. Nach langwierigen Nachforschungen habe König David zugegeben, es sei sinnlos, ihn verstehen zu wollen, da er das menschliche Begriffsvermögen übersteige.[83] Den Juden war es sogar verboten, seinen Namen auszusprechen, eine eindrucksvolle Erinnerung daran, daß jeder Versuch, Gott mit Worten zu beschreiben, zwangsläufig scheitern mußte. Der göttliche Name wurde JHWH geschrieben und bei keiner Lesung der Heiligen Schrift ausgesprochen. Zwar könnten wir Gottes Taten in der Natur bewundern, sagte Rabbi Huna, doch gewähre uns dies nur einen unendlich kurzen Blick auf die gesamte Realität: »Der Mensch kann die Bedeutung von Donner, Unwetter, Sturm, die Ordnung des Universums, seine eigene Natur nicht erfassen; wie kann er sich dann rühmen, in der Lage zu sein, bis zur Vollkommenheit des Allmächtigen vorzudringen?«[84] Das Entscheidende an der Gottesidee war es, ein Gefühl für das Geheimnis und das Wunder des Lebens zu fördern; es ging nicht darum, gefällige Antworten zu finden. Die Rabbis warnten die Israeliten sogar davor, Gott in ihren Gebeten zu häufig zu preisen, da ihre Worte zwangsläufig unvollkommen sein würden.[85]

In welchem Zusammenhang stand dieses transzendente und unbegreifliche Wesen zur Welt? Die Rabbis brachten ihr Gefühl in dieser Frage durch ein Paradoxon zum Ausdruck. »Gott ist der Ort der Welt, doch die Welt ist nicht sein Ort.«[86] Gott hält die Welt gewissermaßen umfaßt und umschlungen, lebt jedoch nicht wie die sterblichen Geschöpfe auf der Welt. In einer anderen beliebten Metapher sagten sie, Gott durchdringe die Welt wie die Seele den Körper: Sie fülle den Körper aus, übersteige ihn jedoch zugleich. Gott sei wie ein Reiter auf einem Pferd: Während er auf dem Pferd sitzt, ist der Reiter von dem Tier abhängig, doch ist er ihm überlegen und hat die Zügel in der Hand. Dies waren nur – zwangsläufig unzulängliche – Metaphern: Phantasievolle Beschreibungen eines riesigen und undefinierbaren »Etwas«, in dem wir leben, uns bewegen und unser Dasein verbringen. Wenn die Rabbis von Gottes Gegenwart auf der Erde sprachen, achteten sie ebenso peinlich genau wie die biblischen Schriftsteller darauf, jene Spuren von Gott, die er uns zu sehen gestattet, von dem großen göttlichen, unzugänglichen Mysterium zu unterscheiden. Sie schätzten die Metaphern von der »Herrlichkeit« *(kabod)* des JHWH und des Heiligen Geistes, die ständig daran erinnerten, daß der Gott, den wir erfahren, nicht die göttliche Realität ist.

Eines ihrer beliebtesten Synonyme für Gott war Schechina, was vom hebräischen *shakan* abgeleitet ist und »verweilen mit« oder »sein Zelt aufschlagen« bedeutet. Nun, da es keinen Tempel mehr gab, ließ das Bild von Gott, der die Israeliten auf ihrer Wanderschaft durch die Wildnis begleitet hatte, Rückschlüsse auf seine Zugänglichkeit zu. Einige sagten, die Schechina, die mit ihrem

112

Volk auf der Erde wohne, lebe immer noch auf dem Tempelberg, obwohl der Tempel eine Ruine war. Andere Rabbis argumentierten, die Zerstörung des Tempels habe der Schechina dazu verholfen, sich von Jerusalem zu befreien, und ihr die Möglichkeit gegeben, auch die übrige Welt zu bewohnen.[87] Wie die göttliche »Herrlichkeit« oder der Heilige Geist wurde die Schechina nicht als selbständiges göttliches Wesen aufgefaßt, sondern als die Präsenz Gottes auf der Erde. Rückblickend auf die Geschichte ihres Volkes sahen die Rabbis, daß Gott sie stets begleitet hatte:

> Kommt und seht, wie Gott die Israeliten liebt, denn wohin sie auch immer gingen, folgte ihnen die Schechina, wie es auch heißt: »Habe ich mich dem Haus deines Vaters nicht deutlich offenbart, als deine Vorfahren in Ägypten dem Haus des Pharao gehörten?« In Babylon war die Schechina auch bei ihnen, wie es in der Heiligen Schrift heißt: »Um euretwillen wurde ich nach Babylon entsandt.« Und wenn Israel eines Tages erlöst werden wird, wird die Schechina an ihrer Seite sein, wie auch in der Heiligen Schrift steht: »Der Herr, euer Gott, wird euch aus der Knechtschaft führen.«[88]

Die Verbindung zwischen Israel und seinem Gott war so stark, daß die Israeliten ihm in früheren Zeiten, nachdem er sie befreit hatte, oft sagten: »Du hast dich selbst befreit.«[89] Auf ihre eigene, unverkennbar jüdische Art entwickelten die Rabbis jenes mit dem eigenen Ich identische Gefühl für Gott, das die Hindus Atman genannt hatten.

Das Bild von der Schechina half den Vertriebenen, ein Gefühl für die Präsenz Gottes zu entwickeln, wo immer sie sich auch aufhielten. Die Rabbis sprachen von Schechinas Sprüngen von einer Synagoge einer Diasporagemeinde zur anderen; andere sagten, sie stehe am Eingang zur Synagoge und segne jeden Schritt, den ein Jude auf dem Weg zum Haus der Studien zurücklege. Die Schechina stand auch am Eingang zur Synagoge, wenn die Juden dort zusammen das Sch'ma rezitierten.[90] Wie die frühen Christen wurden die Israeliten von ihren Rabbis ermuntert, sich als eine geschlossene Gemeinde mit »einem Körper und einer Seele«[91] zu sehen. Die Gemeinde war der neue, den immanenten Gott einschließende Tempel: Wenn sie die Synagogen betreten und das Sch'ma in vollkommenem Einklang »mit Hingabe, wie mit einer Stimme, einer Seele und im gleichen Tonfall« rezitieren, ist Gott unter ihnen. Er verabscheut Uneinigkeit in der Gemeinde und kehrt zum Himmel zurück, wo die Engel die göttlichen Lobpreisungen »mit einer Stimme und mit einer Melodie«[92] singen. Der bedeutende Bund zwischen Gott und Israel kann nur Bestand haben, wenn der weniger bedeutende Bund der Israeliten untereinander vollkommen ist: Die Rabbis schärften den Juden ständig ein, wenn eine Gruppe von Juden die Thora studiere, sei die Schechina in ihrer Mitte.[93]

Im Exil spürten die Juden die Härte ihrer Umwelt; das Wissen um die Präsenz Gottes half ihnen, sich unter seinem wohlwollenden Schutz geborgen zu fühlen. Wenn sie ihre Gebetsriemen *(tfillin)* um Hände und Stirn banden, die rituellen, mit Quasten besetzten Gewänder *(zizit)* anlegten und die *mezuzah,* in der die Worte des Sch'ma standen, über ihre Türen nagelten, wie es laut Deuteronomium vorgeschrieben war, sollten sie nicht versuchen, diese dunklen und sonderbaren Handlungen zu erklären. Das würde ihren Wert schmälern. Statt dessen sollten sie durch die Erfüllung der Mizwot allmählich Gottes umfassender Liebe inne werden; »Israel wird geliebt! Die Bibel umgibt sie mit Mizwot: *tfillin* an Kopf und Armen, eine *mezuzah* an der Tür, *zizit* an ihren Kleidern.«[94] Sie waren wie die Edelsteine, die ein König seiner Frau schenkte, damit sie für ihn noch schöner wurde. Es war nicht einfach. Der Talmud zeigt, daß manche Menschen sich fragten, ob Gott in einer so düsteren Welt viel bewirken könne.[95] Die Spiritualität der Rabbis wirkte für die Juden normsetzend, und zwar nicht nur für die Juden, die aus Jerusalem geflohen waren, sondern auch für die, die schon immer in der Diaspora gelebt hatten. Das lag nicht daran, daß sie ein solides theoretisches Fundament als Grundlage gehabt hätte; viele auf das Alte Testament zurückgeführten Handlungen ergaben keinen logischen Sinn. Die Religion der Rabbis war anerkannt, weil sie Erfolg hatte. Ihr Gottesbegriff bewahrte das Volk vor der Verzweiflung.

Diese Form der Spiritualität blieb jedoch allein den Männern vorbehalten. Von Frauen wurde nicht verlangt – und es war ihnen daher auch nicht erlaubt –, Rabbi zu werden, die Thora zu studieren oder in der Synagoge zu beten. Die Religion des einen Gottes war genauso patriarchalisch wie die meisten anderen Gedankengebäude dieses Zeitalters. Die Aufgabe der Frau war es, die rituelle Reinheit des Hauses zu bewahren. Die Juden hatten die Schöpfung lange Zeit durch die Trennung ihrer verschiedenen Gegenstände geheiligt, und in diesem Sinn wurde auch den Frauen ein von den Männern abgesonderter Bereich zugewiesen, so wie in der Küche Milch und Fleisch getrennt aufbewahrt werden sollten. In der Praxis bedeutete dies, daß die Frauen als minderwertig betrachtet wurden. Auch wenn die Rabbis lehrten, daß die Frauen von Gott gesegnet seien, war den Männern doch vorgeschrieben, Gott bei ihrem Morgengebet dafür zu danken, daß er sie nicht als Nichtjuden, Sklaven oder Frauen erschaffen hatte. Heirat galt jedoch als heilige Pflicht, auch das Familienleben war heilig. Die Rabbis betonten die Unverletzlichkeit der Familie innerhalb der Gesetzgebung, was oft mißverstanden wurde. Geschlechtsverkehr während der Menstruation war nicht deshalb verboten, weil die Frau in dieser Zeit schmutzig oder ekelerregend gewesen wäre, die regelmäßige Abstinenz sollte vielmehr verhindern, daß ein Mann seine Frau als selbstverständlich betrachtete: »Da ein Mann möglicherweise übermäßig vertraut mit seiner Frau wird und sie dann nicht mehr begehrt, sagt die Thora, sie solle sieben Tage (nach der Menstruation) *niddah* (sexuell nicht verfügbar) sein, auf daß er sie (anschließend) genauso liebe wie am Tag der Heirat.«[96] An einem Festtag war einem Mann vorgeschrieben, vor dem Gang zur Synagoge ein rituelles Bad zu nehmen, nicht weil er auf irgendeine oberflächliche Weise als unrein galt, sondern um sich heiliger zu machen für den kirchlichen Gottesdienst. In diesem Sinn war auch einer Frau vorgeschrieben, nach der Menstruation ein rituelles Bad zu nehmen, um sich auf die nachfolgende heilige Handlung vorzubereiten: den Geschlechtsverkehr mit ihrem Ehemann. Die Vorstellung, Sexualität könne in diesem Maß als heilig gelten, war dem Christentum fremd; nur allzu oft sahen Christen Sexualität und Gott als unvereinbare Gegensätze an. Zugegebenermaßen legten die Juden die rabbinischen Direktiven bisweilen negativ aus, doch die Rabbis selbst predigten keine traurige, asketische, das Leben verleugnende Geisteshaltung.

Ganz im Gegenteil beteuerten sie, die Juden hätten die Pflicht, wohlauf und glücklich zu sein. Häufig schilderten sie, wie der Heilige Geist biblische Gestalten wie Jakob, David oder Ester »verließ« oder »im Stich ließ«, wenn sie krank oder unglücklich waren.[97] Manchmal legten sie ihnen Psalm 22 in den Mund: »Mein Gott, mein Gott, warum hast du mich verlassen?« Dies wirft eine interessante Frage auf, denn genau diese Worte stößt Jesus am Kreuz aus. Die Rabbis lehrten, Gott wolle nicht, daß die Menschen leiden müßten. Der Körper sollte gepflegt und in Ehren gehalten werden, da er nach dem Ebenbild Gottes geschaffen worden sei. Es konnte sogar Sünde sein, Vergnügungen wie Wein oder Sexualität zu meiden, da Gott sie den Menschen zur Freude gegeben hatte. Der Weg zu Gott führte nicht durch Leiden oder durch Askese. Wenn die Rabbis ihrem Volk eindringlich zu praktischen Methoden rieten, den Heiligen Geist zu »besitzen«, forderten sie sie in gewisser Weise auf, sich selbst ihr eigenes Bild von Gott zu schaffen. Sie lehrten, es sei nicht einfach zu sagen, wo Gottes Werk beginne und das des Menschen ende. Die Propheten hatten Gott uf der Erde Gehör verschafft, indem sie ihm ihre eigenen Erkenntnisse zugeschrieben hatten. Nun konnte man beobachten, wie die Rabbis sich einer Aufgabe widmeten, die menschlich und göttlich zugleich war. Wenn sie einen neuen Gesetzestext formulierten, geschah dies sowohl im Namen Gottes als auch in ihrem eigenen. Durch die Verbreitung der Thora dehnten sie Gottes Präsenz auf der Welt aus und verliehen ihr eine größere Wirksamkeit. Sie selbst wurden im Lauf der Zeit als die Inkarnationen der Thora verehrt; wegen ihrer ausgezeichneten Kenntnis des Kirchengesetzes waren sie »Gott ähnlicher« als alle anderen Menschen.[98]

Das Bewußtsein eines immanenten Gottes half den Juden, die Menschen als geheiligt zu betrachten. Rabbi Akiba lehrte, daß der Satz »Du sollst deinen Nächsten lieben wie dich selbst« das wichtigste Prinzip der Thora war.[99] Angriffe gegen einen Mitmenschen kamen einer Leugnung von Gott selbst gleich, denn er hatte die Menschen nach seinem Ebenbild erschaffen. Ein solches Verhalten war gleichbedeutend mit Atheismus, ein blasphemischer Versuch, Gott zu ignorieren. So galt Mord als das schlimmste aller Verbrechen, weil es ein Sakrileg war: »Die Heilige Schrift lehrt uns, daß derjenige, der Menschenblut vergießt, betrachtet wird, als habe er Gottes Ansehen besudelt.«[100] Einem anderen Menschen zu dienen war ein Akt von *imitatio dei:* Gottes Wohltätigkeit und Mitgefühl werden darin lebendig. Da alles nach Gottes Ebenbild geschaffen wurde, sind auch alle gleich: Selbst der Hohepriester muß gezüchtigt werden, wenn er seinem Mitmenschen ein Leid zugefügt hat, denn dadurch leugnet er die Existenz Gottes.[101] Gott hat *adām* geschaffen, einen einzelnen Menschen, um uns zu lehren, daß jeder, der ein einzelnes Menschenleben zerstört, bestraft wird, als hätte er die ganze Welt zerstört; gleichermaßen bedeutet die Rettung eines Lebens die Rettung der ganzen Welt.[102] Dies war nicht nur ein edler Gedanke, sondern ein grundlegendes juristisches Prinzip. Es bedeutete, daß beispielsweise während eines Pogroms kein einzelner um einer Gruppe willen geopfert werden konnte. Jemanden zu demütigen, selbst einen *goi* oder einen Sklaven, zählte zu den schlimmsten Vergehen und kam einem Mord gleich, einer blasphemischen Negierung des Gottesbildes.[103] Ein entscheidender Punkt ist das Recht auf Freiheit. In der gesamten rabbinischen Literatur findet sich kaum eine Stelle, die davon handelt, daß ein Mensch eingesperrt wird, denn nur Gott hat das Recht, die Freiheit eines Menschen einzuschränken. Auch das Verbreiten von Skandalgeschichten ist eine Form, die Existenz Gottes zu leugnen.[104] Die Juden sollen Gott nicht als einen Großen Bruder ansehen, der jeden ihrer Schritte von oben beobachtet; statt dessen sind sie angehalten, ein Gefühl für Gottes Präsenz in jedem Menschen zu entwickeln, so daß aus dem Umgang mit anderen segensreiche Begegnungen entstehen.

Tiere haben keine Schwierigkeiten, ihrer Natur entsprechend zu leben, den Menschen dagegen fällt es offensichtlich schwer, ihr Menschsein voll auszukosten. Der Gott Israels schien manchmal eine höchst unheilige und unmenschliche Grausamkeit zu billigen. Doch im Lauf der Jahrhunderte war Jahwe zu einer Idee geworden, die den Menschen helfen konnte, Mitgefühl und Achtung für ihre Mitmenschen zu entwickeln, ein Merkmal aller Religionen der Achsenzeit. Die Ideale der Rabbis ähneln der zweiten Religion von Gott, deren Ursprünge auf genau die gleiche Tradition zurückgehen.

3

Ein Licht für die Nichtjuden

Zur selben Zeit, als Philon in Alexandria sein von Plato durchdrungenes Judentum entwickelte und Hillel und Schammai in Jerusalem ihre Theorien zu begründen suchten, begann im Norden Palästinas ein charismatischer Gesundbeter zu wirken. Wir wissen sehr wenig über diesen Mann namens Jesus. Der erste ausführliche Bericht über sein Leben erscheint im Markus-Evangelium, das erst um das Jahr 70 herum verfaßt wurde, etwa zwanzig Jahre nach seinem Tod. Bis dahin waren historische Fakten von mythischen Elementen überlagert worden, die besser als eine konventionelle Biographie zum Ausdruck brachten, welche Bedeutung Jesus für seine Anhänger gewonnen hatte. Die ersten Christen betrachteten ihn als eine Art Mose, einen neuen Josua, den Begründer eines neuen Israels. Wie Buddha war Jesus anscheinend ein Symbol für bestimmte starke Wunschvorstellungen vieler seiner Zeitgenossen, er verlieh Träumen Gestalt, die das jüdische Volk jahrhundertelang gehegt hatte. Zu seinen Lebzeiten hielten ihn viele Juden in Palästina für den Messias: Er hatte in Jerusalem hoch zu Roß Einzug gehalten und war jubelnd als der Sohn Davids begrüßt worden. Nur wenige Tage später war er jedoch durch die qualvolle römische Strafe der Kreuzigung zu Tode gekommen. Obwohl es ein Skandal war, daß ein Messias wie ein gewöhnlicher Verbrecher starb, wollten seine Jünger nicht glauben, daß sie zu Unrecht ihr Vertrauen in ihn gesetzt hatten. Gerüchte waren im Umlauf, er sei von den Toten auferstanden. Manche erzählten, drei Tage nach seiner Kreuzigung habe man sein Grab leer vorgefunden; andere hatten Visionen von ihm, einmal sahen ihn 500 Menschen gleichzeitig. Seine Jünger waren überzeugt, er werde bald zurückkehren, um das Messianische Königreich Gottes zu verkünden, und da einer solchen Überzeugung nichts Häretisches anhaftete, wurde ihre Sekte von keinem Geringeren als Rabbi Gamaliël, dem Enkel Hillels und einem der Bedeutendsten der *tannaim,* als authentisch jüdisch anerkannt. Jesu Anhänger beteten jeden Tag im Tempel als voll praktizierende Juden. Letztendlich wurde das vom Leben, Tod und von der Auferstehung Jesu geprägte Neue Israel jedoch eine nichtjüdische Glaubensrichtung, die ihren eigenen unverwechselbaren Gottesbegriff entwickelte. Bis zur Zeit von Jesu Tod im Jahre 36 u. Z. waren die Juden leidenschaftliche Monotheisten, daher hatte niemand erwartet, der Messias werde als göttliche Gestalt auftreten. Er würde einfach ein normaler, wenn auch in bestimmter Weise ausgezeichneter, Mensch sein. Einige Rabbis behaupteten, sein Name und seine Identität seien Gott seit ewigen Zeiten bekannt. In diesem Sinn war daher die Aussage, der Messias sei schon vor Anbeginn der Zeit »bei Gott« gewesen, auf dieselbe symbolische Art und Weise berechtigt, wie bei der Gestalt der göttlichen Weisheit in den »Sprichwörtern« und in »Ecclesiasticus«. Die Juden erwarteten, der Messias, der Gesalbte, werde ein Abkömmling König Davids sein, der als König und spiritueller Führer das erste unabhängige jüdische Königreich in Jerusalem gegründet hatte. In den Psalmen wurde David oder der Messias manchmal als »der Sohn Gottes« bezeichnet, doch war dies lediglich ein Wendung, die seine Vertrautheit mit Jahwe zum Ausdruck bringen sollte. Niemand hatte sich seit der Rückkehr aus Babylon vorstellen können, daß Jahwe wie die abscheulichen Götter der *gojim* tatsächlich einen Sohn haben könnte.

Das Markus-Evangelium ist das früheste Evangelium und gilt daher im allgemeinen als besonders verläßlich. Jesus wird darin als ein völlig normaler Mann beschrieben, der in einer Familie mit seinen Geschwistern zusammen lebte. Keine Engel verkündeten seine Geburt oder sangen an seiner Krippe. In seiner Kindheit oder Jugend war er in keinerlei Hinsicht besonders aufgefallen. Als er zu lehren begann, waren seine Mitbürger in der Stadt Nazareth erstaunt, daß der Sohn des örtlichen Zimmermanns solche Talente an den Tag legte. Markus beginnt seine Schilderung mit Jesu Aufstieg. Anscheinend war er ursprünglich ein Schüler von Johannes dem Täufer gewesen, einem umherwandernden Asketen, der wahrscheinlich Essener war. Johannes betrachtete die Staatskirche in Jerusalem als hoffnungslos korrupt und griff sie in seinen Predigten scharf an. Er forderte die Bevölkerung eindringlich auf, Buße zu tun und sich dem Essener Ritual der Reinigung durch die Taufe im Jordan zu unterwerfen. Lukas behauptet, Jesus und Johannes seien sogar miteinander verwandt gewesen. Jesus unternahm die lange Reise von Nazareth nach Judäa, um sich von Johannes taufen zu lassen. Markus berichtet: »Kaum war er aus dem Wasser gestiegen, sah er, daß der Himmel sich öffnete und der Geist wie eine Taube auf ihn herabkam. Und eine Stimme aus dem Himmel sprach: Du bist mein geliebter Sohn, an dir habe ich Gefallen gefunden.«[1] Johannes der Täufer erkannte Jesus sofort als den Messias. Als nächstes erfahren wir über Jesus, daß er in allen Dörfern und Städten Galiläas zu predigen begann und überall sagte: »Das Reich Gottes ist nahe!«[2]

Es ist viel darüber spekuliert worden, welches genau Jesu Mission war. Die Evangelien geben offensichtlich nur zu einem kleinen Teil seine Worte wieder, viel von ihrem Inhalt wurde durch spätere Entwicklungen in den nach Jesu Tod von Paulus gegründeten Kirchen beeinflußt. Dennoch haben wir Anhaltspunkte dafür, daß sein Werdegang jüdisch geprägt war. Es wurde darauf hingewiesen, daß Gesundbeter vertraute religiöse Persönlichkeiten in Galiläa waren: Wie Jesus waren sie Bettelmönche, die predigten, Kranke heilten und Dämonen austrieben. Wiederum wie Jesus hatten die heiligen Männer viele weibliche Anhänger. Andere Forscher sagen, Jesus sei wahrscheinlich ein Pharisäer aus derselben Schule wie Hillel gewesen, ebenso wie Paulus, der behauptete, er sei vor seiner Bekehrung zum Christentum Pharisäer gewesen, und der angeblich Rabbi Gamaliël zu Füßen saß.[3] Zweifellos entsprach Jesu Lehre wichtigen Grundsätzen der Pharisäer, denn auch er glaubte, daß Nächstenliebe und liebevolle Güte die wichtigsten *Mizwot* seien. Wie die Pharisäer war er ein eifriger Anhänger der Thora und predigte angeblich eine strengere Befolgung der Regeln als viele seiner Zeitgenossen.[4] Er lehrte eine Version von Hillels Goldener Regel, wenn er sagte, das gesamte Kirchengesetz könne in der Maxime zusammengefaßt werden: Alles, was ihr von anderen erwartet, das tut auch ihnen.[5] Im Matthäus-Evangelium wird Jesus geschildert,

wie er heftige und wenig erbauliche Hetzreden gegen die »Schriftgelehrten und Pharisäer« führt und sie als nutzlose Heuchler darstellt.[6] Abgesehen davon, daß dies eine verleumderische Verzerrung
der Tatsachen und ein schändlicher Verstoß gegen das Gebot der
Nächstenliebe war, angeblich das wichtigste Merkmal seiner Mission, ist die boshafte Denunziation der Pharisäer mit großer Wahrscheinlichkeit nicht authentisch. Lukas beispielsweise stellt die
Pharisäer sowohl in seinem Evangelium als auch in der Apostelgeschichte durchaus positiv dar, und Paulus hätte seine pharisäische
Vorgeschichte wohl kaum so stolz erwähnt, wären die Pharisäer
wirklich Jesu eingeschworene Feinde gewesen, die ihn in den Tod
gehetzt hatten. Der antisemitische Tenor des Matthäus-Evange-
liums spiegelt die Spannung zwischen Juden und Christen in der Zeit
um das Jahr achtzig wider. Die Evangelien berichten oft von Diskussionen zwischen Jesus und den Pharisäern, doch sind diese entweder freundschaftlich oder weisen höchstens auf eine Meinungs-
verschiedenheit mit der strikteren Schule Schammais hin.
Nach Jesu Tod kamen seine Anhänger zu dem Schluß, er müsse
göttlicher Natur gewesen sein. Diese Entscheidung fiel nicht sofort;
wie wir sehen werden, hatte sich die Lehre, daß Jesus Gott in Menschengestalt gewesen sei, erst im 4. Jahrhundert durchgesetzt. Die
Entwicklung des christlichen Glaubens an die Menschwerdung war
ein schrittweiser, vielschichtiger Prozeß. Jesus selbst hatte gewiß nie
den Anspruch erhoben, Gott zu sein. Bei seiner Taufe nannte ihn
eine Stimme von oben »Sohn Gottes«, doch das war wahrscheinlich
nur eine Bestätigung, daß er der geliebte Messias war. Eine solche
Verkündung von oben war nichts sonderlich Ungewöhnliches: Die
Rabbis hatten häufig ein Erlebnis, das sie als *bat qol* (wörtlich
»Tochter der Stimme«) bezeichneten, eine Form von Inspiration,
die an die Stelle der unmittelbaren prophetischen Offenbarungen
getreten war.[7] Rabbi Johannan Ben Zakkai hatte ein solches *bat qol*
vernommen, das seine eigene Mission in dem Augenblick bestätigte, als der Heilige Geist in Form von Feuer auf ihn und seine
Schüler herabkam. Jesus selbst bezeichnete sich oft als »Menschensohn«. Über die Bedeutung dieses Titels wurde viel und kontrovers
diskutiert. Der ursprüngliche aramäische Ausdruck *bar nasha* betonte lediglich die Schwäche und Sterblichkeit des menschlichen

Daseins. Dementsprechend wäre es Jesus wichtig gewesen hervorzuheben, daß er ein schwacher Mensch war, der eines Tages leiden
und sterben müßte.

Die Evangelien berichten uns, Gott habe Jesus gewisse göttliche
»Kräfte« verliehen, die ihn, obwohl er nur ein sterblicher Mensch
war, in die Lage versetzten, einem Gott ähnlich, Handlungen wie
die Heilung von Kranken und die Vergebung von Sünden vorzu-
nehmen. Darum sahen die Menschen, wenn sie Zeugen von Jesu
Wirken wurden, an einem lebendigen, überzeugenden Beispiel, wie
Gott war. Bei einer Gelegenheit behaupteten drei seiner Jünger, sie
hätten dies noch klarer als gewöhnlich erkannt. Die Begebenheit
ist in allen drei synoptischen Evangelien überliefert und sollte für
spätere Generationen von Christen große Bedeutung erlangen. Wir
erfahren, daß Jesus Petrus, Jakobus und Johannes mit auf einen
hohen Berg nahm, der Überlieferung nach war es der Berg Tabor
in Galiläa. Dort wurde er vor ihren Augen »verwandelt«: »Sein
Gesicht leuchtete wie die Sonne, und seine Kleider wurden blen-
dend weiß wie das Licht.«[8] Mose und Elija als Vertreter des Gesetzes beziehungsweise der Propheten erschienen vor ihnen und
redeten mit Jesus. Völlig überwältigt rief Petrus aus, sie sollten zum
Gedenken an die Vision drei Hütten bauen. Eine leuchtende Wolke, derjenigen gleich, die auf den Berg Sinai herabgekommen war,
bedeckte den Gipfel des Berges und ein *bat qol* ertönte: »Das ist
mein geliebter Sohn, an dem ich Gefallen gefunden habe; auf ihn
sollt ihr hören.«[9] Jahrhunderte später, als griechische Christen über
die Bedeutung dieser Vision nachsannen, kamen sie zu dem Ergebnis, daß die »Kräfte« Gottes durch Jesu verwandelte menschliche
Gestalt sichtbar gewesen seien.

Sie vermerkten auch, daß Jesus nie den Anspruch erhoben habe,
diese göttlichen »Kräfte« (die man, wie Philon, *dynameis* nannte)
seien ihm allein vorbehalten. Immer wieder hatte Jesus seinen
Jüngern versprochen, wenn ihr »Glaube« stark genug sei, kämen
auch sie in den Genuß dieser »Kräfte«. Unter »Glauben« verstand
er natürlich nicht die Wahl der korrekten Theologie, sondern die
Entwicklung einer inneren Einstellung der Hingabe und Offenheit
Gott gegenüber. Wenn sich die Jünger Gott rückhaltlos öffneten,
würden sie in der Lage sein, all das zu tun, was er tat. Wie die

Rabbis glaubte auch Jesus nicht, daß der Geist nur einer privilegierten Elite vorbehalten war, sondern daß er allen Menschen guten Willens zur Verfügung stand. Einige Textpassagen legen sogar nahe, Jesus sei überzeugt gewesen – auch darin manchen Rabbis ähnlich –, selbst die *gojim* könnten den Geist empfangen. Wenn seine Jünger »glaubten«, würden sie sogar noch größere Dinge ausrichten können. Sie wären dann nicht nur in der Lage, Sünden zu vergeben oder Dämonen auszutreiben, sondern könnten sogar einen Berg ins Meer schleudern.[10] Sie würden feststellen, daß ihr hinfälliges, vergängliches Leben verwandelt wurde durch die »Kräfte« Gottes, die präsent und wirksam in der Welt des messianischen Königreiches waren.

Nach seinem Tod konnten die Jünger nicht von ihrem Glauben lassen, Jesus habe auf irgendeine Weise ein Bild Gottes repräsentiert. Zu einem sehr frühen Zeitpunkt begannen sie, zu ihm zu beten. Paulus glaubte, die Kräfte Gottes sollten den *gojim* zugänglich gemacht werden, und predigte das Evangelium in der heutigen Türkei, in Mazedonien und Griechenland. Er war überzeugt, Nichtjuden könnten Mitglieder des Neuen Israels werden, selbst wenn sie nicht strikt Moses Gesetze befolgten. Daran nahm die ursprüngliche Gruppe der Jünger Anstoß, da sie eine exklusive jüdische Sekte bleiben wollten. Nach einem äußerst leidenschaftlichen Disput brachen die anderen Jünger mit Paulus. Die meisten der von Paulus Bekehrten waren jedoch entweder Juden aus der Diaspora oder Gottesfürchtige, daher blieb das Neue Israel zutiefst jüdisch. Paulus nannte Jesus niemals »Gott«, er nannte ihn »Sohn Gottes« in der jüdischen Bedeutung der Formulierung. Sicher glaubte er nicht, Jesus sei die Inkarnation von Gott selbst gewesen. Jesus hatte einfach die »Kräfte« und den »Geist« besessen, die Gottes Wirken auf der Erde bekundeten und nicht mit dem unzugänglichen göttlichen Wesen gleichzusetzen waren. Verständlicherweise bedachten die neuen Christen in der nichtjüdischen Welt diese subtilen Unterschiede nicht immer, und schließlich wurde ein Mann, der sein schwaches, sterbliches Menschsein betonte, für göttlich gehalten. Die Lehre von der Menschwerdung Gottes in Jesus schockierte die Juden zu allen Zeiten, später fanden auch die Muslime sie blasphemisch. Es ist eine schwierige

Doktrin, die gewisse Gefahren birgt, und die Christen legten sie oft zu einfach aus. Dennoch blieb diese Art des Inkarnationsglaubens ein konstantes Thema in der Religionsgeschichte. Wir werden sehen, daß sogar die Juden und Muslime einige auffallend ähnliche eigene Lehren entwickelten.

Um zu verstehen, welcher religiöse Impuls diese überraschende Vergöttlichung von Jesus bewirkte, müssen wir kurz einige sich etwa zur selben Zeit abzeichnende Entwicklungen in Indien betrachten. Sowohl im Buddhismus als auch im Hinduismus spielte die Verehrung von erhabenen Wesen eine große Rolle. Das galt für Buddha selbst wie für die hinduistischen Götter, die in menschlicher Gestalt auftraten. Diese Form der personenbezogenen Verehrung, bekannt als *bhakti,* brachte eine anscheinend allgegenwärtige Sehnsucht nach einer vermenschlichten Religion zum Ausdruck. Zwar handelte es sich um einen völlig neuen Ansatz, trotzdem war er in beiden Glaubensbekenntnissen in die Religion integriert, ohne daß dadurch wesentliche Grundprinzipien der Religion gefährdet wurden.

Nach Buddhas Tod Ende des 6. Jahrhunderts v. u. Z. wollten die Menschen natürlich eine Erinnerung an ihn. Eine Statue fanden sie unangemessen, da er im Nirwana nicht mehr im üblichen Sinn »existierte«. Dennoch entwickelte sich eine auf die Person Buddha bezogene Verehrung, und das Bedürfnis, sein erleuchtetes Dasein als Mensch nachzuvollziehen, wurde so übermächtig, daß im 1. Jahrhundert v. u. Z. die ersten Statuen in Gaudhama im Nordwesten Indiens und Matuura am Fluß Jumna auftauchten. Die von solchen Bildern ausgehende Kraft und Inspiration verlieh ihnen eine zentrale Bedeutung in der buddhistischen Spiritualität, obgleich die Verehrung eines außerhalb seines eigenen Selbst stehenden Wesens sich sehr von der inneren Disziplin unterschied, die Gautama verkündet hatte. Alle Religionen unterliegen Veränderungen und Entwicklungen, ist dies nicht der Fall, sind sie irgendwann veraltet. Die meisten Buddhisten schätzten *bhakti* sehr und spürten, daß es sie an wesentliche Wahrheiten erinnerte, die in Gefahr waren, verlorenzugehen. Als Buddha zum ersten Mal in den Genuß der Erleuchtung gekommen war, erwog er, wie man sich erinnern wird, das Ereignis für sich zu behalten. Doch sein Mitgefühl für die leidende Menschheit veranlaßte ihn, daß er die nächsten vierzig Jahre damit verbrachte, den richtigen Weg zu predigen. Die buddhistischen Mönche, die abgesondert in ihren Klöstern lebten und versuchten, das Nirwana auf ihre eigene Weise zu erreichen, hatten das bis zum 1. Jahrhundert v. u. Z. offensichtlich aus ihrem Blickfeld verloren. Das mönchische Ideal entmutigte auch viele, die spürten, daß sie ihm verstandesmäßig nicht gewachsen waren. Im 1. Jahrhundert u. Z. tauchte eine neue Art von buddhistischem Held auf: der Bodhisattva, der dem Beispiel Buddhas folgte, sein eigenes Nirwana zurückstellte und sich um der Menschen willen opferte. Er war bereit, eine Wiedergeburt zu erleben, damit er von Schmerzen gequälte Menschen retten konnte. Wie die gegen Ende des 1. Jahrhunderts v. u. Z. obligatorischen *Prajna-paramiter Sutras* (Predigten über die Vollkommenheit der Weisheit) erklären, haben die Bodhisattvas

nicht den Wunsch, ihr eigenes privates Nirwana zu erreichen. Im Gegenteil, sie kennen die furchtbare, leidenvolle Welt der lebenden Wesen und, obwohl es sie danach verlangt, die höchste Erleuchtung zu gewinnen, so zittern sie doch nicht vor Geburt und Tod. Sie haben sich auf den Weg begeben zum Vorteil der Welt, zur Hilfe für die Welt, aus Mitleid mit der Welt. Sie sind entschlossen: »Wir wollen ein Hafen für die Welt werden, eine Zuflucht für die Welt, der Ruheplatz der Welt, die endgültige Erleichterung der Welt, Inseln der Welt, Leuchten der Welt, Führer der Welt, der Weg der Welt zur Erlösung.«[11]

Weiterhin hatte der Bodhisattva eine unendliche Quelle von Vorzügen erworben, die den spirituell weniger Begabten helfen konnten. Ein Mensch, der zu einem Bodhisattva betete, konnte durch Wiedergeburt in eines der Paradiese der buddhistischen Kosmologie gelangen, und die Verhältnisse dort erleichterten es ihm, den Zustand der Erleuchtung zu erreichen.
In den Schriften wird betont, daß diese Gedanken nicht wörtlich zu verstehen waren. Sie hatten nichts mit gewöhnlicher Logik oder Ereignissen auf dieser Welt zu tun, sondern waren lediglich Symbole einer schwer faßbaren Wahrheit. Anfang des 2. Jahrhunderts u. Z. verwendete Nagardschuna, der Begründer der philoso-

phischen Schule der Leere, Paradoxa und eine dialektische Methode, um die Unzulänglichkeit normaler begrifflicher Sprache zu demonstrieren. Die elementaren Wahrheiten, betonte er nachdrücklich, könnten nur intuitiv durch die geistige Disziplin der Meditation erfaßt werden. Selbst die Lehren Buddhas waren konventionelle, künstliche Ideen und wurden der Realität, die er zu vermitteln versucht hatte, nicht gerecht. Buddhisten, die nach dieser Philosophie lebten, entwickelten die Meinung, daß alles, was wir wahrnehmen, Illusion ist. Im Westen würden wir sie Idealisten nennen. Das Absolute, das innere Wesen aller Dinge, ist Leere, ein Nichts, es existiert nicht im normalen Sinn des Wortes. Naturgemäß wurde die Leere mit dem Nirwana gleichgesetzt. Da ein Buddha wie Gautama das Nirwana erlangt hatte, ergab sich folgerichtig, daß er auf irgendeine unbeschreibliche Weise zum Nirwana geworden und mit dem Absoluten gleichzusetzen war. Daher war jeder, der nach dem Nirwana strebte, auch um Gleichheit mit den Buddhas bemüht.

Es ist leicht zu erkennen, daß *bhakti* (Verehrung) für die Buddhas und die *Bodhisattvas* dasselbe war wie für die Christen die Verehrung von Jesus. Auf diesem Weg kamen mehr Menschen zum Glauben, beinahe wie Paulus sich gewünscht hatte, den *gojim* einen Weg zum Judentum zu öffnen. Eine ähnliche Bewegung von *bhakti* war zur selben Zeit im Hinduismus entstanden. Dort konzentrierte sie sich auf die Gestalten von Schiwa und Wischnu, zwei der bedeutendsten wedischen Götter. Ein weiteres Mal zeigte es sich, daß die Verehrung durch das Volk stärker war als die philosophische Nüchternheit der Upanischaden. Tatsächlich entwickelten die Hindus eine Trinität: Brahman, Schiwa und Wischnu waren drei Symbole oder Aspekte einer einzigen, unbeschreiblichen Realität.

Manchmal war es hilfreicher, das Mysterium Gott unter dem Aspekt von Schiwa, der paradoxen Gottheit von Gut und Böse, Fruchtbarkeit und Askese, zu betrachten, als Schöpfer und Zerstörer in einer Person. In volkstümlichen Legenden wurde Schiwa bisweilen als bedeutender Yogi dargestellt. Dies regte seine Anhänger an, mit Hilfe der Meditation über personale Auffassungen von Göttlichkeit hinauszugelangen. Wischnu wurde für gewöhnlich freundlicher und verspielter geschildert. Er zeigte sich den Menschen gern in verschiedenen Inkarnationen oder Avataren. Eine bekannte Personifizierung war die Gestalt des Krishna, der in eine edle Familie hineingeboren worden war, jedoch als Kuhhirte aufwuchs. Die Geschichten von seinen Liebeleien mit den Kuhhirtinnen waren Gegenstand vieler volkstümlicher Legenden und erfreuten sich großer Beliebtheit, denn sie zeigten Gott als ein gefühlvolles Wesen. Doch als Wischnu in der Bhagavadgita Prinz Ardschuna in der Gestalt des Krishna erscheint, wird das als furchterregendes Erlebnis geschildert:

> Alle Wesen, alle Götter,
> Seh' an deinem Leib ich hangen,
> Brahma auf dem Lotussitze
> Samt den Sehern und den Schlangen.[12]

Alles ist auf irgendeine Weise gegenwärtig am Körper Krishnas: Er hat weder Anfang noch Ende, er nimmt Raum ein und birgt in sich alle nur möglichen Gottheiten: »Heulende Sturmgötter, Sonnengötter, fröhliche Götter und rituelle Götter.«[13] Er ist auch »der ewige Geist des Menschen«, das Wesen der Menschlichkeit.[14] Alles strömt auf Krishna zu, wie Flüsse dem Meer entgegenbrausen oder Motten in eine lodernde Flamme fliegen. Dieser fürchterliche Anblick bewirkt, daß Ardschuna, bis ins Mark erschüttert, zittert und bebt und vollkommen die Fassung verliert.

Die Entwicklung von *bhakti* war die Antwort auf ein tiefverwurzeltes Bedürfnis des Volkes nach einem wie auch immer gearteten persönlichen Verhältnis zu den letzten Dingen. Da Brahman als völlig transzendent erkannt worden war, bestand die Gefahr, er könne zu fern wirken und wie der ehemalige Himmelsgott aus dem Bewußtsein der Menschen verschwinden. Die Entwicklung des Bodhisattva-Ideals im Buddhismus und der Avatare von Wischnu stellten offensichtlich ein weiteres Stadium in der religiösen Entwicklung dar. Nunmehr legten die Menschen Wert darauf, daß das Absolute nicht geringer war als ein Mensch. Die symbolischen Lehren und Mythen sagten, daß das Absolute in mehr als einer Erscheinung geoffenbart werden kann. Es gab zahlreiche Buddhas und Bodhisattvas, und auch Wischnu hatte mindestens drei Avatare. Die Mythen bringen auch ein Idealbild von Menschlichkeit zum Ausdruck: Sie zeigen die Menschen erleuchtet oder vergöttlicht, und genau so sollten sie auch sein.

Bis zum 1. Jahrhundert u. Z. war im Judentum ein ähnliches Bedürfnis nach göttlicher Immanenz zu beobachten. Die Gestalt Jesu schien dieses Bedürfnis befriedigen zu können. Der heilige Paulus, der früheste christliche Autor, der die Religion schuf, die wir als den christlichen Glauben kennen, war der Meinung, Jesus habe die Thora als Gottes wichtigste Offenbarung seiner selbst gegenüber der Welt abgelöst.[15] Es ist nicht ganz einfach zu verstehen, was er damit meinte. Paulus' Briefe sind eher zufällige Antworten auf bestimmte Fragen als die zusammenhängende Darlegung einer ausformulierten Theologie. Zweifellos glaubte er, daß Jesus der Messias gewesen war: Das Wort »Christ« ist eine Übersetzung des jüdischen *Massiach,* der Gesalbte. Über den Menschen Jesus sprach Paulus so, als wäre er mehr als ein gewöhnlicher Mensch gewesen. Allerdings glaubte Paulus als Jude nicht daran, daß Jesus Gott in Menschengestalt gewesen war. Paulus benutzte ständig den Ausdruck »in Christus« zur Beschreibung seiner Gotteserfahrung: Christen leben »in Christus«, sie wurden in seinem Tod getauft, die Kirche verkörpert gewissermaßen seinen Leib.[16] Das war keine Wahrheit, die Paulus logisch erörterte. Wie viele Juden schätzte er den griechischen Rationalismus gering, eine bloße »Torheit« in seinen Augen.[17] Es war eine subjektive, mystische Erfahrung, und aufgrund dieser Erfahrung beschrieb er Jesus als eine Art Atmosphäre, in der »wir leben, uns bewegen und wir selbst sind«.[18] Jesus war die Quelle von Paulus' religiöser Erfahrung geworden. Darum sprach er von Jesus so, wie manche seiner Zeitgenossen wohl über einen Gott gesprochen haben.

Wenn Paulus den ihm überlieferten Glauben erläuterte, sagte er, Jesus habe »für unsere Sünden« gelitten und sei dafür gestorben.[19] Dies zeigt, daß die Jünger Jesu, schockiert vom Skandal seines Todes, schon zu einem sehr frühen Zeitpunkt die Erklärung aufgebracht haben, Jesu Tod habe auf irgendeine Weise zu unserem Wohl stattgefunden. In Kapitel 9 werden wir sehen, daß andere Juden im 17. Jahrhundert eine ähnliche Erklärung für das skandalöse Ende eines anderen Messias fanden. Die frühen Christen glaubten, Jesus sei auf mysteriöse Weise immer noch am Leben und die »Kräfte«, die er besessen hatte, wirkten nun, wie er versprochen hatte, in ihnen. Wir wissen aus Paulus' Briefen, daß die ersten Christen eine Reihe ungewöhnlicher Erfahrungen machten, die Anzeichen für den Anbruch einer neuen Art von Menschlichkeit gewesen sein könnten: Einige wurden Gesundbeter, andere sprachen in himmlischen Zungen, wieder andere berichteten von Weissagungen, die angeblich Gott ihnen eingegeben hatte. Die Gottesdienste in den Kirchen waren lärmende, charismatische Veranstaltungen, vollkommen anders als heute eine beschauliche Abendandacht in der Pfarrkirche. Offenbar war Jesu Tod in der Tat in gewisser Weise nützlich gewesen: Er hatte eine neue »Art zu leben« und eine »neue Schöpfung« in Gang gebracht – ein ständiges Thema in Paulus' Briefen.[20]

Es gab jedoch keine ausführlichen Theorien über die Kreuzigung als Sühne für eine »Erbsünde« Adams. Wir werden sehen, daß diese theologische Lehre erst im 4. Jahrhundert auftauchte und nur im römischen Christentum Bedeutung erlangte. Paulus und die anderen Verfasser des Neuen Testaments unternahmen nie den Versuch, eine genaue, endgültige Erklärung für die Erlösung zu finden, die ihnen widerfahren war. Dennoch entsprach die Vorstellung von Jesu Opfertod dem Ideal des Bodhisattva, das sich zu dieser Zeit in Indien entwickelte. Wie der Bodhisattva war Christus im wesentlichen ein Vermittler zwischen den Menschen und dem Absoluten, mit dem Unterschied, daß Christus der einzige Vermittler war und die durch ihn bewirkte Erlösung keine Hoffnung für die ferne Zukunft, wie die des Bodhisattva, sondern ein *fait accompli*. Paulus behauptete, Jesu Opfer sei einmalig gewesen. Zwar glaubte Paulus, daß seine eigenen, für andere erduldeten Leiden Gutes bewirken würden, doch er stellte klar, daß Jesu Leiden und Tod in einem ganz anderen Zusammenhang gesehen werden müßten.[21]

Darin liegt potentiell eine Gefahr. Die zahlreichen Buddhas und die schwer zu definierenden, paradoxen Avatare erinnerten die Gläubigen daran, daß die letzte Realität in keiner Form angemessen ausgedrückt werden kann. Die einzige Inkarnation des christlichen Gottes, die nahelegte, daß die unerschöpfliche Realität Gottes sich in nur einem Menschen manifestiert hatte, konnte zu einer unreifen Art der Vergötterung führen.

Jesus hatte beteuert, die Kräfte *(duanis)* Gottes seien nicht allein ihm vorbehalten. Paulus faßte dies in die Feststellung, Jesus sei das erste Beispiel für eine neue Art von Menschlichkeit gewesen. Nicht genug, daß er alles vollbracht hatte, was das alte Israel vergeblich zu erreichen versucht hatte, er war auch ein Symbol für den neuen *adām* geworden, die neue Menschlichkeit, an der alle Menschen, auch die Nichtjuden, auf irgendeine Weise teilhatten.[22] Dieser Gedanke hat eine Entsprechung im buddhistischen Glauben, daß alle Buddhas eins mit dem Absoluten geworden sind und daß es ein Ideal des Menschen ist, ein Buddha zu werden.

In seinem Brief an die Kirche in Philippi zitiert Paulus eine nach allgemeiner Einschätzung sehr früh entstandene christliche Hymne, die einige wichtige Themen berührt. Er sagt zu den Bekehrten, sie müßten die gleiche aufopfernde Haltung wie Jesus einnehmen:

> Er war Gott gleich,
> hielt aber nicht daran fest,
> wie Gott zu sein,
> sondern er entäußerte sich
> und wurde wie ein Sklave
> und den Menschen gleich.
> Sein Leben war das eines Menschen;
> er erniedrigte sich
> und war gehorsam bis zum Tod,
> bis zum Tod am Kreuz.
> Darum hat ihn Gott über alle erhöht
> und ihm den Namen verliehen,
> der größer ist als alle Namen,
> damit alle im Himmel,
> auf der Erde und unter der Erde
> ihre Knie beugen vor dem Namen Jesu
> und jeder Mund bekennt:
> Jesus Christus ist der Herr [kyrios]
> zur Ehre Gottes, des Vaters.[23]

Die Hymne spiegelt offenbar eine Vorstellung der ersten Christen wider: Demnach wäre Jesus in den Genuß einer Art früheren Existenz »mit Gott« gekommen, bevor er durch den Akt der »Selbstentäußerung« *(kenosis)* Mensch wurde und damit, wie ein Bodhisattva, beschlossen hatte, das Leid der Menschen zu teilen. Paulus war zu sehr Jude, um zu glauben, daß Christus neben JHWH seit ewigen Zeiten als zweites göttliches Wesen existiert hatte. Die Hymne zeigt, daß Jesus sich auch nach seiner Himmelfahrt immer noch von Gott unterscheidet und Gott unterlegen ist, der ihn erhebt und ihm den Titel *kyrios* verleiht. Er kann den Titel nicht selbst für sich in Anspruch nehmen, sondern erhält ihn nur »zum Ruhme von Gottvater«.

Etwa vierzig Jahre später äußerte der Autor des Johannes-Evangeliums (ungefähr im Jahre 100 verfaßt) eine ähnliche Vermutung. In seinem Prolog beschreibt er das Wort *(logos)* als etwas, das »von Anfang an bei Gott« war und als Antriebskraft bei der Schöpfung mitgewirkt hat: »Alles ist durch das Wort geworden, und ohne das Wort wurde nichts, was geworden ist.«[24] Der Verfasser gebrauchte den griechischen Begriff *logos* nicht in derselben Bedeutung wie Philon. Offenbar neigte er mehr dem Judentum Palästinas zu als dem hellenistischen Judentum. In den um diese Zeit entstandenen aramäischen Übersetzungen der hebräischen Schriften wird mit dem Begriff *Memra* (Wort) Gottes Wirken auf der Welt beschrieben. Dieser Begriff erfüllt dieselbe Funktion wie die Termini »Herrlichkeit«, »Heiliger Geist« und »Schechina«, die den Unterschied zwischen Gottes Gegenwart auf der Welt und der unbegreiflichen Realität Gottes betonen. Wie die göttliche Weisheit symbolisiert das »Wort« Gottes ursprünglichen Schöpfungsplan. Wenn Paulus und Johannes über Jesus sprachen, als habe er irgendeine frühere Existenz gehabt, wollten sie damit nicht andeuten, er sei nach der späteren Auffassung der Trinitarier eine zweite göttliche »Person«. Sie brachten damit vielmehr zum Ausdruck, daß Jesus zeitliche und individuelle Seinsweisen transzendiert hatte. Da sich die »Kraft« und die »Weisheit«, die er symbolisierte, von Gott ableiteten, drückte er auf gewisse Weise das aus, »was von Anfang an vorhanden gewesen war«.[25]

Diese Vorstellungen sind im Kontext des Judentums verständlich, auch wenn sie später von Christen mit griechischem Hintergrund anders ausgelegt wurden. Aus der erst um das Jahr 100 u. Z. verfaßten Apostelgeschichte wissen wir, daß die ersten Christen immer noch eine weitgehend jüdisch geprägte Vorstellung von Gott hatten. Zu Pfingsten, als sich Hunderte von Juden aus der gesamten Diaspora in Jerusalem versammelten, um das Geschenk der Thora auf dem Sinai zu feiern, kam der Heilige Geist auf die Jünger Jesu herab. Sie vernahmen etwas, das sich anhörte, »als käme plötzlich vom Himmel her ein Brausen, wie wenn ein heftiger Sturm daherfährt ... und es erschienen ihnen Zungen wie von Feuer«.[26] Der Heilige Geist war diesen ersten jüdischen Christen erschienen, wie dies auch bei ihren Zeitgenossen, den *tannaim,* der Fall gewesen war. Unverzüglich stürzten die Jünger nach draußen und begannen zu predigen vor den zahlreichen Gruppen von Juden und Gottesfürchtigen aus »Mesopotamien, Judäa und Kappadozien, von Pontus und der Provinz Asien, von Phrygien und Pamphylien, von Ägypten und dem Gebiet Libyens nach Zyrene hin«.[27] Zu ihrem Erstaunen hörten alle Anwesenden die Jünger in ihrer eigenen Sprache. Petrus erhob sich und sagte zu der Menge, dies sei der Höhepunkt des Judentums. Die Propheten hatten den Tag vorausgesagt, an dem Gott seinen Geist über die Menschheit ausgießen werde, so daß selbst Frauen und Sklaven Visionen und Träume haben würden.[28] Dieser Tag werde das Messianische Königreich einleiten, dann werde Gott mit seinem Volk auf der Erde leben. Petrus behauptete nicht, Jesus von Nazareth sei Gott. Er »war ein Mann, den Gott vor euch beglaubigt hat durch machtvolle Taten, Wunder und Zeichen, die er durch ihn in eurer Mitte getan hat«. Nach seinem grausamen Tod hatte Gott ihn wieder zum Leben erweckt und ihm einen besonders bedeutenden Status als »rechte Hand Gottes« verliehen. Die Propheten und Psalmisten hatten alle diese Ereignisse vorausgesagt, so konnte das »ganze Haus Israel« mit Gewißheit erkennen, daß Jesus der lang ersehnte Messias war.[29] Diese Aussage scheint die Botschaft, das Kerygma, der frühesten Christen gewesen zu sein.

Bis zum Ende des 4. Jahrhunderts hatte sich das Christentum an genau den Orten ausgebreitet, die der Verfasser der Apostelgeschichte genannt hatte: Es blühte auf zwischen den jüdischen Synagogen der Diaspora, die eine große Zahl »Gottesfürchtiger« oder Proselyten angelockt hatten. Paulus' reformiertes Judentum traf offensichtlich viele ihrer Nöte. Auch sie »sprachen in vielen Zungen«, da sie untereinander uneins waren und keine klare Position vertraten. Viele Juden in der Diaspora betrachteten inzwischen den vom Blut der Opfertiere triefenden Tempel in Jerusalem als eine primitive und barbarische Stätte. Die Apostelgeschichte vertritt diesen Standpunkt in der Erzählung von Stephanus, einem hellenistischen Juden, der zur Jesus-Sekte konvertiert war und von der Sanhedrin, dem Hohen Rat der Juden, wegen Blasphemie gesteinigt wurde. In seiner letzten leidenschaftlichen Rede kritisiert Stephanus, der Tempel sei eine Beleidigung für die Natur Gottes: »Der Höchste wohnt nicht in einem Haus, das von Menschenhand gemacht ist.«[30] Einige Juden in der Diaspora nahmen das Talmud-Judentum an, das die Rabbis nach der Zerstörung des Tempels entwickelt hatten; andere gelangten zu der Überzeugung, das Christentum sei die Antwort auf manche ihrer Fragen über die Stellung der Thora und die Universalität des Judentums. Besonders attraktiv war es natürlich für die Gottesfürchtigen, die vollgültige Mitglieder des Neuen Israel werden konnten, ohne die Last aller 613 Mizwot-Gebote.

Im 1. Jahrhundert dachten die Christen weiterhin über Gott wie die Juden und beteten zu Gott wie die Juden. Sie argumentierten wie Rabbis, und ihre Kirchen sahen aus wie die Synagogen. In den achtziger Jahren gab es einige scharfe Auseinandersetzungen mit den Juden, als die Christen formell aus den Synagogen ausgeschlossen wurden, weil sie sich weigerten, die Gesetze der Thora zu befolgen. Wir haben gesehen, daß das Judentum in den ersten Jahrzehnten des 1. Jahrhunderts viele Konvertiten angelockt hatte, doch nach dem Jahr 70, als die Juden Konflikte mit dem Römischen Reich hatten, verschlechterte sich ihre Lage. Der Übertritt der Gottesfürchtigen zum Christentum machte sie mißtrauisch gegenüber Konvertiten, und sie legten nicht länger Wert darauf, Anhänger zu gewinnen. Heiden, die in früheren Zeiten dem jüdischen Glauben zugeneigt hatten, wandten sich jetzt dem Christentum zu, doch handelte es sich bei ihnen meist um Sklaven und um Vertreter der unteren Schichten. Erst Ende des 2. Jahrhunderts wurden auch gebildete Heiden zu Christen und waren in der Lage, einer mißtrauischen heidnischen Welt die neue Religion zu erläutern.

Im Römischen Reich wurde das Christentum zunächst als ein Teil des Judentums angesehen. Doch als die Christen erklärten, sie seien nicht länger Mitglieder der Synagoge, wurden sie verächtlich als eine *religio* von Fanatikern betrachtet, die mit ihrem ursprünglichen Glauben gebrochen und dadurch die Todsünde der Gottlosigkeit begangen hatten. Die römische Moral war streng konservativ, man legte großen Wert auf die Autorität des Paterfamilias und die Sitten der Vorväter. Als »Fortschritt« galt die Rückkehr zu einem Goldenen Zeitalter, nicht ein furchtloses Voranschreiten in die Zukunft. Ein absichtlicher Bruch mit der Vergangenheit wurde nicht als Akt verstanden wie in unserer heutigen Gesellschaft, wo der Wandel geradezu institutionalisiert ist. Neuerungen waren gefährlich und subversiv. Die Römer standen Massenbewegungen, die die Grenzen der Tradition mißachteten, mit großem Argwohn gegenüber und waren darauf bedacht, ihre Bürger vor religiöser Quacksalberei zu schützen. Es herrschte jedoch ein Geist der Unruhe und Unsicherheit im Römischen Reich. Die Erfahrung, in einem riesigen, weltumspannenden Imperium zu leben, hatte die alten Götter als unbedeutend und unzulänglich erscheinen lassen. Die Menschen waren auf Kulturen gestoßen, die fremd und beunruhigend wirkten. Sie suchten nach neuen spirituellen Lösungen. Orientalische Kulte wurden nach Europa importiert, Gottheiten wie Isis und Semele wurden neben den traditionellen Göttern Roms, den Hütern des Staates, angebetet. Im 1. Jahrhundert u. Z. boten die neuen Mysterienkulte ihren Anhängern Erlösung und gewissermaßen interne Informationen über die nächste Welt. Keine dieser neuen schwärmerischen Bewegungen bedrohte jedoch die Ordnung. Die östlichen Gottheiten forderten keine radikale Bekehrung und Abkehr von den vertrauten Ritualen, sondern waren wie neue Heilige, die eine neuartige, ungewöhnliche Weltanschauung und das Gefühl einer großzügigeren Welt vermittelten. Man konnte sich so vielen verschiedenen Mysterienkulten anschließen, wie man wollte. Solange die alten Götter nicht in Frage gestellt wurden und die neuen Kulte verhältnismäßig unauffällig blieben, wurden sie geduldet und in die bestehende Ordnung integriert.

Niemand erwartete von einer Religion große Herausforderungen oder eine Antwort auf die Frage nach dem Sinn des Lebens. Für diese Art von Aufklärung zogen die Menschen die Philosophie zu Rate. Im Römischen Reich der Spätantike beteten die Menschen zu den Göttern, um in einer Krise um Hilfe zu bitten, sich des göttlichen Segens für den Staat zu versichern und sich auf beruhigende Weise im Einklang mit der Vergangenheit zu fühlen. Religion beinhaltete eher Kulte und Rituale als Ideen, sie beruhte auf Gefühlen, nicht auf gedanklichen Konstruktionen oder bewußt übernommenen Theorien. Diese Haltung ist auch heute verbreitet: Viele Menschen, die in unserer eigenen Gesellschaft Gottesdienste besuchen, sind nicht an Theologie interessiert, scheuen vor Unbekanntem zurück und lehnen Veränderungen ab. Sie stellen fest, daß die althergebrachten Rituale ein Verbindungsglied zur Tradition sind und ihnen ein Gefühl der Sicherheit vermitteln. Von der Predigt erwarten sie keine geistreichen Ideen, und die Liturgie soll so sein wie immer. In ganz ähnlicher Weise wollten viele Heiden der späten Antike ihre angestammten Götter anbeten, wie es Generationen vor ihnen getan hatten. Die alten Rituale gaben ihnen ein Gefühl der Identität, erneuerten lokale Traditionen und vermittelten das beruhigende Gefühl, daß alles weiterhin seinen gewohnten Gang gehen werde. Die Zivilisation war eine zerbrechliche Errungenschaft und sollte nicht gefährdet werden durch die mutwillige Mißachtung von Schutzgöttern, die ihren Fortbestand gewährleisteten. Die Menschen fühlten sich auf dunkle Weise bedroht, wenn ein neuer Kult darauf abzielte, den Glauben ihrer Väter abzuschaffen. Das Christentum vereinigte daher das Schlimmste beider Welten in sich: Ihm fehlte das ehrwürdige Alter des Judentums, und es bot nicht die reizvollen Rituale des Heidentums, die jeder sehen und schätzen konnte. Es stellte eine potentielle Bedrohung dar, da die Christen behaupteten, ihr Gott sei der einzige und alle anderen Götter seien Trugbilder. Der römische Biograph Gaius Suetonius (70–160) hielt das Christentum für eine irrationale und exzentrische Bewegung, eine *superstitio nova et prava,* die gerade darum als »verkehrt« galt, weil sie »neu« war.[31]

Gebildete Heiden suchten daher in ihrem Streben nach Aufklärung Unterstützung nicht bei der Religion, sondern bei der Philosophie. Ihre Heiligen und Genies waren Philosophen der Antike wie Plato, Pythagoras oder Epiktet. Sie galten sogar als »Söhne von Göttern«, von Plato hieß es beispielsweise, er sei der Sohn Apollos gewesen. Die Philosophen zollten der Religion vorsichtigen Respekt, betrachteten sie jedoch als grundverschieden von dem, womit sie sich beschäftigten. Sie waren keine staubtrockenen Akademiker in Elfenbeintürmen, sondern Männer mit einer Mission, darauf bedacht, die Seelen ihrer Zeitgenossen zu retten, indem sie sie von der Lehre ihrer besonderen Schule überzeugten. Sowohl Sokrates als auch Plato hatten ihrer Philosophie eine »religiöse« Seite abgewonnen durch die Erkenntnis, daß ihre wissenschaftlichen und metaphysischen Studien sie um eine Vision von der Herrlichkeit des Universums bereichert hatten. Bis zum 1. Jahrhundert u. Z. wandten sich intelligente und interessierte Menschen, wenn sie den Sinn des Lebens, ein überzeugendes Weltbild oder Prinzipien der Moral suchten, an die Philosophen. Das Christentum erschien als ein barbarischer Glaube. Der Gott der Christen wirkte wie ein grausamer, primitiver Gott, der sich ständig vollkommen irrational in menschliche Angelegenheiten einmischte; er hatte nichts gemein mit dem distanzierten, unveränderlichen Gott eines Philosophen wie Aristoteles. Wenn man sagte, Männer wie Plato oder Alexander der Große seien Söhne von Göttern gewesen, hatte das gar nichts mit einem Juden zu tun, der in einem fernen Winkel des Römischen Reiches einen schmachvollen Tod gestorben war.

Der Platonismus war eine besonders beliebte philosophische Richtung der Spätantike. Die Neuplatoniker des 1. und 2. Jahrhunderts waren nicht von Plato als ethischem und politischem Denker fasziniert, sondern von Plato als Mystiker. Seine Lehren halfen dem Philosophen, durch die Befreiung seiner Seele aus dem Gefängnis des Körpers sein wahres Ich zu verwirklichen und zur göttlichen Welt emporzusteigen. Es war ein erhabenes System, die Kosmologie erschien darin als Abbild von Kontinuität und Harmonie. Der Eine stand, in die heitere Betrachtung seiner selbst versunken, vollkommen unberührt von der Zeit und etwaigen

Veränderungen, an der Spitze der großen Daseinskette. Jegliche Existenz entstammte dem Einen, als notwendige Konsequenz seines reinen Wesens: Die ewigen Formen waren dem Einen entströmt und hatten ihrerseits die Sonne, die Sterne und den Mond geformt, alle in ihrer jeweiligen Sphäre. Schließlich übermittelten die Götter, die nun als die engelhaften Gehilfen des Einen angesehen wurden, den göttlichen Einfluß dem irdischen Bereich der Menschen. Der Platoniker brauchte keine seltsamen Berichte über einen Gott, der auf einmal beschloß, die Welt zu erschaffen, und der unter Mißachtung der bestehenden Hierarchie unmittelbar mit einer kleinen Gruppe von Menschen Kontakt aufnahm. Er brauchte auch keine absurde Erlösung durch einen gekreuzigten Messias. Dank seiner Ähnlichkeit mit dem Gott, der allen Dingen zum Leben verholfen hatte, konnte der Philosoph aus eigenem Antrieb auf rationale, geordnete Weise mit der göttlichen Welt in Verbindung treten.

Wie konnten die Christen ihren Glauben der heidnischen Welt verständlich machen? Offenkundig wurde er zwei Ansprüchen nicht gerecht: Er war weder eine Religion im römischen Sinn noch eine Philosophie. Überdies fiel es den Christen nicht leicht, ihre Glaubenssätze aufzuzählen. Möglicherweise waren ihnen die Besonderheiten ihrer Denkungsart gar nicht bewußt, insofern glichen sie ihren heidnischen Nachbarn. Ihre Religion entbehrte einer zusammenhängenden »Theologie«, sie konnte zutreffender als eine sorgsam entwickelte Verpflichtungshaltung beschrieben werden. Ihre Glaubensinhalte waren nicht immer in Sätze zu fassen. Das Wort *credere* scheint beispielsweise von *cor dare* zu kommen: das Herz hingeben. Der Ausspruch »credo« (oder griechisch *pisteuo*) drückte eher ein Gefühl als eine intellektuelle Position aus. So erklärte Theodor, von 392 bis 428 Bischof von Mopsuhestia in Kilikien, seinen Konvertiten:

Wenn ihr vor Gott sagt: »Ich glaube« *(pisteuo),* zeigt ihr, daß ihr treu zu ihm stehen und euch nie von ihm trennen werdet und daß ihr es höher als alles andere einschätzt, mit ihm und für ihn zu leben und euch in einer Weise zu verhalten, die im Einklang mit seinen Geboten steht.[32]

Später suchten die Christen ihren Glauben theoretisch zu begründen, und sie entwickelten eine Leidenschaft für theologische Debatten, die einmalig ist in der Geschichte der Weltreligionen. Wir haben beispielsweise gesehen, daß im Judentum keine offizielle Orthodoxie existierte, daß vielmehr Vorstellungen von Gott im wesentlichen eine Privatangelegenheit waren. Die frühen Christen teilten diese Auffassung.

Im 2. Jahrhundert wollten einige zum Christentum übergetretene Heiden ihren ungläubigen Nachbarn die Hand reichen, um zu demonstrieren, daß ihre Religion keinen destruktiven Bruch mit der Vergangenheit forderte. Einer der ersten dieser Apologeten war Justinus (100–165), der als Märtyrer für seinen Glauben starb. Seine rastlose Sinnsuche gibt uns einen Hinweis auf die spirituelle Unruhe jener Epoche. Justinus war weder ein bemerkenswert tiefschürfender noch ein besonders brillanter Denker. Bevor er sich dem Christentum zuwandte, hatte er zu Füßen eines Stoikers, eines Peripatetikers und eines Pythagoreers gesessen, aber ganz offensichtlich das Wesentliche an ihren Lehren nicht verstanden. Zum richtigen Philosophen fehlten ihm das Temperament und die Intelligenz. Er verlangte jedoch nach mehr als nach Kulten und Ritualen und fand die für ihn passende Lösung im Christentum. In seinen beiden Apologien (um 150 und um 155) behauptet er, die Christen orientierten sich ganz einfach an Plato, der ebenfalls der Auffassung gewesen sei, es gebe nur einen Gott. Sowohl die griechischen als auch die jüdischen Propheten hätten das Erscheinen Christi vorausgesagt – ein Argument, das die Heiden seiner Zeit beeindruckte, da Weissagungen damals begeistert aufgenommen wurden. Justinus behauptet ferner, Jesus sei die Inkarnation des Logos oder der göttlichen Vernunft, die die Stoiker in der Ordnung des Kosmos gesehen hatten. Sie sei im gesamten Lauf der Geschichte in der Welt wirksam gewesen und habe Griechen und Hebräer gleichermaßen inspiriert. Allerdings schweigt er über die Implikationen dieses doch etwas überraschenden Gedankens: Wie kann ein Mensch den Logos verkörpern? Ist dieser Logos dasselbe wie die biblischen Vorstellungen von Wort oder Weisheit? In welcher Beziehung steht er zu dem »einen Gott«?

Andere Christen entwickelten noch viel radikalere Theologien, nicht aus Lust an der Spekulation, sondern um eine tiefsitzende Unruhe zu bekämpfen. Insbesondere die *gnostikoi,* die Wissenden, wandten sich von der Philosophie ab und der Mythologie zu, um ihrem ausgeprägten Gefühl einer Abspaltung von der göttlichen Welt Ausdruck zu verleihen. Ihrer Unwissenheit über Gott und das Göttliche, die sie offensichtlich mit Kummer und Scham erfüllte, setzten sie ihre Mythen entgegen. Basilides, der zwischen 130 und 160 in Alexandrien lehrte, und sein Zeitgenosse Valentinus, der Ägypten verließ, um in Rom zu lehren, scharten beide eine große Gefolgschaft um sich und zeigten, daß viele Menschen, die zum Christentum übergetreten waren, sich verloren, hilflos und entwurzelt fühlten.

Die Gnostiker gingen von einer vollkommen unbegreiflichen Realität aus, die sie Äon nannten, davon stammte das geringere Wesen ab, das wir als »Gott« bezeichnen. Wir können absolut nichts über diesen Äon sagen, da er das Fassungsvermögen unseres begrenzten Geistes übersteigt. Wie Valentinus erklärte, sei

> ein vollkommener Äon gewesen, der vor allem war ... in unsichtbaren und unnennbaren Höhen. Diesen nennen sie auch Uranfang, Urvater und Tiefe. Er ist aber unsichtbar, und kein Ding kann ihn fassen. Da er unfaßbar, unsichtbar, ewig und unerzeugt ist, so ist er unermeßliche Zeiten in tiefster Ruhe gewesen. Mit ihm hat zugleich angefangen die Ennoia (Denken), die sie auch Charis (Gnade) und Sige (Schweigen) nennen.[33]

Schon immer haben die Menschen Vermutungen über das Phänomen des Absoluten angestellt, keine ihrer Erklärungen war jedoch befriedigend. Den Äon zu beschreiben, ist unmöglich, da er weder »gut« noch »böse« ist und man nicht einmal von ihm sagen kann, daß er »existiert«. Basilides lehrte, daß es am Anfang keinen Gott, sondern nur den Äon gegeben habe, der strenggenommen ein Nichts gewesen sei, da er nicht auf irgendeine uns verständliche Art und Weise existiert habe.[34]

Dieses Nichts verspürte jedoch den Wunsch, erkannt zu werden, es wollte nicht weiterhin allein schweigend in der Tiefe verharren.

Eine innere Revolution in den Tiefen seines unergründlichen Wesens führte zu einer Reihe von Emanationen, wie sie in den alten heidnischen Mythologien beschrieben sind. Die erste Emanation war der Gott, den wir kennen und zu dem wir beten. Doch selbst Gott blieb unerreichbar und mußte näher erklärt werden. Folglich entströmten Gott paarweise neue Emanationen, jede symbolisierte eines seiner göttlichen Attribute. Gott war jenseits allen Geschlechts, doch wie im *Enuma elisch* bestand jedes Paar aus einer männlichen und einer weiblichen Emanation – eine Darstellung, die versuchte, die männliche Ausrichtung eines konventionelleren Monotheismus zu neutralisieren. Jedes Paar wurde schwächer und kraftloser, da es sich immer weiter von seiner göttlichen Quelle entfernte. Als schließlich dreißig solcher Emanationen (oder Äonen) entwichen waren, war der Prozeß abgeschlossen, und die göttliche Welt, die Pleroma, war vollständig. Die Gnostiker vertraten keine völlig abwegige Kosmologie, denn jedermann glaubte, im Kosmos gebe es unzählige solcher Äonen, Dämonen und spirituellen Kräfte. Der heilige Paulus hatte auf Throne und Herrschaften, Mächte und Gewalten verwiesen, die Philosophen hatten geglaubt, daß diese unsichtbaren Kräfte die alten Götter seien, und sie zu Vermittlern zwischen den Menschen und dem Einen gemacht.

Eine Katastrophe hatte sich ereignet, ein gewaltiger Absturz, den die Gnostiker auf verschiedene Weise beschrieben. Einige sagten, Sophia (die Weisheit), die letzte der Emanationen, sei in Ungnade gefallen, da sie sich verbotene Kenntnisse über den unerreichbaren Äon habe aneignen wollen. Aufgrund ihrer übertriebenen Anmaßung war sie aus der Pleroma gefallen, und ihr unendlicher Kummer war zur Welt der Materie geworden. Verbannt und verloren war Sophia durch den Kosmos gewandert, voller Sehnsucht, wieder zu ihrer göttlichen Quelle zurückzukehren. Diese Verschmelzung orientalischer und heidnischer Ideen brachte das ausgeprägte Gefühl der Gnostiker zum Ausdruck, daß unsere Welt in gewisser Weise ein verzerrtes Abbild des himmlischen Reiches darstellt, geboren aus Unwissenheit und Verwirrung. Andere Gnostiker lehrten, Gott habe nicht die Welt der Materie erschaffen, denn es sei unmöglich, daß er sich mit so minderwertigen Angelegenheiten befaßt habe. Dies war das Werk eines Äonen, der *demiourgos* oder

Schöpfer genannt wurde. Er war eifersüchtig auf Gott geworden und von dem Ehrgeiz getrieben gewesen, der Mittelpunkt der Pleroma zu werden. Er stürzte und schuf die Welt in einem Anfall von Trotz. Wie Valentinus sagte, hatte er »einen Himmel geschaffen, ohne den Himmel zu kennen; einen Menschen bildete er, und kannte nicht den Menschen; er ließ Erde erscheinen, aber von der Erde wußte er nichts«.[35] Doch der Logos, ein weiterer Äon, war zu Hilfe geeilt und in der physischen Gestalt von Jesus zur Erde herabgestiegen, um den Menschen zurück zu Gott zu führen. Im Laufe der Zeit wurde diese Version des christlichen Glaubens unterdrückt, doch werden wir sehen, daß Jahrhunderte später Juden, Christen und Muslime zu dieser Mythologie zurückkehrten, da sie der Meinung waren, daß sie ihre religiösen Erfahrungen mit Gott präziser zum Ausdruck brachte als die orthodoxe Theologie.

Die Mythen waren nicht als literarische Berichte über Schöpfung und Erlösung gedacht, sondern symbolischer Ausdruck einer inneren Wahrheit. Gott und die Pleroma waren keine Realitäten »dort draußen«, sondern innere Realitäten:

> Ohne Gott und Schöpfung und derartiges zu suchen, suche ihn bei dir selbst und trachte zu erkennen, wer denn in dir sich alles vollständig zueignet und spricht: Mein Gott, mein Geist, mein Verstand, meine Seele, mein Leib, und trachte zu erkennen, woher es komme, daß man ohne zu wollen betrübt sei, sich freue, liebe, hasse, wache, schlafe, sich erzürne, Wohlwollen hege, und, so sagt er, wenn du dies genau untersucht hast, wirst du ihn in dir selbst finden.[36]

Die Pleroma symbolisierte eine Landkarte der Seele. Das göttliche Licht war sogar in der dunklen Welt auszumachen, vorausgesetzt der Gnostiker wußte, wohin er schauen mußte: Bei dem gewaltigen Sturz – von Sophia oder dem Demiurgen – waren auch einige göttliche Funken aus der Pleroma gefallen und von der Materie eingefangen worden. Der Gnostiker konnte auch in seiner eigenen Seele einen göttlichen Funken finden und sich eines göttlichen Elements in ihm selbst bewußt werden, das ihm half, den richtigen Weg zum Ziel zu erkennen.

Die Gnostiker zeigten, daß viele der neuen Konvertiten, die zum Christentum übergetreten waren, nicht zufrieden waren mit der traditionellen, aus dem Judentum übernommenen Vorstellung von Gott. Sie erlebten die Welt nicht als »gut«, als das Werk einer wohlwollenden Gottheit. Ein ähnlich verwirrender Dualismus charakterisierte auch die Lehre von Marcion (100–165), der seine eigene Kirche in Rom gründete und zahlreiche Anhänger um sich scharte. Jesus hatte gesagt, ein gesunder Baum bringe gute Früchte hervor:[37] Wie konnte die Welt dann von einem guten Gott erschaffen worden sein, wenn sie offensichtlich voller Sünde und Schmerz war? Mit Entsetzen las Marcion in der Heiligen Schrift der Juden von einem strengen, grausamen Gott, der in seinem leidenschaftlichen Streben nach Gerechtigkeit ganze Bevölkerungsgruppen auslöschte. Marcion gelangte zu dem Schluß, dieser jüdische Gott, den er als »den Anstifter der Kriege, unbeständig in seinem Entschlusse und sich selbst widersprechend«[38] bezeichnete, habe die Welt erschaffen. Doch Jesus habe geoffenbart, daß noch ein anderer, in der Schrift nicht erwähnter Gott existiere, und dieser zweite Gott sei »sanft, milde, unendlich gut«.[39] Er unterschied sich fundamental von dem grausamen, wie ein gestrenger Richter auftretenden Schöpfer der Welt. Wir sollten uns daher von der Welt abwenden, die uns auch nichts über den wohlwollenden Gott berichten könne, da sie nicht von ihm erschaffen worden sei. Ferner sollten wir uns vom »Alten« Testament distanzieren und uns lediglich auf diejenigen Bücher des Neuen Testaments konzentrieren, die den Geist Jesu enthielten. Marcions Lehren waren sehr populär, weil er eine weit verbreitete Unsicherheit angesprochen hatte. Zu einem bestimmten Zeitpunkt schien es, als habe er die Absicht, eine selbständige Kirche zu gründen. Er hatte seinen Finger in eine bedeutende Wunde der christlichen Erfahrung gelegt. Generationen von Christen fiel es schwer, ein positives Verhältnis zur materiellen Welt zu entwickeln, und sehr viele wissen immer noch nicht, was sie von dem hebräischen Gott halten sollen.

Der nordafrikanische Theologe Tertullian (160–220) wies darauf hin, daß Marcions »guter« Gott mehr mit dem Gott der griechischen Philosophie gemein hatte als der Gott der Bibel. Eine solch heitere Gottheit, die mit einer so mangelhaften Welt nicht in Verbindung gebracht werden konnte, ähnelte sehr viel mehr dem von Aristoteles beschriebenen unbewegten Beweger als dem jüdischen Gott von Jesus Christus. In der Tat hielten viele Menschen in der griechisch-römischen Welt den biblischen Gott für stümperhaft und grausam, der Anbetung unwürdig. Ungefähr im Jahre 178 warf der heidnische Philosoph Celsus den Christen vor, sie hätten ein engstirniges, provinzielles Gottesbild. Er fand es erschreckend, daß die Christen eine besondere Offenbarung für sich allein beanspruchten. Gott war für alle Menschen da, und dennoch rotteten die Christen sich in einer schäbigen kleinen Gruppe zusammen und behaupteten: »Gott hat sogar die ganze Welt verlassen und das Weltall und mißachtete die unendliche Erde, um uns allein seine Aufmerksamkeit zu schenken.«[40] Als die Christen von den römischen Behörden verfolgt wurden, beschuldigte man sie des »Atheismus«, weil ihre Auffassung von Göttlichkeit grob gegen das römische Ethos verstieß. Da die Christen den traditionellen Göttern keinen Tribut mehr zollten, fürchteten die Römer, sie würden den Staat in Gefahr bringen und die brüchige Ordnung untergraben. Das Christentum schien ein primitiver Glaube zu sein, der die Errungenschaften der Zivilisation ignorierte.

Bis zum Ende des 2. Jahrhunderts konvertierten jedoch einige Heiden mit hohem Bildungsstand zum Christentum und erreichten es, den semitischen Gott der Bibel dem griechisch-römischen Ideal anzugleichen. Der erste war Klemens von Alexandria (etwa 150–215), der möglicherweise vor seiner Konversion in Athen Philosophie studiert hatte. Klemens hegte keinen Zweifel, daß Jahwe und der Gott der griechischen Philosophen ein und derselbe waren, er nannte Plato den attischen Mose. Sowohl Jesus als auch der heilige Paulus wären über seine Theologie sehr verwundert gewesen. Wie der Gott Platos und Aristoteles' war auch Klemens' Gott durch seine *apatheia* charakterisiert: Er war bar jeder Gefühlsregung und unfähig zu Leid oder Wandel. Christen konnten an diesem göttlichen Leben durch die Nachahmung der Ruhe und Gelassenheit Gottes teilhaben. Klemens erfand eine Lebensregel, die den ausführlichen Verhaltensregeln der Rabbis bemerkenswert ähnlich war bis auf die Tatsache, daß sie mehr mit dem stoischen Ideal gemein hatte. Ein Christ sollte die heitere Gelassenheit Gottes in jedem Aspekt seines Lebens imitieren: Er mußte eine korrekte Sitzhaltung einnehmen, ruhig sprechen, heftiges Lachen unterdrücken und sogar darauf achten, sanft zu rülpsen. Durch diese sorgsame Übung einstudierter Ruhe wurden sich die Christen einer unendlichen inneren Ruhe bewußt, die das in ihr eigenes Ich eingeprägte Gottesbild darstellte. Es bestand keine Kluft zwischen Gott und den Menschen. Sobald sich die Christen dem göttlichen Ideal angepaßt hatten, stellten sie fest, daß sie einen göttlichen Gefährten hatten, »der unser Haus mit uns teilt, mit uns am Tisch sitzt, alle moralischen Bemühungen unseres Lebens teilt«.[41]

Klemens glaubte auch, daß Jesus Gott sei, »der lebendige Gott, der Leiden erduldete und angebetet wird«.[42] Er, der »mit einem Handtuch gegürtet ihre Füße gewaschen hatte«, war der »bescheidene Gott und Herr des Universums«[43] gewesen. Wenn die Christen Christus imitierten, würden sie auch gottgleich werden: göttlich, unbestechlich und unerschütterlich. Christus war der Mensch gewordene göttliche *logos,* »auf daß ihr von einem Menschen lernen möget, Gott zu werden«.[44] Im Westen hatte Irenäus, der Bischof von Lyon (130–200), etwas Ähnliches gelehrt: Jesus sei der inkarnierte Logos, die göttliche Vernunft, gewesen. Bei seiner Menschwerdung habe er jedes Stadium der menschlichen Entwicklung geheiligt und sei zum Vorbild für die Christen geworden. Die Christen sollten ihn ungefähr so imitieren, wie ein Schauspieler eins wurde mit der Person, die er darstellte. Auf diese Weise könnten sie ihr menschliches Potential voll ausschöpfen.[45] Klemens und Irenäus glichen beide den Gott der Juden Vorstellungen an, die charakteristisch für ihre eigene Zeit und Kultur waren. Auch wenn Klemens' Lehre von der *apatheia* Gottes wenig gemein hatte mit dem Gott der Propheten, dessen Hauptmerkmale sein Mitfühlen und seine Verletzlichkeit waren, erlangte sie doch fundamentale Bedeutung für die christliche Auffassung von Gott. In der griechischen Welt sehnten sich die Menschen danach, dem Chaos der Gefühle und des Wandels zu entrinnen und eine übermenschliche Gelassenheit zu erreichen. Das Ideal behauptete sich trotz des ihm innewohnenden Paradoxons.

Klemens' Theologie ließ entscheidende Fragen unbeantwortet. Wie konnte ein bloßer Mensch der Logos oder die göttliche Vernunft gewesen sein? Was genau bedeutete die Aussage, Jesus sei göttlich gewesen? War der Logos gleichzusetzen mit dem »Sohn Gottes«, und welche Bedeutung hatte der jüdische Titel in der griechischen Welt? Wie konnte ein gefühlloser Gott durch Jesus gelitten haben? Wie konnten Christen glauben, Jesus sei ein göttliches Wesen gewesen, und gleichzeitig beteuern, es gebe nur einen Gott? Im 3. Jahrhundert entwickelten die Christen zunehmend ein Bewußtsein für diese Probleme. In den ersten Jahren des Jahrhunderts schlug ein gewisser Sabellicus, eine reichlich zwielichtige Gestalt, in Rom vor, die biblischen Begriffe »Vater«, »Sohn« und »Geist« mit den Masken *(personae)* zu vergleichen, in die Schauspieler schlüpften, wenn sie vor einem Publikum eine dramatische Rolle spielten. Entsprechend war der eine Gott in verschiedene *personae* geschlüpft, wenn er sich mit den Dingen auf der Welt befaßte. Sabellicus konnte einige Schüler gewinnen, doch die meisten Christen waren beunruhigt von seiner Theorie: Sie besagte, daß der unerschütterliche Gott in gewisser Hinsicht gelitten hatte, als er die Rolle des Sohnes übernommen hatte, und diese Vorstellung erschien ihnen unerträglich. Doch als Paulus von Samosata, von 260 bis 272 Bischof von Antiochia, behauptete, Jesus sei lediglich ein Mann gewesen, der dem Wort und der Weisheit Gottes als Tempel gedient habe, wurde dies als gleichermaßen unorthodox abgelehnt. Im Jahr 264 wurde Paulus' Theologie auf einer Synode in Antiochia verworfen, dank der Hilfe der Königin Zenobia von Palmyra konnte er sein bischöfliches Amt behalten. Offensichtlich war es sehr schwer, die christliche Überzeugung, daß Jesus göttlicher Natur gewesen war, mit dem genauso festen Glauben in Einklang zu bringen, daß der Begriff Gott einen einzelnen bezeichnete.

Im Jahr 202 verließ Klemens Alexandria und wurde Priester im Dienste des Bischofs von Jerusalem. Seinen Platz in der Katechetenschule nahm sein brillanter junger Schüler Origenes ein, der damals ungefähr zwanzig Jahre alt war. Als Jugendlicher war Origenes leidenschaftlich davon überzeugt gewesen, daß Märtyrertum den Weg zum Himmel ebnen würde. Sein Vater Leonides war vier Jahre zuvor in der Arena gestorben, und Origenes hatte versucht, seinem Beispiel zu folgen. Seine Mutter hatte ihn jedoch gerettet, indem sie seine Kleider versteckte. Origenes glaubte anfänglich, christlich zu leben bedeute, daß man sich von der Welt abwende. Später änderte er seine Meinung und entwickelte eine Form des christlichen Platonismus. Anstatt eine unüberwindliche Kluft zwischen Gott und der Welt zu sehen, die nur durch das radikale Mittel des Märtyrertods überbrückt werden konnte, betonte Origenes in seiner Theologie die Kontinuität in der Beziehung zwischen Gott und der Welt. Er verkündete eine Spiritualität des Lichtes, des Optimismus und der Freude. Schritt für Schritt konnte ein Christ die Daseinskette erklimmen, bis er bei Gott, seinem natürlichen Element und seinem Zuhause, angelangt war.

Als Platoniker glaubte Origenes fest an eine Verwandtschaft zwischen Gott und der Seele: Das Wissen um die göttlichen Dinge war dem Menschen angeboren. Es konnte durch innere Sammlung wiedererinnert und durch besondere Übungen wiedererweckt werden. Um seine platonische Philosophie mit der semitischen Heiligen Schrift in Einklang zu bringen, entwickelte Origenes eine Methode, die Bibel symbolisch zu lesen. So war die jungfräuliche Geburt Christi im Leib Mariens nicht als ein authentisches Ereignis zu verstehen, sondern als die Geburt der göttlichen Weisheit in der Seele. Origenes übernahm auch einige Ideen der Gnostiker. Am Anfang waren alle Wesen der spirituellen Welt in die Betrachtung des unbeschreiblichen Gottes versunken, der sich ihnen im Logos, dem göttlichen Wort und der Weisheit, geoffenbart hatte. Dieser vollkommenen Kontemplation wurden sie überdrüssig, und sie fielen aus der göttlichen Welt in Körper, die ihren Sturz auffingen. Es war nicht alles verloren. Die Seele kann auf einer langen, gleichmäßigen Reise, die nach dem Tod fortgesetzt wird, zu Gott aufsteigen. Im Laufe der Zeit entledigt sie sich der Fessel des Körpers und macht sich frei vom Geschlecht, um reiner Geist zu werden. Durch die Kontemplation *(theoria)* erweitert die Seele das ihr vermittelte Wissen *(gnosis)* und wird selbst göttlich. Gott ist ein absolutes Mysterium, kein menschliches Wort und kein Begriff vermögen ihm gerecht zu werden. Doch die Seele besitzt die Fähigkeit, Gott zu erkennen, da sie seine göttliche Natur teilt. Die Kontemplation des Logos liegt in unserer Natur, da alle spirituellen Wesen *(logikoi)* ursprünglich einander gleich gewesen sind. Bei ihrem Absturz war nur die zukünftige Seele des Menschen Jesus Christus willens, in der göttlichen Welt zurückzubleiben, versunken in die Kontemplation von Gottes Wort. Unsere menschlichen Seelen sind daher seiner Seele gleich. Der Glaube an die Göttlichkeit des Menschen Jesus ist nur eine vorübergehende Phase, eine Hilfe auf unserem Weg. Schließlich wird er transzendiert werden, wenn wir Gott von Angesicht zu Angesicht schauen.

Im 9. Jahrhundert verurteilte die Kirche einige Gedanken von Origenes als ketzerisch. Weder Origenes noch Klemens glaubten, Gott habe die Welt aus dem Nichts *(ex nihilo)* erschaffen, eine Annahme, die später zur orthodoxen christlichen Lehre wurde. Origenes' Auffassung von der Göttlichkeit Jesu und der Erlösung der Menschheit stimmte zweifellos nicht mit der späteren offiziellen christlichen Lehrmeinung überein: Er glaubte nicht, daß wir durch den Tod Christi »erlöst« worden seien, sondern daß wir aus eigener Kraft zu Gott aufsteigen könnten. Der entscheidende Punkt dabei ist, daß es zu der Zeit, als Origenes und Klemens ihren christlichen Platonismus verfaßten und lehrten, noch keine offizielle Lehrmeinung gab. Niemand wußte mit letzter Sicherheit, wie Gott die Welt erschaffen hatte oder auf welche Weise ein Mensch göttlich gewesen war. Die turbulenten Ereignisse des 4. und 5. Jahrhunderts führten erst nach zermürbenden Auseinandersetzungen zu einer Definition des orthodoxen Glaubens.

Am bekanntesten wurde Origenes wohl durch seine Selbstkastration. In den Evangelien sagt Jesus, einige Menschen hätten sich um des himmlischen Königreiches willen zu Eunuchen gemacht, und Origenes nahm ihn beim Wort. Die Kastration war eine in der späten Antike ziemlich häufig ausgeführte Operation. Origenes legte weder selbst mit dem Messer Hand an sich, noch rührte sein Entschluß von einer Art neurotischer Verteufelung der Sexualität her, wie sie für einige westliche Theologen, beispielsweise den heiligen Hieronymus (um 345–420), typisch war. Der britische Forscher Peter Brown vermutet, bei Origenes' Kastration habe es sich möglicherweise um einen Versuch gehandelt, seine Lehre von der Undeterminiertheit des menschlichen Lebens zu demonstrieren. Offenbar wurden unveränderliche Faktoren wie beispielsweise das Geschlecht in dem langen Prozeß der Göttlichwerdung abgelegt, da es bei Gott männlich und weiblich nicht gab. In einer

147

Zeit, da der Philosoph einen langen Bart trug (ein Zeichen der Weisheit), waren Origenes' glatte Wangen und hohe Stimme sicher ein erstaunlicher Anblick.

Plotin (205–270) studierte in Alexandria bei Origenes' altem Lehrer Ammonius Saccas und schloß sich später der römischen Armee an in der Hoffnung, er würde auf diese Weise nach Indien kommen, wo er seine Studien gerne fortsetzen wollte. Doch leider geriet der Vormarsch ins Stocken, und Plotin floh nach Antiochia. Später gründete er in Rom eine angesehene Philosophenschule. Wir wissen nur wenig über ihn, da er ein außergewöhnlich zurückhaltender Mensch war, nie über sich selbst sprach und nicht einmal seinen Geburtstag feierte. Wie Celsus hielt auch Plotin das Christentum für einen höchst unzulänglichen Glauben, und doch beeinflußte er Generationen von Gläubigen aller drei monotheistischen Religionen. Darum ist es wichtig, daß wir sein Gottesbild näher betrachten. Man hat Plotins Wirken mit einer Wasserscheide verglichen: Er hatte die Hauptströmungen von ungefähr achthundert Jahren griechischer Theorie aufgenommen und übertrug sie in eine Form, die über die Jahrhunderte hinweg so große Denker wie T. S. Eliot und Henri Bergson beeinflußte. Unter Annäherung an Plato entwickelte Plotin ein System, das darauf ausgerichtet war, daß der Mensch zu einem Verständnis seiner selbst gelangte. Wie viele andere interessierte es ihn nicht im mindesten, eine wissenschaftliche Erklärung für das Universum zu finden, noch versuchte er die physikalischen Ursprünge des Lebens zu ergründen. Nicht draußen in der Welt lag des Rätsels Lösung, sondern Plotin drängte seine Schüler, sie sollten sich in sich selbst zurückziehen und mit der Erforschung in den Tiefen ihrer eigenen Psyche beginnen.

Die Menschen leben in dem Bewußtsein, daß etwas an ihrer Lage nicht in Ordnung ist, sie fühlen sich uneins mit sich und anderen, losgelöst von ihrer inneren Natur und desorientiert. Konflikte gehören anscheinend zu unserer Existenz, und nie gibt es einfache Lösungen. Dennoch sind wir beständig bestrebt, die Vielfalt der Phänomene miteinander in Einklang zu bringen und sie auf eine geordnete Einheit zu reduzieren. Wenn wir einen anderen Menschen ansehen, sehen wir nicht ein Bein, einen Arm, einen weiteren Arm und einen Kopf, sondern fügen diese Elemente automatisch zum Bild eines vollständigen Menschen zusammen. Dieses Streben nach Einheit ist von fundamentaler Bedeutung dafür, wie unser Denken funktioniert, und Plotin glaubte, daß es das allgemeine Wesen der Dinge widerspiegele. Um die zugrundeliegende Wahrheit der Realität zu finden, muß die Seele sich ändern, eine Periode der Läuterung *(katharsis)* durchschreiten und sich der Kontemplation *(theoria)* widmen, wie Plato geraten hatte. Die Seele wird über den Kosmos und die wahrnehmbare Welt hinausschauen müssen, selbst über die Grenzen des Verstandes hinaus, um zum Kern der Realität vorzustoßen. Dies wird jedoch kein Aufstieg zu einer Realität außerhalb unserer selbst sein, sondern ein Abstieg in die tiefsten Winkel der Seele, sozusagen ein Aufstieg nach innen.

Die fundamentale Realität ist eine Ureinheit, Plotin nannte sie »das Eine«. Alle Dinge verdanken ihre Existenz dieser mächtigen Realität. Da das Eine der Inbegriff der Einfachheit ist, gibt es darüber nichts zu sagen. Es besitzt keine von seinem innersten Wesen abweichenden Eigenschaften, die eine normale Beschreibung ermöglichen würden, es *ist* nur. Folglich hat das Eine keinen Namen: »Wenn wir etwas über das Eine denken sollen«, sagte Plotin, »läge mehr Wahrheit im Schweigen.«[46] Wir können nicht einmal sagen, daß es existiert, da es als Seiendes selbst »kein Ding ist, sondern sich von allen anderen Dingen unterscheidet«.[47] Tatsächlich »ist es alles und nichts; es kann keines der vorhandenen Dinge sein, und doch ist es alles«.[48] Wir werden sehen, daß dieser Gedanke die Geschichte der Gottesvorstellungen wie ein roter Faden durchzieht.

Das Schweigen kann jedoch nicht die ganze Wahrheit sein, so Plotin, da wir in der Lage sind, ein bestimmtes Wissen um das Göttliche zu erlangen. Das wäre unmöglich, bliebe das Eine verborgen in seiner undurchdringlichen Dunkelheit. Das Eine müsse sich selbst transzendiert haben, über seine eigene Simplizität hinausgewachsen sein, um sich unvollkommenen Geschöpfen wie uns verständlich zu machen. Diese göttliche Transzendenz könne mit voller Berechtigung als »Ekstase« beschrieben werden, da es sich dabei um ein »Herausgehen aus dem Selbst« aus reinem Edelmut handele: »Denn da es vollkommen ist, weil es nichts sucht noch hat noch bedarf, so floß es gleichsam über, und seine Überfülle brachte anderes hervor.«[49] Bei all dem ist nichts Persönliches; Plotin sieht das Eine jenseits aller menschlichen Kategorien, einschließlich der Kategorie der Persönlichkeit. Er kehrt zu dem alten Mythos der Emanation zurück, um die Ausstrahlung all dessen zu erklären, was aus dieser überaus einfachen Quelle ausströmt, und zur Beschreibung dieses Prozesses benutzt er eine Reihe von Analogien: Es ist einem Licht vergleichbar, das von der Sonne ausgeht, oder der Hitze, die ein Feuer ausstrahlt und die stärker wird, je näher man dem lodernden Mittelpunkt kommt. Besonders gern vergleicht Plotin das Eine mit dem Punkt im Zentrum eines Kreises, der die Möglichkeit aller zukünftigen Kreise enthält – etwas Ähnliches wie die Wirkung eines Steines, der in einen Teich geworfen wird. Im Gegensatz zu den Emanationen in einem Mythos wie *Enuma elisch,* wo jedes Götterpaar vollkommener und wirkungsmächtiger ist als das vorangegangene, wird bei Plotin wie in den gnostischen Mythen ein Wesen um so schwächer, je weiter es sich von seiner Quelle in dem Einen entfernt.

Plotin betrachtet die ersten beiden Emanationen als göttlich, da sie uns ermöglichten, vom Leben Gottes zu erfahren und an ihm teilzuhaben. Zusammen mit dem Einen bilden sie eine Götterdreiheit, die in mancher Hinsicht der endgültigen christlichen Dreieinigkeit ähnlich ist. Der Geist *(nous),* die erste Emanation, entspricht nach Plotins Darstellung Platos Reich der Ideen: Er macht die Einfachheit des Einen verständlich, doch handelt es sich hierbei um intuitives und unmittelbares Wissen. Es wird nicht mühsam erworben durch forschende gedankliche Prozesse, sondern auf ungefähr die gleiche Weise aufgenommen, wie unsere Sinne einen Gegenstand verinnerlichen. Die Seele *(psyche),* die auf dieselbe Weise dem Geist entströmt, wie der Geist dem Einen entströmt, ist nicht ganz so vollkommen. Wissen kann in diesem Bereich nur durch Erörterungen erlangt werden, darum mangelt es ihr an absoluter Simplizität und Kohärenz. Die Seele entspricht der Realität, wie wir sie kennen: Alle physische und geistige Existenz entstammt der Seele, sie gibt unserer Welt die Einheit und Kohärenz, die sie besitzt. Noch einmal muß betont werden, daß Plotin diese Trinität aus Einem, Geist und Seele nicht als einen Gott »dort draußen« ansah. Das Göttliche umfaßt die gesamte Existenz, Gott ist in allem zu finden, und niedrigere Lebewesen existieren nur insoweit, als sie an der absoluten Existenz des Einen teilhaben.[50]

Der nach außen gerichtete Fluß der Emanation wird von einer Gegenbewegung zurück zu dem Einen aufgehalten. Wie wir von den Gedankengängen unseres eigenen Geistes und von der Unzufriedenheit bei Konflikten und Vielfalt wissen, streben alle Wesen nach Einheit; sie sehnen sich danach, zum Einen zurückzukehren. Dabei handelt es sich wiederum nicht um einen Aufstieg zu einer außerhalb befindlichen Realität, sondern um einen inneren Abstieg in die Tiefen des Geistes. Die Seele muß sich wieder an die Einfachheit erinnern, die sie vergessen hat, und muß zu ihrem wahren Selbst zurückkehren. Da alle Seelen von derselben Realität mit Leben erfüllt werden, könnte die Menschheit mit einem Chor verglichen werden, in dessen Mitte ein Dirigent steht. Ist auch nur ein Individuum abgelenkt, entstehen Dissonanz und Disharmonie, wenden sich jedoch alle dem Dirigenten zu und konzentrieren sich auf ihn, haben alle Nutzen davon, denn »sie werden so singen, wie sie sollen, und wirklich bei ihm sein«.[51]

Das Eine ist strikt unpersönlich, es hat kein Geschlecht und schenkt uns keinerlei Beachtung. Entsprechend ist der Geist *(nous)* grammatikalisch männlich und die Seele *(psyche)* weiblich. Dies mag ein Hinweis darauf sein, daß Plotin das alte heidnische Wunschbild von Gleichgewicht und Harmonie zwischen den Geschlechtern bewahren wollte. Im Gegensatz zum Gott der Bibel zeigt das Eine sich nicht, um uns zu begrüßen und uns nach Hause zu geleiten. Es sehnt sich nicht nach uns, liebt uns nicht und offenbart sich uns nicht, es hat keinerlei Wissen um Dinge, die es nicht selbst betreffen.[52] Dennoch ist die menschliche Seele manchmal in den ekstatischen Versuch versunken, das Eine zu verstehen. Plotins Philosophie ist kein logischer Prozeß, sondern eine spirituelle Suche:

> Im Gegenteil, man muß alles andere ablegen, in diesem allein stehen und dies allein werden, nachdem wir alle irdischen Hüllen abgestreift haben; darum müssen wir eilen von hier fortzukommen und unwillig sein über unsere Fesseln, damit wir mit unserem ganzen Wesen ihn umfangen und keinen Teil mehr an uns haben, mit dem wir nicht an Gott hangen. Da dürfen wir denn auch

jenen und uns selbst schauen, wie es zu schauen frommt; uns selbst im Strahlenglanz, voll intelligiblen Lichtes oder vielmehr als reines Licht selbst, unbeschwert, leicht, Gott geworden oder vielmehr seiend.[53]

Dieser Gott ist kein fremdes Objekt, sondern das Beste an uns. Er kann »weder auf dem Wege der Wissenschaft noch des Denkens, wie das andere Intelligible [im Geist oder *nous*], begriffen werden, sondern durch die Gegenwart *(parousia)* eines Größeren, als die Wissenschaft [ist]«.[54]

Das Christentum entwickelte sich in einer Welt, die von den Ideen Platos geprägt war. Wenn christliche Denker künftig versuchten, ihre eigene religiöse Erfahrung zu erklären, orientierten sie sich instinktiv an der neuplatonischen Sichtweise Plotins und seiner späteren heidnischen Schüler. Die Auffassung von einer unpersönlichen, jenseits menschlicher Begriffe liegenden Erleuchtung, die der Natur des Menschen entsprach, war auch den hinduistischen und buddhistischen Vorstellungen in Indien ähnlich, wo Plotin so gerne seine Studien fortgesetzt hätte. So bestanden trotz der eher oberflächlichen Unterschiede grundlegende Übereinstimmungen zwischen den monotheistischen und anderen Anschauungen der Realität. Wenn Menschen sich in die Betrachtung des Absoluten versenken, gelangen sie offensichtlich zu sehr ähnlichen Ideen und Erfahrungen. Das Gefühl von Präsenz, von Ekstase und Grauen in Gegenwart einer Realität – Nirwana, das Eine, Brahman oder Gott genannt – scheint ein Geisteszustand oder eine Wahrnehmung zu sein, die naturgegeben ist und die Menschen unaufhörlich suchen.

Einige Christen waren entschlossen, mit der griechischen Welt Freundschaft zu schließen, andere wiederum wollten nicht das geringste damit zu tun haben. Während einer Verfolgungswelle in den siebziger Jahren des 2. Jahrhunderts tauchte in Phrygien in der heutigen Türkei ein neuer Prophet namens Montanus auf und behauptete, er sei ein göttlicher Avatar: »Ich bin Gott, der Herr, der Allmächtige, der zu den Menschen herabgestiegen ist«, rief er immer wieder aus. »Ich bin Vater, Sohn und Heiliger Geist.« Seine Gefährtinnen Priscilla und Maximilla behaupteten Ähnliches.[55]

Der Montanismus war ein fanatischer, apokalyptischer Glaube, der ein schreckliches Bild von Gott entwarf. Seine Anhänger waren nicht nur verpflichtet, der Welt den Rücken zu kehren und zölibatär zu leben, es wurde ihnen außerdem gesagt, daß der Märtyrertod der einzig sichere Weg zu Gott sei. Ihr qualvoller Tod für den Glauben werde die Ankunft Christi beschleunigen. Die Märtyrer waren Soldaten Gottes, die sich mit den Streitkräften des Bösen Gefechte lieferten. Dieser schreckliche Glaube sprach einen latenten Extremismus im christlichen Geist an, der Montanismus verbreitete sich wie ein Flächenbrand in Phrygien, Thrakien, Syrien und Gallien. Besonders stark war er in Nordafrika vertreten, wo die Menschen an Götter gewöhnt waren, die Menschenopfer forderten. Der Baal-Kult, der die Opferung des erstgeborenen Kindes verlangte, wurde erst im 2. Jahrhundert vom Kaiser unterdrückt. Bald hatte die Irrlehre keinen Geringeren als Tertullian in ihren Bann gezogen, den führenden Theologen der römischen Kirche. Im Osten predigten Klemens und Origenes eine friedliche, freudige Rückkehr zu Gott, doch in der Kirche des Westens forderte ein furchterregender Gott als Bedingung für die Erlösung einen grauenvollen Tod. In diesem Stadium war das Christentum eine um ihr Überleben ringende Religion in Westeuropa und Nordafrika. Von Beginn an war eine Tendenz zum Extremismus und zur Härte zu spüren.

Im Osten machte das Christentum große Fortschritte, und bis zum Jahr 235 war es eine der wichtigsten Religionen des Römischen Reiches geworden. Die Christen sprachen nun von einer großen Kirche mit einer einzigen Glaubensregel, die sich von Extremismus und Exzentrizität distanzierte. Die orthodoxen Theologen hatten die pessimistischen Anschauungen der Gnostiker, der Marcioniten und Montanisten verboten und sich für einen Mittelweg entschieden. Das Christentum wurde mit der Zeit ein Glaube der Gebildeten, der sich von der verwirrenden Vielfalt der Mysterienkulte und einer starren Aszetik distanzierte. Sehr intelligente Menschen fanden allmählich Gefallen am Christentum, und sie waren in der Lage, das Glaubensbekenntnis in einer Weise auszudrücken, daß die griechisch-römische Welt es verstehen konnte. Die neue Religion sagte auch den Frauen zu: In der christlichen Heiligen Schrift stand, daß Christus keinen Unterschied zwischen Männern und Frauen machte und nachdrücklich verlangte, daß Männer ihre Frauen in Ehren halten sollten, wie Christus seine Kirche in Ehren hielt. Das Christentum hatte all die Vorteile, die einst den jüdischen Glauben so attraktiv gemacht hatten, ohne die Nachteile der Beschneidung und fremdartig anmutender Gebote. Die Heiden waren besonders vom kirchlichen Wohlfahrtssystem und dem mitfühlenden Verhalten der Christen untereinander beeindruckt. Während ihres langen Bemühens, die Verfolgung von außen und den Dissens im Inneren zu überstehen, entwickelte die Kirche auch eine effiziente Organisation, so daß sie beinahe ein Mikrokosmos innerhalb des Reiches war: Sie vereinte unterschiedliche Rassen, war katholisch, international, ökumenisch und wurde von tüchtigen Bürokraten verwaltet.

Auf diese Weise war sie zu einer Säule der Stabilität geworden. Kaiser Konstantin fand Gefallen daran und wurde nach der Schlacht an der Milvischen Brücke im Jahre 312 selbst Christ, im darauffolgenden Jahr legalisierte er das Christentum. Die Christen hatten nun Anspruch auf Eigentum, durften frei ihren Glauben ausüben und im öffentlichen Leben in Erscheinung treten. Obwohl das Heidentum noch zwei weitere Jahrhunderte lang blühte, wurde das Christentum die Staatsreligion des Imperiums und lockte immer neue Konvertiten an, die auf der Suche nach materiellem Fortschritt den Weg in die Kirche fanden. Bald verlangte die Kirche, die ihre Existenz als verfolgte, um Toleranz bittende Sekte begonnen hatte, ihre Gebote und Anschauungen müßten beachtet werden. Die Gründe für den Triumph des Christentums liegen im dunkeln; zweifellos hätte es sich ohne die Unterstützung des Römischen Reiches nicht durchgesetzt, obwohl auch die Unterstützung zwangsläufig eigene Probleme mit sich brachte. Da das Christentum in erster Linie eine Religion für Notzeiten war, hatte es zu seinen Blütezeiten immer mit Schwierigkeiten zu kämpfen. Eines der ersten zu lösenden Probleme betraf die Lehre von Gott: Kaum hatte Konstantin der Kirche den Frieden beschert, da tauchte eine neue Gefahr von innen auf und spaltete die Christen in zwei sich erbittert befehdende Lager.

4

Dreieinigkeit: Der Gott der Christen

Um das Jahr 320 wurde die Kirche in Ägypten, Syrien und Kleinasien von einem leidenschaftlichen theologischen Eifer ergriffen. Seefahrer und Reisende sangen neue Versionen bekannter Lieder, die verkündeten, daß der Vater als der alleinige, wahre und einzige Gott über allen anderen stehe. Der Sohn hingegen sei weder ewig noch unerschaffen, da er sein Leben und sein Wesen vom Vater erhalten habe. So soll zum Beispiel ein Badehausaufseher den Badegästen eine flammende Rede gehalten haben, in der er darauf bestand, daß der Sohn aus dem Nichts gekommen sei. Ein nach dem Wechselkurs gefragter Geldwechsler schickte seiner Antwort einen ausführlichen Diskurs über den Unterschied zwischen der geschaffenen Ordnung und dem unerschaffenen Gott voraus, und ein Bäcker teilte seiner Kundschaft mit, daß der Vater größer sei als der Sohn. Zu dieser Zeit wurden solche abstrusen Fragen mit dem gleichen Enthusiasmus diskutiert wie heute die neuesten Fußballergebnisse.[1] Urheber des Streits war Arius, ein charismatischer, gutaussehender Presbyter und Diakon aus Alexandria mit einem auffallend melancholischen Gesicht und einer sanften, eindringlichen Stimme. Er hatte provozierende Thesen aufgestellt, die sein Bischof Alexander unmöglich ignorieren und schon gar nicht widerlegen konnte. Wie konnte Jesus Christus auf die gleiche Weise Gott sein wie Gottvater? Arius bestritt die Göttlichkeit von Christus nicht, er nannte Jesus sogar einen »starken Gott« und einen »vollgültigen Gott«.[2] Doch der Gedanke, daß Jesus von Natur aus göttlich sein sollte, war seiner Ansicht nach Blasphemie: Jesus selbst hatte ausdrücklich gesagt, daß der Vater größer sei als er. Bischof Alexander und sein brillanter junger Diakon Athanasius erkannten sofort, daß es sich hier nicht nur um eine theologische Spitzfindigkeit handelte. Arius stellte höchst wichtige Fragen über die Natur Gottes. Inzwischen hatte der geschickte Propagandist Arius seine Ideen sogar schon vertont, und wenig später debattierten die Laien das Thema ebenso leidenschaftlich wie ihre Bischöfe.

Es entbrannte ein so hitziger Streit, daß Kaiser Konstantin sich persönlich einschaltete und in Nicäa in der heutigen Türkei eine Reichssynode einberufen ließ, um das Problem zu klären. Heute denkt man bei dem Namen Arius sofort an Ketzerei. Doch damals, als der Konflikt ausbrach, gab es noch keine offizielle orthodoxe Position, und man wußte keineswegs, ob Arius im Unrecht war, und wenn ja, warum er im Unrecht war. Was er behauptete, war nicht neu; der von beiden Parteien gleichermaßen hochgeschätzte Origenes hatte etwas Ähnliches gelehrt. Allerdings hatte das intellektuelle Klima in Alexandria sich seit den Tagen des Origenes verändert. Man war sich inzwischen nicht mehr sicher, ob der Gott Platos wirklich ohne weiteres mit dem Gott der Bibel in Einklang gebracht werden konnte. So glaubten zum Beispiel Arius, Alexander und Athanasius inzwischen an eine Lehre, die jeden Platoniker verblüfft hätte: Sie waren der Meinung, daß Gott die Welt aus dem Nichts (ex nihilo) geschaffen hatte, und untermauerten ihre Auffassung mit Bibelzitaten. Tatsächlich steht in der Schöpfungsgeschichte nichts dergleichen. Die Schöpfungsgeschichte ist so zu verstehen, als habe Gott die Welt aus einem Urzustand geschaffen. Die Auffassung, Gott habe das gesamte Universum aus einem absoluten Vakuum heraus entstehen lassen, war also vollkommen neu. Sie entsprach weder den Vorstellungen der Griechen noch den Lehren so bekannter Theologen wie Klemens und Origenes, die das Emanationskonzept der Platoniker übernommen hatten. Bis Anfang des 4. Jahrhunderts hatten die Christen die Welt so gesehen wie die Gnostiker: als eine von Natur aus zerbrechliche, unvollkommene und von Gott durch eine tiefe Kluft getrennte Welt. Die Vorstellung eines seinem Wesen nach zerbrechlichen Kosmos, dessen Sein und Leben gänzlich von Gott abhing, wurde durch die neue Lehre von der Schöpfung der Erde aus dem Nichts noch unterstrichen. Die Ähnlichkeit zwischen Gott und den Menschen, die die Griechen postuliert hatten, gab es nicht mehr, Gott hatte jedes einzelne Wesen aus einem abgrundtiefen Nichts entstehen lassen und konnte seine lebensspendende Hand jederzeit zurückziehen. Die allumfassende, ewig von Gott ausgehende Daseinskette war aus dem neuen Weltbild ebenso verschwunden wie die Zwischenwelt mit ihren spirituellen Wesen, die der Welt das göttliche *mana* übermittelten. Die Menschen konnten nicht mehr aus eigener Kraft innerhalb der Daseinskette immer näher zu Gott aufsteigen; ihre ewige Erlösung lag einzig und allein in den Händen Gottes, der sie zunächst dem Nichts entrissen hatte und sie dann beständig am Leben erhielt.

Die Christen wußten, daß Jesus Christus sie durch seinen Tod und seine Wiederauferstehung erlöst hatte. Sie waren so vor der Vernichtung bewahrt worden und würden eines Tages am Göttlichen teilhaben, da Gott das Sein und das Leben war. Auf irgendeine Weise hatte Christus sie in die Lage versetzt, die trennende Kluft zwischen Gott und den Menschen zu überschreiten; die Frage war nun, auf welche Weise. Auf welcher Seite der großen Kluft befand er sich? Eine Pleroma, eine Zwischenwelt der Mittlerwesen und Äonen (auch »Platz der Fülle« genannt) gab es jedenfalls nicht mehr. Entweder gehörte Christus, das Wort, ebenfalls der göttlichen Sphäre an (die bis dahin Gott allein vorbehalten gewesen war), oder er war Teil der zerbrechlichen, geschaffenen Ordnung. In diesem Punkt vertraten Arius und Athanasius vollkommen gegensätzliche Meinungen: Athanasius ordnete Christus der göttlichen Welt zu, Arius dagegen der geschaffenen Ordnung.

Arius ging es darum, den grundlegenden Unterschied zwischen dem einzigen Gott und all seinen Geschöpfen deutlich zu machen. Wie schon in seinem Schreiben an Bischof Alexander stand, war für ihn nur Gott allein »ungezeugt«, ewig, wahr, unsterblich, weise, gut, mächtig und anfangslos.[3] Um seine Behauptung zu belegen, Christus, das Wort, könne nur ein Geschöpf sein wie wir Menschen, verfaßte der überaus bibelkundige Arius ein ganzes Arsenal von Texten. Eine Schlüsselpassage war die Beschreibung der göttlichen Weisheit in den Sprichwörtern, wo es ausdrücklich hieß, Gott habe die Weisheit ganz zu Anfang geschaffen.[4] Aus dieser Stelle geht auch hervor, daß die Weisheit die bewegende Kraft der Schöpfung war, eine Vorstellung, die sich schon im Prolog des Johannesevangeliums findet. Am Anfang war das Wort bei Gott:

Alles ist durch das Wort geworden,
und ohne das Wort wurde nichts, was geworden ist.[5]

Gott benutzte das Wort als Instrument, um alle anderen Geschöpfe
ins Leben zu rufen. Dadurch hatte der Logos einen außergewöhnlich hohen Stellenwert und unterschied sich grundlegend von allen
anderen Wesen. Da er wie die anderen Wesen von Gott geschaffen
war, bestand auch ein ganz wesentlicher Unterschied zwischen ihm
und Gott.

Aus dem Johannesevangelium wird deutlich, daß das Wort Jesus ist,
gleichzeitig heißt es darin allerdings auch, Gott sei das Wort.[6] Daher
beharrte Arius auf der Schlußfolgerung, daß das Wort nicht von
Natur aus Gott gewesen sei, sondern seinen göttlichen Rang erst
von Gott erhalten habe. Der Logos war anders als wir Menschen
und anders als alle übrigen Geschöpfe, denn ihn schuf Gott direkt,
alle anderen Dinge hingegen erst durch ihn. Gott hatte vorausgese-
hen, daß der menschgewordene Logos ihm absolut gehorsam sein
würde, daher hatte er Jesus sozusagen im voraus Göttlichkeit verliehen. Jesus war nicht wesensmäßig göttlich, sondern er wurde von
Gottvater mit Göttlichkeit belohnt oder beschenkt. Arius konnte
mit vielen Texten aufwarten, die seine Ansichten anscheinend er-
härteten. Allein die Tatsache, daß Jesus Gott seinen »Vater« nannte,
deutete Arius zufolge auf einen wesentlichen Unterschied hin: Der
Begriff Vaterschaft beinhaltete, daß der Vater vor dem Sohn existiert hatte und diesem in gewisser Weise überlegen war. Zudem
wies Arius nachdrücklich auf die Bibelstellen hin, in denen die Demut und die Verletzlichkeit Jesu besonders betont wurden. Entgegen den Behauptungen seiner Feinde hatte Arius nicht die Absicht,
Jesus herabzusetzen. Er hatte die größte Hochachtung vor Jesus,
der uns Menschen durch sein Leben und seinen Gehorsam bis in
den Tod erlöst hat. Ähnlich wie die griechischen Philosophen glaubte auch Arius an einen weit entfernten, die Welt vollkommen tran-
szendierenden Gott, daher vertrat er auch die griechische Vorstellung von Erlösung. Die Stoiker hatten zum Beispiel gelehrt, daß es
einem tugendhaften Menschen möglich sei, Göttlichkeit zu erlangen, von dieser Überzeugung waren auch die Platoniker ausgegangen. Arius war fest davon überzeugt, daß die Christen gerettet und

vergöttlicht worden waren, daß sie am Wesen Gottes teilhatten. Das war nur möglich geworden, weil Jesus ihnen den Weg geebnet hatte durch sein absolut vollkommenes menschliches Leben und seinen Gehorsam bis hin zu seinem Kreuzestod. Paulus zufolge hatte Gott Jesus eben wegen seines Gehorsams bis zum Tod über alle erhöht und ihm den göttlichen Namen Herr, Kyrios, verliehen.[7] Wäre Jesus kein Mensch gewesen, dann gäbe es für uns keine Hoffnung. Wäre er von Natur aus ein Gott gewesen, dann hätte sein Leben nichts Verdienstvolles gehabt, nichts, dem wir Menschen hätten nachfolgen können. Nur angesichts des Lebens Christi als Gottes vollkommen gehorsamer Sohn können die Christen selbst Göttlichkeit erlangen. Durch die Nachfolge Christi, des perfekten Geschöpfs, können auch sie zu »unwandelbaren und unveränderlichen, perfekten Geschöpfen Gottes werden«.[8]

Athanasius beurteilte die Fähigkeit der Menschen zur Gottwerdung weniger optimistisch. Für ihn waren die Menschen von Natur aus schwach, sie waren aus dem Nichts heraus entstanden und durch ihre Sünde ins Nichts zurückgefallen. Als Gott seine Schöpfung betrachtete, sah er Athanasius zufolge

daß die ganze geschaffene Natur nach ihrer eigenen Anlage hinfällig und auflösbar wäre. Um dies zu verhüten und einer Wiederauflösung der Welt in das Nichts vorzubeugen, hat er, der ja eben deshalb die Welt durch seinen eigenen und ewigen Logos geschaffen und der Kreatur das Dasein gegeben hatte, sie nicht dem Drängen und Stürmen ihrer eigenen Natur überantwortet, damit sie nicht riskieren muß, ins Nichts zurückzusinken.[9]

Nur durch die Teilhabe an Gott, durch seinen Logos, können die Menschen ihre Auslöschung verhindern, denn nur Gott allein ist das vollkommene Sein. Wenn der Logos selbst ein verletzliches Geschöpf wäre, könnte er die Menschheit nicht vor der Auslöschung bewahren. Gott hat den Logos zu Fleisch werden lassen, um uns das Leben zu schenken. Der Logos ist in die sterbliche Welt des Todes und der Verderbtheit hinuntergestiegen, um uns an Gottes Unerschütterlichkeit und Unsterblichkeit teilhaben zu lassen. Diese Rettung wäre jedoch nicht möglich gewesen, wenn der Logos auch nur ein schwaches und gegen den Rückfall ins Nichts nicht gefeites Geschöpf gewesen wäre. Nur er, der die Welt geschaffen hatte, konnte sie retten; das hieß, daß Christus, der Fleisch gewordene Logos, von derselben Natur sein mußte wie der Vater. In Athanasius' Worten: »… denn er selbst wurde Mensch, damit wir vergöttlicht würden«.[10]

Als die Bischöfe in Nicäa zusammentrafen und über den Konflikt berieten, stimmten wohl nur wenige voll und ganz mit Athanasius überein; die Position der meisten lag irgendwo in der Mitte zwischen Athanasius und Arius. Dennoch gelang es Athanasius, den Abgesandten seine Doktrin aufzuzwingen, und mit dem Kaiser im Nacken wagten es nur Arius und zwei seiner treuen Gefolgsleute, die Unterzeichnung des Glaubensbekenntnisses zu verweigern. So wurde die Schöpfung aus dem Nichts zur offiziellen christlichen Doktrin erhoben. Gleichzeitig legte man fest, daß Christus mehr war als ein bloßes Geschöpf oder ein Äon. Der Schöpfer und der Erlöser waren eins.

> Wir glauben an einen Gott,
> den Vater, den Allherrscher,
> den Schöpfer alles Sichtbaren und Unsichtbaren,
> und an einen Herrn Jesus Christus,
> den Sohn Gottes,
> der als Einziggeborener aus dem Vater gezeugt ward,
> das heißt, aus dem Wesen *(ousia)* des Vaters,
> Gott von Gott,
> Licht vom Licht,
> wahrer Gott vom wahren Gott,
> geboren, nicht geschaffen,
> eines Wesens *(homoousion)* mit dem Vater,
> durch den alles geworden ist,
> was im Himmel
> und was auf Erden ist,
> der um uns Menschen und um unseres Heiles willen
> gekommen ist und Fleisch geworden ist,
> Mensch geworden ist,
> gelitten hat,

und auferstanden ist am dritten Tag,
aufgefahren in den Himmel,
der kommen wird
zu richten die Lebenden und die Toten.
Und an den Heiligen Geist.[11]

Konstantin, der von theologischen Fragen wenig verstand, freute sich über die scheinbare Einigkeit der Bischöfe, in Wirklichkeit wurde in Nicäa gar keine Einigung erzielt. Nach der Synode lehrten die Bischöfe nichts anderes als davor, und die arianische Krise dauerte noch weitere sechzig Jahre. Arius und seine Anhänger gaben den Kampf nicht auf, zuletzt gelang es ihnen sogar, die Gunst des Kaisers zurückzugewinnen. Athanasius wurde nicht weniger als fünfmal in die Verbannung geschickt. Die Durchsetzung seines Glaubensbekenntnisses erwies sich als sehr schwierig. Insbesondere der Begriff *homoousion* (wesensgleich) war höchst umstritten, denn er war unbiblisch.
Außerdem warf Athanasius' Glaubensbekenntnis viele grundsätzliche Fragen auf. Es bescheinigte Jesus Göttlichkeit, erklärte jedoch nicht, wie der Logos »gleichen Wesens« sein konnte wie der Vater, ohne gleichzeitig ein zweiter Gott zu sein. Marcellus, der Bischof von Ancyra, ein loyaler Freund und Mitstreiter von Athanasius, der ihn einmal sogar ins Exil begleitet hatte, argumentierte im Jahre 339, daß der Logos unmöglich ein göttliches Wesen sein könne, er sei nur eine Gott innewohnende Eigenschaft oder Möglichkeit. Das Bekenntnis von Nicäa sei insofern mißverständlich, als man ihm Tritheismus vorwerfen könne, eine Drei-Götter-Lehre: Vater, Sohn und Heiliger Geist. Marcellus schlug vor, den umstrittenen Begriff *homoousion* durch den schwächeren Begriff *homoiousion* (wesensähnlich) zu ersetzen. Seither haben viele Kommentatoren sich über diese umständliche Debatte lustig gemacht. So fand beispielsweise Gibbon es absurd, daß die Einheit der Christen durch einen simplen Diphthong gefährdet sein sollte. Bemerkenswert ist jedoch, wie hartnäckig die Christen auf der von ihnen als äußerst wichtig empfundenen Göttlichkeit Christi bestanden, obwohl sie so große Mühe hatten, diese präzise zu definieren. Die Bedrohung der göttlichen Einheit bereitete vielen anderen ebenso große Sorgen wie Marcellus,

der den Logos offenbar für eine vorübergehende Phase hielt: Er war seiner Auffassung nach bei der Schöpfung aus Gott heraus entstanden, hatte in Jesus Gestalt angenommen und würde nach der vollendeten Erlösung wieder mit der göttlichen Natur verschmelzen, so daß der eine Gott wieder alles und in allem sein würde.

Schließlich konnte Athanasius Marcellus und seine Schüler dazu bringen, daß sie sich mit ihm verbündeten. Er überzeugte sie, daß sie mit ihm mehr gemeinsam hatten als mit Arius: Jene, die sagten, das Wesen des Logos gleiche dem des Vaters, und jene, die glaubten, sein Wesen ähnele dem des Vaters, seien »Brüder, die dasselbe meinten und sich nur über die Terminologie stritten«.[12] Oberstes Ziel sei der Kampf gegen Arius und seine Lehre, daß der Sohn von ganz anderem Wesen sei als Gott, sich also von Gott grundlegend unterscheide. Ein Außenstehender wird diese theologischen Streitigkeiten natürlich für Zeitverschwendung halten. Da keine Partei ihre Auffassung definitiv beweisen konnte, stiftete der Streit nur Zwietracht. Für die Kontrahenten handelte es sich jedoch um viel mehr als nur um eine trockene Debatte, es ging um das Wesen der christlichen Erfahrung. Arius, Marcellus und Athanasius waren gleichermaßen davon überzeugt, daß mit Jesus etwas Neues in die Welt gekommen war, und sie bemühten sich nach Kräften, diese Erfahrung durch begriffliche Symbole auszudrücken und sie so sich selbst und anderen zu erklären. Die Begriffe konnten natürlich nur symbolisch sein, da die Realitäten, die sie beschreiben sollten, für den menschlichen Verstand nicht faßbar waren. Durch die dogmatische Intoleranz, die sich von nun an leider unter den Christen ausbreitete, wurde die Einführung »korrekter« oder orthodoxer Symbole schließlich zu einer höchst wichtigen Notwendigkeit. Die dogmatische Besessenheit, die nur das Christentum kennt, konnte leicht dazu führen, daß man das menschliche Symbol und die göttliche Realität verwechselte. Das Christentum war immer ein paradoxer Glaube: Einst hatte die kraftvolle religiöse Erfahrung der frühen Christen die Oberhand über ihre Einwände gegen den Skandal eines gekreuzigten Messias gewonnen. In Nicäa entschied sich die Kirche nun für das Paradox der Inkarnation, auch wenn dieses offensichtlich nicht mit dem Monotheismus zu vereinbaren war.

In seinem Buch *Leben des Heiligen Antonius* versuchte Athanasius aufzuzeigen, wie sich seine neue Doktrin auf das christliche Denken auswirkte. Der berühmte, als Patriarch der Mönche bekannte Einsiedler Antonius hatte in der ägyptischen Wüste ein vollkommen enthaltsames Leben geführt. Dennoch wird er in den *Schriften der Apostolischen Väter,* einer anonymen Anthologie von Maximen der frühen Wüstenmönche, als durch und durch menschlich und verletzlich geschildert, an Langeweile leidend, als ein Mensch, der verzweifelt über menschliche Probleme nachgrübelt und einfache, direkte Ratschläge gibt. Athanasius rückt Antonius in seiner Biographie in ein ganz anderes Licht. So verwandelt er ihn zum Beispiel in einen leidenschaftlichen Gegner des Arianismus. Außerdem hatte er nach Athanasius bereits einen Vorgeschmack auf seine künftige Erhebung zu Gott genossen, da er der göttlichen Apathie (der völligen Freiheit von Leidenschaften und Affekten) bereits in beachtlichem Maße teilhaftig geworden war. So wies beispielsweise Antonius' Körper, als er die Gruften verließ, in denen er zwanzig Jahre seines Lebens mit Dämonen ringend zugebracht hatte, angeblich keine Spuren des Alterns auf. Er war ein vollkommener Christ, der sich durch seine Lauterkeit und Charakterfestigkeit von anderen Menschen unterschied: »... denn da sein innerstes Wesen ruhig war, waren auch seine äußeren Gefühle ausgeglichen«.[13] Er hatte Christus auf vollkommene Weise nachgeahmt. So wie der Logos Fleisch geworden, in die verderbte Welt hinabgestiegen war und gegen die Kräfte des Bösen gekämpft hatte, so war der heilige Antonius in die Welt der Dämonen hinabgestiegen. Athanasius spricht nie von Kontemplation, die nach Auffassung christlicher Platoniker wie Klemens oder Origenes der Weg zur Vergöttlichung und Erlösung war. Man hielt es nicht mehr für möglich, daß gewöhnliche Sterbliche auf diesem Weg aus eigener Kraft zu Gott emporsteigen konnten. Christen mußten statt dessen den Abstieg des fleischgewordenen Wortes in die vergängliche, materielle Welt nachahmen.

Die Christen waren immer noch verwirrt: Wenn es nur einen Gott gab, wie konnte dann der Logos ebenfalls göttlich sein? Schließlich schlugen drei hervorragende Theologen aus Kappadozien im

Osten der Türkei eine Lösung vor, die die orthodoxe Ostkirche zufriedenstellte. Es handelte sich um Basilius, den Bischof von Caesarea Mazaca (329–379), seinen jüngeren Bruder Gregor von Nyssa (335–395) und seinen Freund Gregor von Nazianz (329–391). Diese drei sogenannten Kappadozier waren tiefreligiöse Männer und gründliche Denker, die gerne philosophierten. Gleichzeitig waren sie jedoch überzeugt, daß der Schlüssel zur Gottesfrage nur in der religiösen Erfahrung zu finden war. Als Kenner der griechischen Philosophie waren sie sich des entscheidenden Unterschieds zwischen einer aus Tatsachen herleitbaren Wahrheit und den weniger leicht faßbaren Aspekten der Erkenntnis bewußt. Die frühen griechischen Rationalisten waren folgendermaßen vorgegangen: Plato hatte die Philosophie (die in verstandesmäßigen Begriffen formuliert wurde und so auch logische Beweise liefern konnte) den gleichermaßen wichtigen Lehren gegenübergestellt, die durch Mythologie vermittelt wurden und sich allen wissenschaftlichen Erklärungsversuchen entzogen. In einer ähnlichen Unterscheidung wies Aristoteles darauf hin, daß die Menschen durch die Mysterienreligionen nicht irgend etwas lernen *(mathein)*, sondern etwas erfahren *(pathein)* wollten. Basilius unterschied zwischen Dogma und Kerygma und gab damit dieselbe Erkenntnis aus christlicher Sicht wieder. Beide Arten christlicher Lehre seien für die Religion von gleichermaßen grundlegender Bedeutung. Mit Kerygma bezeichnete er die offizielle, auf die Bibel gestützte Lehre der Kirche. Unter Dogma verstand er die tiefere Bedeutung biblischer Wahrheit, die sich nur in der religiösen Erfahrung offenbarte und einer symbolischen Ausdrucksweise bedurfte: Neben der klaren Aussage der Evangelien gebe es auch eine geheime oder esoterische Tradition, die die Apostel »im Verborgenen« überliefert hätten. Dies sei eine »unveröffentlichte und unausgesprochene Lehre« gewesen,

> die unsere Väter in unbekümmertem und schlichtem Schweigen beobachteten, weil sie wohl wußten, daß die Ehrwürdigkeit der Geheimnisse durch Stillschweigen bewahrt bleibt. Es war nämlich den Uneingeweihten versagt, diese Geheimnisse zu erblicken; wie wäre es also schicklich, die Lehren darüber schriftlich zu verbreiten?[14]

Hinter den liturgischen Symbolen und den klaren Worten Jesu verbarg sich ein geheimes Dogma, das ein tieferes Verständnis des Glaubens darstellte.

In der Geschichte Gottes blieb die Unterscheidung von esoterischer und exoterischer Wahrheit künftig wichtig. Nicht nur die Griechen und die Christen, sondern auch die Juden und die Muslime entwickelten eigene esoterische Traditionen. Eine solche »Geheimlehre« diente nicht dazu, Menschen auszuschließen; Basilius sprach nicht von einer frühen Form des Freimaurertums. Er wollte einfach nur darauf hinweisen, daß nicht die gesamte religiöse Wahrheit sich klar und logisch definieren und ausdrücken ließ. Gewisse religiöse Erkenntnisse hatten einen inneren Widerhall, den nur jeder einzelne Mensch in seinem ganz persönlichen Leben in Augenblicken der Kontemplation (von Plato *theoria* genannt) wahrnehmen konnte. Da jede Religion auf eine höhere, unbeschreibbare Wirklichkeit ausgerichtet war, die jenseits normaler Begriffe und Kategorien lag, erwies sich die Sprache als eine sehr begrenzte und zudem verwirrende Ausdrucksform. Noch nicht sehr erfahrene Menschen konnten eine völlig falsche Vorstellung erhalten, wenn sie die beschriebenen Wahrheiten noch nicht selbst mit dem Auge des Geistes »gesehen« hatten. Neben ihrer wörtlichen Bedeutung hatte die Heilige Schrift also auch noch eine spirituelle Bedeutung, die nicht immer in Worte zu fassen war. Auch Buddha hatte gesagt, gewisse Fragen seien »unschicklich« oder unangemessen, da sie sich auf Gegebenheiten bezögen, die außerhalb der Reichweite von Worten lägen. Antworten auf solche Fragen konnte man mit Hilfe introspektiver Techniken der Kontemplation suchen, in gewissem Sinne mußte sie jeder für sich selbst finden. Der Versuch, solche Erfahrungen mit Worten zu beschreiben, würde sich wahrscheinlich ähnlich grotesk ausnehmen wie der Versuch, ein spätes Quartett von Beethoven mit Worten wiederzugeben. Basilius meinte, solche schwer faßbaren religiösen Gegebenheiten könnten nur in den symbolischen Gesten der Liturgie oder besser noch durch Stillschweigen angedeutet werden.[15]

Im Christentum westlicher Prägung spielten im Laufe der Zeit Worte eine immer größere Rolle. Das Hauptaugenmerk galt dem

Kerygma, dies machte später eines ihrer Hauptprobleme mit Gott aus. In der griechisch-orthodoxen Kirche gelangte man hingegen zu der Auffassung, jede gute Theologie müsse entweder schweigsam sein oder apophatisch (negativ). Schon Gregor von Nyssa sagte, jeder Begriff von Gott sei ein Trugbild, ein Götzenbild, Gott selbst offenbare sich nicht darin.[16] Ein Christ müsse sich verhalten wie Abraham, der in Gregors Schilderung seines Lebens sich nicht um Gottesbilder kümmerte und an einem Glauben festhielt, der »unzusammengesetzt und frei von allen Begriffen« war.[17] In seinem Buch über das Leben Moses schreibt Gregor: »Denn darin liegt die eigentliche Erkenntnis des Gesuchten, darin das Sehen im Nicht-Sehen, daß der Gesuchte alle Erkenntnisse übersteigt, wie durch Finsternis durch seine Unbegreiflichkeit auf allen Seiten abgeschlossen.«[18] Intellektuell können wir Gott nicht »erblicken«. Wenn wir uns jedoch in die Wolke einhüllen lassen, die auf den Berg Sinai herabsank, dann fühlen wir seine Gegenwart. Basilius griff Philons Unterscheidung zwischen der Wesenheit *(ousia)* Gottes und seinen Wirkungsweisen *(energeiai)* in der Welt auf: »Wir aber sagen, wir erkennten unsern Gott aus den Wirkungsweisen *(energeiai)*, versprechen aber nicht, an seine Wesenheit selbst heranzukommen.«[19] Dies wurde der Leitgedanke aller später aus der Ostkirche hervorgegangenen theologischen Konzepte.

Die Kappadozier waren auch sehr um eine differenziertere Vorstellung vom Heiligen Geist bemüht, mit dem man sich ihrer Meinung nach in Nicäa nur sehr oberflächlich beschäftigt hatte. Es schien fast so, als wäre der Schlußsatz »Und wir glauben an den Heiligen Geist« dem Glaubensbekenntnis des Athanasius erst nachträglich kurz hinzugefügt worden. Über den Heiligen Geist herrschte völlige Unklarheit. Handelte es sich bei dem Begriff lediglich um ein Synonym für Gott, oder bedeutete er mehr? Gregor von Nazianz bemerkte dazu: »... so haben die einen angenommen, der Heilige Geist sei eine Kraft, andere, er sei ein Geschöpf, wieder andere, er sei Gott, etliche (schließlich) haben sich für keine dieser Meinungen entschieden aus Achtung vor der Schrift ...«[20] Der Apostel Paulus spricht von einem erneuernden, schöpfenden und heiligenden Geist, jedoch konnten diese Handlungen nur von Gott vollzogen werden. Folglich mußte der Heilige Geist, von dem es hieß, er sei unsere

Rettung, wenn wir von ihm durchdrungen würden, göttlich sein, mehr als ein bloßes Geschöpf. Die Kappadozier bedienten sich einer Definition, die Athanasius in seinem Streit mit Arius benutzt hatte: Gott hat ein einziges Wesen *(ousia)*, das für uns unbegreiflich bleibt, aber drei Existenzweisen *(Hypostasen)*, durch die er sich zu erkennen gibt.

Anstatt sich zuerst mit Gottes unbegreiflichem Wesen zu beschäftigen, begannen die Kappadozier mit der Erörterung der Art und Weise, wie die Menschen seine Hypostasen wahrnahmen. Da Gottes Wesen unergründlich ist, können wir ihn nur durch seine Manifestationen erfahren, die uns als Vater, Sohn und Heiliger Geist geoffenbart wurden. Das hieß freilich nicht, daß die Kappadozier, wie einige westliche Theologen annahmen, an drei göttliche Wesen glaubten. Der Begriff Hypostasis verwirrte Menschen, die des Griechischen nicht mächtig waren, denn er hatte mehrere Bedeutungen. Einige lateinische Gelehrte, zum Beispiel der heilige Hieronymus, glaubten, Hypostasis sei gleichbedeutend mit Ousia, und folgerten daher, die Griechen hätten an drei göttliche Wesen geglaubt. Die Kappadozier betonten jedoch, zwischen Ousia und Hypostasis bestehe ein wichtiger Unterschied, den man sich stets vergegenwärtigen müsse. Was ein Ding (oder eine Person) zu dem machte, was es war, nannte man seine Ousia; der Begriff beschrieb gewöhnlich das innere Wesen eines Dinges. Mit dem Begriff Hypostasis bezeichnete man dagegen das »Bestehen«, die Existenz und Subsistenz als Individuum. Manchmal verwendeten die Kappadozier anstelle von Hypostasis lieber den Begriff Prosopon, der ursprünglich einmal »Maske« bedeutet hatte und in der Bedeutung »Person« auf eine für den Nichtphilosophen verständlichere Weise das mit dem Fachwort Hypostasis Gemeinte wiedergab. Wenn die Kappadozier also sagten, Gott sei eine Wesenheit *(ousia)* in drei Hypostasen, dann meinten sie damit, daß Gott scinem inneren Wesen nach nur einer war: Es gab nur ein einziges göttliches Bewußtsein. Wenn er seinen Geschöpfen jedoch etwas von sich offenbarte, dann war er drei Prosopa.

Die drei Hypostasen Vater, Sohn und Heiliger Geist waren darum nicht mit Gott identisch, denn nach Gregor von Nyssa ließ sich »die Wesenheit *(ousia)* Gottes weder beschreiben noch benennen«; Vater, Sohn und Heiliger Geist sind nur »Bezeichnungen«, die wir benutzen, um die Wirkungsweisen *(energeiai)* zu beschreiben, durch die Gott sich uns offenbart.[21] Diese Bezeichnungen haben symbolischen Wert, denn sie übersetzen eine unbegreifliche Wirklichkeit in für uns verständliche Bilder. Die Menschen erfahren Gott als transzendent (als den in unerreichbarem Licht verborgenen Vater), als schöpferisch (als den Logos) und als immanent (als den Heiligen Geist). Durch diese drei Hypostasen erhält der Mensch jedoch nur eine unvollständige und bruchstückhafte Ahnung vom göttlichen Wesen selbst, das jenseits aller menschlichen Bilder und Konzepte liegt.[22] Die Dreieinigkeit sollte daher nicht als etwas Konkretes verstanden werden, sondern als ein Paradigma für reale Gegebenheiten im verborgenen Leben Gottes.

In seinem Brief *An Ablabius: Daß es nicht drei Götter gibt* umriß Gregor von Nyssa seine wichtige Doktrin von der unzertrennlichen und unteilbaren Einheit der drei göttlichen Personen oder Hypostasen. Man dürfe nicht glauben, Gott teile sich in drei Teile auf; diese Vorstellung sei nicht nur grotesk, sondern geradezu gotteslästerlich. Wenn Gott entscheide, sich der Welt in einer der drei göttlichen Personen zu offenbaren, dann sei die Natur der drei Hypostasen in Gott eins, ungetrennt, stetig und vollständig, auch wenn sie in einer Mehrheit wahrgenommen wird. Die Dreieinigkeit gibt uns einen Hinweis auf das Muster, nach dem sich jedes auf die Schöpfung gerichtete Wirken Gottes vollzieht: Wie die Bibel zeigt, hat alles göttliche Wirken seinen Ursprung im Vater, dem Sohn als Kraft des Vaters kommt die Ausführung zu und dem Heiligen Geist die Vollendung. Das göttliche Wesen ist jedoch in jeder Phase dieses Vorgangs gleichermaßen allgegenwärtig. Das innere Verhältnis der drei Hypostasen kennen wir aus unserer eigenen religiösen Erfahrung: Vom Vater erfuhren wir erst durch die Offenbarung des Sohnes, und den Sohn erkannten wir an dem ihm innewohnenden Heiligen Geist. Der Heilige Geist begleitet das göttliche Wort des Vaters wie der Atem (griechisch *pneuma*, lateinisch *spiritus*) das von einem Menschen gesprochene Wort. Die drei Personen existieren in der göttlichen Welt nicht nebeneinander. Man kann sie mit verschiedenen Wissensgebieten im Kopf eines einzelnen Menschen vergleichen: Die Philosophie mag etwas anderes sein als die Medizin, und doch hat nicht jedes der beiden Fächer eine getrennte, eigens ihm zugeordnete Bewußtseinssphäre. Die verschiedenen Wissenschaften durchdringen sich, sie füllen den ganzen Kopf aus und unterscheiden sich dennoch voneinander.[23]

Letztendlich ergab die Dreieinigkeit jedoch nur dann einen Sinn, wenn man sie nicht als ein reines Denkmodell begriff, sondern als eine mystische oder spirituelle Erfahrung, die gelebt werden muß, da Gott die menschliche Vorstellungskraft bei weitem übersteigt. Sie war kein logischer oder intellektueller Begriff, sondern ein phantasievolles Paradigma, das den Verstand außer Kraft setzte. Das wird auch bei Gregor von Nazianz deutlich, der schreibt, daß die Kontemplation der »Drei in Einem« ein tiefes und überwältigendes Gefühl auslöse, das jegliches Denken und alle intellektuelle Klarheit zunichte mache:

Noch nicht habe ich das Eine gedacht, und schon werde ich von den Dreien umleuchtet; noch habe ich nicht die Drei unterschieden, so werde ich auch schon wieder zu dem Einen zurückgeführt. Wenn ich Eines von den Dreien mir vorstelle, so halte ich dieses für das Ganze, und mein Auge ist erfüllt, und das Meiste entgeht ihm.[24]

Sowohl die griechisch-orthodoxen wie auch die russisch-orthoxen Christen sind nach wie vor der Auffassung, daß die Kontemplation der Dreieinigkeit eine inspirierende religiöse Erfahrung ist. Vielen römischen Christen ist die Dreieinigkeit dagegen schlichtweg ein Rätsel, vielleicht weil sie sich lediglich auf die Aspekte beschränken, die die Griechen als kerygmatisch bezeichneten. Für die Griechen war die Dreieinigkeit immer eine dogmatische Wahrheit, die nur intuitiv und als Folge einer religiösen Erfahrung begriffen werden konnte. Logisch betrachtet ergab die Dreieinigkeit natürlich keinen Sinn. In einer seiner frühen Predigten hatte Gregor von Nazianz erklärt, gerade die völlige Unbegreiflichkeit des Dogmas von der Dreieinigkeit führe uns das absolute Mysterium Gottes vor Augen; sie erinnere uns daran, daß wir gar nicht erst darauf hoffen dürften, ihn zu verstehen.[25] Die Unbegreiflichkeit solle uns davon abhalten, leichtfertig Aussagen über Gott zu machen, der, wenn er sich offenbare, sein Wesen nur auf eine vollkommen unbeschreibliche Weise zum Ausdruck bringen könne. Basilius' Warnungen gingen in die gleiche Richtung: Wir sollten uns nicht einbilden, daß wir herausfinden könnten, wie die Dreieinigkeit funktioniere (um es »modern« auszudrücken). So sei es zum Beispiel nicht gut, sich den Kopf darüber zu zerbrechen, wie es zu erklären sei, daß die drei Hypostasen identisch und doch gleichzeitig voneinander verschieden seien. Dies sei mit Worten oder Denkmodellen nicht erklärbar und übersteige die verstandesmäßigen Fähigkeiten der Menschen.[26]

Die Dreieinigkeit darf also nicht wörtlich genommen werden, sie ist keine abstruse Theorie, sondern das Ergebnis von Theoria, von Kontemplation. Im 18. Jahrhundert brachte dieses Dogma die römischen Christen zunehmend in Verlegenheit. Sie versuchten, es über Bord zu werfen und Gott so rational zu machen, daß das Zeitalter der Vernunft ihn begreifen konnte. Wie wir noch sehen werden, trug diese Haltung mit zum sogenannten Tod Gottes im 19. und 20. Jahrhundert bei. Die Kappadozier hatten dieses phantasievolle Paradigma unter anderem deshalb entworfen, weil sie verhindern wollten, daß Gott zu einem so rationalen Konzept wurde, wie er es in der griechischen Philosophie und natürlich in der ketzerischen Lehre von Arius gewesen war. Die Theologie des Arius war ihnen ein wenig zu klar und logisch erschienen. Die Dreieinigkeit erinnerte die Christen daran, daß die Wirklichkeit, die sie Gott nannten, vom menschlichen Intellekt nicht erfaßt werden konnte. Die in Nicäa formulierte Lehre von der Inkarnation war zwar wichtig, konnte jedoch einer simplifizierenden Bilderverehrung Vorschub leisten. Die Menschen konnten sich angewöhnen, allzu menschliche Maßstäbe an Gott anzulegen. Möglicherweise würden sie eines Tages sogar annehmen, er denke, handle und plane wie sie. Noch einen kleinen Schritt weiter, und sie würden ihm alle möglichen Arten von Vorurteilen unterstellen und diese damit absolut setzen. Mit dem Konzept der Dreieinigkeit versuchte man dieser Tendenz entgegenzuwirken. Man sollte sie weniger als eine Tatsachenaussage über Gott verstehen, sondern eher als ein Gedicht oder einen theologischen Tanz zwischen dem, was Sterbliche von Gott glauben und annehmen, und der stillschweigenden Erkenntnis, daß ein Konzept oder Kerygma dieser Art immer nur ein Hilfskonstrukt sein kann.

Der Unterschied zwischen der griechischen und der westlichen Auffassung von »Theorie« ist bezeichnend. Für die Christen der Ostkirche bedeutete Theoria stets Kontemplation. Im Westen gebrauchte man »Theorie« zunehmend zur Bezeichnung einer rationalen, logisch begründbaren Hypothese. Eine »Theorie« über Gott zu entwickeln implizierte, daß man ihn mit einem menschlichen Denkmodell erklären konnte. In Nicäa waren nur drei lateinische Theologen anwesend gewesen, die meisten westlichen Christen konnten auf diesem hohen Niveau nicht mitreden. Da sie die griechische Terminologie nicht verstanden, waren sie über die Lehre von der Dreieinigkeit nicht recht glücklich. Vielleicht ließ sie sich gar nicht ohne weiteres in eine andere Sprache übersetzen. Jede Kultur muß sich ein eigenes Gottesbild schaffen; wenn die griechische Auslegung der Dreieinigkeit den Christen der Westkirche allzu fremd erschien, mußten sie eine eigene Auslegung finden.

Der lateinische Theologe, der die Dreieinigkeit für die lateinische Kirche definierte, war Augustinus. Er verehrte Plato glühend und schätzte Plotin sehr, daher brachte er der griechischen Lehre mehr Sympathie entgegen als seine westlichen Kollegen. Augustinus stellte fest, daß die wechselseitigen Mißverständnisse oft einfach auf die unterschiedlich verwendete Terminologie zurückzuführen waren:

> Deshalb schufen unsere griechischen Glaubensgenossen, damit wir für das Unaussprechliche irgendwelche Worte haben und so einigermaßen über das reden können, was wir in keiner Weise auszusprechen vermögen, die Formel: Ein Wesen, drei Substanzen. Die Lateiner sagten dafür: Ein Wesen beziehungsweise eine Substanz, drei Personen (personae).[27]

Während die Griechen Gott zu erklären versuchten, indem sie die drei Hypostasen beschrieben, ohne auf die eine verborgene Essenz Gottes näher einzugehen, beschäftigten sich Augustinus und die lateinischen Christen zunächst mit der göttlichen Einheit und erör-

terten erst danach seine drei Erscheinungsformen. Die griechischen
Christen verehrten Augustinus und betrachteten ihn als einen großen Kirchenvater, doch sie mißtrauten seiner trinitarischen Theologie, weil Gott darin ihrer Meinung nach zu rational und zu anthropomorph dargestellt wurde. Augustinus versuchte sich Gott
nicht metaphysisch zu nähern wie die Griechen, sondern psychologisch und sehr persönlich.
Man kann Augustinus als den Begründer des westlichen Denkens
bezeichnen. Mit Ausnahme des heiligen Paulus hat wohl kein
Theologe den Westen so stark beeinflußt. Hauptsächlich aus seinen
Bekenntnissen, dieser redegewandten, leidenschaftlichen Schilderung seiner Entdeckung Gottes, kennen wir ihn besser als irgendeinen anderen Denker der späten Antike. Augustinus' Suche nach
einer theistischen Religion begann schon in seiner frühesten Jugend. Gott war seiner Meinung nach für die Menschen vollkommen unentbehrlich. Am Anfang der *Bekenntnisse* wendet er sich
mit folgenden Worten an Gott: »... denn geschaffen hast Du uns
im Hinblick auf Dich, und unruhig ist unser Herz, bis es ruhet in
Dir!«[28] Augustinus lehrte in Karthago Rhetorik und wurde dort
zum Manichäismus bekehrt. Von dieser mesopotamischen Form
der Gnostik wandte er sich jedoch wieder ab, weil er mit ihrer
Kosmologie nicht einverstanden war. Die Vorstellung der Menschwerdung empfand er als anstößig, als eine Beschmutzung des Gottesbildes, doch als er in Italien weilte, gelang es Ambrosius, dem
Bischof von Mailand, ihn davon zu überzeugen, daß das Christentum mit Plato und Plotin durchaus vereinbar war. Dennoch zögerte
Augustinus, den letzten Schritt zu tun und sich taufen zu lassen.
Er meinte, daß der christliche Glaube für ihn mit dem Zölibat
verbunden sei, und vor diesem Schritt graute ihm: »Herr, verleihe
mir Keuschheit und Enthaltsamkeit«, pflegte er zu beten, »aber
noch nicht bald.«[29]
Seine schließliche Bekehrung war ein Sturm-und-Drang-Erlebnis,
ein heftiges Losreißen von seinem früheren Leben und eine
schmerzhafte Wiedergeburt, wie es für die westliche religiöse Erfahrung charakteristisch ist. Eines Tages saß Augustinus mit seinem Freund Alypius in ihrem Mailänder Garten, und da drängte
sein innerer Kampf zur Entscheidung:

Als ich so in tiefschürfender Betrachtung mein ganzes Elend aus seinem geheimen Grunde hervorzog und vor die Augen meines Geistes stellte, da erhob sich ein gewaltiger Sturm, der einen ungeheuren Tränenregen mit sich führte. Und um ihn auch in Worten sich völlig austoben zu lassen, stand ich auf und ging von Alypius weg; denn die Einsamkeit schien mir zum Weinen geeigneter ... Ich warf mich, ohne zu wissen wie, unter einem Feigenbaume auf den Boden und ließ meinen Tränen freien Lauf; und wie Ströme brach es aus meinen Augen hervor, Dir ein wohlgefällig Opfer; zwar nicht mit denselben Worten, aber doch in demselben Sinne sprach ich zu Dir: »Und Du, o Herr, wie lange noch?« (Psalm 6,4.) »Wie lange noch wirst Du zürnen bis zum Ende?«[30]

Die Entscheidung für Gott ist uns in der lateinischen Kultur nicht immer leichtgefallen. Das Bekehrungserlebnis des Augustinus wirkt wie ein psychisches Abreagieren, danach sinkt der Bekehrte ermattet und erschöpft in Gottes Arme. Während Augustinus noch weinend am Boden liegt, hört er aus dem Nachbarhaus ein Kind den Satz singen: »*Tolle, lege:* Nimm und lies, nimm und lies!« Augustinus versteht dies als ein Zeichen, ein Orakel, springt auf die Füße, eilt zu dem erstaunten, geduldig wartenden Alypius zurück, greift nach dem Neuen Testament und schlägt die Worte des Apostels Paulus an die Römer auf: »Nicht in Schmausereien und Trinkgelagen, nicht in Schlafkammern und Unzucht, nicht in Zank und Neid; sondern ziehet den Herrn Jesum Christum an und pfleget nicht des Fleisches in seinen Lüsten«(Römer 13,13f.). Der lange Kampf ist vorbei: »Ich wollte nicht weiter lesen, es war auch nicht nötig«, erinnert sich Augustinus, »denn bei dem Schlusse dieses Satzes strömte das Licht der Sicherheit in mein Herz ein, und alle Zweifel der Finsternis verschwanden.«[31]
Gott konnte jedoch auch eine Quelle der Freude sein: Kurze Zeit nach seiner Bekehrung erlebte Augustinus eines Abends mit seiner Mutter Monica in Ostia am Tiber einen Taumel des Entzückens. Wir werden auf dieses Ereignis in Kapitel 7 noch näher zu sprechen kommen. Als Platoniker wußte Augustinus, daß Gott im Geist zu finden war. Im Zehnten Buch seiner *Bekenntnisse* erörtert er eine Fähigkeit, die er als Memoria, Gedächtnis, bezeichnet. Darunter

versteht er etwas viel Umfassenderes als das bloße Erinnerungsver-
mögen, es kommt dem sehr nahe, was die Psychologen das Unbe-
wußte nennen. Für Augustinus besteht das Gedächtnis aus dem
ganzen Geist, aus seinen bewußten und seinen unbewußten Antei-
len. Die Vielschichtigkeit und Vielfältigkeit des Geistes setzt ihn in
Erstaunen. Der Geist ist eine »unbekannte Kraft, die mir heiligen
Schauer erregt«, eine unergründliche Welt der Bilder, in der unsere
Vergangenheit festgehalten ist und in der es »freie Gefilde und
Grotten und Höhlen gibt, die da angefüllt sind von unzähligen
Arten unzählbarer Dinge ...«[32] Durch diese reiche, innere Welt
steigt Augustinus hinauf, um seinen Gott zu finden, der para-
doxerweise gleichzeitig in ihm und über ihm ist. Es ist nicht gut,
Gottesbeweise lediglich in der äußeren Welt zu suchen, Gott läßt
sich nur in der wirklichen Welt des Geistes entdecken:

> Spät habe ich Dich geliebt, o Schönheit, so alt und doch immer neu,
> spät habe ich Dich geliebt. Und siehe, Du warst in meinem Innern
> und ich draußen; und draußen suchte ich Dich und stürzte mich in
> meiner Häßlichkeit auf die schönen Gebilde, die Du geschaffen. Du
> warst bei mir, aber ich nicht bei Dir. Weit weg von Dir zog mich,
> was doch keinen Bestand hätte, wenn es nicht in Dir wäre.[33]

Gott ist keine objektive Realität, sondern eine geistige Gegenwart
in den vielschichtigen Tiefen des Selbst. Diese Erkenntnis teilt Augustinus nicht nur mit Plato und Plotin, sondern auch mit den
Buddhisten, den Hindus und den Schamanen der nichttheistischen
Religionen. Sein Gott ist jedoch keine unpersönliche Gottheit, sondern der sehr persönliche Gott der jüdisch-christlichen Tradition.
Gott hat sich zur Schwäche des Menschen herabgelassen und sich
auf die Suche nach ihm begeben:

> Du hast mich laut gerufen und meine Taubheit zerrissen; Du hast
> geblitzt und geleuchtet und meine Blindheit verscheucht. Du hast
> mir süßen Duft zugeweht; ich habe ihn eingesogen, und nun seufze
> ich nach Dir. Ich habe Dich geschmeckt, und nun hungere und
> dürste ich nach Dir. Du hast mich berührt, und ich bin entbrannt
> in Deinem Frieden.[34]

Die griechischen Theologen ließen ihre eigenen, ganz persönlichen Erfahrungen im allgemeinen nicht in ihre theologischen Schriften einfließen. Augustinus' Theologie hingegen entspringt seiner eigenen, höchstpersönlichen Lebensgeschichte.

Augustinus war vom Geist so fasziniert, daß er in seiner zu Beginn des 5. Jahrhunderts verfaßten Abhandlung *Über die Dreieinigkeit* seine eigene, psychologische Trinitätslehre entwickelte. Da Gott uns nach seinem eigenen Bilde geschaffen hat, muß es uns möglich sein, in den Tiefen unseres Geistes eine Trinität wahrzunehmen. Augustinus leitet seine Untersuchung nicht mit den metaphysischen Abstraktionen und den verbalen Unterscheidungen ein, die die Griechen so liebten, sondern beginnt mit der Schilderung eines Augenblicks der Wahrheit, den die meisten von uns schon erlebt haben. Wenn wir solche Sätze hören wie »Gott ist das Licht« oder »Gott ist die Wahrheit«, dann erwacht in uns ein lebendiges spirituelles Interesse, und wir fühlen, daß Gott unserem Leben Bedeutung und Wert verleihen kann. Aber nach dieser kurzen Erleuchtung gleiten wir wieder zurück in die »gewohnten und irdischen Vorstellungen«.[35] So sehr wir uns auch bemühen, es gelingt uns nicht mehr, diesen Augenblick des unaussprechlichen Verlangens zurückzuholen. Normale Denkprozesse können uns hier nicht weiterhelfen, wir müssen statt dessen auf das horchen, was das Herz mit Sätzen wie »Er ist die Wahrheit« meint.[36] Ist es möglich, eine Wirklichkeit zu lieben, die wir nicht kennen? Augustinus argumentiert folgendermaßen: Da es in unserem Geist eine Trinität gibt, die Gott (im Sinne einer platonischen Idee) widerspiegelt, ist all unser Sehnen auf unseren Archetypus gerichtet: auf das ursprüngliche Bild, nach dem wir geschaffen wurden.

Wenn wir einen sich liebenden Geist voraussetzen, dann ergibt sich keine Trinität, sondern eine Dualität: Liebe und Geist. Der Geist kann sich jedoch erst lieben, wenn er sich seiner selbst bewußt, das heißt zur Selbsterkenntnis fähig ist. Descartes vorwegnehmend, erklärt Augustinus unser Wissen um uns selbst zur Grundvoraussetzung für jede andere Gewißheit. Sogar die Erfahrung des Zweifels macht uns unserer selbst bewußt.[37]

In der Seele gibt es demnach drei Fähigkeiten: das Gedächtnis, die

Einsicht und den Willen. Diese wiederum haben ihre Entsprechungen im Wissen, in der Selbsterkenntnis und in der Liebe. Wie die drei göttlichen Personen sind auch diese drei geistigen Fähigkeiten im Grunde eins, da sie nicht drei Geister sind, sondern alle drei einen einzigen Geist ganz und gar ausfüllen und sich dabei gegenseitig durchdringen. »Ich erinnere mich nämlich, daß ich Gedächtnis, Einsicht und Willen habe; ich sehe ein, daß ich einsehe, will und mich erinnere; ich will, daß ich will, mich erinnere und einsehe.«[38] Wie die von den Kappadoziern beschriebene göttliche Dreieinigkeit sind auch diese drei Fähigkeiten »ein Leben, ein Geist und eine Substanz«.[39]

Diese Erklärung der Wirkweisen unseres Geistes ist jedoch nur der erste Schritt. Die Trinität, die wir in uns wahrnehmen, ist nicht Gott selbst, sondern nur eine Spur des Gottes, der uns geschaffen hat. Sowohl Athanasius als auch Gregor von Nyssa hatten die transformierende Gegenwart Gottes in der Seele des Menschen mit dem Bild eines Spiegels zu erklären versucht. Um das Bild wirklich zu begreifen, muß man sich vergegenwärtigen, daß für die Griechen das Spiegelbild keine bloße Metapher war, sondern ein konkretes Phänomen, das entstand, wenn das Licht aus dem Auge des Betrachters sich mit dem Licht mischte, das vom Objekt ausgestrahlt und von der Oberfläche des Spiegels reflektiert wurde.[40] Für Augustinus ist die Trinität im Geiste ebenfalls ein Spiegelbild, und zwar ein solches, das die Anwesenheit Gottes mit einschließt und auf ihn gerichtet ist.[41] Doch wie können wir uns von diesem Bild lösen, das von einem Spiegel auf geheimnisvolle Weise zu Gott selbst zurückgeworfen wird? Alle menschlichen Bemühungen reichen nicht aus, um die unermeßliche Entfernung zwischen Gott und der Welt zu überwinden. Nur weil Gott uns in der Person des fleischgewordenen Wortes entgegengekommen ist, können wir das durch Sünde beschädigte und entstellte Bildnis Gottes in uns wiederherstellen. Wir öffnen uns dem Wirken Gottes, das uns durch eine dreifache Disziplin transformiert, die Augustinus die Trinität des Glaubens nennt: *retenta* (man bleibt sich der Wahrheiten der Inkarnation im Geiste bewußt), *conspecta* (man betrachtet sie) und *dilecta* (man erfreut sich daran). Wenn uns auf diese Weise die Anwesenheit Gottes in unserem Geist ständig gegenwärtig ist, dann enthüllt sich uns die Dreieinigkeit.[42] Das Wissen darum wird uns nicht durch Informationen zuteil, die unser Gehirn von außen aufnimmt, sondern durch einen schöpferischen Vorgang, der uns von innen heraus transformiert, indem er uns eine göttliche Dimension in den Tiefen unseres Selbst offenbart.

Zu Lebzeiten von Augustinus machte die westliche Welt eine dunkle und schreckliche Epoche durch. Barbarische Horden drangen nach Europa ein und brachten das Römische Reich zu Fall. Der Zusammenbruch der Zivilisation im Westen blieb natürlich nicht ohne geistige Auswirkungen auf das dortige Christentum. Ambrosius, Augustinus' großer Lehrer, predigte einen Glauben, der im Grunde defensiv war: *integritas* (Ganzheit) war das wichtigste Ziel. Die Kirche mußte dafür sorgen, daß ihre Lehren unversehrt überdauerten. Der christliche Glaube mußte so rein bleiben wie der Leib der Jungfrau Maria, er durfte nicht von den falschen Lehren der Barbaren (von denen viele zum Arianismus übergetreten waren) durchsetzt werden. Im Spätwerk von Augustinus wird eine tiefe Traurigkeit spürbar. Der Fall Roms hatte deutlichen Einfluß auf seine Lehre von der Erbsünde, die in der Weltsicht der Menschen der westlichen Welt eine zentrale Rolle spielen sollte. Augustinus glaubte fest daran, daß Gott die Menschen einzig und allein wegen Adams Sündenfall auf ewig verdammt hatte. Durch den Geschlechtsakt, der nach Augustinus mit der »Begehrlichkeit« des Fleisches befleckt war, vererbte sich diese Schuld auf alle Nachkommen Adams. Unter Begehrlichkeit des Fleisches verstand Augustinus jenes irrationale Verlangen, sich statt an Gott an dessen Geschöpfen zu ergötzen. Im Geschlechtsakt, wenn unser rationales Denken von Leidenschaften und Gefühlen überflutet wird, ist die Begehrlichkeit des Fleisches am größten; die Geschöpfe schwelgen schamlos ineinander und vergessen Gott dabei vollkommen. Das Bild einer vom Chaos der Empfindungen und gesetzlosen Leidenschaften außer Kraft gesetzten Vernunft erinnert auf beängstigende Weise an die Hauptstadt Rom, die in der lateinischen Welt so lange für Vernunft, Gesetz und Ordnung gesorgt hatte und nun von barbarischen Horden in die Knie gezwungen wurde. Augustinus zeichnet in seiner strengen Lehre das furchteinflößende Bild eines unversöhnlichen Gottes:

Durch den Sündenfall wurde der Mensch jedoch (aus diesem Paradies) vertrieben; damit verwickelte er auch seine Nachkommenschaft, die er in seiner eigenen Person durch seine Sünde gleichsam in der Wurzel verderbt hatte, mit in die Strafe des Todes und der Verdammnis. Denn nun sollten alle Kinder, die von ihm und seiner zugleich mit ihm der Verdammnis verfallenen Gattin, seiner Verführerin zur Sünde, durch die Begierlichkeit des Fleisches (die nur eine ihrer Ungehorsamkeitssünde ähnliche Strafe ist) das Leben erhalten würden, mit der Erbsünde behaftet werden; um dieser Sünde willen sollten sie unter mannigfachen Verirrungen und Schmerzen mitsamt den abtrünnigen Engeln, ihren Verführern, Herren und Sündengenossen, der endlosen Strafe (der Verdammung) verfallen ... So stand es also (nach dem Sündenfall) mit den Menschen. Die dem Verdammungsurteil unterworfene Gesamtheit des Menschengeschlechts lag, ja wälzte sich förmlich im Bösen und stürzte von Bösem in Böses; so büßte sie für ihren gottlosen Abfall samt jenen Engeln, die gesündigt hatten.[43]

Weder die Juden noch die griechisch-orthodoxen Christen sahen den Fall Adams in einem so verhängnisvollen Licht, und auch später die Muslime übernahmen die dunkle Theologie von der Erbsünde nicht. Durch diese nur im römischen Christentum geltende Lehre erhielt das strenge Gottesbild, das zuvor von Tertullian entworfen worden war, noch schärfere Züge.
Augustinus hinterließ uns ein schwieriges Erbe. Eine Religion, die Männer wie Frauen lehrt, daß ihr Menschsein für alle Zeiten mit einem nicht wiedergutzumachenden Makel behaftet ist, kann die Gläubigen leicht sich selbst entfremden. Die Entfremdung äußert sich ganz besonders in der Verunglimpfung der Sexualität im allgemeinen und der weiblichen Sexualität im besonderen. Zur Zeit von Augustinus hatte die ursprünglich frauenfreundliche christliche Lehre im Westen bereits frauenfeindliche Züge angenommen. In den Briefen des Hieronymus reiht sich eine geradezu neurotisch frauenfeindliche Äußerung an die andere. Auch schon für Tertullian waren die Frauen böse Verführerinnen und eine ewige Gefahr für die Menschheit gewesen:

Und Du wolltest nicht wissen, daß Du eine Eva bist? Noch lebt die Strafsentenz Gottes über dein Geschlecht in dieser Weise fort; dann muß also auch Deine Schuld noch fortleben. Du bist es, die dem Teufel Eingang verschafft hat, Du hast das Siegel jenes Baumes gebrochen, Du hast zuerst das göttliche Gesetz im Stich gelassen, Du bist es auch, die denjenigen betört hat, dem der Teufel nicht zu nahen vermochte. So leicht hast Du den Mann, das Ebenbild Gottes, zu Boden geworfen. Wegen Deiner Schuld, das heißt um des Todes willen, mußte auch der Sohn Gottes sterben ...[44]

Augustinus war ähnlicher Meinung: »Welchen Unterschied macht es«, schrieb er an einen Freund, »ob Eva in einer Ehefrau oder in einer Mutter in Erscheinung tritt, sie bleibt doch stets die Verführerin, vor der wir uns in jeder Frau in acht nehmen müssen.«[45] Tatsächlich beschäftigte Augustinus die Frage, warum Gott das weibliche Geschlecht geschaffen hatte: »Wenn die Frau dem Manne nicht zur Hilfeleistung, um Kinder hervorzubringen, gemacht worden ist, zu welcher Hilfe ist sie dann gemacht worden? Sollte sie zugleich mit ihm den Boden bestellen ..., dann wäre, selbst wenn es nötig gewesen wäre, eine männliche Hilfskraft besser gewesen. Das gleiche gilt auch, wenn man von ihr als Trostgeberin sprechen würde, in der Annahme, daß Adam seiner Einsamkeit überdrüssig geworden wäre. Ist es denn für ein Zusammenleben und Miteinandersprechen nicht zuträglicher, wenn zwei Freunde zusammenwohnen als ein Mann und ein Weib?«[46] Die einzige Aufgabe der Frau war das Gebären, und dadurch wurde die Seuche der Erbsünde wie eine ansteckende Krankheit an die nächste Generation weitergegeben. Eine Religion, die einer Hälfte der Menschheit mit Mißtrauen begegnet und jede unbeabsichtigte Bewegung des Geistes, des Herzens und des Körpers als Symptom einer fatalen Begierlichkeit des Fleisches betrachtet, muß Männer wie Frauen ihrer Conditio humana entfremden. Die westliche Christenheit hat diese neurotische Frauenfeindlichkeit nie ganz überwunden, das zeigen schon die überzogenen Reaktionen auf die bloße Vorstellung einer Frau im Priestergewand. Die Frauen im Osten litten damals zwar wie alle anderen Frauen der Oikumene ebenfalls unter der Last, als minderwertig zu gelten, ihren

Schwestern im Westen haftete jedoch zusätzlich noch das Stigma einer ekelerregenden und sündhaften Sexualität an, deretwegen man sie voller Haß und Furcht ächtete.

Darin liegt eine doppelte Ironie, denn eigentlich hätte die Vorstellung vom Mensch und Fleisch gewordenen Gott die Christen dazu ermutigen sollen, ihren Körper zu achten. Diese problematische Glaubensauffassung wurde auch später noch viel diskutiert. Im 4. und 5. Jahrhundert stellten »Ketzer« wie Apollinarius, Nestorius und Eutyches sehr schwierige Fragen. Wie war die Göttlichkeit Christi mit seiner Menschlichkeit zu vereinbaren? Gewiß war Maria nicht die Mutter Gottes, war sie nicht vielmehr die Mutter des Menschen Jesus? Wie konnte Gott ein hilfloser, wimmernder Säugling gewesen sein? Wäre es nicht treffender zu sagen, daß er Jesus ganz besonders nahe gewesen sei und in ihm gewohnt habe wie in einem Tempel? Trotz der offensichtlichen Widersprüche ließen die orthodoxen Christen sich nicht beirren. Cyrill, der Bischof von Alexandria, gab die Auffassung von Athanasius wieder: Gott war tatsächlich so tief in unsere unvollkommene und verdorbene Welt hinabgestiegen, daß er sogar das Verlassensein und den Tod erfahren hatte. Diese Sichtweise schien absolut unvereinbar mit der gleichermaßen festen Überzeugung, daß Gott vollkommen leidenschaftslos war und weder leiden noch sich verändern konnte. Der ferne Gott der Griechen, der sich hauptsächlich durch seine göttliche Apatheia auszeichnete, schien eine vollkommen andere Gottheit zu sein als der Gott, von dem es hieß, er sei in Jesus Christus Mensch geworden. Die Orthodoxen hegten den starken Verdacht, daß die »Ketzer«, in deren Augen die Vorstellung von einem leidenden, hilflosen Gott zutiefst beleidigend war, das Göttliche des Mysteriums und des Wunderbaren berauben wollten. Das Paradox der Inkarnation schien ein Gegenmittel gegen den hellenistischen Gott zu sein, der nichts tat, was unsere Selbstgefälligkeit hätte erschüttern können, und der so ganz und gar vernünftig war.

Im Jahre 529 ließ Kaiser Justinian die alte Philosophenschule in Athen schließen, die letzte Bastion der intellektuellen Gottlosigkeit. Ihr letzter großer Lehrer war Proklos (412–485) gewesen, ein glühender Verehrer Plotins. Die heidnische Philosophie verschwand, scheinbar besiegt von der neuen christlichen Religion.

Doch vier Jahre später erschienen vier mystische Abhandlungen, angeblich verfaßt von Dionysius Areopagita, dem ersten vom heiligen Paulus bekehrten Athener. Tatsächlich hatte sie ein griechischer Christ des 6. Jahrhunderts geschrieben, dessen Name unbekannt geblieben ist. Die Symbolkraft des Pseudonyms war jedoch von größerer Bedeutung als die Identität des Autors: Es gelang dem Pseudo-Dionysius, die Einsichten des Neuplatonismus zu läutern und den Gott der Griechen mit dem semitischen Gott der Bibel zu versöhnen.

Dionysius war auch der Erbe der kappadozischen Väter. Wie Basilius nahm er die Unterscheidung von Kerygma und Dogma sehr ernst. In einem Brief bekräftigte er, daß uns die Apostel zwei Überlieferungen hinterlassen hätten: das klare und verständliche kerygmatische Evangelium und das »unaussprechliche und mystische« dogmatische Evangelium. Beide waren jedoch miteinander verknüpft und für den christlichen Glauben von gleichermaßen großer Bedeutung. Das letztere sei »die symbolische [Überlieferung] der Eingeweihten«, das erstere »die philosophische, darstellende [Überlieferung], und es ist das Aussprechliche mit dem Unaussprechlichen verbunden«.[47] Das Kerygma »überzeugt und beweiset die Wahrheit des Gesagten«, die verschwiegene oder verborgene Überlieferung des Dogmas hingegen »gründet in Gott durch unlehrbaren Geheimunterricht«.[48] Sie gründet die Seele des Menschen in Gott. Dionysius' eindringliche Worte erinnern an Aristoteles: Es gibt eine religiöse Wahrheit, die sich nicht in Worten fassen und logisch und vernünftig darlegen läßt. Sie wird symbolisch durch die Sprache und die Gesten der Liturgie ausgedrückt, die er als »geheiligte Vorhänge« bezeichnete. »Denn anders ist es ja gar nicht möglich, daß der vom göttlichen Ursprung aller Dinge ausgehende Lichtstrahl uns einleuchte, es sei denn durch den bunten Formenreichtum der geheiligten Vorhänge verhüllt, und unserer Fassungskraft und Natur mit väterlicher Fürsorge angepaßt.«[49] Die himmlische Wirklichkeit kann nicht mit logischen Begriffen erfaßt werden, sondern bedarf einer »heiligen Bildersprache«.

Diese verborgene oder esoterische Wahrheit war nicht nur für eine privilegierte Elite, sondern für alle Christen bestimmt. Dionysius verfocht keine abstruse Disziplin, die sich nur für Mönche und Asketen eignete. Die Liturgie, an der alle Gläubigen teilnahmen, war der wichtigste Weg zu Gott und beherrschte daher seine ganze Theologie. Wenn die Wahrheiten hinter einem schützenden Schleier verborgen lagen, dann nicht, um sie für Männer und Frauen guten Willens unzugänglich zu machen, sondern um alle Christen auf eine Art und Weise jenseits aller sinnlichen Wahrnehmungen und logischen Begriffe zur unsagbaren Wirklichkeit Gottes emporzuheben. Aus der demütigen Forderung der Kappadozier, daß jegliche Theologie apophatisch sein solle, wurde bei Dionysius eine kühne Methode des Aufstiegs zum unfaßbaren Gott.

Das Wort »Gott« verwendete Dionysius nur sehr ungern – wahrscheinlich weil es mit so vielen unzutreffenden und anthropomorphen Vorstellungen befrachtet war. Er sprach lieber von Theurgie. Mit diesem von Proklos benutzten, in erster Linie liturgischen Begriff bezeichnete man in der heidnischen Welt eine Teilhabe am göttlichen *mana* durch Opfer und Vorahnungen. Dionysius übertrug den Begriff auf die Beschreibung des Göttlichen. Das richtige Verständnis der Heiligen Schrift konnte zwar ebenfalls dazu beitragen, die in den enthüllten Symbolen enthaltenen göttlichen Energeiai zu offenbaren, dennoch war Dionysius wie die Kappadozier der Meinung, daß all unsere Worte und Konzepte für Gott nicht ausreichen und daher nicht für eine präzise Beschreibung einer Wirklichkeit gehalten werden dürfen, die sich unserer Kenntnis entzieht. Schon allein das Wort »Gott« sei unrichtig, denn Gott sei kein Wesen, sondern eine »alle Begriffe übersteigende Verborgenheit«.[50] Die Christen müßten begreifen, daß Gott nicht das oberste Wesen sei, kein höchstes Wesen an der Spitze einer Hierarchie aus geringeren Wesen. Die Menschen und die Dinge stünden Gott nicht als getrennte Manifestationen des Seins oder als andersartige Wesenheiten gegenüber, deren Natur ergründbar sei. Gott sei nicht irgend etwas von dem Seienden, sondern vollkommen anders als alles, was wir kennen: »Das Göttliche selbst aber befindet sich ... jenseits von Intellekt, von jeder Manifestation des Seins und von Erkenntnis.« Tatsächlich sei Gott treffender mit »Nichts« zu bezeichnen, ja man sollte ihn nicht einmal eine Trinität nennen, denn: »Die alles überragende

Gottheit wird, auch wenn sie als Einzigkeit und Dreifaltigkeit gepriesen wird, von uns oder von irgendeinem anderen Seienden nicht als Einzigkeit, aber auch nicht als Dreifaltigkeit erkannt, vielmehr legen wir ihr nur ... die Namen ›Dreifaltigkeit‹ und ›Einzigkeit‹ bei ...«,[51] jedoch »gibt es von ihr weder einen Namen noch eine Aussage«[52] (über ihr Wesen). Dennoch kann uns unsere Unfähigkeit, über Gott zu sprechen, als Methode dienen, um zu einer Vereinigung mit ihm zu gelangen, die nichts weniger ist als eine »Vergöttlichung« *(Theosis)* unserer eigenen Natur. Gott hat uns einige seiner »intelligiblen Namen« wie »Vater«, »Sohn« und »Heiliger Geist« in der Heiligen Schrift geoffenbart, jedoch nicht, um uns über sich selbst Auskunft zu geben, sondern um uns ihm näherzubringen und uns in die Lage zu versetzen, daß wir an seiner göttlichen Natur teilhaben können.

In jedem Kapitel seiner Abhandlung *Die Namen Gottes* beginnt Dionysius mit einer von Gott enthüllten kerygmatischen Wahrheit: seine Güte, seine Weisheit, seine Vaterschaft und so weiter. Dann zeigt er auf, daß Gott in diesen Bezeichnungen zwar etwas von sich, aber nicht sich selbst geoffenbart hat. Wenn wir Gott wirklich verstehen wollen, dann müssen wir all diese Attribute und Namen verneinen. Wir müssen sagen, daß er sowohl »Gott« ist wie auch »Nicht-Gott«, daß er »gut« ist und gleich darauf, daß er »nicht-gut« ist. Der Schock dieses Paradoxons, ein Prozeß, der sowohl das Erkennbare wie das Unerkennbare einschließt, wird uns über die Welt der irdischen Vorstellungen hinausheben in die unsagbare Wirklichkeit selbst. So sagen wir also zuerst:

> Es gibt von ihm geistiges Begreifen, Verstehen, Wissen, Berührung, Sinneswahrnehmung, Meinung, Vorstellung, Benennung und alles andere, und dennoch wird er weder begriffen noch erklärt, noch genannt. Er ist nichts des Seienden, aber er wird auch in keinem Seienden erkannt.[53]

Die Lektüre der Heiligen Schrift vermittelt uns keine Erkenntnisse über Gott, sie sollte vielmehr eine paradoxe Disziplin sein, die das Kerygma ins Dogma verwandelt. Diese Methode ist eine Theurgie, eine Form der Teilhabe an der göttlichen Kraft, die uns in die Lage versetzt, zu Gott selbst aufzusteigen und, wie die Platoniker es immer gelehrt hatten, selbst göttlich zu werden. Sie soll unser Denken abschalten. »Nach all unserer geistigen Einsicht des Göttlichen beenden wir unsere gedanklichen Tätigkeiten.«[54] Selbst die Verneinungen der Attribute Gottes sollen wir hinter uns lassen. Erst dann und nur so wird uns eine ekstatische Vereinigung mit Gott möglich sein.

Wenn Dionysius von Ekstase spricht, dann meint er damit nicht einen ganz besonderen Geisteszustand oder ein durch komplizierte Yogaübungen erlangtes anderes Bewußtsein, sondern etwas, das jeder Christ durch die paradoxe Methode aus Gebet und Theoria erreichen kann, die uns aufhören läßt zu reden und uns an den Ort der Stille bringt: »Doch jetzt, da wir bis zur absoluten Urdunkelheit emporsteigen …, geht es um die reine Überwindung jeder Bestimmtheit, also um das Aufhören der Gültigkeit von Worten und Gedanken überhaupt.«[55] Wie Gregor von Nyssa fand auch Dionysius die Geschichte von Moses Aufstieg zum Berg Sinai sehr aufschlußreich: Als Mose den Berg erklommen hatte, sah er auf dem Gipfel nicht Gott selbst, er war nur zu dem Platz gebracht worden, wo Gott war. Eine dicke Wolke von Finsternis hüllte ihn ein, er konnte gar nichts sehen. Genauso ist alles, was wir sehen oder verstehen können, lediglich ein Symbol (Dionysius verwendet den Begriff »Paradigma«), das die Existenz einer Wirklichkeit jenseits unserer Vorstellungskraft offenbart. Mose war in das Dunkel der Unwissenheit eingetreten und hatte so die Vereinigung mit dem erfahren, was all unser Verstehen übersteigt. Wir werden eine ähnliche Ekstase erreichen, in der wir »gar nicht mehr uns gehören« und uns mit Gott vereinigen.

Dies ist nur deshalb möglich, weil Gott uns genau wie damals auf dem Berg entgegenkommt. Hier entfernt sich Dionysius von den Neuplatonikern, deren Gott statisch und fern war und dem Treiben der Menschen keinerlei Beachtung schenkte. Der Gott der griechischen Philosophen nahm den Mystiker, dem es ab und zu gelang, sich auf ekstatische Weise mit ihm zu vereinigen, gar nicht wahr, während der Gott der Bibel sich der Menschheit zuwandte. Auch Gott erreicht eine Ekstase, die ihn über sich hinausführt und in das zerbrechliche Reich des geschaffenen Seins versetzt:

Um der Wahrheit willen müssen wir aber auch dieses zu sagen wagen, daß in der Tat selbst der Urheber des Universums durch seine edle und gute Liebe zum Universum, durch seine überschwenglich liebende Güte aus sich selbst heraus tritt, durch jene Sorge, welche er für alles Seiende trägt, und daß er durch Güte und Liebe aufs innigste gerührt gleichsam bezaubert wird. So wird er aus dem Zustande, nach dem er über alles erhaben ist ..., zu allem heruntergeführt nach jener überwesentlichen, ihn aus sich selbst heraussetzenden Kraft, ohne daß er aus sich herausgeht.[56]

Für Dionysius ist die Emanation somit kein automatischer Vorgang, sondern ein leidenschaftliches und willentliches Verströmen von Liebe. Negation und Paradoxon sind nicht das Werk des Menschen, sondern etwas, was dem Menschen widerfährt.

Bei Plotin war der Zustand der Ekstase nur ein sehr seltenes Ereignis: Der Mensch kann ihn in seinem Leben nur zwei- oder dreimal erreichen. Dionysius dagegen betrachtet die Ekstase als den Dauerzustand jedes Christen. Dies ist die verborgene oder esoterische Botschaft der Schrift und der Liturgie, die sich in den allerkleinsten Gesten offenbart. Wenn der Zelebrant zu Beginn der heiligen Messe den Altar verläßt und durch die versammelte Gemeinde schreitet, sie mit heiligem Wasser besprengt und danach wieder zum Allerheiligsten zurückkehrt, dann ist das nicht nur ein Ritual der Läuterung, sondern gleichzeitig auch eine Nachahmung der göttlichen Ekstase, während der Gott seine Abgeschiedenheit verläßt und sich seinen Geschöpfen zuwendet. Die Theologie von Dionysius ist im Grunde ein spiritueller Tanz zwischen unserem positiven Wissen über Gott und der Erkenntnis, daß jede Beschreibung Gottes nur symbolisch sein kann. Wie der Gott des Judentums hat auch der Gott von Dionysius zwei Seiten. Die eine ist uns zugewandt, durch sie manifestiert Gott sich selbst in der Welt. Gottes andere, ferne Seite – wenn er ist, wie er in sich selbst ist – bleibt für uns dagegen vollkommen unbegreiflich. In seinem ewigen Mysterium ist er in sich selbst, gleichzeitig ist er jedoch ganz und gar in seiner Schöpfung. Er ist kein anderes Wesen, keine weitere, der Welt hinzugefügte Erscheinungsform des Seins. Dionysius' Methode war wegweisend für die griechische Theologie. Die lateinischen

Theologen hingegen debattierten und erklärten weiter. Einige stellten sich vor, daß in dem Augenblick, da sie das Wort »Gott« aussprachen, die göttliche Wirklichkeit mit ihrer Vorstellung übereinstimmte. Andere unterstellten Gott ihre eigenen Gedanken und meinten, sie könnten sagen, was Gott wolle, verbiete oder plane; in gewisser Weise kam das einer gefährlichen Idolatrie gleich. Der Gott der griechischen Orthodoxie blieb jedoch ein Mysterium, und die Dreieinigkeit sollte die Christen im Osten auch weiterhin daran erinnern, daß all ihre Lehren lediglich behelfsmäßigen Charakter hatten. Schließlich entschieden die Griechen, daß eine echte Theologie die zwei Kriterien des Dionysius zu erfüllen hatte: Sie mußte verschwiegen und paradox sein.

Die Griechen und die Lateiner entwickelten auch deutlich voneinander abweichende Auffassungen von der Göttlichkeit Christi. Die griechische Inkarnationsvorstellung formulierte Maximus Confessor (um 580–662). Er gilt als der Vater der byzantinischen Theologie, die dem buddhistischen Ideal näher steht als der lateinischen Sichtweise. Maximus zufolge können die Menschen ihre Erfüllung erst nach der Vereinigung mit Gott finden, ebenso halten die Buddhisten die Erleuchtung für die eigentliche Bestimmung des Menschen. »Gott« war also nichts Fakultatives, Zusätzliches oder Fremdes, keine der Conditio humana aufgepfropfte externe Wirklichkeit. Das Potential für das Göttliche war in jedem Menschen von vornherein angelegt, und der Mensch wurde erst dann voll und ganz Mensch, wenn dieses Potential verwirklicht war. Der Logos war nicht Mensch geworden, um den Sündenfall Adams wiedergutzumachen; die Inkarnation hätte tatsächlich auch dann stattgefunden, wenn Adam nicht gesündigt hätte. Alle Menschen wurden nach dem Bild des Logos geschaffen, ihr Potential wird erst dann voll verwirklicht sein, wenn sie zu einem perfekten Abbild geworden sind. Auf dem Berg Tabor hat uns Jesu verklärte Menschlichkeit die vergöttlichte Conditio humana gezeigt, nach der wir alle streben können. Das Wort war Fleisch geworden, damit »das ganze menschliche Wesen Gott werden konnte, vergöttlicht durch die Gnade Gottes wurde es Mensch – ganz Mensch, Seele, Körper und Natur –, und durch dieselbe Gnade konnte es auch ganz Gott, Seele und Körper werden«.[57] Ein Erleuchteter oder ein Buddha konnte man ohne jegliche Intervention einer übernatürlichen Wirklichkeit werden, dieser Zustand ergab sich aus einer Steigerung der im Menschen von vornherein angelegten Kräfte. Auf die gleiche Weise hat uns der vergöttlichte Christus den Zustand vor Augen geführt, den wir durch Gottes Gnade erreichen können. Die Christen können Jesus, den Gott-Menschen, in ähnlicher Weise verehren wie die Buddhisten das Bild des erleuchteten Gautama: Er war das erste Beispiel einer wahrhaft verklärten und vollständig verwirklichten Menschlichkeit.

Während die griechische Auffassung von der Inkarnation die christliche Religion der östlichen Tradition annäherte, entwickelte man im Westen ganz eigene Vorstellungen von Jesus. Die klassische Theologie westlicher Prägung formulierte Anselm, der Bischof von Canterbury (1033–1109), in seiner Abhandlung *Warum Gott Mensch geworden*. Für Anselm war die Sünde eine so ungeheuer schwerwiegende Beleidigung Gottes, daß Sühne unerläßlich war, wenn Gottes Pläne für die Menschheit dadurch nicht vollkommen durchkreuzt werden sollten. Das Wort war zu Fleisch gemacht worden, um unsere Verfehlung zu sühnen. Gottes Gerechtigkeit verlangte, daß die Schuld von jemandem gesühnt wurde, der sowohl Gott wie auch Mensch war. Da die Beleidigung so ungeheuerlich war, konnte nur der Sohn Gottes unsere Rettung bewirken, da jedoch ein Mensch die Sünde begangen hatte, mußte der Erlöser gleichzeitig auch der menschlichen Rasse angehören. Dieses sauber durchdachte, rigide Konzept, das Gott so darstellte, als denke, urteile und plane er wie ein Mensch, verschärfte das westliche Bild von einem strengen Gott noch weiter. Dieser Gott konnte nur durch den schrecklichen Tod seines eigenen, als eine Art Menschenopfer dargebrachten Sohnes versöhnt werden.

Die Lehre von der Dreieinigkeit ist im römischen Christentum oft mißverstanden worden. Man neigte dazu, sich entweder drei göttliche Personen vorzustellen oder »Gott« einfach mit dem Vater zu identifizieren. Aus Jesus machte man einen göttlichen, nicht ganz gleichrangigen Freund. Die Muslime und die Juden fanden die Lehre ebenfalls verwirrend, ja sogar gotteslästerlich. Doch wie wir noch sehen werden, entwickelten jüdische und islamische Mystiker erstaunlich ähnliche Konzepte des Göttlichen. So erlangte beispielsweise die Idee der Kenosis, der selbstentäußernden Ekstase Gottes, sowohl in der Kabbala wie im Sufismus zentrale Bedeutung. In der Dreieinigkeit überträgt der Vater alles, was er ist, auf den Sohn. Er gibt dabei alles auf – sogar die Möglichkeit, sich selbst in einem anderen Wort auszudrücken. Sobald dieses Wort – so wie damals – gesprochen ist, bleibt der Vater stumm: Da ist nichts, was über ihn gesagt werden könnte, denn der einzige Gott, den wir kennen, ist der Logos oder der Sohn. Der Vater hat daher keine Identität, kein »Ich« im üblichen Sinn, unsere Vorstellungen von Persönlichkeit lassen sich auf ihn nicht anwenden. Am absoluten Ursprung jeglichen Seins ist das Nichts – so sah es nicht nur Dionysius, sondern so sahen es auch Plotin, Philon und selbst Buddha. Da nach der gängigen Auffassung am Ende der Suche eines jeden Christen der Vater steht, führt seine Reise ihn folglich zu niemandem und nirgendwohin – ins Nichts. Die Vorstellung von einem persönlichen Gott oder einem personalisierten Absoluten hatte für die Menschen stets große Bedeutung. Die Hindus und die Buddhisten mußten *bhakti,* die Verehrung eines persönlichen Gottes, zulassen, während durch das Paradigma oder Symbol der Dreieinigkeit angedeutet wird, daß jede personale Vorstellung transzendiert werden muß, daß es nicht genügt, sich Gott als einen überdimensionalen Menschen vorzustellen, der so denkt und handelt wie wir.

Die Lehre von der Menschwerdung Gottes kann als ein weiterer Versuch betrachtet werden, der Gefahr der Idolatrie entgegenzuwirken. Ein »Gott«, der nur als eine vollkommen andere Wirklichkeit »ganz weit da draußen« angesehen wird, verwandelt sich leicht in ein bloßes Idol, in eine Projektion, mit deren Hilfe die Menschen ihre eigenen Wünsche und vorgefaßten Meinungen externalisieren und anbeten können. Andere religiöse Traditionen wie zum Beispiel das Brahman-Atman-Paradigma haben dies zu verhindern versucht, indem sie immer wieder betonten, daß das Absolute auf irgendeine Weise mit der Conditio humana verflochten sei. Arius und später Nestorius und Eutyches wollten aus Jesus entweder einen Menschen oder einen Gott machen und stießen unter anderem eben deswegen auf Widerstand, weil sie versuchten, der Gottheit und der Menschheit getrennte Bereiche zuzuordnen. Gewiß waren ihre Lösungsvorschläge rationaler, aber das Dogma sollte im Gegensatz zum Kerygma ähnlich wie Dichtung oder Musik die Grenzen des gänzlich Erklärbaren überschreiten. Athanasius und Maximus definierten die Inkarnationslehre etwas unbeholfen als einen Versuch, die universelle Erkenntnis in Worte zu fassen, daß »Gott« und die Menschen untrennbar sein müssen. Da es in der westlichen Welt keine derartigen Auslegungen der Inkarnation gab, blieb Gott dort eher eine von den Menschen getrennte, externe Kraft, eine Wirklichkeit, die ganz anders war als unsere Menschenwelt. Ein solcher Gott ließ sich jederzeit leicht als eine Projektion entlarven, und genau dies wurde in jüngster Zeit kritisiert.

Obwohl hier Jesus zum einzigen Avatar gemacht wurde, sollte doch deutlich geworden sein, daß die Christen im Laufe der Zeit zu einer sehr ausschließlichen Auffassung von der religiösen Wahrheit gelangten: Jesus war das erste und letzte Wort Gottes an die Menschheit, damit erübrigte sich jede weitere Offenbarung. Darum waren sie ebenso überrascht wie die Juden, als im 7. Jahrhundert in Arabien ein Prophet auftauchte, der behauptete, er habe eine direkte Offenbarung von ihrem Gott erhalten und seinem Volk eine neue Schrift gebracht. Dennoch verbreitete sich diese neue Variante des Monotheismus, die schließlich unter dem Namen Islam bekannt wurde, erstaunlich rasch im Nahen Osten und in Nordafrika. In diesen Ländern (in denen der Hellenismus nie recht heimisch werden konnte) wandten sich viele Menschen erleichtert von der griechischen Dreieinigkeitslehre ab, die das Mysterium Gottes in einer ihnen völlig fremden Sprache zum Ausdruck brachte, und traten begeistert zu dieser neuen Lehre über, deren Vorstellungen von der göttlichen Wirklichkeit dem semitischen Denken näher waren.

5

Einheit: Der Gott des Islam

Um das Jahr 610 hatte ein im blühenden Mekka im Hedjas be-
heimateter arabischer Händler, der weder die Bibel kannte noch
aller Wahrscheinlichkeit nach etwas von Jesaja, Jeremia und Ezechiel wußte, ein Erlebnis, das den Erfahrungen dieser drei biblischen Propheten auf verblüffende Weise ähnlich war. Jedes Jahr
im Fastenmonat Ramadan zog Mohammed Ibn Abdallah vom
mekkanischen Stamm der Quraysh mit seiner Familie zum Berg
Hira außerhalb der Stadt und widmete sich dort in aller Zurückgezogenheit religiösen Übungen. Das war nichts Besonderes, viele
Araber auf der ganzen Halbinsel taten das gleiche. In dieser geheiligten Zeit betete Mohammed zum Hochgott der Araber und
verteilte Essen und Almosen an die Armen, die ihn besuchen
kamen. Wahrscheinlich grübelte er auch oft und lange. Aus seinem späteren Lebensweg können wir schließen, daß Mohammed
schon damals sehr klar war, daß die neuerdings so ungeheuer
wohlhabende Stadt Mekka sich in einer geistigen Krise befand.
Noch zwei Generationen zuvor hatten die Menschen vom Stamme der Quraysh, wie andere Beduinenstämme auch, in den arabischen Steppengebieten ein rauhes Nomadenleben geführt, jeder
Tag ein harter Kampf ums Überleben. Während der letzten Jahre
des 6. Jahrhunderts waren sie jedoch als Händler so erfolgreich,
daß Mekka zur bedeutendsten Stadt ganz Arabiens wurde. Sie
waren jetzt reicher, als sie früher auch nur zu träumen gewagt
hätten, und führten ein vollkommen anderes Leben; ein zügelloser
und rücksichtsloser Kapitalismus hatte die alten Stammeswerte
verdrängt. Die Menschen fühlten sich orientierungslos und verloren. Mohammed wußte, daß die Quraysh sich auf einem gefährlichen Kurs befanden und Ideen und Vorstellungen brauchten,

die ihnen helfen konnten, mit ihren neuen Lebensumständen zurechtzukommen.

Zu jener Zeit hatte jede politische Lösung zugleich auch religiösen Charakter. Mohammed sah, daß die Quraysh dabei waren, aus dem Geld eine neue Religion zu machen. Das war auch kein Wunder, denn sicher hatten sie das Gefühl, daß ihr neuer Wohlstand sie aus den Gefahren des Nomadenlebens »gerettet« hatte: dem ständigen Hunger und den blutigen Stammesfehden, die in den Steppen Arabiens, wo jeder Beduinenstamm Tag für Tag ums nackte Überleben kämpfen mußte, an der Tagesordnung waren. Jetzt hatten sie beinahe genug zu essen, und ihr Mekka entwickelte sich zu einem internationalen Zentrum des Handels und des großen Geldes. Sie hielten sich nun für die Herren ihres eigenen Schicksals, einige bildeten sich anscheinend sogar ein, ihr Wohlstand würde ihnen so etwas wie Unsterblichkeit verleihen. Mohammed hingegen sah voraus, daß der neue, arrogante Unabhängigkeitskult zum Zerfall des Stammes führen würde. In der Zeit des Nomadenlebens hatte der Stamm Vorrang vor dem einzelnen gehabt, alle hatten gewußt, daß sie nur als Mitglieder des Stammes überleben konnten. Folglich hatte jeder die Pflicht, sich um die armen und schwachen Mitglieder seiner ethnischen Gruppe zu kümmern. Dieses gemeinschaftliche Ideal war nun vom Individualismus der neuen Wettbewerbsgesellschaft verdrängt worden. Immer mehr Einzelmenschen häuften mit der Zeit große persönliche Vermögen an, ohne sich um die schwächeren Qurayshis zu kümmern. Die Clans oder Sippen des Stammes kämpften gegeneinander um ein Stück vom großen Reichtum Mekkas, und einige erfolglose Clans (wie zum Beispiel Mohammeds Clan der Hashim) sahen ihr Überleben gefährdet. Mohammed war davon überzeugt, daß sein Stamm sich in diesem gegenseitigen Vernichtungskampf moralisch und politisch immer mehr zerfleischen würde, wenn die Qurayshis nicht endlich lernten, ihren Egoismus und ihre Gier zu überwinden und ihrem Leben einen anderen, transzendenten Sinn zu verleihen.

Im restlichen Arabien sah es ebenfalls düster aus. Jahrhundertelang hatten die Beduinenstämme des Hedjasgebirges und der Nedjdregion sich gegenseitig einen erbitterten Kampf um die elementaren Lebensgrundlagen geliefert. Um den zum Überleben notwendigen

Gemeinschaftsgeist unter den Menschen aufrechtzuerhalten, hatten die Araber eine Ideologie namens *muruwah* entwickelt; sie deckte viele Funktionen ab, die normalerweise von einer Religion erfüllt werden. Für eine Religion im eigentlichen Sinne hatten die Araber damals wenig übrig. Es gab ein Pantheon heidnischer Gottheiten, und die Araber beteten deren Schreine an, ohne indes eine Mythologie zu entwickeln, die die Bedeutung dieser Götter und Stätten für das geistige Leben erklärte. Sie hatten keine Vorstellung von einem Leben nach dem Tode, glaubten dafür aber an die Allmacht von *darh* (was man mit »Zeit« oder »Schicksal« übersetzen kann). Eine solche Haltung war in einer Gesellschaft mit einer hohen Sterblichkeitsrate wahrscheinlich lebenswichtig. Von westlichen Orientalisten wird der Begriff *muruwah* oft mit »Mannhaftigkeit« übersetzt, er bedeutete jedoch viel mehr: Mut im Kampf, geduldiges und beharrliches Ertragen von Leid und ein ganz dem eigenen Stamm geweihtes Leben. *Muruwah* verlangte von einem Araber, daß er seinem *Sayyid* oder Häuptling ohne Rücksicht auf die eigene Sicherheit in Sekundenschnelle gehorchte. Es gehörte zu seinen ritterlichen Pflichten, jedes an seinem Stamm begangene Unrecht zu rächen und schwächere Stammesangehörige zu beschützen. Um das Überleben des Stammes zu sichern, teilte der *Sayyid* alle Güter und Besitztümer des Stammes gerecht auf und rächte jeden Mord an einem Stammesangehörigen, indem er irgendein Mitglied des Stammes tötete, dem der Mörder angehörte. Hier wird die Gemeinschaftsethik besonders deutlich: Nicht der Mörder mußte bestraft werden, denn ein einzelner Mensch konnte in einer Gesellschaft wie der des vorislamischen Arabien jederzeit spurlos verschwinden. Statt dessen konnte die Rache an jedem beliebigen Mitglied des feindlichen Stammes vollzogen werden. In einer Region ohne jede zentrale Verwaltung und ohne irgendeine der modernen Polizei vergleichbare Ordnungsmacht, in der jede Sippe ihr eigenes Gesetz hatte, konnte nur die Blutrache oder Blutfehde ein klein wenig soziale Sicherheit gewährleisten. Wenn ein Stammeshäuptling sich zur Rache unfähig erwies, dann wurden die Angehörigen seines Stammes von niemandem mehr respektiert und konnten ungestraft getötet werden. Durch das System der Blutrache wurde die soziale Gerechtigkeit auf eine sehr grobe und notdürftige Weise aufrechterhalten. Es verhinderte, daß ein Stamm allzu leicht die Oberhand über einen anderen gewann, aber es konnte die einzelnen Stämme sehr schnell in einen unaufhaltsamen Teufelskreis der Gewalt verstricken: Wenn ein Stamm der Meinung war, daß das von einem seiner Mitglieder begangene Vergehen den Racheakt des gegnerischen Stammes in keiner Weise rechtfertigte, konnte sich daraus eine unendliche Kette aufeinanderfolgender Racheakte ergeben.

Das auf *muruwah* aufbauende Wertesystem war zweifellos brutal, hatte jedoch auch viele Vorzüge. Es förderte ein tiefes und starkes Gefühl für Gleichheit und eine gewisse Gleichgültigkeit gegenüber materiellen Gütern – in einer Region, in der es nie genug zum Leben gab, war diese Einstellung wahrscheinlich ebenfalls lebensnotwendig. Freigebigkeit und Großzügigkeit waren für die Araber wichtige Tugenden, und sie wurden gelehrt, nicht an den nächsten Tag zu denken. Diese Haltungen spielten, wie wir noch sehen werden, später auch im Islam eine wichtige Rolle. *Muruwah* hatte den Arabern jahrhundertelang gute Dienste geleistet, paßte jedoch nicht mehr in die veränderte, moderne Gesellschaft des beginnenden 6. Jahrhunderts. In der letzten Phase der vorislamischen Periode, die die Muslime *Jahiliyya* (die Zeit der Unwissenheit) nennen, scheint es in Arabien viel Unzufriedenheit und geistige Orientierungslosigkeit gegeben zu haben. Die Araber waren von zwei mächtigen Reichen umgeben: vom Sassanidenreich und von Byzanz. Aus den besiedelten Gebieten kamen nach und nach moderne Ideen, Reisende, die Syrien oder den Irak besucht hatten, erzählten Geschichten über die Wunder der Zivilisation. Die Araber waren scheinbar zu ewiger Barbarei verdammt. Die Stämme waren ununterbrochen in Fehden verstrickt, anstatt daß sie ihre sowieso spärlichen natürlichen Reichtümer gemeinsam nutzten und sich zu dem vereinten arabischen Volk zusammenschlossen, als das sie sich sehr vage doch fühlten. Es gelang ihnen nicht, ihr Schicksal in die eigenen Hände zu nehmen und eine eigene Zivilisation zu begründen. Statt dessen liefen sie ständig Gefahr, von den Großmächten ausgebeutet zu werden: Die durch den Monsunregen relativ fruchtbare, etwas höher entwickelte Region Südarabiens, die heute Jemen heißt, war damals zu einer Provinz Persiens geworden. Gleichzeitig untergruben fremde Gedanken, insbesondere bestimmte Erscheinungsformen des Individualismus, das alte Gemeinschaftsethos. So verlieh zum Beispiel die christliche Lehre vom Leben nach dem Tod dem ewigen Leben jedes einzelnen Menschen einen geradezu heiligen Wert. Wie vertrug sich das mit dem arabischen Stammesideal, das den einzelnen Menschen der Gruppe unterordnete und nach dem Männer und Frauen nur insofern unsterblich waren, als ihr Stamm weiterlebte?

Mohammed war ein außergewöhnlich begabter Mann. Als er im Jahr 632 starb, war es ihm gelungen, beinahe alle Stämme Arabiens zu einer neuen, vereinigten Gemeinde, der Umma, zusammenzuschließen. Er hatte den Arabern eine Spiritualität gebracht, die auf geniale Weise an deren ureigene Traditionen angepaßt war und solche Kraftreserven freisetzte, daß sie innerhalb von hundert Jahren nicht nur ein Großreich vom Himalaja bis zu den Pyrenäen schufen, sondern auch eine einzigartige Zivilisation. Als Mohammed sich in der kleinen Höhle am Gipfel des Berges Hira in seine Gebete versenkte, hätte er sich einen so phänomenalen Erfolg wohl kaum vorstellen können. Wie viele andere Araber war auch Mohammed zu der Überzeugung gelangt, daß Allah, der höchste Gott des alten arabischen Pantheons, dessen Name einfach nur »der Gott« bedeutete, mit dem von den Juden und Christen verehrten Gott identisch war. Er glaubte, daß nur ein Prophet dieses Gottes die Probleme seines Volkes lösen konnte, zog jedoch keinen Moment lang in Erwägung, daß er dieser Prophet sein könnte. Tatsächlich waren sich die Araber schmerzlich bewußt, daß Allah ihnen nie einen eigenen Propheten oder eine eigene Schrift geschickt hatte, obwohl sein Schrein seit undenklichen Zeiten bei ihnen stand. Anfang des 7. Jahrhunderts hatte sich bei den meisten Arabern die Auffassung durchgesetzt, daß die Kaaba, der massive, würfelförmige und eindeutig sehr alte Schrein im Herzen von Mekka, ursprünglich für Allah errichtet worden war, auch wenn gegenwärtig der nabatäische Gott Hubal über das Heiligtum herrschte. Alle Bewohner von Mekka waren ungeheuer stolz auf die Kaaba, die wichtigste heilige Stätte in ganz Arabien. Jedes Jahr begaben sich Araber aus allen Teilen der Halbinsel auf die Hadsch, die Wallfahrt nach Mekka, wo sie dann mehrere Tage lang die traditionellen Riten vollzogen. Im Heiligtum, dem geheiligten Bereich um die Kaaba, war jede Form von Gewalt verboten. In Mekka konnten alle Araber friedlich miteinander Handel treiben, weil an diesem Ort alte Stammesfeindschaften vorübergehend ruhen mußten. Die Quraysh wußten, daß sie ohne das Heiligtum nie so erfolgreiche Kaufleute geworden wären und daß ihr hohes Ansehen bei den anderen Stämmen größtenteils darauf zurückzuführen war, daß sich die Kaaba in ihrer Obhut befand und daß sie die mit ihr verbundenen heiligen alten Ideale weiterhin hochhielten. Obwohl Allah eindeutig die Quraysh für dieses ganz besondere Privileg ausersehen hatte, hatte er ihnen nie einen Abgesandten wie Abraham, Moses oder Jesus geschickt; ebensowenig verfügten die Araber über eine Heilige Schrift in ihrer eigenen Sprache.

Viele Araber fühlten sich daher im geistig-religiösen Sinn minderwertig. Wenn sie mit Juden und Christen in Kontakt kamen, mußten sie sich den spöttischen Vorwurf anhören, sie seien ein Volk von Barbaren, dem Gott keine Offenbarung habe zuteil werden lassen. So begegneten die Araber diesen Völkern, die über ein ihnen unbekanntes Wissen verfügten, mit einer Mischung aus Respekt und Ressentiment. Dennoch konnte sich weder der jüdische noch der christliche Glaube im arabischen Raum durchsetzen, auch wenn die Araber die Überlegenheit dieser fortschrittlichen Form der Religion über ihre eigenen, traditionellen Heidenkulte durchaus anerkannten. In den Siedlungen Yathrib (dem späteren Medina) und Fadak nördlich von Mekka gab es ein paar jüdische Stämme von zweifelhafter Herkunft, und einige der nördlichen Stämme im Grenzgebiet zwischen dem persischen und dem byzantinischen Reich waren zum monophysitischen oder zum nestorianischen Christentum übergetreten. Die Beduinen hingegen verteidigten hartnäckig ihre Unabhängigkeit. Sie waren fest entschlossen, nicht wie ihre Brüder im Jemen unter die Herrschaft der Großmächte zu geraten, denn sie waren sich sehr wohl bewußt, daß sowohl die Perser wie auch die Byzantiner den jüdischen und den christlichen Glauben gleichermaßen dazu benutzt hatten, ihre imperialistischen Interessen in der Region zu fördern. Wahrscheinlich spürten die Beduinen auch instinktiv, daß sie schon genug unter kultureller Überfremdung litten, denn ihre eigenen Traditionen lösten sich allmählich auf. Am allerwenigsten konnten sie in dieser Situation ein neues, in einer fremden Sprache verfaßtes Weltbild mit ganz anderen Traditionen gebrauchen.

Einige Araber hatten offenbar nach einer neutraleren Form des Monotheismus ohne imperialistischen Beigeschmack gesucht. Der palästinensisch-christliche Historiker Sozomenus berichtet schon im 5. Jahrhundert, einige syrische Araber hätten einen Glauben entdeckt, den sie als die wahre Religion Abrahams bezeichneten. Abraham sei weder Christ noch Jude gewesen, da er schon gelebt habe, bevor Gott den Menschen die Thora oder das Evangelium gesandt hatte. Kurz bevor Mohammed seine eigene Berufung zum Propheten erhielt, so heißt es in der ersten Mohammed-Biographie von Muhammad Ibn Ishaq (gestorben 767), hätten vier Quraysh aus Mekka beschlossen, sich auf die Suche nach *hanifiyya*, der wahren Religion Abrahams, zu machen. Einige westliche Orientalisten haben die kleine *Hanifiyya*-Sekte zu einer frommen Erfindung erklärt, die die spirituelle Unsicherheit der *Jahiliyya*-Periode verdeutliche. Doch irgendeinen realen Hintergrund muß diese Legende haben. Drei der vier maßgeblichen Männer waren den ersten Muslimen wohlbekannt: Ubaydallah Ibn Jahsh war Mohammeds Vetter, Waraqa Ibn Nawfal, der schließlich zum christlichen Glauben übertrat, war einer seiner ersten geistigen Ratgeber, und Zayd Ibn Amr war der Onkel von Umar Ibn al-Khattab, dem zweiten Kalifen des islamischen Reiches, mit dem Mohammed eng befreundet war. Nach einer weiteren Geschichte soll Zayd, einen Tag bevor er auf der Suche nach der Religion Abrahams aus Mekka nach Syrien und in den Irak aufbrach, an die Kaaba gelehnt folgende Worte an die Qurayshis gerichtet haben: »Oh Quraysh, bei dem, der die Seele Zayds in Händen hält, keiner von Euch befolgt die Religion Abrahams, außer mir.« Dann fügte er angeblich noch traurig hinzu: »Oh Gott, wenn ich nur wüßte, wie Du gepriesen werden möchtest, dann würde ich Dich auf eben diese Weise preisen; aber ich weiß es nicht.«[1]

Im Jahre 610, in der siebzehnten Nacht des Fastenmonats Ramadan, wurde Zayds Wunsch nach einer göttlichen Offenbarung erfüllt. In jener Nacht wurde Mohammed durch die überdeutlich spürbare Gegenwart einer göttlichen Erscheinung aus dem Schlaf gerissen. Er erklärte diese überwältigende Erfahrung später auf typisch arabische Art: Ein Engel sei ihm erschienen und habe ihm schroff befohlen: »Trag vor!« *(Iqra!)* So wie seinerzeit die hebräischen Propheten oft gezögert hatten, das Wort Gottes auszusprechen, so weigerte sich jetzt auch Mohammed. »Ich bin kein Rezitator!« protestierte er. Schließlich war er kein *kahin,* keiner jener ekstatischen, arabischen Wahrsager, die behaupteten, hellseherische Fähigkeiten zu besitzen. Daraufhin, so Mohammed weiter, habe ihn der Engel mit einer so ungeheuer kraftvollen Umarmung umschlungen, daß er das Gefühl gehabt habe, alle Atemluft würde ihm aus dem Körper gepreßt. Genau in dem Augenblick, als er glaubte, die Umklammerung nicht mehr länger ertragen zu können, ließ ihn der Engel los und wiederholte seinen Befehl: »Trag vor!« *(Iqra!)* Als Mohammed sich erneut weigerte, umschlang ihn der Engel abermals so fest, daß er meinte, am Ende seiner Kräfte zu sein. Nach einer dritten furchteinflößenden Umarmung spürte Mohammed, wie ihm die ersten Worte einer neuen Schrift über die Lippen kamen:

> Trag vor im Namen deines Herrn, der erschaffen hat, den Menschen aus einem Embryo erschaffen hat! Trag vor! Dein Herr ist der Edelmütigste, der durch das Schreibrohr gelehrt hat, den Menschen gelehrt hat, was er nicht wußte![2]

Zum ersten Mal war das Wort Gottes in arabischer Sprache ausgesprochen worden, daher wurde die Schrift der Araber später *Qur'an,* der Vortrag, genannt.

Als Mohammed wieder zu sich kam, war er von Angst und Abscheu erfüllt. Bei dem Gedanken, er könnte nun einer jener verrufenen *kahin* geworden sein, die die Menschen um Rat fragten, wenn eines ihrer Kamele fehlte, packte ihn das blanke Entsetzen. Die Araber gingen davon aus, daß ein *kahin* von einem Dschinn besessen war; die Dschinn waren in der Landschaft umherirrende, manchmal recht launische Geister, die mit Vorliebe die Menschen in die Irre führten. Dichter glaubten ebenfalls, von ihrem ganz persönlichen Dschinn besessen zu sein. So schilderte Hassan Ibn Thabit, ein Poet aus Yathrib, seine Berufung zum Dichter folgendermaßen: Sein Dschinn sei ihm erschienen, habe ihn zu Boden geworfen und ihn gezwungen, die eingegebenen Worte auszusprechen. Mohammed kannte nur diese Form der Inspiration, und die Vorstellung, nun *majnun,* also von einem Dschinn besessen zu sein, erfüllte ihn mit einer so großen Verzweiflung, daß er nicht mehr weiterleben wollte. Die *kahin,* deren Orakel gewöhnlich ein völlig unverständliches Kauderwelsch waren, verabscheute er zutiefst. Später grenzte er den Koran dann auch sehr sorgfältig von konventioneller arabischer Dichtung ab. Nach dem schockierenden Erlebnis rannte er aus der Höhle, entschlossen, sich vom Gipfel des Berges in den Tod zu stürzen. Am Abhang des Berges erschien ihm dann jedoch erneut eine Gestalt, die er später als den Engel Gabriel identifizierte:

> Als ich die Hälfte des Weges bis zum Bergrand zurückgelegt hatte, vernahm ich vom Himmel eine Stimme: »Oh Mohammed! Du bist der Apostel Gottes, und ich bin Gabriel.« Ich erhob mein Haupt zum Himmel, um zu sehen, wer dort sprach, und siehe da, es war Gabriel in der Gestalt eines Menschen, der da breitbeinig am Horizont stand. Ich stand da und starrte ihn an, ohne einen Schritt nach vorn oder nach rückwärts zu tun; dann wandte ich allmählich mein Gesicht von ihm ab, doch an welche Stelle des Himmels ich auch blickte, überall sah ich ihn genauso wie zuvor.[3]

Im Islam wird Gabriel oft mit dem Heiligen Geist der Offenbarung gleichgesetzt, durch den Gott zu den Menschen spricht. Bei Mohammeds Erscheinung handelte es sich jedoch nicht um eine hübsche, naturalistische Engelsgestalt, sondern um eine überwältigende, allgegenwärtige Erscheinung, der man nicht entrinnen konnte. Mohammed hatte eine Vorahnung von der numinosen Wirklichkeit erhalten, die hebräischen Propheten hatten diese Erfahrung der furchteinflößenden Andersartigkeit Gottes als *kaddosh* (Heiligkeit) bezeichnet. Auch sie hatten sich dem Tod sehr nahe gefühlt – eine physische und psychische Grenzerfahrung. Anders als Jesaja oder Jeremia konnte Mohammed jedoch nicht auf überlieferte Traditionen zurückgreifen und in heiligen Schriften Rat und Trost suchen. Das erschreckende Erlebnis traf ihn vollkommen unvorbereitet und versetzte ihn in einen schweren Schockzustand. In seiner Qual floh er instinktiv zu seiner Frau Khadija.

Am ganzen Körper heftig zitternd, kroch er auf allen vieren auf sie zu, warf sich in ihren Schoß und schrie: »Schütze mich! Schütze mich!« Er flehte sie an, ihn vor der göttlichen Erscheinung zu verbergen. Als seine Furcht sich etwas gelegt hatte, fragte er sie, ob er denn nun wirklich *majnun* geworden sei. Khadija beruhigte ihn sofort: »Du bist freundlich und aufmerksam zu deinen Mitmenschen. Du hilfst den Armen und Elenden und trägst ihre Lasten. Du bemühst dich um die Wiederherstellung der hohen moralischen Werte, die deine Leute verloren haben. Du achtest die Gesetze der Gastfreundschaft und kommst den Bedrängten zu Hilfe. Mein lieber Mohammed, das kann nicht sein!«[4] So willkürlich handelte Gott nicht. Khadija schlug vor, den Rat ihres Vetters Waraqa Ibn Nawfal einzuholen, der inzwischen Christ geworden war und die Heilige Schrift sehr gut kannte. Waraqa hatte keinerlei Zweifel: Der Gott Moses und der Propheten hatte Mohammed eine Offenbarung zuteil werden lassen, auf diese Weise war er zum Abgesandten Gottes an die Araber geworden. Erst nach mehreren Jahren war schließlich auch Mohammed davon überzeugt, daß es sich tatsächlich so verhalten mußte. Er brachte den Quraysh eine Schrift in ihrer eigenen Sprache und begann zu predigen.

Die Bibel berichtet, daß Mose auf dem Berg Sinai die gesamte Thora auf einmal geoffenbart worden sei. Der Koran dagegen wurde Mohammed über einen Zeitraum von dreiundzwanzig Jahren hinweg Stück für Stück, Zeile für Zeile, Vers für Vers geoffenbart. Auch alle weiteren Offenbarungen waren schmerzvolle Erfahrungen. »Ich habe keine einzige Offenbarung empfangen ohne das Gefühl, daß meine Seele mir aus dem Leib gerissen würde«, sagte Mohammed in späteren Jahren.[5] Er mußte den göttlichen Worten mit höchster Aufmerksamkeit lauschen. Oft hatte er Mühe, den Sinn einer Vision zu begreifen, denn die Botschaften wurden ihm nicht immer in klarer sprachlicher Form übermittelt. Manchmal war der Inhalt der göttlichen Botschaft leicht verständlich: Mohammed glaubte dann, Gabriel vor sich zu sehen, und vernahm dessen Worte klar und deutlich. Andere Offenbarungen waren hingegen auf quälende Weise undeutlich: »Manche sind wie der Widerhall von Glocken; das sind die schwierigsten; die Töne verklingen, wenn mir bewußt geworden ist, was sie bedeuten.«[6] Die frühen Biographen der klassischen Periode stellen Mohammed als einen Menschen dar, der intensiv auf das lauscht, was wir vielleicht das Unbewußte nennen würden. Ganz ähnlich haben Dichter den Prozeß des Schaffens beschrieben: Wie ein Außenstehender »lauscht« der Dichter einem Gedicht, das sich ganz allmählich aus den verborgenen Winkeln des Geistes herausschält und wie von selbst eine eigenständige, überzeugende Form annimmt. Im Koran weist Gott Mohammed an, er solle den Botschaften, die er nicht auf Anhieb verstehe, aufmerksam und mit Geduld lauschen. Wordsworth hätte diese Haltung wahrscheinlich als »weise Passivität« bezeichnet.[7] Er dürfe die Worte und ihre Bedeutung nicht vorschnell zu erzwingen versuchen, die wahre Bedeutung werde man ihm zum richtigen Zeitpunkt schon enthüllen.

> Bewege deine Zunge nicht damit, so daß du dich damit übereilst! Es ist unsere Aufgabe, ihn [den Korantext] zusammenzubringen und zu rezitieren. Und wenn wir ihn rezitiert haben, dann folge seiner Rezitierung! Hierauf ist es unsere Aufgabe, ihn darzulegen.[8]

Das Aufnehmen und Verstehen der Botschaften war so schwierig wie jeder kreative Prozeß. Gewöhnlich verfiel Mohammed in einen Trancezustand, in dem er manchmal sein Bewußtsein zu verlieren schien. Selbst an kalten Tagen schwitzte er stark, und oft fühlte er eine innere Schwere, die ähnlich wie Leid so sehr auf ihm lastete, daß er seinen Kopf zwischen die Knie senken mußte. Diese Haltung nahmen zu jener Zeit gewöhnlich auch die jüdischen Mystiker ein, wenn sie in einen anderen Bewußtseinszustand eintraten – doch das konnte Mohammed nicht gewußt haben.
Es überrascht nicht, daß Mohammed die Offenbarungen als harte, schmerzvolle Prüfungen empfand. Schließlich erarbeitete er auf diese Weise nicht nur eine völlig neue politische Lösung für sein Volk, sondern verfaßte gleichzeitig auch eines der großen Werke der Religion und Literatur. Er glaubte, das unsagbare Wort Gottes in ara-

bischer Sprache auszudrücken, und tatsächlich erhielt der Koran in der Spiritualität des Islam eine genauso zentrale Bedeutung wie Jesus, der Logos, in der christlichen Religion. Wir wissen mehr über Mohammed als über jeden anderen großen Religionsstifter und können im Koran, dessen verschiedene Kapitel oder Suren sich relativ genau datieren lassen, sogar mitverfolgen, wie seine Vision sich allmählich herauskristallisierte, weiterentwickelte und allmählich universelle Züge annahm. Am Anfang konnte er noch nicht ermessen, was ihm bevorstand, doch während er weiterhin nur auf die innere Logik der Ereignisse reagierte, begann er Stück für Stück zu begreifen. Im Koran liegt uns ein zeitgenössischer Kommentar über die Anfänge des Islam vor, der in der Religionsgeschichte absolut einzigartig ist. In diesem geheiligten Buch scheint Gott eine ganze Reihe aufeinanderfolgender Ereignisse selbst zu kommentieren. Er antwortet auf einige Kritiker Mohammeds, erklärt die Bedeutung eines Kampfes oder eines Konflikts innerhalb der frühen muslimischen Gemeinde und weist auf die göttliche Dimension des menschlichen Lebens hin. Mohammed erhielt die Botschaften allerdings nicht in der Reihenfolge, in der sie heute im Koran stehen. Er horchte einfach immer nur auf den tieferen Sinn dessen, was ihm eher zufällig, gelegentlich auch im Zusammenhang mit irgendwelchen aktuellen Ereignissen, eingegeben wurde. Jedesmal, wenn Mohammed, der weder lesen noch schreiben konnte, eine neue Offenbarung erhielt, rezitierte er sie laut; die meisten Muslime lernten die Worte auswendig, und die wenigen, die des Schreibens kundig waren, notierten sie. Ungefähr zwanzig Jahre nach Mohammeds Tod stellte man die Offenbarungen zum ersten Mal offiziell zu einem Buch zusammen. Die Herausgeber des Werkes setzten die längsten Suren an den Anfang und die kürzesten an den Schluß. Dieses Verfahren war weniger willkürlich, als es scheinen mag, denn der Koran ist weder eine Erzählung noch eine Erörterung, darum müssen die Einzelteile nicht systematisch angeordnet werden. Im Koran werden viele unterschiedliche Themen behandelt: Gottes Gegenwart in der natürlichen Welt, das Leben der Propheten oder das Jüngste Gericht. Jemand aus dem Westen, der die außerordentliche Schönheit des Arabischen nicht zu würdigen weiß, könnte den Eindruck gewinnen, der Koran sei langweilig und voller Wiederholungen. Offenkundig geht es immer wieder um die gleichen Themen. Der Koran war jedoch nicht für die intensive private Lektüre bestimmt, sondern für liturgisches Rezitieren. Wenn ein Muslim hört, wie in der Moschee eine Sure gesungen wird, dann werden ihm dadurch alle zentralen Inhalte seines Glaubens ins Gedächtnis gerufen.

Als Mohammed in Mekka zu predigen begann, hatte er eine recht bescheidene Vorstellung von seiner neuen Rolle. Er hielt sich nicht für den Stifter einer neuen Weltreligion, sondern wollte den Quraysh lediglich die alte Religion des einen Gottes überbringen. Er wandte sich an die Menschen in und um Mekka; daß er auch vor den anderen arabischen Stämmen predigen sollte, kam ihm zunächst gar nicht in den Sinn.[9] Er träumte nicht davon, eine neue Theokratie zu begründen, er wußte wahrscheinlich nicht einmal, was eine Theokratie überhaupt war. Er übte in der Stadt keine politische Funktion aus, er war nur der *nadhir*, der Warner.[10] Allah hatte ihn geschickt, um den Quraysh die mit ihrer gegenwärtigen Lage verbundenen Gefahren aufzuzeigen. Dennoch war seine frühe Botschaft nicht düster oder unheilschwanger, sondern voller Freude und Hoffnung. Mohammed brauchte den Quraysh die Existenz Gottes nicht zu beweisen, sie alle glaubten vorbehaltlos an Allah, den Schöpfer von Himmel und Erde, der ihrer Meinung nach mit dem Gott der Juden und der Christen identisch war. An seiner Existenz zweifelte niemand. So hatte Gott schon in einer frühen Sure des Korans zu Mohammed gesagt:

> Und wenn du sie fragst, wer Himmel und Erde geschaffen und Sonne und Mond in den Dienst gestellt hat, sagen sie »Allah«. ... Und wenn du sie fragst, wer vom Himmel Wasser hat herabkommen lassen und dadurch die Erde, nachdem sie abgestorben war, belebt hat, sagen sie: »Allah«.[11]

Das Problem bestand darin, daß die Quraysh überhaupt nicht darüber nachdachten, was dieser Glaube eigentlich bedeutete. Der ersten Offenbarung zufolge hatte Gott jeden von ihnen aus einem Samentropfen geschaffen. Ihre gesamte Existenz hing von Gott ab, er gab ihnen Nahrung und alles, was sie zum Leben brauchten.

Dennoch betrachteten sie sich nach wie vor als den Mittelpunkt des Universums. In ihrer wirklichkeitsfremden Selbstherrlichkeit *(yatqa)* und Selbstzufriedenheit *(istaqa)* übersahen sie ihre Pflichten als Mitglieder einer sittlichen arabischen Gemeinschaft.[12] Folglich werden die Quraysh in den frühen Versen des Koran stets aufgefordert, sich der überall sichtbaren Güte Gottes bewußt zu werden. Erst dann würden sie begreifen, wieviel sie ihm trotz ihres neuen materiellen Erfolges nach wie vor zu verdanken hatten, und ihre Abhängigkeit vom Schöpfer der natürlichen Ordnung erkennen:

> [Nur zu oft] zerstört der Mensch sich selbst: wie hartnäckig verleugnet er die Wahrheit!
> Aus was hat Gott ihn denn geschaffen? Aus einem Tropfen Sperma hat er ihn geschaffen. Und er setzte ihm sein Maß und Ziel. Hierauf machte er ihm den Weg [durchs Leben] leicht. Hierauf läßt er ihn sterben und bringt ihn ins Grab. Hierauf erweckt er ihn, wann er will zu neuem Leben.
> Nein! Der Mensch hat [seit es ihn auf der Welt gibt] noch nicht ausgeführt, was Gott ihm befohlen hat.
> Der Mensch möge doch einmal sein Augenmerk auf seine Nahrung richten [und überlegen, wie sie zustande kommt], nämlich daß wir das Wasser in Strömen [vom Himmel] herabkommen lassen und hierauf die Erde überall aufspalten und Korn auf ihr wachsen lassen, dazu Weinstöcke und Pflanzen, Ölbäume und Palmen, dicht bewachsene Gärten, Früchte und Gräser [aller Art], euch und eurem Vieh zu Nutz.[13]

Die Existenz Gottes wird also nicht in Frage gestellt. Der Koran versteht unter einem »Ungläubigen« *(kafir bi na'mat al-Lah)* keinen Atheisten in unserem Sinne – einen Menschen, der nicht an Gott glaubt –, sondern einen Menschen, der Gott gegenüber undankbar ist, der zwar ganz klar erkennen kann, was er Gott verdankt, sich jedoch weigert, ihn zu ehren.

Der Koran lehrte die Quraysh nichts Neues. In der Schrift heißt es regelmäßig, bekannte Dinge sollten ins Bewußtsein gerufen werden, und diese werden dann immer wieder deutlich und klar beschrieben. Oft wird im Koran ein Thema zum Beispiel mit einer Frage eingeleitet: »Hast du nicht gesehen …?« oder »Hast du nicht bedacht …?« Das Wort Gottes gab keine willkürlichen Befehle von höchster Stelle, sondern begann ein Gespräch mit den Quraysh. Es erinnerte sie daran, daß die Kaaba, das Haus Allahs, in hohem Maße für ihren Erfolg mit verantwortlich war, daß sie ihn in gewissem Sinne Gott zu verdanken hatten. Es bereite den Quraysh Freude, auf rituelle Weise um den Schrein zu laufen, wenn sie jedoch sich und ihren eigenen materiellen Erfolg zum Mittelpunkt ihres Lebens machten, dann hätten sie die Bedeutung dieser alten Rechtleitungsriten vergessen. In der natürlichen Welt sollten sie nach den »Zeichen« *(ayat)* von Gottes Güte und Macht Ausschau halten. Wenn sie sich nicht darum bemühten, Gottes Güte auch in ihrer Gemeinschaft nachzueifern, dann werde ihnen die wahre Natur der Dinge fremd werden. Daher hielt Mohammed seine Gläubigen dazu an, sich zweimal täglich zum rituellen Gebet *(salat)* zu verneigen. Diese äußerliche Geste würde den Muslimen helfen, eine entsprechende innere Einstellung auszubilden und ihr Leben neu auszurichten. Schließlich wurde Mohammeds Religion als Islam bekannt, als Akt der existentiellen Unterwerfung jedes Gläubigen unter den Willen Allahs. Ein Muslim ist ein Mensch, der sein ganzes Wesen seinem Schöpfer unterstellt hat. Die Quraysh waren entsetzt, als sie sahen, wie sich die ersten Muslime zum Gebet zu Boden warfen; sie fanden es unerträglich, daß ein Mitglied des edlen Stammes der Quraysh, der seit Jahrhunderten aus stolzen, unabhängigen Beduinen bestand, wie ein Sklave auf dem Boden herumkroch. Die Muslime mußten sich in die engen Täler rings um die Stadt zurückziehen und heimlich dort beten. Die Reaktion der Quraysh zeigt, daß Mohammed ihre Denkweise völlig richtig eingeschätzt hatte.

Was das praktische Leben betraf, so bedeutete der Islam, daß jeder Muslim die Pflicht hatte, eine gerechte, unparteiische Gesellschaft zu schaffen, in der die Armen und die Schwachen anständig behandelt wurden. Die frühe moralische Botschaft des Islam war einfach: Es ist falsch, Reichtümer anzuhäufen und ein privates Vermögen anzusammeln, gut ist es hingegen, den Reichtum mit der Gesellschaft zu teilen, indem man einen bestimmten

Anteil an die Armen gibt.[14] Almosen *(zakat)* und Gebet *(salat)* waren zwei der fünf »Hauptstützen« *(rukn)* oder religiösen Pflichten des Islam. Wie die hebräischen Propheten, so predigte auch Mohammed eine Ethik, die als Folge der Verehrung des einen Gottes in gewissem Sinne sozialistisch war. Es gab keine bindenden Lehren über Gott. Tatsächlich sind theologische Spekulationen dem Koran höchst suspekt; sie werden als *zanna* abgetan, als selbstgefälliges Herumdeuten an Dingen, die kein Mensch wissen oder beweisen kann. Die christlichen Lehren von der Inkarnation und der Dreieinigkeit sind hervorragende Beispiele für *zanna*, daher ist es nicht überraschend, daß die Muslime diese Lehren gotteslästerlich fanden. Wie im Judentum ist auch im Islam Gott eher ein moralischer Imperativ. Obwohl Mohammed praktisch keinen Kontakt zu Juden oder Christen und deren Schriften hatte, war er direkt zum Kern des historischen Monotheismus vorgestoßen.

Der Allah des Korans ist jedoch unpersönlicher als JHWH, ihm fehlen das Pathos und die Leidenschaftlichkeit des biblischen Gottes. Nur in den »Zeichen« der Natur läßt sich nach dem Koran etwas von Gott erkennen, auch ist er so transzendent, daß man nur in »Zeichen« (oder Versen) über ihn sprechen kann.[15] Der Koran ermahnt daher die Muslime ständig, die Welt als eine Epiphanie zu betrachten: Sie müssen im Geiste den Versuch unternehmen, die fragmentarische Welt erkennend zu durchdringen, um zur vollen Kraft des ursprünglichen Seins vorzustoßen, zu jener transzendenten Wirklichkeit, die alle Dinge erfüllt. Die Muslime sollen sich bewußt um ein sakramentales oder symbolisches Gottesverständnis bemühen:

In der Erschaffung von Himmel und Erde; im Aufeinanderfolgen von Tag und Nacht; in den Schiffen, die zum Nutzen der Menschen auf dem Meer fahren; darin, daß Gott Wasser vom Himmel hat herabkommen lassen, um dadurch die Erde, nachdem sie abgestorben war, zu beleben; darin, daß er auf ihr allerlei Getier sich hat ausbreiten lassen; darin, daß die Winde wechseln; in den Wolken, die zwischen Himmel und Erde in Dienst gestellt sind, in alledem liegen Zeichen für Leute, die Verstand haben.[16]

Der Koran betont ständig, daß es nötig sei, die »Zeichen« oder »Botschaften« Gottes mit Verstand zu deuten. Die Muslime sollen also nicht auf ihre Intelligenz verzichten, sondern die Welt aufmerksam und neugierig beobachten. Aus dieser Einstellung erwuchs eine differenzierte naturwissenschaftliche Tradition, denn im Gegensatz zu den Christen betrachteten die Muslime die Naturwissenschaften nicht als eine Bedrohung für die Religion. Beim Studium der Vorgänge in der natürlichen Welt offenbart sich, daß sie eine transzendente Dimension und einen Schöpfer hat, über den wir nur in »Zeichen« und »Symbolen« reden können. Selbst die Geschichten der Propheten, die Berichte über das Jüngste Gericht und die Freuden des Paradieses sollten nicht wörtlich, sondern als Parabeln über eine höhere, unfaßliche Wirklichkeit aufgefaßt werden.

Das größte Zeichen von allen ist jedoch der Koran selbst, entsprechend werden seine Verse auch *ayat* genannt. Die Menschen im Westen halten den Koran für ein schwer verständliches Buch, das Hauptproblem liegt jedoch in der Übersetzung. Das Arabische ist ganz besonders schwierig zu übersetzen. Selbst gewöhnliche Literatur oder die weltlichen Äußerungen von Politikern klingen in der Übersetzung oft sonderbar und gestelzt, um so mehr gilt das für ein Buch wie den Koran, der in einer dichten, elliptischen Sprache voller Anspielungen verfaßt ist. Insbesondere die ersten Suren erwecken den Eindruck, als sei die menschliche Sprache unter der Macht des Göttlichen zerborsten und zersplittert. Von Muslimen hört man, sie hätten bei der Lektüre einer Koranübersetzung stets das Gefühl, es handele sich um ein vollkommen anderes Buch, weil darin die Schönheit des Arabischen verlorengegangen sei. Wie schon der Name sagt, ist der Koran für lautes Rezitieren bestimmt, die Wirkung des Vortrags beruht zu einem wesentlichen Teil auf dem Klang der Sprache. Die Muslime sagen, wenn in der Moschee der Koran gesungen wird, fühlen sie sich auf ähnliche Weise in eine göttliche Schalldimension eingehüllt wie Mohammed auf dem Berg Hira in die Umarmung Gabriels. Der Klang sei dann ebenso allgegenwärtig wie der Engel, den Mohammed überall am Horizont erblickte. Der Koran ist kein Buch, das man einfach nur liest, um sich zu informieren. Es soll einen Sinn für das Göttliche vermitteln und darf nicht eilig überflogen werden:

Und so haben wir diese Schrift als einen arabischen Koran hinabgesandt. Und wir haben darin eine gewisse Drohung abgewandelt. Vielleicht würden sie gottesfürchtig sein. Oder er [der Koran] bringt ihnen eine neue Mahnung. Und Gott ist erhaben. Er ist der wahre König *[al-Malik]*. Übereile dich nicht mit dem Koran, bevor er dir endgültig eingegeben worden ist! Und sag: Herr! Laß mich an Wissen zunehmen![17]

Die Muslime behaupten, wenn sie auf die richtige Weise an den Koran herangingen, dann vermittele er ihnen ein Gefühl von Transzendenz, einen Eindruck von jener letzten Wirklichkeit und Kraft, die jenseits der vergänglichen und flüchtigen Phänomene der irdischen Welt liegt. Die Lektüre des Korans ist daher eine spirituelle Disziplin, die Christen möglicherweise nicht leicht verstehen können, denn während die Juden das Hebräische, die Hindus das Sanskrit und die Muslime das Arabische haben, steht den Christen keine solche heilige Sprache zur Verfügung. Das Wort Gottes ist für sie Jesus, und das Griechische des Neuen Testaments hat für sie nichts Heiliges. Die Juden hingegen haben zu ihrer Thora ein ganz ähnliches Verhältnis wie die Muslime zum Koran. Wenn sie die ersten fünf Bücher der Bibel studieren, dann lassen sie nicht einfach ihre Augen über die Seite gleiten, sondern sprechen die Worte oft laut vor sich hin und kosten sie aus als die Worte, die Gott selbst gesprochen hat, als er sich Mose auf dem Berg Sinai offenbarte. Manchmal wiegen sie ihren Körper vor und zurück – wie eine Flamme im Odem des Heiligen Geistes. Juden, die ihre Bibel auf diese Weise lesen, erleben dabei offensichtlich ein ganz anderes Buch als Christen, die den überwiegenden Teil des Pentateuch ausgesprochen langweilig und unverständlich finden.

Die frühen Biographen Mohammeds beschreiben übereinstimmend, wie ungeheuer erstaunt und schockiert die Araber reagierten, wenn sie zum ersten Mal die Worte des Korans hörten. Manche waren auf der Stelle bekehrt, weil die außergewöhnliche Schönheit der Sprache nur das Werk Gottes sein konnte. Häufig schilderten die Bekehrten die Erfahrung als ein Eindringen Gottes, das verborgene Sehnsüchte freisetzte und eine Flut von Gefühlen auslöste. So war zum Beispiel der junge Qurayshi Umar Ibn al-Khattab lange

Zeit ein böswilliger Gegenspieler Mohammeds und hätte als überzeugter Anhänger des alten Heidenglaubens nicht gezögert, den Propheten zu ermorden. Dieser Saulus von Tarsus wurde nicht durch eine Vision von Jesus, dem Wort, bekehrt, sondern durch den Koran. Von der Bekehrungsgeschichte gibt es zwei Versionen, die beide mitteilenswert sind. Nach der ersten soll Umar seine heimlich zum Islam bekehrte Schwester ertappt haben, wie sie zu Hause einem Koranrezitator lauschte, der ihr eine neue Sure vortrug. »Was war denn das für ein Unsinn?« brüllte er ärgerlich, nachdem er das Haus betreten und die arme Fatima zu Boden gestoßen hatte. Als er sah, daß sie blutete, schien er sich doch zu schämen, denn auf einmal veränderte sich sein Gesichtsausdruck. Umar hob das Manuskript auf, das der Koranrezitator in der allgemeinen Aufregung fallengelassen hatte, und begann zu lesen, denn er gehörte nicht nur zu den wenigen Quraysh, die lesen und schreiben konnten, sondern war sogar eine anerkannte Autorität auf dem Gebiet mündlicher, arabischer Dichtung und wurde häufig von Dichtern über die genaue Bedeutung der Sprache befragt. So etwas wie der Koran war ihm noch nie untergekommen. »Wie fein und edel diese Sprache ist!« sagte er voller Erstaunen und war augenblicklich zu der neuen Religion Allahs bekehrt.[18] Die Schönheit der Worte hatte seinen Panzer aus Haß und Voreingenommenheit durchdrungen und in seinem Innersten einen empfänglichen Punkt getroffen, von dem er gar nichts gewußt hatte. Wer hat es nicht erlebt, daß ein Gedicht eine Erkenntnisebene angesprochen hat, die tiefer liegt als unser rationales Bewußtsein? In der anderen Geschichte von Umars Bekehrung traf er in der Kaaba eines Abends Mohammed, der vor dem Schrein leise für sich selbst den Koran rezitierte. Da er glaubte, die Worte könnten ihn interessieren, kroch er unter das Damasttuch, mit dem der große Granitwürfel zugedeckt war, und schlich darunter so lange um den Stein herum, bis er direkt vor dem Propheten stand. Sein Satz »Da war nichts weiter zwischen uns als das Tuch der Kaaba« drückt in einem übertragenen Sinn auch seine Aufnahmebereitschaft aus. Dann entfaltete das Arabische seinen Zauber: »Als ich den Koran hörte, wurde mein Herz erweicht, und ich weinte, und der Islam zog in mich ein.«[19] Erst durch den Koran war Gott nicht länger eine mächtige Wirklichkeit ganz weit »da draußen«, sondern hielt Einzug in den Kopf, in das Herz und in das ganze Wesen jedes Gläubigen.

Vielleicht könnte man die Erfahrung Umars und aller anderen Muslime, die vom Koran bekehrt wurden, mit der Erfahrung von Kunst vergleichen, wie George Steiner sie in seinem Buch *Von realer Gegenwart: Hat unser Sprechen Inhalt?* beschrieb. Er spricht von der »Indiskretion ernstzunehmender Kunst und Literatur und Musik«, die »bis in die letzten privaten Sphären unserer Existenz forschen«. Wie eine Invasion oder Verkündigung brechen sie »in das kleine Haus unseres vorsichtigen Daseins« herein und befehlen uns gebieterisch: »Du mußt dein Leben ändern!« Nach einer solchen Provokation »ist das Haus nicht mehr in derselben Weise bewohnbar wie zuvor«.[20] Muslime wie Umar scheinen ähnlich aufwühlende Empfindungen erlebt zu haben, eine Art Erwachen und ein verwirrendes Gefühl von Bedeutsamkeit. Diese Erfahrung versetzte sie in die Lage, den schmerzhaften Bruch mit der Vergangenheit zu vollziehen. Selbst jene Qurayshis, die sich gegen den Islam wehrten, brachte der Koran in Unruhe, denn er schien all ihre gewohnten Denkweisen außer Kraft zu setzen. Er war etwas vollkommen anderes als die Inspiration eines Wahrsagers oder eines Dichters und auch mit dem Zauber von Musik nicht vergleichbar. Einige Geschichten schildern starke Qurayshis, die hartnäckige Gegner des Koran blieben, aber sichtlich erschüttert waren, wenn sie einer Sure lauschten. Mohammed hatte offenbar eine ganz neue literarische Form geschaffen, manche wußten noch nichts damit anzufangen, andere waren fasziniert. Ohne den Koran hätte der Islam wahrscheinlich nie Fuß fassen können. Wir haben gesehen, daß die Israeliten ungefähr siebenhundert Jahre brauchten, um ihre alten religiösen Bräuche abzulegen und den Monotheismus anzunehmen, Mohammed dagegen ermöglichte den Arabern diesen schwierigen Übergang in nur dreiundzwanzig Jahren. Mohammed war Dichter und Prophet zugleich und der Koran Literatur und Theophanie in einem. Dieses Zusammentreffen veranschaulicht auf verblüffende Weise die Kongruenz von Kunst und Religion.

Während der ersten Jahre von Mohammeds Wirken fühlten sich besonders junge Menschen zu ihm hingezogen. Sie nahmen den neuen Glauben unter anderem deswegen an, weil sie vom kapitalistischen Geist Mekkas zunehmend enttäuscht waren. Zu den Neubekehrten gehörten aber auch viele Unterprivilegierte und Mitglieder sonstiger Randgruppen wie Frauen, Sklaven und Angehörige der schwächeren Klans. Wenn man bestimmten frühen Quellen Glauben schenken darf, dann sah es eine Zeitlang so aus, als würde ganz Mekka Mohammeds reformierte Religion von Allah gutheißen oder zumindest tolerieren. Die reicheren Schichten der Gesellschaft, die mit dem Status quo höchst zufrieden waren, blieben verständlicherweise auf Distanz, aber es kam zu keinem offiziellen Bruch mit den führenden Quraysh – bis Mohammed den Muslimen verbot, die heidnischen Götter anzubeten. In den ersten drei Jahren seines Wirkens hatte Mohammed anscheinend den monotheistischen Inhalt seiner Botschaft nicht besonders betont, und die Menschen dachten wohl, sie könnten weiterhin Allah, den Hochgott, und daneben die traditionellen Gottheiten Arabiens verehren. Doch dann verdammte er die alten Kulte als götzendienerisch, und über Nacht verlor er die meisten seiner Anhänger, der Islam wurde zu einer verachteten und verfolgten Minderheitenreligion. Wir haben gesehen, daß der Glaube an nur einen Gott einen schmerzhaften Bewußtseinswandel erfordert. Wie die frühen Christen wurden auch die ersten Muslime eines »Atheismus« bezichtigt, der für die Gesellschaft angeblich zutiefst bedrohlich war. Die erst vor kurzer Zeit in Mekka entstandene städtische Kultur war offenkundig immer noch eine so zerbrechliche Errungenschaft, daß viele Quraysh trotz ihrer stolzen Selbstzufriedenheit wohl genausoviel Angst und Schrecken im Leibe hatten wie jene Bürger Roms, die lautstark nach Christenblut schrien. Die Quraysh empfanden einen Bruch mit dem Gott ihrer Vorfahren als bedrohlich, nach kurzer Zeit war Mohammeds Leben ernsthaft gefährdet. Westliche Orientalisten gehen gewöhnlich davon aus, daß der Bruch mit den Quraysh zeitlich mit dem nie erwiesenen Auftauchen der Satanischen Verse zusammenfiel, einem seit der tragischen Salman-Rushdie-Affäre weltweit bekannten Ereignis. Drei der arabischen Gottheiten waren den Arabern vom Hedjas besonders lieb: al-Lat (deren Name einfach nur »die Gottheit« bedeutete), al-Ussa (die Mächtige) mit ihren Schreinen in Taif und Naklah im Südosten von Mekka, sowie Manat, die

Schicksalhafte, deren Schrein sich in Qudayd am Ufer des Roten Meeres befand. Es handelte sich nicht um voll personalisierte Gottheiten wie Juno oder Pallas Athene. Oft wurden sie schlicht als »Töchter Allahs« bezeichnet, was jedoch keineswegs auf ein voll entwickeltes Pantheon schließen läßt. Die Araber benutzten solche Verwandtschaftsbezeichnungen einfach nur, um eine abstrakte Beziehung auszudrücken: So waren mit »Töchter des Schicksals« lediglich Mißgeschicke oder Schicksalsschläge gemeint, und vielleicht hieß der Begriff Töchter Allahs nicht mehr als »göttliche Wesen«. In den Schreinen befanden sich keine Statuen, die Gottheiten darstellten, sondern nur große, senkrecht aufgestellte Steine ähnlich denen der Kanaaniter. Die Araber beteten jedoch nicht einfach plump diese Steine an, sondern verehrten sie als Kristallisationspunkte des Göttlichen. Wie die Kaaba in Mekka waren auch die Schreine in Taif, Naklah und Qudayd zu wichtigen geistigen Wegmarken in der Glaubenswelt der Araber geworden. Seit unvordenklichen Zeiten hatten ihre Vorfahren sie angebetet, das vermittelte ein wohltuendes Gefühl von Tradition und Beständigkeit.

Die Geschichte der Satanischen Verse wird weder im Koran noch in irgendeiner der frühen mündlichen oder schriftlichen Quellen erwähnt. Sie ist auch nicht in der wichtigsten Mohammed-Biographie, der *Sira* von Ibn Ishaq, zu finden, sondern nur im Werk von Abu Jafar at-Tabari (gestorben 923), einem Historiker des 10. Jahrhunderts. Er schreibt, Mohammed sei so betrübt darüber gewesen, daß der größte Teil seines Stammes sich nach seinem Verbot der traditionellen Götterkulte von ihm abgewandt hatte, daß er, von Satan »inspiriert«, ein paar böse Verse von sich gegeben und den Gläubigen erlaubt habe, die Töchter Allahs als engelähnliche Mittlerwesen zu verehren. In diesen sogenannten Satanischen Versen seien die drei Gottheiten Allah nicht gleichgestellt, sondern als spirituelle Wesen von niedrigerem Rang eingestuft worden, die bei ihm Fürbitte für die Menschen hätten einlegen können. Erst später, so Tabari weiter, habe Gabriel dem Propheten geoffenbart, daß diese Verse satanischen Ursprungs gewesen seien. Sie sollten daher aus dem Koran entfernt und durch jene Zeilen ersetzt werden, die die Töchter Allahs zu bloßen Projektionen und Einbildungen erklärten:

Was meint ihr denn, [wie es sich] mit al-Lat und al-Ussa [verhält], und weiter mit Manat, der dritten? ... Das sind bloße Namen, die ihr und eure Väter aufgebracht habt, und wozu Gott keine Vollmacht herabgesandt hat. Sie [das heißt diejenigen, die derartige Wesen als göttlich verehren] gehen nur Vermutungen nach und dem, wonach [ihnen] der Sinn steht, wo doch die Rechtleitung von ihrem Herrn zu ihnen gekommen ist.[21]

Dies ist das radikalste Verdammungsurteil im Koran über die traditionellen heidnischen Götter; nachdem diese Verse in den Koran aufgenommen worden waren, war eine Versöhnung mit den Quraysh nicht mehr möglich. Von da an war Mohammed strikter Monotheist, und *shirk,* Götzendienst oder die Verehrung von anderen Göttern neben Allah, war eine der größten Sünden im Islam.

Mohammed hat in den Satanischen Versen, falls es sie je gegeben hat, kein einziges Zugeständnis an die Vielgötterei gemacht. Die Annahme, Satans Rolle habe darin bestanden, den Koran vorübergehend mit dem Bösen zu vergiften, wäre ebenfalls unrichtig; für den Islam war Satan eine viel unkompliziertere Figur als später für die Christen. Im Koran heißt es, Satan werde am letzten Tag vergeben werden, und mit dem Wort »Schaitan« bezeichneten die Araber oft nur einen ganz und gar menschlichen Verführer oder eine ganz natürliche Versuchung.[22] Vielleicht waren die Satanischen Verse ein Ausdruck von Mohammeds Schwierigkeit, die unsagbare Botschaft Gottes in menschliche Sprache umzuwandeln. Sie können im Zusammenhang mit bestimmten kanonischen Koranversen gesehen werden, in denen angedeutet wird, den meisten anderen Propheten seien beim Übermitteln der göttlichen Botschaft ähnliche »satanische Ausrutscher« unterlaufen, Gott habe jedoch ihre Fehler stets berichtigt, indem er ihnen statt der »satanischen Eingebung« eine neue, überlegene Offenbarung heruntergeschickt habe. Eine andere, eher säkulare Erklärung für solche Korrekturen wäre, daß Mohammed wie jeder andere kreative Künstler sein Werk im Lichte neuer Erkenntnisse nochmals überarbeitete. Aus den Quellen geht hervor, daß Mohammed sich strikt weigerte, den Quraysh gegenüber irgendwelche Kompromisse in bezug auf die alten Götzen zu machen. Er war ein pragmatischer Mann und im allgemeinen jederzeit gerne bereit, den Quraysh in wichtigen Punkten entgegenzukommen. Wenn sie ihn jedoch um eine Lösung angingen, die es ihnen ermöglichen würde, weiterhin die Götter ihrer Vorfahren zu verehren, während er und seine Muslime ausschließlich Allah anbeten könnten, lehnte er entschieden ab. So heißt es im Koran: »Ich verehre nicht, was ihr verehrt, und ihr verehrt nicht, was ich verehre ... Ihr habt eure Religion, und ich die meine!«[23] Die Muslime unterwarfen sich nur Gott allein, den von den Quraysh verehrten Götzen, seien es nun Gottheiten oder Werte, würden sie niemals dienen. Mohammed war von nun an ein unerbittlicher Monotheist.

Der Ethik des Korans liegt die Vorstellung von der Einzigartigkeit Gottes zugrunde. Wer materiellen Werten anhängt oder sein Vertrauen in geringere Wesen setzt, begeht die größte Sünde des Islam: *shirk*, Götzendienst. Genau wie die jüdischen Schriften verhöhnt auch der Koran die heidnischen Gottheiten als vollkommen wirkungslos. Diese Götter können den Menschen nicht ernähren und versorgen. Es ist nicht gut, sie zum Mittelpunkt des Lebens zu machen, da sie machtlos sind. Ein Muslim muß sich statt dessen stets vergegenwärtigen, daß Allah die letzte und einzige Wirklichkeit ist:

> Sag: Er ist Gott, der einzige, Gott, der Souveräne. Gott, der Ewige, hat weder gezeugt, noch ist er gezeugt worden. Und keiner ist ihm ebenbürtig.[24]

Christen wie Athanasius hatten ebenfalls darauf bestanden, daß allein der Schöpfer, der Ursprung des Seins, die Macht habe, die Menschen zu erlösen, und diese Erkenntnis kam auch in den Lehren von der Dreieinigkeit und der Inkarnation zum Ausdruck. Der Koran kehrt zu einer semitischen Auffassung vom Göttlichen zurück und verwahrt sich gegen die Vorstellung eines von Gott gezeugten Sohnes. Es gibt keine Gottheit außer Allah, den Schöpfer von Himmel und Erde, nur er kann die Menschen retten und sie geistig wie körperlich am Leben erhalten. Indem die Muslime ihn allein als *as-Samad*, »die unbedingte Ursache allen Seins«, anerkennen, können sie sich auf eine jenseits von Zeit und Geschichte liegende Dimension der Wirklichkeit beziehen. Zudem konnte das

Anrufen dieser einen höheren Instanz ihnen auch helfen, das Stammesdenken zu überwinden, das das arabische Volk spaltete. Mohammed wußte, daß der Monotheismus mit Stammesrivalitäten nicht vereinbar war: Wenn alle ausschließlich eine einzige Gottheit anbeteten, dann würde die Gesellschaft dadurch ebenso zu einer Einheit werden wie jeder einzelne Mensch.

Aber darum ist das Gottesbild des Iran nicht simpel. Die einzige Gottheit ist kein Wesen wie wir selbst, das wir kennen und verstehen können. Der Satz »Allahu Akba!« (Gott ist größer!), mit dem die Muslime zum Gebet gerufen werden, betont nicht nur den Unterschied zwischen Gott und der übrigen Wirklichkeit, sondern auch den zwischen Gott, wie er in sich selbst ist *(al-Dhat),* und allem, was wir über ihn sagen können. Und doch hatte dieser unbegreifliche und unerreichbare Gott sich zu erkennen geben wollen. Nach einer frühen Tradition *(hadith)* soll Gott zu Mohammed gesagt haben: »Ich war ein verborgener Schatz; ich wollte, daß man von mir wußte. Also schuf ich die Welt, damit ich vielleicht erkannt werden würde.«[25] Muslime, die die Zeichen *(ayat)* der Natur wahrnehmen und sich mit den Versen des Korans beschäftigen, können die der Welt zugewandte Seite der Göttlichkeit erkennen, die der Koran das Angesicht Gottes nennt *(wajh al-Lah).* Wie die beiden älteren Religionen macht auch der Koran deutlich, daß wir Gott, das unfaßbare Sein, nur in seinem Handeln erkennen können, das er auf unsere begrenzte Erkenntnisfähigkeit abgestimmt hat. Der Koran fordert die Muslime dazu auf, das sie überall umgebende Angesicht Gottes ständig bewußt wahrzunehmen *(taqwa):* »Wohin ihr euch auch wendet, ist das Gesicht Allahs.«[26] Wie bei den christlichen Kirchenvätern ist auch im Koran Gott das Absolute, das allein über das wahre Sein verfügt: »Alles, was auf der Erde oder in den Himmeln lebt, wird vergehen. Aber das erhabene und ehrwürdige Antlitz deines Herrn bleibt bestehen.«[27] Im Koran wird Gott mit neunundneunzig Namen oder Attributen belegt, die alle unterstreichen, daß er »größer« ist; er ist die Quelle all dessen, was im Universum vorhanden ist. Die Welt existiert nur, weil er reich und unendlich ist *(al-Ghani);* er ist der Lebensspender *(al-Muhyi),* der Allwissende *(al-Alim),* der Schöpfer der Sprache *(al-Kalima):* Ohne ihn gäbe es kein Leben, kein Wissen und keine Sprache. Auf diese

214

Weise wird bekräftigt, daß nur Gott allein wahres Sein und wirkliche Bedeutung hat. Doch oft scheint es, als würden die göttlichen Namen sich gegenseitig aufheben. So ist Gott *al-Qahtar,* derjenige, der herrscht und seinen Feinden das Kreuz bricht, aber auch *al-Halim,* der unendlich Nachsichtige; er ist *al-Qabid,* derjenige, der wegnimmt, und *al-Basit,* der im Überfluß gibt, er ist *al-Khafid,* derjenige, der demütigt, und *ar-Rafic,* der erhöht. Die Namen Gottes spielen im Leben eines gläubigen Muslims eine zentrale Rolle, sie werden rezitiert, an den Perlen der Gebetsschnur heruntergezählt und als Mantra gesungen. All dies erinnert die Muslime daran, daß der Gott, den sie anbeten, nicht mit menschlichen Maßstäben zu messen ist und sich nicht auf simple Weise beschreiben läßt.

Die erste »Hauptstütze« des Islam ist die Schahada, das Glaubensbekenntnis: »Ich bezeuge: Es gibt keinen Gott außer Allah, und Mohammed ist sein Prophet.« Das ist mehr als eine Bestätigung der Existenz Gottes, eine Beteuerung, daß Allah die einzig wahre Wirklichkeit ist, die einzig wahre Daseinsform. Er ist die einzig wahre Wirklichkeit, Schönheit und Vollkommenheit: Wenn es so scheint, als existierten noch andere Geschöpfe und besäßen die gleichen Eigenschaften, dann nur deshalb, weil sie an diesem eigentlichen Sein teilhaben. Dieses Bekenntnis verlangt von jedem Muslim, daß er Gott an die höchste Stelle setzt, sein Leben gänzlich auf ihn ausrichtet und es dadurch zu einer Ganzheit formt. Gott ist der Eine, und das schließt aus, daß andere Gottheiten wie die Töchter Allahs ebenfalls angebetet werden können. Aber die Aussage »Gott ist der Eine« beinhaltet mehr als nur eine rein numerische Definition: Sie ist eine Aufforderung, aus der Einheit die Antriebskraft für das eigene Leben und die Gesellschaft zu machen. Nur im wahrhaft zu einer Einheit gewordenen Selbst kann die Einheit Gottes erkannt werden. Die göttliche Einheit verlangt von einem Muslim jedoch auch, daß er die religiösen Bestrebungen anderer anerkennt. Weil es nur einen Gott gibt, müssen sich alle rechtgeleiteten Religionen auf ihn beziehen. Wie sich der Glaube an Gott als der höchsten und einzigen Wirklichkeit konkret manifestiert, hängt von der jeweiligen Kultur ab, das heißt in unterschiedlichen Gesellschaftsformen kommt er auf unterschiedliche Weise zum Ausdruck. Allerdings muß jeder echte Glaube von dem inspiriert und auf den ausgerichtet sein, den die Araber seit Urzeiten Allah nennen. Einer der göttlichen Namen im Koran ist *an-Nur*, das Licht. In jenen berühmten Versen ist Gott nicht nur die Quelle allen Wissens, sondern auch das Mittel, durch das die Menschen Einblick in das Transzendente erhalten können:

> Gott ist das Licht von Himmel und Erde. Sein Licht ist einer Nische zu vergleichen *[ka]*, mit einer Lampe darin. Die Lampe ist in einem Glas, das [so blank] ist wie ein funkelnder Stern. Sie brennt [mit Öl] von einem gesegneten Baum, einem Ölbaum, der weder östlich noch westlich ist, und dessen Öl fast schon hell gibt, [noch] ohne daß [überhaupt] Feuer darangekommen ist: Licht über Licht.[28]

Das Partizip *ka* erinnert daran, daß die Aussagen des Korans über Gott im Grunde symbolisch sind. *An-Nur*, das Licht, ist nicht Gott selbst, sondern umschreibt die Erleuchtung, die Gott dem Menschen bei einer Offenbarung (der Lampe) zuteil werden läßt; diese Offenbarung leuchtet dann im Herzen des einzelnen Menschen (der Nische). Das Licht kann nicht gänzlich mit einem einzigen Erleuchteten identifiziert werden, denn es ist allen gemeinsam. Schon seit ganz frühen Zeiten wird in muslimischen Kommentaren betont, daß das Licht ein ganz besonders gutes Symbol für die Zeit und Raum transzendierende göttliche Wirklichkeit ist. Das Bild vom Ölbaum drückt die ewige Gültigkeit der Offenbarungen aus, die, aus einer »Wurzel« entsprungen, sich später zu einer immer größeren Vielfalt religiöser Erfahrungen verzweigen, ohne daß sie einer bestimmten Tradition oder einer bestimmten Gegend zugeordnet werden können. Sie sind weder auf den Osten noch auf den Westen beschränkt.

Als der Christ Waraqa Ibn Nawfal Mohammed als einen wahren Propheten anerkannte, hieß das weder für ihn noch für Mohammed, daß er nun zum Islam übertreten würde. Mohammed legte Juden oder Christen nie nahe, sich zu seiner Religion Allahs zu bekehren, es sei denn, sie selbst äußerten ausdrücklich den Wunsch, weil sie echte Offenbarungen empfangen hatten. Nach dem Koran werden durch eine neue Offenbarung die Botschaften und Einsichten vorangegangener Propheten nicht hinfällig, denn die religiöse

Erfahrung des Menschen ist etwas Kontinuierliches. Dieser Punkt muß deutlich betont werden, denn im Westen ist man im allgemeinen wenig geneigt, dem Islam die Tugend der Toleranz zuzuschreiben. Tatsächlich waren die muslimischen Vorstellungen von der Offenbarung stets weniger ausschließlich als die der Juden oder der Christen. Nicht immer ergibt sich die Intoleranz, die man dem Islam heute vielfach vorwirft, aus der hartnäckigen Verteidigung seines Gottesbildes, oft hat sie vollkommen andere Ursachen:[29] Die Muslime dulden keine Ungerechtigkeiten, und dabei macht es keinen Unterschied, ob sie von ihren eigenen Herrschern – zum Beispiel von Mohammad Resa Pahlawi, dem Schah von Persien – begangen werden oder von den mächtigen Ländern des Westens. Andere religiöse Traditionen werden im Koran nicht als falsch oder unvollkommen verdammt, statt dessen werden die Erkenntnisse jedes neuen Propheten als Bestätigung und Fortsetzung der Verkündigungen seiner Vorgänger betrachtet. Der Koran lehrt, daß Gott jedem Volk auf der Erde Propheten geschickt hat; üblicherweise ist von 124 000 die Rede. Diese symbolische Zahl soll lediglich andeuten, daß es schon unendlich viele Propheten gegeben hat. So weist der Koran wiederholt darauf hin, daß die von ihm verkündete Botschaft nicht grundlegend neu ist, und fordert die Muslime auf, ihre Verwandtschaft mit den älteren Religionen zu betonen:

> Und streitet mit den Leuten der Schrift nie anders als auf eine möglichst gute Art – mit Ausnahme derer von ihnen, die Frevler sind! Und sagt: »Wir glauben an das, was zu uns und was zu euch herabgesandt worden ist. Unser und euer Gott ist einer. Ihm sind wir ergeben.«[30]

Der Koran nennt natürlich insbesondere Apostel, die den Arabern vertraut waren: Abraham, Noah, Mose und Jesus, die zu Juden und Christen gesandt wurden. Er erwähnt auch Hud und Salih, die zu den alten arabischen Völkern von Midian und Thamood geschickt worden waren. Heute sagen die Muslime, Mohammed hätte mit Sicherheit auch die weisen religiösen Lehrer der Hindus und der Buddhisten aufgeführt, wenn er von ihnen gewußt hätte. Nach Mohammeds Tod wurde ihnen wie auch den Juden und den

Christen im islamischen Reich volle Religionsfreiheit gewährt. Auf derselben Grundlage, so die Muslime, hätte der Koran auch die Schamanen und heiligen Männer der amerikanischen Indianer und der australischen Ureinwohner geehrt.

Mohammeds Glaube an die Kontinuität der religiösen Erfahrung wurde bald auf die Probe gestellt. Nach dem Konflikt mit den Quraysh wurde das Leben in Mekka für die Muslime unerträglich, ja geradezu unmöglich. Die von keinem Stamm geschützten Sklaven und freigelassenen Sklaven waren einer unerbittlichen Verfolgung ausgesetzt, etliche verloren ihr Leben. Mohammeds eigener Clan der Hashim wurde boykottiert, seine Leute sollten ausgehungert und dadurch zur Kapitulation gezwungen werden. Der Entzug aller lebensnotwendigen Güter führte wahrscheinlich zum Tod von Mohammeds geliebter Ehefrau Khadija. Schließlich war auch Mohammed seines Lebens nicht mehr sicher. Die heidnischen Araber von Yathrib, einer Siedlung im Norden, hatten den Muslimen angeboten, ihren Clan zu verlassen und nach Yathrib auszuwandern. Noch nie hatte ein Araber sich zu einem solchen Schritt entschlossen. In Arabien war der Stamm stets ein unantastbares Gut gewesen, ihm abtrünnig zu werden verstieß gegen die elementarsten Gesetze der arabischen Gesellschaft. Yathrib war von dauernden Stammesfehden, die sich offensichtlich nicht beilegen ließen, vollkommen zerrissen, und viele Heiden versprachen sich vom Islam eine spirituelle und politische Lösung für die Probleme der Oase. In der Siedlung gab es drei große jüdische Stämme. Sie hatten die Heiden bereits mit dem Monotheismus vertraut gemacht, so fühlten sie sich durch die Herabsetzung der arabischen Gottheiten nicht ganz so beleidigt wie die Quraysh. Im Sommer des Jahres 622 brachen ungefähr siebzig Muslime mit ihren Familien nach Yathrib auf.

Im Jahr vor der Umsiedlung oder Hidschra nach Yathrib (das die Muslime Medina, die Stadt, nannten) hatte Mohammed seine Religion dem Judentum, wie er es verstand, angenähert. Nach so vielen Jahren des Wirkens in völliger Abgeschlossenheit dürfte er sich darauf gefreut haben, in Zukunft mit Anhängern einer älteren und schon etablierten religiösen Tradition zusammenzuleben. So befahl er seinen Muslimen, am jüdischen Versöhnungstag zu fasten und von nun an nicht mehr wie bisher nur zweimal am Tag, sondern wie die Juden dreimal am Tag zu beten. Sie sollten auch einige der jüdischen Speisevorschriften befolgen und vor allem in Zukunft wie die Juden beim Gebet das Gesicht nach Jerusalem richten. Außerdem durften sie jüdische Frauen heiraten. Die Juden von Medina waren zunächst durchaus bereit, Mohammed sein Glück versuchen zu lassen. Das Leben in der Oase war unerträglich geworden, und wie viele überzeugte Heiden in Medina entschieden sie sich im Zweifelsfall zugunsten von Mohammed, besonders da er ihrer Religion offenbar positiv gegenüberstand. Zum Schluß wandten sie sich dann aber doch gegen ihn und verbündeten sich mit jenen Heiden, die den Neuankömmlingen aus Mekka von vornherein feindlich gesinnt gewesen waren. Die Juden hatten für ihre Abneigung triftige religiöse Gründe: Sie glaubten fest, daß die Zeit der Offenbarungen längst vorüber war, sie warteten auf einen Messias. Kein Jude oder Christ wäre zu jener Zeit noch auf den Gedanken gekommen, sich für einen Propheten zu halten. Politische Erwägungen spielten bei ihrer Entscheidung ebenfalls eine Rolle: Früher hatten sie sich in der Oase eine gewisse Macht verschafft, indem sie sich mit dem einen oder mit dem anderen der verfeindeten arabischen Stämme zusammengetan hatten. Doch Mohammed hatte die beiden Stämme mit den Quraysh zur neuen muslimischen Umma zusammengeschlossen, einer Art Superstamm, dem auch die Juden angehörten. Als die Juden feststellten, daß ihr Einfluß in Medina immer mehr schwand, reagierten sie feindselig. Sie kamen in der Moschee zusammen, »um sich die Geschichten der Muslime anzuhören und über deren Religion zu lachen und zu spotten«.[31] Dank ihrer überlegenen Schriftkenntnisse war es für sie ein leichtes, die Geschichten des Korans zu zerpflücken, die sich manchmal beträchtlich von der biblischen Version unterschieden. Sie machten sich auch darüber lustig, daß Mohammed sich als Prophet bezeichnete: Es sei schon recht sonderbar, daß ein Mann, der von sich behauptete, er sei ein Prophet, nicht einmal sein verlorengegangenes Kamel finden könne.

Die Zurückweisung durch die Juden war für Mohammed wahrscheinlich die größte Enttäuschung seines Lebens, sie stellte seine gesamte religiöse Sicht in Frage. Es gab in Medina jedoch auch Juden, die den Muslimen freundlich gesinnt waren. Offensichtlich unterstützten sie Mohammed und seine Anhänger sozusagen ehrenamtlich, indem sie mit ihnen die Bibel besprachen und sie lehrten, sich gegen die Kritik der anderen Juden zur Wehr zu setzen. Die neuerworbenen Bibelkenntnisse verhalfen Mohammed zu ganz neuen eigenen Erkenntnissen. Zum ersten Mal erklärte man ihm die genaue chronologische Reihenfolge der einzelnen Propheten, bis dahin war ihm dies ziemlich unklar gewesen. Er erkannte nun, wie wichtig es war zu wissen, daß Abraham nicht nur vor Jesus, sondern auch früher als Mose gelebt hatte. Wahrscheinlich war Mohammed ursprünglich davon ausgegangen, daß die Juden und die Christen einer gemeinsamen Religion angehörten, nun erfuhr er jedoch, daß sie nicht nur unterschiedliche Auffassungen hatten, sondern sich in manchen Punkten sogar vollkommen uneinig waren. Die Schlußfolgerung, die Anhänger der Thora und des Evangeliums hätten der reinen Religion Abrahams *(hanifiyyah)* unechte Elemente wie das von den Rabbis erarbeitete mündliche Gesetz und die gotteslästerliche Lehre von der Dreieinigkeit hinzugefügt, drängte sich geradezu auf. Mohammed erfuhr auch, daß die Juden in ihrer eigenen Schrift ein ungläubiges Volk genannt wurden, weil sie sich von Gott abgewandt und im goldenen Kalb einen Götzen angebetet hatten. Die ausgiebige Polemik gegen die Juden im Koran zeigt, wie sehr die Muslime sich von der Zurückweisung durch die Juden bedroht gefühlt hatten, auch wenn es im Koran ebenfalls heißt, daß nicht »das ganze Volk der frühen Offenbarung«[32] dem Irrtum verfallen sei und daß im Grunde alle Religionen eins seien.

Die freundlichen Juden von Medina erzählten Mohammed auch die Geschichte von Ismael, Abrahams älterem Sohn. Der Bibel zufolge hatte Abraham mit seiner Nebenfrau Hagar einen Sohn. Nachdem Sara Isaak geboren hatte, wurde sie eifersüchtig und verlangte von Abraham, Hagar und Ismael fortzuschicken. Gott tröstete Abraham mit dem Versprechen, Ismael werde ebenfalls der Stammvater eines großen Volkes werden. Die arabischen Juden hatten der Geschichte noch ein paar eigene, regionale Legenden hinzugefügt, die besagten, Abraham habe Hagar und Ismael im Tal von Mekka zurückgelassen. Dort habe Gott sich ihrer angenommen und Hagar zu der heiligen Quelle von Zamzam geführt, als das Kind vor Durst beinahe umkam. Später habe Abraham Ismael besucht und mit ihm zusammen die Kaaba erbaut, den ersten Tempel des einen Gottes.

Nach der Legende wurde Ismael der Vater der Araber, die Araber stammten demnach wie die Juden von Abraham ab. In Mohammeds Ohren muß das wie Musik geklungen haben: Er brachte den Arabern ihre eigene Schrift und konnte nun auch ihre Religion auf den Glauben der Vorväter gründen. Im Januar 624, als endgültig feststand, daß sich an der feindseligen Haltung der Juden von Medina nichts mehr ändern würde, erklärte die neue Religion Allahs ihre Unabhängigkeit. Mohammed befahl seinen Muslimen, sich beim Gebet von nun nicht mehr in Richtung Jerusalem, sondern statt dessen nach Mekka zu verneigen. Den Entschluß, die Richtung des Gebets zu ändern, hat man als seine kreativste religiöse Geste bezeichnet. Die Kaaba von Mekka war ein von den beiden älteren Offenbarungen unabhängiges Heiligtum. Wenn sich die Muslime zum Gebet in Richtung Mekka verneigten, dann erklärten sie damit stillschweigend, daß sie keiner der beiden etablierten Religionen anhingen, sondern sich einzig und allein Gott unterwarfen. Sie schlossen sich keiner Sekte an, die die Religion des einen Gottes auf unfromme Weise in gegnerische Lager spaltete, sondern kehrten zur ursprünglichen Religion Abrahams zurück, der als erster Muslim Gott ein heiliges Haus gebaut hatte:

> Und sie sagen: »Ihr müßt Juden oder Christen sein, dann seid ihr rechtgeleitet.« Sag: Nein! [Für uns gibt es nur] die Religion Abrahams, eines Hanifen – er war keiner von denen, die dem einen Gott andere Götter beigesellen! Sagt: »Wir glauben an Gott und [an das], was [als Offenbarung] zu uns, und was zu Abraham, Ismael, Jakob und den Stämmen [Israels] herabgesandt worden ist, und was Moses und Jesus und die Propheten von ihrem Herrn erhalten haben, ohne daß wir bei einem von ihnen einen Unterschied machen. Ihm sind wir ergeben.«[33]

Natürlich war es Götzendienst, einer rein menschlichen Auslegung den Vorzug vor Gott selbst zu geben.
Die Ära des Islam beginnt für die Muslime nicht mit der Geburt Mohammeds und auch nicht mit den ersten Offenbarungen – schließlich enthielten sie keine neue Botschaft –, sondern mit dem Jahr der Hidschra nach Medina, in dem der göttliche Plan in die

Geschichte einging, da die Muslime zu jener Zeit begannen, den Islam auch zu einer politischen Kraft zu machen. Wie bereits dargelegt, lehrt der Koran, daß alle religiösen Menschen die Pflicht haben, sich um eine auf Gerechtigkeit und Gleichheit gegründete Gesellschaft zu bemühen, und diese politische Berufung wurde von den Muslimen stets sehr ernst genommen.

Mohammed hatte ursprünglich nicht die Absicht, ein politischer Führer zu werden, aber gewisse unvorhersehbare Ereignisse zwangen ihn schließlich dazu, nach einer völlig neuen politischen Lösung für die Araber zu suchen. In den zehn Jahren von der Hidschra bis zu Mohammeds Tod im Jahre 632 mußten die Muslime einen verzweifelten Überlebenskampf gegen ihre Feinde in Medina und die Quraysh in Mekka führen, beide Gegner hatten sich die Vernichtung der Umma zum Ziel gesetzt. Im Westen ist Mohammed oft als Kriegsherr dargestellt worden, der einer noch unentschlossenen Welt den Islam mit Waffengewalt aufzwang. In Wirklichkeit verhielt es sich vollkommen anders. Mohammed mußte um sein Leben kämpfen und entwickelte daher im Koran eine Theologie des gerechten Krieges, die auch die meisten Christen überzeugen dürfte; er hat niemals irgend jemanden gezwungen, seine Religion anzunehmen. Der Koran sagt unmißverständlich, daß in der Religion kein Zwang herrschen darf und daß Krieg verabscheuungswürdig ist. Der einzige gerechte Krieg ist der zur Selbstverteidigung. Wenn der Fortbestand sittlicher Werte bedroht ist, ist ein Kampf unumgänglich (auch die Christen hielten es schließlich für erforderlich, gegen Hitler Krieg zu führen). Mohammed besaß außerordentliche politische Fähigkeiten. Gegen Ende seines Lebens hatten sich die meisten arabischen Stämme zur Umma zusammengeschlossen, obwohl ihr Glaube an den Islam oft recht oberflächlich oder sogar nur ein reines Lippenbekenntnis war, was Mohammed sehr wohl wußte. Im Jahre 630 öffnete die Stadt Mekka Mohammed ihre Tore, und er konnte sie ohne jedes Blutvergießen einnehmen. Zwei Jahre später machte er kurz vor seinem überraschenden Tod die sogenannte Abschiedswallfahrt, bei der er die Hadsch, das alte heidnische Ritual Arabiens, islamisierte. Aus der bei den Arabern so beliebten Wallfahrt wurde damit die fünfte »Hauptstütze« ihrer Religion.

Alle Muslime haben die Pflicht, mindestens einmal in ihrem Leben die Hadsch zu unternehmen, sofern die Umstände dies zulassen. Natürlich denken die Pilger dabei auch an Mohammed, aber nach der offiziellen Auslegung sollen die Wallfahrtsriten sie eher an Abraham, Hagar und Ismael erinnern als an ihren Propheten. Wie viele andere fremdartige soziale oder religiöse Rituale mögen auch diese Rituale einem Außenstehenden bizarr erscheinen, doch dem gläubigen Muslim verhelfen sie zu einer intensiven religiösen Erfahrung. Sie bringen die gemeinschaftlichen wie die persönlichen Aspekte der islamischen Spiritualität deutlich zum Ausdruck. Unter den vielen tausend Pilgern, die jedes Jahr zur vorgeschriebenen Zeit in Mekka eintreffen, befinden sich inzwischen auch viele Nichtaraber, die die alten arabischen Zeremonien zu ihren eigenen gemacht haben. Wenn sie im traditionellen Pilgergewand, das alle Rassen- und Standesunterschiede verhüllt, von überall her zur Kaaba strömen, dann haben sie das Gefühl, allen egoistischen Beschäftigungen des alltäglichen Lebens enthoben und in eine Gemeinschaft aufgenommen zu sein, in der alle dieselbe Richtung und dasselbe Ziel haben. Bevor die Pilger beginnen, auf traditionelle Weise um den Schrein zu gehen, rufen sie im Chor: »Da bin ich, um dir zu dienen, o Allah.« Der tiefere Sinn dieses Rituals wurde von dem inzwischen verstorbenen iranischen Philosophen Ali Schariati sehr eindrucksvoll beschrieben:

Während man um die Kaaba läuft und sich ihr dabei immer mehr nähert, ist man wie ein kleiner Fluß, der in einen großen Strom einmündet. Wie von einer Welle emporgehoben, verliert man den Kontakt mit dem Erdboden. Von der Flut getragen, gleitet man weiter. Wenn man sich dem Mittelpunkt nähert, wird der Druck der Menschenmenge so stark, daß man ein neues Leben erhält. Nun ist man ein Teil des Volkes, ein lebendiger und ewiger Mensch ... Die Kaaba ist die Sonne der Welt, deren Gesicht einen in ihren Bannkreis zieht. Man ist nun Teil dieses allumfassenden Ganzen geworden. Während man Allah umkreist, vergißt man sich selbst mit der Zeit ganz und gar ... Man hat sich in ein Partikel verwandelt, das allmählich schmilzt und verschwindet. Das ist der Gipfel absoluter Liebe.[34]

Auch Juden und Christen haben stets die Spiritualität der Gemeinschaft betont. Die Hadsch vermittelt jedem Muslim die Erfahrung der persönlichen Einbindung in die Umma, deren Mittelpunkt Gott ist. Wie in den meisten Religionen sind auch im Islam Frieden und Harmonie wichtige Wallfahrtsthemen. Sobald die Pilger das Heiligtum betreten haben, ist jegliche Form von Gewalt untersagt. Die Pilger dürfen nicht einmal ein Insekt töten oder ein grobes Wort benutzen. Vor diesem Hintergrund wird verständlich, warum die gesamte arabische Welt vor Empörung aufschrie, als iranische Pilger 1987 während der Hadsch einen Aufstand anzettelten, bei dem 402 Menschen getötet und 649 verletzt wurden.

Nach kurzer Krankheit starb Mohammed vollkommen unerwartet im Juni 632. Nach seinem Tod versuchten einige Beduinenstämme, sich aus der Umma zu lösen, aber die politische Einheit Arabiens war dadurch nicht zu erschüttern. Schließlich bekehrten sich auch die widerspenstigen Stämme zur Religion des einen Gottes: Mohammeds erstaunlicher Erfolg hatte den Arabern gezeigt, daß der heidnische Glaube, der jahrhundertelang gute Dienste geleistet hatte, ihnen in der modernen Welt nicht mehr weiterhelfen konnte. Die Religion Allahs führte das Ethos des Mitgefühls ein, das für alle fortschrittlichen Religionen charakteristisch ist, Brüderlichkeit und soziale Gerechtigkeit wurden die wichtigsten Tugenden. Das Ideal der Gleichheit spielte auch in Zukunft eine wichtige Rolle im Islam.

Zu Mohammeds Lebzeiten hatte Gleichheit auch die Gleichberechtigung der Geschlechter beinhaltet. Im Westen wird der Islam heute im allgemeinen als eine dem Wesen nach frauenfeindliche Religion dargestellt, ebenso wie das Christentum ,war jedoch auch die Religion Allahs ursprünglich frauenfreundlich. Während der vorislamischen Periode, der sogenannten Jahiliyya, war die Stellung der arabischen Frau nicht besser als in den Zeiten davor. Polygamie war an der Tagesordnung, die verheirateten Frauen gehörten in der Regel weiterhin dem Haushalt des Vaters an. Manche Frauen aus höheren Kreisen hatten zwar beträchtlichen Einfluß und waren oft auch recht angesehen – Mohammeds erste Ehefrau Khadija war zum Beispiel eine erfolgreiche Kauffrau –, aber die überwiegende Mehrheit der Frauen hatte eher den Status von Sklaven. Menschenrechte oder gar politische Rechte gab es für sie nicht, und weibliche Nachkommen wurden häufig umgebracht. Unter den ersten Anhängern Mohammeds befanden sich viele Frauen, ihre Emanzipation lag ihm sehr am Herzen. Der Koran verbot die Tötung weiblicher Neugeborener und wies alle Araber scharf zurecht, die auf die Geburt einer Tochter mit Bestürzung reagierten. Er sprach den Frauen sogar gesetzliche Erb- und Scheidungsrechte zu, die Frauen im Westen konnten erst im 19. Jahrhundert vergleichbare Ansprüche geltend machen. Mohammed ermutigte die Frauen, in der Umma aktiv zu werden; sie konnten ihre Ansichten offen äußern, und man schenkte ihnen stets Gehör. So beschwerten sich die Frauen von Medina zum Beispiel einmal bei Mohammed darüber, daß die Männer ihnen beim Studium des Korans weit voraus seien, und baten ihn, er möge ihnen helfen, die Männer einzuholen. Mohammed half ihnen. Eine ihrer wichtigsten Fragen war, warum der Koran sich immer nur an die Männer wandte, obwohl doch die Frauen sich ebenfalls Gott unterworfen hatten. Das Ergebnis war eine Offenbarung, die sich sowohl an die Frauen wie auch an die Männer richtete und die absolute moralische und spirituelle Gleichheit der beiden Geschlechter betonte.[35] Danach wurden im Koran sehr häufig ausdrücklich die Frauen angesprochen, was in den jüdischen oder christlichen Schriften nur selten der Fall ist.

Ebenso wie die christliche Religion wurde später leider auch die Religion Allahs von Männern vereinnahmt, die den Koran auf eine für die muslimischen Frauen sehr negative Weise interpretierten. Nach dem Koran müssen nicht alle Frauen den Schleier tragen; er ist nur für die Ehefrauen Mohammeds Pflicht, da er deren Status zum Ausdruck bringen soll. Sobald der Islam sich jedoch in der zivilisierten Welt fest etabliert hatte, übernahmen die Muslime all jene in der Oikumene üblichen Gebräuche, die Frauen zu Menschen zweiter Klasse degradierten. Von nun an mußten sich alle Frauen verschleiern und wurden zudem in Harems verbannt; in Persien wie auch im christlichen Byzanz war es damals schon seit langer Zeit üblich, die Frauen auf diese Weise an den Rand der Gesellschaft zu drängen. Zur Zeit des Abbasidenkalifats (750–1258) war die Stellung der muslimischen Frauen dann ebenso schlecht wie die ihrer jüdischen und christlichen Schwestern. Heute drängen muslimische

Feministinnen ihre Männer dazu, sich auf den ursprünglichen Geist des Korans zurückzubesinnen.

Das zeigt, daß der Islam wie jede andere Religion auf sehr unterschiedliche Weise interpretiert werden kann. Als Folge dessen entstanden eine Reihe von islamischen Sekten und Splittergruppen. Die erste Glaubensspaltung – in die Sunna und die Schia – bahnte sich während der Führungskämpfe nach Mohammeds Tod an. Die Mehrheit wählte Abu Bakr, den engen Freund Mohammeds, einige waren jedoch davon überzeugt, Mohammed hätte eher Ali Ibn Abi Talib, seinen Vetter und Schwiegersohn, zu seinem Nachfolger *(kalipha)* ernannt. Ali selbst erkannte Abu Bakr als neuen Führer an, wurde jedoch in den darauffolgenden Jahren von einigen ihm treu ergebenen Kritikern der Politik der ersten drei Kalifen (Abu Bakr, Umar Ibn al-Khattab und Uthman Ibn Affan) zur Leitfigur erkoren. Schließlich wurde Ali im Jahre 656 der vierte Kalif. Die Schia betrachtete ihn später als den ersten Imam oder Führer der Umma. Die aus Führungskämpfen entstandene Spaltung von Sunniten und Schiiten war eine politische Angelegenheit; unterschiedliche Auslegungen des Korans hatten dabei keine ausschlaggebende Rolle gespielt. Mit der Spaltung kündigte sich bereits an, daß die Politik in der muslimischen Religion bald einen so wichtigen Platz einnehmen würde, daß sie sogar das Gottesbild beeinflussen konnte. Die *Schia-i-Ali,* die Kämpfer Alis, blieben eine Minderheit und entwickkelten mit der Zeit eine religiöse Ideologie des Widerstandes; ihr tragischer Held wurde schließlich Mohammeds Enkel Husain Ibn Ali. Er weigerte sich, die Omaijaden anzuerkennen (die nach dem Tod seines Vaters Ali das Kalifat an sich gerissen hatten), und wurde zusammen mit seiner kleinen Schar von Anhängern im Jahre 680 in der Ebene von Kerbela in der Nähe von Kufa im heutigen Irak vom Omaijadenkalifen Jazid getötet. Alle Muslime verurteilten den Mord an Husain als unmoralische Greueltat, die Schia stilisierte Husain jedoch zu einem ganz besonderen Helden, der sie stets daran erinnern sollte, daß man manchmal auch um den Preis des eigenen Lebens gegen die Tyrannei kämpfen muß. Zu jener Zeit hatten die Muslime bereits begonnen, ihr Weltreich zu errichten. Den ersten vier Kalifen war es lediglich darum gegangen, die Araber der im Niedergang begriffenen Großreiche Persien und Byzanz zum Islam zu bekehren. Erst die Omaijaden dehnten den arabischen Herrschaftsbereich bis nach Asien und Nordafrika aus, wenn auch weniger aus religiösen als aus imperialistischen Motiven.

Im neuen arabischen Reich wurde niemand gezwungen, sich zum islamischen Glauben zu bekennen. Nach Mohammeds Tod unternahmen die Araber ein ganzes Jahrhundert lang keinerlei Anstrengungen, Andersgläubige zu bekehren, um das Jahr 700 wurde Andersgläubigen der Übertritt zum Islam sogar per Gesetz verboten. Nach Auffassung der Muslime war der Islam die Religion der Araber, so wie der jüdische Glaube der Glaube der Söhne Jakobs war. Als »Volk der Schrift« genossen die Juden wie die Christen die Religionsfreiheit einer geschützten Minderheit. Als die Abbasidenkalifen dann später anfingen, Andersgläubige zur Konversion zu ermutigen, traten viele semitische und arische Völker begeistert zum Islam über. Dieser Erfolg war für den Islam ebenso prägend wie das Scheitern und die Demütigung Jesu für das Christentum. Die Christen sind weltlichem Erfolg gegenüber eher mißtrauisch, das religiöse Leben eines Muslims hingegen schließt die Politik mit ein. Alle Muslime fühlen sich berufen, eine gerechte Gesellschaft nach dem Willen Gottes aufzubauen. Die Umma hat sakramentale Bedeutung, sie ist ein Zeichen dafür, daß Gott diese Gemeinschaft zur Erlösung der Menschheit von Unterdrückung und Ungerechtigkeit gesegnet hat. Ihre politische Stabilität und Unversehrtheit spielt in der Spiritualität eines Muslims eine genauso wichtige Rolle wie die Entscheidung für den katholischen, evangelischen, methodistischen oder baptistischen Glauben im Leben eines Christen. Christen, die es merkwürdig finden, daß die Muslime der Politik so große Bedeutung beimessen, sollten sich vor Augen fuhren, daß umgekehrt ihre Begeisterung für abstruse theologische Debatten den Muslimen wie den Juden höchst befremdlich erschcint.

In den ersten Jahren des Islam entsprangen viele Spekulationen über das Wesen Gottes der politischen Auseinandersetzung mit dem Zustand des Kalifats und der Gesellschaft. Gelehrte Debatten darüber, welche Art von Mann sich am besten zum Führer der Umma eigne, prägten den Islam ebenso stark wie die Streitgespräche über die Person und das Wesen Jesu das Christentum. Nach der Zeit der

Raschidun (der ersten vier »rechtgeleiteten« Kalifen) stellten die Muslime fest, daß die Welt, in der sie nun lebten, sich von der kleinen, wehrhaften Gemeinde in Medina grundlegend unterschied. Sie waren die Herren eines Reiches, das immer weiter wuchs und dessen Führer anscheinend nur von Gier und ganz und gar weltlichen Interessen getrieben wurden. Im Gegensatz zu dem genügsamen Leben, das der Prophet und seine Anhänger in Medina geführt hatten, schwelgten der Adel und der Hof nun in Luxus und Korruption. Die Frömmsten unter den Muslimen stellten das Leben der wohlhabenden Gesellschaft in Frage, indem sie an die sozialistische Botschaft des Korans erinnerten. Man versuchte, den Islam den veränderten Verhältnissen anzupassen. Es entstanden verschiedene Sekten, die ganz unterschiedliche Lösungen vorschlugen.

Den meisten Beifall fand der Lösungsvorschlag der Rechtsgelehrten und Traditionarier, die zu den Idealen Mohammeds und der Raschidun zurückkehren wollten. So entstand die Scharia, ein dem Talmud vergleichbarer Verhaltenskodex, der auf dem Koran sowie auf dem Leben und den Prinzipien des Propheten gründete. Man erzählte sich damals unzählige Geschichten über die Worte *(hadith)* Mohammeds und die religiösen Bräuche *(sunna)* des Propheten und seiner ersten Gefährten. Diese verwirrende Vielfalt mündlicher Überlieferungen wurde im Laufe des 8. und 9. Jahrhunderts von mehreren Herausgebern gesammelt, darunter so berühmte Männer wie Muhammad Ibn Ismail al-Bukhari und Muslim Ibn al-Hijjaj al-Qushayri. Da man davon ausging, Mohammed habe sich Gott auf vollkommene Weise unterworfen, wurden die Muslime dazu angehalten, ihm in ihrem täglichen Leben nachzueifern. Das heilige islamische Gesetz machte die Muslime mit Mohammeds Art zu sprechen, zu lieben, zu essen, sich zu waschen und zu beten vertraut und versetzte sie so in die Lage, ein für das Göttliche offenes Leben zu führen. Die Muslime hofften, durch die Nachahmung des Propheten könnten sie seine innere Empfänglichkeit für Gott erlangen. Wenn die Muslime eine *Sunna* befolgen und einander mit Mohammeds Grußformel Salaam Alaykum (Friede sei mit dir) anreden, wenn sie wie er freundlich zu Tieren, Waisen und Armen sind und im Umgang mit ihren Mitmenschen dieselbe Großzügigkeit und Zuverlässigkeit an den Tag legen wie er, dann werden sie dadurch an Gott erinnert. Die Gesten sind kein rein äußerlicher Selbstzweck, sondern ein Mittel zur Erlangung jenes vom Koran beschriebenen und von Mohammed praktizierten »Gottesbewußtseins« *(taqwa)*, das darin besteht, sich ständig an Gott zu erinnern. Die Glaubwürdigkeit der überlieferten Taten *(sunna)* und Worte *(hadith)* des Propheten war Gegenstand unzähliger Debatten; einige hielt man für authentisch, bei anderen war man nicht so sicher. Aber letztendlich ist die Frage nach der historischen Authentizität dieser Überlieferungen nicht so entscheidend wie die Tatsache, daß diese Traditionen sich bewährt haben. Über einen Zeitraum von mehreren Jahrhunderten haben sie es erwiesenermaßen vermocht, das Leben von Millionen Muslimen durch einen sakramentalen Sinn für das Göttliche zu bereichern.

In den Worten des Propheten geht es hauptsächlich um alltägliche Dinge, aber auch um metaphysische, kosmologische und theologische Fragen. Manche Sätze soll Gott selbst zu Mohammed gesagt haben. Die heiligen Traditionen *(hadith qudsi)* betonen die Immanenz und die Anwesenheit Gottes in jedem Gläubigen. Ein berühmter Lehrsatz sagt zum Beispiel, in welcher Stufenfolge sich ein Muslim der ihm fast schon innewohnenden Gegenwart Gottes bewußt werden kann. Er beginnt mit der Befolgung der Gesetze des Korans und der Scharia und geht dann zu freiwilligen Frömmigkeitsübungen über:

> Mein Diener nähert sich mir durch das, was ich zu seiner Pflicht erklärt habe, und nichts ist mir teurer. Dann nähert mein Diener sich mir durch zusätzliche, freiwillige Handlungen noch weiter, bis ich ihn liebe: Und wenn ich ihn liebe, dann werde ich zu seinem Ohr, mit dem er hört, zu seinem Auge, mit dem er sieht, zu seiner Hand, mit der er greift, und zu seinem Fuß, mit dem er geht.[36]

Wie in der jüdischen und in der christlichen Religion ist auch im Islam der transzendente Gott der Welt immanent und in ihr allgegenwärtig. Die von den Muslimen praktizierten Methoden zur Erlangung eines ständigen Gottesbewußtseins ähneln weitgehend den religiösen Praktiken, die schon von den beiden älteren Religionen entdeckt worden waren.

Die Muslime, die ihren Glaubensgenossen diese auf der Nachahmung Mohammeds beruhende Form der Frömmigkeit vorschlugen, werden im allgemeinen als Traditionarier *(ahl al-hadith)* bezeichnet. Sie waren beim einfachen Volk sehr beliebt, da sie ein geradezu fanatisches Gleichheitsideal vertraten. Sie übten zwar heftige Kritik am Luxus der Omaijaden und des Abbasidenhofes, lehnten aber die revolutionäre Haltung der Schia ab. Sie waren nicht der Meinung, daß der Kalif über außerordentliche spirituelle Fähigkeiten verfügen müsse, in ihren Augen war er lediglich ein Verwalter. Allerdings betonten sie die göttliche Natur des Korans und der Sunna, die jedem Muslim den direkten Zugang zu Gott ermöglichten. Diese Position kam einer scharfen Verurteilung absoluter Macht gleich und war in gewisser Hinsicht subversiv, denn sie erklärte eine als Vermittler fungierende Priesterkaste schlichtweg für überflüssig. Jeder Muslim hatte sich und sein Leben einzig und allein vor Gott zu verantworten.

Vor allem lehrten die Traditionarier, daß der Koran – ebenso wie die Thora oder der Logos – eine ewige Wirklichkeit, in gewisser Weise Gott selbst sei, denn was darin geoffenbart worden sei, habe schon vor Beginn der Zeit im Geist Gottes gewohnt. Ihre Lehre vom ungeschaffenen Koran bedeutete, daß die Muslime in dem Augenblick, in dem der Koran vor ihnen rezitiert wurde, den unsichtbaren Gott direkt hören konnten. Durch den Koran war Gott stets unmittelbar unter ihnen. Wenn sie die heiligen Worte rezitierten, dann führten sie seine Worte im Munde, und wenn sie sein Buch in Händen hielten, dann war das so, als berührten sie das Göttliche selbst. Die frühen Christen hatten vom Menschen Jesus eine ähnliche Vorstellung:

> Was von Anfang an war,
> was wir gehört haben,
> was wir mit unseren Augen gesehen,
> was wir geschaut
> und was unsere Hände angefaßt haben,
> das verkünden wir:
> das Wort des Lebens.[37]

Die Frage, welchen Stellenwert Jesus, das Wort, genau hatte, beschäftigte die Christen sehr stark. Auf ganz ähnliche Weise begannen die Muslime nun ebenfalls, über die Natur des Korans zu debattieren: In welchem Sinne war der arabische Text wirklich das Wort Gottes? Einige Muslime fanden diese Erhöhung des Korans gotteslästerlich, ebenso empört hatten manche Christen auf die Vorstellung von Jesus als dem fleischgewordenen Logos reagiert.

Nach und nach entwickelte die Schia Ideen, die noch stärker an die christliche Lehre von der Inkarnation erinnerten. Nach dem tragischen Tod Husains gelangten die Schiiten, die immer mehr zu einer eigenständigen Sekte innerhalb des Islam wurden, zu der Überzeugung, daß nur die Nachkommen seines Vaters Ali Ibn Abi Talib die Umma anführen dürften. Ali war nicht nur Mohammeds Vetter, sondern gleichzeitig auch sein Schwiegersohn, er war daher in doppelter Hinsicht mit dem Propheten blutsverwandt. Da alle Söhne Mohammeds schon im Kindesalter gestorben waren, war Ali sein wichtigster männlicher Verwandter. Im Koran wird Gott oft von den Propheten gebeten, ihre Nachkommen zu segnen. Die Schiiten dehnten den Segen Gottes auf Mohammeds gesamte Sippe aus und glaubten schließlich fest, daß nur die Nachfahren Alis als nächste Familienangehörige des Propheten das wahre Wissen um Gott *(ilm)* besaßen. Nur sie allein konnten die göttliche Führung der Umma gewährleisten. Wenn ein Nachkomme Alis an die Macht kam, stand den Muslimen ein Goldenes Zeitalter der Gerechtigkeit bevor, denn dann wurde die Umma nach dem Willen Gottes geführt.

Die Begeisterung für die Person Alis nahm im Laufe der Zeit erstaunliche Formen an. Radikale Schiitengruppen stellten Ali und seine Nachkommen sogar über Mohammed und verliehen ihnen einen fast schon göttlichen Status. Sie beriefen sich auf die alte persische Tradition einer auserwählten, von Gott gezeugten Familie, in der jede Generation die Herrlichkeit Gottes an die nachfolgende weitergab. Als die Zeit der Omaijaden sich dem Ende zuneigte, waren einige Schiiten davon überzeugt, daß nur eine ganz bestimmte Linie von Alis Familie das wahre Wissen besaß. Die von Gott zum wirklichen Imam (Führer) der Umma bestimmte Person müßten die Muslime in dieser Familie suchen. Auch wenn diese Person nicht an der Macht war, blieben ihre Führerschaft dennoch unumstritten und ihr Ratschlag absolut unverzichtbar, daher hatte jeder Muslim die Pflicht, sie zu suchen und ihre Führungsrolle anzuerkennen. Da die Imame ein Sprachrohr der politischen Unzufriedenheit waren, betrachteten die Kalifen sie als Staatsfeinde. Nach schiitischen Überlieferungen wurden einige Imame vergiftet, wieder andere mußten sich versteckt halten. Wenn ein Imam im Sterben lag, wählte er unter seinen Verwandten einen Nachfolger aus, der das Wissen erben sollte. Mit der Zeit verehrte man die Imame als Offenbarungen des Göttlichen, jeder Imam war ein »Beweis« *(hujjah)* für die Gegenwart Gottes auf Erden und ließ auf irgendeine geheimnisvolle Weise das Göttliche in einem menschlichen Wesen fleischliche Gestalt annehmen. Die Worte, Entscheidungen und Befehle eines Imams waren die Worte, Entscheidungen und Befehle Gottes. Bei den Christen führte Jesus die Menschen zu Gott, denn er war der Weg, die Wahrheit und das Licht. Auf ganz ähnliche Weise verehrten die Schiiten ihre Imame als Tor *(bab)* zu Gott, als Straße *(sabil)* und Wegweiser für jede neue Generation.

Die verschiedenen Untergruppen der Schia hatten unterschiedliche Vorstellungen von der göttlichen Sukzession. Die »Zwölfer-Schiiten« verehrten zwölf Nachfahren von Ali aus Husains Linie; ihr letzter Imam lebte ab 939 in Verborgenheit, verschwand also aus der menschlichen Gesellschaft. Da er keine Nachkommen hatte, starb die Linie aus. Die Ismailiten oder »Siebener-Schiiten« hielten den siebten Imam für den letzten. Unter den »Zwölfern« bildete sich eine messianische Linie heraus, deren Angehörige überzeugt waren, der zwölfte oder verborgene Imam werde irgendwann zurückkehren und das Goldene Zeitalter einleiten. Das waren natürlich gefährliche Vorstellungen, sie waren nicht nur politisch subversiv, sondern konnten auch auf simplifizierende Weise interpretiert werden. Die extremen Schiiten entwickelten daher eine esoterische Lehre, die sich, wie wir im nächsten Kapitel noch sehen werden, auf eine symbolische Auslegung des Korans stützte. Den meisten Muslimen war ihre Form der Frömmigkeit zu abstrus, sie hielten diese Inkarnationsvorstellungen für gotteslästerlich; Schiiten waren deshalb gewöhnlich in den vornehmeren Kreisen und unter den Intellektuellen zu finden. Seit der Revolution im Iran werden die Schiiten im Westen oft fälschlicherweise als eine vom Charakter her fundamentalistische islamische Sekte dargestellt, tatsächlich hatte sich der Schiismus zu einer intellektuellen Tradition entwickelt. Die Schiiten hatten viele Gemeinsamkeiten mit jenen Muslimen, die systematisch versuchten, rationale Kriterien auf den Koran anzuwenden. Diese als Mutasiliten bekannten Rationalisten bildeten eine eigenständige Gruppe mit festen politischen Überzeugungen, wie die Schiiten übten auch sie heftige Kritik am Luxus des Hofes, und ihr vielfältiges politisches Wirken richtete sich oft gegen die etablierte Gesellschaft.

Das politische Problem löste eine theologische Debatte darüber aus, wie Gott das Treiben der Menschen lenkte. Anhänger der Omaijaden hatten die ziemlich hinterhältige Behauptung aufgestellt, es sei ihnen von Gott vorbestimmt worden, welche Art Menschen sie geworden seien, daher dürfe man ihnen ihr unislamisches Verhalten nicht zum Vorwurf machen. Tatsächlich wird die absolute Allmacht und Allwissenheit Gottes im Koran sehr oft und sehr deutlich herausgestellt, und es ließen sich auch etliche Texte finden, auf die man eine solche Auffassung von der Prädestination stützen könnte. Doch der Koran betont ebenso nachdrücklich die Verantwortlichkeit der Menschen: »Wahrlich, Gott ändert das Los der Menschen nicht, solange diese ihr inneres Selbst nicht verändern.« Daher unterstrichen die Kritiker des »Establishments« immer wieder den freien Willen und die moralische Verantwortung der Menschen. Die Mutasiliten schlugen einen gemäßigten Kurs ein und nahmen Abstand von jeder extremen Position. Sie verteidigten den freien Willen, um die sittliche Natur des Menschen zu schützen. Jene Muslime, die meinten, Gott sei über alle rein menschlichen Vorstellungen von Gut und Böse erhaben, schätzten seine Gerechtigkeit gering. Ein Gott, der gegen alle sittlichen Prinzipien verstieß und dafür, eben weil er Gott war, von niemandem zur Rechenschaft gezogen werden konnte, wäre ein Monstrum und keinen Deut besser als ein tyrannischer Kalif. Wie die Schiiten erklärten auch die Mutasiliten die Gerechtigkeit zu einem elementaren Merkmal der göttlichen Natur: Gott konnte niemandem Unrecht tun und würde den Menschen niemals etwas auferlegen, was der Vernunft widersprach.

In diesem Punkt waren die Traditionarier anderer Meinung: Wenn man wie die Mutasiliten den Menschen zum Herrn und Schöpfer seines eigenen Schicksals erklärte, dann beleidigte man damit die Allmacht Gottes. Sie warfen den Mutasiliten ein zu rationales und zu menschliches Gottesbild vor. Auf der Grundlage ihrer Prädestinationslehre betonten sie die prinzipielle Unbegreiflichkeit Gottes: Ein Gott, dessen Wesen und Handeln für die Menschen nachvollziehbar sei, sei kein Gott, sondern lediglich eine menschliche Projektion. Gott übersteige alle rein menschlichen Vorstellungen von Gut und Böse, an unseren Maßstäben und Erwartungen lasse sich diese höhere Wirklichkeit nicht messen. Eine Handlung sei nur deswegen schlecht oder ungerecht, weil Gott sie in den der Menschheit auferlegten Gesetzen für gut oder schlecht erklärt habe und nicht weil die menschlichen Wertmaßstäbe eine transzendente und auch für Gott verbindliche Gültigkeit hätten. Es sei falsch, wie die Mutasiliten das rein menschliche Ideal der Gerechtigkeit zu einem wesentlichen Merkmal der göttlichen Natur zu erklären. Die Debatte über die Prädestination und den freien Willen, die auch die Christen schon geführt hatten, weist auf ein Kernproblem hin, das die Vorstellung von einem personalen Gott immer wieder aufwirft. Von einem nicht personalen Gott wie Brahman läßt sich leichter sagen, er existiere jenseits von Gut und Böse; Gut und Böse sind in diesem Fall nur Masken der unergründlichen Göttlichkeit. Dagegen wird ein Gott, der auf irgendeine geheimnisvolle Weise eine Person ist und sich in die menschliche Geschichte einmischt, sehr leicht angreifbar. Es war sehr einfach, aus diesem Gott einen überlebensgroßen Tyrannen oder Richter zu machen und »ihn« nach menschlichen Erwartungen zu gestalten. Je nach Standpunkt ist Gott dann ein Konservativer oder ein Sozialist, ein Rassist oder ein Revolutionär. Manche waren sich dieser Gefahr bewußt und haben die Vorstellung von einem personalen Gott als unreligiös bezeichnet mit dem Argument, daß wir auf diese Weise in unserer eigenen Voreingenommenheit verhaftet blieben und lediglich unsere eigenen, rein menschlichen Vorstellungen verabsolutierten.

Um diese Gefahr zu umgehen, brachten die Traditionarier die überkommene Unterscheidung von Gottes Wesen und Gottes Handeln ins Spiel, mit der sich schon die Juden und die Christen beholfen hatten. Sie behaupteten, daß alle dem transzendenten Gott im Koran zugeschriebenen Attribute, durch die er mit der Welt in Verbindung treten konnte – zum Beispiel Macht, Wissen, Willen, Gehör, Sprache oder die Fähigkeit zu sehen –, ebenso wie der ungeschaffene Koran seit Ewigkeiten mit ihm existiert hätten. Die Attribute dürften nicht mit Gottes unbegreiflichem Wesen gleichgesetzt werden, dieses werde sich unserem Verständnis immer entziehen. Wie die Juden sich vorgestellt hatten, daß Gottes Weisheit oder die Thora schon vor Beginn der Zeit mit Gott existiert hatten, so entwickelten nun die Muslime ein ganz ähnliches Denkmodell, um der Persönlichkeit Gottes Rechnung zu tragen und die Gläubigen gleichzeitig daran zu erinnern, daß der menschliche Verstand Gott nie wirklich begreifen kann. Hätte der Kalif al-Mamun (813–832) sich nicht auf die Seite der Mutasiliten geschlagen und versucht, ihre Vorstellungen zur offiziellen muslimischen Lehre zu machen, dann wäre dieser abstruse Streit nur von einer Handvoll Menschen ausgetragen worden. Doch der Kalif ließ Traditionarier foltern und wollte die Auffassung der Mutasiliten mit aller Gewalt durchsetzen. Sein allen Prinzipien des Islam zuwiderlaufendes Verhalten löste beim einfachen Volk Angst und Schrecken aus. Der führende Traditionarier Ahmad Ibn Hanbal (780–855), der al-Mamuns Inquisition nur mit knapper Not entkommen war, wurde ein Volksheld. Seine Beliebtheit verdankte er seinem Charisma und seinem frommen Edelmut: Er hatte für seine Verfolger gebetet. Ibn Hanbal war von der »Ungeschaffenheit« des Korans fest überzeugt und führte diesen Begriff stets im Munde. So wurde der Begriff »ungeschaffener Koran« zum Schlagwort einer populistischen Revolte gegen den Rationalismus der Mutasiliten.

Ibn Hanbal lehnte jede rationale Diskussion über Gott ab und verdammte die von dem gemäßigten Mutasiliten al-Huayan al-Karabisi (gestorben 859) vorgeschlagene Kompromißlösung, daß der Koran, wenn man ihn als Rede Gottes betrachte, tatsächlich ungeschaffen sei, in menschliche Worte gekleidet jedoch zu einem geschaffenen Ding werde. Al-Karabisi war durchaus bereit, seine

Sichtweise nochmals zu ändern, und sagte kurze Zeit später, daß das geschriebene und gesprochene Arabisch des Korans insofern ungeschaffen sei, als es etwas von Gottes Rede an sich habe. Ibn Hanbal erklärte diese Auslegung jedoch ebenfalls für unrechtmäßig. Es sei sinnlos und gefährlich, auf rationalistische Weise über den Ursprung des Korans zu spekulieren, die Vernunft sei kein geeignetes Mittel, um das Mysterium Gottes zu ergründen. Er warf den Mutasiliten vor, sie wollten Gott jedes Geheimnisses berauben und ihn zu einer abstrakten Formel ohne religiösen Wert machen. Ob im Koran Gottes Wirken in der Welt mit anthropomorphen Begriffen beschrieben wurde oder ob es hieß, Gott »spreche«, »sehe« und »sitze auf seinem Thron«, Ibn Hanbal bestand stets auf einer wörtlichen Auslegung, »ohne nach dem Wie zu fragen«. Vielleicht könnte man ihn mit radikalen Christen wie Athanasius vergleichen, die ihre extreme Auslegung der Inkarnationslehre hartnäckig gegen die rationalen Positionen der Ketzer verteidigten. Ibn Hanbal betonte die grundsätzliche Unfaßbarkeit des Göttlichen, das jenseits jeglicher Logik und jeder systematischen Analyse liege. Wenn man bedenkt, daß der Koran der Intelligenz und dem Verstehen durchgängig große Bedeutung beimißt, nimmt sich Ibn Hanbals Position etwas simpel aus. Viele Muslime hielten sie denn auch für fragwürdig und dunkel. Einen Kompromiß fand schließlich der ehemalige Mutasilit Abu al-Hasan Ibn Ismail al-Aschari (878–941). Nach einem Traum, in dem ihm der Prophet erschienen war und ihn zum Studium seiner Worte aufgefordert hatte, verwandelte sich al-Aschari zunächst in einen leidenschaftlichen Traditionarier, der in seinen Reden die Mutasila als Geißel des Islam verdammte. Doch dann hatte er einen weiteren Traum, in dem der Prophet mit ärgerlichem Blick zu ihm sagte: »Ich habe nicht von dir verlangt, daß du das vernünftige Denken aufgibst, sondern ich habe gesagt, daß du dich um die wahren *hadiths* bemühen sollst!«[38] Von da an benutzte al-Aschari die rationalistischen Techniken der Mutasila, um Ibn Hanbals agnostische Lehre zu verbreiten. Wenn die Mutasiliten behaupteten, Gottes Offenbarung könne nicht unvernünftig sein, dann zeigte er mit vernünftigen und logischen Argumenten auf, daß Gott für die Menschen unbegreiflich war. Die Mutasiliten waren Gefahr gelaufen, Gott auf ein schlüssiges, aber trockenes Denkmodell zu reduzieren, al-Aschari wollte zum vollblütigen Gott des Korans zurückkehren – ungeachtet aller mit diesem Gottesbild verbundenen Widersprüche. Er war sogar wie Dionysius Areopagita der Auffassung, das Paradoxon vergrößere unsere Verehrung für Gott. Er weigerte sich, Gott als ein Denkmodell zu behandeln, das wie jedes andere menschliche Gedankengebäude erörtert und analysiert werden konnte. Die göttlichen Attribute Wissen, Macht, Leben und so weiter seien wirklich vorhanden, Gott habe schon seit Ewigkeiten darüber verfügt, sie seien jedoch nicht mit dem Wesen Gottes gleichzusetzen, denn Gott sei eine unteilbare, einfache und einzigartige Einheit. Er lasse sich nicht als ein komplexes Wesen betrachten, da er die Einfachheit selbst sei. Man könne ihn auch nicht analysieren, indem man seine unterschiedlichen Merkmale beschreibe oder ihn in verschiedene kleinere Einheiten aufspalte. Al-Aschari verwahrte sich gegen jeden Versuch, das Paradoxon aufzulösen; so bestand er beispielsweise darauf, die Aussage des Korans »Gott sitzt auf seinem Thron« sei als Tatsache hinzunehmen, auch wenn wir uns einen reinen Geist nicht »sitzend« vorzustellen vermögen.

Al-Aschari suchte einen Mittelweg zwischen bewußtem Obskurantismus und extremem Rationalismus. Die Verfechter einer wörtlichen Auslegung des Korans behaupteten, da es im Koran heiße, die Gesegneten würden Gott im Himmel »sehen«, müsse Gott eine körperliche Gestalt besitzen. Hisham Ibn Hakim ging sogar so weit zu sagen:

> Allah hat einen Körper, Form, Breite, Länge und Tiefe, von gleichen Dimensionen, ist von Licht strahlend, von großer Ausdehnung in den drei Dimensionen, umfaßt einen Raum jenseits des Raumes jenseits des Raumes, ist wie ein Barren reinen Metalls, wie eine runde Perle auf allen Seiten leuchtend und mit Farbe, Geschmack, Geruch und Gefühl ausgestattet.[39]

Manche Schiiten störten sich nicht an solchen Ansichten, schließlich glaubten sie auch daran, daß die Imame Inkarnationen des Göttlichen waren. Die Mutasiliten bestanden auf einer allegorischen Auslegung des Korans: Wenn darin zum Beispiel von Gottes

»Händen« die Rede war, dann mußte das als Sinnbild für Gottes Großzügigkeit und Freigebigkeit verstanden werden. Den Verfechtern einer wörtlichen Auslegung hielt al-Aschari entgegen, im Koran stehe ausdrücklich geschrieben, daß man nur in symbolischer Sprache über Gott reden könne. Doch ebenso kritisierte er die totale Ablehnung der Vernunft durch die Traditionarier. Er führte ins Feld, daß Mohammed diese Probleme offensichtlich nicht gekannt habe, sonst hätte er die Muslime sicher angewiesen, wie zu verfahren sei. So wie die Dinge lägen, sei es die Pflicht eines jeden Muslims, zur Auslegung des Korans Hilfsmittel wie die Analogie *(qiyas)* zu benutzen, um sich auf diese Weise eine wahrhaft religiöse Gottesvorstellung zu bewahren.

Al-Aschari bemühte sich stets um einen Kompromiß. So sei zum Beispiel der Koran das ewige und ungeschaffene Wort Gottes, während die Tinte, das Papier und die arabischen Worte des heiligen Textes geschaffen seien. Er verurteilte die von den Mutasiliten vertretene Lehre vom freien Willen, da nur Gott allein der Schöpfer allen menschlichen Handelns sein könne, verwahrte sich jedoch gleichzeitig gegen die Auffassung der Traditionarier, die Menschen könnten nichts zu ihrer eigenen Erlösung beitragen. Sein Kompromißvorschlag wirkt etwas gezwungen: Gott sei zwar der Schöpfer aller menschlichen Handlungen, überlasse es jedoch dem Menschen, sich durch diese im Guten oder im Schlechten hervorzutun. Im Gegensatz zu Ibn Hanbal war al-Aschari durchaus bereit, Fragen zu stellen und metaphysische Probleme zu erforschen. Aber letztlich kam er zu dem Schluß, daß es falsch sei, die geheimnisvolle und unfaßbare Wirklichkeit, die wir Gott nennen, in ein fein ausgetüfteltes, rationalistisches System pressen zu wollen. Al-Aschari begründete die muslimische Tradition von *Kalam* (dieser Begriff wird im allgemeinen mit »Theologie« übersetzt, wörtlich bedeutet er »Wort« oder »Rede«). Im 10. und 11. Jahrhundert entwickelten al-Ascharis Nachfolger seine Ideen weiter und verfeinerten auch die Methodologie von Kalam. Die frühen Aschariten wollten ein metaphysisches Denkmodell schaffen, in dessen Rahmen Gottes Souveränität diskutiert werden konnte. Der erste bedeutende Theologe der ascharitischen Schule war Abu Bakr al-Baqillani (gestorben 1013). In seiner Abhandlung mit dem Titel *al-Tawhid* (Einheit) stimmte er den Mutasiliten darin zu, daß der Mensch die Existenz Gottes mit rationalen Argumenten logisch beweisen könne; tatsächlich zeige der Koran, wie Abraham durch systematisches Nachdenken über die natürliche Welt den ewigen Schöpfer entdeckt habe. Al-Baqillani bestritt jedoch, daß es möglich sei, ohne eine Offenbarung zwischen Gut und Böse zu unterscheiden, denn dabei handele es sich nicht um natürliche, sondern um von Gott festgelegte Kategorien: Allah sei an menschliche Vorstellungen von Gut und Böse nicht gebunden.

Die von al-Baqillani entwickelte, als »Atomismus« oder »Okkasionalismus« bekannte Lehre war ein Versuch, dem muslimischen Glaubensbekenntnis eine metaphysische Dimension zu verleihen: Es gibt keinen Gott, keine Wirklichkeit, keine Gewißheit außer Allah. Al-Baqillani zufolge hängt alles in der Welt ganz und gar von der unmittelbaren Zuwendung Gottes ab. Das Universum besteht aus nichts weiter als unzähligen einzelnen Atomen, Zeit und Raum sind zusammenhanglos, nichts hat eine spezifische eigene Identität. Al-Baqillani reduziert die Erscheinungswelt auf gleichermaßen radikale Weise zu einem Nichts, wie Athanasius es getan hat. Gott ist die einzige Wirklichkeit, nur er allein kann uns vom Nichts erlösen. Er hält das Universum in Gang und ruft in jeder Sekunde seine Schöpfung ins Leben. Keine Naturgesetze können den Fortbestand des Kosmos gewährleisten. Während etliche Muslime sich mit großem Erfolg der wissenschaftlichen Arbeit widmeten, nahmen die Aschariten der Naturwissenschaft gegenüber eine grundsätzlich feindselige Haltung ein. Der Ascharismus war ein metaphysischer Versuch, das Vorhandensein Gottes in sämtlichen Dingen des täglichen Lebens zu erklären, außerdem wollte er den Muslimen ins Bewußtsein zurückrufen, daß der Glaube nicht von gewöhnlicher Logik abhing. Der Ascharismus beschränkte sich nicht auf das bloße Auflisten gegebener Tatsachen, sondern konnte von den Muslimen als Disziplin zur Entwicklung des im Koran beschriebenen Gottesbewußtseins benutzt werden. Seine Schwäche lag darin, daß er wissenschaftliche Gegenbeweise ignorierte und eine im Grunde kaum formulierbare Lehre zu wörtlich auffaßte. Wenn ein Muslim dieser Lehre folgte, konnte es geschehen, daß seine Gottesvorstellung und seine Vorstellungen von der Welt in Konflikt gerieten. Die Mutasiliten und die Ascharen versuchten auf unterschiedliche Weise, die religiöse Gotteserfahrung mit dem gewöhnlichen rationalen Denken zu verknüpfen. Allen diesen Bemühungen lag die wichtige Frage zugrunde, ob es überhaupt möglich war, über Gott auf die gleiche Weise zu sprechen und zu debattieren wie über irgendein anderes Thema. Wie bereits ausgeführt, hatten die Griechen nach ähnlichen Erwägungen entschieden, daß es nicht möglich war, und das Stillschweigen zur einzig angemessenen Form von Theologie erklärt. Zur gleichen Auffassung gelangten schließlich auch die Muslime.

Die Gesellschaft, in der Mohammed und seine Gefährten gelebt hatten, war wesentlich primitiver gewesen als Arabien zur Zeit von al-Baqillani. Das islamische Reich hatte sich über die zivilisierte Welt ausgedehnt, die Muslime mußten sich mit viel differenzierteren Gottesvorstellungen und Weltbildern auseinandersetzen. Mohammed hatte Gott oft auf ganz ähnliche Weise erlebt wie die alten Hebräer; in gewisser Hinsicht hatte er deren Begegnung mit dem Göttlichen instinktiv noch einmal neu durchlebt. Auch spätere Generationen von Muslimen sahen sich teilweise mit Problemen konfrontiert, die bereits die Christen in der Anfangszeit beschäftigt hatten. Manche glaubten sogar, auf eine Theologie der Inkarnation zurückgreifen zu müssen, obwohl der Koran die Vergöttlichung Christi durch die Christen ausdrücklich verdammt. Die Entwicklung des Islam zeigt, daß die Vorstellung von einem transzendenten und gleichzeitig personalen Gott den Muslimen nicht nur die gleichen Probleme bereitete wie den Christen, sondern sie auch zu ganz ähnlichen Lösungen führte.

Wie das Experiment Kalam bewies, ließ sich mit rationalistischen Methoden aufzeigen, daß Gott rational nicht erfaßbar war. Es machte allerdings auch deutlich, daß ein solches theologisches Denkmodell vielen Muslimen fremd blieb. Kalam war für die Muslime nie von so großer Bedeutung wie die Theologie für die Christen im Westen. Die abbasidischen Kalifen, die die Mutasila unterstützt hatten, mußten feststellen, daß sich diese Lehren bei den Gläubigen nicht durchsetzen ließen, weil sie nicht »zogen«. Obwohl der Rationalismus das ganze Mittelalter hindurch die Denker weiterhin beeinflußte, erreichte er nur eine Minderheit, den meisten Muslimen wurde diese ganze Richtung zunehmend suspekt. Wie das Christentum und das Judentum wurzelte auch der Islam in semitischem Grund, doch die Muslime waren in den hellenistischen Zentren des Nahen Ostens mit dem griechischen Rationalismus in Berührung gekommen. Einige unternahmen den Versuch, den islamischen Gott auf noch radikalere Weise zu hellenisieren, und führten ein neues philosophisches Element in die drei monotheistischen Religionen ein. Judentum, Christentum und Islam gelangten hinsichtlich der Gültigkeit philosophischer Konzepte und deren Anwendbarkeit auf das Mysterium Gottes zu ganz unterschiedlichen, aber gleichermaßen bedeutsamen Schlußfolgerungen.

6

Der Gott der Philosophen

Im 9. Jahrhundert kamen die Araber mit der griechischen Wissenschaft und Philosophie in Berührung. Eine kulturelle Blütezeit brach an, die man, europäisch ausgedrückt, als eine Mischung zwischen Renaissance und Aufklärung bezeichnen könnte. Hervorragende Übersetzer, überwiegend nestorianische Christen, übertrugen Schriften aus unterschiedlichen Bereichen ins Arabische. So konnten die Araber nun Astronomie, Alchemie, Medizin und Mathematik studieren, und sie taten das mit so großem Erfolg, daß während des 9. und 10. Jahrhunderts im Abbasidenreich mehr wissenschaftliche Entdeckungen gemacht wurden als in der gesamten arabischen Geschichte zuvor. Ein neuer Typus von Muslim bildete sich heraus, er hatte sich einem ganz neuen Ideal mit dem arabischen Namen Falsafa verschrieben. Der Begriff wird im allgemeinen mit »Philosophie« übersetzt, bedeutet aber viel mehr: Wie die französischen Philosophen des 18. Jahrhunderts, so wollten auch die Faylasufs ein von der Vernunft bestimmtes Leben führen, das in Einklang stand mit jenen Gesetzen, die ihrer Meinung nach den Kosmos regierten und für jede Ebene der Wirklichkeit Gültigkeit besaßen. Zunächst konzentrierten sie sich auf die Naturwissenschaften, dann wandten sie sich zwangsläufig auch der griechischen Metaphysik zu und nahmen sich vor, deren Prinzipien auf den Islam zu übertragen. Sie waren überzeugt, daß der Gott der griechischen Philosophen mit Allah identisch war. Auch die griechischen Christen hatten gewisse Übereinstimmungen mit dem Hellenismus festgestellt, aber dennoch beschlossen, daß das Gottesbild der griechischen Philosophen geändert und dem wesentlich paradoxeren Gott der Bibel angepaßt werden müsse. Wie wir noch sehen werden, kehrten sie sich schließlich in der Überzeugung, Vernunft und Logik könnten wenig zum Studium Gottes beitragen, von ihrer eigenen philosophischen Tradition ab. Die Faylasufs hingegen gelangten zur gegenteiligen Auffassung, sie betrachteten den Rationalismus als die fortschrittlichste Form von Religion und das darin entworfene Gottesbild als dem in der Schrift geoffenbarten überlegen. Heute sieht man Wissenschaft und Philosophie gewöhnlich als feindliche Gegenpole der Religion an. Die Faylasufs waren jedoch im allgemeinen fromme Männer und fühlten sich als treue Söhne des Propheten. Als gute Muslime hatten sie ein waches politisches Bewußtsein, verachteten den Luxus des Hofes und wollten ihre Gesellschaft nach den Gesetzen der Vernunft verändern. Ihr Vorhaben war sehr wichtig. Da ihre wissenschaftlichen und philosophischen Studien von griechischem Gedankengut inspiriert waren, mußten sie unbedingt eine Verbindung zwischen ihrem Glauben und dieser rationalistischen, objektiven Denkweise finden. Es kann verhängnisvolle Folgen haben, wenn man Gott in eine separate intellektuelle Sphäre verweist und den Glauben als etwas vom übrigen Leben Abgetrenntes behandelt. Die Faylasufs wollten die Religion nicht abschaffen, sondern sie von Elementen reinigen, die sie für primitiv und engstirnig hielten. Sie zweifelten die Existenz Gottes nicht an, sondern setzten sie als selbstverständlich voraus, erachteten es aber für wichtig, sie logisch zu beweisen, denn damit konnten sie gleichzeitig aufzeigen, daß ihr rationalistisches Ideal sich mit Gott vereinbaren ließ.

Allerdings taten sich bei diesem Unterfangen gewisse Probleme auf. Wir haben gesehen, daß der Gott der griechischen Philosophen sich vom Gott der Offenbarung stark unterscheidet: Der höchste Gott von Aristoteles und Plotin war zeitlos und leidenschaftslos, er nahm keine Notiz vom Treiben der Menschen und offenbarte sich nicht in der Geschichte, er hatte die Welt nicht geschaffen und würde am Ende der Zeit auch nicht über sie richten. Tatsächlich vertrat Aristoteles sogar die Auffassung, die Philosophie stehe über der Geschichte, der wichtigsten Theophanie der monotheistischen Religionen. Die Philosophie hatte keinen Anfang, keine Mitte und kein Ende, da der Kosmos ewig von Gott ausströmte. Die Faylasufs wollten die Geschichte, die nur eine Illusion war, hinter sich lassen, um Einblick in die unveränderliche, ideale Welt des Göttlichen zu erhalten. Obwohl sie die Ratio sehr betonten, forderten sie eine ganz spezifische Art von Glauben. Ihre Überzeugung, dieser Kosmos voller Chaos und Schmerz, der zumindest vordergründig keine sinnvolle Ordnung erkennen ließ, werde tatsächlich vom Prinzip der Vernunft regiert, erforderte viel Mut. Außerdem mußten sie sich stets den Glauben daran bewahren, daß allem ein höherer Sinn innewohnte, auch wenn sich in der Welt um sie herum oft katastrophale und sinnlose Dinge ereigneten. Falsafa war im Grunde ein edles Ideal, eine Suche nach Objektivität, nach einer zeitlosen Vision und nach einer universalen Religion, die weder auf eine bestimmte Manifestation Gottes beschränkt noch an einen bestimmten Ort oder an eine bestimmte Zeit gebunden war. Die Faylasufs hielten es für ihre Pflicht, die Offenbarung des Korans in eine fortschrittlichere Sprache zu übersetzen, die im Verlaufe der Jahrhunderte von den besten und edelsten Köpfen aller Kulturkreise entwickelt worden war. Für sie war Gott kein Mysterium, sondern die Vernunft selbst.

Ein solches Vertrauen in ein durch und durch rationales Universum erscheint uns heute naiv, da unsere wissenschaftlichen Erkenntnisse uns hinreichend die Unzulänglichkeit der aristotelischen Beweise für die Existenz Gottes vor Augen geführt haben. Natürlich war unsere Einschätzung im 9. und 10. Jahrhundert noch völlig undenkbar, dennoch bestehen gewisse Parallelen zwischen den Erfahrungen der Faylasufs und unserer heutigen religiösen Situation: Die wissenschaftliche Revolution der Abbasidenzeit setzte bei allen Beteiligten mehr voraus als die Bereitschaft und die Fähigkeit, sich neues Wissen anzueignen. Wie zu unserer Zeit waren auch damals wissenschaftliche Entdeckungen erst auf der Grundlage eines neuen Bewußtseins möglich, und das veränderte die Weltsicht der Faylasufs. Grundvoraussetzung jeder Wissenschaft ist die feste Überzeugung, daß alle Dinge rational erklärt werden können. Phantasie und Mut sind für die Wissenschaft ebenso unerläßlich wie für die kreative Suche nach religiösen Wahrheiten. Wie ein Prophet oder ein Mystiker ist auch ein Wissenschaftler gezwungen, sich mit den dunklen und unwägbaren Seiten der ungeschaffenen Wirklichkeit auseinanderzusetzen. Der Wandel des Bewußtseins hatte auch Auswirkungen auf das Gottesbild der Faylasufs. Sie sahen sich genötigt, die traditionellen religiösen Vorstellungen ihrer Zeitgenossen neu zu überdenken, zu modifizieren oder sogar aufzugeben. In der gleichen Situation befinden sich heute viele Menschen, die einen großen Teil der klassischen Gottesvorstellungen mit unserem modernen wissenschaftlichen Weltbild nicht mehr in Einklang zu bringen vermögen. Das Festhalten an der alten Theologie war nicht nur ein Zeichen mangelnden Mutes, sondern konnte sogar die Ganzheit des Menschen gefährden. Die Faylasufs wollten ihre neuen Erkenntnisse und die islamische Religion der Bevölkerungsmehrheit zusammenfügen, das Ergebnis waren einige revolutionäre, vom Denken der Griechen beeinflußte Ideen von Gott. Das endgültige Versagen ihres Konzepts einer rationalen Gottheit erlaubt uns wichtige Rückschlüsse auf das Wesen religiöser Wahrheit.

Vor den Faylasufs hatte sich kein Monotheist je um eine so symbiotische Verschmelzung der Religion mit der griechischen Philosophie bemüht. Die Mutasiliten und die Aschariten hatten zwar versucht, zwischen der Offenbarung und der menschlichen Vernunft eine Brücke zu schlagen, doch für sie stand der Gott der Offenbarung stets an erster Stelle. Kalam stützte sich auf die traditionelle monotheistische Vorstellung, daß die Geschichte eine Offenbarung Gottes sei. Einzelnen Ereignissen wurde eine entscheidende Bedeutung zugesprochen, denn sie galten als die einzige Gewißheit, die ein Mensch jemals erlangen kann. Die Aschariten bezweifelten sogar, daß es überhaupt allgemeingültige Gesetze und zeitlose Prinzipien gab. Obwohl ihrem Atomismus ein gewisser religiöser und kreativer Wert nicht abgesprochen werden kann, war er dem wissenschaftlichen Geist doch sehr fremd und kam daher für die Faylasufs nicht in Betracht. In ihrer Falsafa blieben die Geschichte, das Konkrete und das Einzelne unberücksichtigt, sie hatten große Ehrfurcht vor den allgemeingültigen Gesetzen, die die Aschariten verwarfen. Die Faylasufs suchten ihren Gott in logischen Argumenten und nicht in gelegentlichen Offenbarungen, die einzelnen Männern oder Frauen in unterschiedlichen historischen Augenblicken zuteil geworden waren. Die Suche nach der objektiven, allgemeinen Wahrheit war der Motor ihrer wissenschaftlichen Studien, und sie prägte auch ihre Vorstellung von der höchsten Wirklichkeit. Ein Gott, der, von gewissen unvermeidlichen, kulturell bedingten Abweichungen abgesehen, nicht für alle Menschen derselbe war, konnte auf die elementare religiöse Frage nach dem letzten, höheren Sinn des Lebens keine zufriedenstellende Antwort geben. Man konnte nicht nach wissenschaftlichen Lösungen streben und gleichzeitig zu einem Gott beten, den die gläubigen Muslime mehr und mehr als ihren einzigen Besitz betrachteten. Aus dem Studium des Korans ging schließlich hervor, daß Mohammed eine universale Sichtweise eingenommen und immer wieder betont hatte, alle rechtgeleiteten Religionen stammten von dem einen Gott ab. Die Faylasufs sahen darum keine Veranlassung, den Koran über Bord zu werfen, sondern versuchten statt dessen, Berührungspunkte zwischen den beiden unterschiedlichen Sichtweisen aufzuzeigen. Es handelte sich demnach um zwei gleichermaßen rechtmäßige Wege zu Gott, die jeweils unterschiedlichen Bedürfnissen Rechnung trugen. Die Faylasufs erkannten keinen grundlegenden Widerspruch zwischen der Offenbarung und der Wissenschaft oder zwischen dem Rationalismus und dem Glauben, sie entwickelten eine sogenannte prophetische Philosophie. Sie wollten zum gemeinsamen, wahren Kern aller historischen Religionen vorstoßen, die seit Anbeginn der Geschichte versucht hatten, das Wesen desselben Gottes zu beschreiben.

Die Falsafa war zwar von der Wissenschaft und der Metaphysik der Griechen beeinflußt, aber nicht sklavisch vom Hellenismus abhängig. Die Griechen hatten für ihre Kolonien im Nahen Osten eine Art Standardlehrplan geschaffen. Obwohl der hellenistischen Philosophie in den verschiedenen Kulturkreisen unterschiedliche Bedeutung zugemessen wurde, mußten alle Schüler bestimmte Texte in einer bestimmten Reihenfolge lesen. So wurde eine gemeinsame Grundlage geschaffen, auf der man sich verständigen und eine kulturelle Einheit bilden konnte. Die Faylasufs hielten sich jedoch nicht an diesen Lehrplan, sondern lasen die Texte, die ihnen gerade zur Verfügung standen. Das eröffnete ihnen zwangsläufig ganz andere Perspektiven. Außerdem wirkten auf ihre eigenen, spezifisch islamischen und arabischen Anschauungen auch persische, indische und gnostische Einflüsse.

So vertrat Yaqub Ibn Ishaq al-Kindi (gestorben 870), der sich den Mutasiliten sehr verbunden fühlte, in einigen wesentlichen Punkten ganz andere Auffassungen als Aristoteles. Er war in Basra aufgewachsen, ließ sich dann aber in Bagdad nieder, wo er die Gunst des Kalifen al-Mamun genoß. Seine zahlreichen Schriften zu mathematischen, wissenschaftlichen und philosophischen Fragen übten einen sehr großen Einfluß aus. Da er sich auf die Sicht der Mutasiliten stützte, konnte er die Philosophie nur als ein Werkzeug der Offenbarung betrachten: Das Wissen, das den Propheten eingegeben wurde, reichte immer weiter als die rein menschlichen Einsichten der Philosophen. Viele Faylasufs gelangten später zu ähnlichen Ansichten. Al-Kindi suchte auch in anderen Religionen nach der Wahrheit. Für ihn gab es nur eine einzige Wahrheit, und der Philosoph mußte sich bemühen, sie hinter all den kulturellen und sprachlichen Verkleidungen aufzuspüren, mit denen sie im Verlaufe der Jahrhunderte in den verschiedenen Kulturkreisen versehen worden war.

> Wir sollten uns nicht schämen, die Wahrheit anzuerkennen und dabei auch auf überlieferte Erkenntnisse unserer Ahnen oder fremder Völker zurückzugreifen. Für den, der nach der Wahrheit sucht, gibt es keinen höheren Wert als die Wahrheit. Er wird durch sie nicht herabgewürdigt oder erniedrigt, sondern geadelt und geehrt.[1]

In diesem Punkt stimmte al-Kindi mit dem Koran überein. Er ging jedoch noch weiter, denn er beschränkte sich nicht auf die Propheten, sondern studierte auch die griechischen Philosophen. Von Aristoteles übernahm er die Vorstellung eines höchsten und ersten Bewegers. In einer rationalen Welt mußte alles eine Ursache haben, also mußte es einen unbewegten Beweger geben, der alles in Gang setzte. Dieses oberste Prinzip war das unveränderbare, vollkommene und unzerstörbare Sein. Nachdem al-Kindi zu diesem Schluß gekommen war, löste er sich von Aristoteles und vertrat von nun an die koranische Lehre von der Schöpfung aus dem Nichts *(ex nihilo)*. Handeln hieß für al-Kindi, aus dem Nichts heraus etwas hervorzubringen, und das war das Vorrecht Gottes. Er war das einzige Wesen, das in diesem Sinne handeln konnte, und er war die wahre Ursache all dessen, was in der Welt geschah.

Die Falsafa verneinte schließlich die Schöpfung *ex nihilo*, daher kann al-Kindi nicht als ein wirklicher Faylasuf bezeichnet werden. Er war jedoch ein Pionier auf dem Feld der islamischen Bemühungen, die religiöse Wahrheit mit der systematischen Metaphysik in Einklang zu bringen. Seine Nachfolger waren radikaler. So lehnte zum Beispiel Abu Bakr Muhammad Ibn Zakaria ar-Razi (gestorben 930), der als der größte Nonkonformist in der muslimischen Geschichte bezeichnet wurde, die metaphysischen Vorstellungen von Aristoteles ab und betrachtete die Schöpfung wie die Gnostiker als das Werk eines Demiurgen: Aus einem rein spirituellen Gott konnte keine Materie hervorgehen. Das aristotelische Konzept vom höchsten und ersten Beweger verwarf er genauso wie die Lehren des Korans über die Offenbarung und die Propheten. Nur die Vernunft und die Philosophie können uns retten. Ar-Razi war nicht wirklich Monotheist, sondern in gewissem Sinne der erste Freidenker, der Gott und die wissenschaftliche Sichtweise unvereinbar fand. Er war ein hervorragender Arzt und ein freundlicher, großzügiger Mann; viele Jahre leitete er das Krankenhaus in seinem iranischen Geburtsort Rayy. Die meisten Faylasufs gingen in ihrem Rationalismus nicht ganz so weit. In einem Streitgespräch mit einem konventionelleren Muslim erklärte ar-Razi, ein Faylasuf könne sich nie auf eine bestehende Tradition stützen, sondern müsse stets alles selbst neu durchdenken, denn nur die Vernunft führe zur Wahrheit. Da diese Auffassung allen Religionen widerspreche, sei es sinnlos, auf geoffenbarte Lehren zurückzugreifen. Wie soll irgend jemand uns sagen können, was richtig ist? Sein Gegner, der zur allgemeinen Verwirrung ebenfalls ar-Razi genannt wurde,[2] brachte einen wichtigen Einwand vor: Er fragte, was denn mit den gewöhnlichen Menschen sei, die das philosophische Denken gar nicht beherrschten? Waren sie deshalb verloren und zu Irrtum und Verwirrung verdammt? Einer der Gründe, warum die Faylasufs stets eine Minderheitensekte innerhalb des Islam blieben, war ihr elitäres Denken. Falsafa sprach zwangsläufig nur Menschen mit einem bestimmten Intelligenzniveau an und stand darum im Widerspruch zu dem egalitären Geist, der sich in der muslimischen Gesellschaft immer mehr durchsetzte.

Der türkische Faylasuf Abu Nasr al-Farabi (gestorben 980) widmete sich dem Problem des ungebildeten Volkes, das den philosophischen Rationalismus nicht nachvollziehen konnte. Al-Farabi, der als der Begründer der wahren Falsafa bezeichnet werden kann, bewies die faszinierende Vielseitigkeit dieses muslimischen Ideals. Heute würde man ihn wohl einen Renaissancemenschen nennen; er war nicht nur Arzt, sondern auch Musiker und Mystiker. In seiner Abhandlung mit dem Titel *Die Ansichten der Bürger der idealen Stadt* wird jenes rege Interesse für soziale und politische Fragen deutlich, das in der muslimischen Spiritualität eine so zentrale Rolle spielte. Plato hatte in seinem Werk *Politeia* (Vom Staate) dargelegt, daß die Gesellschaft von einem Philosophen geführt werden müsse, der in der Lage wäre, dem gewöhnlichen Volk die rationalen Prinzipien, nach denen er regierte, begreiflich zu machen. Al-Farabi behauptete nun, Mohammed sei genau so ein Herrscher gewesen, denn er habe die zeitlosen Wahrheiten auf eine für das Volk verständliche, phantasievolle Weise ausgedrückt. Der Islam sei darum die ideale Grundlage für die Schaffung einer idealen Gesellschaft im Sinne Platos. Weil die Schia den weisen Imam verehrte, sei sie wohl die Form des Islam, die dieses Vorhaben am besten verwirklichen könne. Obwohl al-Farabi praktizierender Sufi war, betrachtete er die Offenbarung als einen völlig natürlichen Prozeß. Den fernen Gott der Griechen berührten die Sorgen der Menschen nicht; er konnte daher unmöglich zu menschlichen Wesen »sprechen« oder sich in weltliche Angelegenheiten einmischen, wie das die traditionelle Lehre von der Offenbarung nahelegte. Das hieß jedoch nicht, daß al-Farabi sich nicht mit Gott beschäftigte. Gott nimmt in seiner Philosophie einen zentralen Platz ein, und er kommt gleich zu Beginn seiner Abhandlung ausführlich auf ihn zu sprechen. Sein Gott ist jedoch wie der von Aristoteles und Plotin nur das erste aller Wesen. Ein nach den Grundsätzen der mystischen Philosophie von Dionysius Areopagita erzogener griechischer Christ hätte jede Theorie verworfen, die aus Gott lediglich ein weiteres, wenn auch überlegenes Wesen machte. Al-Farabi hielt sich jedoch an Aristoteles. Er glaubte nicht an Gottes »plötzlichen« Entschluß, die Welt zu erschaffen. Soviel Wandel paßte nicht zu einem ewigen und statischen Gott.

Wie für die Griechen, so geht auch für al-Farabi die Daseinskette ewig von dem Einen aus, und zwar in zehn aufeinanderfolgenden Emanationen oder Intelligenzen, jede davon erzeugt eine der ptolemäischen Sphären: die äußerste Sphäre der Welt, die Sphäre der Fixsterne, die Sphären von Saturn, Jupiter, Mars, Sonne, Venus und Merkur und die Sphäre des Mondes. Sobald die eigene sublunare Welt erreicht ist, werden wir uns der in die entgegengesetzte Richtung verlaufenden Seinshierarchie bewußt: Sie entwickelt sich von der unbelebten Materie über die Pflanzen und die Tiere bis hinauf zu den Menschen, deren Seele und deren Intellekt an der göttlichen Vernunft teilhaben, während ihr Körper der Erde entstammt. Durch den von Plato und Plotin beschriebenen Läuterungsprozeß können die menschlichen Wesen ihre irdischen Fesseln abstreifen und in ihre natürliche Heimat, zu Gott, zurückkehren.

Al-Farabis Vorstellungen wichen deutlich von der Weltsicht des Korans ab. Er hielt die Philosophie für eine anspruchsvollere Methode zur Erkenntnis jener Wahrheiten, die die Propheten, um das Volk zu erreichen, auf eine poetische, metaphorische Weise ausgedrückt hatten. Die Falsafa war keine Philosophie für jedermann. Gegen Mitte des 10. Jahrhunderts begann sich im Islam ein esoterisches Element herauszubilden, und die Falsafa war eine der esoterischen Disziplinen. Auch die Sufis und die Schiiten legten den Koran anders aus als die Ulemas, jene Kleriker, die ausschließlich das Heilige Gesetz und das Hadith anerkannten. Sowohl die Faylasufs wie auch die Sufis und die Schiiten hielten ihre Lehren geheim, nicht um das Volk auszuschließen, sondern weil sie sich sehr wohl bewußt waren, daß ihre abenteuerlichen und phantasievollen Versionen des Islam leicht mißverstanden werden konnten. Eine wörtliche oder allzu stark vereinfachte Auslegung der Lehren der Falsafa, der Mythen des Sufismus und der Vorstellungen über die Imame konnte jene Menschen verwirren, denen die Fähigkeit, die Bildung oder das Temperament fehlte, um sich der letzten Wahrheit auf eine symbolische, eine rationalistische oder eine imaginative Weise zu nähern. In den esoterischen Sekten bereitete man die Neueingeweihten durch spezielle geistige und seelische Übungen sorgfältig auf diese schwierigen Gedankengänge vor. Wir haben bereits gesehen, daß die griechischen Christen mit ihrer Unterscheidung von Dogma und

Kerygma ein ganz ähnliches Konzept entworfen hatten. Der Westen entwickelte keine esoterische Tradition, sondern beschränkte sich auf eine kerygmatische, für alle Gläubigen gleichermaßen gültige Auslegung der Religion. Römische Christen, deren Vorstellungen von der offiziellen Lehre abwichen, durften diese nicht im stillen weiterverfolgen, sondern wurden ausnahmslos verfolgt. Während die christliche Kirche im Westen versuchte, alle Nonkonformisten auszurotten, starben die esoterischen Denker des Islam gewöhnlich in ihren Betten.

Al-Farabis Emanationslehre wurden von allen Faylasufs übernommen. Und wie wir noch sehen werden, neigten auch die Mystiker eher der Emanationsidee zu als der Lehre von der Schöpfung *ex nihilo*. Die muslimischen Sufis und die jüdischen Kabbalisten waren weit davon entfernt, die Philosophie und die Vernunft als religionsfeindlich zu betrachten; einige empfanden die Erkenntnisse der Faylasufs als inspirierende Denkanstöße zum Verständnis jenes Bereichs ihrer Religion, der sich vorwiegend über die Phantasie erschloß. Das galt besonders für die Schia. Obwohl sie stets eine Minderheit innerhalb des Islam blieb, ist das 10. Jahrhundert oft das schiitische Jahrhundert genannt worden, denn damals gelang es den Schiiten, im ganzen Reich in führende politische Positionen aufzusteigen. Der größte politische Erfolg der Schiiten bestand darin, daß sie dem sunnitischen Kalifat in Bagdad ab dem Jahr 909 ein eigenes Kalifat in Tunis entgegensetzen konnten. Die Errichtung des Kalifats war das Verdienst jener ismailitischen Sekte, die als die »Fatimiden« oder »Siebener-Schiiten« bezeichnet werden – zur Unterscheidung von der größeren Gruppe der »Zwölfer-Schiiten«, die zwölf Imame anerkennen. Nach dem Tod des heiligen sechsten Imams Jafar Ibn Sadiq im Jahre 765 spalteten sich die Ismailiten von den Zwölfer-Schiiten ab. Jafar hatte seinen Sohn Ismail zu seinem Nachfolger bestimmt. Nach seinem Tod betrachteten jedoch die Zwölfer-Schiiten nicht ihn, sondern seinen Bruder Musa als den neuen Imam. Für die Ismailiten, die weiterhin Ismail die Treue hielten, war die Linie mit ihm beendet. Das nordafrikanische Kalifat der Ismailiten wurde sehr mächtig. Im Jahre 973 verlegten sie ihre Hauptstadt nach Qahirah, dem heutigen Kairo, und errichteten dort die große Moschee von al-Azhar.

Die Imame wurden nicht nur als politische Leitfiguren begeistert verehrt. Wie bereits dargelegt, waren die Schiiten davon überzeugt, daß ihre Imame auf irgendeine geheimnisvolle Weise Gottes Gegenwart auf Erden verkörperten. Sie hatten eine eigene, esoterische Frömmigkeit entwickelt, gestützt auf eine symbolische Auslegung des Korans. Man glaubte, daß Mohammed ein geheimes Wissen um Gott an seinen Vetter und Schwiegersohn Ali Ibn Abi Talib weitergegeben hatte und daß dieses Wissen *(ilm)* auf die gesamte Linie aller von ihm abstammenden Imame übergegangen war. Jeder Imam verkörperte das »Licht Mohammeds« *(al-nur al-Muhammad),* den prophetischen Geist, der Mohammed in die Lage versetzt hatte, sich Gott vollkommen zu unterwerfen. Weder der Prophet noch die Imame waren göttlich, aber sie waren Gott gegenüber so vollkommen offen gewesen, daß in ihnen nach Auffassung der Schiiten Gott auf eine vollständigere Weise »wohnte« als in gewöhnlichen Sterblichen. Die Nestorianer hatten von Christus eine ähnliche Vorstellung gehabt. Die Schiiten betrachteten ihre Imame als gänzlich mit jenem erleuchtenden, göttlichen Wissen erfüllte »Tempel« oder »Schätze« des Göttlichen. *Ilm* war nicht nur ein geheimes Wissen, sondern ein Mittel zur Transformation und zur inneren Konversion. Ein Schüler konnte unter der Anleitung seines spirituellen Führers *(da'i)* eine traumartige Klarheit erleben, die ihn aus seiner Trägheit und Abgestumpftheit emporhob. Er war dann so verwandelt, daß er die esoterische Auslegung des Korans auf einmal begreifen konnte. Diese Urerfahrung war wie ein Erwachen. Ein ismailitischer Philosoph aus dem 10. Jahrhundert namens Nasiri al-Khusraw beschreibt in einem Gedicht, wie die Vision des Imams sein Leben völlig verändert hat:

Hast du je von einem Meer gehört, das dem Feuer entfließt?
Hast du je gesehen, wie ein Fuchs zu einem Löwen wurde?
Die Sonne kann einen Kieselstein,
den selbst die Hände der Natur nicht umzuformen vermögen,
in einen Edelstein verwandeln.
Ich bin jener kostbare Stein, und meine Sonne ist er,
dessen Strahlen diese dunkle Welt mit Licht erfüllen.

Aus Eifersucht kann ich seinen Namen [den des Imams]
in diesem Gedicht nicht nennen,
sondern nur von ihm sagen, daß für ihn
selbst Plato zum Sklaven würde. Er
ist der Lehrer, der Heiler der Seelen, der von Gott Begünstigte,
das Abbild der Weisheit, die Quelle des Wissens und der Wahrheit.
O Antlitz des Wissens, von Tugend erfüllte Gestalt,
Herz der Weisheit, Ziel der Menschheit,
O Stolz des Stolzes, vor dir stand ich, blaß
und mager, in einen wollenen Mantel gehüllt,
und küßte deine Hand, als sei sie das Grab
des Propheten oder schwarzer Stein von der Kaaba.[3]

So wie Christus auf dem Berg Tabor für die griechisch-orthodoxen Christen die vergöttlichte Menschheit darstellte und wie Buddha die für alle Menschen erreichbare Erleuchtung verkörperte, so hatte die vollkommene Öffnung des Imams für Gott seine menschliche Natur verwandelt.

Die Ismailiten befürchteten, daß die Faylasufs sich zu sehr auf die äußerlichen und rationalen Elemente der Religion konzentrierten und dabei ihren spirituellen Kern vernachlässigten. Die Vorstellungen des Freidenkers ar-Razi verurteilten sie entschieden. Die von den Ismailiten entwickelte, ganz eigene Philosophie war ebensowenig Selbstzweck wie ihre Wissenschaft. Beide geistigen Disziplinen dienten ihnen in erster Linie als spirituelle Übungen, die sie in die Lage versetzen sollten, die tiefere, innere Wahrheit *(batin)* des Korans zu erleben. Die Kontemplation der wissenschaftlichen und mathematischen Abstraktionen reinigte ihre Köpfe von sinnlichen Bildern und befreite sie von den Beschränkungen des Alltagsbewußtseins. Im Gegensatz zu uns heutigen Menschen wollten die Ismailiten durch die Beschäftigung mit der Wissenschaft nicht zu einem genaueren Verständnis der äußeren Wirklichkeit gelangen, sondern auf diesem Weg ihre Phantasie weiterentwickeln. Sie griffen auf die alten zarathustrischen Mythen des Irans zurück, vermischten sie mit bestimmten neuplatonischen Vorstellungen und entwickelten daraus ein neues Konzept der Heilsgeschichte. In älteren Kulturen hielt man bekanntlich alle Erfahrungen hier auf der

Erde für Wiederholungen von Ereignissen, die in der himmlischen Welt stattgefunden hatten; Plato hatte mit seiner Lehre von den Formen oder ewigen Archetypen diesen uralten Glauben lediglich in eine philosophische Sprache gekleidet. Im vorislamischen Iran hatte die Wirklichkeit ein doppeltes Gesicht: Es gab einen sichtbaren *(getik)* Himmel und einen göttlichen *(menok)* Himmel, der unserem normalen Wahrnehmungsvermögen entzogen ist. Das gleiche galt auch für abstrakte spirituelle Wahrheiten: Wurde hier und jetzt in der sichtbaren Welt ein Gebet gesprochen oder eine tugendhafte Handlung vollbracht, dann wurde das Gebet oder die Tat in der himmlischen Welt sozusagen dupliziert und erhielt dadurch wahre Wirklichkeit und ewige Bedeutung.

Auf die gleiche Weise, wie uns Vorfälle oder Formen, die nur in unserer Phantasie existieren, oft wirklicher und bedeutender erscheinen als unser irdisches Dasein, hielten auch die Perser diese himmlischen Archetypen für wahr. Dieses Phänomen erklärt vielleicht auch, warum wir trotz einer Unzahl entmutigender Gegenbeweise fest daran glauben, daß unser Leben und unsere Welt bedeutend und wichtig sind. Die Perser gaben ihre alte Mythologie nach dem Übertritt zum Islam zwar auf, aber sie gehörte nach wie vor zu ihrem kulturellen Erbe. Im 10. Jahrhundert wurde sie von den Ismailiten wiederbelebt und auf phantasievolle Weise mit der platonischen Emanationslehre verschmolzen. Al-Farabi hatte angenommen, daß zwischen Gott und der materiellen Welt zehn Emanationen über die ptolemäischen Sphären herrschten. Bei den Ismailiten wurden nun der Prophet und die Imame zu den »Seelen« in diesem Himmelsschema. Mohammed war in der höchsten prophetischen Sphäre des ersten Himmels zu finden, Ali im zweiten Himmel, und über die folgenden Sphären herrschten der Reihe nach die sieben Imame. In der Sphäre, die der materiellen Welt am nächsten lag, befand sich Alis Ehefrau Fatima, die diese geheiligte Linie möglich gemacht hatte. Sie war die Mutter des Islam und entsprach Sophia, der göttlichen Weisheit. Die Vorstellung von den vergöttlichten Imamen macht deutlich, worin nach ismailitischer Auffassung die wahre Bedeutung der schiitischen Geschichte lag. Was den aufeinanderfolgenden Imamen widerfuhr, war mehr als eine Reihe äußerlicher, weltlicher Begebenheiten. Die nicht selten tragischen Ereignisse im Leben der erlauchten, menschlichen Wesen hier auf Erden hatten ihre Entsprechungen in *menok,* der archetypischen Ordnung.[4]

Man darf dieses Konzept nicht leichtfertig als Irrglauben abtun. Wir Menschen im Westen brüsten uns heute gern mit unseren Bemühungen um objektive Wahrheit, aber die ismailitischen Batiniden, die nach der »verborgenen« *(batin)* Dimension von Religion suchten, verfolgten ein vollkommen anderes Ziel. Ihr Symbolismus war wie der von Dichtern oder Malern von der Logik weitgehend unabhängig, konnte ihrer Auffassung nach jedoch eine tiefere Wirklichkeit enthüllen, die unseren Sinnen verborgen blieb und sich auch mit rationalen Begriffen nicht ausdrücken ließ. Sie entwickelten daher eine spezielle Methode, den Koran zu lesen, die sie *tawil* (wörtlich »zurücktragen«) nannten. Diese Methode sollte sie zum ursprünglichen, archetypischen Koran zurückführen, der ihrer Meinung nach genau in dem Augenblick im Bereich von *menok* aufgetaucht war, als Mohammed ihn im Bereich von *getik* rezitiert hatte. Henri Corbin, der inzwischen verstorbene Historiker des iranischen Schiismus, hat *tawil* mit der Harmonie in der Musik verglichen: Es sei, als hörte der Ismailit einen »Klang« – einen Vers aus dem Koran oder einen Lehrsatz aus dem Hadith – auf mehreren Ebenen gleichzeitig. Er versuche sich darin zu üben, neben den arabischen Worten zugleich auch deren himmlisches Gegenstück zu vernehmen. Dieser Versuch schalte sein lautes kritisches Denken ab und mache ihm die Stille bewußt, die jedes Wort umgebe. Auf dieselbe Weise horche auch ein Hindu auf die unbeschreibliche Stille, die sich um die heilige Silbe *om* ausbreite. Während der Ismailit der Stille lausche, spüre er die Kluft zwischen unseren Begriffen und Vorstellungen von Gott und der vollen Wirklichkeit.[5] Diese Übung helfe den Muslimen, Gott so zu verstehen, wie er verstanden zu werden verdiene, erklärte Abu Yaqub al-Sijistani (gestorben 971), ein führender ismailitischer Denker. Oft sprächen Muslime auf vermenschlichende Weise über Gott und verwandelten ihn in einen überlebensgroßen Menschen, andere wiederum würden Gott jeder religiösen Bedeutung berauben und ihn auf ein bloßes Denkmodell reduzieren. Er schlug vor, statt dessen von der doppelten Negation Gebrauch zu machen. Wir sollten damit beginnen, in negativen Formulierungen über Gott zu sprechen, also zum Beispiel von ihm sagen, er sei eher ein »Nicht-Wesen« als ein »Wesen« und eher »nicht unwissend« als »weise« und so weiter. Unmittelbar darauf sollten wir jedoch die leblose und abstrakte Negation ebenfalls negieren und sagen, Gott sei »nicht nicht unwissend« oder »kein Nicht-Ding« in dem Sinne, in dem wir das Wort normalerweise gebrauchen. Gott entspreche keiner menschlichen Formulierung. Durch die wiederholte Anwendung dieser sprachlichen Übung würden wir erkennen, wie unzulänglich Sprache war, wenn es darum ging, das Mysterium Gottes auszudrücken.

Das Gefühl unermeßlichen Friedens und äußerster Zufriedenheit, das diese Übung hervorrufen soll, beschreibt Hamid al-Din Kirmani (gestorben 1021), ein späterer ismailitischer Denker, in einer Abhandlung als »Balsam für den Geist«. Diese Methode sei keineswegs eine trockene, rein intellektuelle Übung oder ein pedantischer Trick, sondern verleihe jeder noch so geringfügigen Kleinigkeit im Leben eines Ismailiten Bedeutung. Ismailitische Autoren benutzten zur Beschreibung von *batin* oft die Begriffe Erleuchtung und Transformation. *Tawil* vermittelte den Gläubigen kein Wissen über Gott, sondern rief ein Erstaunen hervor, das die Bataniden auf einer Ebene unterhalb des rationalen Denkens erleuchtete, aber dennoch kein Eskapismus war. Tatsächlich waren die Ismailiten politisch sehr aktiv. Der sechste Imam Jafar Ibn Sadiq hatte Glauben sogar als Handeln definiert. Wie der Prophet und die Imame hatte auch der Gläubige seine Vorstellung von Gott in der diesseitigen Welt wirkungsvoll in die Tat umzusetzen.

Diese Ideale teilten die Ismailiten mit den *Ikwan al-Safa*, den Brüdern der Reinheit, einer esoterischen Sekte, die während des schiitischen Jahrhunderts in Basra entstand. Die Bruderschaft war vermutlich ein Ableger der Ismailiten und hatte sich wie diese der Wissenschaft verschrieben, insbesondere der Mathematik und der Astrologie. Die Brüder der Reinheit waren ebenfalls politisch aktiv. Wie die Ismailiten suchten auch sie nach *batin*, der verborgenen Bedeutung des Lebens. Ihre Episteln *(Rasail)*, aus denen schließlich eine Enzyklopädie der philosophischen Wissenschaften wurde, waren so verbreitet, daß man sie sogar in Spanien kannte. Auch die Bruderschaft verknüpfte Wissenschaft und Mystik. Die Mathematik wurde als Einleitung zur Philosophie und zur Psychologie betrachtet. Die verschiedenen Zahlen offenbarten die der menschlichen Seele innewohnenden Eigenschaften und dienten als eine Methode zur Konzentration, die Schüler in die Lage versetzte zu verstehen, wie ihr Geist arbeitete. Ebenso wie der heilige Augustinus die Selbsterkenntnis als eine unabdingbare Voraussetzung für jegliches Wissen über Gott betrachtet hatte, wurde ein tiefes Verständnis des Selbst auch zum Dreh- und Angelpunkt der islamischen Mystik. Der von den Sufis – jenen sunnitischen Mystikern, mit denen die Ismailiten vieles gemeinsam hatten – aufgestellte Grundsatz »Wer sich selbst kennt, kennt seinen Herrn« wurde von der Bruderschaft in ihre erste Epistel übernommen.[6] Während der Kontemplation über die Zahlen der Seele wurde der Gläubige zu dem ersten, ursprünglichen Einen zurückgeführt, dem Prinzip des menschlichen Selbst im Herzen der Psyche. Die Bruderschaft stand auch den Faylasufs sehr nahe. Wie die muslimischen Rationalisten betonten sie die Einheit der Wahrheit, die überall gesucht werden müsse. Ein Wahrheitssucher dürfe »vor keiner Wissenschaft zurückschrecken, kein Buch verurteilen und an keinem bestimmten Glauben fanatisch festhalten«.[7] Sie entwickelten ein neuplatonisches Konzept von Gott, der für sie der unsagbare, unbegreifliche Eine Plotins war. Wie die Faylasufs vertraten sie eher die platonische Emanationslehre als die koranische Doktrin von der Schöpfung *ex nihilo*: Die Welt war Ausdruck der göttlichen Vernunft, der Mensch konnte am Göttlichen teilhaben und zu dem Einen zurückkehren, indem er seine rationalen Fähigkeiten einem Läuterungsprozeß unterzog.

Im Werk des im Westen unter dem Namen Avicenna bekannten Abu Ali Ibn Sina (980–1037) erreichte die Philosophie der Faylasufs ihren Höhepunkt. Als Sohn einer schiitischen Beamtenfamilie in der Nähe von Buchara in Zentralasien geboren, stand Ibn Sina unter dem Einfluß der Ismailiten, die oft zu seinem Vater kamen und theologische Debatten mit ihm führten. Ibn Sina entwickelte sich zu einem Wunderkind: Im Alter von sechzehn Jahren war er der Ratgeber berühmter Ärzte, und mit achtzehn beherrschte er Mathematik, Logik und Physik. Mit Aristoteles hatte er gewisse Schwierigkeiten, die sich aber klärten, als er al-Farabis Schrift über die aristotelische Metaphysik in die Hände bekam. Als wandernder Arzt durchquerte er das ganze islamische Reich, war allerdings überall von den Launen seiner Gönner abhängig. Eine Zeitlang war er Wesir der schiitischen Bujidendynastie, deren Herrschaftsgebiet den heutigen westlichen Iran sowie den heutigen südlichen Irak umfaßte. Ibn Sina war kein trockener, gelehrter Untertan, sondern ein brillanter, hellwacher Intellektueller und Sinnenmensch, von dem es hieß, er sei wegen seines exzessiven Weingenusses und seiner sexuellen Ausschweifungen schon im recht frühen Alter von 58 Jahren verstorben.

Ibn Sina hatte begriffen, daß die Falsafa den sich ständig wandelnden Verhältnissen im islamischen Reich angepaßt werden mußte. Das Abbasidenkalifat war im Niedergang begriffen, und der Kalifenstaat ließ sich nicht mehr so leicht als die in Platos *Staat* beschriebene ideale Philosophengesellschaft darstellen. Ibn Sina sympathisierte natürlich mit den spirituellen und politischen Zielen der Schia, stärker angezogen fühlte er sich jedoch vom Neuplatonismus der Faylasufs. Die Falsafa islamisierte er mit größerem Erfolg, als es jenen bis dahin gelungen war. Wenn die Falsafa dem Anspruch, ein vollständiges Bild der Wirklichkeit zu vermitteln, wirklich gerecht werden wollte, mußte seiner Meinung nach der religiöse Glaube des einfachen Volkes stärker berücksichtigt werden, der, wie immer man ihn auch auslegen mochte, zu einem wichtigen Faktor im politischen, sozialen und persönlichen Leben geworden war. Ibn Sina hielt die geoffenbarte Religion nicht für eine primitivere Version von Falsafa; ein Prophet wie Mohammed war seiner Meinung nach jedem Philosophen überlegen, weil er nicht vom menschlichen Verstand abhängig war, sondern über ein direktes und intuitives Wissen über Gott verfügte, das der mystischen Erfahrung der Sufis ähnelte. Plotin hatte dies als die höchste Form von Weisheit beschrieben. Doch das sollte nicht heißen, daß der Verstand keine Aussagen über Gott machen konnte. Um die Existenz Gottes rational zu begründen, erarbeitete Ibn Sina ein auf den aristotelischen Gottesbeweisen basierendes Denkmodell, das für islamische wie auch für jüdische Philosophen des späten Mittelalters zur Selbstverständlichkeit werden sollte. Wie die Faylasufs hegte auch Ibn Sina nicht den geringsten Zweifel an der Existenz

Gottes und war fest davon überzeugt, daß das Wissen um die Existenz eines höchsten Wesens auf rein verstandesmäßige Weise erlangt werden konnte. Das Denken ist die erhabenste Tätigkeit des Menschen: Die menschliche Vernunft hat an der göttlichen teil und spielt daher bei der Suche nach der religiösen Wahrheit eine sehr große Rolle. Wer die verstandesmäßigen Fähigkeiten besitzt, Gott für sich auf diese Weise zu entdecken, der hat nach Ibn Sina sogar die Pflicht, dies zu tun, denn die Vernunft kann nicht nur ein differenzierteres Gottesbild vermitteln, sondern dieses auch von abergläubischen und anthropomorphen Elementen befreien. Ibn Sina und diejenigen seiner Nachfolger, die nach immer neuen rationalen Argumenten für die Existenz Gottes suchten, wollten keine Atheisten in unserem Sinne überzeugen, sondern die Vernunft benutzen, um so viel wie möglich über das Wesen Gottes herauszufinden.

Ibn Sinas Gottesbeweise beginnen mit einer Erörterung, wie unser Geist arbeitet: Was wir in der Welt auch anschauen, immer sehen wir komplexe, aus verschiedenen Elementen zusammengesetzte Erscheinungsformen des Seins. So besteht zum Beispiel ein Baum aus Holz, Rinde, Mark, Saft und Blättern. Wenn wir versuchen, etwas zu verstehen, dann »analysieren« wir es, das heißt wir spalten es in möglichst viele Teile auf. Die einfachen Elemente erscheinen uns dabei primär und das daraus zusammengefügte Ganze sekundär. Ständig suchen wir nach dem Einfachen, nach nicht mehr teilbaren Dingen. Ein Grundsatz der Falsafa lautete, daß die Wirklichkeit ein logisch zusammenhängendes Ganzes bilde; das heißt, unsere endlose Suche nach Einfachheit muß in einem größeren Zusammenhang gesehen werden. Wie alle Platoniker war auch Ibn Sina der Meinung, daß die uns umgebende Vielfalt von einer ursprünglichen Einheit abhängen muß. Da unser Verstand zusammengesetzte Dinge als sekundär und abgeleitet betrachtet, muß uns diese Sichtweise von einer äußeren, einfachen, höheren Wirklichkeit eingegeben worden sein. Komplexe Dinge sind kontingent, und kontingente Dinge sind den Wirklichkeiten untergeordnet, von denen sie abhängen, so wie in einer Familie die Kinder einen niedrigeren Status haben als der Vater, der sie gezeugt hat. Etwas, das die Einfachheit selbst ist, ist für die Philosophen ein »notwendiges Sein«, seine Existenz hängt von nichts ab. Gibt es ein so beschaffenes

Sein? Als Faylasuf geht Ibn Sina davon aus, daß der Kosmos rational ist, und in einem rationalen Universum muß es ein unbedingtes Sein geben, einen unbewegten Beweger an der Spitze der Daseinshierarchie. Etwas muß die Kettenreaktion von Ursache und Wirkung ausgelöst haben. Die Abwesenheit eines solchen höchsten Wesens würde bedeuten, daß unser Verstand sich nicht im Einklang mit der ganzen Wirklichkeit befindet, und das würde wiederum heißen, daß das Universum nicht kohärent und rational ist. Dieses äußerst einfache Sein, von dem die ganze vielfältige, kontingente Wirklichkeit abhängt, ist mit dem identisch, was die Religionen »Gott« nennen. Da er das höchste aller Dinge ist, muß er ganz und gar vollkommen und absolut verehrungs- und anbetungswürdig sein. Da sein Sein sich jedoch so grundlegend von allem anderen unterscheidet, ist er mehr als nur ein weiteres Glied in der Daseinskette.

Die Philosophen und der Koran stimmen darin überein, daß Gott die Einfachheit selbst ist: Er ist eins. Daraus folgt, daß er nicht analysiert oder in Einzelteile oder verschiedene Attribute aufgespalten werden kann. Da dieses Sein absolut einfach ist, hat es keine Ursache, keine Eigenschaften und keine zeitliche Dimension, und es läßt sich absolut nichts darüber sagen. Gott kann nicht Gegenstand der diskursiven Erörterung sein, da unser Gehirn ihn nicht so erfassen kann, wie es alles andere erfaßt. Weil Gott ganz und gar einzigartig ist, kann er mit nichts verglichen werden, was auf normale, abhängige Weise existiert. Wenn wir also über Gott sprechen wollen, ist es Ibn Sina zufolge besser, daß wir negative Formulierungen benutzen, um ihn von allem anderen zu unterscheiden, über das wir sonst sprechen. Weil Gott die Ursache aller Dinge ist, lassen sich gewisse Aussagen über ihn machen: Da wir wissen, daß das Gute existiert, muß Gott das Gute an sich beziehungsweise das »notwendige« Gute sein; da wir wissen, daß das Leben, die Macht und das Wissen existieren, muß Gott auf die vollkommenste und elementarste Weise lebendig, mächtig und wissend sein. Da Gott nach Aristoteles die reine Vernunft ist, und zwar das Denken und der Gegenstand des Denkens zugleich, kann er nur sich selbst kontemplativ betrachten und von der niedrigeren, abhängigen Wirklichkeit keine Kenntnis nehmen. In der Offenbarung erscheint Gott demgegenüber als jemand, der alles weiß, in der geschaffenen Ordnung gegenwärtig ist und in ihr wirkt. Ibn Sina suchte einen Kompromiß: Gott ist viel zu erhaben, als daß er sich herablassen würde, etwas über so unwürdige Einzelwesen wie die Menschen und ihr Treiben zu wissen. Schon Aristoteles hatte gesagt, daß es Dinge gebe, die man besser nicht sehen solle.[8] Mit manchen der wirklich niedrigen und banalen Einzelheiten des irdischen Lebens darf Gott sich nicht besudeln, aber in seiner ewigen Selbsterkenntnis nimmt er alles wahr, was von ihm ausgegangen ist und was er ins Leben gerufen hat. Er weiß, daß er die Ursache abhängiger Geschöpfe ist. Sein Denken ist so vollkommen, daß Denken und Handeln für ihn ein und dasselbe sind. Daher erzeugt seine ewige Kontemplation seiner selbst den von den Faylasufs beschriebenen Prozeß der Emanation. Gott kennt uns und unsere Welt auf eine allgemeine und universale Weise, mit Einzelheiten befaßt er sich indes nicht.

Mit dieser abstrakten Beschreibung der Natur Gottes gab sich Ibn Sina nicht zufrieden; er wollte sie mit der religiösen Erfahrung der Gläubigen, der Sufis und der Batiniden, verknüpfen. Da er sich für die psychologische Seite der Religion interessierte, zog er zur Erklärung der Offenbarungserfahrungen Plotins Emanationsschema heran. In jeder von dem Einem ausgehenden, absteigenden Daseinsphasen bilden die zehn reinen Intelligenzen zusammen mit den Seelen oder Engeln, die jede einzelne der zehn ptolemäischen Sphären in Bewegung setzen, eine Zwischenwelt zwischen Gott und den Menschen; diese entspricht der archetypischen Wirklichkeit bei den Batiniden. Die Intelligenzen besitzen Phantasie, sie verkörpern geradezu die Phantasie in ihrem reinen Urzustand. Das umfassendste Gottesverständnis, das die Menschen erreichen können, wird ihnen nicht durch das diskursive Denken, sondern durch die Zwischenwelt der Phantasie vermittelt. Die zehnte und letzte Intelligenz in unserer eigenen Sphäre ist der Gabriel genannte Heilige Geist der Offenbarung, die Quelle des Lichts und des Wissens. Die menschliche Seele umfaßt den auf diese Welt bezogenen praktischen Intellekt sowie den kontemplativen Intellekt, der eng mit Gabriel in Verbindung stehen kann. Daher war es den Propheten möglich, über die Phantasie ein intuitives Wissen von Gott zu erlangen, ähnlich dem Wissen der Intelligenzen und der praktischen, diskursiven Vernunft überlegen. Die Erfahrung der Sufis zeigt, daß es den Menschen möglich ist, Gott auf eine philosophisch stimmige Weise zu erkennen, ohne dabei auf die Logik und rationale Argumente zurückgreifen zu müssen. Anstelle von logischen Schlüssen benutzten sie phantasievolle Bilder und Symbole. Der Prophet Mohammed hatte diese direkte Vereinigung mit der göttlichen Welt in Vollendung erfahren. Wie wir im nächsten Kapitel sehen werden, versetzte die psychologische Auslegung von Vision und Offenbarung philosophisch interessierte Sufis in die Lage, über ihre religiösen Erfahrungen zu sprechen.

Offenbar wurde Ibn Sina gegen Ende seines Lebens selbst zum Mystiker. In seinem *Kitab al-Asherat* (Buch der Ermahnungen) setzte er sich eher kritisch mit dem rationalistischen Gottesbild auseinander, weil er es inzwischen als unbefriedigend empfand. Statt dessen wandte er sich einer Denkrichtung zu, die er »östliche Philosophie« nannte. Gemeint war damit nicht der Osten im geographischen Sinne, sondern der Ursprung des Lichts. Er wollte eine Abhandlung über Esoterik schreiben, die darin vorgestellten Methoden sollten auf einer Erleuchtungsübung *(ishraq)* und logischem Denken basieren. Man weiß nicht genau, ob er die Abhandlung jemals geschrieben hat; wenn ja, dann ist diese Schrift leider nicht mehr erhalten. Wie wir im nächsten Kapitel allerdings noch sehen werden, gründete der große iranische Philosoph Yahya Suhrawardi später die Schule der »erleuchteten Weisheit«, die Philosophie und Spiritualität ganz im Sinne Ibn Sinas miteinander verknüpfte.

Die Lehren von Kalam und der Falsafa hatten unter den Juden des islamischen Reiches eine ganz ähnliche intellektuelle Bewegung angeregt. Die Juden begannen, ihre eigene Philosophie auf Arabisch niederzuschreiben, und führten zum ersten Mal ein metaphysisches und spekulatives Element in die jüdische Religion ein. Im Gegensatz zu den muslimischen Faylasufs beschäftigten sich die jüdischen Philosophen jedoch nicht mit der ganzen Palette der philosophischen Wissenschaften, sondern konzentrierten sich fast ausschließlich auf religiöse Fragen. Sie glaubten, daß sie der islamischen Herausforderung nur begegnen konnten, wenn sie ebenfalls von den Voraussetzungen der Faylasufs ausgingen. Dazu mußten sie jedoch den personalen Gott der Bibel mit dem Gott der Falsafa in Einklang bringen. Wie den Faylasufs bereitete auch den jüdischen Philosophen das anthropomorphe Gottesbild der Heiligen Schrift und des Talmud Schwierigkeiten, und auch sie fragten sich, wie der Gott der Bibel und der Gott der Philosophen ein und derselbe sein konnten. Sie befaßten sich ebenfalls mit dem Problem der Schöpfung der Welt und mit dem Verhältnis zwischen Offenbarung und Vernunft. Obwohl sie zu anderen Schlußfolgerungen gelangten, blieben sie stark von den muslimischen Denkern abhängig: So war zum Beispiel Saadja Ben Josef (882–942), der als erster den Versuch einer philosophischen Auslegung des jüdischen Glaubens unternahm, nicht nur Talmudist, sondern auch Mutasilit. Er glaubte, daß die Vernunft aus eigener Kraft zu einem Wissen über Gott gelangen konnte. Wie die Faylasufs betrachtete er es als eine Mizwa, eine religiöse Pflicht, sich eine rationale Vorstellung von Gott zu machen, und an der Existenz Gottes zweifelte er ebensowenig wie die muslimischen Rationalisten. Das Vorhandensein des Schöpfergottes war für Saadja so völlig selbstverständlich, daß er in seinem *Buch des Glaubens und Wissens* weniger den Glauben bewies als vielmehr die Möglichkeit des religiösen Zweifels.

Um die Wahrheiten der Offenbarung anzuerkennen, brauche ein Jude seine Vernunft nicht sonderlich anzustrengen, führte Saadja aus; das heiße jedoch nicht, daß Gott dem menschlichen Verstand gänzlich zugänglich sei. Saadja räumte ein, daß die Vorstellung einer Schöpfung *ex nihilo* philosophische Schwierigkeiten aufwarf und sich mit rationalen Begriffen unmöglich erklären ließ, da der Gott der Falsafa keine plötzlichen Entscheidungen traf oder Änderungen herbeiführte. Wie konnte eine materielle Welt ihren Ursprung in einem vollkommen unkörperlichen Gott haben? Hier stößt man an die Grenzen der menschlichen Vernunft, so Saadja, und man muß einfach hinnehmen, daß die Welt im Gegensatz zur Auffassung der Platoniker nicht ewig ist, sondern einen Anfang in der Zeit hat. Dies ist die einzige Erklärung, die sich mit der Heiligen Schrift und dem gesunden Menschenverstand vereinbaren läßt; wenn man sie erst einmal anerkannt hat, kann man daraus weitere Tatsachen über Gott ableiten. Die geschaffene Ordnung ist genau durchdacht und geplant und hat Leben und Kraft, daher muß der Gott, der sie geschaffen hat, über Weisheit, Leben und Macht verfügen. Diese drei Attribute sind jedoch keine getrennten Hypostasen, wie das die christliche Lehre von der Dreieinigkeit nahelegte, sondern bloße Ausdrucksformen von Gott. Nur weil unsere menschliche Sprache die Wirklichkeit Gottes nicht angemessen beschreiben kann, sind wir gezwungen, ihn auf diese Weise zu analysieren und so seine absolute Einfachheit scheinbar zu zerstören. Wenn wir jede uneigentliche Ausdrucksweise vermeiden wollen, dürfen wir von Gott im Grunde nur aussagen, *daß* er existiert. Dennoch erklärt Saadja nicht jede positive Beschreibung Gottes für unzulässig; er stellt auch nicht den fernen, unpersönlichen Gott der Philosophen über den persönlichen, anthropomorphen Gott der Bibel. Um das überall auf der Welt erkennbare Leid zu erklären, greift er zum Beispiel auf die Weisheitsliteratur und auf den Talmud zurück: Das Leiden sei eine Strafe für Sünden, es läutere uns und erziehe uns zur Demut. Diese Erklärung hätte einen wirklichen Faylasuf nicht zufriedengestellt, da sie Gott allzusehr vermenschliche und ihm Pläne und Absichten unterstellte. Bei Saadja ist der Gott der Heiligen Schrift dem Gott der Falsafa jedoch nicht unterlegen; er stellt die Propheten über die Philosophen. Seiner Meinung nach kann die Vernunft letztendlich nur versuchen, das, was die Bibel gelehrt hat, systematisch darzulegen.

Andere jüdische Autoren gingen weiter. Der Neuplatoniker Solomon Ibn Gabirol (1026–1070) verwarf in seiner Abhandlung *Fons vitae* (Lebensquell) die Schöpfung *ex nihilo*. Er versuchte die Emanationstheorie so zu interpretieren, daß sie Gott ein gewisses Maß an Spontaneität und freiem Willen zugestand: Gott habe den Prozeß der Emanation gewünscht. Auf diese Weise wollte Ibn Gabirol den Prozeß der Emanation weniger mechanisch erscheinen lassen und gleichzeitig andeuten, daß Gott Macht über die Gesetze des Seins hatte und nicht nur ihrer Dynamik unterworfen war. Gabirol scheiterte mit dem Bemühen, auf überzeugende Weise zu erklären, wie Materie sich von Gott ableiten konnte. Andere waren weniger einfallsreich. Bahya Ibn Pakudah (gestorben um 1080) war kein strenger Platoniker, sondern griff, wann immer es ihm gelegen kam, auf die Methoden von Kalam zurück. So argumentierte er wie Saadja, daß Gott die Welt zu einem bestimmten Zeitpunkt geschaffen habe. Sie sei ganz gewiß nicht durch einen Zufall entstanden; diese Annahme sei ebenso lächerlich wie die Vorstellung, daß durch das bloße Ausschütten von Tinte auf ein Blatt Papier ein vollkommenes geschriebenes Stück Text zustande kommen könnte. Die sinnvolle Ordnung der Welt zeige, daß es einen Schöpfer geben müsse, das offenbare im übrigen auch die Heilige Schrift. Nachdem er diese höchst unphilosophische Behauptung aufgestellt hatte, wechselte er von Kalam zu Falsafa und führte Ibn Sinas Beweis für die Existenz eines notwendigen, einfachen Seins an.

Bahya hielt die Propheten und die Philosophen für die einzigen Menschen, die Gott auf die richtige Weise verehrten. Das Wissen des Propheten über Gott ist direkt und intuitiv, das des Philosophen rational. Alle anderen Menschen verehren lediglich eine Projektion ihrer selbst, einen nach ihrem eigenen Bilde entworfenen Gott. Sie sind wie von anderen geführte Blinde, solange sie nicht versuchen, sich Gottes Existenz und Einheit aus eigenen Kräften zu beweisen. Bahya war so elitär wie alle Faylasufs, machte jedoch auch viele Anleihen bei den Sufis: Die Vernunft kann uns zwar sagen, daß Gott existiert, aber nichts über Gott aussagen. In seinem *Buch der Anleitung zu den Herzenspflichten* benutzt Bahya die Vernunft, um den Gläubigen – wie der Titel schon andeutet – den Weg zur rechten Gottesverehrung aufzuzeigen. Sobald eine Vorstellung der Neuplatoniker sich mit seinem jüdischen Glauben nicht vereinbaren ließ, verwarf er sie rundweg. Die religiöse Gotteserfahrung hatte für ihn Vorrang vor jeder rationalistischen Methode.

Wenn die Vernunft tatsächlich nichts über Gott aussagen kann, welchen Sinn haben dann rationale Debatten über theologische Fragen? Diese Frage bereitete dem muslimischen Denker Abu Hamid al-Ghazzali (1058–1111), einer herausragenden Persönlichkeit in der Religionsphilosophie, großes Kopfzerbrechen. Der in Khurasan geborene al-Ghazzali hatte bei dem berühmten ascharitischen Theologen Juwayni mit so großem Erfolg Kalam studiert, daß er im Alter von dreiunddreißig Jahren zum Leiter der Kollegien an der hochangesehenen Nizamiyya-Moschee in Bagdad ernannt wurde. Sein Lehrauftrag bestand darin, die sunnitischen Lehren gegen die schiitische Herausforderung der Ismailiten zu verteidigen. Al-Ghazzali war ein ruheloser Geist und rang so hartnäckig mit der Wahrheit, daß er jedes Problem bis zum bitteren Ende durchdenken mußte und sich mit einfachen, konventionellen Antworten nicht zufriedengeben konnte. Das machen seine folgenden Worte deutlich:

> Ich bin in jeden dunklen Winkel vorgedrungen, habe jedes Problem in Angriff genommen und mich in jeden Abgrund gestürzt. Ich habe den Glauben jeder Sekte genau untersucht und mich bemüht, den Kern der Lehren jeder Gemeinschaft bloßzulegen. All dies tat ich in der Absicht, das Wahre vom Falschen und gesunde Tradition von ketzerischer Neuerung unterscheiden zu lernen.[9]

Al-Ghazzali war auf der Suche nach der über jeden Zweifel erhabenen Gewißheit, die ein Philosoph wie Saadja empfunden hatte, aber er wurde immer mehr ernüchtert. So umfassend und ausgiebig seine Nachforschungen auch waren, absolute Gewißheit konnten sie ihm nicht bieten. Seine Zeitgenossen suchten Gott ihren persönlichen Bedürfnissen und ihrem Charakter entsprechend auf ganz unterschiedliche Weise: in Kalam, über einen Imam, in Falsafa und in der Mystik der Sufis. Al-Ghazzali hat anscheinend all diese Disziplinen studiert, weil er verstehen wollte, »was alle Dinge in sich selbst wirklich sind«.[10] Die Anhänger der vier von ihm untersuchten Versionen des Islam behaupteten ausnahmslos, von ihrer jeweiligen Auffassung vollkommen überzeugt zu sein. Al-Ghazzali fragte sich, wie solche Behauptungen objektiv bewiesen werden konnten.

Wie jeder moderne Skeptiker wußte auch al-Ghazzali, daß Sicherheit ein psychologischer Zustand ist und nicht zwangsläufig die objektive Wahrheit widerspiegelt. Für die Faylasufs waren ihre logischen Argumente die Quelle sicherer Erkenntnis, die Mystiker vertrauten ganz und gar auf die Übungen der Sufis und die Ismailiten auf die Lehren ihres Imams. Die Wirklichkeit, die wir Gott nennen, läßt sich nicht empirisch untersuchen. Wie können wir dann sicher sein, daß unsere religiösen Überzeugungen keine Täuschungen sind? Die Beweise der eher konventionellen Rationalisten hielten al-Ghazzalis strengen Maßstäben nicht stand. Die Theologen von Kalam gingen von Behauptungen in der Heiligen Schrift aus, die nie zweifelsfrei bewiesen worden waren. Die Ismailiten richteten sich nach den Lehren eines verborgenen und unerreichbaren Imams; wie konnten sie so sicher sein, daß dieser Imam wirklich von Gott inspiriert war? Und was nützte die Inspiration letztlich, wenn der Imam nicht auffindbar war? Die Falsafa überzeugte al-Ghazzali am allerwenigsten, daher richtete sich der Großteil seiner Polemik gegen al-Farabi und Ibn Sina. Da er der Meinung war, nur jemand, der sich in ihrer Disziplin sehr gut auskannte, könne sie widerlegen, studierte er drei Jahre lang die Falsafa, bis er vollkommen damit vertraut war.[11] In seiner Abhandlung mit dem Titel *Der innere Widerspruch der Philosophen* erklärte er dann, daß die Faylasufs von falschen Voraussetzungen ausgingen. Wenn sie sich auf Wissenschaften wie die Medizin, die Astronomie oder die Mathematik beschränkten, das heißt auf beobachtbare, weltliche Phänomene, dann sei Falsafa zwar ausgesprochen nützlich, doch Aussagen über Gott seien so nicht zu gewinnen. Wie wollten die Faylasufs die Emanationslehre beweisen? Und mit welchem Recht behaupteten sie, daß Gott keine einzelnen, sondern nur allgemeine, universale Dinge wisse? Ihr Argument, Gott sei zu erhaben, um die niedrige Wirklichkeit zu kennen, überzeugte al-Ghazzali nicht im geringsten: Seit wann war Unwissenheit eine Auszeichnung? Da es keinen Weg gab, irgendeine dieser Behauptungen auf zufriedenstellende Art zu beweisen, waren die Faylasufs in seinen Augen irrational und unphilosophisch vorgegangen, denn sie hatten nach einer Wahrheit gesucht, die jenseits der Fähigkeiten des Verstandes lag und durch die Sinne nicht erfaßt werden konnte.

Was bedeuteten diese Erkenntnisse nun für den aufrichtigen Wahrheitssucher? War ein gesunder, unerschütterlicher Glaube an Gott denn unmöglich? Al-Ghazzalis quälende Suche nach endgültigen Antworten setzte ihm so sehr zu, daß er einen Zusammenbruch erlitt. Er fühlte sich von düsterster Verzweiflung überwältigt und konnte von einem Tag zum anderen nicht mehr schlucken und essen. Um das Jahr 1094 stellte er dann auch noch fest, daß er weder sprechen noch Vorlesungen halten konnte:

Gott ließ meine Zunge vertrocknen, so daß ich nicht mehr lehren konnte. Eines Tages gab ich mir alle Mühe, eine Vorlesung zu halten, um die Ohren meiner Schüler zu erfreuen, doch meine Zunge wollte kein einziges Wort äußern.[12]

Er verfiel in eine regelrechte Depression. Als Ursache seiner Krankheit diagnostizierten die Ärzte völlig zutreffend einen tiefsitzenden Konflikt. Sie sagten ihm, er werde sich nicht erholen, wenn es ihm nicht gelinge, seine verborgenen Ängste abzuschütteln. Da er fürchtete, die Hölle würde ihn erwarten, wenn es ihm nicht gelänge, seinen Glauben wiederzufinden, legte al-Ghazzali sein hochangesehenes Amt nieder und schloß sich den Sufis an.

Dort fand er, was er suchte. Ohne die Vernunft aufgeben zu müssen, entdeckte al-Ghazzali, der den ausgefalleneren Formen des Sufismus nach wie vor mißtraute, daß die mystischen Übungen ihm die direkte, wenn auch intuitive Erfahrung von etwas vermittelten, das »Gott« genannt werden konnte. Der englische Sprachwissenschaftler John Bowker hat gezeigt, daß sich das arabische Wort für Existenz *(wujud)* von der Wurzel *wajada* (er fand) ableitet.[13] *Wujud* kann übersetzt werden mit »das, was findbar ist«. Es hat eine konkretere Bedeutung als die metaphysischen Begriffe der Griechen, dennoch läßt es den Muslimen mehr Spielraum. Wenn ein arabischsprachiger Philosoph die Existenz Gottes beweisen wollte, dann brauchte er Gott nicht als ein Objekt unter vielen darzustellen, sondern mußte lediglich beweisen, daß er gefunden werden konnte. Der einzige wirkliche Beweis für Gottes *wujud* ergäbe sich erst dann – oder auch nicht –, wenn der Gläubige nach dem Tod mit der göttlichen Wirklichkeit konfrontiert würde. Die Berichte von Propheten oder Mystikern, die behaupteten, sie hätten Gott schon in diesem Leben erfahren, sollten daher mit Vorsicht betrachtet werden. Natürlich waren die Sufis sicher, daß sie Gottes *wujud* erfahren hatten: Das Wort *wajd* bezeichnete ihre ekstatische Gotteserkenntnis, die ihnen die vollkommene Gewißheit *(yaqin)* vermittelte, daß das, was sie erfahren hatten, keine Einbildung war, sondern Wirklichkeit. Aber die in ihren Erlebnisberichten aufgestellten Behauptungen konnten natürlich falsch sein. Nachdem al-Ghazzali zehn Jahre wie ein Sufi gelebt hatte, war er schließlich überzeugt, daß nur durch die religiöse Erfahrung eine Wirklichkeit bewiesen werden konnte, die außerhalb der Reichweite des menschlichen Intellekts lag und durch Denkprozesse nicht ergründet werden konnte. Die Erkenntnisse der Sufis über Gott waren kein rationales oder metaphysisches Wissen, sondern ähnelten der intuitiven Erfahrung der alten Propheten: Indem ein Sufi die zentrale Erfahrung des Islam durchlebte, gelang es ihm tatsächlich, dessen grundlegende Wahrheiten für sich selbst zu »finden«.

Al-Ghazzali formulierte ein mystisches Glaubensbekenntnis, das auch für die konventionellen Muslime, die, wie wir im folgenden Kapitel noch sehen werden, den Mystikern des Islam oft mit Mißtrauen begegneten, annehmbar war. Wie Ibn Sina griff er auf den alten Glauben zurück, daß sich jenseits unserer sinnlich faßbaren irdischen Welt eine archetypische Sphäre befinde, und wie die Faylasufs betrachtete er die sichtbare Welt *(alam al-schahada)* als ein minderwertiges Abbild dessen, was er die Welt der platonischen Intelligenz *(alam al-malakut)* nannte. Der Koran und die Bibel der Juden und der Christen hatten von dieser spirituellen Welt gesprochen. Den Menschen ordnete al-Ghazzali beiden Bereichen der Wirklichkeit zu: Er gehörte sowohl der physischen Welt wie auch der höheren Welt des Geistes an, denn in ihm befand sich das von Gott eingepflanzte Bild des Göttlichen. In seiner mystischen Abhandlung mit dem Titel *Mishkat al-Anwar* legt al-Ghazzali die im letzten Kapitel zitierte koranische Sure über das Licht aus.[14] Das in diesen Versen beschriebene Licht beziehe sich nicht nur auf Gott, sondern auch auf die anderen erleuchtenden Dinge: die Lampe, den Stern. Auch unser Verstand sei erleuchtend. Er versetze uns nicht nur in die Lage, andere Dinge wahrzunehmen, sondern könne, wie Gott selbst, Zeit und Raum transzendieren. Er habe daher an derselben Wirklichkeit teil wie die spirituelle Welt. Um klarzustellen, daß er mit »Verstand« nicht nur die analytischen Fähigkeiten unseres Gehirns meinte, erinnerte al-Ghazzali seine Leser daran, daß diese Erklärung nicht wörtlich aufgefaßt werden dürfe: Wir könnten über diese Dinge nur in der metaphorischen Sprache der kreativen Phantasie reden.

Einige Menschen verfügten nach al-Ghazzali jedoch über eine Kraft, die höher einzustufen war als der Verstand; er nannte sie

»den prophetischen Geist«. Wer diese Fähigkeit selbst nicht besaß, sollte das Vorhandensein nicht einfach bestreiten, nur weil er sie an sich nicht bemerkte. Das wäre ebenso absurd, wie wenn jemand, der nicht in der Lage war, Töne verschiedener Höhe zu unterscheiden, Musik zu einer Täuschung erklärte, nur weil er selbst sich nicht an ihr erfreuen konnte. Wir können durch unser Denken und mittels unserer Phantasie zwar einiges von Gott begreifen, die höchste Form der Erkenntnis können jedoch nur Menschen wie die Propheten oder die Mystiker erreichen, da nur sie die Fähigkeit haben, Gott auf diese ganz spezielle Weise zu erfahren. Das klingt elitär, jedoch haben Mystiker anderer Religionen ebenfalls behauptet, daß die für solche Disziplinen wie Zen oder die buddhistische Meditation erforderliche intuitive Aufnahmefähigkeit eine besondere Gabe sei, die sich mit dem Talent zum Dichten vergleichen lasse. Diese mystische Gabe hat nicht jeder. Al-Ghazzali beschreibt sein mystisches Wissen als ein Bewußtsein davon, daß nur der Schöpfer allein existiere und über Sein verfüge. Das führe dazu, daß das Selbst sich auflöse und in Gott aufgehe. Die Mystiker seien in der Lage, sich über die Welt der Metaphern zu erheben, mit der sich weniger begabte Menschen zufriedengeben müßten:

Sie sind imstande zu sehen, daß es in der Welt kein anderes Sein gibt als Gott und daß alles Sichtbare dem Untergang geweiht ist, nur sein Antlitz nicht (Koran 22,88) … Tatsächlich ist alles außer ihm reines Nicht-Sein; es hat, wenn man es vom Standpunkt des Seins aus betrachtet, das ihm von der Ersten Intelligenz [im platonischen Schema] verliehen wird, Sein nicht in sich selbst, sondern nur angesichts des Antlitzes seines Schöpfers, so daß Gottes Antlitz das einzige ist, was wirklich existiert.[15]

Gott ist kein äußeres, objektives Sein, dessen Existenz rational bewiesen werden kann, sondern eine allumfassende Wirklichkeit und das Sein an sich. Er ist nicht auf dieselbe Weise wahrnehmbar wie die menschlichen Wesen, die von ihm abhängen und an seiner notwendigen Existenz teilhaben. Um ihn zu erkennen, muß man eine ganz besondere Art des Sehens entwickeln.

Al-Ghazzali kehrte schließlich in sein Lehramt in Bagdad zurück, blieb aber bis an sein Lebensende überzeugt, daß es unmöglich sei, die Existenz Gottes logisch und rational zu beweisen. In seinem biographischen Werk *Al-Mundiqh min al-dalal* (Die Befreiung vom Irrtum) vertritt er leidenschaftlich die Auffassung, daß weder Falsafa noch Kalam einem Menschen weiterhelfen können, der in Gefahr ist, seinen Glauben zu verlieren. Er selbst sei an den Rand der Skepsis *(safsafa)* getrieben worden und habe dann schließlich begriffen, daß es völlig unmöglich sei, die Existenz Gottes zweifelsfrei zu beweisen. Die Wirklichkeit, die wir Gott nennen, liege außerhalb der Reichweite unserer sinnlichen Wahrnehmung und jenseits allen logischen Denkens, so daß die Wissenschaft und die Metaphysik die Existenz *(wujud)* Gottes weder beweisen noch widerlegen könnten. Für die Muslime, die nicht mit jener besonderen mystischen und prophetischen Gabe gesegnet waren, entwarf al-Ghazzali eine Methode, die sie in die Lage versetzen sollte, ein Bewußtsein von Gottes Wirklichkeit in allen noch so kleinen Dingen des täglichen Lebens zu entwickeln. Sein Einfluß auf den Islam war nachhaltig. Kein Muslim konnte in Zukunft jemals leichtfertig behaupten, Gott sei ein Wesen wie jedes andere auch und seine Existenz lasse sich wissenschaftlich und philosophisch beweisen. Die Spiritualität war nach al-Ghazzali ebensowenig aus der muslimischen Philosophie wegzudenken wie eine stärker an der Mystik orientierte Auseinandersetzung mit Gott.

Al-Ghazzali beeinflußte auch die jüdische Religion. So übernahm der spanische Philosoph Josef Ibn Saddiq (gestorben 1143) zwar Ibn Sinas Beweis für die Existenz Gottes, doch gleichzeitig war er darauf bedacht zu betonen, daß Gott nicht einfach nur ein weiteres Wesen sei, keines der Dinge, die im gewöhnlichen Sinne »existierten«. Wenn wir behaupteten, Gott zu verstehen, dann heiße dies, daß er endlich und unvollkommen sei. Die genaueste Aussage, die man über Gott machen könne, laute: Er ist unbegreiflich und übersteigt unsere natürlichen, intellektuellen Fähigkeiten vollkommen. Gottes Wirken in der Welt läßt sich zwar mit positiven Begriffen beschreiben, aber sein Wesen *(al-dhat)* wird für uns immer unfaßbar bleiben. Jehuda Halewi (1085–1141), ein Arzt aus Toledo, orientierte sich sehr stark an al-Ghazzali. Er vertrat die Auffas-

sung, die Tatsache, daß Gott rational nicht bewiesen werden könne, heiße nicht, daß jeder Glaube an Gott irrational sei, sondern
nur, daß eine logische Begründung seiner Existenz keinen religiösen
Wert besitze und uns wenig sagen könne. Wie ein so ferner und
unpersönlicher Gott diese unvollkommene, materielle Welt geschaffen haben konnte und ob er auf irgendeine bedeutsame Weise
mit ihr in Verbindung stand, kann ein Mensch schlichtweg nicht
wissen. Jeder Philosoph, der behauptet, durch den Gebrauch seines
Verstandes an der unseren Kosmos erfüllenden, göttlichen Intelligenz teilzuhaben, täuscht sich selbst. Die einzigen Menschen, die
über ein direktes Wissen von Gott verfügen, sind die Propheten,
die mit Falsafa nichts zu tun hatten.

Halewi verstand nicht so viel von der Philosophie wie al-Ghazzali,
aber er war ebenfalls der Ansicht, daß das einzige verläßliche Wissen über Gott durch religiöse Erfahrung erlangt werden könne.
Auch er ging vom Vorhandensein einer besonderen religiösen Anlage aus, die er allerdings ausschließlich den Juden zusprach. Obwohl er diese Behauptung durch die Andeutung abzuschwächen
versuchte, daß Nichtjuden durch das Naturgesetz auch ein bestimmtes Wissen über Gott erlangen könnten, lag seinem großen
philosophischen Werk, dem *Kusari,* die Absicht zugrunde, die einzigartige Stellung Israels unter den Völkern zu rechtfertigen. Wie
die Talmud-Rabbis glaubte auch Halewi daran, daß jeder Jude diesen prophetischen Geist entwickeln konnte, indem er die Mizwot
sorgsam befolgte. Der Gott, dem er dann begegnen würde, war
jedoch keine objektive, wissenschaftlich erklärbare Tatsache, sondern eine so subjektive Erfahrung, daß man ihn sogar als eine Er-
weiterung des »natürlichen« Selbst des Juden betrachten konnte:

> Der Gottesgeist ersieht sich gleichsam denjenigen, der sich zu ei-
> nem Zusammenhang mit ihm eignet, daß er ihm ein Gott sei, wie
> zum Beispiel Propheten und Fromme. So ersieht sich ... die Lebens-
> tätigkeit denjenigen, dessen natürliche Beschaffenheit ihn zu einer
> höheren Daseinsstufe befähigt, um in ihm als Leben zur Erschei-
> nung zu kommen, wie [auch] das vegetabilische Sein sich eine Mi-
> schung ersieht, deren Beschaffenheit sich dazu eignet, daß es sich
> in sie versenke und eine Pflanze bilde.[16]

Gott ist keine fremde, von außen eindringende Wirklichkeit und der Jude kein autonomes, vom Göttlichen abgetrenntes Wesen. Vielmehr vervollständigt Gott den Menschen und bringt das in ihm angelegte Potential zur vollen Entfaltung. Der Gott, dem der Mensch begegnet, ist auf ganz einzigartige Weise *sein* Gott. Diese Vorstellung taucht bei Halewi mehrfach auf, wir werden im nächsten Kapitel näher darauf eingehen. Halewi ist allerdings sorgsam darauf bedacht, den für die Juden erfahrbaren Gott und das Wesen von Gott selbst zu unterscheiden. Wenn Propheten und Heilige behaupten, sie hätten Gott erfahren, dann haben sie ihn nicht kennengelernt, wie er in sich selbst ist, sondern nur das göttliche Wirken, das wie eine Art Nachglühen der transzendenten, unerreichbaren Wirklichkeit ist.

Al-Ghazzalis Polemik hatte die Falsafa nicht vollkommen vernichtet. In Córdoba versuchte ein angesehener muslimischer Philosoph, die Vorstellungen der Faylasufs neu aufleben zu lassen und die Falsafa zur höchsten Form von Religion zu erklären. Der in Europa unter dem Namen Averroes bekannte Abu al-Walid Ibn Ahmad Ibn Rushd (1126–1198) wurde später im Westen zu einer Autorität für die Juden wie auch für die Christen. Im 13. Jahrhundert wurden seine Werke ins Hebräische und ins Lateinische übersetzt, und seine Kommentare zu Aristoteles übten auf so berühmte Theologen wie Maimonides, Thomas von Aquin und Albert von Sachsen großen Einfluß aus. Im 19. Jahrhundert pries Ernest Renan ihn als freien Geist und Streiter des Rationalismus gegen blinden Glauben. In der islamischen Welt blieb Ibn Rushd dagegen eher eine Randfigur. Die unterschiedliche Wirkung, die er auf seine Zeitgenossen wie auch auf spätere Generationen ausübte, macht deutlich, daß der Westen und der Osten auf ihrer Suche nach Gott und dem richtigen Gottesbild getrennte Wege einschlugen. Ibn Rushd war mit al-Ghazzalis Verurteilung der Falsafa und seiner Art, solche esoterischen Fragen offen zu erörtern, ganz und gar nicht einverstanden. Er war im Gegensatz zu seinen Vorgängern al-Farabi und Ibn Sina ein Kadi, ein Richter der Scharia, also kein reiner Philosoph. Bei den Ulemas waren die Faylasufs und ihr vollkommen anderer Gott stets auf Skepsis gestoßen, Ibn Rushd war es jedoch gelungen, Aristoteles mit der konventionellen islamischen Frömmigkeit in Einklang zu bringen.

Er war überzeugt, daß zwischen Religion und Rationalismus nicht der geringste Widerspruch bestand. Es handelte sich in seinen Augen lediglich um zwei verschiedene Ausdrucksformen der Wahrheit, bei denen der gleiche Gott im Mittelpunkt stand. Da jedoch nicht jeder Mensch zu philosophischem Denken fähig sei, müsse Falsafa einer intellektuellen Elite vorbehalten bleiben. Solche Ideen würden das gewöhnliche Volk verwirren und zu Irrtümern verleiten, die seine ewige Erlösung gefährdeten. Falsafa müsse unbedingt eine esoterische Tradition sein, so gefährliche Lehren dürften nicht in unbefugte Hände gelangen. Das gelte auch für den Sufismus und die Studien der ismailitischen Batiniden. Wer sich in diesen geistigen Disziplinen versuche, ohne über die dafür erforderlichen Voraussetzungen zu verfügen, könne ernstlich erkranken und alle möglichen seelischen Störungen entwickeln. Kalam sei nicht minder gefährlich, denn die Menschen glaubten, eine rationale Debatte zu führen, auch wenn dies gar nicht der Fall sei. Dies löse nur fruchtlose, theologische Streitigkeiten aus, die ungebildete Menschen verunsicherten und ihren Glauben schwächten.

Ibn Rushd vertrat die für die islamische Welt völlig neue Auffassung, daß es für die Erlösung von grundlegender Bedeutung sei, gewisse Wahrheiten anzuerkennen. Die maßgeblichen Autoritäten auf dem Gebiet der Lehre waren für ihn die Faylasufs: Nur sie allein konnten die Heilige Schrift auslegen, denn sie waren die Männer, die der Koran als »diejenigen mit dem gründlichen Wissen« bezeichnete.[17] Sie konnten eine symbolische Auslegung wagen, während alle anderen den Koran wörtlich nehmen sollten. Dennoch mußten auch die Faylasufs die folgenden, von Ibn Rushd zu einer Art »Glaubensbekenntnis« zusammengestellten Glaubensartikel als verbindlich anerkennen:

1. Die Existenz Gottes als Schöpfer und Erhalter der Welt.
2. Die Einheit Gottes.
3. Die Gott im Koran verliehenen Attribute: Wissen, Macht, Willen, Sprache, Hören und Sehen.
4. Die im Koran (42,11) ausdrücklich betonte Einzigartigkeit und Unvergleichlichkeit Gottes: »Es gibt nichts, was ihm gleichkommen würde.«

5. Die Schöpfung der Welt durch Gott.
6. Die Gültigkeit der Prophezeiung.
7. Die Gerechtigkeit Gottes.
8. Die Auferstehung des Leibes am letzten Tag.[18]

Diese Glaubensartikel mußten *in toto* anerkannt werden, da alle diesbezüglichen Aussagen des Korans eindeutig waren. Da die Falsafa sich jedoch nicht immer zum Glauben an die Schöpfung der Welt bekannt hatte, war nicht ganz klar, wie man solche Aussagen des Korans zu verstehen hatte. Der Koran sagte zwar unmißverständlich, daß Gott die Welt erschaffen hatte, aber er ließ offen, wie er das getan hatte. Er enthielt auch keine Aussagen darüber, ob die Welt zu einem ganz bestimmten Zeitpunkt geschaffen worden war. Daher hatte, so Ibn Rushd, für die Faylasufs nichts dagegen gesprochen, den Glauben der Rationalisten zu übernehmen. Und wenn der Koran Gott zum Beispiel solche Attribute wie Wissen zuspricht, dann können wir nicht wissen, was wirklich damit gemeint ist, denn unsere menschliche Vorstellung von Wissen ist zwangsläufig unzulänglich. Wenn es im Koran heißt, Gott kenne alle unsere Taten, dann widerspricht das nicht unbedingt der Auffassung der Philosophen.

Die islamische Welt maß der Mystik eine so große Bedeutung bei, daß sie Ibn Rushds Gottesbild, dem ja eine streng rationalistische Theologie zugrunde lag, kaum Beachtung schenkte. Innerhalb des Islam war Ibn Rushd eine zwar angesehene, aber dennoch zweitrangige Gestalt; um so nachhaltiger war dafür seine Wirkung im Westen, wo man ein rationalistisches Gottesbild entwickelte und durch Ibn Rushd Aristoteles entdeckte. Die meisten westlichen Christen wissen wenig über die islamische Kultur und noch weniger über die Weiterentwicklung der islamischen Philosophie nach Ibn Rushd. Daher wird oft angenommen, Ibn Rushd sei der letzte große islamische Philosoph gewesen. Tatsächlich verfaßten noch zu seinen Lebzeiten zwei berühmte Philosophen im Iran und im Irak bedeutende Schriften, die in der islamischen Welt entscheidenden Einfluß bekamen. Yahya Suhrawardi und Muid ad-Din Ibn al-Arabi traten jedoch nicht in die Fußstapfen Ibn Rushds, sondern in die von Ibn Sina und versuchten, die Philosophie mit der mystischen Spiritualität zu verschmelzen. Auf ihr Werk werden wir im nächsten Kapitel eingehen.

Ibn Rushds großer Schüler in der jüdischen Welt war der bedeutende Talmudist und Philosoph Rabbi Moses Ibn Maimon (1135–1204), der unter dem Namen Maimonides allgemein bekannt ist. Maimonides wurde wie Ibn Rushd in Córdoba geboren, der Hauptstadt des muslimischen Spanien. Dort war man inzwischen fast einhellig der Auffassung, daß zum tieferen Verständnis Gottes irgendeine Art von Philosophie erforderlich war. Maimonides verließ Spanien, als das Land in die Hände der Almoraviden fiel, einer fanatischen Berbersekte, die die jüdische Gemeinde drangsalierte. Diese schmerzhafte Konfrontation mit dem mittelalterlichen Fundamentalismus bewog Maimonides allerdings nicht, den Islam von da an pauschal zu verurteilen. Er ließ sich mit seinen Eltern in Ägypten nieder, wo er später ein hoher Staatsbeamter und sogar Leibarzt des Sultans wurde. Dort schrieb er auch sein berühmtes Werk mit dem Titel *Führer der Verwirrten,* in dem er darlegte, daß der jüdische Glaube nicht aus willkürlich zusammengestellten Lehren bestehe, sondern auf gesunden, rationalen Prinzipien beruhe. Maimonides glaubte wie Ibn Rushd, daß die Falsafa die fortschrittlichste Form religiöser Erkenntnis und der königliche Weg zu Gott sei und der großen Masse nicht enthüllt werden dürfe, sondern einer Elite von Philosophen vorbehalten bleiben müsse. Doch im Gegensatz zu Ibn Rushd war er davon überzeugt, daß das gewöhnliche Volk die symbolische Auslegung der Heiligen Schrift erlernen konnte und daß auf diese Weise einem anthropomorphen Gottesbild vorgebeugt würde. Auch er glaubte, daß für die Erlösung gewisse Richtlinien unerläßlich waren, und stellte ein Glaubensbekenntnis mit dreizehn Artikeln auf, das dem von Ibn Rushd verfaßten sehr ähnlich ist:

1. Es gibt einen Gott.
2. Er ist einzig.
3. Er ist unkörperlich.
4. Er ist ewig.
5. Er allein darf angebetet werden.
6. Es gibt eine Prophetie.

7. Moses ist der größte aller Propheten.
8. Die Wahrheit ist göttlichen Ursprungs.
9. Die Thora ist von ewiger Geltung.
10. Gott kennt alle Taten des Menschen.
11. Er belohnt und bestraft sie.
12. Er schickt den messianischen Erlöser.
13. Er läßt die Toten auferstehen.[19]

Dieses Glaubensbekenntnis war im Judentum etwas vollkommen Neues und wurde nie vollständig anerkannt. Der Begriff Orthodoxie (als »richtige Lehre« im Gegensatz zu richtigem Handeln) war der religiösen Erfahrung der Juden ebenso fremd wie dem Islam. Die Glaubensbekenntnisse von Ibn Rushd und Maimonides lassen den Eindruck entstehen, daß eine rationalistische und intellektualistische Auffassung von Religion zu Dogmatismus und einer Gleichsetzung von »Religion« mit »korrektem Glauben« führt.

Maimonides war jedoch sehr darauf bedacht zu betonen, daß Gott unbegreiflich und für den menschlichen Verstand unerreichbar blieb. Er bewies die Existenz Gottes, indem er auf die Argumente von Aristoteles und Ibn Sina zurückgriff, bestand aber gleichzeitig darauf, daß Gott wegen seiner absoluten Einfachheit unfaßbar und unsagbar war. Selbst die Propheten hatten zu seiner Beschreibung Parabeln benutzt und uns gelehrt, daß man sich einer symbolischen, verschlüsselten Sprache bedienen mußte, wenn man bedeutungsvolle oder umfassende Aussagen über ihn machen wollte. Da Gott mit keinem existierenden Ding verglichen werden kann, soll man am besten in negativen Formulierungen von ihm sprechen: Anstatt zu sagen, daß er existiert, soll man lieber seine Nichtexistenz negieren und so weiter. Auch die Ismailiten benutzten eine solche negative Sprache als Übung, um sich der Transzendenz Gottes bewußt zu werden und um sich ins Gedächtnis zurückzurufen, daß keine armselige, menschliche Vorstellung von Gott der Wirklichkeit jemals gerecht werden konnte. Wir können nicht einmal sagen, daß Gott »gut« ist, da er weit mehr ist als alles, was wir unter »Gutsein« verstehen. Diese Methode sollte verhindern, daß die Menschen Gott mit ihren Unvollkommenheiten behafteten und lediglich die eigenen Hoffnungen und Wünsche auf ihn projizierten, sozusagen einen Gott nach ihrem Bilde schufen. Dank der *via negativa* sollte es möglich sein, zu positiven Aussagen über Gott zu gelangen. Wenn wir sagen, Gott sei »nicht ohnmächtig« (anstatt ihn »mächtig« zu nennen), dann folgt daraus zwangsläufig, daß Gott fähig sein muß zu handeln; wenn Gott »nicht unvollkommen« ist, müssen seine Handlungen ebenfalls vollkommen sein. Und wenn wir Gott als »nicht unwissend« bezeichnen (und damit meinen, daß er »weise« ist), dann läßt sich daraus ableiten, daß er vollkommen weise ist und alles weiß. Diese Schlußfolgerungen betreffen jedoch einzig und allein Gottes Handlungen, sein Wesen kann vom menschlichen Verstand nie erfaßt werden.

Wenn Maimonides gezwungen war, sich entweder für den Gott der Bibel oder für den der Philosophen zu entscheiden, dann wählte er stets den ersteren. Obwohl die Vorstellung von der Schöpfung *ex nihilo* philosophisch unorthodox war, hielt Maimonides an der traditionellen Lehre der Bibel fest und warf die philosophischen Emanationstheorien über Bord. Er wies allerdings darauf hin, daß durch den Verstand allein weder die Schöpfung *ex nihilo* noch die Emanation definitiv bewiesen werden könnten. Für ihn war die Offenbarung der Philosophie überlegen. Der Prophet und der Philosoph sprechen zwar über denselben Gott, jedoch muß der Prophet nicht nur über außerordentliche intellektuelle Fähigkeiten verfügen, sondern auch über die Gabe der Phantasie. Sein direktes, intuitives Wissen über Gott ist dem Wissen überlegen, das über das logische Denken erreicht werden kann. Maimonides scheint in gewisser Weise selbst ein Mystiker gewesen zu sein. So sprach er unter anderem von der zitternden Erregung, die diese Art der intuitiven Gotteserfahrung begleite, einem Gefühl, das auf die Vervollkommnung der Kräfte der Phantasie folge.[20] Obwohl Maimonides die Ratio so sehr betonte, war er doch davon überzeugt, daß die Phantasie und nicht die reine Vernunft dem Menschen das höchste Wissen über Gott vermittelt.

Seine Vorstellungen waren bald auch unter den Juden Südfrankreichs und Spaniens verbreitet und lösten gegen Anfang des 14. Jahrhunderts in dieser Region eine Art jüdisch-philosophische Aufklärung aus. Manche dieser jüdischen Faylasufs vertraten einen extremeren Rationalismus als Maimonides. So bestritt zum Beispiel Levi Ben Gerson (1288–1344) aus dem südfranzösischen Bagnols, daß Gott wisse, was auf der Welt vorgehe. Sein Gott war der Gott der Philosophen und nicht der Gott der Bibel. Diese Auffassung löste zwangsläufig eine Gegenreaktion aus. Einige Juden wandten sich der Mystik zu und entwickelten die esoterische Disziplin der Kabbala, auf die wir später noch zu sprechen kommen werden. Andere gaben die Philosophie in Krisensituationen völlig auf, weil sie feststellten, daß der ferne Gott der Falsafa ihnen keinen Trost spenden konnte. Die christlichen Eroberer drängten im 13. und 14. Jahrhundert den Islam in Spanien immer weiter zurück und »bekehrten« das Land gleichzeitig zum Antisemitismus Westeuropas, was schließlich zur Auflösung des spanischen Judentums führte. Im 16. Jahrhundert kehrten die Juden der Falsafa den Rücken und entwickelten ein vollkommen neues Gottesbild, das sich eher auf mythologische Vorstellungen stützte als auf die wissenschaftliche Logik.

Ihre Kreuzzugsreligion isolierte die westlichen Christen von den anderen monotheistischen Religionen. Der erste Kreuzzug von 1096 bis 1099 war die erste gemeinsame Handlung des neues Westens gewesen, ein Zeichen dafür, daß Europa sich allmählich vom langen, dunklen Zeitalter der Barbarei erholte. Das neue Rom kämpfte mit der Unterstützung der christlichen Nationen Nordeuropas erfolgreich um eine internationale Vormachtstellung. Die christlichen Vorstellungen der Angeln, Sachsen und Franken waren jedoch reichlich bruchstückhaft; diese angriffslustigen und kriegerischen Völker wollten eine aggressive Religion. Während des 11. Jahrhunderts versuchten die Benediktinermönche von Cluny und anderen cluniazensischen Klöstern, den Kampfgeist dieser Völker in den Dienst der Kirche zu stellen und sie durch Demutsübungen wie die Pilgerschaft zu den wahren christlichen Werten zu bekehren. Die ersten Kreuzritter betrachteten ihre Expedition in den Nahen Osten dann auch als eine Pilgerreise ins Heilige Land; allerdings waren ihre Vorstellungen von Gott und der Religion noch recht primitiv. Kriegsheilige wie der heilige Georg, der heilige Mercurius und der heilige Demetrius wurden von ihnen mehr verehrt als Gott und hatten praktisch den Status von heidnischen Göttern, und Jesus war für sie eher ihr Feudalherr als der fleischgewordene Logos: Er hatte seine Ritter aufgerufen, sein von den Ungläubigen beherrschtes Patrimonium, das Heilige Land, zurückzuerobern. Einige Kreuzritter waren beim Aufbruch fest entschlossen, unterwegs die jüdischen Gemeinden entlang des Rheins auszurotten, um den Tod Jesu zu rächen. Das hatte Papst Urban II. zwar nicht im Sinn gehabt, als er zum Kreuzzug aufrief, aber vielen Kreuzrittern erschien es einfach absurd, dreitausend Meilen zu marschieren und die Muslime zu bekämpfen, über die sie so gut wie gar nichts wußten, während das Volk, das ihrer Meinung nach Jesus tatsächlich umgebracht hatte, ganz in ihrer Nähe unbehelligt lebte. Auf dem langen, schrecklichen Marsch nach Jerusalem entrannen die Kreuzritter dem Tod oft mit knapper Not, und sie konnten sich ihr Überleben nur damit erklären, daß sie offensichtlich Gottes auserwähltes Volk waren und seinen ganz besonderen Schutz genossen. Er führte sie nun ins Heilige Land wie einst die alten Israeliten. Das bedeutete, daß ihr Gott immer noch der primitive Stammesgott der frühen Bücher der Bibel war. Als sie schließlich im Sommer 1099 Jerusalem eroberten, fielen sie mit dem Glaubenseifer Josuas über die muslimischen und jüdischen Bewohner der Stadt her und metzelten sie mit einer Brutalität nieder, die selbst ihre Zeitgenossen entsetzte.

Von da an betrachteten die Christen in Europa die Juden und die Muslime als die Feinde Gottes. Lange Zeit nahmen sie auch den griechisch-orthodoxen Christen von Byzanz gegenüber eine äußerst feindselige Haltung ein, da diese ihnen stets das Gefühl vermittelten, sie seien minderwertige Barbaren.[21] Das war nicht immer so gewesen. Im 9. Jahrhundert hatten sich viele gebildete Christen des Westens von der griechischen Theologie anregen lassen. So hatte zum Beispiel der in Irland geborene keltische Philosoph Johannes Scotus Eriugena (810–877), der später seine Heimat verließ und an den Hof Karls des Kahlen ging, des Königs der Westfranken, sehr zum Nutzen der westlichen Christen viele griechische Kirchenväter, insbesondere Dionysius Areopagita, ins Lateinische übersetzt. Eriugena war felsenfest davon überzeugt, daß der Glaube und die Vernunft sich nicht gegenseitig ausschlossen. Wie die jüdischen und muslimischen Faylasufs betrachtete auch er die Philosophie als den Königsweg zu Gott. Plato und Aristoteles seien die Lehrer derjenigen, die eine rationale Beschreibung der christlichen Religion forderten. Die Schüler der Logik und der rationalen Untersuchung könnten zur Erhellung der in der Bibel und in den Schriften der Kirchenväter gemachten Aussagen beitragen. Es sei jedoch keine wörtliche Auslegung gemeint, einige Passagen der Heiligen Schrift müßten symbolisch interpretiert werden, denn Theologie sei »eine Art Poesie«.[22]

Bei der Entwicklung seiner eigenen Gottesvorstellung griff Eriugena auf die dialektische Methode von Dionysius zurück: Gott lasse sich nur über ein Paradox erklären, das uns daran erinnere, wie beschränkt der menschliche Verstand sei. Man könne Gott sowohl mit positiven wie auch mit negativen Formulierungen zu beschreiben versuchen, doch er bleibe stets unbegreiflich, nicht einmal die Engel würden sein eigentliches Wesen kennen oder verstehen. Eine positive Aussage wie »Gott ist weise« ist Eriugena zufolge jedoch zulässig, denn wir wissen, daß wir das Wort »weise« im Zusammenhang mit Gott nicht in seinem gewöhnlichen Sinne gebrauchen. Um uns das bewußt zu machen, sollen wir an die positive Aussage sogleich eine negative anschließen und sagen: »Gott ist nicht weise«. Das sich daraus ergebende Paradox zwingt uns dann, nach Dionysius' dritter Methode der Gottesbeschreibung zu folgern: »Gott ist mehr als weise«. Eine Aussage wie »mehr als weise«, deren Bedeutung man nicht wirklich verstehen kann, bezeichneten die Griechen als apophatisch. Die Gegenüberstellung zweier sich gegenseitig ausschließender Aussagen sei nicht einfach nur ein sprachlicher Trick, sondern eine Übung, die uns ein Gefühl von dem unsere menschliche Vorstellungskraft übersteigenden Mysterium vermittele, das hinter unserem Wort »Gott« verborgen liege.

Eriugena wandte diese Methode auch auf die Aussage »Gott ist« an und gelangte logischerweise zu der Schlußfolgerung »Gott ist mehr als Sein«. Gott existiert nicht auf die gleiche Weise wie die Dinge, die er erschaffen hat, und ist mehr als nur ein weiteres Wesen. Auch Dionysius hatte schon betont, daß Gott nicht nur ein Wesen unter vielen sei. Diese Aussage ist ebenfalls unbegreiflich, so Eriugena weiter, denn sie erklärt uns nicht, »was unter etwas zu verstehen ist, das mehr ist als Sein«. Sie macht zwar deutlich, daß Gott den existierenden Dingen nicht zugerechnet werden kann, sondern mehr ist als sie, definiert jedoch in keiner Weise, was für ein Sein er ist.[23]

Tatsächlich ist Gott »Nichts«. Da Eriugena wußte, daß diese Behauptung erschreckend klang, erklärte er seinen Lesern, es bestehe kein Grund zur Angst, denn seine Methode solle lediglich daran erinnern, daß Gott kein Objekt sei. Er besitze kein Sein in einem uns verständlichen Sinne. Gott sei der, der mehr sei als Sein *(aliquo modo superesse)*.[24] Seine Daseinsform unterscheide sich von der unseren so stark wie die unsere von der eines Tieres oder die eines Tieres von der eines Felsens. Wenn Gott jedoch »Nichts« ist, dann ist er gleichzeitig auch »Alles«: Dieses »Über-Sein« bedeutet, daß nur Gott allein über wahres Sein verfügt und daher die Essenz von allem ist, was an seinem wahren Sein teilhat. Jedes seiner Geschöpfe ist darum eine Theophanie, ein Zeichen der Gegenwart Gottes. Daß Eriugena die Immanenz Gottes so sehr betont, läßt sich aus seiner keltischen Frömmigkeit erklären, die das berühmte Gebet des heiligen Patrick in einem Satz zusammenfaßt: »Gott sei in meinen Händen und in meinem Denken.« Der Mensch, nach dem Schema der Neuplatoniker die Summe der gesamten Schöpfung, war für Eriugena die vollkommenste Theophanie. Wie Augustinus lehrte auch er, daß der Mensch in sich selbst eine Dreieinigkeit entdecken könne, wenn auch nur undeutlich.

Nach Eriugenas Paradox ist Gott Alles und Nichts zugleich. Die beiden Begriffe halten einander im Gleichgewicht und dienen der Erzeugung einer kreativen Spannung, während das Mysterium erahnt werden soll, das unser Wort »Gott« lediglich symbolisch beschreiben kann. Auf die Frage des Schülers, was Dionysius denn gemeint habe, als er Gott als Nichts bezeichnete, antwortet der Lehrer darum, das göttliche Gute könne nicht begriffen werden, denn es sei »überwesentlich«, also mehr als das Gute an sich, und »übernatürlich«.

> Wenn man es zu betrachten versucht, wie es in sich selbst ist, dann ist und war es nicht und wird auch nicht sein, da es als etwas zu verstehen ist, was den existierenden Dingen nicht zugerechnet werden kann, weil es alle Dinge übertrifft; wenn es jedoch durch einen gewissen, unsagbaren Abstieg hinunter in die existierenden Dinge vom geistigen Auge wahrgenommen wird, dann zeigt sich, daß nur es allein in allen Dingen ist, und daß es ist, war und sein wird.[25]

Wenn man die göttliche Wirklichkeit in sich selbst betrachtet, dann ist es sowohl zulässig wie auch sinnvoll, sie als »Nichts« zu beschreiben. Wenn dieses göttliche Nichts jedoch beschließt, sich aus dem Nichts heraus in etwas hineinzubegeben, dann kann jedes Geschöpf, das davon erfüllt wird, »als eine Theophanie, als eine Erscheinung Gottes, bezeichnet werden«.[26] Gott, wie er in sich selbst ist, ist für uns nicht erkennbar, da dieser Gott im Grunde nicht existiert. Wir können nur den Gott sehen, der die erschaffene Welt mit Leben erfüllt hat und sich in Blumen, Vögeln, Bäumen und menschlichen Wesen offenbart. Diese Sichtweise birgt gewisse Probleme in sich. Was ist mit dem Bösen? Ist es, wie die Hindus behaupten, ebenfalls eine Erscheinungsform Gottes in der Welt? Eriugena unternimmt keine großen Anstrengungen, diese Frage wirklich zufriedenstellend zu beantworten. Im Gegensatz dazu versuchten die jüdischen Kabbalisten später, das Böse in Gott auszumachen. In ihrer Theologie beschrieben sie den Übergang Gottes vom reinen Nichts zu einem Etwas auf ganz ähnliche Weise wie Eriugena, obwohl höchstwahrscheinlich keiner von ihnen seine Schriften je gelesen hatte.

Eriugena ist ein Beispiel dafür, daß die römische Kirche von den Griechen noch viel zu lernen hatte. Doch im Jahr 1054 brachen Ost- und Westkirche sämtliche Beziehungen ab und legten damit unbeabsichtigt den Grundstein zu einem jahrhundertelangen, noch heute bestehenden Schisma, auf dessen politische Dimension ich an dieser Stelle nicht eingehen möchte. Ein wichtiger theologischer Streitpunkt war die Dreieinigkeit. Im Jahre 796 hatten Bischöfe der römischen Kirche auf einer Synode im südfranzösischen Fréjus das Glaubensbekenntnis von Nicäa mit einer Zusatzklausel versehen, die besagte, daß der Heilige Geist nicht nur vom Vater ausging, sondern auch vom Sohn *(filioque)*. Die Bischöfe, von denen einige dem Arianismus nahestanden, wollten damit die Gleichheit von Vater und Sohn betonen. Indem sie den Heiligen Geist sowohl vom Vater wie auch vom Sohn ausgehen ließen, wiesen sie Vater und Sohn den gleichen Rang zu. Der kurze Zeit später zum römischen Kaiser gekrönte Karl der Große verstand von theologischen Fragen zwar ganz und gar nichts, stimmte der neuen Klausel aber trotzdem zu.

Obwohl die Griechen sie verdammten, hielten die Römer weiterhin hartnäckig daran fest und bestanden darauf, ihre eigenen Kirchenväter hätten diese Lehre schon immer vertreten. Für den heiligen Augustinus sei der Heilige Geist das Einheitsprinzip der Dreieinigkeit gewesen; er habe gesagt, der Heilige Geist sei die Liebe zwischen Vater und Sohn. Daher könne man zu Recht behaupten, daß der Heilige Geist von beiden ausgegangen sei, und diese grundlegende Einheit der drei Personen werde durch die neue Klausel betont.

Die Griechen hatten der Dreieinigkeitslehre von Augustinus schon immer mißtraut, da sie ihnen zu anthropomorph erschienen war. Während man im Westen von der Einheit Gottes ausging und dann die drei Personen innerhalb dieser Einheit untersuchte, hatten die Griechen immer mit der Erörterung der drei Hypostasen begonnen und anschließend Gottes Einheit, sein Wesen, für unbegreiflich erklärt. Ihrer Meinung nach machten die Römer aus der Dreieinigkeit etwas allzu Verständliches; außerdem hegten sie den Verdacht, daß sich die schwierigen trinitarischen Vorstellungen auf lateinisch gar nicht genau genug formulieren ließen. Sie argumentierten, die zusätzliche *filioque*-Klausel betone die Einheit der drei Personen zu sehr und stelle die Trinität zu rational dar, anstatt auf ihre grundsätzliche Unbegreiflichkeit hinzuweisen. So werde aus Gott eine Einheit mit drei Erscheinungs- oder Daseinsformen. In Wirklichkeit hatte die Behauptung der römischen Christen nichts Ketzerisches an sich, auch wenn sie sich mit der apophatischen Spiritualität der Griechen nicht vertrug. Wäre beiden Seiten an einer friedlichen Einigung gelegen gewesen, dann hätte sich dieser Konflikt gewiß lösen lassen, doch während der Kreuzzüge verstärkten sich die Spannungen zwischen Ost und West immer mehr und erreichten schließlich einen Höhepunkt, als die Kreuzritter im Jahre 1204 auf dem vierten Kreuzzug die byzantinische Hauptstadt Konstantinopel zerstörten. Dies war ein tödlicher Schlag für das griechische Reich. Die durch die *filioque*-Klausel ausgelöste Kirchenspaltung hatte gezeigt, daß die Westkirche und die Ostkirche allmählich ganz unterschiedliche Vorstellungen von Gott entwickelten. In der Spiritualität des Westens hatte die Dreieinigkeit nie die zentrale Bedeutung gehabt, die ihr die Griechen nach wie vor beimaßen. Nach Auffassung der Griechen setzten die römischen Christen, indem sie die Einheit Gottes auf diese Weise betonten, Gott einer »einfachen Essenz« gleich, die man wie den Gott der Philosophen definieren und zum Gegenstand theologischer Debatten machen konnte.[27] Wie wir in den folgenden Kapiteln noch sehen werden, fühlten sich die westlichen Christen mit der Lehre von der Dreieinigkeit oft nicht recht wohl, und viele ließen sie während der Aufklärung im 18. Jahrhundert ganz fallen. Die meisten westlichen Christen sind im Grunde keine überzeugten Verfechter der Dreieinigkeit. Sie beklagen die Unverständlichkeit der Lehre von den drei Personen in einem Gott und sehen nicht, daß gerade die Unbegreiflichkeit der Trinität für die Griechen der springende Punkt war.

Nach dem Schisma gingen Griechen und Römer getrennte Wege. Die griechische Orthodoxie verstand unter Theologie weiterhin ausschließlich ein Studium Gottes, das sich auf die Kontemplation Gottes nach den im Grunde mystischen Lehren von der Dreieinigkeit und der Inkarnation beschränkte. Eine »Theologie der Gnade« oder eine »Theologie der Familie« hätten sie als einen terminologischen Widerspruch empfunden. An theoretischen Debatten und an der Definition zweitrangiger theologischer Fragen waren sie nicht sonderlich interessiert, wohingegen die westlichen Christen sich mit zunehmendem Eifer bemühten, solche Fragen inhaltlich und terminologisch zu klären und eine richtige, für jedermann verbindliche Lehre zu formulieren. So spaltete dann die Reformation die Christenheit in noch feindlichere Lager, da die Katholiken und die Protestanten sich nicht einigen konnten, wie die Erlösung vonstatten ging und was die Eucharistie nun eigentlich war. Die westlichen Christen forderten die Griechen wieder und wieder auf, ihre Meinung zu den strittigen Fragen zu äußern, aber die Griechen blieben weit hinter der Diskussion zurück, und wenn sie überhaupt Stellungnahmen abgaben, dann klangen sie meist mühsam zusammengestottert. Sie mißtrauten inzwischen dem Rationalismus; er war für sie kein taugliches Instrument zur Beschreibung Gottes, da Gott sich sämtlichen Begriffen und jeglicher Logik entzog. Das Studium der alten Philosophen aus weltlichen Interessen war zwar nicht verboten, doch man befürchtete, es könnte den Glauben gefährden. Die Philosophie wendete sich an den gesprächigen, flinken Teil des Geistes, während ihre *theoria* keine intellektuelle Auffassung, sondern ein diszipliniertes Schweigen vor Gott war, das nur auf dem Weg über die religiöse oder mystische Erfahrung kennengelernt werden konnte. Im Jahr 1082 wurde der Philosoph und Humanist Johann Italos wegen Ketzerei verurteilt, weil er der Philosophie zuviel Raum gewährte und neuplatonische Vorstellungen von der Schöpfung vertrat. Zum bewußten Rückzug von der Philosophie entschlossen sich die Griechen, kurz bevor al-Ghazzali in Bagdad seinen Zusammenbruch erlitt und sich von Kalam abwandte, um ein Sufi zu werden.

Es liegt eine gewisse Ironie darin, daß die römischen Christen genau zu der Zeit auf die Philosophie verfielen, als die Griechen und die Muslime allmählich den Glauben daran verloren. Da im finsteren frühen Mittelalter noch keine lateinischen Übersetzungen von Plato und Aristoteles verfügbar gewesen waren, hatte der Westen natürlich viel aufzuholen. Die Entdeckung der Philosophen war ein anregendes und spannendes Erlebnis. Anselm von Canterbury, der große Theologe des 11. Jahrhunderts, dessen Vorstellungen von der Inkarnation bereits in Kapitel 4 besprochen wurden, glaubte offenkundig, daß alles beweisbar sei. Er betrachtete Gott nicht als Nichts, sondern als das höchste aller Wesen. Selbst ein Ungläubiger konnte sich ein Bild von einem höchsten Wesen machen. Dieses eine Wesen sei das höchste von allen und genüge sich selbst in seiner ewigen Glückseligkeit.[28] Dennoch bestand auch Anselm von Canterbury darauf, daß Gott nur durch den Glauben erkannt werden könne. Das folgende berühmte Gebet Anselms ist eine Auseinandersetzung mit den Worten Jesajas, daß man erst verstehen werde, wenn man glaube:

> … aber ein wenig möchte ich deine Wahrheit verstehen, die mein Herz glaubt und liebt. Auch will ich nicht verstehen, um zu glauben, sondern ich glaube, um zu verstehen *(credo ut intellegam)*. Und ich glaube auch dies: Nie könnte ich verstehen, wenn ich nicht glaubte.[29]

Anselms oft zitierter Satz *credo ut intellegam* war keine Kapitulationserklärung des Intellekts, kein Bekenntnis zu einem blinden Glauben in der Hoffnung, dieser werde ihm eines Tages die Wahrheit enthüllen. Anselm wollte damit vielmehr sagen: »Ich überantworte mich Gott, um vielleicht zu verstehen.« Mit dem Wort *credo* bezeichnete man damals eine Haltung des Vertrauens und der Loyalität, keine »Glaubensauffassung« im intellektuellen Sinn. Und man darf keinesfalls vergessen, daß die religiöse Gotteserfahrung auch dann noch den Vorrang vor jeder theoretischen Debatte oder logischen Erkenntnis hatte, als der Westen sich bereits für den Rationalismus begeisterte.

Anselm war jedoch wie die muslimischen und jüdischen Faylasufs davon überzeugt, daß sich die Existenz Gottes mit rationalen Argumenten beweisen lasse, und entwickelte ein Denkmodell, das allgemein als »ontologischer Gottesbeweis« bezeichnet wird. Anselm definierte Gott als etwas, »worüber hinaus etwas Größeres nicht gedacht werden kann« *(aliquid quo nihil maius cogitari possit)*.[30] Da dies bedeutete, daß Gott zu einem Gegenstand des menschlichen Denkens gemacht werden konnte, mußte der menschliche Verstand ihn erfassen und begreifen können. Nach Anselm existiert dieses »Etwas« zwangsläufig: Sein ist vollkommener und vollständiger als Nicht-Sein, demnach muß das von uns gedachte, vollkommene Wesen über Sein verfügen, denn sonst wäre es nicht vollkommen. In einer von platonischen Vorstellungen beherrschten Welt, für die Ideen auf ewige Archetypen zurückzuführen waren, verfehlte Anselms genialer Beweis seine Wirkung nicht; einen Skeptiker von heute dürfte er allerdings kaum mehr überzeugen. Wie der jesuitische Theologe John Macquarrie richtig bemerkte, können wir uns zwar vorstellen, daß wir hundert Pfund besitzen, doch dadurch befindet sich das Geld noch lange nicht in unserer Hosentasche.[31]

Anselms Gott existierte, er war nicht das von Dionysius und Eriugena beschriebene Nichts. Anselm hatte keine Bedenken, auf Gott positive Begriffe anzuwenden. Er schlug nicht die *via negativa* vor, da er den menschlichen Verstand offensichtlich durchaus für fähig hielt, sich von Gott ein einigermaßen zutreffendes Bild zu machen. Damit vertrat er genau die Haltung, die die Griechen der römischen Kirche immer vorgeworfen hatten. Nachdem es Anselm seiner Meinung nach gelungen war, die Existenz Gottes schlüssig zu beweisen, nahm er sich vor, dasselbe auch mit den Lehren von der Menschwerdung und von der Dreieinigkeit zu tun, die sich nach Auffassung der Griechen dem menschlichen Verstand und allen von ihm ersonnenen Begriffen entzogen. In seiner bereits in Kapitel 4 erwähnten Abhandlung *Warum Gott Mensch geworden* unterstellte Anselm Gott ausgesprochen menschliche Beweggründe. Seine Beweisführung stützte sich mehr auf die Logik und das rationale Denken als auf die Offenbarung; die von ihm angeführten Zitate aus der Bibel und aus den »Vätern« trugen wenig zur Bekräftigung seiner Argumente bei, sondern wirkten eher wie beiläufig eingestreut. Anselm war nicht der einzige römische Christ, der das Mysterium Gottes rational zu beschreiben versuchte. Sein Zeitgenosse Petrus Abaelardus (1079–1147), der charismatische Philosoph aus Paris, hatte ebenfalls ein Denkmodell zur Erklärung der Dreieinigkeit entworfen, das die Einheit Gottes betonte und dabei die Unterscheidung in die drei Personen etwas vernachlässigte. Er fand auch für das Mysterium des Sühneopfers Christi eine subtile und bewegende rationale Erklärung: Christus sei gekreuzigt worden, um unser Mitgefühl zu wecken, und sei dadurch zu unserem Erlöser geworden.

Abaelard war in erster Linie Philosoph, seine theologischen Vorstellungen blieben eher konventionell. Während der intellektuellen Wiedergeburt Europas im 12. Jahrhundert wurde er zu einer Leitfigur mit großer Anhängerschaft. Dadurch geriet er in Konflikt mit Bernhard von Clairvaux, dem charismatischen Abt des burgundischen Zisterzienserklosters, der zu jener Zeit wohl der mächtigste Mann in ganz Europa war. Er hatte Papst Eugen II. ebenso in der Hand wie den französischen König Ludwig VII. und löste durch seine Redegewandtheit in Europa eine wahre Klosterrevolution aus: Scharenweise verließen junge Männer ihr Zuhause und traten in den Zisterzienserorden ein, der sich zum Ziel gesetzt hatte, die alte cluniazensische Form des benediktinischen Klosterlebens zu reformieren. Als Bernhard von Clairvaux 1146 in einer Predigt zum zweiten Kreuzzug aufrief, rissen ihn die Menschen in Frankreich und Deutschland, die bis dahin an dieser Expedition kein sonderlich großes Interesse gezeigt hatten, vor Begeisterung beinahe in Stücke und schlossen sich in solchen Scharen den Kreuz-rittern an, daß Bernhard dem Papst selbstgefällig mitteilte, ganze Landstriche seien regelrecht entvölkert. Bernhard von Clairvaux war ein hochintelligenter Mann, er schaffte es, der eher äußerlichen westeuropäischen Frömmigkeit eine neue, innere Dimension zu verleihen. Die Frömmigkeit der Zisterzienser beeinflußte anscheinend auch die Legende vom Heiligen Gral. Die dort beschriebene spirituelle Reise führt in eine Stadt, die nicht von dieser Welt ist, sondern ein Symbol für die Vision Gottes darstellt. Der Intellektualismus von Gelehrten wie Abaelard war Bernhard von Clairvaux so suspekt, daß er schwor, Abaelard zum Schweigen zu bringen. Er warf Abaelard vor, er versuche, den Wert des christlichen Glaubens zu zerstören, da er vorgebe, mit Hilfe des menschlichen Verstandes »alles, was Gott ist« begreifen zu können.[32] Bernhard berief sich auf das Loblied des heiligen Paulus auf die Nächstenliebe und behauptete, dem Philosophen fehle es an christlicher Liebe: »Für ihn ist nichts ein Rätsel, er sieht nichts wie in einem Spiegel, sondern betrachtet alles von Angesicht zu Angesicht.«[33] Die Liebe und der Gebrauch der Vernunft waren also unvereinbar. Im Jahr 1141 zitierte Bernhard Abaelard in Sens vor ein Konzil, das er mit seinen Anhängern besetzt hatte. Einige seiner Leute warteten sogar vor dem Gebäude auf Abaelard, um ihn einzuschüchtern. Das war nicht sehr schwierig, denn Abaelard litt damals wahrscheinlich bereits an der Parkinsonschen Krankheit. Bernhard setzte Abaelard mit äußerst geschickt formulierten Angriffen so zu, daß er zusammenbrach und im darauffolgenden Jahr starb.

Dieser Augenblick war insofern symbolisch, als er eine Trennung von Herz und Verstand einleitete. In der Dreieinigkeitslehre von Augustinus waren Herz und Verstand noch untrennbar verbunden gewesen. Muslimische Faylasufs wie Ibn Sina und al-Ghazzali mögen zu der Auffassung gelangt sein, daß der Intellekt allein Gott nicht finden kann, dennoch hatten sich beide schließlich einer Philosophie zugewandt, der das Ideal der Liebe und die Übungen der Mystik zugrunde lagen. Wie wir noch sehen werden, haben die wichtigsten Denker der islamischen Welt im 12. und 13. Jahrhundert versucht, den Verstand und das Herz zu verschmelzen; die Philosophie und die von den Sufis praktizierte Spiritualität der Liebe und der Phantasie waren für sie untrennbar. Bernhard hingegen schien sich vor dem Intellekt zu fürchten und wollte die gefühlsmäßigen, intuitiven Bereiche des Geistes davor schützen. Diese Haltung war gefährlich, da sie zu einer ungesunden Abtrennung des Gefühlslebens führen konnte, die auf ihre Art ebenso verhängnisvoll war wie ein trockener Rationalismus. Der Kreuzzug, zu dem Bernhard aufgerufen hatte, endete nicht zuletzt deshalb in einer Katastrophe, weil er von einem für die Warnungen des gesunden Menschenverstandes unzugänglichen Idealismus beflügelt war und überdies auf die krasseste Weise gegen das christliche Ethos des Mitgefühls verstieß.[34] Bernhard hatte nicht nur im Umgang mit Abaelard jegliche Barmherzigkeit vermissen lassen, sondern auch seine Kreuzritter dazu angestachelt, ihre Liebe zu Christus zu beweisen, indem sie die Ungläubigen töteten und aus dem Heiligen Land vertrieben. Bernhards Angst vor einem Rationalismus, der das Mysterium Gottes zu erklären versuchte und das religiöse Gefühl der Ehrfurcht und des Wunderbaren zu schmälern drohte, war zwar berechtigt, jedoch kann eine zügellose Subjektivität, die gänzlich darauf verzichtet, ihre Voraussetzungen kritisch zu überdenken, zu den schlimmsten religiösen Exzessen führen. Dringend benötigt wurde eine sachlich begründete, intelligente Subjektivität und nicht eine falsch verstandene »Liebe«, die den Intellekt gewaltsam unterdrückte und der das für die Religion Gottes charakteristische Mitgefühl fehlte.

Wenige Denker haben das westliche Christentum so nachhaltig geprägt wie Thomas von Aquin (1225–1274). Er versuchte, die Vorstellungen von Augustinus mit der für den Westen noch neuen griechischen Philosophie in Einklang zu bringen. Im 11. Jahrhundert waren europäische Gelehrte in Scharen nach Spanien gereist und hatten muslimische Denker aufgesucht. Mit der Unterstützung muslimischer und jüdischer Intellektueller nahmen sie ein umfangreiches Übersetzungsprojekt in Angriff, um dem Westen den geistigen Reichtum dieser Kulturkreise zugänglich zu machen. Plato, Aristoteles und die anderen Philosophen der Antike wurden aus dem Arabischen ins Lateinische übertragen und standen nun zum ersten Mal auch den Völkern Nordeuropas zur Verfügung. Die Übersetzer befaßten sich auch mit den neueren muslimischen

Gelehrten, und so gelangten unter anderen auch die Schriften von Ibn Rushd und einigen arabischen Wissenschaftlern und Ärzten in den Westen. Während viele europäische Christen sich noch voller Eifer bemühten, den Islam im Nahen Osten auszurotten, halfen die spanischen Muslime dem Westen, seine eigene Kultur aufzubauen. Thomas von Aquins *Summa Theologica* war ein Versuch, die Erkenntnisse der »neuen« Philosophie mit den christlichen Traditionen des Westens zu verknüpfen. Ibn Rushds Erklärung der aristotelischen Lehren hatte Thomas von Aquin ganz besonders beeindruckt. Im Gegensatz zu Anselm und Abaelard war er jedoch nicht der Auffassung, daß solche Mysterien wie die Dreieinigkeit von der Vernunft bewiesen werden konnten, er grenzte daher die unsagbare Wirklichkeit Gottes sorgfältig von den menschlichen Lehren über Gott ab. Er stimmte mit Dionysius überein, daß Gottes wahres Wesen dem menschlichen Verstand unzugänglich blieb: »Alles, was der Mensch daher letzten Endes von Gott weiß, ist, daß er ihn nicht kennt, denn er weiß, daß Gott alles übersteigt, was wir von ihm begreifen können«.[35] Es wird erzählt, Thomas von Aquin habe, nachdem er den letzten Satz seiner *Summa* diktiert hatte, den Kopf traurig in seine Arme gelegt. Auf die Frage seines Sekretärs, was mit ihm sei, soll er geantwortet haben, daß im Vergleich zu dem, was er gesehen habe, alles, was er geschrieben habe, Stroh sei.

Thomas von Aquins Versuch, seine religiöse Erfahrung in die neue Philosophie einzubetten, war deshalb so wichtig, weil er den Glauben mit der übrigen Wirklichkeit verknüpfte, anstatt ihm eine eigene, separate Sphäre zuzuweisen. Obwohl jeder übertriebene Intellektualismus dem Glauben abträglich ist, müssen die Inhalte der religiösen Erfahrung immer wieder kritisch überdacht werden, sonst wird aus Gott gar zu leicht eine Projektion unserer eigenen Vorstellungen. Zur Definition Gottes griff Thomas von Aquin auf die von Mose wiedergegebene Aussage Gottes über sich selbst zurück: »Ich bin, der ich bin«. Da Gott Aristoteles zufolge notwendiges Sein war, ergab sich aus der Verknüpfung des biblischen Gottes mit dem Gott der Philosophen für Thomas von Aquin folgende Definition: Gott ist »der Seiende« *(qui est).*[36] Er erklärte jedoch unmißverständlich, daß Gott nicht einfach nur ein weiteres Wesen sei wie wir selbst. Man könne Gott als das Sein selbst beschreiben, was bedeute, daß Gott nicht irgendeine (Daseins-)Form sei, sondern vielmehr das Sein an sich *(ipsum esse)*. Es wäre falsch, Thomas von Aquin für das rationalistische Gottesbild verantwortlich zu machen, das sich später im Westen durchsetzte.

Thomas von Aquin leitete seine Ausführungen über Gott mit einer aus der Naturphilosophie entlehnten Erklärung der Existenz Gottes ein und ließ so leider beim Leser den Eindruck entstehen, daß man Gott auf die gleiche Weise erforschen und beschreiben kann wie andere philosophische Vorstellungen oder natürliche Phänomene, daß es möglich ist, ihn genauso kennen und begreifen zu lernen wie andere, rein weltliche Wirklichkeiten. Die von ihm genannten fünf »Wege« zum Beweis der Existenz Gottes erhielten später in der katholischen Welt immense Bedeutung und wurden auch von den Protestanten verwendet:

1. Aristoteles' Beweis für einen ersten Beweger.
2. Einen ähnlichen Beweis, nach dem es keine unendliche Reihe von Ursachen geben kann: Es mußte also einen Anfang gegeben haben.
3. Der von Ibn Sina vorgebrachte Beweis aus der Kontingenz, der die Existenz eines »notwendigen Seins« erforderlich machte.
4. Aristoteles' Beweis in *Von der Philosophie,* daß die unterschiedlichen Grade von Vollkommenheit in dieser Welt auf eine größte Vollkommenheit schließen lassen.
5. Der teleologische Gottesbeweis, nach dem die zielgerichtete Ordnung des Universums nicht zufällig zustande gekommen sein kann.

Diese Beweise halten unseren heutigen Kriterien nicht mehr stand. Selbst wenn man sie von einem religiösen Standpunkt aus betrachtet, bleiben sie recht fragwürdig, da sie, vielleicht mit Ausnahme des teleologischen Gottesbeweises, alle stillschweigend nahelegen, daß Gott ein weiteres Glied in der Daseinskette ist, auch nur ein Wesen, wenn auch das höchste und vollkommenste. Durch die Verwendung von Begriffen wie »erste Ursache« oder »notwendiges Sein« wollte Thomas von Aquin sicherlich deutlich machen, daß

Gott nichts sein kann, was sich mit den uns bekannten Wesen vergleichen läßt, sondern eher als deren Ursache oder als die Voraussetzung für deren Existenz begriffen werden muß. Dennoch haben die Leser der *Summa* diese wichtige Unterscheidung nicht immer beachtet und über Gott oft so gesprochen, als wäre er wirklich das höchste aller Wesen. Bei einer solchen Reduktion wird aus dem höchsten Wesen schnell ein Götzenbild, das sich wiederum leicht in ein himmlisches Über-Ich verwandeln läßt. Und es ist sicher nicht ganz falsch zu behaupten, daß viele Menschen im Westen sich unter Gott tatsächlich eine Art Über-Ich vorstellen.

Da sich zu Thomas von Aquins Zeit ganz Europa für Aristoteles begeisterte, war es wichtig, ein Gottesbild zu entwerfen, das dessen Vorstellungen mit einbezog. Auch die Faylasufs waren darauf bedacht gewesen, ihr Gottesbild der Zeit anzupassen; es sollte nicht in ein archaisches Getto verwiesen werden. Jede neue Generation brauchte ihr eigenes, neu durchdachtes Gottesbild und mußte auch neue Ideen über die religiöse Erfahrung entwickeln. Die meisten Muslime hatten Aristoteles übergangen und beschlossen, daß er keinen wesentlichen Beitrag zum Studium Gottes leisten konnte, auch wenn seine Erkenntnisse auf anderen Gebieten, zum Beispiel in der Erforschung der Natur, ungeheuer nützlich waren. Wie bereits erwähnt, hatte der Herausgeber von Aristoteles' Werken dessen Ausführungen über das Wesen Gottes *meta ta physika* (»Nach der *Physik*«) überschrieben: Der Gott von Aristoteles war für ihn wie auch für die meisten Muslime eher eine Fortsetzung der physischen Wirklichkeit als eine Wirklichkeit vollkommen anderer Art. In der muslimischen Welt verknüpfte man in Zukunft meist die Philosophie mit der Mystik, wenn man Aussagen über Gott machen wollte. Ein religiöses Verständnis der Wirklichkeit, die wir Gott nennen, war der Vernunft allein nicht möglich, jedoch mußte die religiöse Erfahrung durch die kritische Vernunft und die Disziplin der Philosophie ergänzt werden, wenn sie nicht zu einem chaotischen, zügellosen oder sogar gefährlichen Gefühl ausarten sollte.

Thomas von Aquins franziskanischer Zeitgenosse Bonaventura (1221–1274) dachte ganz ähnlich. Auch er bemühte sich um eine Synthese von Philosophie und religiöser Erfahrung, die beide Gebiete bereichern sollte. In seiner Abhandlung mit dem Titel *De triplica via* (Vom dreifachen Weg) übernahm er die augustinische Vorstellung, daß überall in der Schöpfung »Dreiheiten« zu beobachten seien. Diesen »natürlichen Trinitarismus« setzte er auch in seinem Werk *Pilgerbuch der Seele zu Gott* voraus. Er war überzeugt, daß der menschliche Verstand ausreichte, um die Dreieinigkeit zu beweisen, umging jedoch die Gefahren einer rationalistischen Verengung, indem er betonte, daß die spirituelle Erfahrung ein wesentlicher Bestandteil des Gottesbildes und daher von großer Bedeutung sei. Für ihn hatte Franz von Assisi, der Gründer seines Ordens, ein vorbildliches christliches Leben geführt, ein Theologe sehe im Leben und Wirken des heiligen Franziskus die Lehren der Kirche bestätigt. Der toskanische Dichter Dante Alighieri (1265–1321) gelangte einige Zeit später ebenfalls zu der Überzeugung, daß ein Mitmensch – in seinem Fall die Florentinerin Beatrice Portinari – eine Erscheinung Gottes sein konnte. Diese personalistische Vorstellung von Gott erinnerte an Augustinus.

In der Beschreibung des heiligen Franziskus als einer Epiphanie griff Bonaventura auch auf Anselms ontologischen Gottesbeweis zurück. Da Franz von Assisi bereits in diesem Leben eine geradezu übermenschliche Vollkommenheit erreicht habe, sei es uns schon während unseres Erdenlebens möglich, »zu sehen und zu verstehen, daß das ›Beste‹ ... dasjenige ist, wozu etwas Größeres nicht gedacht werden kann«.[37] Allein die Tatsache, daß man sich etwas wie »das Beste« vorstellen könne, beweise schon, daß es in der höchsten Vollkommenheit Gottes existieren müsse. Wenn wir uns, wie von Plato und Augustinus empfohlen, in uns selbst versenken, dann werden wir »in unserer eigenen, inneren Welt« das Bild Gottes widergespiegelt finden.[38] Diese Introspektion ist von grundlegender Bedeutung. Es ist wichtig, an der Liturgie der Kirche teilzunehmen, aber jeder Christ muß zuerst in die Tiefen seines eigenen Selbst hinabsteigen. Dort wird er in ekstatischer Weise über den Intellekt hinausgehoben werden und ein Bild Gottes entdecken, das unser begrenztes menschliches Vorstellungsvermögen übersteigt.

Für Bonaventura und für Thomas von Aquin hatte die religiöse Erfahrung an erster Stelle gestanden. Sie setzten insofern die Tradition der Falsafa fort, denn sowohl im Judentum wie im Islam waren die Philosophen meist auch Mystiker und sich sehr wohl bewußt, daß der Intellekt allein nicht imstande war, zufriedenstellende Antworten auf theologische Fragen zu geben. Sie hatten rationale Beweise für die Existenz Gottes erarbeitet, um ihren religiösen Glauben mit ihren wissenschaftlichen Studien und mit anderen, alltäglichen Erfahrungen in Einklang zu bringen. An der Existenz Gottes hegten sie keinerlei Zweifel, und viele waren sich der Unzulänglichkeit ihrer Denkmodelle durchaus bewußt. Mit den Gottesbeweisen wollte man keine Ungläubigen bekehren, da es damals noch keine Atheisten im modernen Sinne gab. Diese natürliche Theologie sollte nicht auf die religiöse Erfahrung vorbereiten, sondern sie begleiten: Die Faylasufs meinten nicht, daß eine mystische Gotteserfahrung erst dann möglich war, wenn man sich bereits rational von der Existenz Gottes überzeugt hatte. Wenn sie sich auf eine bestimmte Reihenfolge hätten festlegen müssen, dann hätten sie wohl eher die mystische Gotteserfahrung an erster Stelle genannt. In der jüdischen, der muslimischen und der griechisch-orthodoxen Welt wurde der Gott der Philosophen sehr schnell vom Gott der Mystiker überholt.

7

Der Gott der Mystiker

Die jüdische Religion, die christliche Religion und – in geringerem Maße – der Islam haben übereinstimmend die Vorstellung entwickelt, es gebe einen personalen Gott. Daher neigen wir dazu, dieses Ideal für die höchste Form von Religion zu halten. Die Vorstellung eines personalen Gottes hat die Monotheisten dazu gebracht, die heiligen und unveräußerlichen Rechte des Individuums hochzuachten und der individuellen Persönlichkeit große Bedeutung beizumessen. Auf diese Weise hat die jüdisch-christliche Tradition dazu beigetragen, daß der im Westen so geschätzte liberale Humanismus entstehen konnte. Die entsprechenden Werte verkörperte ursprünglich ein personaler Gott, der handelt und sich verhält wie ein Mensch: Er liebt, urteilt, straft, sieht, hört, bringt hervor und zerstört wie wir. Jahwe war anfänglich ein stark personalisierter Gott mit leidenschaftlichen menschlichen Neigungen und Abneigungen. Später wurde er ein Symbol der Transzendenz mit Gedanken, die nicht mehr unsere Gedanken waren, und Verhaltensweisen, die so hoch über unseren menschlichen Gedanken standen wie der Himmel über der Erde. Der personale Gott spiegelt eine wichtige religiöse Erkenntnis wider: Kein höchster Wert kann hinter dem Maß des Menschlichen zurückbleiben. Daher war der Glaube an einen personalen Gott ein wichtiges und – für viele – unverzichtbares Stadium der Entwicklung von Religion und Moral. Die Propheten Israels schrieben ihre eigenen Gefühle und Leidenschaften Gott zu; Buddhisten und Hindus kamen ohne eine persönliche Verehrung von Avataren (Inkarnationen des Göttlichen) nicht aus. Das Christentum stellte in einer in der Religionsgeschichte einmaligen Weise einen Menschen ins Zentrum der Religiosität, es führte die im Judentum angelegte Vorstellung von einem personalen Gott bis zum Extrem. Vielleicht kann Religion ohne einen gewissen Grad solcher Identifizierung und Einfühlung keine Wurzeln schlagen.

Doch die Vorstellung eines personalen Gottes barg große Nachteile in sich. Der personale Gott kann zu einem bloßen Idol werden, zu einem Abbild unserer selbst, einer Projektion unserer begrenzten Bedürfnisse, Ängste und Wünsche. Wir können ihm unterstellen, daß er liebt, was wir lieben, und haßt, was wir hassen, so daß er unsere Vorurteile bestärkt, anstatt uns dazu zu bewegen, daß wir sie überwinden. Wenn der Eindruck entsteht, er unterlasse es, eine Katastrophe zu verhindern, oder wolle sogar eine Tragödie, dann wirkt er schnell hart und grausam. Der oberflächliche Glaube, ein Unglück sei von Gott gewollt, kann uns veranlassen, daß wir uns mit vollkommen unannehmbaren Dingen abfinden. Schon allein die Tatsache, daß Gott als Person ein Geschlecht zugeordnet wird, bedeutet eine Begrenzung: Sie bewirkt, daß die Geschlechtlichkeit der männlichen Hälfte der Menschheit auf Kosten der Frauen geheiligt wird und kann zu einer neurotischen und unangemessenen Ungleichheit in der menschlichen Sexualmoral führen. Ein personaler Gott kann somit gefährlich sein. Anstatt uns über unsere Grenzen hinauszuführen, kann »er« uns dazu ermuntern, daß wir uns selbstzufrieden innerhalb dieser Grenzen einrichten; »er« kann uns ebenso grausam, hart, selbstgefällig und parteiisch machen, wie »er« zu sein scheint. Anstatt das Mitgefühl in uns zu wecken, das ein Kennzeichen jeder hochentwickelten Religion sein sollte, kann »er« uns dazu ermutigen, daß wir urteilen, verurteilen und ausgrenzen. Offenkundig kann die Vorstellung, es gebe einen personalen Gott, nur ein Durchgangsstadium unserer religiösen Entwicklung sein. Alle Weltreligionen haben diese Gefahr offensichtlich erkannt und waren bestrebt, die personale Vorstellung von der höchsten Wirklichkeit zu transzendieren.

Man kann die religiösen Schriften des Judentums als Geschichte der Verfeinerung und späteren Aufgabe des personalisierten Stammesgottes Jahwe lesen, der zu JHWH wurde. Das Christentum, das von den drei monotheistischen Religionen Gott wohl am stärksten personalisiert hat, versuchte den Kult des menschgewordenen Gottes dadurch zu modifizieren, daß es die Lehre von der transpersonalen Dreifaltigkeit einführte. Die Muslime hatten schon sehr bald Schwierigkeiten mit jenen Passagen des Korans, die implizierten, daß Gott »sieht«, »hört« und »urteilt« wie Menschen. Alle drei monotheistischen Religionen entwickelten eine mystische Tradition, in der ihr Gott die Kategorie des Personalen überschritt und näher an die unpersönlichen Wirklichkeiten von Nirwana und Brahman-Atman heranrückte. Nur wenige Menschen sind zu echter mystischer Erfahrung fähig, aber in allen drei Religionen (mit Ausnahme des westlichen Christentums) wurde gerade der Gott der Mystiker mit der Zeit bei den Gläubigen zur prägenden Norm und blieb es bis fast in die Gegenwart.

Der historische Monotheismus war ursprünglich nicht mystisch. Wir haben gesehen, welcher Unterschied zwischen der Erfahrung eines kontemplativen Menschen wie Buddha und den Propheten bestand. Judentum, Christentum und Islam sind alle wesentlich aktive Religionen, die dafür sorgen wollen, daß Gottes Wille geschieht, im Himmel wie auf Erden. Das zentrale Motiv dieser prophetischen Religionen ist die Gegenüberstellung oder ein persönliches Zusammentreffen von Gott und Mensch. Gott wird als ein zum Handeln Auffordernder erfahren, er ruft uns zu sich, läßt uns die Wahl, seine Liebe und Anteilnahme anzunehmen oder abzulehnen. Dieser Gott tritt mit dem Menschen eher durch einen Dialog in Beziehung als durch schweigende Kontemplation. Er spricht ein Wort aus, das zum Mittelpunkt der Verehrung wird und das schmerzhaft Fleisch werden muß unter den unvollkommenen und tragischen Bedingungen des irdischen Lebens. Im Christentum ist die Beziehung zu Gott durch Liebe charakterisiert. Aber der springende Punkt bei der Liebe ist, daß das Ego in gewissem Sinne ausgelöscht werden muß. Sowohl beim Dialog als auch bei der Liebe ist der Egoismus eine stets präsente Möglichkeit. Selbst die Sprache kann zum Hindernis werden, da sie uns in die Begriffe unserer weltlichen Erfahrung einbindet.

Seit der Aufklärung galt ein *mystery* (Rätsel, Geheimnis) als etwas, das man lösen beziehungsweise aufdecken muß. *Mystery* wird häufig mit verworrenem Denken assoziiert. In den Vereinigten Staaten nennt man einen Kriminalroman *mystery,* und es gehört zum Wesen dieser Gattung, daß das Rätsel zufriedenstellend gelöst werden muß. Wir werden sehen, daß sogar religiöse Menschen in der Aufklärung dahin kamen, *mystery* als abwertendes Wort anzusehen. Ähnlich denkt man bei *mysticism* oft an Spinner, Scharlatane oder sanfte Blumenkinder. Da die Menschen im Westen sich nie sehr zur Mystik hingezogen fühlten, nicht einmal als sie in anderen Teilen der Welt ihre Blütezeit hatte, fehlt dort auch oft das Verständnis für die Intelligenz und die Disziplin, die für diese Art der Spiritualität unerläßlich sind.

Doch manches deutet darauf hin, daß das Blatt sich wendet. Seit den sechziger Jahren haben die Menschen der westlichen Welt die Vorzüge mancher Arten von Yoga entdeckt, und Religionen wie der Buddhismus, die den Vorteil haben, daß sie nicht von einem unzulänglichen Theismus verdorben sind, gewannen in Europa und in den Vereinigten Staaten viele Anhänger. Die Arbeiten des verstorbenen amerikanischen Wissenschaftlers Joseph Campbell über Mythologie sind vor kurzem wieder in Mode gekommen. Das derzeit im Westen feststellbare große Interesse für die Psychoanalyse kann als Wunsch nach einer Art Mystik angesehen werden, denn wir werden noch verblüffende Ähnlichkeiten zwischen diesen beiden Methoden feststellen. Mythologie war oft ein Versuch, die innere Welt der Psyche zu erklären. Sowohl Freud als auch Jung haben sich instinktiv alten Mythen zugewendet wie beispielsweise dem griechischen Mythos von Ödipus, um ihr neues Verfahren zu veranschaulichen. Vielleicht haben die Menschen im Westen das Bedürfnis nach einer Alternative zu einem rein wissenschaftlichen Weltbild.

Mystische Religion ist unmittelbarer und in Notzeiten tendenziell eine größere Hilfe als ein vorwiegend intellektueller Glaube. Die Wege der Mystik helfen dem Schüler, zum Einen, zum Uranfang zurückzukehren und gleichzeitig eine ständige Aufmerksamkeit für die Gegenwart zu üben. Die frühe jüdische Mystik, die sich zwischen dem 2. und 3. Jahrhundert entwickelt hat, in einer für die Juden sehr schwierigen Zeit, vertiefte scheinbar die Kluft zwischen Gott und Mensch. Die Juden wollten sich von einer Welt abkehren, in der sie verfolgt und an den Rand gedrängt wurden, und sich einem mächtigeren, göttlichen Reich zuwenden. Sie stellten sich Gott als einen großen König vor, dem man sich nur durch eine gefahrvolle Reise durch die sieben Himmel nähern konnte. Anstatt in der einfachen, direkten Sprache der Rabbis zu sprechen, benützten die Mystiker eine hochtrabende, geschwollene Ausdrucksweise. Die Rabbis lehnten diese Spiritualität ab, und die Mystiker waren ängstlich darauf bedacht, die Rabbis nicht gegen sich aufzubringen. Doch diese Thronwagen-Mystik oder Merkaba-Mystik, wie sie genannt wurde, muß ein wichtiges Bedürfnis erfüllt haben, da sie neben den großen rabbinischen Schulen blühte, bis sie schließlich im 12. und 13. Jahrhundert in die Kabbala, die neue jüdische Mystik, integriert wurde. Die Mystiker ließen nicht viel über ihre Erfahrungen verlauten, doch die klassischen Texte der Thronwagen-Mystik, die im 5. und 6. Jahrhundert in Babylon herausgegeben wurden, deuten darauf hin, daß sie eine starke Affinität zur rabbinischen Tradition empfanden, denn sie machten so große *tannaim* wie Rabbi Akiba, Rabbi Ishael und Rabbi Johannan zu Helden ihrer Spiritualität. Die Mystiker legten einen neuen Extremismus des jüdischen Geistes an den Tag, als sie im Namen ihres Volkes einen neuen Weg zu Gott bahnten.

Die Rabbis hatten, wie wir gesehen haben, eine Reihe eindrucksvoller religiöser Erfahrungen gemacht. Als der Heilige Geist in Gestalt von Feuer auf Rabbi Johannan und seine Schüler vom Himmel herabkam, hatten sie offenbar gerade über die Bedeutung von Ezechiels merkwürdiger Vision von Gottes Thronwagen gesprochen. Der Wagen und die geheimnisvolle Gestalt, die Ezechiel auf dem Thron erblickt hatte, waren wohl Gegenstand früher esoterischer Spekulationen. Das Studium des Thronwagens *(ma'asse merkaba)* war oft mit Spekulationen über die Bedeutung der Schöpfungsgeschichte *(ma'asse bereschith))* verknüpft. Der früheste Bericht vom mystischen Aufstieg zu Gottes Thron im höchsten Himmel unterstreicht die immensen Gefahren dieser spirituellen Reise:

Unsere Rabbis lehrten: Vier betraten das Paradies, und das waren: Ben Azzai, Ben Zoma, Aher und Rabbi Akiba. Rabbi Akiba sprach zu ihnen: »Wenn ihr an den Ort der glänzenden Marmorsteine kommt, so sprecht nicht: ›Wasser, Wasser!‹ Denn es steht geschrieben: ›Wer Lügen redet, soll vor meinem Angesicht nicht bestehen.‹«

Ben Azzai schaute und starb. Über ihn sagt die Schrift: »Kostbar ist der Tod seiner Frommen in den Augen des Herrn.« Ben Zoma schaute und nahm Schaden. Über ihn sagt die Schrift: »Hast du Honig gefunden? Iß nur so viel, bis du genug hast, damit du nicht übervoll davon wirst und dich übergeben mußt.« Aher schnitt die Wurzeln ab [das heißt er wurde zum Häretiker]. Rabbi Akiba ging in Frieden hinaus.[1]

Nur Rabbi Akiba war reif genug, den mystischen Weg unbeschadet zu vollenden. Eine Reise in die Tiefe der Seele birgt große Risiken, weil wir dem, was wir dort finden, vielleicht nicht gewachsen sind. Aus diesem Grund wurde in allen Religionen stets darauf Wert gelegt, daß die mystische Reise nur unter Anleitung eines Wissenden unternommen werden darf, der die Erfahrungen des Neulings einordnen, ihn sicher an gefährlichen Stellen vorbei leiten und dafür sorgen kann, daß er nicht die Grenzen seiner Kräfte überschreitet wie der arme Ben Azzai, der starb, und Ben Zoma, der verrückt wurde. Alle Mystiker betonen, daß Intelligenz und geistig-seelische Stabilität Voraussetzungen für diese Reise sind. Zenmeister sagen, daß es für einen Neurotiker sinnlos sei, sein Heil in der Meditation zu suchen, sie werde ihn nur noch kränker machen. Das merkwürdige und exzentrische Verhalten einiger katholischer Heiliger in Europa, die als Mystiker verehrt wurden, muß als Verirrung eingestuft werden. Die rätselhafte Geschichte von den talmudischen Weisen zeigt, daß die Juden von Anfang an über die Gefahren dieses Weges Bescheid wußten. Später ließen sie junge Menschen erst in die Kabbala einweihen, wenn sie ganz erwachsen waren. Ein Mystiker mußte überdies verheiratet sein, damit sichergestellt war, daß er ein gesundes Sexualleben führte.

Der Mystiker reiste durch das mythische Reich der sieben Himmel zum Throne Gottes. Aber das war nur ein Flug der Phantasie. Er wurde nie wörtlich aufgefaßt, sondern immer als symbolischer Aufstieg durch die geheimnisvollen Regionen der Seele angesehen. Rabbi Akibas seltsame Warnung vor den »glänzenden Marmorsteinen« bezieht sich möglicherweise darauf, daß der Mystiker an mehreren entscheidenden Stellen auf seinem vorgestellten Flug ein

Paßwort aussprechen mußte. Die Bilder wurden als Teil eines ausgeklügelten Rituals visualisiert. Heute wissen wir, daß das Unbewußte voller Bilder ist, die in Träumen, in Halluzinationen und bei seelischen oder neurologischen Krankheitsbildern wie Schizophrenie oder Epilepsie an die Oberfläche emporsteigen. Die jüdischen Mystiker glaubten nicht, sie flögen »wirklich« durch den Himmel oder beträten den Palast Gottes, sondern sie lenkten die religiösen Bilder, die ihr Inneres erfüllten, in einer kontrollierten und geordneten Weise. Das verlangte große Geschicklichkeit und eine bestimmte Disposition und Ausbildung. Es erforderte die gleiche Art von Konzentration wie Zen oder Yoga, die dem Schüler ebenfalls helfen, seinen Weg durch die verschlungenen Pfade der Seele zu finden. Der babylonische Weise Hai Gaon (939–1038) erklärte die Geschichte von den vier Weisen mit Hilfe der zeitgenössischen mystischen Gepflogenheiten. Das »Paradies« bezieht sich auf den mystischen Aufstieg der Seele zu den »himmlischen Räumen« *(hechaloth)* von Gottes Palast. Ein Mensch, der diese Phantasiereise machen will, muß »würdig« sein und »mit bestimmten Eigenschaften gesegnet«, wenn er »den himmlischen Thronwagen und die Hallen der Engel in den Höhen schauen will«. Es geschieht nicht spontan. Er muß bestimmte Übungen durchführen, die denjenigen ähnlich sind, die von Yogis und Kontemplativen auf der ganzen Welt praktiziert werden:

> Er muß eine bestimmte Anzahl von Tagen fasten, er muß den Kopf zwischen die Knie beugen und dabei leise bestimmte Lobpreisungen Gottes vor sich hin sagen, das Gesicht zur Erde geneigt. Als Folge davon wird er in die verborgensten Winkel seines Herzens hineinblicken können, und es wird ihm so scheinen, als sähe er die sieben Hallen mit eigenen Augen und bewege sich von einer Halle zur anderen weiter, um zu sehen, was dort zu finden ist.[2]

Die frühesten Texte der Thronwagen-Mystik stammen erst aus dem 2. oder 3. Jahrhundert, aber diese Art der Kontemplation war wahrscheinlich älter. So schreibt Paulus von einem Freund, einem »Diener Christi«, der vierzehn Jahre zuvor bis in den dritten Himmel entrückt worden sei. Paulus weiß nicht, ob mit dem Leib oder ohne den Leib, aber er weiß, »daß dieser Mensch in das Paradies entrückt wurde ... Er hörte unsagbare Worte, die ein Mensch nicht aussprechen kann.«[3]

Die Visionen haben ihren Zweck nicht in sich selbst, sondern sind Wege zu einer unaussprechlichen religiösen Erfahrung, die normale Begriffe übersteigt. Sie werden von der jeweiligen religiösen Tradition des Mystikers geprägt. Ein jüdischer Mystiker wird Visionen von den sieben Himmeln haben, weil in seiner religiösen Phantasie die entsprechenden Symbole gespeichert sind. Buddhisten sehen Bilder von Buddhas und Bodhisattvas, Christen erscheint die Jungfrau Maria. Es ist ein Irrtum, wenn ein Seher diese inneren Erscheinungen für objektiv hält und mehr als ein Symbol der Transzendenz zu erkennen glaubt. Da Halluzinationen häufig Ausdruck für einen krankhaften Zustand sind, bedarf es beträchtlicher Geschicklichkeit und psychischer Stabilität, damit man die Symbole handhaben und interpretieren kann, die im Laufe konzentrierter Meditation und tiefer Versenkung auftauchen.

Eine der merkwürdigsten und umstrittensten frühen jüdischen Visionen findet sich im *Schiur Koma* (Das Maß der Höhe). In diesem Text aus dem 5. Jahrhundert wird die Gestalt beschrieben, die Ezechiel auf dem Thron Gottes gesehen hatte. Im Schiur Koma wird das Wesen Jozrenu genannt, der Schöpfer. Die eigentümliche Beschreibung dieser Vision von Gott beruht wahrscheinlich auf einer Passage aus dem Hohenlied, das Rabbi Akibas liebster Text aus der Bibel war. Die Braut beschreibt ihren Geliebten:

Mein Geliebter ist weiß und rot,
ist ausgezeichnet vor Tausenden.
Sein Haupt ist reines Gold.
Seine Locken sind Rispen,
rabenschwarz.
Seine Augen sind wie Tauben
an Wasserbächen;
(die Zähne), in Milch gebadet,
sitzen fest.

Seine Wangen sind wie Balsambeete,
darin Gewürzkräuter sprießen,
seine Lippen wie Lilien;
sie tropfen von flüssiger Myrrhe.
Seine Finger sind wie Stäbe aus Gold,
mit Steinen aus Tarschisch besetzt.
Sein Leib ist wie eine Platte aus Elfenbein,
mit Saphiren bedeckt.
Seine Schenkel sind Marmorsäulen.[4]

Manche hielten dies für eine Beschreibung Gottes. Zur Verblüffung von Generationen von Juden wurde im Schiur Koma jedes hier aufgelistete Glied Gottes vermessen. In diesem seltsamen Text sind die Maße Gottes erstaunlich, sie übersteigen den menschlichen Verstand. Der »Parasang« – die zugrunde gelegte Maßeinheit – entspricht 180 Milliarden »Fingern«, und jeder »Finger« reicht von einem Ende der Welt bis zum anderen. Die riesigen Dimensionen setzen den Verstand außer Kraft, so daß er jeden Versuch aufgibt, ihnen zu folgen oder sich eine Gestalt von einer solchen Größe vorzustellen. Und genau darum geht es. Das Schiur Koma will uns klarmachen, daß es unmöglich ist, Gott zu messen oder ihn in menschlichen Begriffen zu beschreiben. Schon allein der Versuch offenbart die Unmöglichkeit des Vorhabens und vermittelt uns eine neue Erfahrung von der Transzendenz Gottes. Es überrascht nicht, daß viele Juden das Bestreben, den doch gänzlich spirituellen Gott zu messen, blasphemisch gefunden haben. Aus diesem Grund wurde ein esoterischer Text wie das Schiur vor Unberufenen verborgen. Im richtigen Kontext betrachtet, konnte das Schiur Koma den Schülern, die bereit waren, sich ihm in der richtigen Weise, unter der Führung eines geistlichen Lehrers, zu nähern, eine neue Einsicht in die Transzendenz Gottes vermitteln, die alle menschlichen Kategorien übersteigt. Der Text war sicher nicht wörtlich gemeint und gibt auch gewiß keine geheime Information preis. Vielmehr sollte er gezielt eine Stimmung hervorrufen, ein Gefühl ehrfürchtigen Staunens.

Das Schiur zeigt zwei wesentliche Eigenschaften des mystischen Bildes von Gott auf, die allen drei Religionen gemeinsam sind.

Erstens ist das Bild seinem Wesen nach imaginär, zweitens ist es unaussprechlich. Die im Schiur Koma beschriebene Gestalt ist das Bild Gottes, den die Mystiker am Ende ihres Aufstiegs auf dem Thron sitzen sehen. Dieser Gott hat absolut nichts Zärtliches, Liebevolles oder Persönliches an sich. Seine Heiligkeit wirkt sogar bestürzend. Bei seinem Anblick brechen die mystischen Helden in Gesänge aus, die sehr wenig Information über Gott geben, dafür aber einen ungeheuer starken Eindruck hinterlassen:

Eine Ausstrahlung von Heiligkeit, eine Ausstrahlung von Kraft, eine erschreckende Ausstrahlung, eine furchteinflößende Ausstrahlung, eine ehrfurchtgebietende Ausstrahlung, eine Ausstrahlung des Entsetzens, eine Ausstrahlung des Schreckens –
So ist die Ausstrahlung des Gewandes des Schöpfers, des Herrn, des Gottes Israel, der gekrönt zu seinem Thron der Herrlichkeit kommt; Sein Gewand ist innen und außen graviert und vollständig bedeckt von JHWH, JHWH.
Kein Auge kann es anschauen, weder die Augen aus Fleisch und Blut, noch die Augen seiner Diener.[5]

Wenn wir uns nicht einmal vorstellen können, wie das Gewand Jahwes aussieht, wie können wir dann überhaupt daran denken, Gott selbst anschauen zu können?
Der vielleicht berühmteste unter den frühen jüdischen mystischen Texten ist das *Sefer Jezira* (Das Buch der Schöpfung) aus dem 5. Jahrhundert. Darin wird nicht der Versuch unternommen, den Prozeß der Schöpfung realistisch zu schildern, sondern die Darstellung ist unverhohlen symbolisch und zeigt, wie Gott die Welt mit Hilfe der Sprache erschafft, so als würde er ein Buch schreiben. Aber die Sprache ist vollständig verwandelt worden, und die Botschaft der Schöpfung ist nicht mehr klar. Jedem Buchstaben des hebräischen Alphabets wird ein Zahlenwert zugeordnet. Durch die Verbindung der Buchstaben mit den heiligen Zahlen sowie durch ihre endlose Zusammenstellung zu immer neuen Kombinationen führte der Mystiker seinen Geist von der normalen Bedeutung der Wörter weg. Der Zweck dieser Übung war, den Intellekt zu umgehen und die Juden daran zu erinnern, daß kein Wort und kein

Begriff die Realität repräsentieren kann, auf die der Name deutet. Wieder schuf die Erfahrung, die Sprache bis an ihre Grenzen zu treiben und ihr eine nichtlinguistische Bedeutung zu verleihen, ein Gefühl für die Andersartigkeit Gottes. Mystiker wollten keinen geradlinigen Dialog mit einem Gott, den sie als eine überwältigende Heiligkeit erfuhren und nicht als einen mitfühlenden Freund und Vater.

Die Thronwagen-Mystik war nicht einzigartig. Vom Propheten Mohammed heißt es, er habe auf seiner nächtlichen Reise von Arabien zum Tempelberg in Jerusalem etwas ganz Ähnliches erfahren: Im Schlaf wird er von Gabriel auf einem Himmelspferd geholt. Bei der Ankunft begrüßen ihn Abraham, Mose, Jesus und zahlreiche andere Propheten und bestätigen ihn in seiner prophetischen Mission. Dann beginnen Gabriel und Mohammed ihren gefährlichen Aufstieg auf einer Leiter durch die sieben Himmel, denen jeweils ein Prophet vorsteht. Schließlich erreicht er die Sphäre des Göttlichen. Die frühen Quellen schweigen ehrfürchtig über die letzte Vision, auf die sich folgende Verse im Koran beziehen sollen:

> Er hat ihn ja auch ein anderes Mal herabkommen sehen, beim Zizyphusbaum am äußersten Ende, wo der Garten der Einkehr ist, als sich jene Decke über den Zizyphus legte ...
> Der Blick [des Propheten] schweifte nicht ab. Und er war nicht anmaßend. Er hat doch gar große Zeichen seines Herrn gesehen.[6]

Mohammed sieht nicht Gott selbst, sondern nur Symbole, die auf die göttliche Wirklichkeit hindeuten. Im Hinduismus bezeichnet der Zizyphus- oder Lotosbaum die Grenze des rationalen Denkens. Einer Vision Gottes können die normalen Erfahrungen des Denkens oder Sprechens in keiner Weise gerecht werden. Der Aufstieg zum Himmel ist ein Symbol für die äußerste Reichweite des menschlichen Geistes, es steht für die Schwelle zum letzten Sinn.

Das Bild des Aufstiegs ist weit verbreitet. Augustinus erlebte in Ostia zusammen mit seiner Mutter einen Aufstieg zu Gott. Er beschreibt ihn in der Sprache Plotins:

Da erhoben wir uns mit heißerer Inbrunst nach dem wesenhaften Sein; und durchwanderten stufenweise die ganze Körperwelt, auch den Himmel, von dem herab Sonne, Mond und Sterne leuchten über die Erde. Und höher stiegen wir auf im Betrachten, Bereden, Bewundern Deiner Werke, und wir gelangten zu unserer Geisteswelt.[7]

Augustinus war erfüllt von der griechischen Bilderwelt der großen Seinskette und nicht von den semitischen Bildern der sieben Himmel. Es handelt sich nicht um eine wirkliche Reise durch den äußeren Raum zu einem Gott »dort draußen«, sondern um einen geistigen Aufstieg zu einer inneren Wirklichkeit. Dieser verzückte Höhenflug scheint etwas von außen Geschenktes zu sein. So sagt Augustinus, »unser Geist wurde erhoben«, als empfingen er und Monika passiv eine Gnade, aber es gehört Entschlossenheit zu diesem stetigen Aufstieg zum »wesenhaften Sein«. Ähnliche Bilder von einem Aufstieg finden sich auch in den Tranceerfahrungen der Schamanen »von Sibirien bis Tierra del Fuego«, wie Joseph Campbell schreibt.[8]

Das Symbol eines Aufstiegs weist darauf hin, daß weltliche Wahrnehmungen zurückgelassen werden. Die Erfahrung Gottes, die schließlich erreicht wird, entzieht sich jeder Beschreibung, weil normale Sprache nicht länger anwendbar ist. Die jüdischen Mystiker beschreiben alles – nur nicht Gott. Sie schildern seinen Mantel, seinen Palast, seine himmlischen Räume und den Schleier, der ihn vor dem menschlichen Blick verbirgt und der die ewigen Archetypen repräsentiert. Muslime, die über Mohammeds Flug gen Himmel spekuliert haben, betonen die paradoxe Natur seiner letzten Vision Gottes: Er hat die göttliche Gegenwart gesehen und nicht gesehen.[9] Wenn der Mystiker das Reich der Bilder in seinem Geist durchgearbeitet hat, erreicht er den Punkt, an dem weder Begriffe noch Vorstellungen ihn weiterbringen können. Augustinus und Monika waren gleichermaßen verschwiegen über den Höhepunkt ihres Erlebnisses. Sie betonten aber, daß es Raum, Zeit und gewöhnliches Wissen überschritten habe. Sie »redeten voll Sehnsucht« von dieser ewigen Weisheit und »streiften sie leise in einem vollen Schlag des Herzens«.[10] Dann mußten sie wieder zur normalen Sprache zurückkehren, in der ein Satz einen Anfang, eine Mitte und ein Ende hat:

Wir sagten uns also: Brächte es einer dahin, daß ihm alles Getöse der Sinnlichkeit schwände, daß ihm schwänden alle Inbilder von Erde, Wasser, Luft, daß ihm schwände auch das Himmelsgewölbe und selbst die Seele gegen sich verstummte und selbstvergessen über sich hinausschritte, daß ihm verstummten die Träume und die Kundgabe der Phantasie, daß jede Art Sprache, jede Art Zeichen und alles, was in Flüchtigkeit sich ereignet, ihm völlig verstummte – denn wer ein Ohr dafür hat, dem sagt das alles: »nicht wir sind's, die uns schufen, sondern er schuf uns, der da bleibt in Ewigkeit« (Psalm 99,3) ... [So war es, als] wir eben jetzt uns nach ihm reckten und in windschnell flüchtigem Gedanken an die ewige, über allen beharrende Weisheit rührten.[11]

Das war keine naturalistische Vision eines personalen Gottes, Augustinus und Monika hatten nicht auf irgendeinem normalen Weg natürlicher Kommunikation »seine Stimme gehört«: nicht durch »Menschenzunge«, nicht durch die Stimme eines Engels, auch nicht durch die Natur oder die Symbolik eines Traumes. Vielmehr hat sie die hinter all diesen Dingen liegende Wirklichkeit »berührt«.[12]

Obwohl die Art des Aufstiegs offensichtlich kulturell bedingt ist, scheint er eine unbestreitbare Tatsache des Lebens zu sein. Wie immer wir diese Erfahrung interpretieren, Menschen in der ganzen Welt und in allen Epochen der Geschichte haben sie gemacht. Monotheisten haben das Gipfelerlebnis »eine Vision Gottes« genannt; Plotin nahm an, sie sei die Erfahrung des Einen, Buddhisten würden sie als Vorgeschmack des Nirwana bezeichnen. Jedenfalls haben Menschen mit einem gewissen spirituellen Talent dieses Erlebnis immer angestrebt. Die mystische Erfahrung Gottes weist in allen Religionen bestimmte Eigenschaften auf: Es ist eine subjektive Erfahrung, zu der eine innere Reise gehört, nicht die Wahrnehmung einer objektiven Tatsache außerhalb des Selbst. Die Reise wird mit Hilfe des Bilder erzeugenden Teils des Geistes unternommen – häufig als Phantasie bezeichnet – und nicht mit Hilfe der eher intellektuellen Fähigkeit zur Logik. Schließlich ist diese Erfahrung etwas, das der Mystiker oder die Mystikerin absichtlich in sich erzeugt: Bestimmte körperliche oder geistige

Übungen führen zur angestrebten Gipfelvision, nicht immer stellt sie sich unversehens ein.

Augustinus hat offenbar angenommen, daß auserwählte Menschen manchmal schon in diesem Leben Gott schauen können, als Beispiele nennt er Mose und Paulus. Papst Gregor der Große (540–604), ein anerkannter Meister des spirituellen Lebens und außerdem ein mächtiger Papst, war anderer Meinung. Er war kein Intellektueller, und als typischer Römer hatte er eine pragmatische Auffassung von der Spiritualität. Er benützte die Wolken, den Nebel oder die Dunkelheit als Metaphern dafür, wie zweifelhaft alles menschliche Wissen vom Göttlichen ist. Sein Gott blieb den Menschen in einem undurchdringlichen Dunkel verborgen, viel schmerzhafter als die Wolke des Nichtwissens, die griechische Christen wie Gregor von Nyssa und Dionysius erlebten. Er hielt daran fest, daß Gott schwer zugänglich sei. Wir können unmöglich unbefangen über ihn sprechen, als hätten wir etwas mit ihm gemeinsam. Wir wissen gar nichts über Gott und können von unserer Menschenkenntnis her keinerlei Vorhersagen über sein Verhalten machen: »Nur dann ist Wahrheit in dem, was wir in bezug auf Gott wissen, wenn uns klar wird, daß wir nicht verläßlich irgend etwas über ihn wissen können.«[13] Gregor spricht oft vom Schmerz und von der Mühe der Annäherung an Gott. Die Freude und der Friede der Kontemplation können nur für wenige Augenblicke erreicht werden, nach einem harten Kampf. Ehe die Seele die Süßigkeit Gottes schmecken kann, muß sie ihren Weg aus der Dunkelheit herauskämpfen, die ihr natürliches Element ist. Sie

> kann mit ihrem inneren Auge nicht bei dem verweilen, was sie mit einem hastigen Blick in sich erblickt hat, weil sie von ihren eigenen, dunklen Gewohnheiten dazu gezwungen wird, hinabzusinken. Dabei keucht sie und kämpft sie und ringt darum, über sich selbst hinauszugelangen, aber sie sinkt, überwältigt von Erschöpfung, in ihre eigene, vertraute Dunkelheit zurück.[14]

Gott kann nur nach einer großen »Anstrengung der Seele« erreicht werden, die mit ihm ringen muß, wie Jakob mit dem Engel gerungen hat. Der Weg zu Gott ist gesäumt von Schuld, Tränen und

Erschöpfung; nähert sie sich ihm, »kann die Seele nur weinen«. »Gequält« von ihrem Verlangen nach Gott, »findet sie nur Ruhe in Tränen, da sie erschöpft ist«.[15] Gregor blieb bis ins 12. Jahrhundert hinein ein einflußreicher Führer in religiösen Dingen. Im römischen Christentum empfand man Gott eindeutig weiterhin als sehr anstrengend.

Im byzantinischen Christentum war die Erfahrung Gottes eher durch Licht gekennzeichnet als durch Dunkelheit. Die Griechen entwickelten eine andere Form von Mystik, die ebenfalls überall auf der Welt zu finden ist. Sie hing nicht von Bildern und Visionen ab, sondern beruhte auf der Erfahrung der Negativität oder Nichtaussagbarkeit, wie sie Dionysius Areopagita beschreibt. Die Griechen scheuten instinktiv vor rationalistischen Vorstellungen von Gott zurück. Wie Gregor von Nyssa in seinen *Homilien über das Hohelied Salomos* schreibt, »wird jeder Begriff, den der Verstand erfassen kann, für den Suchenden ein Hindernis auf seiner Suche«. Das Ziel des kontemplativen Menschen war, über alle Gedanken und ebenso über alle Bilder hinauszugelangen, da sie nur eine Ablenkung sein konnten. Wenn er das erreichte, würde er ein »bestimmtes Gefühl einer Gegenwart« bekommen, die undefinierbar war und in jedem Fall alle menschlichen Erfahrungen einer Beziehung zu einem anderen Menschen überstieg.[16] Diese Haltung nannte man *hesychia,* »Ruhe« oder »innere Stille«. Da Worte, Gedanken und Bilder uns nur in der irdischen Welt, im Hier und Jetzt, festhalten, muß der Geist gezielt durch die Techniken der Konzentration beruhigt werden, damit er ein empfängliches Schweigen einüben kann. Nur dann kann er darauf hoffen, eine Wirklichkeit zu begreifen, die über alles hinausgeht, was er sich vorstellen kann.

Wie ist es möglich, einen unbegreiflichen Gott zu erkennen? Die Griechen liebten diese Art von Paradoxa, und die Hesychasten griffen zurück auf die alte Unterscheidung zwischen der Wesenheit Gottes *(ousia)* und seinen »Energien« *(energeia)* oder Wirkkräften in der Welt, die es uns ermöglichen, etwas über das Göttliche zu erfahren. Da wir Gott niemals an sich erkennen können, erfahren wir im Gebet die »Energien«, nicht die Wesenheit. Die Energien können als »Strahlen« des Göttlichen bezeichnet werden, sie erleuchten die Welt und gehen vom Göttlichen aus, doch sind sie von Gott selbst so verschieden wie die Sonnenstrahlen von der Sonne. Sie sind Manifestationen eines Gottes, der ganz und gar schweigt und nicht zu erkennen ist. Der heilige Basilius drückt es so aus: »Wir erkennen unseren Gott durch seine Energien, wir sind nicht der Meinung, daß wir dem Wesen selbst nahe kommen, denn seine Energien steigen zu uns herab, aber sein Wesen bleibt unnahbar.«[17] Im Alten Testament wird diese göttliche »Energie« als Gottes »Herrlichkeit« *(kabod)* bezeichnet. Im Neuen Testament strahlt sie in der Person Christi auf dem Berg Tabor auf, als seine Menschlichkeit von den Strahlen des Göttlichen verklärt wird. Sie durchdringt das ganze geschaffene Universum und vergöttlicht die, die gerettet wurden. Wie das Wort *energeia* impliziert, war diese Auffassung von Gott aktiv und dynamisch. Während sich für römische Christen Gott durch seine ewigen Eigenschaften zu erkennen gab – Güte, Gerechtigkeit, Liebe und Allmacht –, wurde er für die Griechen durch eine unaufhörliche Aktivität zugänglich, in der er irgendwie gegenwärtig war.

Wer diese »Energien« im Gebet erfuhr, hatte in gewissem Sinne eine direkte Gemeinschaft mit Gott, obgleich die unerkennbare Wirklichkeit verborgen blieb. Der bedeutende Hesychast Evagrius Ponticus (etwa 345 bis 399) hob hervor, daß das »Wissen«, das wir im Gebet von Gott erlangen, überhaupt nichts mit Begriffen oder Bildern zu tun hat, sondern eine unmittelbare Erfahrung des Göttlichen ist. Daher war es für die Hesychasten wichtig, die Seele von allem zu befreien, sie förmlich nackt werden zu lassen: »Wenn ihr betet«, ermahnte Evagrius seine Mönche, »dann stellt euch das Göttliche nicht bildhaft vor und vermeidet es, euren Geist dem Eindruck irgendeiner Form zu öffnen.« Vielmehr sollten sie »frei von aller Stoffgebundenheit zu dem gehen, der ohne Körperlichkeit ist«.[18] Evagrius schlug eine Art christliches Yoga vor. Es ging nicht um Reflexion, denn »Gebet heißt sogar das Denken abschütteln«.[19] Es ging vielmehr um ein intuitives Erfassen Gottes. Das Ergebnis sollte ein Gefühl der Einheit mit allen Dingen sein, die Freiheit von jeglicher Ablenkung und Vielfalt sowie der Verlust des Ego – diese Erfahrung ist offenkundig verwandt mit der, die kontemplative Menschen in nichttheistischen

Religionen wie dem Buddhismus erlangen. Die Hesychasten gewöhnten ihrem Geist systematisch die »Leidenschaften« ab –
Stolz, Gier, Trauer oder Zorn –, die sie an ihr Ego fesselten,
transzendierten sich dadurch selbst und wurden vergöttlicht wie
Jesus auf dem Berg Tabor, verklärt von den göttlichen »Energien«.

Diodochus, im 5. Jahrhundert Bischof von Photien, behauptete,
diese Vergöttlichung finde nicht erst in der jenseitigen Welt statt,
sondern könne bewußt schon auf Erden erlebt werden. Er lehrte
eine Methode der Konzentration, die den Atem einbezog: Beim
Einatmen sollten die Hesychasten beten »Jesus Christus, Sohn Gottes«, beim Ausatmen die Worte »erbarme dich unser« sprechen.
Spätere Hesychasten verfeinerten diese Übung noch: Der Übende
sollte Kopf und Schultern nach vorn neigen und auf sein Herz oder
seinen Nabel schauen. Seinen Atem sollte er immer mehr verlang-
samen und seine Aufmerksamkeit nach innen auf bestimmte psy-
chisch bedeutsame Punkte wie etwa das Herz lenken. Bei dieser
strengen Übung war Vorsicht geboten, sie konnte nur unter der
Anleitung eines erfahrenen Lehrers gefahrlos praktiziert werden.
Nach und nach erlebte der Hesychast wie ein buddhistischer
Mönch, daß er rationale Gedanken sanft beiseite schieben konnte,
daß die Bilder, die den Geist überfluteten, verblaßten, und daß er
sich vollkommen eins fühlte mit seinem Gebet. Damit hatten die
griechischen Christen Techniken entdeckt, die schon seit Jahrhunderten in den orientalischen Religionen angewendet wurden. Sie
sahen das Gebet als eine Betätigung von Körper und Geist an,
während römische Christen wie Augustinus und Gregor meinten,
das Gebet solle die Seele vom Leib befreien. Maximus Confessor
hatte geschrieben: »Der ganze Mensch soll Gott werden, vergöttlicht durch die Gnade des menschgewordenen Gottes, er soll gan-
zer Mensch werden, Seele und Leib, durch die Natur, und ganz
Gott werden, Seele und Leib, durch Gnade.«[20] Der Hesychast erlebte das als ein Einströmen von Energie und Klarheit, das so stark
und überwältigend war, daß es nur göttlich sein konnte. Wie wir
gesehen haben, betrachteten die Griechen diese »Vergöttlichung«
als für den Menschen natürliche Erleuchtung. Sie wurden inspiriert
vom verklärten Christus auf dem Berg Tabor, so wie die Buddhi-

sten inspiriert wurden vom Bildnis Buddhas, der die vollkommenste Verwirklichung der menschlichen Natur erreicht hatte. Das Fest der Verklärung ist in den orthodoxen Ostkirchen sehr wichtig; es gilt als »Epiphanie«, als Erscheinung Gottes. Im Gegensatz zu ihren römischen Brüdern glaubten die Griechen nicht, daß Mühsal, Durststrecken und Verzweiflung das unvermeidliche Vorspiel einer Gotteserfahrung sind. Für sie waren dies vielmehr Störungen des Geistes, die überwunden werden mußten. Die Griechen kultivierten nicht die dunkle Nacht der Seele. Bei ihnen war das vorherrschende Motiv der Berg Tabor, nicht Getsemane und der Kalvarienberg.

Zwar konnte nicht jeder die höheren Stufen erreichen, aber eine Andeutung der mystischen Erfahrung enthüllte sich allen Christen in den Ikonen. Im Westen wurde die religiöse Kunst im Laufe der Zeit immer mehr gegenständlich, die Maler hielten historische Begebenheiten im Leben Jesu oder der Heiligen im Bild fest. Die Ikone im byzantinischen Bereich hingegen sollte nichts Diesseitiges darstellen, sondern war ein Versuch, die unaussprechliche mystische Erfahrung der Hesychasten in visueller Form auszudrücken und damit diejenigen zu inspirieren, die keine Mystiker waren. Der britische Historiker Peter Brown schreibt dazu: »In der ganzen östlichen christlichen Welt verleihen Ikone und Vision einander Gültigkeit. Eine tiefwirkende Einstellung auf einen einzigen Brennpunkt der kollektiven Phantasie ... sorgte dafür, daß bis zum 6. Jahrhundert das Übernatürliche, in den Träumen ebenso wie in der Vorstellung eines jeden Menschen, genau die Züge angenommen hatte, mit denen es im allgemeinen in der Kunst abgebildet wurde. Die Ikone besaß die Gültigkeit eines Wirklichkeit gewordenen Traumes.«[21] Ikonen sollten die Gläubigen nicht unterweisen und ihnen keine Informationen, Ideen oder Lehren vermitteln. Sie waren ein Brennpunkt der Schau Gottes, der *theoria,* und sollten dem Gläubigen eine Art Fenster zur göttlichen Welt öffnen.

Ikonen wurden für die Gotteserfahrung im byzantinischen Christentum so zentral, daß um das 8. Jahrhundert in der griechischen Kirche ein leidenschaftlicher Meinungsstreit darüber entbrannte. Man begann zu fragen, was genau der Künstler malte, wenn er

Christus malte. Die Göttlichkeit Christi konnte nicht abgebildet werden, aber wenn der Künstler behauptete, er male nur die menschliche Seite Jesu, machte er sich dann des Nestorianismus schuldig, der ketzerischen Auffassung, daß die menschliche und die göttliche Natur Jesu geschieden waren? Die Bilderstürmer wollten die Ikonen ganz und gar verbieten, aber diese wurden von zwei einflußreichen Mönchen verteidigt: Johannes von Damaskus (656–747) vom Kloster Mar Sabas bei Bethlehem und Theodoros Studites (759–826) vom Kloster Studios bei Konstantinopel. Die beiden Mönche vertraten die Meinung, die Bilderstürmer hätten unrecht, wenn sie die Abbildung Christi verbieten wollten. Durch die Menschwerdung sei sowohl der materiellen Welt als auch dem menschlichen Leib eine göttliche Dimension verliehen worden, und ein Künstler könne sehr wohl diese neue Art des vergöttlichten Menschseins malen. Außerdem male er auch ein Bild von Gott, denn Christus als fleischgewordenes Wort sei die Ikone Gottes schlechthin. Gott könne zwar nicht mit Worten erfaßt oder auf menschliche Begriffe verkürzt werden, aber er könne »beschrieben« werden mit dem Pinsel des Künstlers oder mit den symbolischen Gesten der Liturgie.

Die Frömmigkeit der Griechen war so stark mit den Ikonen verbunden, daß die Bilderstürmer um 820 davor kapitulieren mußten. Die Behauptung, daß Gott in gewisser Weise beschreibbar sei, bedeutete aber keine Abkehr von der apophatischen Theologie des Dionysius. In seinem Werk *Apologia maior* (Große Apologie für die heiligen Bildnisse) schrieb der Mönch Nikephoros, Ikonen »drücken das Schweigen Gottes aus und veranschaulichen in sich selbst die Unaussprechlichkeit eines Geheimnisses, welches das Sein übersteigt. Ohne Unterlaß und ohne Schweigen preisen sie die Güte Gottes in jener verehrungswürdigen und dreifach erleuchteten Melodie der Theologie.«[22] Anstatt die Gläubigen über die Lehren der Kirche zu unterrichten und ihnen zu helfen, klare Gedanken über ihren Glauben zu entwickeln, weckten und erhielten die Ikonen ein Gefühl des Geheimnisvollen. Nikephoros konnte die Wirkung dieser religiösen Bilder nur mit der Wirkung von Musik vergleichen, der flüchtigsten der Künste und vielleicht der direktesten. Gefühl und Erfahrung werden in der Musik ohne Worte und Begriffe vermittelt. Im 19. Jahrhundert schrieb Walter Pater, daß alle Kunst so sein will wie Musik. Im Byzanz des 9. Jahrhunderts meinten die griechischen Christen, die Theologie wolle so sein wie die Ikonenmalerei. Sie fanden, Gott lasse sich in einem Kunstwerk besser ausdrücken als in einem rationalistischen Diskurs. Nach den wortreichen christologischen Debatten des 4. und 5. Jahrhunderts zeichneten sie ein Bild Gottes, das auf der imaginativen Erfahrung von Christen beruhte.

Eindeutig formuliert wurde das von Symeon (949–1022), dem Abt des kleinen Mamas-Klosters in Konstantinopel, der unter dem Beinamen »der Neue Theologe« bekannt wurde. Diese neue Art von Theologie unternahm keinen Versuch, Gott zu definieren. Das, so Symeon, wäre anmaßend. Wenn man überhaupt von Gott spreche, so tue man, als sei »das, was unbegreiflich ist, begreiflich«.[23] Statt rational über Gott zu debattieren, verließ sich die »neue« Theologie auf die direkte, persönliche religiöse Erfahrung. Symeon zufolge war es unmöglich, Gott auf begrifflicher Ebene zu erkennen, als wäre er einfach ein weiteres Geschöpf, von dem wir uns Vorstellungen machen können. Gott war ein Geheimnis. Ein wahrer Christ erfuhr bewußt den Gott, der sich in der verklärten Menschlichkeit Christi offenbart hatte. Symeon war selbst von einem weltlichen Leben zur Kontemplation bekehrt worden durch eine Erfahrung, die scheinbar aus heiterem Himmel kam. Zuerst begriff er nicht, was mit ihm geschah, aber allmählich wurde ihm bewußt, daß er verwandelt und sozusagen in ein Licht gesogen wurde, das von Gott selbst ausging. Das war natürlich nicht das Licht, das wir kennen, es war jenseits von Form, Bild oder Darstellung und konnte nur intuitiv erfahren werden, durch das Gebet.[24] Diese Erfahrung blieb nicht einer Elite oder Mönchen vorbehalten. Das Königreich, das Christus in den Evangelien verkündet hat, ist eine Vereinigung mit Gott, die jeder hier und jetzt erleben kann, ohne daß er auf das jenseitige Leben warten muß.

Für Symeon war Gott bekannt und unbekannt, nah und fern zugleich. Er versuchte nicht, die unlösbare Aufgabe zu lösen und »unaussprechliche Dinge durch Worte allein«[25] zu beschreiben, sondern er drängte seine Mönche, sich auf das zu konzentrieren, was als verklärende Wirklichkeit in der eigenen Seele erfahren werden konnte. Gott hatte ihm in einer Vision gesagt: »Ja, ich bin Gott, derjenige, der um deinetwillen Mensch geworden ist. Und siehe, ich habe dich geschaffen, wie du siehst, und ich werde dich zu Gott machen.«[26] Gott war kein äußerliches, objektives Faktum, sondern eine wesentlich subjektive und persönliche Erleuchtung. Symeon weigerte sich zwar, über Gott zu sprechen, aber er brach keineswegs mit den theologischen Einsichten der Vergangenheit. Die »neue« Theologie ruhte fest auf den Lehren der Kirchenväter. In seinen *Hymnen der göttlichen Liebe* spielt Symeon auf die alte griechische Lehre der Vergöttlichung der Menschheit an, wie sie Athanasius und Maximus vertreten hatten:

> O Licht, das niemand benennen kann,
> weil es gänzlich namenlos ist./
> O Licht mit vielen Namen, da es in allen Dingen wirkt.../
> Wie verbindest du dich mit Gras?/
> Wie erhältst du, während du unverändert bleibst,
> vollkommen unzugänglich,/
> die Natur des Grases unversehrt?[27]

Es war sinnlos, den Gott definieren zu wollen, der diese Verwandlung bewirkte, denn er befand sich jenseits aller Sprache und Beschreibung. Aber als Erfahrung, die Menschen erfüllte und verklärte, ohne ihr Sosein zu verletzen, war »Gott« eine unbestreitbare Realität. Die Griechen hatten Vorstellungen von Gott entwickelt – wie etwa die Dreifaltigkeit und die Menschwerdung –, die sie von anderen Monotheisten trennten, aber die Erfahrung ihrer Mystiker hatte viel mit entsprechenden Erfahrungen von Muslimen und Juden gemeinsam.

Dem Propheten Mohammed war es zwar in erster Linie darum gegangen, eine gerechte Gesellschaft zu schaffen, aber er und seine engsten Gefährten hatten auch der Mystik zugeneigt. Die Muslime entwickelten rasch eine eigenständige mystische Tradition. Im 8. und 9. Jahrhundert bildete sich parallel zu anderen Sekten eine asketische Form des Islam heraus. Die Asketen waren genauso bekümmert über den höfischen Prunk und die augenscheinliche Abkehr von der kargen Einfachheit der frühen Umma wie die Mutasiliten und die Schiiten. Sie strebten danach, zur schlichteren Lebensweise der ersten Muslime in Medina zurückzukehren, und kleideten sich in die groben Wollgewänder, die der Prophet angeblich mit Vorliebe getragen hatte. Nach dem arabischen Wort für die Gewänder wurden sie als Sufis bezeichnet. Soziale Gerechtigkeit war bei ihrer Frömmigkeit ein entscheidender Gesichtspunkt. Der verstorbene französische Gelehrte Louis Massignon schrieb darüber:

> Die mystische Berufung ist im allgemeinen das Ergebnis einer inneren Rebellion des Gewissens gegen soziale Ungerechtigkeiten, und zwar nicht nur gegen die von anderen begangenen, sondern in erster Linie und ganz besonders gegen die eigenen Verfehlungen, gepaart mit dem durch innere Reinigung intensivierten Wunsch, Gott um jeden Preis zu finden.[28]

Zunächst hatten die Sufis viel mit den anderen Sekten gemeinsam. So war der große Rationalist der Mutasiliten, Wasil Ibn Ala (gestorben 748) ein Schüler von Hasan al-Basri, (gestorben 728), dem Asketen aus Medina, der später als einer der Väter des Sufismus verehrt wurde.

Die Ulemas unterschieden mit der Zeit den Islam scharf von anderen Religionen und betrachteten ihn als den einen, wahren Glauben, aber die Sufis blieben im großen und ganzen der im Koran entworfenen Vision von der Einheit aller rechtgeleiteten Religionen treu. Jesus zum Beispiel wurde von vielen Sufis als Prophet des inneren Lebens verehrt. Manche wollten sogar die Schahada, das Glaubensbekenntnis, berichtigen, das dann lauten sollte: »Es gibt keinen Gott außer Allah, und Jesus ist sein Gesandter«, was zwar theoretisch richtig, aber vorsätzlich provozierend war. Wo der Koran von einem gerechten Gott spricht, der Angst und ehrfürchtige Scheu einflößt, sprach die frühe Asketin Rabia (gestorben 801) in einer Weise von Liebe, die für Christen vertraut geklungen hätte:

Auf zweierlei Weise liebe ich Dich: selbstsüchtig
und auch so, wie es Deiner würdig ist.
Es ist selbstsüchtige Liebe, wenn ich nichts anderes tue,
als mit jedem Gedanken an Dich zu denken.
Es ist die reinste Liebe, wenn Du den Schleier
vor meinem anbetenden Blick lüftest.
Mir gebührt kein Preis für dieses oder jenes:
Dein ist der Preis für beides, das wünsche ich.[29]

Ganz ähnlich lautet ihr berühmtes Gebet: »O Gott, wenn ich Dich
aus Furcht vor der Hölle anbete, so verbrenne mich in der Hölle,
und wenn ich Dich in Hoffnung auf das Paradies anbete, gib es
mir nicht, doch wenn ich Dich um Deiner selbst willen anbete, so
enthalte mir Deine ewige Schönheit nicht vor!«[30] Die Liebe zu Gott
wurde zum Kennzeichen des Sufismus. Es ist gut möglich, daß die
Sufis von den christlichen Asketen des Nahen Ostens beeinflußt
wurden, vor allem aber übte Mohammed selbst entscheidenden
Einfluß auf sie aus. Die Sufis hofften eine Gotteserfahrung zu erreichen, die der von Mohammed bei seinen Offenbarungen gemachten glich. Natürlich waren sie auch von seinem mystischen
Aufstieg in den Himmel inspiriert, der zum Paradigma ihrer eigenen Gotteserfahrung wurde.
Sie entwickelten die Techniken und Übungen, die Mystikern in
der ganzen Welt geholfen haben, einen veränderten Bewußtseinszustand herbeizuführen. Die Sufis fügten den Grundanforde-
rungen des muslimischen Gesetzes die Übungen des Fastens, der
Nachtwache und der Rezitation des Namens Gottes als Mantra
hinzu. Die Wirkung dieser Übungen führte manchmal zu einem
bizarr und zügellos scheinenden Verhalten, die entsprechenden
Mystiker waren unter dem Namen »trunkene Sufis« bekannt. Der
erste von ihnen war Abu Yazid Bistami (gestorben 874), der sich
wie Rabia Gott in Liebe näherte. Er glaubte, er solle sich Mühe
geben, Allah zu gefallen, wie er sich in einer menschlichen Lie-
besbeziehung um eine Frau bemühen würde, indem er seine eigenen Bedürfnisse und Wünsche opferte, um mit der Geliebten eins
zu werden. Aber seine introspektiven Übungen führten ihn über
diese personalisierte Auffassung von Gott hinaus. Als er sich dem

Kern seiner Identität näherte, fühlte er, daß nichts zwischen ihm und Gott war; das, was er unter »Selbst« verstanden hatte, schien weggeschmolzen zu sein:

> Ich schaute auf [Allah] mit dem Auge der Wahrheit und sagte zu Ihm: »Wer ist das?« Er sagte: »Das bin weder ich noch ist es ein anderer als ich. Es gibt keinen Gott außer mir.« Dann verwandelte Er mich aus meiner Identität in Seine Ichheit ... Dann sprach ich mit Ihm mit der Zunge seines Gesichtes und sagte: »Wie ergeht es mir mit Dir?« Er sagte: »Ich bin durch Dich, es gibt keinen Gott außer Dir.«[31]

Auch das war wiederum keine dem Menschen fremde Gottheit »dort draußen«. Vielmehr zeigte sich, daß Gott auf geheimnisvolle Weise mit dem innersten Selbst identisch war. Die systematische Zerstörung des Ichs führte zu dem Gefühl, von einer größeren, unaussprechlichen Wirklichkeit aufgesogen zu werden. Dieses »Entwerden« *(fana)* stand als Ideal im Mittelpunkt des Sufismus. Bistami interpretierte die Schahada vollkommen neu in einer Weise, die man leicht für blasphemisch hätte halten können, wäre sie nicht von so vielen anderen Muslimen als authentische Erfahrung jenes Islam anerkannt worden, den der Koran gebietet.

Andere Mystiker, die »nüchternen Sufis«, bevorzugten eine weniger extravagante Spiritualität. Al-Junaid von Bagdad (gestorben 910), der den Grundriß für die gesamte zukünftige islamische Mystik entwarf, war überzeugt, daß Bistamis Extremismus gefährlich werden konnte. Er lehrte, daß *fana*, das Entwerden, gefolgt werden müsse von *baqa*, ewigem Leben oder Bleiben in Gott, einer Rückkehr zu einem erweiterten Selbst. Die Vereinigung mit Gott werde unsere natürlichen Fähigkeiten nicht zerstören, sondern vollenden: Ein Sufi, der die Fesseln der Selbstbezogenheit gesprengt und die Gegenwart des Göttlichen im Mittelpunkt seines eigenen Seins entdeckt habe, werde zu größerer Selbstverwirklichung und Selbstbeherrschung gelangen. Seine Menschlichkeit werde vollkommener werden. Wenn ein Sufi *fana* und *baqa* erfahren hatte, dann hatte er einen Zustand erreicht, den ein griechischer Christ »Vergöttlichung« genannt hätte. Al-Junaid betrachtete die Suche der Sufis als Rückkehr zum Urzustand des Menschen am Tag der Erschaffung: Der Mensch kehrte zu dem idealen Menschsein zurück, das Gott beabsichtigt hatte, und er kehrte zum Ursprung seines Seins zurück. Die Erfahrung der Trennung und Entfremdung war für die Sufis ebenso zentral wie für die Platoniker oder die Gnostiker; in gewisser Weise gleicht sie der »Trennung«, von der Anhänger Freuds oder Melanie Kleins heute sprechen, auch wenn diese Erfahrung aus der Sicht von Psychoanalytikern keinen theistischen Ursprung hat. Durch disziplinierte und sorgfältige Arbeit unter Anleitung eines erfahrenen Sufi-Meisters *(pir)* wie al-Junaid selbst konnte ein Muslim wieder mit seinem Schöpfer vereint werden und das ursprüngliche Empfinden von Gottes unmittelbarer Gegenwart zurückgewinnen, das er gehabt hatte, als er – wie es im Koran heißt – aus Adams Lende genommen wurde. Das war dann das Ende von Trennung und Trauer, die Wiedervereinigung mit einem tieferen Selbst, das gleichzeitig das Selbst war, das der Einzelne ursprünglich verkörpern sollte. Gott war keine getrennte, äußere Realität und kein Richter, sondern eins mit dem Seinsgrund eines jeden Menschen:

Jetzt habe ich kennengelernt, oh Herr,
was in meinem Herzen liegt;
insgeheim, fernab von der Welt,
hat meine Zunge mit meinem Angebeteten gesprochen.

So sind wir in gewisser Weise
vereint und eins,
aber andererseits ist Trennung
unser ewiger Zustand.

Obwohl vor meinem durchdringenden Blick
tiefe Scheu Dein Gesicht verborgen hat,
fühle ich Dich in wunderbarer und ekstatischer Gnade
meinen innersten Grund berühren.[32]

Die Betonung der Einheit greift auf das Koranideal des *tawhid* zurück: Wenn der Mystiker sein verzetteltes Selbst sammelt, erfährt er die Gegenwart Gottes in der persönlichen Integration.

Al-Junaid war sich der Gefahren der Mystik voll bewußt. Unerfahrene Menschen, die nicht das Glück hatten, von einem *pir* angeleitet zu werden und die nicht die strenge Sufi-Ausbildung genossen hatten, konnten die Ekstase eines Mystikers leicht mißverstehen und sich eine sehr vereinfachte Vorstellung davon machen, was es hieß, mit Gott eins zu sein. Ausgefallene Lehren wie die von Bistami würden mit Sicherheit den Zorn der Herrschenden erregen. In diesem frühen Stadium war der Sufismus noch eine sehr kleine Bewegung, und die Ulemas hielten ihn oft für eine nicht korantreue Neuerung. Al-Junaids berühmter Schüler Husain Ibn Mansur (bekannt als al-Halladsch, der Baumwollhechler) schlug jedoch alle Vorsicht in den Wind und wurde ein Märtyrer seines mystischen Glaubens. Als er den Irak durchstreifte, den Sturz des Kalifats und die Einführung einer neuen sozialen Ordnung predigte, wurde er festgenommen und wie sein Vorbild Jesus gekreuzigt. In der Ekstase hatte al-Halladsch laut ausgerufen: »Ich bin die Wahrheit!« Nach dem Evangelium sagte Jesus, er sei der Weg, die Wahrheit und das Leben. Der Koran verurteilt an mehreren Stellen den christlichen Glauben an die Menschwerdung Gottes in Christus als eine blasphemische Anschauung, daher war es nicht verwunderlich, daß die Menschen von al-Halladschs ekstatischem Ausruf »*ana'l-haqq*« entsetzt waren: *Al-haqq* (die Absolute Wahrheit) war einer der Namen Gottes, und ein Sterblicher lästerte Gott, wenn er diesen Titel für sich in Anspruch nahm. Al-Halladsch hatte damit ausdrücken wollen, daß er sich so eng mit Gott verbun-den fühlte, als wäre er eins mit ihm. In einem Gedicht schrieb er:

> Ich bin Er, den ich liebe; Er, den ich liebe, ist ich:
> Wir sind zwei Geister, die in einem Leibe wohnen.
> Wenn du mich siehst, siehst du Ihn,
> und wenn du Ihn siehst, siehst du uns beide.[33]

Das war ein wagemutiger Ausdruck jenes Entwerdens und der Vereinigung mit Gott, die sein Meister al-Junaid *fana* genannt hatte. Al-Halladsch weigerte sich, zu widerrufen, als er der Gotteslästerung beschuldigt wurde, und starb wie ein Heiliger.

Als er zur Kreuzigung gebracht wurde und das Kreuz und die Nägel sah, wandte er sich an das Volk und sprach ein Gebet, das mit den folgenden Worten endete: Diese Deine Diener haben sich versammelt, um mich zu töten, aus Eifer für Deine Religion, und um Dir näherzukommen. Vergib ihnen, denn wenn Du ihnen enthüllt hättest, was Du mir enthüllt hast, so täten sie nicht das, was sie tun, und wenn Du mir verhüllt hättest, was Du ihnen verhüllt hast, so würde ich nicht mit dem heimgesucht, womit ich nun heimgesucht werde. Dir gebührt Lob für das, was Du tust, und Dir gebührt Lob für das, was Du willst.[34]

Al-Halladschs Ausruf *ana'l-haqq* zeigt, daß der Gott der Mystiker keine objektive Wirklichkeit, sondern zutiefst subjektiv ist. Al-Ghazzali sagte später, al-Halladsch habe keine Gotteslästerung begangen, es sei nur unklug von ihm gewesen, lauthals eine esoterische Wahrheit zu verkünden, die für Uneingeweihte mißverständlich sein müßte. Da es keine Wirklichkeit gibt außer Allah – wie es in der Schahada heißt –, sind im Grunde alle Menschen göttlich. Der Koran lehrt, daß Gott Adam nach seinem Bilde geschaffen hat, damit er sich wie in einem Spiegel betrachten kann.[35] Aus diesem Grunde gebot Gott den Engeln, sich niederzuwerfen und den ersten Menschen anzubeten. Nach Auffassung der Sufis lag der Fehler der Christen darin, daß sie annahmen, ein einziger Mensch habe in sich die gesamte Inkarnation des Göttlichen vereinigt. Ein Mystiker, der seine ursprüngliche Vision Gottes zurückgewonnen hatte, entdeckte das Abbild des Göttlichen in sich selbst wieder, wie es am Tage der Erschaffung erschienen war. In einem von den Sufis sehr geliebten heiligen Wort *(hadith qudsi)* heißt es, daß Gott einen Muslim so nahe an sich heranzieht, daß es den Anschein hat, er sei in jedem seiner Diener Mensch geworden: »Wenn Ich ihn liebe, bin Ich das Ohr, durch das er hört, das Auge, durch das er sieht, die Hand, mit der er greift, und der Fuß, mit dem er geht.« Die Lebensgeschichte von al-Halladsch zeigt, wie tief die Feindschaft zwischen dem Mystiker und dem religiösen Establishment sein kann, das andere Vorstellungen von Gott und Offenbarung hat. Für den Mystiker ist Offenbarung ein Ereignis, das in seiner Seele stattfindet, während sie für die konventionelleren Menschen wie manche Ulemas ein Ereignis ist, das eindeutig der Vergangenheit angehört. Wir haben aber gesehen, daß im 11. Jahrhundert muslimische Philosophen wie Ibn Sina und selbst al-Ghazzali zu der Überzeugung gelangten, daß objektive Darstellungen Gottes unbefriedigend waren, und sich der Mystik zuwandten. Al-Ghazzali versöhnte das religiöse Establishment mit dem Sufismus und zeigte, daß dies die authentische Form muslimischer Spiritualität war. Im 12. Jahrhundert verbanden der iranische Philosoph Yahya Suhrawardi und der in Spanien geborene Muid ad-Din Ibn al-Arabi die islamische Falsafa untrennbar mit der Mystik und erhoben den Gott der Sufis in vielen Teilen des islamischen Reiches zur Norm. Doch wie zuvor al-Halladsch wurde im Jahre 1191 auch Suhrawardi von den Ulemas in Aleppo aus ungeklärten Gründen hingerichtet. Er hatte es sich zur Lebensaufgabe gemacht, die Religion, die er als ursprüngliche »orientalische« Religion bezeichnete, mit dem Islam zu verbinden; damit führte er Gedankengänge zu Ende, die Ibn Sina begonnen hatte. Suhrawardi behauptete, alle Weisen der alten Welt hätten nur eine einzige Lehre verkündet. Ursprünglich sei sie Hermes offenbart worden (den Suhrawardi als identisch mit dem Propheten ansah, der im Koran Idris und in der Bibel Henoch heißt), in der griechischen Welt sei sie durch Plato und Pythagoras weitergegeben worden und im Nahen Osten durch die zoroastrischen Magier. Seit Aristoteles sei sie durch eine intellektuellere, mehr verstandesmäßig ausgerichtete Philosophie getrübt worden. Heimlich sei die ursprüngliche Lehre von einem Weisen zum anderen gelangt, bis sie schließlich über Bistami und al-Halladsch ihn, Suhrawardi, erreicht habe. Diese ewige Philosophie war mystisch und imaginativ, verlangte jedoch nicht den Verzicht auf den Verstand. Suhrawardi war ein ebenso scharfer Denker wie al-Farabi, doch außerdem pochte er auf die Bedeutung der Intuition bei der Suche nach der Wahrheit. Wie der Koran gelehrt hatte, kam alle Wahrheit von Gott und sollte gesucht werden, wo immer sie vielleicht zu finden war. Die Wahrheit konnte im Heidentum und im Zoroastrismus gefunden werden, ebenso wie in der monotheistischen Tradition. Im Gegensatz zu dogmatischen Religionen, die Stoff für konfessionelle Streitigkeiten abgeben, liegt der Mystik die Überzeugung zugrunde, daß so viele Wege zu Gott führen, wie es Menschen gibt. Besonders der Sufismus entwickelte eine außergewöhnliche Wertschätzung für den Glauben anderer.

Suhrawardi wird oft Scheich al-Ishraq oder Meister der Erleuchtung genannt. Wie die Griechen erfuhr er Gott als Licht. Im Arabischen ist *ishraq* das erste Licht der Morgendämmerung, das vom Osten her aufscheint, und die Erleuchtung. Darum ist der Orient kein geographischer Ort, sondern die Quelle von Licht und Energie. In Suhrawardis orientalischer Religion erinnern sich die Menschen schwach an ihren Ursprung, fühlen sich in der gegenwärtigen Schattenwelt unwohl und sehnen sich nach der Rückkehr in ihre frühere Heimat. Suhrawardi behauptete, seine Philosophie werde den Muslimen helfen, ihre wahre Orientierung zu finden und mit Hilfe ihrer Vorstellungskraft zur reinen Weisheit zu gelangen.

Suhrawardis ungeheuer komplexes System war ein Versuch, sämtliche religiösen Erkenntnisse der Welt zu einer Religion zu verbinden. Die Wahrheit mußte überall gesucht werden, folglich verband seine Philosophie die vorislamische iranische Kosmologie mit dem ptolemäischen Planetensystem und dem neuplatonischen Schema der Emanation. Und doch hatte kein anderer Faylasuf je so ausführlich aus dem Koran zitiert. Bei der Diskussion über die Kosmologie ging es Suhrawardi nicht in erster Linie darum, den stofflichen Ursprung der Erde zu erklären. In seinem Hauptwerk *Hiqmat al-Ishraq* (Die Weisheit der Erleuchtung) beschäftigt er sich zunächst mit Problemen der Physik und der Naturwissenschaften, aber das ist nur ein Vorspiel zum mystischen Teil des Buches. Wie Ibn Sina erschien ihm die gänzlich rationale und objektive Ausrichtung der Falsafa mit der Zeit unbefriedigend, auch wenn er glaubte, daß rationale und metaphysische Spekulationen durchaus ihren Platz in der Wahrnehmung der Realität hatten. Seiner Meinung nach war der wahre Weise sowohl in der Philosophie als auch in der Mystik zu Hause. Es gab stets einen solchen Weisen in der Welt. In einer Theorie, die der schiitischen Auffassung von der Bedeutung der Imame sehr nahe kam, vertrat Suhrawardi die Auffassung, daß der spirituelle Führer der wahre Pol *(qutb)* war. Die Welt konnte nur bestehen, wenn er existierte, mochte er auch unbekannt bleiben.

Suhrawardis Ishraqi-Mystik wird noch heute im Iran praktiziert. Sie ist ein esoterisches System, nicht weil sie exklusiv ist, sondern weil sie eine spirituelle und imaginative Schulung der Art erfordert, der sich Ismailiten und Sufis unterziehen.

Die Griechen hätten vielleicht gesagt, Suhrawardis System sei eher dogmatisch als kerygmatisch. Er versuchte, zum imaginativen Kern einer jeden Religion und Philosophie vorzudringen, und obwohl er darauf beharrte, daß der Verstand allein nicht genüge, leugnete er doch nie dessen Recht, in die tiefsten Geheimnisse vorzustoßen. Die Wahrheit mußte ebenso im wissenschaftlich rationalen Denken gesucht werden wie in der esoterischen Mystik, das Empfindungsvermögen mußte von der kritischen Intelligenz erzogen und unterwiesen werden.

Wie schon der Name andeutet, stand im Zentrum der Ishraqi-Philosophie das Symbol des Lichtes, das als das vollkommene Synonym für Gott angesehen wurde. Es war (zumindest im 12. Jahrhundert) nichtstofflich und undefinierbar, doch zugleich die offensichtlichste Tatsache des Lebens: Vollkommen selbstverständlich, erforderte es keine Definition, sondern wurde von jedermann als das Element angesehen, das Leben ermöglichte. Es war alles durchdringend, alle Leuchtkraft stofflicher Körper kam direkt vom Licht, von einer Quelle außerhalb ihrer selbst. In Suhrawardis von der Idee der Emanation getragener Kosmologie entspricht das Licht allen Lichtes dem notwendigen Sein der Faylasufs, das vollkommen einfach war. Es bringt in einer absteigenden Hierarchie eine Folge von geringeren Lichtern hervor; jedes Licht erkennt seine Abhängigkeit vom Licht allen Lichtes und entwickelt ein Schattenselbst. Dieses ist der Ursprung eines materiellen Reiches, das einer der ptolemäischen Sphären entspricht. Diese Metapher umschreibt die mißliche Lage des Menschen. In jedem Menschen gibt es eine ähnliche Kombination von Licht und Dunkelheit: Das Licht oder die Seele wird dem Embryo vom Heiligen Geist verliehen (auch wie bei Ibn Sina Engel Gabriel genannt, das Licht unserer Welt). Die Seele sehnt sich danach, mit der höheren Lichtwelt vereint zu werden, und wenn sie von dem *qutb*-Heiligen ihrer Zeit oder von einem seiner Schüler richtig unterwiesen wird, kann sie sogar hier auf Erden einen Blick auf die Lichtwelt erhaschen.

Suhrawardi beschreibt im *Hiqmat* seine eigene Erleuchtung. Er hatte sich wie verzweifelt und vergeblich mit dem epistemologischen Problem der Erkenntnis abgemüht, seine Buchweisheit konnte ihm nicht weiterhelfen. Da hatte er eine Vision vom Imam, dem *qutb*, dem Heiler der Seelen:

> Plötzlich wurde ich von etwas Sanftem umhüllt; ich sah einen grellen Blitz und dann ein durchscheinendes Licht in Form einer menschlichen Gestalt. Ich schaute aufmerksam hin, und da war er ... Er kam auf mich zu und begrüßte mich so freundlich, daß meine Verwirrung schwand und mein Erschrecken einem Gefühl der Vertrautheit wich. Dann begann ich mich bei ihm über die Schwierigkeiten zu beklagen, die ich mit dem Problem der Erkenntnis hatte.
> »Erwache zu dir selbst«, sagte er, »und dein Problem wird gelöst sein.«[36]

Der Prozeß des Erwachens oder der Erleuchtung war offensichtlich sehr verschieden von der heftigen, gewaltsamen Inspiration der Propheten. Er hatte mehr mit der ruhigen Erleuchtung von Buddha gemeinsam: Die Mystik führte eine ruhigere Spiritualität in die Religionen von Gott ein. Es gibt keinen Zusammenstoß mit einer äußeren Wirklichkeit, die Erleuchtung soll vielmehr aus dem Inneren des Mystikers kommen. Dem Mystiker werden keine Fakten mitgeteilt, statt dessen soll die Übung der Vorstellungskraft ihn befähigen, zu Gott zurückzukehren, indem sie ihn in die *alam al-mithal*, die Welt der Urbilder, einführt.

Suhrawardi schöpfte aus dem alten iranischen Glauben an eine archetypische Welt, nach dem jeder Mensch und jeder Gegenstand in der irdischen, physischen Welt *(getik)* sein genaues Gegenstück im himmlischen Reich *(menok)* hat. Die Mystik belebte den alten Mythos neu, den die theistischen Religionen dem Anschein nach aufgegeben hatten. Aus *menok* wurde bei Suhrawardi *alam al-mithal*, ein zwischen unserer Welt und der göttlichen Sphäre angesiedeltes Zwischenreich. Man kann es nicht mit Hilfe des Verstandes wahrnehmen und auch nicht mit den Sinnen. Was uns ermöglicht, das Reich der verborgenen Archetypen zu ent-decken, ist die Fähigkeit zur schöpferischen Phantasie, ebenso wie die symbolische Interpretation des Korans dessen wahre sprirituelle Bedeutung enthüllt. Die *alam al-mithal* stand der ismailitischen Auffassung von der spirituellen Geschichte des Islam nahe, die die wahre Bedeutung der irdischen Ereignisse aufzeigt, oder auch Ibn Sinas Engellehre, auf die im letzten Kapitel eingegangen wurde. Sie hatte für alle zukünftigen islamischen Mystiker entscheidende Bedeutung, da sie ihnen einen Weg wies, ihre Erfahrungen und Visionen zu deuten. Suhrawardi befaßte sich mit den erstaunlich ähnlichen Visionen von Schamanen, Mystikern und Ekstatikern aus unterschiedlichen Kulturen. In jüngster Zeit hat man sich für dieses Phänomen sehr interessiert. Jungs Konzept eines kollektiven Unbewußten ist ein wissenschaftlicher Versuch, dieser gemeinsamen imaginativen Erfahrung der Menschheit auf den Grund zu gehen. Andere Wissenschaftler, wie der 1907 in Rumänien geborene und 1986 in Chicago gestorbene Religionsphilosoph Mircea Eliade, haben zu zeigen versucht, daß die Epen von Dichtern alter Zeit sowie bestimmte Arten von Märchen ihren Ursprung in ekstatischen Reisen und mystischen Höhenflügen haben.[37]

Suhrawardi bestand darauf, daß die Visionen der Mystiker und die Symbole der Schrift – wie Himmel, Hölle oder Jüngstes Gericht – genauso wirklich sind wie die Phänomene, die wir in dieser Welt erfahren, allerdings nicht in derselben Weise. Jene Phänomene können nicht empirisch bewiesen, sondern nur mit Hilfe einer geübten Fähigkeit zur Imagination wahrgenommen werden, die die Seher befähigt, die spirituelle Dimension irdischer Phänomene zu erkennen. Ein entsprechendes Erlebnis ergibt für einen Menschen nur dann einen Sinn, wenn er die erforderliche Schulung durchlaufen hat, ebenso wie man die buddhistische Erleuchtung nur dann erfahren kann, wenn man die notwendigen geistigen und seelischen Übungen praktiziert hat. All unsere Gedanken, Ideen, Wünsche, Träume und Visionen entsprechen nach Suhrawardi Wirklichkeiten in der *alam al-mithal*. Der Prophet Mohammed zum Beispiel hatte während seiner nächtlichen Vision, bei der er an die Schwelle des göttlichen Reiches gelangt war, diese Zwischenwelt erlebt. Suhrawardi hätte gewiß auch gesagt, daß sich die Visionen der jüdischen Thronwagen-Mystiker erst dann einstellten, wenn diese gelernt hatten, bei ihren spirituellen Konzentrationsübungen in das Zwischenreich *alam al-mithal* einzutreten. Zu Gott führte nicht allein der Verstand, wie die Faylasufs gemeint hatten, sondern die schöpferische Imagination, der Weg des Mystikers.

Heute wären viele Menschen im Westen entsetzt, wenn ein maßgeblicher Theologe behaupten würde, Gott sei in einem tiefen Sinne ein Produkt der Einbildungskraft. Dabei liegt es auf der Hand, daß die Phantasie die wichtigste religiöse Fähigkeit ist. Jean-Paul Sartre hat sie definiert als die Fähigkeit, etwas zu denken, das es nicht gibt.[38] Nur die Menschen haben die Fähigkeit, sich etwas vorzustellen, das nicht gegenwärtig ist oder das noch nicht existiert, sondern nur eine Möglichkeit darstellt. So war die Phantasie der Antrieb für unsere großen Errungenschaften in Wissenschaft und Technik ebenso wie in Kunst und Religion. Die Idee, daß es einen Gott gibt, wie immer er definiert wird, ist vielleicht das herausragendste Beispiel dafür, wie eine abwesende Realität trotz der damit verbundenen Schwierigkeiten die Menschen über Jahrtausende hinweg ununterbrochen inspiriert hat. Wir können uns Gott, der weder mit den Sinnen wahrnehmbar noch mit logischen Beweisen zu erfassen ist, einzig auf dem Weg über Symbole annähern, die zu interpretieren die Hauptaufgabe des imaginativen Geistes ist. Suhrawardi versuchte eine phantasievolle Deutung jener Symbole, die einen entscheidenden Einfluß auf das menschliche Leben haben, selbst wenn die Wirklichkeiten, auf die sie sich beziehen, schwer faßbar sind. Ein Symbol kann definiert werden als Gegenstand, den wir mit unseren Sinnen wahrnehmen, oder als Begriff, den wir mit unserem Verstand begreifen können, in dem wir aber etwas anderes sehen als den betreffenden Gegenstand oder Begriff. Der Verstand allein wird uns nicht befähigen, das Besondere, das Universelle oder das Ewige in einem spezifischen, zeitgebundenen Gegenstand zu erblicken. Das ist die Aufgabe der schöpferischen Phantasie, der Mystiker ebenso wie Künstler ihre Inspiration zuschreiben. Wie in der Kunst sind auch in der Religion die wirksamsten Symbole jene, die sich durch Wissen, Klugheit und Verständnis für das menschliche Dasein auszeichnen. Suhrawardi, der ein außergewöhnlich schönes Arabisch schrieb und ein hochbegabter Metaphysiker war, war als Künstler ebenso schöpferisch wie als Mystiker. Indem er Dinge miteinander verknüpfte, die scheinbar nichts miteinander zu tun hatten – Wissenschaft und Mystik, heidnische Philosophie und monotheistische Religion –, konnte er den Muslimen helfen, ihre eigenen Symbole hervorzubringen und ihrem Leben einen neuen Sinn und eine neue Bedeutung zu verleihen.

Noch einflußreicher als Suhrawardi war Muid ad-Din Ibn al-Arabi (1165–1240). Sein Leben ist so etwas wie ein Symbol für die Trennung der Wege von Ost und West. Al-Arabis Vater war ein Freund von Ibn Rushd, der bei der einzigen Begegnung mit dem Knaben sehr von dessen Frömmigkeit beeindruckt war. Während einer schweren Krankheit konvertierte Ibn al-Arabi zum Sufismus, mit dreißig Jahren verließ er Europa und ging in den Nahen Osten. Er pilgerte nach Mekka und verbrachte zwei Jahre betend und meditierend bei der Kaaba, bevor er sich in Malatya am Euphrat niederließ. Er wurde häufig als Scheich al-Akbah bezeichnet, der Große Meister, und beeinflußte das muslimische Gottesbild sehr stark. Im Westen jedoch wurde sein Denken nicht rezipiert, denn dort meinte man, die islamische Philosophie sei mit Ibn Rushd zu Ende gegangen. Die westliche Christenheit nahm bereitwillig Ibn Rushds aristotelischen Gott an, während sich die Mehrheit in der islamischen Welt für den imaginativen Gott der Mystiker entschied und bis vor relativ kurzer Zeit daran festhielt.

Im Jahre 1201 hatte Ibn al-Arabi beim Umschreiten der Kaaba eine Vision, die einen tiefen und dauerhaften Eindruck bei ihm hinterließ: Er sah ein junges Mädchen namens Nizam, umgeben von einer überirdischen Aura, und er erkannte, daß sie eine Inkarnation von Sophia, der göttlichen Weisheit, war. Diese Erscheinung brachte ihn zu der Erkenntnis, daß es uns nicht möglich wäre, Gott zu lieben, wenn wir uns nur auf die rationalen Argumente der Philosophie verlassen müßten. Die Falsafa betonte die völlige Transzendenz Allahs und lehrte, daß nichts ihm gleichen könne. Wie konnte man ein so fremdes Wesen lieben? Man kann den Gott lieben, den man in seinen Geschöpfen sieht: »Wenn du ein Wesen um seiner Schönheit willen liebst, liebst du keinen anderen als Gott, denn er ist das schöne Wesen«, erklärte al-Arabi in den *Futuhat al-Makkiyah* (Mekkanischen Offenbarungen). »Also ist, in allen Aspekten, der Gegenstand der Liebe Gott allein.«[39] Die Schahada erinnert daran, daß es keinen Gott gibt, keine absolute Wirklichkeit, außer Allah. Folglich existiert von ihm getrennt auch keine Schönheit. Wir können nicht Gott selbst sehen, aber wir können ihn so sehen, wie er sich offenbaren will in Geschöpfen wie Nizam, die in unseren Herzen Liebe wecken. Der Mystiker hatte sogar die Pflicht, für sich selbst Erscheinungen zu erschaffen, damit er ein Mädchen wie Nizam so sehen konnte, wie sie wirklich war. Liebe war für ihn wesentlich eine Sehnsucht nach etwas, das abwesend bleibt; darum ist unsere menschliche Liebe so oft enttäuschend. Nizam war »zum Ziel meiner Suche und meiner Hoffnung geworden, zur Allerreinsten Jungfrau«. Im Vorwort zum *Diwan*, einer Sammlung von Liebesgedichten, erklärt er:

In den Versen, die ich für das vorliegende Buch verfaßt habe, spiele ich unaufhörlich auf die göttlichen Inspirationen und die spirituellen Heimsuchungen an, auf die Korrespondenz [unserer Welt] mit der Welt Englischer Intelligenzen. Damit folgte ich meiner üblichen Art, in Symbolen zu denken, und das tat ich, weil mich die Dinge der unsichtbaren Welt mehr anziehen als die des gegenwärtigen Lebens und weil jenes junge Mädchen genau wußte, was ich meinte.[40]

Die schöpferische Imagination hatte Nizam in einen Avatar, eine Inkarnation des Göttlichen, verwandelt.

Ganz ähnlich erging es ungefähr achtzig Jahre später dem jungen Dante Alighieri in Florenz beim Anblick von Beatrice Portinari. Er fühlte seinen Geist heftig erbeben, und es war ihm, als hörte er den Ruf: »Erblicke einen mächtigeren Gott als mich, der kommt, um über mich zu herrschen.« Von diesem Augenblick an wurde Dante von seiner Liebe zu Beatrice beherrscht, die Liebe bekam Gewalt über ihn »aufgrund der Macht, die meine Phantasie ihr gab«.[41] Beatrice blieb für Dante das Inbild göttlicher Liebe. In seinem Werk *Die göttliche Komödie* zeigt er, wie er durch sie über eine Phantasiereise durch Hölle, Läuterungsberg und Himmel zu einer Vision von Gott gelangte. Dante war zu seiner Dichtung durch muslimische Erzählungen von Mohammeds Aufstieg zum Himmel angeregt worden, seine Ansicht über die schöpferische Imagination war gewiß der von Ibn al-Arabi ähnlich. Dante behauptete, es sei nicht wahr, daß die *imaginativa* einfach Bilder aus der irdischen Welt aneinanderreihe, wie Aristoteles gesagt hatte, sie sei vielmehr teilweise eine göttliche Inspiration:

> O Phantasie *[imaginativa]*, die du hast oft Gewalt,
> Uns zu entrücken, so daß nichts wir spüren,
> Selbst wenn der Ton von tausend Tuben schallt,
> Was reizt dich, wenn die Sinne dich nicht rühren?
> Ein Lichtschein reizt dich aus des Himmels Flur,
> Sei es von selber, sei's durch höheres Führen![42]

Im Laufe seiner Versdichtung reinigt Dante die Erzählung nach und nach von sinnlichen und visuellen Bildern. Die anschaulich körperbezogenen Schilderungen der Hölle gehen über in den schwierigen emotionalen Aufstieg auf den Läuterungsberg und zum irdischen Paradies, wo Beatrice ihn tadelt, weil er ihr körperliches Dasein als Selbstzweck ansieht: Er hätte sie als Avatar oder Symbol ansehen sollen, das ihn von der Welt weg und zu Gott hin führte. Es gibt kaum körperliche Beschreibungen im Paradies, sogar die seligen Seelen sind schwer faßbar und erinnern uns daran, daß kein menschliches Wesen das letzte Ziel menschlichen Sehnens sein kann. Schließlich drücken die kühlen, intellektuellen Bilder die vollkommene Transzendenz Gottes aus, der jenseits aller Phantasie ist. Man hat Dante vorgeworfen, er habe im *Paradiso* ein kaltes Bild von Gott gezeichnet, aber die Abstraktion weist uns darauf hin, daß wir letztlich überhaupt nichts über Gott wissen.

Ibn al-Arabi war ebenfalls überzeugt, daß die Phantasie eine von Gott geschenkte Fähigkeit ist. Wenn ein Mystiker sich eine Epiphanie schafft, führt er hier auf Erden die Geburt einer Realität herbei, die in vollkommenerer Form im Reich der Archetypen existiert. Wenn wir das Göttliche in anderen Menschen erblicken, bemühen wir uns mit Hilfe unserer Imagination, die wahre Wirklichkeit aufzudecken: »Gott hat die Geschöpfe wie Schleier gemacht«, erklärt Ibn al-Arabi. »Derjenige, der weiß, daß sie das sind, wird zu Ihm zurückgeführt, aber demjenigen, der sie als wirklich ansieht, bleibt Seine Gegenwart verwehrt.«[43] Auf diese Weise gelangte Ibn al-Arabi – wie das bei Sufis häufiger der Fall war – von einer zunächst höchst persönlichen Spiritualität, in deren Mittelpunkt ein menschliches Wesen stand, zu einer überpersönlichen Auffassung von Gott. Das Bild des Weiblichen blieb ihm wichtig: Er glaubte, daß Frauen die einflußreichsten Inkarnationen von Sophia, der Göttlichen Weisheit, waren, weil sie in Männern die letztlich auf Gott gerichtete Liebe erweckten. Das ist zugegebenermaßen eine sehr männliche Sicht der Dinge, doch immerhin ein Versuch, eine weibliche Dimension in die Religion eines Gottes hineinzubringen, der oft als gänzlich männlich angesehen wurde.

Ibn al-Arabi glaubte nicht, daß der Gott, den er kannte, objektiv existierte. Obwohl er ein scharfsinniger Metaphysiker war, meinte er nicht, daß man die Existenz Gottes logisch beweisen könne. Er bezeichnete sich gern als Schüler von Khidr. Diesen Namen hatte man der geheimnisvollen Gestalt gegeben, die im Koran als geistlicher Lehrer von Mose erscheint, der den Israeliten das äußerliche Gesetz brachte. Gott hatte Khidr ein besonderes Wissen verliehen, daher bat Mose ihn um Unterweisung. Aber Khidr erwiderte, er sei dazu nicht in der Lage, weil dieses Wissen nicht durch eigene religiöse Erfahrung erlangt sei.[44] Es habe keinen Sinn, wenn man versuche, religiöse »Information« zu verstehen, die nicht auf eigener Erfahrung beruhe. Der Name Khidr bedeutete offenbar »der Grüne«, ein Hinweis darauf, daß seine Weisheit immer frisch war und sich ewig erneuerte. Selbst ein Prophet vom Format Moses muß nicht unbedingt esoterische Formen von Religion begreifen, denn im Koran zeigt sich, daß er tatsächlich mit Khidrs Form der Unterweisung nicht zurechtkommt. Diese merkwürdige Episode soll offenbar darauf hinweisen, daß die äußeren Formen einer Religion nicht immer ihrem spirituellen oder mystischen Gehalt entsprechen. Männer wie die Ulemas waren vielleicht nicht in der Lage, den Islam eines Sufis wie Ibn al-Arabi zu verstehen. Die muslimische Tradition ernennt Khidr zum Meister all derjenigen, die eine mystische Wahrheit suchen, die ganz anders ist als die buchstabengetreuen, äußeren Formen und diesen naturgemäß überlegen. Er führt seine Schüler nicht zur Wahrnehmung eines Gottes, der demjenigen aller anderen gleicht, sondern zu einem Gott, der im tiefsten Sinne des Wortes subjektiv ist.

Khidr war auch den Ismailiten wichtig. Obwohl Ibn al-Arabi Sunnit war, standen seine Lehren denen der Ismailiten sehr nahe und wurden später in deren Theologie aufgenommen – ein weiteres Beispiel dafür, daß mystische Religion Sektengrenzen überschreiten kann. Wie die Ismailiten betonte Ibn al-Arabi das Gefühl Gottes, das in scharfem Gegensatz zur *apatheia* des Gottes der Philosophen stand. Der Gott der Mystiker sehnte sich danach, von seinen Geschöpfen erkannt zu werden. Die Ismailiten glaubten, das Substantiv *ilah* (Gott) stamme aus der arabischen Wurzel *WLH*: traurig sein, nach etwas seufzen.[45] In den heiligen Worten hatte Gott gesagt: »Ich war ein verborgener Schatz, und ich sehnte mich danach, erkannt zu werden. Da erschuf ich Geschöpfe, damit ich von ihnen erkannt werde.« Es gibt keinen rationalen Beweis für Gottes Trauer; wir wissen von ihr nur aufgrund unserer eigenen Sehnsucht nach etwas, das unsere tiefsten Wünsche erfüllt und die Tragik und den Schmerz des Lebens erklärt. Da wir nach Gottes Bild geschaffen wurden, müssen wir Gott widerspiegeln, den höchsten Baumeister. Unsere Sehnsucht nach der Wirklichkeit, die wir »Gott« nennen, muß daher ein Mitfühlen mit dem Gefühl Gottes sein. Ibn al-Arabi stellte sich den einsamen Gott vor Sehnsucht seufzend vor, aber dieser Seufzer *(nafas rahmani)* war nicht Ausdruck von weinerlichem Selbstmitleid. Er besaß eine aktive, schöpferische Kraft, die unseren ganzen Kosmos hervorgebracht hatte, er atmete auch menschliche Wesen aus, die *logoi* wurden, Worte, durch die sich Gott sich selbst gegenüber ausdrückt. Daraus folgt, daß jeder Mensch eine einzigartige Epiphanie des verborgenen Gottes ist und ihn in einer besonderen und nicht wiederholbaren Weise offenbar werden läßt.

Jeder dieser göttlichen *logoi* ist ein Name, den Gott sich selbst gegeben hat, und in jeder seiner Erscheinungen ist er vollkommen gegenwärtig. Gott kann sich nicht erschöpfend in einem einzigen Menschen ausdrücken, da die göttliche Wirklichkeit unerschöpflich ist. Daraus folgt, daß die Offenbarung Gottes in einem jeden von uns einzigartig ist, verschieden von dem Gott, den die anderen unzähligen Männer und Frauen kennen, die ebenfalls seine *logoi* sind.

Wir werden nur unseren eigenen »Gott« kennenlernen, da wir ihn nicht objektiv erfahren können; wir können ihn unmöglich in derselben Weise kennen wie andere Menschen. Ibn al-Arabi sagt: »Jedes Geschöpf hat als seinen Gott nur seinen besonderen Herrn; es kann unmöglich den ganzen haben.« Er zitierte auch gern das *hadith:* »Meditiere über die Segnungen Gottes, aber nicht über seine Essenz *(al-dhat).*«[46] Die ganze Wirklichkeit Gottes können wir nicht begreifen, wir müssen uns auf das besondere Wort konzentrieren, das mit unserem eigenen Sein gesprochen wurde. Ibn al-Arabi nennt Gott auch gerne *al-Ama,* »die Wolke« oder »die Blindheit«,[47] um seine Unzugänglichkeit hervorzuheben. Die menschlichen *logoi* offenbaren dem verborgenen Gott auch ihn selbst. Der Prozeß hat zwei Richtungen: Gott seufzt danach, erkannt zu werden, und wird von den Menschen, in denen er sich offenbart, aus seiner Einsamkeit erlöst. Der Schmerz des unbekannten Gottes wird gelindert durch den geoffenbarten Gott in jedem Menschen, dem Gott sich selbst zu erkennen gibt. Andererseits gilt auch, daß der geoffenbarte Gott in jedem Individuum mit einer göttlichen Sehnsucht danach dürstet, zu seiner Quelle zurückzukehren, die unsere menschliche Sehnsucht weckt.

Göttlichkeit und Menschlichkeit sind somit zwei Aspekte des göttlichen Lebens, das in unserem gesamten Kosmos wirkt. Diese Erkenntnis war der griechischen Auffassung von der Menschwerdung Gottes in Jesus recht ähnlich, aber Ibn al-Arabi konnte den Gedanken nicht hinnehmen, daß ein einziges menschliches Wesen, wie heilig auch immer, die unendliche Wirklichkeit Gottes ausdrücken sollte. Vielmehr glaubte er, daß jeder Mensch ein einzigartiger Avatar des Göttlichen sei. Dennoch entwickelte er das Symbol des vollkommenen Menschen *(insan i-kamil),* der in jeder Generation das Geheimnis des geoffenbarten Gottes verkörpert, zum Wohle seiner Zeitgenossen, auch wenn er natürlich nicht die gesamte Wirklichkeit Gottes oder sein verborgenes Wesen inkarniert. Der Prophet Mohammed war der vollkommene Mensch seiner Generation gewesen und ein besonders wirksames Symbol des Göttlichen.

Diese introspektive, imaginative Mystik war eine Suche nach dem Grund des Seins in den Tiefen des Selbst. Sie beraubte den Mystiker der Sicherheiten, die für stärker dogmatisch ausgerichtete Formen von Religion charakteristisch sind. Da jeder Mensch eine einzigartige Gotteserfahrung hat, folgt daraus, daß keine Religion allein das göttliche Geheimnis in seiner Gesamtheit ausdrücken kann. Es gibt keine objektive Wahrheit über Gott, der sich alle anschließen müssen; da dieser Gott die Kategorie des Personalen transzendiert, sind Vorhersagen über sein Verhalten und seine Neigungen unmöglich. Jede Verabsolutierung des eigenen Glaubens auf Kosten des Glaubens anderer Menschen ist abzulehnen, weil keine Religion für sich allein genommen die ganze Wahrheit über Gott besitzt. Ibn al-Arabi entwickelte gegenüber anderen Religionen die im Koran angelegte positive Einstellung und führte sie zu einem neuen Extrem der Toleranz:

> Mein Herz ward fähig, jede Form zu tragen:
> Gazellenweide, Kloster wohlgelehrt,
> Ein Götzentempel, Kaaba eines Pilgers,
> Der Thora Tafeln, der Koran geehrt:
> Ich folg' der Religion der Liebe, wo auch
> Ihr Reittier zieht, hab' ich mich hingekehrt![48]

Der Gottgläubige ist gleichermaßen in der Synagoge, im Tempel, in der Kirche und in der Moschee zu Hause. Ibn al-Arabi sprach oft von »dem Gott, der von den Religionen erschaffen wird«. Diese Wendung konnte abwertend sein, wenn sie sich auf den »Gott« bezog, den die Menschen in einer bestimmten Religion erschaffen hatten und für identisch mit Gott selbst hielten. Eine solche Haltung konnte nur zu Intoleranz und Fanatismus führen. Statt diese Art von Idolatrie gutzuheißen, gab Ibn al-Arabi den folgenden Rat:

> Schließe dich nicht ausschließlich einem bestimmten Glauben an, um alles andere nicht glauben zu müssen, sonst wirst du viel Gutes verlieren, ja, du wirst sogar die wahre Natur der Sache verfehlen. Gott, der Allgegenwärtige und der Allmächtige, läßt sich nicht auf einen einzigen Glauben begrenzen, denn er sagt: »Wohin immer du dich wendest, ist das Gesicht Allahs«. (Koran 2,109) Jeder preist

das, was er glaubt, sein Gott ist sein eigenes Geschöpf, und indem er ihn preist, preist er sich selbst. Folglich tadelt er die Überzeugungen anderer, was er nicht tun würde, wenn er gerecht wäre, aber seine Ablehnung beruht auf Unwissenheit.[49]

Wir sehen immer nur den Gott, der in einem jeden von uns geoffenbart und dem in einem jeden von uns konkrete Existenz verliehen wurde; unsere Auffassung von unserem persönlichen Gott ist unvermeidlich von der religiösen Tradition gefärbt, in die wir hineingeboren wurden. Aber der Mystiker *(arif)* weiß, daß dieser »Gott« einfach ein »Engel« oder ein einzelnes Symbol des Göttlichen ist und nicht mit der verborgenen Wirklichkeit verwechselt werden darf. Folglich sieht er all die verschiedenen Religionen als gültige Theophanien. Während der Gott eher dogmatischer Religionen die Menschheit in feindliche Lager spaltet, ist der Gott der Mystiker eine Einheit stiftende Kraft.

Zwar waren Ibn al-Arabis Lehren für die große Mehrheit der Muslime höchst befremdlich, dennoch sickerten sie zu den einfacheren Menschen durch. Im 12. und 13. Jahrhundert war der Sufismus keine Minderheitenbewegung mehr, sondern in den meisten Teilen des muslimischen Reiches die vorherrschende Ausprägung des Islam. Um diese Zeit wurden die verschiedenen Sufi-Orden oder *tariqas* gegründet, und jeder interpretierte den mystischen Glauben auf seine Weise. Der Sufi-Scheich hatte großen Einfluß auf das Volk und wurde oft als Heiliger verehrt, ganz ähnlich wie die schiitischen Imame. Es war eine Zeit politischer Umwälzungen: Das Kalifat von Bagdad löste sich allmählich auf, die Mongolenhorden verwüsteten eine muslimische Stadt nach der anderen. Die Menschen wollten einen Gott, der näher und mitfühlender war als der ferne Gott der Faylasufs und der legalistische Gott der Ulemas. Die Sufi-Praktiken des *dhikr,* der Rezitation des göttlichen Namens als Mantra zur Herbeiführung einer Ekstase, verbreiteten sich über die *tariqas* hinaus. Die Konzentrationsübungen der Sufis mit ihren ausgefeilten Atem- und Haltungstechniken ermöglichten den Menschen, ein Gefühl für die transzendente Gegenwart in sich zu entwickeln. Nicht jeder war fähig, die höheren mystischen Zustände zu erreichen, aber die spirituellen Übungen halfen den Menschen, vereinfachende anthropomorphe Gottesvorstellungen aufzugeben und Gott als Gegenwart in ihnen selbst zu spüren. Manche Orden benützten Musik und Tanz, um die Konzentration zu steigern, und ihre *pirs* wurden Helden des Volkes.

Der berühmteste Sufi-Orden war der Mevlevi-Orden, die Angehörigen dieses Ordens sind im Westen als »Tanzende Derwische« bekannt. Ihr imposanter und würdevoller Tanz war eine Methode der Konzentration. Während der Sufi sich beständig im Kreis drehte, fühlte er, wie die Grenzen seines Selbst sich auflösten und er mit seinem Tanz verschmolz. Das gab ihm einen Vorgeschmack des Entwerdens *(fana)*. Gegründet wurde der Orden von Jalal ad-Din Rumi (1207–1273), seine Schüler nannten ihn Maulana, unser Meister. Geboren in Balch in Zentralasien, floh er vor den anrückenden Mongolen nach Konya in der heutigen Türkei. Seine Form der Mystik kann als muslimische Antwort auf die Geißel des Mongolensturms angesehen werden, die womöglich für viele den Verlust ihres Glaubens an Allah gebracht hätte. Rumis Gedanken sind denen seines Zeitgenossen Ibn al-Arabi ähnlich, aber sein Lehrgedicht, das Mathnawi, auch als Sufi-Bibel bekannt, war populärer gehalten und trug dazu bei, den Gott der Mystiker auch den gewöhnlichen Muslimen nahezubringen, die keine Sufis waren. Im Jahr 1244 geriet Rumi in den Bann des wandernden Derwischs Shams ad-Din, den er für den vollkommenen Menschen seiner Generation hielt. Tatsächlich glaubte Shams ad-Din, er sei eine Reinkarnation des Propheten, und bestand darauf, mit »Mohammed« angesprochen zu werden. Sein Ruf war zwiespältig, man wußte, daß er sich nicht an die Scharia hielt, das heilige Gesetz des Islam, weil er sich über solche Banalitäten erhaben dünkte. Rumis Schüler waren verständlicherweise besorgt darüber, daß ihr Meister von Shams offenkundig überwältigt war. Als Shams bei einem Aufruhr getötet wurde, war Rumi untröstlich und verwendete noch mehr Zeit auf mystische Musik und mystischen Tanz. Es gelang ihm, seinen Kummer imaginativ in ein Symbol für die Gottesliebe zu verwandeln – Gottes Sehnsucht nach den Menschen und die Sehnsucht der Menschen nach Allah. Jeder Mensch suchte nach dem abwesenden Gott, ob es ihm bewußt war oder nicht, in dem dunklen Bewußtsein, daß er von der Quelle des Seins abgeschnitten war.

Horch auf das Schilfrohr, wie es eine Geschichte erzählt und sich über die Getrenntheit beklagt. Seit ich vom Schilfgrund getrennt wurde, hat meine Klage Männer und Frauen dazu bewogen, zu wehklagen. Ich will, daß mein Busen zerrissen ist von der Trennung, damit ich [einer solchen Person] die Macht der Liebessehnsucht enthüllen kann: Jeder, der von seiner Quelle fern sein muß, wünscht sich die Zeit zurück, in der er mit ihr vereint war.[50]

Der vollkommene Mensch sollte nach allgemeiner Auffassung die gewöhnlichen Sterblichen zur Suche nach Gott anregen. Shams ad-Din hatte bewirkt, daß aus Rumi die Verse des Mathnawi hervorgebrochen waren, das die Qualen der Trennung beschreibt.
Wie die anderen Sufis betrachtete auch Rumi das Universum als eine Theophanie von Gottes unzähligen Namen. Manche offenbarten Gottes Zorn oder Strenge, andere die Eigenschaften der Gnade, die der göttlichen Natur innewohnten. Der Mystiker war in einen endlosen Kampf *(jihad)* verwickelt, das Mitgefühl, die Liebe und die Schönheit Gottes in allen Dingen zu erkennen und alles andere beiseite zu lassen. Das Mathnawi forderte den Muslim heraus, die transzendente Dimension im menschlichen Leben zu finden und durch die Erscheinungen hindurch auf die verborgene Realität in ihrem Inneren zu blicken. Unser Ich macht uns für das innere Geheimnis aller Dinge blind, aber wenn wir einmal darüber hinaus gelangt sind, sind wir keine isolierten, getrennten Wesen mehr, sondern eins mit dem Grund allen Seins. Auch Rumi betonte, daß Gott nur eine subjektive Erfahrung sein konnte. Er erzählt die vergnügliche Geschichte von Mose und dem Hirten, um zu veranschaulichen, wieviel Respekt wir der Auffassung anderer Menschen vom Göttlichen schulden: Eines Tages hört Mose zufällig, wie ein Hirte vertraulich mit Gott spricht. Der Hirte versichert, er wolle Gott helfen, wo immer er sei – seine Kleider waschen, ihm die Läuse absammeln, ihm die Hände und Füße küssen, wenn es Zeit sei, ins Bett zu gehen. »Alles, was ich sagen kann, wenn ich an Dich denke«, so schließt das Gebet, »ist ajjjj und ahhhhhhhh.« Mose ist entsetzt. Was glaubt der Hirte denn, mit wem er redet? Mit dem Schöpfer von Himmel und Erde? Es klingt, als würde er mit seinem Onkel reden! Der Hirte bereut und wandert untröstlich hinaus in

die Wüste. Doch Gott weist Mose zurecht: Er wolle keine orthodoxen Worte, sondern brennende Liebe und Demut. Es gebe keine richtige Art und Weise, über Gott zu sprechen:

> Was dir falsch erscheint, ist richtig für ihn,
> was dem einen Gift ist, ist für einen anderen Honig.
>
> Reinheit und Unreinheit,
> Trägheit und Sorgfalt in der Anbetung
> bedeuten Mir nichts.
> Ich bin fern von all dem.
> Arten der Anbetung kann man nicht in Ränge einteilen,
> nach denen eine besser
> oder schlechter ist als eine andere.
>
> Hindus tun Dinge, die Hindus tun.
> Die drawidischen Muslime in Indien tun, was sie tun.
> Es ist alles Lobpreis, und es ist alles *richtig*.
>
> Nicht ich werde in Akten der Anbetung verherrlicht,
> sondern die Anbetenden! Ich höre nicht die Worte,
> die sie sagen. Ich schaue nach innen auf die Demut.
>
> Diese offengelegte Bescheidenheit ist die Realität,
> nicht die Sprache! Vergiß die Wendungen.
> Ich will brennende Liebe, *Brennen*.
>
> Freundet euch an
> mit eurem Brennen. Verbrennt euer Denken
> und eure Formen des Ausdrucks![51]

Jede andere Rede über Gott ist so absurd wie die des Hirten, aber wenn ein Gläubiger durch die Schleier hindurch auf die Dinge blickt und sieht, wie sie wirklich sind, stellt er fest, daß die Wahrheit alle vorgefaßten menschlichen Meinungen Lügen straft. Inzwischen hatten auch die europäischen Juden, teilweise bedingt durch ihr tragisches Schicksal, zu einem neuen Gottesbild gefunden. Der vehemente Antisemitismus im Abendland machte vielen Juden das Leben ungeheuer schwer, und sie wünschten sich einen näheren, persönlicheren Gott als die ferne Gottheit der Thronwagen-Mystiker. Im 9. Jahrhundert emigrierte die Familie Kalonymus von Süditalien nach Deutschland und brachte einige mystische Schriften mit. Bis zum 12. Jahrhundert hatte sich aufgrund der Verfolgung ein neuer Pessimismus im deutschen Chassidismus entwickelt, deutlich ablesbar an den Schriften von drei Mitgliedern der Familie Kalonymus: Rabbi Samuel der Ältere schrieb etwa um 1150 die kurze Abhandlung *Sefer ha-Jira* (Das Buch von der Gottesfurcht). Rabbi Juda der Chassid verfaßte das Buch *Sefer Chassidim* (Das Buch der Frommen), und dessen Vetter Rabbi Eleasar Ben Juda aus Worms (gestorben 1230) gab eine Reihe von Abhandlungen und mystischen Texten heraus. Die drei Rabbis waren keine Philosophen und keine systematischen Denker, ihre Werke zeigen, daß sie ihre Ideen aus mehreren, oft schwer vereinbaren Quellen entlehnt haben. Sie waren stark von dem trockenen Faylasuf Saadja Gaon beeinflußt, dessen Bücher ins Hebräische übersetzt worden waren, und von christlichen Mystikern wie Franz von Assisi. Aus dieser merkwürdigen Mischung von Quellen schufen sie eine Spiritualität, die bis ins 17. Jahrhundert hinein für die Juden in Frankreich und Deutschland bedeutsam blieb.

Die Rabbis hatten es, wie bereits ausgeführt, zu einer Sünde erklärt, sich eine von Gott geschaffene Lust vorzuenthalten. Aber die deutschen Chassidim predigten eine Entsagung, die der christlichen Askese glich. Ein Jude würde nur dann im Jenseits die Schechina sehen, wenn er sich von aller Lust abwandte und auf Vergnügungen wie das Spielen mit Kindern oder das Halten von Haustieren verzichtete. Die Juden sollten dem Beispiel Gottes folgend die *apatheia* kultivieren und Verachtung und Beleidigungen unerschütterlich ertragen. Aber sie durften Gott als Freund ansprechen. Kein Merkaba-Mystiker wäre im Traum auf die Idee gekommen, Gott mit »Du« anzureden, wie Eleasar das tat. Die Vertraulichkeit schlich sich auch in die Liturgie ein und zeichnete einen Gott, der gleichzeitig immanent, in nächster Nähe gegenwärtig, und transzendent war:

> Alles ist in Dir und Du bist in allem; Du umgibst das All und erfüllst das All; als das All enstand, warst Du im All, bevor das All entstand, warst Du das All.[52]

Genauer bestimmt wurde die Immanenz durch den Hinweis, daß man sich Gott selbst nicht nähern kann, sondern nur der »Glorie« *(kabod)* Gottes oder »dem großen Glänzen, das Schechina heißt«. Die Chassidim störte der augenscheinliche Widerspruch nicht. Sie konzentrierten sich mehr auf praktische Dinge als auf theologische Feinheiten und lehrten ihre jüdischen Glaubensbrüder Konzentrationsmethoden *(kawanna)* und Gesten, die ihr Gefühl für die Gegenwart Gottes vertiefen sollten. Schweigen war eine Grundbedingung, ein Chassid sollte seine Augen fest schließen, seinen Kopf mit einem Gebetsmantel bedecken, um gegen Zerstreuungen gefeit zu sein, den Bauch einziehen und die Zähne zusammenbeißen. Die Chassidim erdachten spezielle Verfahren, das »Gebet auszudehnen«, die das Gefühl der göttlichen Gegenwart verstärken sollten. Statt einfach die liturgischen Worte zu wiederholen, sollte der Chassid die Buchstaben eines jeden Wortes zählen, ihren numerischen Wert ausrechnen und so über die wörtliche Bedeutung der Sprache hinausgelangen. Er mußte seine Aufmerksamkeit nach oben lenken, um sein Gefühl für eine höhere Wirklichkeit zu wecken.

Die Lage der Juden im islamischen Reich, wo es keinen Antisemitismus und keine Judenverfolgung gab, war bedeutend glücklicher, sie brauchten keinen solchen Aschkenasi-Chassidismus. Sie entwickelten jedoch ebenfalls eine neue Art von Judentum, und zwar als Reaktion auf die Veränderungen im Islam. Während die jüdischen Faylasufs versucht hatten, den Gott der Bibel philosophisch zu erklären, versuchten andere Juden, ihren Gott mystisch und symbolisch zu verstehen. Zuerst bildeten die Mystiker nur eine sehr kleine Minderheit. Ihre esoterische Lehre, die Kabbala oder überlieferte Tradition, wurde von Meister zu Schüler weitergegeben. Mit der Zeit sprach jedoch der Gott der Kabbala die Mehrheit an und faßte in der jüdischen Vorstellungswelt so sehr Fuß, wie es dem Gott der Philosophen nie gelungen war. Die Philosophie drohte Gott in eine ferne Abstraktion zu verwandeln, aber der Gott der Mystiker konnte an die Ängste und Befürchtungen rühren, die tiefer liegen als das Rationale. Wo die Thronwagen-Mystiker damit zufrieden gewesen waren, von außen auf die Herrlichkeit Gottes zu schauen, versuchten die Kabbalisten, in das innere Leben Gottes und des menschlichen Bewußtseins einzudringen. Anstatt rational über die Natur Gottes und über die metaphysischen Probleme seiner Beziehung zur Welt zu spekulieren, wandten sich die Kabbalisten der Imagination zu.

Wie die Sufis bedienten sich auch die Kabbalisten der gnostischen und neuplatonischen Unterscheidung zwischen dem Wesen Gottes und dem Gott, den wir in der Offenbarung und der Schöpfung erblicken. Gott selbst ist essentiell unfaßbar, unbegreiflich und unpersönlich. Sie nannten den verborgenen Gott En-Sof (wörtlich: »ohne Ende«, das Endlose). Über En-Sof wissen wir überhaupt nichts, er wird weder in der Bibel noch im Talmud erwähnt. Ein anonymer Autor des 13. Jahrhunderts schrieb, daß En-Sof seiner Natur nach nicht Gegenstand einer Mitteilung an andere sein könne.[53] Im Gegensatz zu JHWH hatte En-Sof keinen aus Urkunden belegbaren Namen, denn »er« ist keine Person. Vielmehr ist es zutreffender, diese Gottheit als »es« zu bezeichnen. Das war eine radikale Abkehr vom ausgesprochen personalen Gott der Bibel und des Talmud. Die Kabbalisten entwickelten eine eigene Mythologie, die ihnen helfen sollte, einen neuen Bereich des religiösen Bewußtseins zu erforschen. Um das Verhältnis zwischen En-Sof und JHWH zu erklären, ohne der ketzerischen gnostischen Lehre zuzustimmen, sie seien zwei unterschiedliche Wesen, erfanden die Kabbalisten eine symbolische Methode der Schriftlektüre. Wie die Sufis stellten sie sich vor, daß sich der verborgene Gott den Menschen durch einen bestimmten Prozeß zu erkennen gibt. En-Sof hatte sich den jüdischen Mystikern unter zehn verschiedenen Aspekten oder Sefiroth (»Urzahlen«) der göttlichen Wirklichkeit gezeigt, die aus den unerforschlichen Tiefen des unfaßbaren Gottes hervorgegangen waren. Jede Sefira repräsentierte eine Stufe der fortschreitenden Offenbarung En-Sofs und hatte ihren eigenen symbolischen Namen, aber jede dieser göttlichen Sphären enthielt das ganze Geheimnis Gottes, jeweils unter einem bestimmten Gesichtspunkt betrachtet. Nach der kabbalistischen Exegese bezog sich jedes einzelne Wort der Bibel auf eine der zehn Sefiroth: Jeder Vers schilderte ein Ereignis oder ein Phänomen, das sein Gegenstück im inneren Leben Gottes hatte.

Ibn al-Arabi zufolge war der Seufzer des Mitgefühls, der Gott den Menschen geoffenbart hatte, das Wort gewesen, das die Welt erschaffen hatte. In ganz ähnlicher Weise waren die Sefiroth sowohl die Namen, die Gott sich selbst gegeben hatte, als auch das Mittel, mit dem er die Welt erschaffen hatte. Zusammen bildeten die zehn Namen seinen einen großen, den Menschen unbekannten Namen. Sie repräsentierten die Stufen, in denen En-Sof aus seiner einsamen Unzugänglichkeit in die irdische Welt hinabgestiegen war. Im allgemeinen werden sie in folgender Weise aufgelistet:

1. Kether Eljon, die »höchste Krone« der Gottheit;
2. Chochma, die »Weisheit« oder Uridee Gottes;
3. Bina, die sich entfaltende »Intelligenz« Gottes;
4. Chessed, die »Liebe« oder »Gnade« Gottes;
5. Din oder Gebura, die »Macht« Gottes, die sich vor allem als strafende Macht und richtende Gewalt darstellt;
6. Rachamim, die ausgleichende »Barmherzigkeit« Gottes beziehungsweise Tifereth, die »Herrlichkeit«;
7. Nezach, die »beständige Dauer« Gottes;
8. Hod, die »Majestät« Gottes;
9. Jessod, der »Grund« aller wirkenden und zeugenden Kräfte Gottes;
10. Malchuth, das »Reich« Gottes, auch Schechina genannt.

Manchmal werden die Sefiroth als Baum abgebildet, der in umgekehrter Richtung wächst. Seine Wurzeln hat er in den unbegreiflichen Tiefen von En-Sof (vgl. Abbildung) und den Gipfel in der Schechina, der Welt. Das organische Bild drückt die Einheit des kabbalistischen Symbols aus. En-Sof ist der Saft, der durch die Zweige der Bäume fließt und ihnen Leben verleiht, sie zu einer geheimnisvollen und komplexen Wirklichkeit zusammenfügt. Zwar gibt es einen Unterschied zwischen En-Sof und der Welt seiner Namen, dennoch sind sie in derselben Weise eins wie eine Stück Kohle und eine Flamme. Die Sefiroth repräsentieren die Lichtwelten und machen die Dunkelheit von En-Sof deutlich, der in undurchdringlicher Finsternis bleibt. Auch auf diese

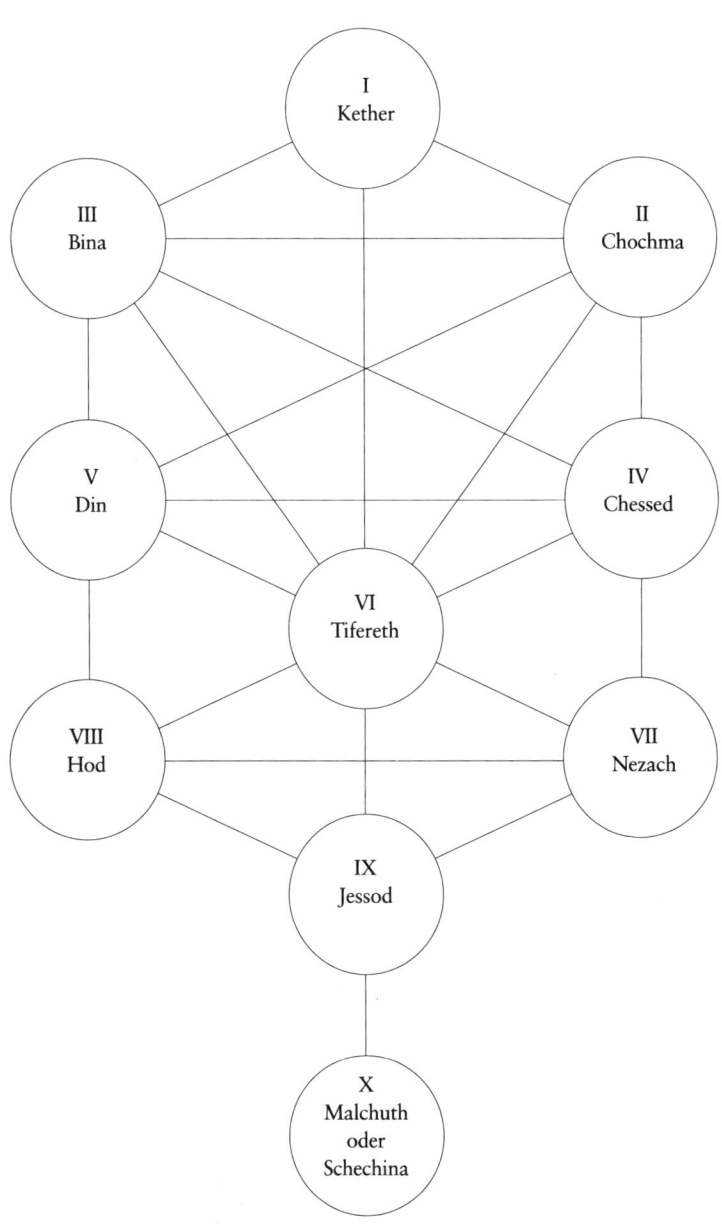

Der Baum der Sefiroth

Weise soll gezeigt werden, daß unsere Begriffe von »Gott« nicht vollständig die Wirklichkeit ausdrücken können, auf die sie deuten.

Die Welt der Sefiroth ist jedoch keine alternative Wirklichkeit »dort draußen« zwischen der Gottheit und der Welt. Die Sefiroth sind nicht die Sprossen einer Leiter zwischen Himmel und Erde, sondern liegen der Welt zugrunde, die mit den Sinnen erfahren wird. Weil Gott alles und in allem ist, sind die Sefiroth in allem, was existiert, gegenwärtig und wirksam. Sie repräsentieren auch die Stufen des menschlichen Bewußtseins, über die der Mystiker zu Gott aufsteigt, indem er in seine eigene Seele hinabsteigt. Wieder werden Gott und Mensch als untrennbar dargestellt. Manche Kabbalisten sahen die Sefiroth als die Glieder des Urmenschen an, wie ihn Gott einst beabsichtigt hatte. Das war für sie in der Bibel gemeint, wenn es dort hieß, der Mensch sei nach dem Bilde Gottes geschaffen worden: Die irdische Realität hier unten entsprach einer archetypischen Realität in der Himmelswelt. Die Bilder Gottes als Baum oder Mensch waren imaginative Abbildungen einer Realität, die sich nicht in rationalen Formeln fassen ließ. Die Kabbalisten waren der Falsafa nicht feindlich gesonnen – viele von ihnen verehrten Persönlichkeiten wie Saadja Gaon oder Maimonides –, aber bei ihrem Versuch, das Geheimnis Gottes zu ergründen, erschienen ihnen Symbolismus und Mythologie befriedigender als die Metaphysik.

Der einflußreichste kabbalistische Text war *Der Sohar*, verfaßt wahrscheinlich um 1275 von dem spanischen Mystiker Moses von Leon. Als junger Mann hatte Moses von Leon Maimonides studiert, aber nach und nach spürte er immer stärker die Anziehungskraft der Mystik und der esoterischen Tradition der Kabbala. *Der Sohar* (Das Buch des Glanzes) ist eine Art mystischer Roman, der schildert, wie ein Talmudgelehrter aus dem 3. Jahrhundert, Simon Ben Jochai, mit seinem Sohn Eleasar durch Palästina wandert und zu seinen Schülern über Gott, die Natur und das menschliche Leben spricht. Das Buch enthält keine klare Struktur und keine systematische Entwicklung von Themen und Ideen. Ein solches Vorgehen wäre dem Geist des *Sohar* fremd, dessen Gott sich jedem glatten Denkschema entzieht. Wie Ibn al-Arabi glaubte auch Moses von Leon, daß Gott jedem Mystiker eine einzigartige persönliche Offenbarung schenkt, so daß die Möglichkeiten für die Interpretationen der Thora unbegrenzt sind: Wenn der Kabbalist Fortschritte macht, wird eine Bedeutungsschicht nach der anderen freigelegt. *Der Sohar* zeigt die geheimnisvolle Emanation der zehn Sefiroth als einen Prozeß, in dem der unpersönliche En-Sof personal wird. In den drei obersten Sefiroth – Kether, Chochma und Bina –, in denen En-Sof sozusagen gerade erst »entschieden« hat, sich auszudrücken, wird die göttliche Wirklichkeit »er« genannt. Während »er« durch die mittleren Sefiroth hinabsteigt – Chessed, Din, Tifereth, Nezach, Hod, Jessod –, wird »er« zu »du«. Schließlich, wenn Gott in der Schechina in der Welt gegenwärtig wird, nennt »er« sich »ich«. An dieser Stelle ist Gott sozusagen ein Individuum geworden, er hat sich selbst vollständig ausgedrückt, und der Mensch kann seine mystische Reise beginnen. Wenn der Mystiker erst einmal sein eigenes, tiefstes Selbst verstanden hat, wird er der Gegenwart Gottes in sich gewahr, kann dann zu den unpersönlichen höheren Sphären aufsteigen und die Grenzen der Persönlichkeit und des Egoismus überschreiten. Das ist eine Rückkehr zu der nicht vorstellbaren Quelle des Seins und der verborgenen Welt der unerschaffenen Wirklichkeit. Von dieser mystischen Perspektive aus ist unsere Welt der Sinneseindrücke einfach die letzte und äußerste Hülle der göttlichen Wirklichkeit.

Wie im Sufismus hat die Schöpfungslehre in der Kabbala im Grunde nichts mit dem materiellen Ursprung des Universums zu tun. *Der Sohar* sieht den Bericht in der Genesis als symbolische Version einer inneren Krise En-Sofs an, die die Gottheit dazu veranlaßt, aus ihrer unergründlichen Selbstversunkenheit auszubrechen und sich zu offenbaren. Im *Sohar* heißt es:

> Am Anfang, als der Wille des Königs zu wirken begann, grub er Zeichen in die himmlische Aura, die ihn umstrahlte. Eine dunkle Lohe entsprang im allerverborgensten Bereich aus dem Geheimnis des Unendlichen, *En-Sof,* wie ein Nebel, der sich im Gestaltlosen bildet, eingelassen in den Ring jener Aura, nicht weiß und nicht schwarz, nicht rot und nicht grün, und von keinerlei Farbe überhaupt.[54]

In der Genesis heißt Gottes erstes Schöpferwort: »Es werde Licht!« Im Kommentar des *Sohar* zur Genesis (auf hebräisch *Bereschith* nach dem Anfangswort »am Anfang«) ist diese »dunkle Lohe« die erste Sefira: Kether Eljon, die höchste Krone der Gottheit. Sie hat weder Farbe noch Form, andere Kabbalisten nennen sie lieber Nichts, *ayin*. Die höchste Form der Gottheit übersteigt das Vorstellungsvermögen des menschlichen Geistes. Sie wird mit dem Nichts gleichgesetzt, weil sie mit keinem anderen existierenden Ding vergleichbar ist. Daher entspringen alle anderen Sefiroth aus dem Schoß des Nichts. Das ist eine mystische Interpretation der traditionellen Lehre von der Schöpfung *ex nihilo*. Der Prozeß des Selbstausdrucks der Gottheit setzt sich fort als Hervorquellen von Licht, das sich in immer weitere Sphären ausbreitet. Im *Sohar* heißt es weiter:

Als aber jene Flamme Maß und Ausdehnung annahm, brachte sie leuchtende Farben hervor. Ganz im Innersten der Flamme nämlich entsprang ein Quell, aus dem Farben auf alles Untere sich ergossen, verborgen in den geheimnisvollen Verborgenheiten des *En-Sof*. Der Quell durchbrach und durchbrach doch nicht ganz die ihn umgebende ätherische Aura. Er war ganz unerkennbar, bis infolge der Wucht seines Durchbruchs ein verborgener höchster Punkt aufleuchtete. Über diesen Punkt hinaus ist nichts erkennbar, und darum heißt er *Reschit*, Anfang, das erste Wort der Schöpfung von allem.[55]

Dieser »Punkt« ist Chochma (Weisheit), die zweite Sefira, die die Idealform aller geschaffenen Dinge enthält. Der Punkt entwickelt sich weiter zu einem Palast oder Gebäude namens Bina (Intelligenz), der dritten Sefira. Diese drei obersten Sefiroth markieren die Grenze des menschlichen Begreifens. Die Kabbalisten sagen, Gott existiere in Bina als der große »Wer?« *(Mi)*, der am Anfang jeder Frage steht. Aber es ist unmöglich, eine Antwort zu erhalten. Auch wenn En-Sof sich schrittweise an die menschlichen Begrenzungen annähert, haben wir keine Möglichkeit zu erfahren, »Wer« er ist: Je höher wir hinaufsteigen, desto mehr hüllt »Er« sich in geheimnisvolles Dunkel.

347

Die folgenden sieben Sefiroth sollen den sieben Tagen der Schöpfung in der Genesis entsprechen. Während der biblischen Epoche hatte JHWH schließlich über die alten Göttinnen von Kanaan und ihre erotischen Kulte triumphiert. Aber als die Kabbalisten sich darum bemühten, das Geheimnis Gottes auszudrücken, schlichen sich die alten Mythen wieder ein, wenn auch in neuem Gewand. *Der Sohar* beschreibt Bina als Himmlische Mutter, in deren Schoß die »dunkle Lohe« eindrang, so daß sie die sieben niedrigeren Sefiroth gebar. Auch Jessod, die neunte Sefira, lädt zu sexuellen Spekulationen ein: Sie wird als Kanal dargestellt, durch den sich das göttliche Leben in einem Akt mystischer Zeugungskraft in das Universum ergießt. In der Schechina, der zehnten Sefira, erscheint die alte sexuelle Symbolik von Schöpfung und Theogonie am deutlichsten. Im Talmud war die Schechina eine neutrale Figur: Sie hatte kein Geschlecht. In der Kabbala hingegen wird die Schechina zum weiblichen Aspekt Gottes. Das Buch *Bahir* (um 1200), einer der ältesten kabbalistischen Texte, hatte die Schechina mit der gnostischen Figur der Sophia identifiziert, der letzten der göttlichen Emanationen, die aus der Pleroma gefallen war und nun verloren und fern der Gottheit durch die Welt wanderte. *Der Sohar* verbindet dieses »Exil der Schechina« mit dem Fall Adams nach dem Bericht der Genesis. Es heißt, daß Adam die »mittleren Sefiroth« im Baum des Lebens und die Schechina im Baum der Erkenntnis enthüllt wurden. Anstatt die sieben Sefiroth gemeinsam zu verehren, entschied er sich, die Schechina allein zu verehren, womit er das Leben von der Erkenntnis trennte und die Einheit der Sefiroth zerriß. Das göttliche Leben konnte nicht mehr ohne Unterbrechung in die Welt fließen, die Welt war von ihrer göttlichen Quelle abgeschnitten. Aber durch die Beachtung der Gebote der Thora konnte die Gemeinde Israels das Exil der Schechina heilen und die Welt wieder mit der Gottheit vereinen. Es überrascht nicht, daß viele strenge Talmudisten diesen Gedanken ablehnten. Dennoch wurde das Exil der Schechina, in dem die alten Mythen von fern der göttlichen Welt umherstreifenden Göttinnen anklangen, zu einem besonders populären Element der Kabbala. Die weibliche Schechina brachte eine gewisse sexuelle Ausgewogenheit in den Gottesbegriff, der sehr einseitig männlich geprägt war, und erfüllte offensichtlich ein wichtiges religiöses Bedürfnis.

Die Vorstellung von einem Exil des Göttlichen sprach auch jenes Gefühl der Getrenntheit an, das die Ursache so vieler menschlicher Ängste ist. *Der Sohar* definiert das Böse durchgängig als etwas, das abgetrennt wurde oder das nicht die zu ihm passende Beziehung eingegangen ist. Es ist eines der Probleme des ethischen Monotheismus, daß er das Böse isoliert. Weil wir den Gedanken nicht ertragen können, daß unser Gott Böses in sich birgt, besteht die Gefahr, daß wir das Böse auch in uns selbst nicht ertragen können. Dann kann es ausgegrenzt und als monströs und unmenschlich erklärt werden. Das furchteinflößende Bild Satans im westlichen Christentum ist eine solche verzerrende Projektion. *Der Sohar* findet die Wurzel des Bösen in Gott selbst: in Din oder der richtenden Gewalt, der fünften Sefira. Din wird als Gottes linke Hand dargestellt, Chessed (die Barmherzigkeit) als die rechte. Solange Din harmonisch mit der göttlichen Barmherzigkeit zusammenarbeitet, ist sie gut und heilsam. Aber wenn sie ausbricht und von den anderen Sefiroth getrennt wird, wird sie böse und zerstörerisch. *Der Sohar* sagt uns nichts darüber, wie es zu dieser Trennung kam. Im nächsten Kapitel werden wir sehen, daß auch spätere Kabbalisten das Böse als Ergebnis einer Art urzeitlichen »Unfalls« ansahen, der sich in den allerersten Stadien von Gottes Selbstenthüllung ereignet hatte. Die Kabbala ergibt wenig Sinn, wenn sie wörtlich interpretiert wird, aber ihre Mythologie erwies sich als psychologisch befriedigend. Als die spanischen Juden im 15. Jahrhundert von Katastrophen und Tragödien heimgesucht wurden, half ihnen der Gott der Kabbala, ihrem Leiden einen Sinn abzuringen.

Den psychologischen Scharfsinn der Kabbala können wir im Werk des spanischen Mystikers Abraham Abulafia (geboren 1240, gestorben nach 1291) erkennen. Der größte Teil seines Werkes entstand ungefähr um die gleiche Zeit wie *Der Sohar,* aber Abulafia konzentrierte sich eher auf die praktische Methode, wie man ein Gefühl für Gott entwickeln kann, als auf die Natur Gottes selbst. Seine Methode ist dem Vorgehen moderner Psychoanalytiker bei ihrer säkularen Suche nach Erleuchtung ähnlich. Wie die Sufis sich gewünscht hatten, Gott auf die gleiche Weise wie Mohammed zu erfahren, so behauptete Abulafia, er habe einen Weg gefunden, prophetische Inspiration zu erlangen. Er entwickelte eine jüdische Form des Yoga, in der er die üblichen Hilfsmittel zur Konzentrationssteigerung wie die Atmung, das Rezitieren eines Mantras und das Einnehmen einer bestimmten Haltung einsetzte, um einen veränderten Bewußtseinszustand herbeizuführen. Abulafia war ein ungewöhnlicher Kabbalist. Er war hochgelehrt, hatte die Thora, den Talmud und die Falsafa studiert, ehe er im Alter von einunddreißig Jahren durch eine überwältigende religiöse Erfahrung zur Mystik bekehrt wurde. Offenkundig glaubte er, er sei der Messias, und zwar nicht nur für die Juden, sondern auch für die Christen. Dementsprechend durchstreifte er ganz Spanien und sammelte Schüler um sich, später wanderte er sogar bis in den Nahen Osten. Im Jahr 1280 reiste er als jüdischer Gesandter zum Papst. Obwohl Abulafia das Christentum oft sehr unverblümt kritisierte, scheint er die Ähnlichkeit zwischen dem kabbalistischen Gott und der Dreifaltigkeitslehre geschätzt zu haben. Die obersten drei Sefiroth erinnern an den Logos und den Geist, den Intellekt und die Weisheit Gottes, die vom Vater ausgehen, dem Nichts, das sich in unzugänglichem Licht verliert. Abulafia sprach gern in einer trinitarischen Weise von Gott.

Um diesen Gott zu finden, war es nach Abulafias Lehre notwendig, »die Seele zu entsiegeln, die Knoten aufzulösen, die sie binden«. Der Ausdruck »die Knoten auflösen« findet sich auch im tibetischen Buddhismus, ein weiterer Hinweis auf die grundsätzliche Übereinstimmung der Mystiker auf der ganzen Welt. Der beschriebene Prozeß kann vielleicht mit dem psychoanalytischen Versuch verglichen werden, die Fixierungen aufzulösen, die der seelischen Gesundheit des Patienten im Wege stehen. Als Kabbalist ging es Abulafia allerdings mehr um die göttliche Energie, die die ganze Schöpfung belebt, die jedoch die Seele nicht wahrnehmen kann. Solange wir unseren Geist mit Gedanken anfüllen, die auf Sinneswahrnehmungen beruhen, ist es schwer, das transzendente Element des Lebens zu erkennen. Abulafia lehrte seine Schüler, mit Hilfe seiner yogaähnlichen Übungen über das normale Bewußtsein hinauszugehen und eine ganz neue Welt zu entdecken. Eine seiner Methoden war die *Chochmath ha-Zeruf* (Wissenschaft von der Kombination der

Buchstaben), eine Meditation über den Namen Gottes. Der Kabbalist soll die Buchstaben des Namens Gottes in verschiedenen Kombinationen anordnen, um seinen Geist vom Konkreten weg hin zu einer abstrakteren Art der Wahrnehmung zu lenken. Die Wirkungen dieser Methode – die einem Außenstehenden nicht gerade vielversprechend erscheint – waren offenbar bemerkenswert. Abulafia verglich sie mit dem Gefühl, das sich beim Hören musikalischer Harmonien einstellt; die Buchstaben des Alphabets treten an die Stelle der Noten einer Tonleiter. Er benützte auch eine Methode der Gedankenassoziation, die er *dillug* (springen) und *kefiza* (hüpfen) nannte und die offenkundig der modernen psychoanalytischen Technik der freien Assoziation gleicht. Auch sie soll erstaunliche Ergebnisse erbracht haben. Abulafia zufolge bringt dieses Verfahren Licht in die verborgenen seelischen Vorgänge, es befreit den Kabbalisten aus dem »Gefängnis der irdischen Sphäre und führt [ihn] an die Grenze der himmlischen«.[56] Auf diese Weise werden die »Siegel« der Seele gelöst, der Eingeweihte entdeckt Quellen psychischer Kraft, die seinen Geist erleuchten und den Schmerz in seinem Herzen lindern.

In ähnlicher Weise, wie ein Analysand die Führung des Psychoanalytikers braucht, konnte die mystische Reise in das eigene Innere nach Abulafias Überzeugung nur unter dem wachsamen Blick eines Lehrers der Kabbala unternommen werden. Er war sich der Gefahren deutlich bewußt, weil er selbst in der Jugend eine erschütternde religiöse Erfahrung gemacht hatte, die ihn beinahe um dem Verstand gebracht hätte. Ein Analysand internalisiert die Persönlichkeit des Analytikers, um sich die Kraft und Gesundheit anzueignen, die jener für ihn repräsentiert. Bei Abulafia heißt es, der Kabbalist »sehe« oder »höre« die Person seines spirituellen Lehrers, der Lehrer werde »Beweger von innen her, der die geschlossenen Türen im Inneren öffnet«. Er fühle einen neuen Strom von Kraft und eine innere Verwandlung, die so überwältigend seien, daß er den Eindruck habe, sie kämen aus einer göttlichen Quelle. Ein Schüler von Abulafia interpretierte die Ekstase in anderer Weise: Er sagte, der Mystiker werde zu seinem eigenen Messias. In der Ekstase werde er mit einer Vision seines eigenen befreiten und erleuchteten Selbst konfrontiert:

Wisse, daß das vollkommene Geheimnis der Prophetie für den Propheten darin besteht, daß er plötzlich die Gestalt seines Selbst vor sich stehen sieht und sein Selbst vergißt und es von ihm entrückt wird … und von diesem Geheimnis haben unsere Weisen gesagt [im Talmud]: »Groß ist die Kraft der Propheten, die die Gestalt [die ihnen erscheint] mit ihrem Gestalter vergleichen [das heißt, »die Menschen mit Gott vergleichen«].[57]

Jüdische Mystiker haben sich stets gescheut, von einer Vereinigung mit Gott zu sprechen. Abulafia und seine Schüler sagten lediglich, der Kabbalist sei durch die Erfahrung der Vereinigung mit einem spirituellen Lehrer oder durch die Erfahrung einer persönlichen Befreiung indirekt von Gott berührt worden. Es gibt augenfällige Unterschiede zwischen der mittelalterlichen Mystik und der modernen Psychotherapie, aber beide Verfahren wenden ähnliche Techniken an, um Heilung und Integration der Persönlichkeit herbeizuführen.

Die Christen im Westen brauchten länger, bis sie eine mystische Tradition entwickelten. Sie waren hinter die Monotheisten im byzantinischen und im islamischen Reich zurückgefallen und für diese neue Entwicklung vielleicht noch nicht reif. Im 14. Jahrhundert erfolgte dann eine regelrechte Explosion mystischer Religiosität besonders in Nordeuropa. In Deutschland gab es eine ganze Reihe von Mystikern: Meister Eckhart (1260–1327), Johannes Tauler (1300–1361), Gertrud die Große (1256–1302) und Heinrich Seuse (1295–1366). In England spielten drei große Mystiker und eine Mystikerin eine bedeutende Rolle und gewannen rasch Anhänger sowohl in ihrer Heimat als auch auf dem Kontinent: Richard Rolle aus Hampole (1290–1349), der unbekannte Verfasser des Werkes *The Cloud of Unknowing* (Die Wolke des Nichtwissens), Walter Hilton (gestorben 1346) und Dame Juliana von Norwich (um 1342–1416). Die Mystiker waren unterschiedlich weit fortgeschritten. Richard Rolle verstrickte sich offenbar in die Kultivierung fremdartiger Empfindungen, seine Spiritualität war stellenweise von einer gewissen Selbstbezogenheit geprägt. Aber die größten Mystiker gelangten auf eigenen Wegen zu vielen Erkenntnissen, die Griechen, Sufis und Kabbalisten ebenfalls gewonnen hatten.

Meister Eckhart zum Beispiel, der eine starke Wirkung auf Tauler und Seuse hatte, wurde von Dionysius Areopagita und Maimonides beeinflußt. Er war Dominikaner, ein scharfer Denker und lehrte an der Universität von Paris aristotelische Philosophie. Im Jahre 1325 brachten ihn seine mystischen Lehren in Konflikt mit dem Erzbischof von Köln, der ihn der Ketzerei beschuldigte. Man warf ihm vor, er leugne die Güte Gottes, behaupte, Gott werde in der Seele geboren, und predige, die Welt sei ewig. Aber sogar einige von Eckharts schärfsten Kritikern gestanden ihm zu, er sei rechtgläubig: Manche seiner Äußerungen dürfe man nicht wörtlich nehmen, sondern müsse sie symbolisch interpretieren, wie sie auch gemeint seien. Eckhart war ein Dichter, der große Freude an Metaphern und Paradoxien hatte. Für ihn war es vernünftig, an Gott zu glauben, aber er verneinte, daß die Vernunft allein sich eine angemessene Vorstellung von der göttlichen Natur machen könne: »Gewißheit über ein erkennbares Ding erlangen wir entweder durch die Sinne oder durch die Vernunft«, so sagte er, »aber bezüglich der Erkenntnis Gottes kann es weder einen Beweis durch die sinnliche Wahrnehmung geben, da Er unkörperlich ist, noch durch die Vernunft, da Er keine uns bekannte Form hat.«[58] Gott war für ihn nicht einfach ein Seiendes wie andere, dessen Existenz bewiesen werden konnte wie jeder normale Gegenstand des Denkens.

Gott, so erklärte Eckhart, sei Nichts.[59] Das heiße nicht, daß er eine Illusion sei, sondern daß Gott sich einer reicheren, umfassenderen Art des Daseins erfreue als der uns bekannten. Eckhart nannte Gott auch »Dunkelheit«, nicht um die Abwesenheit von Licht zu bezeichnen, sondern um auf die Gegenwart von etwas Hellerem hinzuweisen. Er unterschied zwischen der »Gottheit«, die man am besten in negativen Begriffen beschrieb wie etwa »Wüste«, »Wildnis«, »Dunkelheit« und »Nichts«, und dem Gott, der uns als Vater, Sohn und Heiliger Geist bekannt ist.[60] Als Denker des Abendlandes benutzte Eckhart gern Augustinus' Vorstellung, daß die Trinität eine Entsprechung im menschlichen Geist habe, und meinte, zwar könne man die Lehre von der Dreieinigkeit nicht mit der Vernunft begreifen, aber nur der Intellekt könne Gott als drei Personen wahrnehmen: Wenn der Mystiker erst einmal die Vereinigung mit Gott erreicht habe, sehe er ihn als Einen. Den Griechen hätte dieser Gedanke nicht gefallen, aber Eckhart wäre mit ihnen darin einig gewesen, daß die Trinität wesentlich eine mystische Lehre sei. Er sprach gerne davon, daß der Vater den Sohn in der Seele zeuge, die Christus empfange, ganz ähnlich wie Maria Christus in ihrem Schoß empfangen habe. Rumi hatte die jungfräuliche Geburt des Propheten Jesus ebenfalls als Symbol für die Geburt der Seele im Herzen des Mystikers angesehen. Sie sei, so behauptete Eckhart, eine Allegorie für das Zusammenwirken der Seele mit Gott.

Eckhart zufolge ist Gott nur durch mystische Erfahrung erkennbar. Er hält es für besser, in negativen Begriffen von Gott zu sprechen, wie Maimonides es vorgeschlagen hatte. Wir sollen unsere Vorstellung von Gott reinigen, unsere lächerlichen vorgefaßten Meinungen und anthropomorphen Bilder abschütteln, wir sollen sogar vermeiden, das Wort »Gott« auszusprechen. Das meint Eckhart mit dem Satz: »Das Höchste und das Äußerste, das der Mensch lassen kann, das ist, daß er Gott um Gottes willen lasse.«[61] Dieser Prozeß ist schmerzhaft. Da Gott Nichts ist, müssen wir uns darauf einstellen, nichts zu sein, um mit ihm eins zu werden. Eckhart stellt sich diesen Vorgang in etwa so vor wie das, was die Sufis *fana* nennen, und spricht von »Ledigkeit« oder vielmehr »Abgeschiedenheit«.[62] Ähnlich wie ein Muslim die Verehrung von irgend etwas außer Gott selbst als Götzendienerei *(shirk)* bezeichnet, warnt Eckhart den Mystiker davor, sich von irgendwelchen begrenzten Ideen über das Göttliche versklaven zu lassen. Nur so werde er die Identität mit Gott erreichen, wobei »die Existenz Gottes meine Existenz sein muß und Gottes Istigkeit meine Istigkeit ist«.[63] Da Gott der Seinsgrund sei, gebe es keine Notwendigkeit, ihn »dort draußen« zu suchen oder sich einen Aufstieg zu etwas vorzustellen, das jenseits der uns bekannten Welt liege.

Al-Halladsch hatte die Ulemas mit dem Ausruf »Ich bin die Wahrheit« gegen sich aufgebracht. Eckharts mystische Lehre schockierte die Bischöfe in Deutschland: Was meinte er, wenn er sagte, ein Mann oder eine Frau, die doch nur Menschen waren, könnten mit Gott eins werden? Im 14. Jahrhundert diskutierten griechische Theologen diese Frage leidenschaftlich. Gott war seinem Wesen nach unerreichbar, wie konnte er sich da den Menschen mitteilen? Wenn es einen Unterschied zwischen dem Wesen Gottes und seinen »Kräften« oder »Energien« gab, wie die Väter gelehrt hatten, dann war es doch gewiß blasphemisch, den »Gott«, dem ein Christ im Gebet begegnet, mit Gott selbst gleichzusetzen. Gregor Palamas, Erzbischof von Saloniki, lehrte, daß sich jeder Christ einer solchen direkten Erkenntnis Gottes erfreuen könne, auch wenn das paradox klinge. Zwar liege das Wesen Gottes immer jenseits unserer Fassungskraft, aber die »Energien« seien nicht von Gott verschieden und sollten nicht als bloßer Abglanz des Göttlichen verstanden werden. Ein jüdischer Mystiker hätte dem zugestimmt: Als En-Sof würde Gott stets in undurchdringliches Dunkel gehüllt bleiben, aber seine Sefiroth (die den griechischen »Energien« entsprachen), waren selbst göttlich und entströmten ewig dem Herzen der Gottheit. Manchmal konnten Menschen diese »Energien« direkt sehen oder erfahren, zum Beispiel wenn es in der Bibel hieß, die »Herrlichkeit« Gottes sei erschienen. Niemand hatte je das Wesen Gottes erblickt, aber das bedeutete nicht, daß eine direkte Erfahrung Gottes unmöglich war. Dieses Paradoxon störte Palamas nicht im geringsten, die Griechen waren längst der Auffassung, daß jede Aussage über Gott paradox sein mußte. Nur so konnten die Menschen ein Gefühl dafür behalten, wie geheimnisvoll und schwer faßbar er war. Palamas drückte es so aus:

> Wir erreichen eine Teilhabe an der göttlichen Natur, und doch bleibt diese zugleich vollkommen unnahbar. Wir müssen beides gleichzeitig behaupten und *an der Antinomie als Kriterium für die Richtigkeit der Lehre festhalten.*[64]

Die Lehre von Palamas enthielt nichts Neues, sie war im 11. Jahrhundert von Symeon, dem Neuen Theologen, skizziert worden. Aber Palamas wurde von Barlaam aus Kalabrien angegriffen, der in Italien studiert hatte und stark von der rationalistischen, aristotelischen Richtung eines Thomas von Aquin beeinflußt war. Er wandte sich gegen die traditionelle griechische Unterscheidung zwischen Gottes »Wesen« und seinen »Energien« und warf Palamas vor, er spalte Gott in zwei voneinander getrennte Teile auf. Barlaam schlug eine Definition Gottes vor, die auf die alten griechischen Rationalisten zurückging und seine vollkommene Einfachheit hervorhob. Griechische Philosophen wie Aristoteles, die nach Barlaams Überzeugung besonders von Gott erleuchtet worden waren, hatten gelehrt, daß Gott unerkennbar sei und der Welt fern stehe. Daher war es nicht möglich, daß Männer und Frauen Gott »sahen«: Menschen konnten seinen Einfluß nur indirekt in den Schriften oder den Wundern der Natur wahrnehmen. Barlaam wurde 1341 von einem Konzil der orthodoxen Kirche verurteilt, fand jedoch Unterstützung bei anderen Mönchen, die ebenfalls von Thomas von Aquin beeinflußt waren. Im Grunde ging es mittlerweile um einen Konflikt zwischen dem Gott der Mystiker und dem Gott der Philosophen. Barlaam und seine Anhänger Gregorios Akindynos (der gerne die griechische Übersetzung der *Summa theologica* zitierte), Nikephoros Gregoras und der Thomist Prochoros Kydones wandten sich von der apophatischen Theologie von Byzanz mit ihrer Betonung des Schweigens, des Paradoxons und des Geheimnisses ab. Sie bevorzugten die positivere Theologie Westeuropas, die Gott als Seiendes und nicht als Nichts definierte. Der mysteriösen Gottheit von Dionysius, Symeon und Palamas setzten sie einen Gott entgegen, über den man Aussagen machen konnte. Die Griechen hatten dieser Tendenz im westlichen Denken immer mißtraut, angesichts der Infiltration rationalistischer römischer Ideen verschaffte Palamas der paradoxen Theologie der östlichen Orthodoxie neue Geltung. Gott durfte nicht auf eine Vorstellung reduziert werden, die sich durch das menschliche Wort ausdrücken ließ. Palamas stimmte mit Barlaam darin überein, daß Gott unerkennbar sei, bestand aber darauf, daß ihn dennoch Menschen erfahren hätten. Das Licht, das die menschliche Gestalt Jesu auf dem Berg Tabor verklärt hatte, war nicht das Wesen Gottes, das noch niemand gesehen hatte, sondern es war auf geheimnisvolle Weise Gott selbst. In der Liturgie, die nach der griechischen Theologie die orthodoxe Meinung ausdrückte, hieß es über den Berg Tabor: »Wir haben den Vater als Licht gesehen und den Geist als Licht gesehen.« Es war eine Offenbarung dessen, »was wir einmal waren und was wir wieder sein werden«, wenn wir wie Christus vergöttlicht werden.[65] Was wir »sehen«, wenn wir Gott in diesem Leben betrachten, ist nicht ein Ersatz für Gott, sondern in irgendeiner Weise Gott selbst. Natürlich war das ein Widerspruch, aber der christliche Gott war ein Paradox: Widersprüchlichkeit und Schweigen sind die einzig richtigen Haltungen gegenüber einem Geheimnis, das wir »Gott« nennen – und nicht philosophische Selbstüberhebung, die versucht, die Schwierigkeiten beiseite zu wischen.

Barlaam wollte Gott auf einen allzu stimmigen Begriff bringen: Nach seiner Ansicht war Gott entweder mit seinem Wesen zu identifizieren, oder er war es nicht. Er wollte Gott gewissermaßen auf sein Wesen beschränken und sagte, es sei ihm unmöglich, außerhalb des Wesens in seinen »Energien« gegenwärtig zu sein. Aber das hieß, daß man über Gott dachte wie über jede beliebige andere Erscheinung und nach rein menschlichen Kriterien annahm, was möglich war und was nicht. Palamas behauptete, die Vision Gottes sei eine beiderseitige Ekstase: Die Menschen transzendierten ihr Selbst, aber Gott erfahre ebenfalls die Ekstase der Transzendenz, weil er über sich selbst hinausgehe, um sich seinen Geschöpfen bekannt zu machen: »Gott kommt ebenfalls aus sich selbst heraus und wird mit unserem Geist vereint, indem er zu ihm herabsteigt.«[66] Der Sieg Palamas' – dessen Theologie in der orthodoxen Christenheit maßgeblich blieb – über die griechischen Rationalisten des 14. Jahrhunderts war ein großer Triumph der Mystik in allen drei monotheistischen Religionen. Seit dem 11. Jahrhundert waren die muslimischen Philosophen überzeugt, daß der Intellekt, unverzichtbar für Studiengebiete wie die Medizin und die Naturwissenschaften, keineswegs genügte, um Gott zu ergründen. Sich allein auf den Intellekt zu verlassen war so, als versuche man Suppe mit einer Gabel zu essen.

Der Gott der Sufis hatte in den meisten Teilen des islamischen Reiches die Oberhand über den Gott der Philosophen gewonnen. Im nächsten Kapitel werden wir sehen, daß der Gott der Kabbalisten in der jüdischen Spiritualität des 15. Jahrhunderts vorherrschend wurde. Die Mystik konnte tiefer in den Geist eindringen als die intellektuelleren oder mehr an Gesetzen und Vorschriften orientierten Formen von Religion. Der Gott der Mystiker sprach primitivere Hoffnungen, Ängste und Befürchtungen an, denen der ferne Gott der Philosophen machtlos gegenüberstand. Im 14. Jahrhundert entwickelte der Westen seine eigene Mystik, und sie nahm einen vielversprechenden Anfang. Aber in Westeuropa fand die Mystik nie so weite Verbreitung wie in Ländern mit anderen Traditionen. In England, Deutschland und den Niederlanden, die so überragende Mystiker hervorbrachten, setzten die protestantischen Reformer des 16. Jahrhunderts diese unbiblische Spiritualität herab. In der römisch-katholischen Kirche wurden führende Mystiker wie Teresa von Avila oft von der gegenreformatorischen Inquisition bedroht. Als Folge der Reformation sah Europa Gott bald noch rationalistischer.

8

Ein Gott für Reformer

Das 15. und das 16. Jahrhundert waren für alle Völker Gottes von entscheidender Bedeutung, ganz besonders für das römische Christentum. Der Westen hatte nicht nur mit Erfolg die anderen Kulturen der Oikumene eingeholt, sondern war sogar im Begriff, sie zu überholen. In diese Zeit fielen die italienische Renaissance, die sich rasch nach Nordeuropa ausbreitete, die Entdeckung der Neuen Welt und der Beginn einer wissenschaftlichen Revolution, die verhängnisvolle Konsequenzen für die Welt außerhalb der Grenzen Europas hatte. Am Ende des 16. Jahrhunderts stand das Abendland an der Schwelle zu einer vollkommen neuen Kultur, das 16. Jahrhundert war darum eine von Angst und Neuerungen gekennzeichnete Zeit des Übergangs. Das läßt sich an der damals im Westen vorherrschenden Vorstellung von Gott ablesen. Trotz ihrer außergewöhnlichen Erfolge waren die Völker in Europa stärker besorgt um ihren Glauben als jemals zuvor. Die Laien waren sehr unzufrieden mit den mittelalterlichen Religionsformen, denn sie wurden den Herausforderungen der neuen Welt nicht mehr gerecht. Bedeutende Reformer verliehen dieser Sorge Ausdruck und entdeckten neue Wege zur Betrachtung Gottes und der Erlösung. Dies spaltete Europa in zwei gegensätzliche Lager – Katholiken und Protestanten –, die ihren gegenseitigen Haß und Argwohn nie mehr ganz verloren haben. Während der Reformation bedrängten katholische und protestantische Reformer die Gläubigen, die nebensächliche Beschäftigung mit Heiligen und Engeln aufzugeben und sich ganz auf Gott zu konzentrieren. Europa schien geradezu besessen von Gott. Dennoch dachten manche zu Beginn des 17. Jahrhunderts über »Atheismus« nach. Hieß das, daß sie Gott loswerden wollten?

Auch für Griechen, Juden und Muslime war dies eine schwierige Zeit. Im Jahr 1453 eroberten die Osmanen die christliche Hauptstadt Konstantinopel und zerstörten das Byzantinische Reich. Von da an setzten die russischen Christen die von den Griechen entwickelten Traditionen und ihre Spiritualität fort. Im Januar 1492, zu Beginn des Jahres, in dem Christoph Kolumbus die Neue Welt entdeckte, eroberten Ferdinand und Isabella Granada in Spanien, das letzte muslimische Bollwerk in Europa. Die Muslime wurden von der Iberischen Halbinsel vertrieben, die 800 Jahre lang ihre Heimat gewesen war. Die Zerstörung des muslimischen Spanien war verhängnisvoll für die Juden. Im März 1492, einige Wochen nach der Eroberung von Granada, stellten die christlichen Monarchen die spanischen Juden vor die Wahl zwischen Taufe oder Exil. Viele spanische Juden waren so sehr mit ihrer Heimat verbunden, daß sie Christen wurden, manche praktizierten ihren jüdischen Glauben heimlich weiter. Wie die vom Islam konvertierten Morisken wurden die jüdischen Konvertiten von der Inquisition verfolgt, da man sie der Ketzerei verdächtigte. Ungefähr 150 000 Juden verweigerten jedoch die Taufe und wurden mit Gewalt aus Spanien deportiert, sie suchten Zuflucht in der Türkei, auf dem Balkan und in Nordafrika. Die spanischen Muslime hatten den Juden die beste Heimat gegeben, die sie jemals in der Diaspora besessen hatten. Daher beklagten Juden in der ganzen Welt die Vernichtung des spanischen Judentums als größtes Unglück ihres Volkes seit der Zerstörung des Tempels im Jahre 70 u. Z. Die Erfahrung des Exils drang tiefer in das religiöse Bewußtsein der Juden ein als je zuvor, sie führte zu einer neuen Form der Kabbala und der Entwicklung einer neuen Vorstellung von Gott.

Auch für die Muslime in anderen Teilen der Welt war dies eine schwierige Zeit. Die Jahrhunderte nach der Invasion der Mongolen waren – wohl unvermeidlich – von einer konservativen Haltung geprägt gewesen, weil die Menschen versuchten, das Verlorengegangene zurückzugewinnen. Im 15. Jahrhundert ordneten die sunnitischen Ulemas der Madrasas, der Schulen für islamische Studien, an, daß die »Tore von *ijtihad* (der selbständigen Entscheidung) geschlossen« werden sollten. Fortan sollten Muslime sich um die »Nachahmung« *(taqlid)* großer Gelehrter der Vergangenheit bemühen, vor allem im Studium der Scharia, des heiligen Gesetzes. Neue Ideen über Gott oder irgend etwas anderes waren in diesem konservativen Klima unwahrscheinlich. Dennoch ist es ein Irrtum, diese Zeit als den Beginn des Niedergangs im Islam zu bezeichnen, wie Westeuropäer es oft getan haben. Marshall G. S. Hodgson betont in seinem Buch *The Venture of Islam. Conscience and History in a World Civilisation* (Das Abenteuer des Islam. Bewußtsein und Geschichte einer Weltkultur), daß wir viel zu wenig über diese Zeit wissen, um solche Behauptungen aufstellen zu können. Es wäre beispielsweise falsch zu unterstellen, die muslimische Wissenschaft habe damals an Bedeutung verloren. Weder für diese noch für die gegenteilige Vermutung haben wir überzeugende Beweise.

Die konservative Tendenz trat im 14. Jahrhundert deutlich zutage, vertreten durch führende Gelehrte der Scharia wie Ahmad Ibn Taymiyah von Damaskus (gestorben 1327) und seinen Schüler Ibn al-Qayin al-Jawziyah. Der vom Volk innig geliebte Ibn Taymiyah wollte die Scharia so ausweiten, daß alle erdenklichen Lebenslagen eines Muslims dadurch erfaßt würden. Dies sollte keine repressive Maßnahme sein: Er wollte auf überholte Regeln verzichten, um die Scharia besser anwendbar zu machen und die Angst der Muslime in den schwierigen Zeiten zu lindern. Die Scharia sollte ihnen eine klare, logische Lösung für ihre praktischen religiösen Probleme geben. Aber in seiner Hingabe für die Scharia kritisierte Ibn Taymiyah den Kalam, die Falsafa und sogar den Ascharismus. Wie jeder Reformer wollte er zurück zu den Ursprüngen – zum Koran und dem Hadith (auf das die Scharia gegründet war) – und alle späteren Hinzufügungen beseitigen: »Ich habe alle theologischen und philosophischen Methoden untersucht und fand sie ungeeignet für die Heilung jeglicher Krankheiten und das Stillen jeglichen Verlangens. Für mich ist die beste Methode die des Korans.«[1] Sein Schüler al-Jawziyah setzte auch den Sufismus auf die Liste der verwerflichen Neuerungen. Er wollte eine wortgetreue Interpretation der Heiligen Schrift und lehnte die Verehrung der Sufis ab. Aus einer ähnlichen Position argumentierten später die protestantischen Reformatoren in Europa. Ibn Taymiyah und al-Jawziyah galten ihren Zeitgenossen nicht wie etwa Luther und Calvin als rückwärtsgewandt, sondern als Verfechter fortschrittlicher Ideen, die die Bürde ihres Volkes erleichtern wollten. Hodgson weist darauf hin, daß wir den sogenannten Konservatismus jener Zeit nicht als »Stagnation« abtun dürfen. Er hebt hervor, daß sich keine Gesellschaft in früheren Zeiten Fortschritt in dem Maße leisten oder nur in Aussicht nehmen konnte, wie wir ihn heute erleben.[2] Westliche Gelehrte haben Muslimen des 15. und 16. Jahrhunderts häufig vorgehalten, sie würden die italienische Renaissance nicht hinreichend zur Kenntnis nehmen. Die Renaissance war in der Tat eine große kulturelle Blüte in der Geschichte, aber sie war nichts grundsätzlich anderes oder Bedeutenderes als die kulturelle Blütezeit der Sung-Dynastie in China, die den Muslimen im 12. Jahrhundert als Inspiration gedient hatte. Die Renaissance prägte das Abendland. Doch niemand hätte die Entstehung des modernen technischen Zeitalters vorhersehen können, das, wie wir rückblickend sagen können, seine Schatten vorauswarf. Wenn die Muslime von der abendländischen Renaissance nicht so beeindruckt waren, wie wir es vielleicht erwarten würden, so spricht das nicht unbedingt für eine hoffnungslose kulturelle Rückständigkeit. Es ist nicht erstaunlich, daß die Muslime im 15. Jahrhundert mehr mit ihren eigenen, keineswegs unbedeutenden Errungenschaften beschäftigt waren.

Zu dieser Zeit war der Islam noch die größte Weltmacht. Im Abendland war man sich schmerzlich bewußt, daß der Islam an der Schwelle zu Europa stand. Während des 15. und 16. Jahrhunderts wurden drei neue muslimische Reiche gegründet: das Reich der Osmanen in Kleinasien, das der Safawiden im Iran und das der Moguln in Indien. Diese neuen Unternehmungen zeigen, daß der islamische Geist keineswegs dem Tode geweiht war, sondern die Muslime auch nach Niedergang und Zerfall wieder zu neuen Siegen führen konnte. Jedes dieser Reiche erlebte eine eigene bemerkenswerte kulturelle Blüte: Die Renaissance der Safawiden im Iran und in Zentralasien war der italienischen Renaissance auffallend ähnlich. Beide fanden hervorragenden Ausdruck in der Malerei, beide kehrten auf schöpferische Weise zu den heidnischen Wurzeln ihrer Kultur zurück. Trotz der Macht und Großartigkeit dieser drei Reiche herrschte jedoch weiterhin der sogenannte konservative Geist. Während frühere Mystiker und Philosophen wie al-Farabi und Ibn al-Arabi sich bewußt gewesen waren, daß sie neuen Boden bereiteten, wurden in dieser Periode alte Themen vorsichtig und behutsam neu dargestellt. Das erschwert den Menschen des Abendlandes die richtige Einschätzung, denn unsere eigenen Gelehrten ignorierten diese moderneren islamischen Leistungen lange, und Philosophen und Poeten glaubten, der Geist ihrer Leser sei angefüllt mit Bildern und Ideen aus der Vergangenheit.

Es gab aber auch Parallelen zu zeitgenössischen abendländischen Entwicklungen. Eine neue Form des Zwölfer-Schiismus war im Iran unter den Safawiden Staatsreligion geworden. Damit begann eine beispiellose Feindschaft zwischen der Schia und der Sunna. Bis zu diesem Zeitpunkt hatten die Schiiten viel gemeinsam mit den stärker intellektuell und mystisch orientierten Sunniten. Im 16. Jahrhundert aber bildeten die beiden rivalisierende Lager, die auf verhängnisvolle Weise der Situation in Europa zur Zeit der Glaubensspaltung ähnelten. Schah Ismail, der Begründer der Safawiden-Dynastie, war im Jahre 1503 in Aserbaidschan an die Macht gekommen und hatte seinen Einfluß bis in den westlichen Iran und Irak ausgedehnt. Er war entschlossen, den Sunnismus auszulöschen, und zwang der Schia seine Vorstellungen mit einzigartiger Skrupellosigkeit auf. Er betrachtete sich selbst als den Imam seiner Zeit. Die hatte Ähnlichkeiten mit der Reformation in Europa: Beide hatten ihre Wurzeln in Widerstandsbewegungen, beide richteten sich gegen die Aristokratie und verbanden sich mit dem Establishment königlicher Regierungen. Die reformierten Schiiten schafften die *tariqas* der Sufis auf ihren Territorien auf eine Art ab, die an die Auflösung der Klöster durch die Protestanten erinnert. Als Reaktion unterdrückten die Sunniten des Osmanischen Reiches genauso unnachgiebig die Schia in ihren Gebieten. Da sich die Osmanen an der Frontlinie des letzten heiligen Krieges gegen die Kreuzritter des Abendlandes sahen, entwickelten sie eine neue Kompromißlosigkeit gegenüber ihren christlichen Untertanen. Doch keineswegs die gesamte iranische Führungsschicht war fanatisch. Die schiitischen Ulemas des Iran blickten mißtrauisch auf die reformierte Schia. Anders als ihre sunnitischen Gegenspieler lehnten sie es ab, »die Tore von *ijtihad* zu schließen«, und bestanden auf ihrem Recht, den Islam unabhängig von den Schahs zu interpretieren. Sie weigerten sich, die Dynastie der Safawiden – und später der Kadscharen – als Nachfolger der Imame zu betrachten. Statt dessen verbündeten sie sich mit dem Volk gegen die Herrscher und wurden zu Verfechtern der Umma gegen die königliche Unterdrückung in Isfahan und später Teheran. Die schiitischen Ulemas verteidigten traditionell die Rechte der Kaufleute und der Armen gegen die Übergriffe der Schahs. Dadurch waren sie 1979 in der Lage, das Volk gegen das korrupte Regime von Schah Mohammad Resa Pahlawi zu mobilisieren.

Die iranischen Schiiten entwickelten eine eigene Falsafa, die Suhrawardis mystische Traditionen fortsetzte. Mir Dimad (gestorben 1631), der Begründer dieser schiitischen Falsafa, war sowohl Wissenschaftler als auch Theologe. Das göttliche Licht war für ihn identisch mit der Erleuchtung von Mohammed und den Imamen. Wie Suhrawardi betonte er das unbewußte, psychologische Element religiöser Erfahrung. Der überragende Vertreter dieser iranischen Lehre aber war Mir Dimads Schüler Sadr al-Din Shirazi, bekannt als Mullah Sadra (1571–1640). Heute betrachten ihn viele Muslime als den größten islamischen Denker aller Zeiten und sagen, sein Werk repräsentiere die Verschmelzung von Metaphysik und Spiritualität. Diese Verschmelzung wurde zum Merkmal der muslimischen Philosophie. Erst heute wird Sadra allmählich auch im Abendland bekannt. Zur Zeit der Entstehung des vorliegenden Buches war erst eine seiner zahlreichen Schriften ins Englische übersetzt.

Wie Suhrawardi glaubte auch Mullah Sadra, daß Wissen nicht einfach eine Frage der Fakten sei, sondern ein Prozeß der Verarbeitung. Die von Suhrawardi beschriebene *alam al-mithal* war entscheidend für sein Denken: Er betrachtete Träume und Visionen als die höchste Form der Wahrheit. Der iranische Schiismus sah deshalb weiterhin in der Mystik den besseren Weg zur Entdeckung Gottes als in der reinen Wissenschaft und Metaphysik. Mullah Sadra lehrte, daß das Ziel der Philosophie die *imitatio dei*, die Nachahmung Gottes, sei und sie nicht auf eine Überzeugung oder einen Glauben begrenzt werden könne. Wie Ibn Sina gezeigt hatte, besaß nur Gott, die höchste Wahrheit, allein wirkliche Existenz *(wujud)*. Diese einmalige Wirklichkeit bildet die ganze Daseinskette von der göttlichen Sphäre bis zum Staub. Mullah Sadra war kein Pantheist. Er betrachtete

Gott einfach als den Ursprung aller existierenden Dinge: Die Wesen, die wir sehen und erleben, sind nur Gefäße, die das göttliche Licht in begrenzter Form enthalten. Gott übertrifft aber auch die irdische Realität. Die Einheit aller Wesen bedeutet nicht die alleinige Existenz von Gott, sondern ähnelt der Einheit der Sonne mit den von ihr ausströmenden Lichtstrahlen. Wie Ibn al-Arabi unterscheidet Mullah Sadra zwischen Gottes absolutem Sein oder »der Blindheit« und seinen unterschiedlichen Erscheinungsformen. Sadras Vision weist Parallelen zu den Vorstellungen der griechischen Hesychasten und der Kabbalisten auf. Er betrachtet den gesamten Kosmos als von der Blindheit ausströmend, um ein »einzelnes Juwel« mit vielen Schichten zu bilden. Diese Schichten stimmen mit der stufenweisen Selbstoffenbarung Gottes in seinen Merkmalen oder »Zeichen« *(ayat)* überein. Sie stellen auch die Stadien der Rückkehr der Menschen zum Ursprung ihres Daseins dar.

Die Einheit mit Gott ist nicht der nächsten Welt vorbehalten. Wie einige Hesychasten glaubt Mullah Sadra, daß sie in diesem Leben durch Wissen erreicht werden kann. Selbstverständlich meint er nicht nur intellektuelles und rationales Wissen: Bei seinem Aufstieg zu Gott muß der Mystiker durch *alam al-mithal,* die Sphäre von Vision und Phantasie, reisen. Gott ist keine objektiv faßbare Realität, sondern sein Bild hängt vom Vorstellungsvermögen jedes einzelnen Muslims ab. Wenn im Koran oder im Hadith vom Paradies, von der Hölle oder dem Thron Gottes die Rede ist, bezieht sich das nicht auf eine Realität an einem bestimmten Ort, sondern auf eine innere, hinter den Schleiern der wahrnehmbaren Erscheinungen verborgene Welt:

All das, wonach der Mensch strebt, was er begehrt, ist sofort für ihn vorhanden, oder besser gesagt: Allein die Vorstellung des Begehrens bedeutet bereits die Erfahrung der realen Gegenwart des betreffenden Gegenstandes. Aber Annehmlichkeit und Vergnügen sind Ausdruck von Paradies und Hölle, Gut und Böse. Was von der Vergeltung im Jenseits den Menschen [im Diesseits] erreichen kann, hat keinen anderen Ursprung als das »Ich« des Menschen selbst, bestehend aus seinen Plänen und Absichten, seinen innersten Überzeugungen und seinen Verhaltensweisen.[3]

Wie der von ihm sehr verehrte Ibn al-Arabi stellt sich Mullah Sadra Gott nicht als in einer anderen Welt sitzend vor, in einem äußeren, objektiv vorhandenen Himmel, wohin alle Gläubigen nach ihrem Tod kommen. Der Himmel und die göttliche Sphäre müssen im eigenen Ich, im persönlichen *alam al-mithal*, dem unveräußerlichen Besitz jedes einzelnen Menschen, entdeckt werden. Nie werden zwei Menschen denselben Himmel oder denselben Gott haben.

Mullah Sadra verehrte sowohl die sunnitischen, sufistischen und griechischen Philosophen als auch die schiitischen Imame. Er erinnert uns daran, daß der iranische Schiismus nicht immer exklusiv und fanatisch war. In Indien hatten viele Muslime eine ähnliche Toleranz gegenüber anderen Traditionen entwickelt. Obwohl der Islam auf kulturellem Gebiet im indischen Mogulnreich dominierte, blieb der Hinduismus lebendig und schöpferisch. Einige Muslime und Hindus arbeiteten in der Kunst und in intellektuellen Projekten zusammen. Lange Zeit gab es auf dem Subkontinent keine religiöse Intoleranz, im 14. und 15. Jahrhundert betonten die kreativsten Formen des Hinduismus die Einheit allen religiösen Strebens: Alle Wege waren richtig, vorausgesetzt sie betonten eine innere Liebe für den einen Gott. Dies fand sowohl beim Sufismus als auch in der Falsafa, den vorherrschenden islamischen Strömungen in Indien, Anklang. Einige Muslims und Hindus gründeten glaubensübergreifende Gemeinschaften. Zur wichtigsten Glaubensrichtung entwickelte sich der von Guru Namak im 15. Jahrhundert begründete Sikhismus. Diese neue Form des Monotheismus betrachtete Allah als identisch mit dem Gott des Hinduismus. Auf moslemischer Seite lehrte Mir Abu al-Qasim Findiriski (gestorben 1641), ein iranischer Gelehrter und Zeitgenosse von Mir Dimad und Mullah Sadra, in Isfahan die Werke von Ibn Sina. Zum Studium des Hinduismus und des Yoga verbrachte er viel Zeit in Indien. Es ist schwer vorstellbar, daß ein römisch-katholischer Anhänger und Kenner Thomas von Aquins zu dieser Zeit eine ähnliche Begeisterung für eine Religion an den Tag gelegt hätte, die nicht in der Tradition Abrahams stand.

Der Geist von Toleranz und Zusammenarbeit manifestierte sich eindrucksvoll in der Politik von Akbar, dem dritten Herrscher der Moguln. Er regierte von 1560 bis 1605 und respektierte alle Glaubensrichtungen. Aus Rücksicht auf die Hindus wurde er Vegetarier, gab die geliebte Jagd auf und verbot, an seinem Geburtstag und an heiligen Orten der Hindus Tiere zu opfern. Im Jahr 1575 gründete er ein Haus für Gebet und Kult, in dem sich Gelehrte aller Religionen treffen konnten, um über Gott zu diskutieren. Offensichtlich gebärdeten sich dort die jesuitischen Missionare aus Europa besonders aggressiv. Akbar gründete einen eigenen, dem »göttlichen Monotheismus« *(tawhid-e-ilahi)* gewidmeten Sufi-Orden. Dieser Orden verkündete einen radikalen Glauben an den einen Gott, der sich in jeder rechtgeleiteten Religion offenbaren konnte. Abulfazl Allami (1551–1602) pries Akbars Leben in seinem *Akbar-Namah* (Buch über Akbar) und versuchte die Prinzipien des Sufismus auf die Kulturgeschichte anzuwenden. Allami betrachtete Akbar als den idealen Herrscher der Falsafa und vollkommenen Menschen seiner Zeit. Die Kultur konnte zu universalem Frieden und einer großzügigen, liberalen Gesellschaft führen, wenn ein Herrscher wie Akbar dem Fanatismus einen Riegel vorschob. Der Islam in seiner ursprünglichen Bedeutung der »Ergebenheit« in Gott konnte von jedem Glauben verwirklicht werden: »Mohammeds Religion« hatte nicht das Monopol auf Gott. Nicht alle Muslime teilten jedoch Akbars Vision, viele sahen darin eine Gefahr für den Glauben. Seine tolerante Politik konnte nur bestehen, wenn sich die Moguln in einer Position der Stärke befanden. Sobald ihre Macht schwand und verschiedene Gruppen gegen ihre Herrschaft revoltierten, nahmen die religiösen Konflikte zwischen Muslimen, Hindus und Sikhs zu. Der Kaiser Aurengzebe (1618–1707) glaubte wohl, daß die Einheit durch größere Disziplin im muslimischen Lager wiederhergestellt werden könne: Er erließ Gesetze, um bestimmte Nachlässigkeiten wie den Genuß von Wein zu unterbinden, und verhinderte die Zusammenarbeit mit den Hindus. Er reduzierte die Zahl der hinduistischen Festtage und verdoppelte die Steuern für hinduistische Kaufleute. Spektakulärster Ausdruck seiner auf Abgrenzung bedachten Politik war die Zerstörung vieler hinduistischer Tempel. Diese Politik stand in vollkommenem Gegensatz zur toleranten Haltung Akbars und wurde nach Aurengzebes Tod wieder aufgegeben. Das Mogulreich aber erholte sich nicht mehr von diesem zerstörerischen Fanatismus im Namen Gottes.

Ein zu Akbars Lebzeiten besonders aktiver Gegenspieler war der hervorragende Gelehrte Scheich Ahmad Sirhindi (1563–1625). Er war ebenfalls Sufi und wurde wie Akbar von seinen eigenen Schülern als der vollkommene Mensch verehrt. Sirhindi wehrte sich hartnäckig gegen Ibn al-Arabis mystische Lehre, Gott sei die einzige Realität. Wie wir gesehen haben, hatte Mullah Sadra die Vorstellung von der Einheit des Seins *(wahdat al-wujud)* vertreten. Es war eine mystische Neuformulierung der Schahada: Allah ist die einzige Wirklichkeit. Wie Mystiker anderer Religionen erlebten Sufis eine Einheit und fühlten sich eins mit dem gesamten Sein. Sirhindi jedoch weist diese Vorstellung als rein subjektiv von sich. Während der Mystiker sich nur auf Gott konzentriert, schwindet alles andere aus seinem Bewußtsein, und das entspricht keiner objektiven Realität. Es ist sogar durch und durch falsch, von der Einheit oder Identität Gottes und der Welt zu sprechen. Eine direkte Gotteserfahrung ist unmöglich, da Gott sich vollkommen außerhalb des menschlichen Fassungsvermögens befindet: »Er ist der Heilige, jenseits des Jenseits, abermals jenseits des Jenseits und noch einmal jenseits des Jenseits.«[4] Es kann keine Beziehung zwischen Gott und der Welt geben, es sei denn auf dem indirekten Wege der Betrachtung von »Zeichen« in der Natur. Sirhindi behauptete, er habe den ekstatischen Zustand von Mystikern wie Ibn al-Arabi überstiegen und sei zu einem höheren und nüchterneren Bewußtseinszustand gelangt. Er benutzte Mystik und religiöse Erfahrung, um den Glauben an den fernen Gott der Philosophen, der eine objektive, aber unerreichbare Realität war, zu bekräftigen. Seine Ansichten wurden von seinen Schülern leidenschaftlich angenommen, nicht aber von der Mehrheit der Muslime, die dem immanenten, subjektiven Gott der Mystiker die Treue hielten.

Während Muslime wie Findiriski und Akbar nach Verständigung mit Anhängern anderer Glaubensrichtungen strebten, demonstrierte das christliche Abendland im Jahr 1492, daß es nicht einmal die Nähe zu den zwei anderen Religionen Abrahams ertragen konnte. Im 15. Jahrhundert steigerte sich der Antisemitismus, Juden wurden überall in Europa nach und nach aus den Städten vertrieben: 1421 aus Linz und Wien, 1424 aus Köln, 1442 aus Bayern (und noch einmal 1450) und 1454 aus Mähren. Sie wurden 1485 aus

Perugia, 1486 aus Vicenza, 1488 aus Parma, 1489 aus Lucca und Mailand, und 1494 aus der Toskana verjagt. Die Vertreibung der sephardischen Juden aus Spanien muß im Kontext dieser großen europäischen Bewegung gesehen werden. Die spanischen Juden, die sich im Osmanischen Reich niedergelassen hatten, litten weiterhin an einem Gefühl der Orientierungslosigkeit verbunden mit der irrationalen, aber unauslöschbaren Schuld des Überlebenden. Sie ist möglicherweise der Schuld ähnlich, die Überlebende des Holocaust empfanden. Außerdem ist sie insofern bedeutend, als sich einige Juden heutzutage von der Spiritualität angezogen fühlen, die die Sephardim im 16. Jahrhundert entwickelten, um ihr Exildasein zu bewältigen.

Die neue Form der Kabbala hatte ihren Ursprung vermutlich in den Balkanprovinzen des Osmanischen Reiches, wo viele Sephardim Gemeinden errichtet hatten. Nach der Tragödie des Jahres 1492 sehnten sich allem Anschein nach viele Juden nach der von den Propheten vorhergesagten Wiederherstellung Israels. Einige Juden wanderten unter der Führung von Joseph Karo und Solomon Alkabaz von Griechenland nach Palästina aus, der Heimat Israels. Ihr spirituelles Denken kreiste um die Wiedergutmachung der den Juden und ihrem Gott durch die Vertreibung zugefügten Erniedrigung. Sie wollten, so sagten sie, »die Schechina aus dem Staub heben«. Sie strebten jedoch weder nach einer politischen Lösung, noch wünschten sie einen allgemeinen Strom der Juden ins Gelobte Land. Sie ließen sich in Zefat in Galiläa nieder und leiteten eine bemerkenswerte mystische Erweckung ein, die eine tiefe Bedeutung in ihrer Erfahrung der Heimatlosigkeit erhielt. Bis zu diesem Zeitpunkt hatte sich die Kabbala nur an die Elite gewandt. Nach der Katastrophe aber wandten sich Juden in der ganzen Welt eifrig einer stärker mystisch ausgerichteten Spiritualität zu. Die Tröstungen der Philosophie erschienen sinnlos: Aristoteles klang leer, und sein Gott war unerreichbar fern. In der Tat machten viele die Falsafa für die Katastrophe verantwortlich. Sie behaupteten, die Falsafa habe das Judentum geschwächt und den Sinn für Israels besondere Berufung verwässert. Die Anpassung an die nichtjüdische Philosophie habe zu viele Juden bewogen, sich taufen zu lassen. Nie wieder spielte die Falsafa als spirituelle Bewegung eine wichtige Rolle im Judentum.

Die Menschen sehnten sich nach einer direkteren Gotteserfahrung. In Zefat erreichte dieses Verlangen eine geradezu erotische Intensität. Die Kabbalisten wanderten durch die Berge in Palästina und legten sich auf die Gräber der großen Talmudisten. Sie wünschten sich, deren Vision in ihr eigenes, sorgenvolles Leben aufzunehmen. Sie blieben die ganze Nacht wach, schlaflos wie unglücklich Verliebte, sangen Liebeslieder zu Gott und gaben ihm Kosenamen. Sie stellten fest, daß die Mythologie und die Regeln der Kabbala innere Mauern einrissen und den Schmerz in ihren Seelen auf eine Art berührten, wie es die Metaphysik oder das Studium des Talmud nicht mehr vermochten. Da sich ihr Gefühl sehr von dem Moses von Leons unterschied, dem Autor des *Sohar,* mußten die aus Spanien Verbannten seine Vision so anpassen, daß sie ihrer besonderen Situation entsprach. Sie brachten eine außergewöhnlich phantasiereiche Lösung hervor, die absolute Heimatlosigkeit mit absoluter Frömmigkeit gleichsetzte. Das Exil der Juden symbolisierte die radikale Erschütterung im Herzen jeder Existenz. Nicht allein die ganze Schöpfung war nicht mehr an ihrem richtigen Platz, auch Gott war im Exil. Die neue Kabbala aus Zefat wurde nahezu über Nacht populär und löste eine Massenbewegung aus, die nicht nur die Sephardim begeisterte, sondern auch den aschkenasischen Juden in ihrem Gefühl der Heimatlosigkeit in Europa neue Hoffnung gab. Dieser außergewöhnliche Erfolg zeigt, daß die seltsamen und – für einen Außenseiter – verblüffenden Mythen von Zefat es vermochten, das Lebensgefühl der Juden auszudrücken. Dies war die letzte nahezu allgemeine jüdische Bewegung. Sie führte zu einem tiefen Wandel im religiösen Bewußtsein des Weltjudentums. Die besonderen Regeln der Kabbala waren nur für eine eingeweihte Elite bestimmt, die dahinter stehenden Gedanken aber – und die Gottesvorstellung – wurden zu einem üblichen Ausdruck jüdischer Frömmigkeit.

Um dieser neuen Gottesvorstellung Gerechtigkeit widerfahren zu lassen, müssen wir uns vor Augen führen, daß die Mythen nicht wörtlich zu verstehen sind. Die Kabbalisten waren sich darüber im klaren, daß sie sehr kühne Vorstellungen hegten, und wählten ständig vorsichtige Formulierungen wie »sozusagen« oder »angenommen«. Jedes Gespräch über Gott war jedoch problematisch, nicht zuletzt die Worte der Bibel über die Erschaffung des Universums.

Die Kabbalisten fanden sie auf ihre Art ebenso problematisch wie die Faylasufs. Beide übernahmen die platonische Metapher der Emanation, die Gott und die ewig aus ihm entstehende Welt zusammenbrachte. Die Propheten hatten Gottes Heiligkeit und seine Trennung von der Welt betont. Im *Sohar* hatte es geheißen, die Welt von Gottes Sefiroth umfasse die gesamte Realität. Wie konnte Gott von der Welt getrennt werden, wenn er in allem war? Mose Ben Jakob Cordovero aus Zefat (1522–1570) erkannte dieses Paradox und versuchte sich damit auseinanderzusetzen. In seiner Theologie war En-Sof nicht länger die unfaßbare Gottheit, sondern das Denken der Welt. Er war eins mit allen geschaffenen Dingen in ihrem idealen platonischen Zustand, aber getrennt von ihren unzulänglichen Erscheinungsformen unterhalb des idealen Zustands: »Insofern alles, was existiert, in seiner Substanz enthalten ist, umfaßt [Gott] alles Existierende«, sagte Cordovero. »Seine Substanz ist in seinen Sefiroth gegenwärtig, und Er selbst ist alles, und kein Ding existiert außerhalb von ihm.«[5] Damit stand er dem Monismus eines al-Arabi oder Mullah Sadra sehr nahe.

Isaak Luria (1534–1572), der Held und Heilige der Kabbala von Zefat, versuchte das Paradoxon der göttlichen Transzendenz und Immanenz mit einer der verblüffendsten Ideen zu lösen, die jemals über Gott geäußert wurden. Die meisten jüdischen Mystiker sagten nicht viel über ihre Erfahrungen mit Gott. Einer der großen Widersprüche der Mystik liegt darin, daß viele Mystiker behaupten, ihre Erfahrungen seien unbeschreiblich, und dennoch durchaus geneigt sind, alles niederzuschreiben. Die Kabbalisten jedoch hüteten sich davor. Luria war einer der ersten Zaddikim oder heiligen Männer, die aufgrund ihres Charismas Schüler für ihre Art von Mystik um sich sammelten. Da er kein Schriftsteller war, beruhen unsere Kenntnisse seines kabbalistischen Systems auf den Niederschriften seiner Schüler, die Gespräche mit ihm festgehalten haben: der Abhandlung *Ez Chajim* (Der Baum des Lebens) von Chajim Vital (1553–1620) und den erst 1921 veröffentlichten Aufzeichnungen von Josef Ibn Tabul.

Luria wandte sich der Frage zu, die Monotheisten seit Jahrhunderten beschäftigte: Wie kann ein vollkommener, unendlicher Gott eine begrenzte, vom Bösen unterhöhlte Welt erschaffen haben? Woher ist das Böse gekommen? Luria fand die Antwort, indem er sich vorstellte, was vor der Emanation der Sefiroth geschehen war, als En-Sof in äußerster Introspektion nach innen auf sich selbst gewendet war. Um Platz für die Welt zu schaffen, so meint Luria, machte En-Sof ein Gebiet in sich selbst frei. In diesem Akt des »Schrumpfens« und »Zurücknehmens« (Zimzum) schuf Gott einen Ort, an dem er nicht war, einen leeren Raum, den er durch den gleichzeitigen Vorgang der Selbstenthüllung und Schöpfung ausfüllen konnte. Lurias Gedanke war ein wagemutiger Versuch, die problematische Lehre von der Erschaffung der Welt aus dem Nichts zu erklären: En-Sofs allererster Akt ist das selbstauferlegte Exil von einem Teil seiner selbst. Er sinkt tiefer in sein eigenes Selbst hinein und zieht sich selbst eine Grenze. Dies erinnert an die uranfängliche Kenosis, die christliche Vorstellung von der Dreieinigkeit, bei der Gott sich in einem Akt des Selbstausdrucks in seinen Sohn ergießt. Für die Kabbalisten des 16. Jahrhunderts war Zimzum in erster Linie ein Symbol für das in jedem erschaffenen Leben untergründig vorhandene Exil, das En-Sof selbst erlebt hat.

Der durch Gottes Rückzug geschaffene Raum wurde als Kreis verstanden, der auf allen Seiten von En-Sof umgeben war. Das war das »Tohuwabohu«, die in der Genesis erwähnte formlose Öde. Vor dem Rückzug des Zimzum mischten sich die verschiedenen Kräfte »Gottes« (aus denen später die Sefiroth wurden) auf harmonische Weise, sie waren nicht voneinander geschieden. Insbesondere Gottes Chessed (Gnade) und Din (richtende Gewalt) existierten in vollendeter Harmonie in Gott. Während des Zimzum genannten Vorgangs trennte En-Sof Din von seinen restlichen Attributen und warf es in den leeren Raum, den er verlassen hatte. Daher ist Zimzum nicht nur ein Akt der selbstentleerenden Liebe, sondern auch eine Art göttliche Reinigung: Gott entfernt seinen Zorn oder sein Urteil (was *Der Sohar* als die Wurzel des Bösen ansieht) aus seinem Innersten. Seine erste Tat zeigt deshalb eine gegen ihn selbst gerichtete Härte und Rücksichtslosigkeit. Da nun Din von Chessed und dem Rest der göttlichen Attribute geschieden war, konnte sie unter Umständen zerstörerisch wirken. Dennoch überläßt En-Sof den leeren Raum nicht gänzlich sich selbst: Ein »dünner« Strahl des göttlichen Lichtes dringt in diesen Kreis und nimmt die Form dessen an, was der *Sohar* als Adam Kadmon, den ersten Menschen, bezeichnet.

Es folgt die Emanation der Sefiroth, allerdings nicht so, wie sie sich dem *Sohar* zufolge ereignet hat. Luria sagt, die Sefiroth hätten sich in Adam Kadmon gebildet: Die drei obersten Sefiroth – Kether (Krone), Chochma (Weisheit) und Bina (Intelligenz) – gingen strahlenförmig von seiner »Nase«, seinen »Ohren« und seinem »Mund« aus. Aber dann ereignete sich eine Katastrophe, Luria nennt sie den »Bruch der Gefäße« *(schebirath ha-Kelim)*. Die Sefiroth mußten in bestimmten Hüllen oder Gefäßen aufbewahrt werden, um sie voneinander zu unterscheiden und zu trennen und um zu verhindern, daß sie wieder zu ihrer früheren Einheit verschmolzen. Die »Gefäße« oder »Röhren« waren natürlich nicht stofflich, sondern bestanden aus einer Art dichterem Licht, das als »Schalen« *(kelipot)* für das reinere Licht der Sefiroth diente. Als die drei höchsten Sefiroth strahlenförmig von Adam Kadmon ausgingen, funktionierten ihre Gefäße perfekt. Doch als die folgenden sechs Sefiroth von seinen »Augen« ausströmten, waren die Gefäße nicht stark genug, um das göttliche Licht zu bändigen, und sie zerbrachen. Das Licht war folglich verstreut. Ein Teil davon stieg nach oben und kehrte zu Gott zurück, einige göttliche »Funken« jedoch fielen in die leere Öde und blieben im Chaos gefangen. Von da an war nichts mehr an seinem richtigen Platz. Selbst die drei höchsten Sefiroth waren infolge der Katastrophe in eine tiefere Sphäre gefallen. Die ursprüngliche Harmonie war zerstört, die göttlichen Funken verloren sich in der formlosen Öde des Tohuwabohu, im Exil Gottes.

Dieser seltsame Mythos ruft Erinnerungen an frühere gnostische Mythen eines ursprünglichen Durcheinanders wach. Er drückt die im gesamten Schöpfungsprozeß enthaltene Spannung aus – eine Vorstellung, die besser zur heutigen Urknalltheorie paßt als die in der Genesis beschriebene friedliche Abfolge. Es war nicht leicht für En-Sof, aus seiner Verborgenheit herauszutreten. Er konnte dies – in Anbetracht der Umstände – nur in einer Art Verfahren von Versuch und Irrtum tun. Im Talmud hatten die Rabbis eine ähnliche Idee gehabt: Sie sagten, Gott habe andere Welten erschaffen und sie zerstört, bevor er unsere Welt geschaffen habe. Aber es ist nicht alles verloren. Einige Kabbalisten verglichen den »Bruch« *(schebi-*

rath) mit dem Durchbruch bei einer Geburt oder dem Aufplatzen einer Samenhülse, die Zerstörung ist nur die Einleitung einer neuen Schöpfung. Obwohl alles in Unordnung war, brachte En Sof in einem *tikkun* genannten Prozeß der Wiederherstellung neues Leben aus dem offensichtlichen Chaos hervor.

Nach der Katastrophe strömte aus En-Sof eine Lichtflut hervor und durchbrach Adam Kadmons »Stirn«. Diesmal wurden die Sefiroth in neuen Konfigurationen organisiert: Sie waren nicht mehr länger verallgemeinerte Aspekte Gottes. Jede wurde zu einem »Angesicht der Gottheit« *(Parsuf)*, in dem sich die gesamte Persönlichkeit Gottes mit charakteristischen Merkmalen auf recht ähnliche Weise wie in den drei Personen der Dreifaltigkeit enthüllte. Luria versuchte einen neuen Weg zu finden, um die alte kabbalistische Vorstellung vom unergründlichen Gott, der sich selbst als Person hervorbringt, auszudrücken. Mit dem Bild des *tikkun* greift Luria in symbolischer Weise die Vorstellung von Geburt und Entwicklung einer menschlichen Persönlichkeit auf, um eine ähnliche Entwicklung in Gott zu beschreiben. Der Vorgang ist kompliziert und vielleicht am besten in einem Diagramm darzustellen. Im Vorgang des *tikkun* stellte Gott die Ordnung wieder her, indem er zehn Sefiroth in fünf »Angesichte der Gottheit« *(Parsufim)* in der folgenden Stufenfolge zusammenfaßte:

1. Kether (»die Krone«), die höchste Sefira, im *Sohar* »Nichts« genannt, wurde der erste Parsuf, genannt Arich Anpin: der Langmütige.
2. Chochma (Weisheit) wurde der zweite Parsuf, genannt Abba: Vater.
3. Bina (Intelligenz) wurde der dritte Parsuf, genannt Imma: Mutter.
4. Din (richtende Gewalt), Chessed (Gnade), Rachamin (Barmherzigkeit), Nezach (Geduld), Hod (Majestät), Jessod (Grund) wurden alle zusammen zum vierten Parsuf, genannt Seir Anpin: der Ungeduldige. Sein Begleiter ist:
5. Die letzte Sefira, genannt Malchuth (Reich) oder die Schechina. Sie wird zum fünften Parsuf, genannt Nuqrah de Seir: Seirs Frau.

Die Sexualsymbolik ist ein kühner Versuch, die Wiedervereinigung der Sefiroth anschaulich darzustellen. Dadurch wird der beim Bruch der Gefäße entstandene Schaden geheilt und die ursprüngliche Harmonie wiederhergestellt. Die beiden »Paare« – Abba und Imma, Seir und Nuqrah – betreiben *ziwwug* (Kopulation): Die Paarung von männlichen und weiblichen Elementen in Gott symbolisiert die wiederhergestellte Ordnung. Die Kabbalisten warnen ihre Leser stets davor, dies wörtlich aufzufassen. Die Fiktion zielt darauf ab, einen Integrationsprozeß vor Augen zu führen, der nicht mit klaren, rationalen Begriffen beschrieben werden kann, und die überwiegend männliche Vorstellung von Gott zu neutralisieren. Die von den Mystikern erstrebte Erlösung hängt nicht von historischen Ereignissen ab wie der Ankunft des Messias, sondern ist ein Prozeß, dem sich Gott selbst unterziehen muß. Zunächst hatte Gott beabsichtigt, die Menschen bei der Wiederherstellung jener göttlichen Funken, die beim Bruch der Gefäße verstreut und im Urzustand der Schöpfung aufgefangen worden waren, zu Gehilfen zu machen. Aber dann sündigte Adam im Garten Eden. Hätte er das nicht getan, wäre die ursprüngliche Harmonie wieder erreicht worden und das göttliche Exil hätte am ersten Sabbat geendet. Adams Sündenfall jedoch wiederholte die ursprüngliche Katastrophe vom Bruch der Gefäße. Die geschaffene Ordnung zerbrach, das göttliche Licht in seiner Seele war überall verstreut und in zerbrochenem Material gefangen. Daher arbeitete Gott einen zweiten Plan aus und erwählte Israel zum Gehilfen im Kampf um höchste Gewalt und Kontrolle. Obwohl Israel wie die göttlichen Funken im ganzen unbarmherzigen und gottlosen Gebiet der Diaspora verstreut ist, haben die Juden eine besondere Mission. Solange die göttlichen Funken getrennt und in der Materie verloren sind, ist Gott unvollständig. Durch die sorgfältige Befolgung der Thora und der Gebetsdisziplin kann jeder Jude dazu beitragen, die Funken wieder ihrem göttlichen Ursprung gleich zusammenzusetzen und so die Welt zu entschädigen. In dieser Vorstellung von Erlösung blickt Gott nicht mitleidig auf die Menschheit herab, sondern ist, wie die Juden immer betonten, von der Menschheit abhängig. Juden haben das einmalige Privileg, dabei zu helfen, Gott zu re-formieren und neu zu schaffen.

Luria gab der ursprünglichen Vorstellung vom Exil der Schechina eine neue Bedeutung. Es sei noch einmal daran erinnert, daß im Talmud die Rabbis die Schechina nach der Zerstörung des Tempels freiwillig mit den Juden ins Exil gehen sahen. *Der Sohar* setzte die Schechina mit der letzten Sefira gleich und machte sie zum weiblichen Aspekt der Göttlichkeit. In Lurias Mythos stürzte die Schechina mit den anderen Sefiroth herab, als die Gefäße zerbrachen. Im ersten Stadium von *tikkun* wurde sie Nuqrah, und durch die Paarung mit Seir (den sechs »mittleren« Sefiroth) kehrte sie beinahe wieder in die göttliche Welt zurück. Doch als Adam sündigte, stürzte die Schechina abermals und ging, getrennt von der übrigen Göttlichkeit, ins Exil. Es ist unwahrscheinlich, daß Luria die Werke der christlichen Gnostiker kannte, die eine sehr ähnliche Mythologie entwickelt hatten. Er formulierte die alten Mythen des Exils und des Sündenfalls in einer eigenen Sprache, die die tragischen Bedingungen des 16. Jahrhunderts reflektierte. Erzählungen von der göttlichen Paarung und der vertriebenen Göttin hatten die Juden in der biblischen Periode, als sie ihre Lehre von dem einen Gott entwickelten, zurückgewiesen. Die Anklänge an heidnische Gedanken und die Götzenverehrung empörten verständlicherweise die sephardischen Juden. Aber Lurias Mythos wurde von Juden aus Persien bis England, Deutschland bis Polen, Italien bis Nordafrika, Holland bis zum Jemen begierig angenommen. Der Mythos traf ihre Situation, brachte eine verborgene Saite zum Klingen und konnte in der Verzweiflung neue Hoffnung wecken. Dies machte es den Juden möglich zu glauben, daß es trotz der schrecklichen Umstände, unter denen so viele lebten, einen elementaren Sinn gab.

Die Juden hatten es in der Hand, das Exil der Schechina zu beenden: Indem sie die Mizwot befolgten, konnten sie ihren Gott wiederherstellen. Interessant ist der Vergleich dieses Mythos mit der von Luther und Calvin ungefähr zur gleichen Zeit in Europa entwickelten protestantischen Theologie. Die Reformatoren predigten die absolute Souveränität Gottes: Wie wir sehen werden, können in ihrer Theologie die Menschen absolut nichts zu ihrer eigenen Erlösung beitragen. Luria hingegen lehrte, daß die Bemühungen der Menschen wichtig waren: Gott braucht die Menschen und würde ohne ihre Gebete und Taten unvollständig bleiben. Trotz der Tragödie, die den Juden in Europa widerfahren war, brachten sie mehr Optimismus auf als die Protestanten. Luria betrachtete *tikkun,* den Vorgang der Wiederherstellung, als einen kontemplativen Akt. Während die europäischen Christen – Katholiken und Protestanten gleichermaßen – immer mehr Dogmen formulierten, griff Luria auf Abraham Abulafias mystische Techniken zurück. Sie sollten den Juden helfen, über den Bereich des rein Intellektuellen hinaus zu gelangen und eine intuitive Bewußtheit zu erreichen. Das Neuordnen der Buchstaben des Göttlichen Namens, das bei Abulafia eine große Rolle spielte, sollte die Kabbalisten daran erinnern, daß die Bedeutung von »Gott« durch die menschliche Sprache nicht adäquat ausgedrückt werden konnte. In Lurias Mythologie symbolisierte dieses Verfahren darüber hinaus die Neu-Schaffung des Göttlichen. Chajim Vital beschreibt die ungeheure Wirkung von Lurias Methode: Indem sich ein Kabbalist von der normalen, alltäglichen Erfahrung absondert – durch Wachsein, wenn alle anderen schlafen, durch Fasten, wenn andere essen, durch vorübergehende Zurückgezogenheit –, kann er sich auf seltsame »Worte« konzentrieren, die nichts mit der normalen Sprache zu tun haben. Er spürt, daß er in einer anderen Welt ist, daß er zu zittern und zu beben beginnt, als würde eine Kraft außerhalb seiner selbst von ihm Besitz ergreifen.

Angst ist nicht im Spiel. Luria bestand darauf, daß ein Kabbalist vor seinen spirituellen Übungen geistigen Frieden erlangen muß. Glück und Freude sind wichtig: Er soll kein Herzklopfen und keine Gewissensbisse, keine Schuld und keine Furcht empfinden. Vital betonte, daß die Schechina an einem Ort der Trauer und des Schmerzes nicht leben könne – wie wir gesehen haben, ein im Talmud verwurzelter Gedanke. Traurigkeit entsteht aus der Kraft des Bösen in der Welt, Glück hingegen befähigt den Kabbalisten, Gott zu lieben und ihm treu zu bleiben. Im Herzen des Kabbalisten darf es keine Angst und keine Aggression gegenüber irgend jemandem geben – nicht einmal gegenüber den *gojim.* Luria setzt Zorn mit Götzenanbetung gleich: Eine zornige Person sei von einem »seltsamen Gott« besessen. Lurias Mystik bietet reichlich

Ansatzpunkte für Kritik. Gershom Scholem wendet dagegen ein, das Mysterium des Gottes En-Sof, das im *Sohar* so stark gewesen sei, drohe im Drama von *Zimzum*, dem Bruch der Gefäße und *tikkun* verlorenzugehen.[6] Im nächsten Kapitel werden wir sehen, daß es zu einer folgenreichen, unerfreulichen Episode in der jüdischen Geschichte beitrug. Trotz allem konnte Lurias Gottesvorstellung den Juden helfen, einen Geist der Freude und Güte und zugleich ein positives Menschenbild in einer Zeit zu entwickeln, da Wut und Schuldgefühle viele Juden leicht in Verzweiflung und Hoffnungslosigkeit hätten stürzen können.

Die Christen in Europa waren nicht in der Lage, eine gleichermaßen positive Spiritualität hervorzubringen. Sie hatten ebenfalls historische Katastrophen durchlitten, und die philosophische Religion der Scholastiker hatte das Leiden nicht mildern können. Die Pest im Jahr 1348, der Fall Konstantinopels 1453, das Exil des Papstes in Avignon (1334–42) und das große Schisma (1378–1417) führten den Menschen ihre Hilflosigkeit deutlich vor Augen und untergruben die Stellung der Kirche. Allem Anschein nach war die Menschheit nicht dazu fähig, sich ohne Gottes Hilfe aus ihrer fürchterlichen Lage zu befreien. Im 14. und 15. Jahrhundert betonten Theologen wie Duns Scotus aus Oxford (1265–1308) – nicht zu verwechseln mit Johannes Scotus aus Irland – und der französische Theologe Jean de Gerson (1363–1429) die höchste Gewalt Gottes, der die menschlichen Verhältnisse streng wie ein absoluter Herrscher kontrolliere. Die Menschen konnten nichts für ihre Erlösung tun, gute Taten verdienten nicht durch sich selbst Anerkennung, sondern nur weil Gott sie gnädig als gut anerkannte. In diesen Jahrhunderten verschoben sich jedoch die Gewichtungen. Gerson war Mystiker und glaubte, es sei besser, »ohne übertriebenes Nachfragen vor allem an der Liebe Gottes festzuhalten«, als »anhand von Gründen, die auf dem wahren Glauben beruhen, nach dem Verständnis der Natur Gottes zu suchen«.[7] Wie wir gesehen haben, breitete sich im 14. Jahrhundert die Mystik in Europa aus, immer mehr Menschen leuchtete die Vorstellung ein, daß der Verstand nicht ausreichte, um das als »Gott« bezeichnete Mysterium zu erklären. Thomas von Kempen schreibt in seiner Abhandlung *Über die Nachfolge Christi:*

Was nützt es, gelehrt über die Dreifaltigkeit zu sprechen, wenn es einem an Bescheidenheit mangelt und man die Dreifaltigkeit verachtet … Ich empfände viel eher Reue, als daß ich sie definieren könnte. Wüßtest du die ganze Bibel auswendig sowie alle Lehren der Philosophen, wie hülfe dir das ohne die Gunst und Liebe Gottes?[8]

Über die Nachfolge Christi wurde mit seiner strengen und düsteren Religiosität ein beliebter religiöser Klassiker in Europa. In diesen Jahrhunderten konzentrierte sich die Frömmigkeit zunehmend auf den Menschen Jesus. Im Kreuzweggebet erlebten die Gläubigen jede einzelne Station von Jesu Leidensweg mit. In den Betrachtungen eines anonymen Autors aus dem 14. Jahrhundert heißt es, die Augen des Lesers sollten noch rot vom Weinen sein, wenn er am Morgen aufwacht, nachdem er den größten Teil der Nacht über das Letzte Abendmahl und Jesu Todeskampf meditiert hat. Am Morgen soll er sogleich damit beginnen, über Jesu Last nachzudenken, und Stunde für Stunde seinem Weg nach Golgota folgen. Er soll sich ausmalen, wie er bei der römischen Obrigkeit um Jesu Leben bittet, wie er im Gefängnis neben ihm sitzt und seine gefesselten Hände und Füße küßt.[9] In diesem bedrückenden Bild liegt wenig Gewicht auf der Auferstehung, betont wird vielmehr Jesu verletzliche Menschennatur. Pathos und eine heutige Leser seltsam anmutende morbide Neugier kennzeichnen viele dieser Beschreibungen. Selbst große Mystiker wie Bridget von Schweden oder Juliana von Norwich schwelgen in finsteren Details über den körperlichen Zustand Jesu:

Ich sah sein liebes Gesicht, tränenlos, blutleer und leichenblaß. Es wurde blasser, totenähnlich und leblos. Dann, tot, wurde es blau und wechselte allmählich in ein bräunliches Blau, als der Körper erstarb. Für mich zeigte sich sein Leiden vor allem an seinem seligen Gesicht und besonders an seinen Lippen. Auch dort sah ich dieselben vier Farben, obwohl sie vorher, wie ich gesehen hatte, frisch, rot und wunderschön waren. Es war traurig zu sehen, wie er sich veränderte, als er allmählich starb. Seine Nasenlöcher schrumpften zusammen und trockneten vor meinen Augen aus, und sein teurer Körper wurde schwarz und braun, als er im Tod austrocknete.[10]

Das erinnert uns an die deutschen Kreuzigungsbilder aus dem 14. Jahrhundert mit ihren grotesk verkrümmten Figuren und dem strömenden Blut, die ihren Höhepunkt im Werk von Matthias Grünewald (1480–1528) fanden. Juliana erlangte tiefe Einblicke in die Natur Gottes: Wie jede echte Mystikerin stellt sie die Dreifaltigkeit als in der Seele wohnend und nicht als eine Realität »dort draußen« dar. Aber die Kraft der abendländischen Konzentration auf den menschlichen Christus war zu mächtig, um zu widerstehen. Im 14. und 15. Jahrhundert machten immer mehr Männer und Frauen in Europa eher andere Menschen zum Zentrum ihres spirituellen Lebens als Gott. Die mittelalterliche Marien- und Heiligenverehrung steigerte sich mit der zunehmenden Hingabe an den Menschen Jesus. Auch die Begeisterung für Reliquien und heilige Orte lenkte abendländische Christen von der einzig wichtigen Sache ab. Die Menschen schienen sich auf alles andere mehr zu konzentrieren als auf Gott.

Die Schattenseite des abendländischen Geistes war sogar während der Renaissance deutlich. Die Philosophen und Humanisten der Renaissance betrachteten den größten Teil der mittelalterlichen Frömmigkeit höchst kritisch. Sie lehnten die Scholastiker entschieden ab mit der Begründung, ihre verworrenen Spekulationen würden Gott fremd und langweilig klingen lassen. Statt dessen wollten sie zu den Ursprüngen des Glaubens zurückkehren, insbesondere zum heiligen Augustinus. Im Mittelalter wurde Augustinus als Theologe verehrt, die Humanisten aber entdeckten die *Confessiones* neu und sahen in ihm einen Seelenverwandten, der auf der Suche gewesen war wie sie. Ihrer Ansicht nach war das Christentum keine Sammlung von Lehrsätzen, sondern eine Erfahrung. Lorenzo Valla (1405–59) betonte die Sinnlosigkeit einer Mischung aus heiligem Dogma mit »Kniffen der Dialektik« und »metaphysischen Spitzfindigkeiten«:[11] Solche »Sinnlosigkeiten« habe bereits der heilige Paulus verurteilt. Franceso Petrarca (1304–74) meinte, daß »Theologie« eigentlich Poesie sei, eine auf Gott gerichtete Poesie; wirksam nicht deshalb, weil sie etwas »bewies«, sondern weil sie in das Herz eindrang.[12] Die Humanisten entdeckten die Würde der Menschen wieder. Dies veranlaßte sie jedoch nicht, Gott abzulehnen, statt dessen betonten sie als typische Kinder ihrer Zeit die

Menschlichkeit des Mensch gewordenen Gottes. Die alten Unsicherheiten aber blieben bestehen. Die Brüchigkeit unseres Wissens war den Menschen der Renaissance in hohem Grade bewußt, und auch Augustinus' scharfer Sinn für Sünde war ihnen vertraut. Petrarca sagte:

> Wie oft habe ich über mein eigenes Elend und über den Tod nachgedacht; mit welchen Tränenströmen suchte ich meine Schandflekken wegzuwaschen, so daß ich kaum darüber reden kann, ohne zu weinen, und dennoch ist bis jetzt alles vergeblich. Gott ist in der Tat der Beste: und ich bin der Schlechteste.[13]

Die Distanz zwischen Mensch und Gott war groß: Coluccio Salutati (1331–1406) und Leonardo Bruni (1369–1444) betrachteten Gott als vollkommen transzendent und für die Menschen unzugänglich.

Mehr Zutrauen in die Fähigkeit des Menschen, Gott zu verstehen, hatte der deutsche Philosoph und Geistliche Nikolaus von Kues (1400–1464). Er war sehr interessiert an der neuen Wissenschaft und glaubte, sie könnte den Menschen helfen, das Geheimnis der Dreifaltigkeit zu erfassen. Die Mathematik beispielsweise, die nur mit reinen Abstraktionen zu tun hatte, konnte eine in anderen Disziplinen nicht mögliche Sicherheit liefern. So waren die mathematischen Begriffe »Maximum« und »Minimum« offensichtlich Gegensätze, konnten logisch aber als identisch betrachtet werden. Dieses »Zusammenfallen der Gegensätze« enthält die Vorstellung von Gott: Das »Maximum« umfaßt alles und schließt Vorstellungen von Einheit und Notwendigkeit mit ein, die direkt auf Gott deuten. Überdies ist die vollkommene Form weder Dreieck noch Kreis, noch Kugel, sondern alle drei kombiniert: Die Einheit der Gegensätze ist ebenfalls eine Dreieinigkeit. Nikolaus' kluge Darstellung hat indes kaum religiöse Bedeutung. Offensichtlich reduziert er die Gottesidee auf ein logisches Problem. Aber seine Überzeugung, »daß Gott alles, selbst Gegensätze umfaßt«[14], stand der griechisch-orthodoxen Vorstellung nahe, daß jede wahre Theologie paradox ist. Nikolaus schrieb eher wie ein spiritueller Lehrer als wie ein Philosoph oder Mathematiker. Er war sich bewußt, daß der Christ »alles hinter sich lassen« muß, wenn er Gott nahe kommen will, daß er »sogar über seinen Verstand hinausgehen« und sich in einen Bereich jenseits von Sinn und Vernunft begeben muß. Gottes Angesicht wird immer von einem »Geheimnis und einer mystischen Stille« verdeckt bleiben.[15]

Die neuen Erkenntnisse des Renaissance-Zeitalters konnten nicht an tief verborgene Ängste rühren, die – wie Gott – jenseits der Reichweite der Vernunft lagen. Kurz nach Nikolaus' Tod brach in seiner deutschen Heimat eine besonders folgenschwere Phobie aus und verbreitete sich in ganz Nordeuropa. Im Jahr 1484 veröffentlichte Papst Innozenz VIII. die Hexenbulle *Summis desiderantes*. Sie kennzeichnet den Beginn des während des 16. und 17. Jahrhunderts sporadisch durch ganz Europa wütenden großen Hexenwahns, der gleichermaßen in protestantischen und katholischen Regionen wütete. Der Hexenwahn enthüllte die finstere Kehrseite des abendländischen Geistes. Während dieser schrecklichen Hetzjagd wurden Tausende von Männern und Frauen grausam gequält, bis sie die erstaunlichsten Verbrechen bekannten. Sie »gestanden«, daß sie Geschlechtsverkehr mit Teufeln gehabt hätten, daß sie Hunderte von Kilometern durch die Luft zu Orgien geflogen seien, wo Satan anstelle Gottes in einer obszönen Messe angebetet worden sei. Heutzutage wissen wir, daß es damals keine Hexen gab, sondern daß der Wahn eine gewaltige kollektive Phantasie darstellte, die von den gelehrten Inquisitoren und vielen ihrer Opfer geteilt wurde. Die Opfer hatten diese Dinge nur im Traum oder in der Phantasie erlebt, doch man konnte ihnen leicht einreden, daß alles tatsächlich passiert war. Die Phantasien waren verknüpft mit Antisemitismus und einer tiefempfundenen sexuellen Furcht. Satan trat hervor als der Schatten eines unvorstellbar guten und mächtigen Gottes. Dies war in den anderen Religionen von Gott nicht vorgekommen. Der Koran beispielsweise macht deutlich, daß Satan am Jüngsten Tag vergeben wird. Einige Sufis behaupteten, Satan sei in Ungnade gefallen, weil er Gott mehr geliebt habe als jeder Engel: Gott hatte ihm befohlen, sich am Tag der Schöpfung vor Adam zu verneigen. Satan aber lehnte dies ab, weil er glaubte, daß solche Ehrerbietung nur Gott entgegengebracht werden durfte. Im Abendland hingegen wurde Satan zum Inbegriff des unbeherrschbaren Bösen. Man stellte ihn immer häufiger als ein monströses Tier mit unstillbarem sexuellen Verlangen und riesigen Genitalien dar. Wie Norman Cohn in seinem Buch *Europe's Inner Demons* (Europas verborgene Dämonen) aufzeigt, ist dieses Satansbild nicht nur eine Projektion verborgener Unruhe und Angst. Der Hexenwahn war auch eine unbewußte, aus einem inneren Zwang entstandene Revolte gegen eine repressive Religion und einen scheinbar unerbittlichen Gott. In ihren Folterkammern brachten Inquisitoren und »Hexen« Phantasien hervor, die eine Umkehrung des Christentums waren. Die Schwarze Messe wurde zu einer entsetzlichen, aber pervers befriedigenden Zeremonie zu Ehren des Teufels anstelle Gottes, der abschreckend grausam und einschüchternd erschien.[16]

Martin Luther (1483–1546) glaubte fest an Hexerei und betrachtete das christliche Leben als beständigen Kampf gegen den Satan. Die Reformation kann als ein Versuch verstanden werden, diese Angst anzusprechen, auch wenn die meisten Reformatoren kein neues Gottesbild vertraten. Es ist natürlich stark vereinfachend, diesen ungeheuren religiösen Umbruch, der sich im 16. Jahrhundert in Europa vollzog, in den Begriff »die Reformation« zu fassen. Die Bezeichnung weist auf eine ruhigere und einheitlichere Bewegung hin, als es der Realität entspricht. Die verschiedenen Reformatoren – katholische wie protestantische – versuchten alle, ein neues religiöses Bewußtsein zu formulieren, das die Menschen sehr bewegte, aber nicht in Worte gekleidet und nicht bewußt durchdacht war. Wir wissen nicht genau, warum sich »die Reformation« ereignete, Wissenschaftler unserer Zeit warnen vor den Darstellungen in alten Lehrbüchern. Die Veränderungen waren weder, wie häufig angenommen, eindeutig auf die Korruptheit der Kirche noch auf schwindende Frömmigkeit zurückzuführen. Vielmehr gab es in Europa anscheinend eine Welle religiöser Begeisterung, die die Menschen veranlaßte, Mißstände zu kritisieren, die sie bis dahin als selbstverständlich hingenommen hatten. Die damals bedeutsamen Ideen der Reformatoren entsprangen alle mittelalterlichen katholischen Vorstellungen. Der wachsende Nationalismus und der Aufstieg der Städte in Deutschland und der Schweiz spielten ebenso eine Rolle wie die neue Frömmigkeit und die theologische Bewußtheit der Laien im 16. Jahrhundert. In Europa entwickelte sich immer mehr der Sinn für das Individuum, und das hatte zur Folge, daß bislang gültige religiöse Standpunkte radikal überprüft wurden. Die Europäer drückten ihren Glauben nicht länger auf eine äußerliche, konventionelle Weise aus, sondern beschäftigten sich mit den inneren Konsequenzen der Religion. All dies trug zu den schmerzlichen und teilweise gewaltsamen Veränderungen bei, die das Abendland in die Moderne drängten.

Vor seiner Konversion war Luther fast daran verzweifelt, einem Gott zu gefallen, den er haßte:

> Obwohl ich ein tadelloses Leben als Mönch führte, fühlte ich mich vor Gott als ein Sünder mit einem schlechten Gewissen. Ich konnte auch nicht glauben, daß ich ihn mit meinen Werken zufriedengestellt hatte. Weit davon entfernt, diesen gerechten Gott, der Sünder bestrafte, zu lieben, verabscheute ich ihn sogar. Ich war ein guter Mönch und hielt die Ordnung so streng ein, daß, sollte jemals ein Mönch aufgrund von mönchischer Disziplin in den Himmel kommen, ich dieser Mönch war. Alle meine Genossen würden dies bestätigen … Und dennoch würde mir mein Gewissen keine Sicherheit geben, ohne daß ich zweifelte und sagte: »Das hast du nicht richtig gemacht. Du warst nicht reuevoll genug. Du hast das aus deiner Beichte gelassen.«[17]

Viele Christen heutzutage – sowohl Protestanten als auch Katholiken – werden dieses Syndrom wiedererkennen, das die Reformation nicht vollkommen beseitigen konnte. Hervorstechendstes Merkmal von Luthers Gott war der Zorn. Kein Heiliger, Prophet oder Psalmist war in der Lage gewesen, den Zorn Gottes zu ertragen. Es hat keinen Sinn, wenn man versucht »sein Bestes zu tun«. Weil Gott ewig und allmächtig ist, ist auch sein Zorn gegenüber selbstzufriedenen Sündern grenzenlos.[18] Sein Wille ist unerforschlich. Die Einhaltung der Zehn Gebote oder der Regeln eines religiösen Ordens kann uns nicht retten, das Gesetz ist vielmehr beständige Anklage und Schrecken, weil es uns das Ausmaß unserer Unvollkommenheit vor Augen führt. Das Gesetz bringt keine frohe Botschaft, sondern es enthüllt den Zorn Gottes, Sünde, Tod und Verurteilung vor Gott.[19]

Den Durchbruch fand Luther, als er seine Rechtfertigungslehre formulierte. Der Mensch kann sich nicht selbst retten. Gott bestimmt alles, was für die »Rechtfertigung«, die Wiederherstellung der Beziehung zwischen dem Sünder und Gott, nötig ist. Gott handelt, die Menschen sind nur passiv. Unsere »guten Taten« und die Einhaltung des Gesetzes sind nicht der Grund unserer Rechtfertigung, sondern nur das Ergebnis. Wir sind nur darum in der Lage, die Gebote der Religion zu befolgen, weil Gott uns errettet hat. Das meinte der heilige Paulus mit der Wendung »Rechtfertigung durch Glauben«. An Luthers Theorie war nichts grundsätzlich Neues, der Gedanke war seit dem frühen 14. Jahrhundert in Europa geläufig. Doch nachdem Luther ihn aufgegriffen und sich zu eigen gemacht hatte, fühlte er seine Ängste schwinden. Die folgende überraschende Entdeckung »gab mir das Gefühl, als ob ich noch einmal geboren worden wäre und als ob ich durch offene Tore in das Paradies selbst eingetreten wäre«.[20]

Dennoch blieb er der menschlichen Natur gegenüber äußerst pessimistisch. Bis zum Jahr 1520 hatte er das entwickelt, was er seine Theologie des Kreuzes nannte. Er übernahm die Formulierung vom heiligen Paulus. Dieser hatte den Korinthern geschrieben, das Kreuz Christi habe gezeigt, daß »das Törichte an Gott weiser [ist] als die Menschen, und das Schwache an Gott ... stärker als die Menschen«.[21] Gott sprach »Sünder« frei, die nach rein menschlichen Maßstäben auf jeden Fall eine Bestrafung verdient hatten. Gottes Kraft offenbarte sich in dem, was in den Augen der Menschen Schwäche war. Während Luria gelehrt hatte, daß Gott nur in der Freude und in der Stille gefunden werden könne, behauptete Luther, daß Gott nur im Leiden und dem Kreuz gefunden werden könne.[22] Von dieser Position aus entfaltete er seine Polemik gegen die Scholastik. Darin unterschied er den unechten Theologen, der die menschliche Klugheit hervorhebt und »die unsichtbaren Dinge Gottes betrachtet, als wären sie deutlich wahrnehmbar, vom echten Theologen, der die sichtbaren und offenkundigen Dinge Gottes durch das Leiden und das Kreuz erfaßt«.[23] Die Lehren von der Dreifaltigkeit und der Inkarnation schienen so, wie sie von den Kirchenvätern formuliert worden waren, verdächtig. Ihre Komplexität deutete auf eine falsche »Theologie der Herrlichkeit« hin.[24] Luther jedoch hielt sich an die orthodoxe Lehre von Nicäa, Ephesus und Chalkedon. Seine Rechtfertigungslehre hing tatsächlich von der Göttlichkeit Christi und seiner Stellung in der Dreifaltigkeit ab. Diese traditionellen Lehren über Gott waren zu tief in die christliche Erfahrung eingebettet, als daß Luther oder Calvin sie in Frage gestellt hätten. Doch die abstrusen Formulierungen der unechten Theologen lehnte Luther ab. »Was spielt es für mich für eine Rolle?« fragte er, als er mit den komplexen christologischen Doktrinen konfrontiert war. Er brauchte nur zu wissen, daß Christus sein Erlöser war.[25]

Luther zweifelte sogar an der Möglichkeit, die Existenz Gottes zu beweisen. Der einzige Gott, der durch logische Argumente, wie sie Thomas von Aquin anführte, abgeleitet werden konnte, war der »Gott« der heidnischen Philosophen. Wenn Luther behauptete, daß wir durch den »Glauben« von der Sündenschuld frei werden, meinte er nicht die Übernahme der richtigen Vorstellungen von Gott. »Der Glaube erfordert keine Unterrichtung, kein Wissen und keine Überzeugung«, predigte er in einer seiner Kanzelreden, »sondern eine freie Hingabe und eine freudige Wette auf seine nicht gefühlte, nicht erprobte und unbekannte Güte.«[26] Damit nahm er Pascal und Kierkegaard vorweg. Glaube bedeutet nicht die Zustimmung zu den Vorschlägen eines Glaubensbekenntnisses, es ist nicht der »Glaube« an eine orthodoxe Meinung. Statt dessen ist der Glaube ein Sprung in der Dunkelheit in Richtung Realität, ein Sprung, der Vertrauen voraussetzt. Luther bestand darauf, daß Gott spekulative Diskussionen über seine Natur verbot. Ihn nur durch Vernunft zu suchen kann gefährlich sein und in die Verzweiflung führen, denn wir finden nur die Macht, die Weisheit und die Gerechtigkeit Gottes, und das wird schuldige Sünder einschüchtern. Anstatt sich mit rationalistischen Diskussionen über Gott zu beschäftigen, soll sich der Christ die geoffenbarten Wahrheiten der Heiligen Schrift zu eigen machen. In dem Glaubensbekenntnis, das er für den *Kleinen Katechismus* verfaßte, zeigt Luther, wie das getan werden kann:

Ich glaube, daß Jesus Christus, wahrhaftiger Gott, vom Vater in Ewigkeit geboren, und auch wahrhaftiger Mensch, von der Jungfrau Maria geboren, sei mein Herr, der mich verlorenen und verdammten Menschen erlöst hat, erworben und gewonnen von allen Sünden, vom Tod und von der Gewalt des Teufels, nicht mit Gold oder Silber, sondern mit seinem heiligen, teuren Blut und mit seinem unschuldigen Leiden und Sterben, auf daß ich sein eigen sei und in seinem Reich unter ihm lebe und ihm diene in ewiger Gerechtigkeit, Unschuld und Seligkeit, gleichwie er ist auferstanden vom Tod, lebet und regiert in Ewigkeit.[27]

Luther hatte die scholastische Theologie gründlich studiert, war aber zu einfacheren Glaubensformen zurückgekehrt und stellte sich gegen die nüchterne Theologie des 14. Jahrhunderts, weil sie seine Ängste nicht zerstreuen konnte. Aber auch er war oft schwer verständlich, so zum Beispiel wenn er zu erklären versuchte, wie genau wir von der Sündenschuld frei werden. Luthers großes Vorbild Augustinus hatte gelehrt, daß die dem Sünder verliehene Rechtschaffenheit nicht seine eigene, sondern die Gottes war. Luther formulierte dies ein wenig um: Augustinus hatte gesagt, die göttliche Rechtschaffenheit werde zu einem Teil von uns; Luther bestand darauf, daß sie außerhalb des Sünders blieb, daß aber Gott sie betrachtete, als ob sie dem Sünder eigen wäre. Ironischerweise führte die Reformation zu größerer dogmatischer Verwirrung und zur Vermehrung neuer Lehren, während sie dagegen doch gerade angehen wollte.

Luther sagte, er sei wiedergeboren worden, als er seine Rechtfertigungslehre formuliert habe. Tatsächlich jedoch scheint es, als wären nicht alle seine Ängste zerstreut worden. Er blieb ein verwirrter, zorniger und ungezügelter Mann. In allen großen religiösen Traditionen heißt es, daß der Prüfstein für jede Spiritualität die Frage ist, wie weit sie in das alltägliche Leben integriert werden kann. Buddha lehrte, man solle nach der Erleuchtung »zum Marktplatz zurückkehren« und Mitgefühl für alle anderen Lebewesen praktizieren. Frieden, Heiterkeit und liebende Freundlichkeit sind die Merkmale religiöser Erfahrung. Luther jedoch war ein fanatischer Antisemit und Frauenfeind. Er wand sich in Abscheu und Widerwillen vor der Sexualität und meinte, daß alle rebellischen Bauern getötet werden sollten. Seine Vision eines zornigen Gottes hatte ihn mit Wut erfüllt. Man hat gesagt, sein streitsüchtiger Charakter habe der Reformation großen Schaden zugefügt. Am Anfang seines Wegs als Reformer wurden viele seiner Ideen von orthodoxen Katholiken vertreten. Sie hätten der Kirche eine neue Vitalität verleihen können, aber Luthers aggressives Verhalten hatte zur Folge, daß man seinen Gedanken mit unnötig großer Skepsis begegnete.[28]

Auf lange Sicht war Luther weniger einflußreich als Johann Calvin (1509–1564). Calvins Reformation in der Schweiz gründete stärker als die von Luther auf den Idealen der Renaissance und hatte eine tiefgreifende Wirkung auf die in der Entstehung begriffene Ethik des Abendlandes. Am Ende des 16. Jahrhunderts war der »Calvinismus« etabliert als eine weltumspannende Religion mit der Kraft, die Gesellschaft zu verwandeln – sei es zum Guten oder zum Schlechten – und den Menschen die Überzeugung zu geben, sie könnten erreichen, was immer sie wollten. Calvinistisches Gedankengut spielte eine Rolle bei der Revolution der Puritaner in England unter Oliver Cromwell im Jahre 1645 und bei der Kolonisation Neuenglands ab 1620. Die Wirkung von Luthers Ideen blieb nach seinem Tod im wesentlichen auf Deutschland beschränkt, Calvins Ideen hingegen führten offenkundig weiter. Seine Schüler bauten seine Lehre aus und lösten die zweite Welle der Reformation aus. Wie der Historiker Hugh Trevor Roper schrieb, können die Anhänger des Calvinismus ihre Religion leichter ablegen als die Katholiken, darum heißt es: einmal Katholik, immer Katholik. Aber der Calvinismus hinterläßt ebenfalls Spuren: Wird er abgelegt, kann er sich in säkularer Weise ausdrücken.[29] Das zeigte sich besonders in den Vereinigten Staaten. Viele Amerikaner, die nicht mehr an Gott glauben, sind durchdrungen von der puritanischen Arbeitsethik und der calvinistischen Vorstellung von Auserwähltheit. Sie halten sich für das »auserwählte Volk«, dessen Flagge und Ideale geradezu göttlichen Absichten dienen. Wir haben gesehen, daß alle großen Religionen in gewissem Sinn Produkte der Zivilisation waren, insbesondere der Städte. Sie entwickelten sich zu einer Zeit, in der die reichen Kaufmannsschichten aufstiegen, das alte, heidnische Establishment überrundeten und ihr Schicksal selbst in die Hand nehmen wollten. Calvins Version des Christentums war besonders für das Bürgertum der aufblühenden europäischen Städte attraktiv, die die Fesseln einer repressiven Hierarchie abschütteln wollten.

Wie vor ihm der Schweizer Theologe Ulrich (Huldreich) Zwingli (1484–1531) war Calvin nicht sonderlich an Dogmatik interessiert; ihm lagen in erster Linie die sozialen, politischen und ökonomischen Aspekte der Religion am Herzen. Er wollte zu einer einfacheren, an der Heiligen Schrift orientierten Frömmigkeit zurückkehren, aber er hielt an der Lehre von der Dreieinigkeit fest, obwohl deren Begrifflichkeit nicht aus der Bibel stammte. In seinem Werk *Institutio religionis Christianae* (Unterweisung in der christlichen Religion) schrieb er, Gott habe erklärt, er sei einer, aber »stellt uns dies deutlich als in drei Personen existierend vor Augen«.[30] 1553 ließ er den spanischen Theologen Michel Servet hinrichten, weil dieser die Dreieinigkeit leugnete. Servet war aus dem katholischen Spanien geflohen und hatte in Genf Zuflucht gesucht. Er behauptete, er kehre zum Glauben der Apostel und der frühesten Kirchenväter zurück, sie hätten nie etwas von dieser absonderlichen Lehre gehört. Mit einem gewissen Recht argumentierte Servet, im Neuen Testament stehe nichts, was dem strikten Monotheismus der jüdischen Schriften widerspreche. Die Lehre von der Dreieinigkeit sei ein menschliches Machwerk, das »den Geist der Menschen von der Kenntnis des wahren Christus entfremdet und uns einen dreigeteilten Gott beschert hat«.[31] Seine Überzeugungen wurden von zwei italienischen Reformern geteilt – Giorgio Blandrata (1515–1590) und Fausto Sozzini (1539–1604) –, die beide ebenfalls nach Genf geflohen waren, dort aber feststellen mußten, daß ihre Theologie für die Schweizer Reformation zu radikal war. Sie hielten nicht einmal an der traditionellen abendländischen Auffassung vom Sühneopfer fest. Ihrer Auffassung nach wurden die Menschen nicht durch den Tod Christi von der Sünde frei, sondern einfach durch ihren »Glauben« oder ihr Vertrauen in Gott. In seinem Buch *De Jesu Christo servatore* (Vom Retter Jesus Christus) wies Sozzini die sogenannte Orthodoxie des Konzils von Nicäa zurück: Die Wendung »Sohn Gottes« sei keine Aussage über die göttliche Natur Jesu, sondern bedeute einfach, daß Jesus von Gott besonders geliebt worden sei. Er sei nicht gestorben, um unsere Sünden zu sühnen, sondern sei einfach ein Lehrer, der »den Weg zur Erlösung gezeigt und gelehrt hat«. Die Dreieinigkeitslehre sei schlichtweg eine »Monstrosität«, eine phantasierte Fiktion, »abstoßend für die Vernunft«, sie ermuntere die Gläubigen, an drei verschiedene Götter zu glauben.[32] Nach der Hinrichtung Servets flohen Blandrata und Sozzini nach Polen und Siebenbürgen und verschwanden samt ihrer »Unitarischen« Religion.

Zwingli und Calvin hielten sich an konventionellere Vorstellungen von Gott und betonten wie Luther seine absolute Erhabenheit. Das war nicht nur eine verstandesmäßige Überzeugung, sondern Ergebnis einer starken persönlichen Erfahrung. Im August 1519 erkrankte Zwingli, kurz nachdem er seine Pfarrstelle in Zürich angetreten hatte, an der Pest; rund ein Viertel der Stadtbewohner fiel ihr zum Opfer. Er fühlte sich vollkommen hilflos, weil er erkannte, daß er nichts tun konnte, um sich zu retten. Er kam nicht auf den Gedanken, die Heiligen um Hilfe anzuflehen oder sich um Fürbitten an die Kirche zu wenden. Statt dessen überantwortete er sich ganz und gar der Gnade Gottes. Er verfaßte das folgende kurze Gebet:

> Tu, wie Du willst,
> Denn mir mangelt nichts.
> Ich bin Dein Gefäß,
> Das wiederhergestellt oder zerstört werden kann.[33]

Seine Haltung des Sich-Auslieferns entsprach dem Ideal des Islam: Wie Juden und Muslime auf einer vergleichbaren Stufe ihrer Entwicklung, waren die Christen im Abendland nicht mehr bereit, Mittler zu akzeptieren, sondern erwarben allmählich ein Gefühl für ihre unveräußerliche Verantwortung vor Gott. Auch Calvin stellte seinen reformierten Glauben auf die Grundlage der absoluten Herrschaft Gottes. Er hat uns keine umfassende Darstellung seiner Bekehrungserfahrung hinterlassen. In seinem *Kommentar zu den Psalmen* schreibt er einfach, sie sei gänzlich das Werk Gottes gewesen. Er sei vollkommen dem Bann der institutionellen Kirche und

»dem Aberglauben des Papsttums« verfallen gewesen. Weder sei er willens noch imstande gewesen, sich davon zu befreien, erst Gottes Eingreifen habe ihn zur Umkehr bewegt: »Endlich hat Gott – durch den verborgenen Zügel seiner Vorsehung – meinem Lebenslauf eine andere Richtung gegeben ... Durch eine plötzliche Bekehrung hat er meinen Sinn, der für mein Alter schon allzusehr verhärtet war, zur Fügsamkeit gezwungen.«[34] Gott allein hatte die Kontrolle. Calvin war vollkommen machtlos, dennoch fühlte er sich zu einer besonderen Sendung ausersehen, gerade aufgrund seines ausgeprägten Gefühls für sein Scheitern und seine Ohnmacht.

Radikale Umkehr war für das römische Christentum seit Augustinus charakteristisch. Der Protestantismus führte diese Tradition des abrupten und gewaltsamen Bruches mit der Vergangenheit weiter und schuf eine »zweimal geborene« Religion für »kranke Seelen«, wie der amerikanische Philosoph William James es nannte.[35] Die Christen wurden »wiedergeboren« zu einem neuen Glauben an Gott und zur Ablehnung der zahlreichen Mittler, die in der mittelalterlichen Kirche zwischen ihnen und dem Göttlichen gestanden hatten. Calvin sagte, die Menschen hätten die Heiligen aus Angst verehrt, sie hätten einen zornigen Gott dadurch besänftigen wollen, daß sie bei denen Gehör suchten, die ihm nahestanden. Aber in ihrer Ablehnung der Heiligenverehrung verrieten die Protestanten häufig eine ebensogroße Angst. Als ihnen verkündet wurde, daß die Heiligen machtlos seien, schien ein gutes Stück ihrer Furcht und der Feindseligkeit diesem unerbittlichen Gott gegenüber in einer heftigen Reaktion herauszubrechen. Der englische Humanist Thomas Morus spürte in vielen der Hetzreden gegen den »Götzendienst« der Heiligenverehrung persönlichen Haß.[36] Haß war auch die Antriebskraft bei der gewaltsamen Zerstörung von Bildern. Viele Protestanten und Puritaner beriefen sich mit großem Ernst auf die Ablehnung von Götzenbildern im Alten Testament, wenn sie die Statuen der Heiligen und der Jungfrau Maria zerschmetterten und die Fresken in Kirchen und Kathedralen dick mit weißer Farbe übertünchten. Ihr fanatischer Eifer zeigt, daß sie genausoviel Angst hatten, den reizbaren und eifersüchtigen Gott zu beleidigen, wie früher, als sie um Fürsprache zu den Heiligen gebetet hatten. Offensichtlich entsprach der Eifer, Gott allein anzubeten, nicht einer ruhigen Überzeugung, sondern der gleichen angstvollen Abwendung, die die alten Israeliten bewogen hatte, den Pfahl Ascheras umzuhauen und die Götter ihrer Nachbarn mit einer Flut von Schmähreden zu überschütten.

Zu Calvin fällt den meisten zuerst sein Glaube an die Prädestination ein, aber tatsächlich war dies kein zentrales Element in seinem Denken. Erst nach Calvins Tod wurde dieser Gedanke für den »Calvinismus« entscheidend. Das Problem, wie man Gottes Allmacht und Allwissenheit mit dem freien Willen des Menschen in Einklang bringen kann, entspringt einer anthropomorphen Gottesvorstellung. Wir haben gesehen, daß die Muslime im 9. Jahrhundert ebenfalls auf diese Schwierigkeit gestoßen waren und keinen logischen oder rationalen Ausweg gefunden hatten; statt dessen betonten sie, daß Gott geheimnisvoll und unergründlich sei. Die griechisch-orthodoxen Christen hatte dieses Problem nie beunruhigt, denn sie hatten Freude an Paradoxien und empfanden sie als Quelle des Lichtes und der Inspiration. Aber im Abendland, wo eine stärker personale Auffassung von Gott vorherrschend war, hatte man über diese Frage gestritten. Man sprach vom »Willen Gottes«, als wäre Gott ein Mensch und denselben Beschränkungen unterworfen wie wir, als regierte er im wörtlichen Sinn, wie ein irdischer Herrscher, die Welt. Dennoch hatte die katholische Kirche die Auffassung verworfen, daß Gott den Verdammten für alle Ewigkeit die Hölle vorherbestimmt habe. Augustinus zum Beispiel bezeichnete mit dem Begriff »Prädestination« den Entschluß Gottes, die Auserwählten zu retten, aber er widersprach der Auffassung, daß manche verlorene Seelen dem Untergang geweiht seien, obgleich dies die logische Konsequenz seines Gedankenganges war. In der *Institutio* sagte Calvin nicht viel zum Thema Prädestination. Er räumte ein, wenn wir uns umblickten, sehe es tatsächlich so aus, als begünstigte Gott manche Menschen mehr als andere. Warum reagieren manche auf die Heilige Schrift, während andere ihr gleichgültig gegenüberstehen? Handelt Gott willkürlich oder unfair? Calvin bestritt dies: Die scheinbare Auserwählung der einen und die Verwerfung anderer ist ein Zeichen für Gottes Geheimnis.[37] Es gibt keine vernunftmäßige Lösung für dieses Problem, das scheinbar impliziert, daß die Liebe und die Gerechtigkeit Gottes nicht miteinander in Einklang zu bringen sind. Dies beunruhigte Calvin aber nicht übermäßig, da er nicht sehr am Dogmatischen interessiert war.

Doch nach seinem Tod, als die »Calvinisten« sich einerseits von den Lutheranern, andererseits von der katholischen Kirche abgrenzen mußten, erhob Theodor Beza (1519–1605), der in Genf Calvins rechte Hand gewesen war und nach seinem Tod die Führung übernahm, die Prädestinationslehre zum Markenzeichen des Calvinismus. Er bügelte das Paradoxon mit gnadenloser Logik glatt: Da Gott allmächtig war, konnte der Mensch folgerichtig nichts zu seiner eigenen Rettung beitragen. Gott veränderte sich nicht, seine Ratschlüsse waren gerecht und ewig, und so hatte er von Ewigkeit her beschlossen, einige zu retten und die übrigen der ewigen Verdammnis zu überlassen. Manche Calvinisten wichen schaudernd vor dieser erschreckenden Lehre zurück. In den Niederlanden behauptete Jakob Arminius, dies sei ein Beispiel für schlechte Theologie, denn es werde von Gott gesprochen, als wäre er ein menschliches Wesen. Aber die Calvinisten glaubten, daß man über Gott ebenso objektiv diskutieren könne wie über jedes andere Phänomen. Wie andere Protestanten und Katholiken entwickelten sie einen neuen Aristotelismus und betonten die Bedeutung von Logik und Metaphysik. Ihr Aristotelismus unterschied sich von dem eines Thomas von Aquin, denn die neuen Theologen interessierten sich weniger für den Inhalt von Aristoteles' Denken als für seine rationale Methode. Sie wollten das Christentum als ein kohärentes und rationales System darstellen, eine Konstruktion aus Syllogismen, die auf bekannten Axiomen beruhten. Das war natürlich eine gewaltige Ironie, schließlich hatten alle Reformatoren diese Art von rationalistischer Diskussion über Gott abgelehnt. Die spätere calvinistische Theologie der Prädestination zeigt, was geschehen kann, wenn das Paradox und das Geheimnis Gottes nicht mehr als Poesie angesehen werden, sondern mit einer kohärenten, aber abschreckenden Logik interpretiert werden. Wenn man anfängt, die Bibel wörtlich aufzufassen und nicht symbolisch, dann wird ihre Gottesvorstellung unsinnig. Ein Gott, der buchstäblich für alles verantwortlich ist, was auf Erden geschieht, bringt unauflösliche Widersprüche mit sich. Der »Gott« der Bibel ist nicht länger ein Symbol für eine transzendente Wirklichkeit, sondern wird ein grausamer und despotischer Tyrann. Die Prädestinationslehre macht die Grenzen eines solcherart personalisierten Gottes deutlich.

Die Puritaner gründeten ihre religiöse Erfahrung auf Calvin und fanden Gott entschieden anstrengend. Er weckte weder Vertrauen noch Mitgefühl. Aus Tagebüchern und Autobiographien von Puritanern geht hervor, daß sie vom Gedanken der Prädestination und von dem Schrecken besessen waren, sie würden nicht gerettet. Die Bekehrung wurde zu einem zentralen Thema: eine dramatische und qualvolle Prozedur, bei der der »Sünder« und sein geistlicher Führer um eine Seele »rangen«. Oft mußte der Büßer schwere Demütigungen erdulden oder alle Hoffnung auf Gottes Gnade verlieren, bis er seine völlige Abhängigkeit von Gott eingestand. In vielen Fällen stellte die Bekehrung eine psychische Abreaktion dar, brachte einen ungesunden Umschwung von extremer Verzweiflung zur Hochstimmung. Die starke Hervorhebung von Hölle und Verdammnis, verbunden mit einer übermäßigen Gewissensstrenge, stürzte viele in eine regelrechte Depression, die Selbstmordrate war entsprechend hoch. Die Puritaner lasteten das Satan an, der in ihrem Leben eine ebenso mächtige Präsenz hatte wie Gott.[38] Der Puritanismus hatte auch einen positiven Aspekt: Er ermöglichte den Menschen Stolz auf ihre Arbeit, die sie bis dahin nur als Sklaverei erlebt hatten und die nun als »Berufung« angesehen wurde. Seine drängende, apokalyptische Spiritualität inspirierte einige, die Neue Welt zu kolonisieren. Aber auf der negativen Seite flößte der Gott der Puritaner Angst ein und führte zu einer gnadenlosen Intoleranz gegenüber denjenigen, die nicht zu den Auserwählten gehörten.

Katholiken und Protestanten betrachteten sich nun als Feinde, aber im Grunde waren ihre Gottesvorstellungen und Gotteserfahrungen sehr ähnlich. Nach dem Konzil von Trient (1545–1563) verlegten sich auch die Katholiken auf die neuaristotelische Theologie, die die Erforschung Gottes auf eine Naturwissenschaft reduzierte. Reformer wie Ignatius von Loyola (1491–1556), der Gründer des Jesuitenordens, betonten wie die Protestanten die Bedeutung der direkten Gotteserfahrung und sahen es als notwendig an, sich die Offenbarung anzueignen und sie zu einer einzigartigen, persönlichen Erfahrung zu machen. Die *Geistlichen Übungen (Das Exerzitienbuch)*, geschrieben für die ersten Mitglieder seines Ordens, sollten zu einer Bekehrung führen, die eine peinigende, schmerzhafte Erfahrung sein konnte, aber auch eine höchst freudige. Dreißig Tage lang arbeitet jeder einzelne Exerzitant mit einem spirituellen Führer, die Exerzitien sind beispielhaft für Selbstprüfung und persönliche Entscheidung und stehen der puritanischen Spiritualität recht nahe. Die *Geistlichen Übungen* sind ein systematischer und außerordentlich wirksamer Schnellkurs in Mystik. Mystiker haben häufig Verfahren entwickelt, die den Methoden moderner Psychoanalytiker ähnlich sind. Interessanterweise setzen Katholiken und Anglikaner die *Geistlichen Übungen* heute als alternative Therapie ein. Ignatius war sich jedoch der Gefahren eines falschen Mystizismus bewußt. Wie Isaak Luria betonte er Heiterkeit und Freude und warnte seine Schüler in seinen *Regeln zur Unterscheidung der Geister* vor extremen Gefühlen, die manche Puritaner um den Verstand gebracht hatten. Er teilte die verschiedenen Gefühle, die ein Teilnehmer während der Exerzitien wahrscheinlich erlebte, ein in solche, die wohl eher von Gott kommen, und andere, die vom Teufel kommen. Gott kann erfahren werden als Friede, Hoffnung, Freude und »Erhebung des Geistes«, während Unruhe, Trauer, Öde und Zerstreuung vom »bösen Geist« herrühren. Ignatius selbst empfand Gott sehr lebhaft: Er weinte oft vor Freude und sagte einmal, ohne dieses Gefühl könnte er nicht leben. Aber er mißtraute heftigen Gefühlsschwankungen und betonte, daß Disziplin auf der Reise zu einem neuen Selbst unbedingt notwendig sei. Wie für Calvin war auch für ihn das Christentum eine Begegnung mit Christus, in den *Geistlichen Übungen* bereitete er dafür den Weg. Der Höhepunkt war die »Kontemplation zur Erlangung der Liebe, die alle Dinge als Geschöpfe der Güte Gottes und deren Widerschein« ansieht.[39] Die ganze Welt war von Gott erfüllt. Während des Heiligsprechungsprozesses erinnerten sich seine Schüler:

> Wir sahen oft, wie er aus den geringsten Dingen sich aufschwang zu Gott, der ja auch in den kleinsten Dingen der Größte ist. Aus dem Anblick eines Pflänzchens, eines Blattes, einer Blume oder Frucht, eines Würmleins oder eines winzigen Getiers konnte Ignatius sich über die Himmel entschwingen und eindringen in das, was jenseits der Sinne liegt.[40]

Die Jesuiten erlebten wie die Puritaner Gott als eine dynamische Kraft, die sie im Idealfall mit Vertrauen und Energie erfüllen konnte. Zur selben Zeit, als die Puritaner sich mutig über den Atlantik wagten und in Neuengland eine neue Heimat fanden, reisten Jesuitenmissionare um die ganze Welt: Franz Xaver (1506–1552) evangelisierte Indien und Japan, Matteo Ricci (1552–1610) brachte die Frohe Botschaft nach China und Roberto de Nobili (1577–1656) nach Indien. Wiederum wie die Puritaner waren die Jesuiten oft begeisterte Wissenschaftler, und gelegentlich wird behauptet, die erste wissenschaftliche Gesellschaft sei nicht die Royal Society in London oder die Accademia del Cimento gewesen, sondern die Societas Jesu.

Aber die Katholiken waren ebenso in Seelennöten wie die Puritaner. Ignatius zum Beispiel hielt sich für einen so großen Sünder, daß er betete, sein Körper solle nach seinem Tod auf einen Abfallhaufen geworfen und den Hunden und Vögeln zum Fraß überlassen werden. Seine Ärzte warnten ihn, er könne das Augenlicht verlieren, wenn er während der heiligen Messe weiterhin so bitterlich weine. Teresa von Avila, die das Klosterleben der Frauen im Orden der Unbeschuhten Karmeliterinnen reformierte, hatte eine grauenvolle Vision von der Hölle, wo ein Platz für sie reserviert war. Die großen Heiligen jener Zeit hielten Gott und die Welt offensichtlich für zwei unversöhnliche Gegenspieler: Um gerettet zu werden, mußte man der Welt und allen natürlichen Liebesbanden entsagen. Vinzenz von Paul, der sein Leben der Wohltätigkeit und guten Werken widmete, betete, daß Gott die Liebe zu seinen Eltern von ihm nehmen möge. Jeanne Françoise de Chantal, die Gründerin des Ordens von der Heimsuchung (Salesianerinnen), schritt über den ausgestreckten Körper ihres Sohnes hinweg, als sie das Haus verließ, um im Kloster zu leben: Er hatte sich auf der Türschwelle zu Boden geworfen, um sie aufzuhalten. Die Renaissance hatte versucht, Himmel und Erde miteinander zu versöhnen, die katholische Reformation sprengte sie wieder auseinander. Gott hat die reformierten Christen des Westens vielleicht stark und einflußreich gemacht, aber gewiß nicht glücklich. Die Reformationszeit war eine Ära großer Angst auf beiden Seiten: Man distanzierte sich leidenschaftlich von der Vergangenheit, verurteilte und verbannte, hatte panische Angst vor Ketzerei und Irrlehren, pflegte ein übersteigertes Sündenbewußtsein und litt an zwanghafter Höllenfurcht. 1640 wurde ein umstrittenes Buch des holländischen katholischen Theologen Cornelius Jansen veröffentlicht. Darin verkündete er wie der neue Calvinismus einen furchterregenden Gott, der alle Menschen bis auf ein paar Auserwählte zur ewigen Verdammnis bestimmt hatte. Die Calvinisten waren natürlich voll des Lobes für das Buch, als sie feststellten, daß es »die Lehre von der unwiderstehlichen Macht der Gnade Gottes vertritt, die korrekt ist und mit der Lehre der Reformierten übereinstimmt«.[41]

Wie läßt sich dieses Ausmaß an Furcht und Schrecken in Europa erklären? Es war eine von extremen Ängsten geprägte Zeit: Eine neue Gesellschaft, deren Grundlage Wissenschaft und Technik waren, bildete sich schrittweise heraus und wurde bald in der ganzen Welt vorherrschend. Gott konnte in all diesen Ängsten offenbar keinen Beistand bieten und nicht den Trost spenden, den beispielsweise die sephardischen Juden in den Mythen von Isaak Luria gefunden hatten. Die Christen im Westen hatten Gott schon immer eher als anstrengend empfunden, und die Reformatoren haben mit ihrem Versuch, die religiösen Ängste zu mindern, die Dinge allem Anschein nach noch verschlimmert. Der Gott des Westens, von dem sie glaubten, er habe Millionen Menschen für die ewige Verdammnis bestimmt, war sogar noch furchterregender geworden als der harte Gott, den sich Tertullian oder Augustinus in düsteren Momenten vorgestellt hatten. Ist nicht eine bewußt imaginative Auffassung von Gott, die auf Mythos und Mystik beruht, eine wirksamere Hilfe, wenn es darum geht, den Menschen Mut zu machen, Tragödien und Leid durchzustehen, als ein Gott, dessen Mythen wörtlich aufgefaßt werden?

Tatsächlich meinten am Ende des 16. Jahrhunderts viele Menschen in Europa, daß die Religion sehr in Mißkredit geraten sei. Voller Empörung beobachteten sie, wie Katholiken und Protestanten sich gegenseitig umbrachten. Hunderte von Menschen waren als Märtyrer gestorben, weil sie Überzeugungen vertraten, die weder bewiesen noch widerlegt werden konnten. Sekten, die eine verwirrende Vielfalt an Lehren predigten, alle vermeintlich für die Seelenrettung unerläßlich, hatten sich alarmierend vermehrt. Die

Auswahl an theologischen Theorien war zu groß geworden: Viele fühlten sich gelähmt und verunsichert angesichts der Mannigfaltigkeit der angebotenen religiösen Interpretationen. Manch einer mag zu der Überzeugung gelangt sein, daß der Glaube inzwischen schwerer zu erwerben war als je zuvor. Bezeichnenderweise wurden zu diesem Zeitpunkt in der Geschichte des abendländischen Gottes immer mehr »Atheisten« aufgespürt, die ebenso zahlreich schienen wie die »Hexen«, die alten Feindinnen Gottes und Verbündeten des Teufels. Es hieß, die Atheisten leugneten die Existenz Gottes, zögen Konvertiten in ihren Bann und zersetzten das gesellschaftliche Gefüge. In Wahrheit jedoch war ein vollständiger Atheismus in dem Sinne, wie wir den Begriff heute verwenden, unmöglich. Wie Lucien Febvre in seinem klassischen Werk *Le problème de l'incroyance au XVI siècle* (Das Problem des Unglaubens im 16. Jahrhundert) gezeigt hat, standen zu jener Zeit unüberwindliche begriffliche Probleme einer völligen Leugnung der Existenz Gottes entgegen. Von der Geburt und Taufe bis zum Tod und der Beisetzung auf dem Kirchhof bestimmte die Religion das Leben eines jeden Mannes und einer jeden Frau. Der Tag wurde von Kirchenglocken gegliedert, die die Gläubigen zum Gebet riefen, jede Tätigkeit war durchtränkt von religiösen Überzeugungen und Institutionen. Sie beherrschten das berufliche und das öffentliche Leben, sogar die Zünfte und die Universitäten waren religiöse Organisationen. Wie Febvre ausführt, waren Gott und die Religion so allgegenwärtig, daß es niemandem eingefallen wäre zu sagen: »Unser Leben, unser ganzes Leben, wird doch vom Christentum beherrscht! Wie winzig ist der Teil unseres Lebens, der schon säkularisiert ist, verglichen mit allem, was noch immer von der Religion regiert, reguliert und geprägt wird!«[42] Selbst wenn ein außergewöhnlicher Mensch den Grad von Objektivität erreicht hätte, der notwendig ist, um die Natur der Religion und die Existenz Gottes in Frage zu stellen, hätte er weder in der Philosophie noch in der Wissenschaft seiner Zeit Unterstützung gefunden. Solange nicht ein Gefüge zusammenhängender Gründe errichtet worden war, von denen sich ein jeder auf ein gesondertes Bündel wissenschaftlicher Nachweise stützte, konnte niemand die Existenz eines Gottes leugnen, dessen Religion das moralische, emotionale, ästhetische und politische Leben in Europa prägte. Ohne diese Unterstützung war der »Atheismus« nur eine persönliche Marotte oder ein flüchtiger Impuls, nicht wert, daß man ernsthaft darüber nachdachte. Febvre legt dar, daß es einer Volkssprache wie dem Französischen sowohl an den Wörtern wie an der Syntax für Skepsis fehlte. Wörter wie »absolut«, »relativ«, »Kausalität«, »Begriff« oder »Intuition« gab es noch nicht.[43] Wir müssen auch bedenken, daß bis dahin noch keine Gesellschaft der Welt die Religion abgeschafft hatte, Religion war eine selbstverständliche Tatsache des Lebens. Erst ganz am Ende des 18. Jahrhunderts erschien es einigen Europäern möglich, die Existenz Gottes zu bestreiten.

Was also meinten die Menschen, wenn sie sich gegenseitig des »Atheismus« bezichtigten? Der französische Naturwissenschaftler Marin Mersenne (1588–1648), der auch Mitglied eines strengen franziskanischen Ordens war, sagte, es gebe allein in Paris etwa 50 000 Atheisten, aber die meisten »Atheisten«, die er nannte, glaubten an Gott. So hatte Pierre Carrin, der Freund von Michel de Montaigne, in seiner Abhandlung *Les Trois Verités* (Die drei Wahrheiten, 1589) den Katholizismus verteidigt, aber in seinem Hauptwerk *De La Sagesse* (Von der Weisheit) betonte er die Unzulänglichkeit der Vernunft und behauptete, ein Mensch könne nur durch den Glauben zu Gott gelangen. Mersenne mißbilligte dies und sah es als gleichbedeutend mit »Atheismus« an. Ein anderer Ungläubiger, den er denunzierte, war der italienische Rationalist Giordano Bruno (1548–1600), obwohl Bruno an eine Art stoischen Gott glaubte, der die Seele, der Ursprung und das Ende des Universums war. Mersenne bezeichnete diese beiden Männer als Atheisten, weil er in bezug auf Gott nicht einer Meinung mit ihnen war, die Existenz eines höchsten Wesens leugneten sie keineswegs. Ganz ähnlich hatten die Heiden im Römischen Reich die Juden und die Christen »Atheisten« genannt, weil sich deren Meinung über das Göttliche von der ihren unterschied. Im 16. und 17. Jahrhundert war das Wort »Atheist« noch ausschließlich für Polemik reserviert. »Atheist« war ein Schimpfwort für einen Feind, so wie man am Ende des 19. und Anfang des 20. Jahrhunderts jemanden als »Anarchist« oder »Kommunist« verunglimpfte.

Nach der Reformation waren die Menschen in einer neuen Art und Weise über das Christentum beunruhigt. Wie »die Hexe« (oder »der Anarchist« und »der Kommunist«) war »der Atheist« die Projektion einer untergründigen Angst. Sie spiegelte eine verborgene Sorge über den Glauben wider und konnte als Schocktherapie verwendet werden, um den Gottesfürchtigen Angst einzujagen und sie auf den rechten Weg zu bringen. In seinem Buch *The Laws of Ecclesiastical Polity* (Von den Gesetzen der Kirchenregierung) behauptete der anglikanische Theologe Richard Hooker (1554–1600), es gebe zwei Arten von Atheisten: eine kleine Gruppe, die nicht an Gott glaube, und eine erheblich größere Zahl, die lebe, als gäbe es Gott nicht. Die Menschen übersahen diesen Unterschied gern und konzentrierten sich auf die letztere, praktische Art von Atheismus. So leugnete in *The Theatre of God's Judgement* (Das Schauspiel von Gottes Urteil, 1597) Thomas Beards erfundener »Atheist« die Vorsehung Gottes, die Unsterblichkeit der Seele und das Leben nach dem Tode, aber offenbar nicht die Existenz Gottes. In seiner Abhandlung *Atheism Close and Open Anatomized* (Eine gründliche und offene Untersuchung des Atheismus, 1634) behauptete John Wingfield: »Der Heuchler ist ein Atheist, der freizügige, böse Mann ist ein offener Atheist, der sichere, kühne und stolze Missetäter ist ein Atheist: Derjenige, der sich nicht belehren oder reformieren läßt, ist ein Atheist.«[44] Für den walisischen Dichter William Vaughan (1577–1641), der bei der Kolonisation von Neufundland mitwirkte, war jeder, der die Miete erhöhte oder Gemeindeland einzäunte, ein Atheist. Der englische Dramatiker Thomas Nashe (1567–1601) erklärte, die Ehrgeizigen, die Gierigen, die Gefräßigen, die Hochmütigen und die Prostituierten seien alle Atheisten.

Das Wort »Atheist« war eine Beleidigung. Niemand hätte auch nur im Traum daran gedacht, sich selbst als Atheist zu bezeichnen. Das war noch kein Abzeichen, das man mit Stolz tragen konnte. Erst im 17. und 18. Jahrhundert wurde die Leugnung der Existenz Gottes nicht nur möglich, sondern wünschenswert. Die Atheisten fanden Unterstützung für ihre Meinung in der Wissenschaft. Der Gott der Reformatoren begünstigte offensichtlich die neue Wissenschaft. Weil Luther und Calvin an die absolute Herrschaft Gottes glaubten, lehnten beide Aristoteles' Auffassung ab, die Natur habe eigene, intrinsische Kräfte. Sie glaubten, die Natur sei ebenso passiv wie der Christ, der das Geschenk der Erlösung von Gott annehmen, aber nichts für sich selbst tun könne. Calvin hatte die wissenschaftliche Erforschung der Natur, in der sich der unsichtbare Gott zu erkennen gegeben hatte, ausdrücklich verurteilt. Es konnte keinen Konflikt zwischen Wissenschaft und Heiliger Schrift geben: Gott hatte sich in der Bibel an unsere menschliche Begrenztheit angepaßt, so wie ein geübter Redner sein Denken und seine Sprache den Fähigkeiten seiner Zuhörer anpaßt. Der Schöpfungsbericht, so glaubte Calvin, sei ein Beispiel für *balbutive* (Kindersprache): Komplexe und geheimnisvolle Vorgänge seien der Mentalität einfacher Menschen entsprechend ausgedrückt, damit jedermann an Gott glauben könne.[45] Wörtlich dürfe man das nicht nehmen.

So aufgeschlossen war die römisch-katholische Kirche nicht immer. Im Jahre 1530 schloß der polnische Astronom Nikolaus Kopernikus seine Abhandlung *De revolutionibus orbium coelestium* (Über die Bewegungen der Himmelskörper) ab. Darin behauptete er, die Sonne sei der Mittelpunkt des Universums. Die Abhandlung wurde kurz vor seinem Tod im Jahre 1543 veröffentlicht und von der Kirche auf den Index der verbotenen Bücher gesetzt. 1613 erklärte der Mathematiker Galileo Galilei aus Pisa, das von ihm erfundene Teleskop beweise die Richtigkeit des kopernikanischen Systems. Sein Fall wurde eine *cause célèbre*: Galilei wurde vor die Inquisition zitiert, gezwungen, seiner wissenschaftlichen Überzeugung abzuschwören, und dann zu einer Haftstrafe von unbestimmter Dauer verurteilt. Nicht alle Katholiken waren mit dieser Entscheidung einverstanden, aber die römisch-katholische Kirche stemmte sich instinktiv ebenso gegen eine Veränderung wie jede andere Institution jener Zeit, als der konservative Geist vorherrschend war. Anderen Institutionen hatte die Kirche ihre Macht voraus; sie konnte ihrem Widerstand Geltung verschaffen, und sie verfügte über eine reibungslos funktionierende Maschinerie, die mit erschreckender Effizienz intellektuelle Konformität erzwang. Die Verurteilung Galileis behinderte zwangsläufig das wissenschaftliche Studium in katholischen Ländern, auch wenn viele hervorragende Wissenschaftler der frühen Zeit wie Marin Mersenne, René Descartes und Blaise

Pascal ihrem katholischen Glauben treu blieben. Der Fall Galilei ist vielschichtig, und ich möchte nicht auf alle politischen Verästelungen eingehen. Daran wird jedoch eine Tatsache sichtbar, die für unsere Geschichte wichtig ist: Die römisch-katholische Kirche hat die heliozentrische Theorie nicht verurteilt, weil sie den Glauben an den Schöpfergott gefährdet hätte, sondern weil sie dem Wort Gottes in der Schrift widersprach.

Das störte auch viele Protestanten an Galileis Prozeß. Weder Luther noch Calvin hatten Kopernikus verurteilt, aber Luthers Mitarbeiter Philipp Melanchthon (1497–1560) wies die Vorstellung zurück, die Erde bewege sich um die Sonne, weil sie im Widerspruch zu bestimmten Bibelstellen stand. Das war nicht nur ein protestantisches Anliegen. Nach dem Konzil von Trient entwickelten die Katholiken eine neue Begeisterung für ihre eigene Bibel, die Vulgata, die lateinische Bibelübersetzung des heiligen Hieronymus. Der spanische Inquisitor Leon de Castron sagte dazu 1576: »Es darf nichts so verändert werden, daß es der lateinischen Ausgabe der Vulgata widerspricht, sei es ein einziger Gliedsatz, ein einziger kleiner Nachsatz, sei es ein einziger Satzteil, ein einzelner Ausdruck oder ein einzelnes Wort, eine einzige Silbe oder ein einziges Jota.«[46] In der Vergangenheit hatten sich, wie wir gesehen haben, manche Rationalisten und Mystiker große Mühe gegeben, von einer wörtlichen Lesart der Bibel oder des Korans abzukommen, und eine bewußt symbolische Interpretation bevorzugt. Nun setzten Protestanten und Katholiken gleichermaßen ihren Glauben in ein vollkommen wörtliches Verständnis der Bibel. Die wissenschaftlichen Entdeckungen von Galilei und Kopernikus hätten vielleicht weder die Ismailiten noch die Sufis, Kabbalisten oder Hesychasten gestört, aber sie schufen Probleme für diejenigen Katholiken und Protestanten, die dem neuen, wörtlichen Verständnis anhingen. Zu der Theorie, daß die Erde sich um die Sonne bewegt, paßten die folgenden Bibelverse schlecht: »Der Erdkreis ist fest gegründet, nie wird er wanken«; »die Sonne, die aufging und wieder unterging, atemlos jagt sie zurück an den Ort, wo sie wieder aufgeht«; »Du hast den Mond gemacht als Maß für die Zeiten, die Sonne weiß, wann sie untergeht.«[47] Die Kirchenmänner waren von manchen Gedanken Galileis zutiefst beunruhigt. Wenn es, wie er sagte, Leben auf dem Mond geben könnte, wie konnten diese Menschen dann von Adam abstammen und wie waren sie aus der Arche Noah herausgekommen? Wie konnte man die Theorie von der sich bewegenden Erde mit der Himmelfahrt Christi in Einklang bringen? In der Heiligen Schrift heißt es, Himmel und Erde seien zum Wohle des Menschen erschaffen worden. Wie konnte das noch zutreffen, wenn, wie Galilei behauptete, die Erde nur einer von mehreren Planeten war, die um die Sonne kreisten? Himmel und Hölle wurden als geographische Orte angesehen, und im kopernikanischen System konnte man sie schwer lokalisieren. Die Hölle zum Beispiel stellten sich viele Menschen im Mittelpunkt der Erde vor, wo Dante sie angesiedelt hatte. Kardinal Robert Bellarmine, der Jesuit und Wissenschaftler, den die neu eingerichtete Propaganda-Kongregation zum Fall Galilei konsultierte, stellte sich auf die Seite der Tradition: »Die Hölle ist ein unterirdischer Ort, der sich von den Gräbern unterscheidet.« Er kam zu dem Schluß, sie müsse im Mittelpunkt der Erde liegen, und führte als abschließendes Argument die »natürliche Vernunft« an:

> Das letzte ist die natürliche Vernunft. Ohne Zweifel ist es tatsächlich vernünftig, daß der Ort der Teufel und der bösen, verdammten Menschen so weit wie möglich von dem Ort entfernt sein sollte, an dem die Engel und die seligen Seelen sich für immer aufhalten. Der Aufenthaltsort der Seligen ist (wie auch unsere Gegner bestätigen) der Himmel, und kein Ort ist weiter vom Himmel entfernt als das Zentrum der Erde.[48]

Bellarmines Argumente klingen heute lächerlich. Nicht einmal die buchstabentreuesten Christen stellen sich die Hölle noch im Mittelpunkt der Erde vor. Aber viele sind unsicher angesichts wissenschaftlicher Theorien, die in einer ausgefeilten Kosmologie »keinen Platz für Gott« finden.

Zu einer Zeit, in der Mullah Sadra die Muslime lehrte, Himmel und Hölle seien in der imaginären Welt im Inneren eines jeden Menschen angesiedelt, verfochten hochgebildete Kirchenmänner wie Bellarmine eifrig die These, sie hätten einen tatsächlichen geographischen Ort. Als die Kabbalisten den biblischen Schöpfungsbericht in einer bewußt symbolischen Weise umdeuteten und ihre Schüler davor warnten, den Mythos wörtlich zu nehmen, bestanden Katholiken und Protestanten darauf, daß die Bibel in jedem Detail buchstäblich wahr sei. Deshalb war die neue Wissenschaft eine Gefahr für die traditionelle religiöse Mythologie, und schließlich wurde es für viele Menschen unmöglich, überhaupt an Gott zu glauben. Die Theologen bereiteten ihre Gläubigen nicht gut auf die wissenschaftlichen Herausforderungen vor. Seit der Reformation und der neuen Begeisterung für die Lehren von Aristoteles unter Protestanten und Katholiken diskutierte man über Gott, als wäre er eine objektive Tatsache wie andere. Das ermöglichte letztlich den neuen »Atheisten« des späten 18. und des frühen 19. Jahrhunderts, sich ganz von Gott loszusagen.

So stellte sich Leonard Lessius (1554–1623), der überaus einflußreiche Jesuit und Theologe aus Löwen, in seiner Abhandlung *De providentia numinis et animi immortalitate* (Von der göttlichen Vorsehung und der Unsterblichkeit der Seele) offenbar auf die Seite des Gottes der Philosophen: Die Existenz dieses Gottes könne wissenschaftlich bewiesen werden wie die einer jeden anderen Tatsache des Lebens. Die Ordnung des Universums könne nicht durch Zufall zustande gekommen sein und weise auf die Existenz eines ersten Bewegers und Erhalters hin. Lessius' Gott hat jedoch nichts spezifisch Christliches an sich: Er ist eine wissenschaftliche Tatsache, die von jedem rationalen Menschen erfaßt werden kann. Lessius erwähnt Jesus kaum. Er vermittelt den Eindruck, daß die Existenz Gottes mit Hilfe des gesunden Menschenverstandes aus gewöhnlicher Beobachtung, der Philosophie und dem Studium der vergleichenden Religionswissenschaft abgeleitet werden könne. Gott war ein Wesen unter anderen geworden, wie die zahlreichen sonstigen Gegenstände, die Wissenschaftler und Philosophen im Abendland erforschten. Die Faylasufs hatten die Gültigkeit ihrer Gottesbeweise nicht angezweifelt, aber ihre religiösen Zeitgenossen waren schließlich zu dem Schluß gelangt, daß der Gott der Philosophen wenig religiösen Wert hatte. Thomas von Aquin mag den Eindruck erweckt haben, daß Gott einfach ein weiteres Glied – wenn auch das höchste – in der Kette des Lebens sei, aber er war persönlich davon überzeugt, daß die philosophischen Argumente nichts mit dem mystischen Gott zu tun hatten, den er im Gebet erfahren hatte. Zu Beginn des 17. Jahrhunderts behaupteten führende Theologen und Kirchenmänner jedoch weiterhin die Existenz Gottes auf rein rationaler Grundlage, viele tun das bis zum heutigen Tag. Als ihre Argumente von der neuen Wissenschaft widerlegt wurden, wurde die Existenz Gottes zweifelhaft. Anstatt den Begriff »Gott« als Symbol für eine Wirklichkeit zu nehmen, die keine Existenz im üblichen Sinn des Wortes hat und die nur durch die imaginativen Verfahren des Gebetes und der Kontemplation entdeckt werden kann, betrachteten immer mehr Menschen Gott als eine Tatsache wie jede andere. Ein Theologe wie Lessius ist ein Beispiel dafür, daß in der Zeit der beginnenden Moderne in Europa die Theologen selbst den zukünftigen Atheisten die Munition für die Ablehnung eines Gottes lieferten, der wenig religiösen Wert hatte und der viele Menschen eher mit Furcht als mit Hoffnung und Glauben erfüllte. Wie die Philosophen und die Wissenschaftler hatten die Christen nach der Reformation faktisch den imaginativen Gott der Mystiker verlassen und suchten Erleuchtung beim Gott der Vernunft.

9

Aufklärung

Ende des 16. Jahrhunderts gewann im Westen die Technik immer mehr an Bedeutung. Die Technisierung veränderte die Gesellschaft und das Menschenbild, und sie beeinflußte unweigerlich auch das Gottesbild. Die Errungenschaften des industrialisierten, effizienten Westens beeinflußten den Lauf der Weltgeschichte. Die anderen Länder der Oikumene fanden es zunehmend schwierig, sich mit dem Westen zu arrangieren oder ihn zu ignorieren wie in der Vergangenheit, als er den anderen großen Zivilisationen hinterhergehinkt war. Keine Gesellschaft hatte bisher ähnliches erreicht, und dies warf vollkommen neue und daher schwer lösbare Probleme auf. Bis ins 18. Jahrhundert war der Islam die vorherrschende Weltmacht in Afrika, im Nahen Osten und im Mittelmeerraum. Zwar hatte im 15. Jahrhundert die Renaissance der westlichen Christenheit in mehrfacher Hinsicht einen Vorsprung gegenüber dem Islam verschafft, doch wurden die verschiedenen muslimischen Mächte mit dieser Herausforderung leicht fertig. Die Osmanen waren weiter nach Europa vorgedrungen, die Muslime hatten sich gegenüber den portugiesischen Entdeckern und den nach ihnen kommenden Kaufleuten behaupten können. Ende des 18. Jahrhunderts jedoch war Europa zur Weltherrschaft aufgestiegen und hatte die übrige Welt weit zurückgelassen. Die Briten hatten Indien unterworfen und gingen zusammen mit anderen europäischen Ländern daran, einen möglichst großen Teil der Welt zu kolonisieren. Ein Prozeß der Verwestlichung setzte ein, und mit ihm kam jener säkulare Kult, der die Unabhängigkeit von Gott verkündete.

Was war charakteristisch für die moderne technische Gesellschaft? Die Basis aller bisherigen Zivilisationen war die Landwirtschaft gewesen. Zivilisation war, wie schon der Name sagt, die Errungenschaft der *civitates,* der Städte, in denen Eliten vom Nahrungsmittelüberschuß lebten, den die Bauern produzierten; diese Eliten hatten die Muße und die Mittel, die verschiedenen Kulturen zu schaffen. Der Glaube an den einen Gott hatte sich in den Städten des Nahen Ostens und in Europa zur selben Zeit wie die großen religiösen Gedankengebäude entwickelt. Alle Zivilisationen auf agrarischer Basis waren jedoch verwundbar, denn sie hingen von veränderlichen Faktoren ab: von den angebauten Feldfrüchten und von Ernten, Klima und Bodenbeschaffenheit. Ein Reich breitete sich aus und übernahm immer mehr Aufgaben und Verantwortung, bis es zuletzt seine beschränkten Ressourcen erschöpft hatte; auf den Zenit der Macht folgte unweigerlich der Niedergang. Der neue Westen dagegen war aufgrund seiner technischen Möglichkeiten nicht von der Landwirtschaft und von örtlichen Gegebenheiten und äußeren zeitlichen Einflüssen abhängig. Akkumuliertes Kapital wurde in wirtschaftliche Ressourcen investiert, die – wenigstens bis vor kurzem – unerschöpflich schienen. Die Modernisierung bewirkte im Westen eine Reihe tiefgreifender Veränderungen: Sie führte zur Industrialisierung und einer daraus folgenden Umwandlung der Landwirtschaft, zu einer geistigen »Aufklärung« und zu politischen und sozialen Revolutionen. Natürlich beeinflußten diese gewaltigen Veränderungen auch das Selbstverständnis der Menschen und ihre Einstellung zu jener letzten Realität, die sie traditionell »Gott« nannten.

Entscheidend für die technische Gesellschaft des Westens war die Spezialisierung: Die Neuerungen auf wirtschaftlichem, geistigem und gesellschaftlichem Gebiet erforderten jeweils ein spezielles Fachwissen. Naturwissenschaftler etwa waren von verbesserten Verfahren der Instrumentenhersteller abhängig; die Industrie brauchte neben neuen Maschinen und Energiequellen theoretische Erkenntnisse aus den Naturwissenschaften. Die verschiedenen Spezialgebiete berührten sich und wurden allmählich voneinander abhängig: Spezialisierung auf einem Gebiet zog die Spezialisierung auf einem ganz anderen, bis dahin vielleicht überhaupt nicht damit zusammenhängenden Gebiet nach sich. So kam eins zum anderen. Die Erkenntnisse eines Spezialgebiets wurden durch ihre Anwendung auf ein anderes Gebiet vermehrt, was wiederum die Effizienz auf dem ersten Spezialgebiet steigerte. Kapital wurde systematisch wieder investiert und durch kontinuierliches Wachstum vervielfacht. Die Dynamik der wechselseitig abhängigen Veränderungen entwickelte sich unaufhaltsam, die Modernisierung immer neuer Bereiche zog Menschen aus allen Schichten der Gesellschaft an. Zivilisation und Kultur stellten nicht mehr das Reservat einer kleinen Elite dar, sondern waren auf Fabrik- und Bergarbeiter, Drucker und Angestellte angewiesen, die zum einen ihre Arbeitskraft zur Verfügung stellten, zum anderen die Produkte des sich stetig ausweitenden Marktes kauften. Um das erreichte Niveau an Effizienz zu halten, war es zuletzt notwendig, daß auch die unteren Schichten lesen und schreiben lernten und – wenigstens teilweise – am Reichtum der Gesellschaft teilhatten. Die große Steigerung der Produktivität, die Akkumulation des Kapitals, die Entstehung von Massenmärkten und der geistige Fortschritt der Wissenschaften führten zur sozialen Revolution: Die auf Landbesitz gegründete Macht des Adels schwand, an ihre Stelle trat die auf Geld gegründete Macht des Bürgertums. Die neue Effizienz zeigte sich auch in Fragen der sozialen Organisation; der Westen fand nach und nach Anschluß an das in anderen Teilen der Welt, etwa in China oder im Osmanischen Reich, bereits erreichte Niveau und übertraf es schließlich. 1789, im Jahr der Französischen Revolution, waren die wichtigsten Ziele des Staatsdienstes Effektivität und Nutzen. Die europäischen Staaten befanden es für notwendig, sich neu zu organisieren und ihre Gesetze kontinuierlich zu modifizieren, um den in stetem Wandel begriffenen neuen Verhältnissen zu genügen.

In den alten Agrarstaaten hatten die Gesetze als unveränderlich und göttlich gegolten, ein entsprechender Wandel wäre dort undenkbar gewesen. Die Umgestaltung war ein Zeichen der neuen Autonomie als Folge der Technisierung der westlichen Gesellschaft: Die Menschen hatten wie nie zuvor das Gefühl, sie seien die Herren ihres Schicksals. Wir haben gesehen, welch tiefe Furcht Neuerungen und Wandel in traditionellen Gesellschaften auslösten, in denen die Zivilisation als um jeden Preis zu schützende Errungenschaft galt und jeder Bruch mit der Tradition bekämpft wurde. Die moderne technische Gesellschaft des Westens dagegen basierte auf ständiger Entwicklung und kontinuierlichem Fortschritt. Die Veränderung wurde vorausgesetzt und institutionalisiert. Einrichtungen wie die Royal Society in London hatten zum Ziel, neues Wissen zu sammeln und an die Stelle des alten zu setzen. Die Spezialisten der verschiedenen Wissenschaften waren angehalten, ihre Erkenntnisse im Interesse des gemeinsamen Zieles beizusteuern. Die neuen wissenschaftlichen Einrichtungen wollten ihre Entdeckungen nicht geheimhalten, sondern ihr Wissen verbreiten und so das weitere Wachstum des eigenen und anderer Wissensgebiete fördern. An die Stelle des alten, konservativen Geistes der Oikumene traten im Westen der Wunsch nach Veränderung und der Glaube an die Möglichkeit einer kontinuierlichen Weiterentwicklung. Die ältere Generation fürchtete nicht mehr wie früher, daß die nachfolgende Generation zugrunde gehen könnte, sie erwartete vielmehr, daß ihre Kinder es einmal besser haben würden. Das Studium der Geschichte wurde von einem neuen Mythos beherrscht: dem des Fortschritts. In seinem Namen wurden großartige Dinge vollbracht. Heute erkennen wir freilich an der Schädigung unserer Umwelt, daß die neue Gesellschaft so gefährdet ist wie die alte, und wir sehen allmählich ein, daß der Fortschrittsmythos wie die meisten anderen Mythen, von denen die Menschheit sich im Laufe der Jahrhunderte hat leiten lassen, eine Fiktion ist.

Während die Ausbeutung der Ressourcen und die Entdeckungen die Menschen verbanden, wirkte die neue Spezialisierung unweigerlich trennend. Bisher war es für den gebildeten Menschen möglich gewesen, das gesamte Wissen seiner Zeit zu überblicken. Das Wissen der muslimischen Faylasufs etwa umfaßte Medizin, Philosophie und Kunst. Die Falsafa hatte ihren Schülern in zusammenhängender und umfassender Darstellung ein für damalige Begriffe vollständiges Bild der Wirklichkeit vermittelt. Im 17. Jahrhundert machte sich die Spezialisierung erstmals bemerkbar, die im Laufe der Zeit das hervorstechende Merkmal der westlichen Gesellschaft werden sollte. Die Disziplinen Astronomie, Chemie und Geometrie trennten sich allmählich voneinander und wurden selbständig (heute ist diese Entwicklung so weit fortgeschritten, daß ein Experte nur noch in seinem eigenen Fachgebiet kompetent sein kann). Die Folge war, daß herausragende Geistesgrößen sich weniger als Bewahrer der Tradition und stärker als Pioniere verstanden, als Forscher gleich jenen Seefahrern, die in neue Teile der Welt vorgedrungen waren. Im Namen der Gesellschaft wagten sie sich auf noch unbekanntes Gelände vor. Der Erfinder, der kraft seiner Vorstellungsgabe neue Bereiche zugänglich machte und dabei heilige Werte zerstörte, wurde zum Helden der neuen Gesellschaft. Im Eiltempo schienen die Menschen zunehmend die Herrschaft über die Natur zu gewinnen, der sie einst hörig gewesen waren – neuer Optimismus breitete sich aus, verbunden mit dem Glauben, eine bessere Erziehung und bessere Gesetze könnten den Geist erleuchten. In dem Streben nach Wahrheit wollte man sich nicht länger weder auf Traditionen und Institutionen noch auf eine Elite oder göttliche Offenbarung verlassen. Vielmehr wurde auf die natürliche Kraft des Menschen gesetzt, Selbstaufklärung hieß das Stichwort.

Die Spezialisierung brachte jedoch auch eine andere Erfahrung: Der Fachmann war immer weniger imstande, das Ganze zu überblikken. Schöpferische Wissenschaftler und Gelehrte sahen sich deshalb vor die Aufgabe gestellt, völlig neue Theorien über Leben und Religion zu entwickeln. Aufgrund ihres großen Wissens und Einflusses fühlten sie sich verpflichtet, die herkömmliche christliche Erklärung der Welt zu überprüfen und zu aktualisieren. Der neue wissenschaftliche Geist war empirisch und basierte ausschließlich auf Beobachtung und Experiment. Wie weiter oben gezeigt, hatte dem Rationalismus der Falsafa der anfängliche Glauben an ein rationales Universum zugrunde gelegen; die westliche Wissenschaft war sehr viel skeptischer. Ihre Pioniere waren zunehmend bereit, Fehler zu riskieren oder anerkannte Autoritäten und Institutionen wie Bibel, Kirche und die christliche Tradition herauszufordern. Die alten »Gottesbeweise« genügten den vom Empirismus begeisterten Naturwissenschaftlern und Philosophen nicht mehr. Sie fühlten sich gedrängt, die objektive Realität Gottes auf dieselbe Art zu belegen wie andere nachweisbare Phänomene.

Der Atheismus galt noch immer als verabscheuungswürdig. Wie noch zu zeigen sein wird, glaubten die meisten Philosophen der Aufklärung implizit an die Existenz eines Gottes. Einige freilich begannen zu ahnen, daß nicht einmal mehr Gott als selbstverständlich vorausgesetzt werden konnte. Einer der ersten, der den Atheismus ernst nahm, war der französische Physiker, Mathematiker und Theologe Blaise Pascal (1623–1662). Als Kind war er kränklich und frühreif und wuchs isoliert von anderen Kindern auf, unterrichtet vom Vater, der selbst Wissenschaftler war. Bereits als elfjähriger Junge soll Pascal selbständig die ersten dreiundzwanzig Lehrsätze des Euklid gefunden haben. Mit sechzehn veröffentlichte er eine geometrische Abhandlung; Wissenschaftler wie René Descartes wollten nicht glauben, daß der Verfasser noch so jung war. Später entwarf er eine Rechenmaschine, ein Barometer und eine hydraulische Presse. Die Pascals waren keine besonders fromme Familie, aber 1646 schlossen sie sich den Jansenisten an. Pascals Schwester Jacqueline trat in das jansenistische Kloster Port-Royal im Südwesten von Paris ein und wurde eine leidenschaftliche Anhängerin dieser katholischen Bewegung. In der Nacht des 23. November 1654 hatte Blaise Pascal eine religiöse Erfahrung, die von »ungefähr abends zehneinhalb bis ungefähr eine halbe Stunde nach Mitternacht« dauerte und ihm bewußt machte, daß sein bisheriger Glaube zu gleichgültig und kraftlos gewesen war. Nach seinem Tod fand man, in das Futter seines Rockes eingenäht, jenes »Memorial«, das er in Erinnerung an diese Offenbarung geschrieben hatte:

Feuer
»Gott Abrahams, Gott Isaaks, Gott Jakobs«,
nicht der Philosophen und Gelehrten.
Gewißheit, Gewißheit, Empfinden: Freude, Friede.
Gott Jesu Christi.
Deum meum et Deum vestrum.
»Dein Gott wird mein Gott sein« – Ruth –
Vergessen von der Welt und von allem, außer Gott.
Nur auf den Wegen, die das Evangelium lehrt, ist er zu finden.[1]

Diese im Kern mystische Erfahrung macht deutlich, daß sich der Gott Pascals vom Gott der anderen in diesem Kapitel behandelten Wissenschaftler und Philosophen unterschied. Sein Gott war nicht der Gott der Philosophen, sondern der Gott der Offenbarung. Unter dem überwältigenden Eindruck seiner Bekehrung beschloß Pascal, für die Jansenisten und gegen ihre Hauptfeinde, die Jesuiten, Partei zu ergreifen.

411

Während Ignatius von Loyola die Welt als von Gott erfüllt gesehen und die Jesuiten angehalten hatte, im Bewußtsein der göttlichen Allgegenwart und Allmacht zu leben, war die Welt für Pascal und die Jansenisten öde und leer, bar jeder Göttlichkeit. Trotz seiner Offenbarung bleibt Pascals Gott ein »verborgener Gott«, man kann ihn nicht durch rationale Beweise entdecken. Die *Pensées* (Gedanken), Pascals Notizen zu religiösen Fragen, die 1669 posthum veröffentlicht wurden, wurzeln in einem tiefen Pessimismus über die Situation des Menschen. Ein ständig wiederkehrendes Thema ist das menschliche Elend; nicht einmal Christus kann den Menschen davon erlösen, denn »Jesus wird im Todeskampf sein bis zum Ende der Welt«.[2] Das Gefühl der Verlassenheit und der furchtbaren Abwesenheit Gottes ist charakteristisch für einen großen Teil der Gedankenwelt des neuen Europa. Die anhaltende Popularität der *Pensées* zeigt, daß die dunklere Seite von Pascals Denken und sein verborgener Gott einen wesentlichen Aspekt der Religiosität des Westens ansprachen.

Pascals wissenschaftliche Erkenntnisse gaben ihm nicht viel Zutrauen in die Situation des Menschen. Der Anblick des unendlichen Universums erfüllte ihn mit Angst:

> Wenn ich die Verblendung und das Elend des Menschen sehe, wenn ich das ganze stumme Weltall betrachte und den Menschen: Ohne Licht, sich selbst überlassen und verirrt in diesen Winkel des Weltalls, ohne zu wissen, wer ihn dahin gestellt hat, wozu er dahin geraten ist, was aus ihm werden wird, wenn er stirbt, unfähig jeder Erkenntnis – kommt das Entsetzen über mich, wie über einen Menschen, den man schlafend auf eine verlassene und furchtbare Insel getragen, und der erwacht, ohne zu erkennen, wo er ist, und ohne die Möglichkeit, sie wieder zu verlassen. Und dann wundere ich mich, daß man nicht der Verzweiflung über einen so erbärmlichen Zustand verfällt.[3]

Diese Worte sind eine heilsame Erinnerung daran, daß wir den überschwenglichen Optimismus jenes Zeitalters der Wissenschaft nicht verallgemeinern dürfen. Pascal konnte die Schrecken einer Welt beschwören, die letztlich ohne Sinn und Bedeutung zu sein schien. Das Entsetzen angesichts des Erwachens in einer fremden

Welt, seit je ein Alptraum der Menschheit, ist selten eindringlicher ausgedrückt worden. Pascal war sich selbst gegenüber schonungslos offen; anders als die meisten seiner Zeitgenossen glaubte er fest, daß man die Existenz Gottes nicht beweisen könne. Gegenüber einem imaginären Gesprächspartner, der unfähig war zu glauben, fand Pascal keine überzeugenden Argumente für den Glauben. Das ist eine neue Entwicklung in der Geschichte des Monotheismus. Bisher hatte niemand die Existenz Gottes ernsthaft in Frage gestellt. Pascal kam als erster zu der Erkenntnis, daß der Glaube an Gott in dieser schönen neuen Welt nur eine persönliche Entscheidung sein kann. Insofern ist er der erste moderne Denker.

Pascals Stellung zum Problem der Existenz Gottes ist in ihren Folgen revolutionär, wurde jedoch nie offiziell von einer Kirche zur Kenntnis genommen. Christliche Apologeten haben meist die im letzten Kapitel dargestellte rationalistische Methode von Leonard Lessius bevorzugt. Diese Methode konnte jedoch nur zu einem Gott der Philosophen führen, nicht zum Gott der Offenbarung, wie Pascal ihn erfahren hatte. Glaube war für Pascal keine rationale Bejahung auf der Basis des gesunden Menschenverstands, sondern ein Risiko. Man kann mit der Vernunft nicht beweisen, daß es Gott gibt, aber genausowenig kann man das Gegenteil beweisen: »Wir sind also unfähig, zu erkennen, was er ist, noch ob er ist ... Die Vernunft kann hier nichts entscheiden: es ist ein unendliches Chaos da, das uns trennt. Wir spielen am äußersten Ende dieses unendlichen Chaos ein Spiel, bei dem die Vorder- oder Rückseite [einer in die Luft geworfenen Münze] nach oben zu liegen kommt. Was werden Sie wetten?«[4] Die Wette ist freilich nicht vollkommen irrational. Auf Gott zu setzen heißt im Fall des Gewinns, daß man alles gewinnt. Wer sich für den Glauben an Gott entscheidet, so Pascal weiter, braucht nur das Endliche zu wagen, und kann das Unendliche gewinnen. Der Christ, der auf dem Weg des Glaubens fortschreitet, erfährt eine kontinuierliche Aufklärung und wird sich der Gegenwart Gottes bewußt, ein sicheres Zeichen seiner Erlösung. Sich auf eine äußere Autorität zu verlassen hilft dabei nicht; jeder ist auf sich allein gestellt.

Das Gegengewicht zu Pascals Pessimismus in den *Pensées* ist die wachsende Einsicht, daß der verborgene Gott sich, ist die Wette erst eingegangen, jedem offenbart, der ihn sucht. Pascal läßt Gott sagen: »Du würdest mich nicht suchen, wenn du mich nicht besäßest.«[5] Zwar können die Menschen den Zugang zu Gott in der Ferne nicht durch logische Argumente oder den Gehorsam gegenüber der Lehre einer institutionalisierten Kirche erzwingen, aber der Gläubige, der sich persönlich für Gott entscheidet, erfährt eine Verwandlung; er wird »treu, ehrbar, demütig, dankbar, wohltätig, ein aufrichtiger und wahrhafter Freund«.[6] Der Christ stellt fest, daß das Leben Sinn und Bedeutung bekommt, wenn er glauben und aller Sinnlosigkeit und Verzweiflung zum Trotz Gott sehen lernt. Gott ist wirklich, weil er auf diese Weise wirkt. Glaube ist nicht geistige Gewißheit, sondern ein Wagnis und eine Erfahrung, die zu moralischer Aufklärung führt.

René Descartes (1596–1650), ein anderer neuzeitlicher Denker, hatte viel mehr Zutrauen in die Fähigkeit des Verstandes, Gott zu erkennen. Er war überzeugt, daß der Intellekt allein uns die gesuchte Sicherheit geben kann. Er hätte Pascals Wette abgelehnt, da sie auf einer rein subjektiven Erfahrung basierte. Freilich lag auch Descartes' Nachweis der Existenz Gottes eine – andere – Form von Subjektivität zugrunde. Descartes wollte den Skeptizismus des französischen Essayisten Michel de Montaigne (1553–1592) widerlegen, der gesagt hatte, man könne nichts sicher wissen oder gar beweisen. Als Mathematiker und überzeugter Katholik hielt Descartes es für seine Pflicht, den neuen empirischen Rationalismus im Kampf gegen den Skeptizismus einzusetzen. Er glaubte wie Lessius, daß man die Menschen allein durch die Vernunft zur Annahme der religiösen und moralischen Wahrheiten bringen könne, die für ihn das Fundament der Zivilisation darstellten. Der Glaube beinhaltete nichts, was nicht auch rational gezeigt werden konnte; Paulus selbst hatte schließlich im ersten Kapitel seines Briefes an die Römer geschrieben: »Denn was man von Gott erkennen kann, ist [den Menschen] offenbar; Gott hat es ihnen offenbart. Seit Erschaffung der Welt wird seine unsichtbare Wirklichkeit an den Werken der Schöpfung mit der Vernunft wahrgenommen, seine ewige Macht und Gottheit.[7] Das Wissen von Gott war Descartes zufolge leichter zu erwerben und sicherer als jedes andere Wissen. Dieser Gedanke war auf seine Weise so revolutionär wie Pascals Wette, zumal Descartes' Beweis das Zeugnis der äußeren Welt, das Paulus bemüht, zugunsten des über sich selbst reflektierenden, nach innen gekehrten Denkens zurückweist.

Mit Hilfe der empirischen Methode seiner Universalmathematik, die auf logischem Weg zu den einfachen oder ersten Prinzipien vorstößt, versucht Descartes auch die Existenz Gottes analytisch zu beweisen. Anders als Aristoteles, Paulus und alle monotheistischen Philosophen vor ihm, fand er im Universum keinen Hinweis auf Gott. Die Natur folgte keiner göttlichen Ordnung. Das Universum ist chaotisch und zeigt keine Spuren intelligenter Planung, deshalb kann der Mensch unmöglich irgendwelche sicheren ersten Prinzipien aus der Natur ableiten. Descartes hielt sich nicht beim Wahrscheinlichen oder Möglichen auf. Er suchte die Gewißheit der Mathematik und fand sie in so einfachen und selbstverständlichen Sätzen wie: »Was getan ist, kann man nicht ungetan machen«, ein Satz, der unbestreitbar wahr ist. Beim Meditieren am Holzofen kam Descartes auf seinen berühmten Satz *Cogito ergo sum* – ich denke, also bin ich. Wie bei Augustinus zwölfhundert Jahre vor ihm, führte die Suche nach Gott ins menschliche Bewußtsein: Noch der Zweifel bewies die Existenz des Zweiflers. Es gibt keine Gewißheit über die uns umgebende Welt, wohl aber über unsere innere Erfahrung. Descartes' Argumentation ist eine neue Version von Anselms ontologischem Gottesbeweis. Im Zweifel zeigt sich die begrenzte Natur unseres Ichs. Wir könnten aber nicht wissen, was »Unvollkommenheit« ist, wenn wir nicht zuerst einen Begriff von »Vollkommenheit« hätten. Wie Anselm schloß Descartes daraus, daß eine Vollkommenheit, die es nicht gibt, ein Widerspruch in sich wäre. Die Erfahrung des Zweifels sagt uns, daß es ein höchstes, vollkommenes Wesen geben muß – Gott.

Aus diesem »Gottesbeweis« leitete Descartes nun in der Art mathematischer Schlußfolgerungen weitere Tatsachen über die Natur Gottes ab. So schreibt er in seinem *Discours de la Méthode* (Abhandlung über die Methode), daß es »mindestens ebenso gewiß ist, daß Gott, das heißt das vollkommenste Wesen, ist oder existiert, wie irgendein geometrischer Beweis es sein kann«.[8]

Descartes' vollkommenstes Wesen mußte so notwendig gewisse Eigenschaften haben, wie die Winkel eines Dreiecks zusammen zwei rechte Winkel ergeben. Unsere Erfahrung sagt uns, daß der Welt eine objektive Realität zukommt, und ein vollkommener Gott, der wahrhaftig sein muß, würde uns nicht betrügen. Statt mit der Welt die Existenz Gottes zu beweisen, schöpft Descartes aus der Idee Gottes seinen Glauben an die Realität der Welt. Descartes fühlte sich der Welt auf seine Art nicht weniger entfremdet als Pascal. Aber statt in die Welt auszugreifen, zieht er sich auf sich selbst zurück. Die Idee Gottes verschafft dem Menschen zwar Gewißheit über seine Existenz und ist deshalb für Descartes' Erkenntnistheorie wesentlich. Der cartesianischen Methode ist aber eine Form von Isolation und Autonomie eigentümlich, die prägend wurde für das Bild des westlichen Menschen unseres Jahrhunderts. Entfremdung von der Welt und ein stolzes Selbstbewußtsein brachten viele dazu, die Vorstellung eines Gottes, von dem die Menschen abhängig sind, prinzipiell abzulehnen.

Die Religion hat es dem Menschen von Anfang an erleichtert, in ein Verhältnis zur Welt zu treten und in ihr Fuß zu fassen. Die Verehrung heiliger Orte ging jedem anderen Nachdenken über die Welt voraus und half, angesichts vielfältiger Schrecknisse Halt zu finden. Die Vergöttlichung der Naturkräfte war zugleich Ausdruck des Staunens und der Ehrfurcht, die seit je zur Antwort des Menschen auf die Welt gehörten. Auch für Augustinus war die Welt trotz aller Anfechtungen ein Ort wunderbarer Schönheit. Descartes knüpfte in seiner Philosophie zwar an die augustinische Tradition der Introspektion an, aber mit Wundern hielt er sich nicht auf. Die Welt durfte auf keinen Fall als Geheimnis gelten, denn das spiegelte einen primitiven Geisteszustand wider, aus dem der zivilisierte Mensch herausgewachsen war. In der Einleitung seiner Abhandlung *Les météores* (Die Meteore) erklärt Descartes, es sei natürlich, »daß wir die Dinge über uns mehr bewundern als jene auf gleicher Ebene mit uns oder unter uns«.[9] Maler und Dichter hätten die Wolken deshalb als Gottes Thron dargestellt und bildhaft beschrieben, wie Gott sie mit Tau benetzte oder eigenhändig Blitze gegen Felsen schleuderte:

Das weckt in mir die Hoffnung, daß wir, wenn ich hier die Natur der Wolken in einer Weise erkläre, daß wir nicht länger zur Verwunderung über ihre Erscheinungsformen oder etwas von ihnen Herabkommendes Anlaß haben, desto leichter glauben, man könne auf ähnliche Art die Ursachen auch aller anderen höchst bewundernswerten Dinge über der Erde finden.

Descartes wollte Wolken, Wind, Tau und Blitze als rein physikalische Ereignisse verstanden wissen, um »jeden Grund des Staunens« auszuräumen.[10] Der Gott von Descartes war der Gott der Philosophen, der irdische Vorkommnisse nicht zur Kenntnis nimmt. Er offenbarte sich nicht in den Wundern, die in der Heiligen Schrift beschrieben werden, sondern in den ewigen Gesetzen, die er erlassen hatte: In *Les météores* heißt es etwa, das Manna, das die alten Israeliten in der Wüste gegessen haben, sei eine Art Tau gewesen. Damit entstand jene absurde Apologetik, die die Richtigkeit des biblischen Textes beweisen wollte, indem sie für die verschiedenen Wunder und Mythen rationale Erklärungen fand. Ein Beispiel ist Jesu Speisung der Fünftausend: Jesus habe einige Menschen in der Menge so beschämt, daß sie heimlich mitgebrachte Vorräte hervorgeholt und ausgeteilt hätten. Eine solche Rationalisierung mag gutgemeint sein, geht aber doch an der Symbolik vorbei, die zum Wesen der biblischen Erzählungen gehört.

Descartes war stets bestrebt, den Lehren der römisch-katholischen Kirche zu gehorchen, er betrachtete sich als orthodoxen Christen. Einen Widerspruch zwischen Glauben und Vernunft sah er nicht. In seinem *Discours de la Méthode* schreibt er, es gebe ein System, das die Menschen in die Lage versetze, die ganze Wahrheit in Erfahrung zu bringen. Nichts liege außerhalb der Reichweite dieses Systems; man brauche seine Methode nur auf irgendeine Disziplin anzuwenden, schon könne man verläßliches Wissen sammeln, das alle Verwirrung beende und Ignoranz aufhebe. Das Geheimnis war zum bloßen Durcheinander geworden, und Gott, den frühere Rationalisten so sorgfältig von anderen Phänomenen unterschieden hatten, zum Inhalt eines menschlichen Gedankensystems. Die Mystik hatte in Europa vor den dogmatischen Wirren der Reformationszeit nicht wirklich Fuß fassen können. Jene Geisteshaltung, die aus dem Geheimnis erwächst und, wie schon die Bezeichnung sagt, innig damit verbunden bleibt, war den meisten Christen im Westen fremd. Auch in der Kirche Descartes' waren Mystiker selten und stießen oft auf Mißtrauen. Ihr Gott, dessen Existenz sich im religiösen Erleben offenbarte, war einem Menschen wie Descartes, der Kontemplation nur im Sinn von gedanklicher Aktivität kannte, ganz und gar fremd.

Auch der englische Physiker Isaac Newton (1643–1727) reduzierte Gott, bis er in sein mechanisches System paßte, und war bemüht, das Christentum von Geheimnissen zu befreien. Sein Ausgangspunkt war nicht die Mathematik, sondern die Mechanik, weil ein Wissenschaftler lernen mußte, genau zu zeichnen, bevor er sich der Geometrie zuwenden konnte. Anders als Descartes, der zuerst die Existenz des Selbst und dann die Existenz Gottes und der natürlichen Welt bewiesen hatte, versuchte Newton zuerst das physikalische Universum zu erklären, zu dem Gott als wesentlicher Teil gehörte. In Newtons Physik ist die Natur völlig passiv. Gott ist die einzige Energiequelle, er ist wie bei Aristoteles lediglich die Fortsetzung der natürlichen, physikalischen Ordnung. Newton unternimmt es in seinem großen Werk *Philosophiae Naturalis Principia Mathematica* (Mathematische Grundlagen der Naturphilosophie, 1687), die Beziehungen zwischen den verschiedenen irdischen Körpern und Himmelskörpern mathematisch zu beschreiben und in ein zusammenhängendes, umfassendes System zu integrieren. Bindeglied zwischen den Teilen des Systems ist die von Newton eingeführte Vorstellung der Gravitation. Eine solche Vorstellung war mit der protestantischen Auffassung von der absoluten Souveränität Gottes unvereinbar. Newton bestritt dies: Ein souveräner Gott sei für sein System von zentraler Wichtigkeit, denn ohne einen solchen göttlichen »Mechaniker« würde es nicht existieren.

Im Unterschied zu Pascal und Descartes war Newton überzeugt, daß ihm die Betrachtung des Universums den Beweis der Existenz Gottes lieferte. Warum zog die Gravitation der Himmelskörper diese nicht zu einer riesigen, kugelförmigen Masse zusammen? Weil sie sorgfältig im unendlichen Raum verteilt worden waren und genügend Entfernung zwischen ihnen lag, um das zu verhindern. Ohne einen intelligenten göttlichen Aufseher wäre das nicht möglich gewesen, erklärte Newton seinem Freund Richard Bentley, dem Dekan von St. Paul's: »Ich glaube nicht, daß dies nur mit natürlichen Ursachen erklärbar ist, sondern bin gezwungen, es dem Ratschluß eines planenden Urhebers zuzuschreiben.«[11] Einen Monat später schrieb er erneut an Bentley: »Schwerkraft mag die Planeten in Bewegung setzen, aber ohne die göttliche Kraft könnte sie ihnen nicht die Bahn geben, auf der sie um die Sonne kreisen, und deshalb, aus diesem und aus anderen Gründen, bin ich gezwungen, den Plan dieses Gefüges einem intelligenten Urheber zuzuschreiben.«[12] Wenn die Erde sich beispielsweise nur mit hundert statt mit tausend Meilen pro Stunde um die eigene Achse drehen würde, wäre die Nacht zehnmal so lang, und es wäre zu kalt für das Leben auf der Erde; während der langen Tage dagegen würde die Vegetation in der Hitze verdorren. Das Wesen, welches all das so vollkommen eingerichtet hat, muß ein höchst intelligenter Mechaniker sein.

Außerdem muß es mächtig genug sein, die gewaltigen Massen der Planeten zu bewegen. Newton schloß daraus, daß die Urkraft, die das unendliche und komplizierte System in Bewegung gesetzt hatte, die *dominatio* (Herrschaft) sei und daß diese allein den Zusammenhalt des Universums bewirke und Gott göttlich mache. Von Edward Pococke, dem ersten Professor für Arabisch in Oxford, hatte Newton erfahren, daß das lateinische *deus* vom arabischen *du* (Herr) abgeleitet sei. Die entscheidende Eigenschaft Gottes war deshalb die Herrschaft und nicht die Vollkommenheit, die der Ausgangspunkt für Descartes' Beschäftigung mit Gott gewesen war. Im »Scholium generale«, das die *Principia* beschließt, leitet Newton alle üblicherweise Gott zugeschriebenen Eigenschaften von seiner Intelligenz und seiner Macht ab:

Dieses uns sichtbare, höchst erlesene Gefüge von Sonne, Planeten und Kometen konnte allein durch den Ratschluß und unter der Herrschaft eines intelligenten und mächtigen wahrhaft seienden Wesens entstehen ... [Gott] ist ewig und unendlich, allmächtig und allwissend, das heißt, er währt von Ewigkeit zu Ewigkeit und ist da von Unendlichkeit zu Unendlichkeit; er lenkt alles, und er erkennt alles, was geschieht oder geschehen kann … Wir erkennen ihn einzig und allein durch seine Wesenseigenschaften und Attribute, sowie durch den höchst weisen und guten Plan und die Zweckursachen der Welt, und wir bewundern ihn wegen seiner vollkommenen Lösungen; unsere Anbetung und unser Dienst aber gilt seiner Herrschaft. Wir dienen ihm nämlich als seine Knechte; und Gott ohne Herrschaft, Vorsehung und Zweckursachen ist nichts anderes als blindes Schicksal und bloße Natur. Aus einer blinden, der Schöpfung zugrundeliegenden Unausweichlichkeit, die ja immer und überall dieselbe ist, entsteht keine Veränderungsmöglichkeit der Dinge. Die ganze Vielfalt der nach Ort und Zeit geordneten Dinge konnte einzig und allein aus den Vorstellungen und dem Willen eines wahrhaften Seins, das notwendigerweise existiert, entstehen.[13]

Von der Bibel spricht Newton nicht; wir erkennen Gott nur durch die Anschauung der Welt. Die Schöpfungslehre hatte bis dahin eine geistige Wahrheit ausgedrückt; sie hatte ins Judentum wie ins Christentum erst spät Eingang gefunden und war immer problematisch geblieben. Die neue Wissenschaft stellte die Schöpfung in den Mittelpunkt und legte der Vorstellung von Gott ein buchstäbliches, mechanisches Verständnis der Schöpfung zugrunde. Wer heute die Existenz Gottes bestreitet, meint damit oft den Gott Newtons, jenen Urheber und Lenker des Universums, von dem die Wissenschaft inzwischen abgerückt ist.

Newton gelangte zu einigen erstaunlichen Lösungen, um Gott in seinem System unterzubringen, das der Anlage nach umfassend sein mußte. Wenn der Raum unveränderlich und unendlich ist – zwei Haupteigenschaften des Systems –, wo ist dann Platz für Gott? Ist nicht der Raum selbst mit den Attributen Ewigkeit und Unendlichkeit göttlich? Ist er eine zweite Gottheit, die schon vor Beginn der Zeit neben Gott existierte? Dieses Problem hat Newton nicht losgelassen. In seinem frühen Aufsatz *De Gravitatione et Aequipondio Fluidorum* hatte er die alte platonische Lehre von der Emanation aufgegriffen: Da Gott unendlich ist, muß er überall sein; Raum ist eine Folge der Existenz Gottes, er ist eine ewige Emanation der göttlichen Allgegenwart. Der Raum wurde nicht von Gott in einem Willensakt geschaffen, sondern existiert als notwendige Folge von dessen Allgegenwart. Auf dieselbe Weise strahlt Gott, der selbst ewig ist, Zeit aus. Man kann deshalb sagen, daß der Raum, in dem wir uns bewegen, und die Zeit, in der wir leben, von Gott kommen. Die Materie dagegen wurde von Gott am Schöpfungstag durch einen Willensakt geschaffen. Oder anders ausgedrückt: Gott hatte beschlossen, einige Teile des Raums mit Form, Dichte, Wahrnehmbarkeit und Beweglichkeit auszustatten. Dies ließ sich mit der christlichen Lehre von der Schöpfung aus dem Nichts vereinbaren: Gott hat die Materie aus dem leeren Raum hervorgebracht, aus dem Nichts geschaffen.

Newton hatte wie Descartes nichts für Geheimnisse übrig, Geheimnisse waren für ihn gleichbedeutend mit Ignoranz und Aberglauben. Er war bestrebt, das Christentum von Wundern zu reinigen, auch wenn ihn das mit zentralen Dogmen wie der Göttlichkeit Christi in Konflikt brachte. In den siebziger Jahren des 17. Jahrhunderts begann er sich ernsthaft mit der Lehre von der Dreieinigkeit zu beschäftigen. Er kam zu dem Schluß, daß Athanasius der Kirche dieses Dogma in der trügerischen Hoffnung aufgedrängt hatte, dadurch heidnische Konvertiten zu gewinnen. Arius hatte recht gehabt: Jesus Christus war ganz sicher nicht Gott, und jene Stellen aus dem Neuen Testament, die angeblich die Dogmen von der Dreieinigkeit und der Menschwerdung »bewiesen«, waren falsch. Athanasius und seine Anhänger hatten sie gefälscht und dem Kanon der biblischen Bücher hinzugefügt; sie appellierten damit an die niederen, primitiven Vorstellungen der breiten Masse: »Es entspricht der Veranlagung des leidenschaftlichen und abergläubischen Teils der Menschheit, in religiösen Dingen stets Geheimnissen anzuhängen und aus diesem Grund das am meisten zu lieben, was er am wenigsten versteht.«[14] Es wurde für Newton zu einer regelrechten Obsession, den christlichen Glauben von solchem Hokuspokus zu befreien. Anfang der achtziger Jahre, kurz vor Veröffentlichung der *Principia,* begann er eine Abhandlung mit dem Titel *The Philosophical Origins of Gentile Theology* (Der philosophische Ursprung der nichtjüdischen Theologie). Darin schrieb er, Noah habe eine ursprüngliche, nichtjüdische Religion begründet, die frei von Aberglauben gewesen sei und eine rationale Verehrung des einen Gottes befürwortet habe. Die einzigen Gebote dieser Religion waren laut Newton die Liebe zu Gott und dem Nächsten. Den Menschen wurde aufgetragen, die Natur zu betrachten, den einzigen Tempel des großen Gottes. Spätere Generationen hatten diese reine Religion mit allerlei Wundergeschichten verdorben. Einige waren in Götzendienst und Aberglauben zurückgefallen, doch Gott hatte mehrere Propheten geschickt, um sie auf den richtigen Weg zurückzuführen. Pythagoras erfuhr von dieser Religion und brachte sie in den Westen. Jesus war einer der Propheten, der die Menschen zur Wahrheit zurückrufen sollte, aber seine reine Religion war durch Athanasius und dessen Gehilfen verdorben worden. In der Offenbarung war der Aufstieg der Trinitätslehre – jener »seltsamen Religion des Westens«, jenes »Kults der drei gleichen Götter« – prophezeit und als elend und abstoßend verdammt worden.[15]

Die Christen im Westen hatten mit der Dreieinigkeit seit je Schwierigkeiten, und die Philosophen und Wissenschaftler der Aufklärung mit ihrem neuen Rationalismus beeilten sich, das Dogma abzulehnen. Newton hatte kein Verständnis für die Rolle des Mysteriums im religiösen Leben. Den Griechen war die Trinität ein Anlaß des Staunens gewesen und eine Erinnerung daran, daß der menschliche Verstand das Wesen Gottes nie begreifen kann. Für Wissenschaftler wie Newton war eine solche Einstellung nur schwer nachvollziehbar. Sie erkannten, daß sie auf der Suche nach der Wahrheit bereit sein mußten, sich von der Vergangenheit zu lösen und wieder bei den ersten Prinzipien anzufangen. Die Religion ist freilich wie die Kunst häufig ein Dialog mit der Vergangenheit; Ziel des Dialogs ist, einen Standpunkt für die Beurteilung der Gegenwart zu finden. Die Tradition ist der Ausgangspunkt, von dem aus die Menschen sich der ewigen Frage nach dem letzten Sinn des Lebens zuwenden. Das unterscheidet Religion und Kunst von der Wissenschaft. Im 18. Jahrhundert begannen einige Christen, die neuen wissenschaftlichen Methoden auf den Glauben anzuwenden, und sie gelangten zu denselben Antworten wie Newton. In England versuchten radikale Theologen wie Matthew Tindal und John Toland an die Ursprünge anzuknüpfen, das Christentum von Geheimnissen zu reinigen und eine wahrhaft rationale Religion zu begründen. Toland schrieb in *Christianity Not Mysterious*

(Christentum ohne Geheimnis, 1696), das Geheimnis führe lediglich zu »Tyrannei und Aberglauben«.[16] Die Annahme, Gott sei nicht in der Lage, sich klar auszudrücken, sei gotteslästerlich; Religion müsse vernünftig sein. Wie Newton versuchte auch Tindal in *Christianity as Old as Creation* (Beweis, daß das Christentum so alt als die Welt sei, 1730), die Religion von späteren Zusätzen zu reinigen und eine Urreligion zu rekonstruieren. Rationalität galt ihm als Prüfstein aller wahrhaften Religion: »Eine Religion der Natur und Vernunft ist in unsere Herzen geschrieben seit Anbeginn der Schöpfung, und nach ihr müssen die Menschen die Wahrheit einer institutionalisierten Religion beurteilen.«[17] Eine Offenbarung sei unnötig, der Mensch könne die Wahrheit durch rationales Forschen ergründen. Geheimnisse wie Dreieinigkeit und Menschwerdung hätten eine vollkommen vernünftige Erklärung und dürften nicht dazu verwendet werden, den einfachen Gläubigen dem Aberglauben und der institutionalisierten Kirche zu unterwerfen.

Diese radikalen Ideen gelangten von England auf den Kontinent, ein neuer Typ von Historikern machte sich an die objektive Untersuchung der Kirchengeschichte. 1699 veröffentlichte Gottfried Arnold seine *Unparteiische Kirchen- und Ketzerhistorie,* in der er schrieb, was gegenwärtig als orthodox gelte, könne nicht bis zur Urkirche zurückverfolgt werden. Johann Lorenz von Mosheim (1694–1755) trennte in seinem wegweisenden Werk *Vollständige Kirchengeschichte des Neuen Testaments* (1726) die Geschichte von der Theologie und stellte die historische Entwicklung der kirchlichen Lehre dar, ohne auf ihren Wahrheitsgehalt einzugehen. Andere Historiker wie Georg Walch, Giovanni But und Henry Noris beschäftigten sich mit der Geschichte schwieriger dogmatischer Kontroversen wie der Auseinandersetzung um den Arianismus, dem Streit um das Filioque und den verschiedenen christologischen Debatten des 4. und 5. Jahrhunderts. Zu lesen, daß grundlegende Dogmen über das Wesen Gottes und Christi sich erst im Lauf der Jahrhunderte entwickelt hatten und nicht im Neuen Testament zu finden waren, beunruhigte viele Gläubige. Waren diese Dogmen darum falsch? Andere Forscher gingen noch weiter und wandten ihre objektiven Methoden auf das Neue Testament selbst an. Hermann Samuel Reimarus (1694–1768) wagte sich sogar an eine kritische Biographie Jesu: Die Frage der Menschlichkeit Christi war nicht länger Mysterium oder Dogma, sondern wurde mit den wissenschaftlichen Methoden des Zeitalters der Vernunft erörtert. Damit war zugleich das Zeitalter der modernen Skepsis eröffnet. Reimarus schreibt, Jesus habe lediglich einen gottesfürchtigen Staat gründen wollen. Als er mit dieser messianischen Mission gescheitert sei, sei er in Verzweiflung gestorben. Jesus habe in den Evangelien nie behauptet, er sei gekommen, um die Sünden der Menschen zu sühnen. Diese für die Christen des Westens so zentrale Vorstellung gehe auf Paulus zurück, den eigentlichen Begründer des Christentums. Wir sollten Jesus deshalb nicht als Gott, sondern als Lehrer einer bemerkenswerten, einfachen und praktischen Religion verehren.[18]

Solche objektiven Untersuchungen gingen von einem buchstabengetreuen Verständnis der Bibel aus und mißachteten den symbolischen und metaphorischen Gehalt des Glaubens. Man könnte der wissenschaftlichen Kritik entgegenhalten, sie sei so irrelevant wie die wissenschaftliche Interpretation eines Bildes oder Gedichtes. Aber als das wissenschaftliche Denken erst zum Maßstab geworden war, konnten viele Menschen die Evangelien gar nicht mehr anders lesen. Die Christen des Westens waren auf ein wortwörtliches Glaubensverständnis verpflichtet und hatten einen unwiderruflichen Schritt weg vom Mythos getan: Eine Geschichte war jetzt entweder wahr oder eine Lüge. Die Frage nach dem Ursprung der Religion war für Christen wichtiger als etwa für Buddhisten, weil es im christlichen Monotheismus von Anfang an hieß, Gott habe sich in historischen Ereignissen offenbart. Wollten die Christen sich im wissenschaftlichen Zeitalter behaupten, mußten sie sich mit diesen Fragen beschäftigen. Einige Christen einer konventionelleren Glaubensrichtung als Tindal oder Reimarus begannen das traditionelle westliche Gottesverständnis zu hinterfragen. Der Lutheraner Johann Friedrich Mayer schrieb in seinem Traktat *Das bei doppeltem Mord unschuldige Wittenberg* (1681), die traditionelle von Anselm formulierte Lehre von der Buße, derzufolge Gott den Tod seines eigenen Sohnes gefordert habe, beinhalte eine unzureichende Vorstellung des Göttlichen; Gott werde als gerecht und zornig dargestellt, seine Forderung nach strenger Vergeltung erfülle viele

Christen mit Angst und veranlasse sie, angesichts ihrer Sündhaftigkeit zu erschrecken.[19] Immer mehr Christen seien jedoch über die Grausamkeit so vieler Begebenheiten in der Geschichte der Christenheit entsetzt; im Namen des gerechten Gottes seien furchtbare Kreuzzüge geführt worden, habe es Inquisition und Verfolgung gegeben. Besonders schrecklich erschien es einer Zeit, die sich zunehmend für die Freiheit der Person und des Gewissens begeisterte, daß Menschen gezwungen werden sollten, an solche orthodoxen Lehren zu glauben. Den letzten Ausschlag gaben das durch die Reformation ausgelöste Blutbad und seine Folgen.

Vernunft schien die Lösung. Doch konnte ein Gott ohne jenes Mysterium, das ihn in anderen Traditionszusammenhängen jahrhundertelang zu einer so wirksamen Kraft gemacht hatte, Vorstellungskraft und Intuition der Christen befriedigen? Der puritanische Dichter John Milton (1608–1674) war über die Intoleranz der Kirche in der Vergangenheit besonders bestürzt. Ganz Sohn seiner Zeit, versuchte er in der erst hundertfünfzig Jahre nach seinem Tod veröffentlichten Abhandlung *De doctrina christiana* (Von der christlichen Lehre) die Reformation zu reformieren und sich einen persönlichen religiösen Glauben zu schaffen, der nicht auf den Glaubensinhalten und Urteilen anderer aufbaute. Milton mißtraute auch altehrwürdigen Traditionen wie der Lehre von der Dreieinigkeit. Bezeichnend ist allerdings, daß der wahre Protagonist seines Hauptwerkes *Paradise Lost* (Das verlorene Paradies) Satan ist und nicht Gott, dessen Handeln Milton vor den Menschen rechtfertigen wollte. Satan hat viele Eigenschaften des neuen Europäers: Er trotzt der Autorität, wagt das Unbekannte und ist auf seinen kühnen Reisen von der Hölle durch das Chaos zur neugeschaffenen Erde der erste Entdecker. Miltons Gott dagegen macht deutlich, wie absurd das westliche Buchstabenverständnis ist. Die Stellung Christi im Gedicht ist ohne das mystische Verständnis der Trinitätslehre höchst zweideutig. Es ist keineswegs klar, ob er eine zweite Gottheit oder ein den Engeln zwar übergeordnetes, aber doch ähnliches Wesen darstellt. Gottvater und Sohn sind jedenfalls zwei völlig verschiedene Wesen, die lange und höchst langatmige Gespräche führen müssen, um die Absichten des jeweils anderen zu ergründen, obwohl der Sohn doch Wort und Weisheit des Vaters ist.

Wirklich unglaubwürdig aber wird Gott, weil er das irdische Geschehen vorherweiß. Da Gott notwendig weiß, daß Adam und Eva sündigen werden – er weiß es, noch ehe Satan auf der Erde eingetroffen ist –, muß er sein Tun vor diesem Ereignis in einigen recht weitschweifigen Erklärungen rechtfertigen. Er könne keinen Gefallen an erzwungenem Gehorsam finden, erklärt er dem Sohn, und er habe Adam und Eva die Fähigkeit gegeben, Satan zu widerstehen.

> Sie können weder ihren Schöpfer, noch
> Die Schöpfung und das Schicksal je verklagen,
> Als ob Vorherbestimmung, durch Beschluß
> Und durch Voraussehung unänderlich,
> Den Willen ganz beherrschte. Nur sie selbst
> Beschlossen ihren Abfall, nimmer ich.
> Wußt ich ihn schon, so übte dieses Wissen
> Nicht Einfluß auf die Schuld, die so gewiß
> Begangen ward – und auch unvorhergesehn …
> Durch Urteil oder Wahl sind sie in Allem
> Urheber selbst, denn ich erschuf sie frei,
> Und frei auch bleiben sie, bis selber sie
> Sich unterjochen; ändern müßt ich sonst
> Ihr Wesen, und den hohen wandellosen
> Beschluß für ihre Freiheit widerrufen,
> Denn sie beschlossen selber ihren Fall.[20]

Man kann diese umständliche Argumentation nur schwer nachvollziehen; darüber hinaus erscheint Gott als gefühllos, selbstgerecht und ohne jenes Mitleid, das seine Religion angeblich anregt. Ein Gott, der auf so menschliche Weise argumentieren muß, macht die Mängel einer anthropomorphen und personalisierten Gottesvorstellung deutlich. Ein solcher Gott enthält zu viele Widersprüche; er ist nicht stimmig und verdient nicht, angebetet zu werden.

Eine wortwörtliche Auffassung etwa des Dogmas der Allwissenheit ergibt keinen Sinn. Miltons Gott ist nicht nur kalt und pedantisch, er ist schlichtweg unfähig. In den letzten beiden Büchern von *Pa-*

radise Lost schickt Gott den Erzengel Michael aus; er soll den sündigen Adam trösten und ihm zeigen, wie seine Nachkommen erlöst werden. Der Gang des Heilsgeschehens wird Adam in einer Folge von Bildern enthüllt und von Michael kommentiert: Adam sieht den Brudermord Kains, die Sintflut und die Arche Noah, den Turm von Babel, die Berufung Abrahams, den Auszug aus Ägypten und den Empfang der Gesetzestafeln auf dem Sinai. Die Unzulänglichkeit des mosaischen Gesetzes, unter der das unglückliche auserwählte Volk Gottes jahrhundertelang leidet, soll Michael zufolge nur die Sehnsucht der Menschen nach einem mehr geistigen Gesetz wecken. Je weiter der Bericht über die künftige Erlösung der Welt fortschreitet – weitere Stationen sind die Heldentaten König Davids, das Babylonische Exil, die Geburt Christi und so fort –, desto mehr drängt sich dem Leser der Gedanke auf, daß es zur Erlösung der Menschheit auch einen leichteren und direkteren Weg hätte geben müssen. Daß der umständliche Plan mit den vielen gescheiterten Versuchen und falschen Anfängen im voraus verkündet wird, zieht die Intelligenz seines Urhebers erheblich in Zweifel. Miltons Gott ist wenig vertrauenerweckend. Es kann kein Zufall sein, daß nach Milton kein anderer bedeutender englischer Dichter versucht hat, die übernatürliche Welt zu beschreiben. Es gab keine Spencers und Miltons mehr. Die Welt übernatürlicher Geister war hinfort die Domäne zweitrangiger Schriftsteller wie George MacDonald und C. S. Lewis. Doch wenn Gott die Phantasie nicht beschäftigt, ist er in einer schwierigen Position.

Ganz am Ende von *Paradise Lost* verlassen Adam und Eva den Garten Eden und treten in die Welt hinaus. Ebenso standen die Christen im Westen an der Schwelle einer säkularen Zeit, auch wenn sie immer noch dem Glauben an Gott anhingen. Die neue Religion der Vernunft war der Deismus. Dort war kein Platz für die Vorstellungskraft, an die Mystik und Mythologie appellierten. Der Deismus wollte nichts mit dem Offenbarungsmythos und herkömmlichen »Mysterien« wie der Dreieinigkeit zu tun haben, die die Menschen so lange im Bann des Aberglaubens gehalten hatten. Statt dessen propagierte er den unpersönlichen »Deus«, den der Mensch durch eigene Anstrengung entdecken konnte. Voltaire, die Verkörperung jener Bewegung, die später Aufklärung genannt wurde, definierte seine ideale Religion in seinem *Philosophischen Wörterbuch* (1764). Die erste Anforderung an die Religion lautete, daß sie möglichst einfach zu sein hatte.

> Sollte sie nicht so wenig Dogmen wie möglich haben, diese Erfindungen hochmütigen Wahnes, Gegenstand endloser Auseinandersetzung? Müßte sie nicht eine reine Moral lehren, über die es niemals Streit geben könnte? ... Sie müßte uns anhalten, unseren Nächsten aus Liebe zu Gott zu dienen, statt sie im Namen Gottes zu verfolgen und umzubringen. Nur eine Religion, die alle anderen duldet und so deren Wohlwollen würdig ist, kann aus der Menschheit ein Volk von Brüdern machen. Ihre erhabenen Zeremonien müßten auf das Volk einen überwältigenden Eindruck machen, und es dürfte in ihr keine Mysterien geben, die die Weisen empören und die Ungläubigen irreführen könnten.[21]

Die Kirchen mußten sich selbst die Schuld geben, wenn sie auf diese Weise herausgefordert wurden, hatten sie doch den Gläubigen jahrhundertelang eine erdrückende Zahl von Dogmen zugemutet. Die Reaktion war unausweichlich und hatte auch ihre positiven Seiten. Die Philosophen der Aufklärung verwarfen Gott nicht grundsätzlich. Sie lehnten den grausamen Gott der orthodoxen Lehre ab, der den Menschen mit dem ewigen Höllenfeuer drohte, und sie lehnten geheimnisvolle Lehren über diesen Gott ab, die der Vernunft ein Greuel waren. Doch ihr Glaube an ein höchstes Wesen blieb unversehrt. Voltaire baute in Ferney eine Kapelle mit der Inschrift »Deo Erexit Voltaire« auf dem Türsturz und meinte sogar, wenn Gott nicht existierte, müßte man ihn erfinden. In seinem *Philosophischen Wörterbuch* schreibt er, der Glaube an einen Gott sei rationaler und der menschlichen Natur angemessener als der Glaube an verschiedene Gottheiten. Ursprünglich hätten die Menschen in ihren verstreut liegenden Dörfern und Gemeinden geglaubt, ein einzelner Gott bestimme ihr Schicksal; der Polytheismus sei eine spätere Entwicklung. Wissenschaft und Vernunftphilosophie wiesen beide auf die Existenz eines höchsten Wesens hin. »Welchen Schluß haben wir aus all dem zu ziehen?« fragt Voltaire am Ende des Artikels über den »Atheismus« im *Wörterbuch*. Er antwortet:

Der Atheismus ist bei Regierenden eine furchtbare Gefahr – und übrigens auch bei Stubengelehrten, mag ihr Leben noch so harmlos sein; denn sie können von ihrer Studierstube aus die aktiv Tätigen beeinflussen. Atheismus ist vielleicht nicht so verderblich wie Fanatismus, aber der Tugend ist er fast immer abträglich. Besonders wollen wir noch bemerken, daß es heute, seit die Philosophen erkannt haben, daß es kein Wachstum ohne Keim, keinen Keim ohne Plan gibt usw. und daß das Korn nicht aus Moder entsteht, weniger Atheisten denn je gibt.[22]

Voltaire stellte den Atheismus auf eine Stufe mit Aberglauben und Fanatismus, jene beiden Dinge, die die Philosophen so unbedingt ausmerzen wollten. Sein Problem war nicht Gott, sondern die Lehren über Gott, die gegen die geheiligte Norm der Vernunft verstießen.

Auch die europäischen Juden wurden von den neuen Ideen beeinflußt. Baruch de Spinoza (1632–1677), ein niederländischer Jude spanischer Abstammung, wollte sich nicht mit dem Studium der Thora begnügen und schloß sich einem philosophischen Zirkel nichtjüdischer Freidenker an. Unter dem Einfluß wissenschaftlicher Denker wie Descartes und der christlichen Scholastik entwickelte Spinoza Ideen, die sich vom herkömmlichen Judentum grundlegend unterschieden. 1656 schloß man den damals Vierundzwanzigjährigen formell aus der Amsterdamer Synagoge aus. Während der Verlesung des Bannfluchs wurde in der Synagoge ein Licht nach dem anderen ausgelöscht, bis die Gemeinde in tiefe Dunkelheit gehüllt war und so die Finsternis von Spinozas Seele in einer gottlosen Welt erlebte.

Er sei verflucht bei Tag und verflucht bei Nacht, verflucht sein Hinlegen und verflucht sein Aufstehen, verflucht sein Gehen und verflucht sein Kommen; nimmer möge der Herr ihm vergeben und fortan der Zorn des Herrn und der Eifer Gottes über diesen Menschen kommen und ihn mit allen Flüchen beladen, geschrieben in diesem Buch des Gesetzes. Und der Herr wird seinen Namen austilgen unter den Himmeln ...[23]

Spinoza gehörte seitdem keiner religiösen Gemeinschaft mehr an. Damit war er der Prototyp des autonomen weltlichen Denkers, wie er für den Westen prägend wurde. Im frühen 20. Jahrhundert verehrten viele Menschen Spinoza als Helden der Moderne, da sie sich mit seinem symbolischen Exil, seiner Entfremdung und seiner Suche nach weltlicher Erlösung identifizieren konnten.

Man hat Spinoza einen Atheisten genannt, doch er glaubte an einen Gott, freilich nicht an den Gott der Bibel. Wie die Faylasufs schätzte er die geoffenbarte Religion geringer als die wissenschaftliche Erkenntnis Gottes, die der Philosoph erwirbt. Das Wesen des religiösen Glaubens, schrieb er in seinem *Theologisch-Politischen Traktat,* sei verfälscht worden. Gegenwärtig bestehe der Glaube nur noch aus »Leichtgläubigkeit und Vorurteilen« und aus »widersinnigen Geheimnissen«.[24] Auch die Bibel betrachtete Spinoza kritisch. Die Israeliten hätten jedes Phänomen, das sie nicht verstanden, »Gott« genannt. So seien etwa die Propheten vom göttlichen Geist erleuchtet gewesen, nur weil sie Männer von außergewöhnlicher Geisteskraft und Heiligkeit waren. Für Spinoza war diese Art der »Erleuchtung« nicht auf eine Elite beschränkt, sondern jedem durch den natürlichen Verstand zugänglich: Die Riten und Symbole des Glaubens waren nur für die breite Masse da, die nicht rational und wissenschaftlich denken konnte.

Spinoza griff wie Descartes auf den ontologischen Gottesbeweis zurück. Bereits die Vorstellung von »Gott« enthält eine Bestätigung der Existenz Gottes, denn ein vollkommenes Wesen, das nicht existiert, wäre ein Widerspruch in sich. Die Existenz Gottes ist notwendig, weil sie allein die unerläßliche sichere Basis bildet, von der man weitere Schlüsse über die Wirklichkeit ziehen kann. Eine wissenschaftliche Betrachtung der Welt zeigt, daß sie von unveränderlichen Gesetzen beherrscht wird. Für Spinoza ist Gott schlicht das Prinzip des Gesetzes, die Summe aller existierenden Gesetze. Gott ist ein materielles Wesen und identisch mit der Ordnung, die das Universum regiert. Spinoza bedient sich in diesem Zusammenhang wie Newton der alten philosophischen Vorstellung der Emanation. Weil Gott allen materiellen und geistigen Dingen innewohnt und immanent ist, kann man ihn als das Gesetz definieren, das ihre Existenz ordnet. Von Gottes Wirken in der Welt zu sprechen ist lediglich eine Art, die mathematischen und kausalen Prinzipien der Existenz zu beschreiben.

Das klingt nach trockener Lehre, doch Spinoza begegnete seinem Gott mit einer wahrhaft mystischen Ehrfurcht. Gott war als Summe aller existierenden Gesetze die höchste Vollendung, in der alles zu Einheit und Harmonie verschmolz. Wenn die Menschen sich mit ihrem Denken in der Weise beschäftigten, die Descartes ihnen vorgeschlagen hatte, öffneten sie sich dem in ihnen wirkenden ewigen und unbegrenzten Wesen Gottes. Spinoza glaubte wie Plato, daß das Wesen Gottes sich mehr in der intuitiven, spontanen Einsicht zeige als im mühevollen Sammeln von Fakten. Die Freude und das Glück, das wir über Wissen empfinden, entsprechen der Liebe zu Gott, zu einer Gottheit, welche nicht das ewige Objekt des Denkens, sondern dessen Ursache und Prinzip ist und darum zutiefst eins mit jedem Menschen. Offenbarung oder ein göttliches Gesetz sind nicht notwendig: Dieser Gott ist allen Menschen zugänglich, das einzig verbindliche Gesetz ist das ewige Gesetz der Natur. Spinoza vereinigte die alte Metaphysik mit der neuen Wissenschaft. Sein Gott war nicht das unfaßliche Eine der Neuplatoniker; er stand dem von Philosophen wie Thomas von Aquin beschriebenen absoluten Wesen näher, daneben freilich auch dem mystischen Gott, den orthodoxe Monotheisten in sich erfuhren. Juden, Christen und Philosophen sahen in Spinoza gern einen Atheisten: Sein Gott hatte nichts Persönliches, er ließ sich von der übrigen Wirklichkeit nicht trennen. Tatsächlich hat Spinoza das Wort »Gott« nur aus historischen Gründen verwendet. Er stimmte mit jenen Atheisten überein, die meinten, man könne die Wirklichkeit nicht aufspalten in einen Teil, der Gott sei, und einen Teil, der nicht Gott sei. Und wenn Gott nicht vom Rest der Wirklichkeit getrennt werden kann, kann man auch nicht sagen, er existiere in einem herkömmlichen Sinn. Spinoza schrieb mit anderen Worten, es gebe keinen Gott in jenem Sinn, den wir diesem Wort gewöhnlich zuschreiben. Mystiker und Philosophen hatten seit Jahrhunderten dasselbe Argument vorgetragen; man kann die pantheistische Vision Spinozas sogar mit der Gottesvorstellung der Kabbala vergleichen. Spinoza gibt uns einen Eindruck davon, wie nahe eine radikal mystische Religion dem neuen Atheismus steht, der sich in der Moderne herausbildete.

Den Weg ins moderne Europa öffnete den Juden allerdings ein anderer Philosoph, der Deutsche Moses Mendelssohn (1729–1786). Mendelssohn wollte ursprünglich gar keine spezifisch jüdische Philosophie entwerfen. Er beschäftigte sich mit Psychologie und Ästhetik sowie Religion, und seine frühen Werke *Phädon* und *Morgenstunden* stehen im größeren Zusammenhang der deutschen Aufklärung. Mendelssohn versuchte darin, die Existenz Gottes rational zu begründen, ohne dabei eine jüdische Perspektive einzunehmen. In Ländern wie Frankreich und Deutschland ermöglichten die liberalen Ideen der Aufklärung den Juden die Emanzipation und den Eintritt in die Gesellschaft. Für die »Maskilim«, wie die jüdischen Aufklärer genannt wurden, war es nicht schwierig, die religiösen Gedanken der deutschen Aufklärung zu übernehmen. Der doktrinäre Fanatismus des westlichen Christentums war dem Judentum fremd. Seine Grundsätze waren praktisch identisch mit der vernunftbestimmten Religion der Aufklärung, die sich in Deutschland durchaus mit der Vorstellung von Wundern und dem Eingreifen Gottes in menschliches Tun vereinbaren ließ. Mendelssohns philosophischer Gott der *Morgenstunden* war dem Gott der Bibel sehr ähnlich. Er war ein persönlicher Gott, keine metaphysische Abstraktion, und konnte durch menschliche Eigenschaften wie Weisheit, Güte, Gerechtigkeit, Barmherzigkeit und Verstand in ihrem erhabensten Sinn charakterisiert werden.

Der Gott Mendelssohns hat dadurch freilich große Ähnlichkeit mit den Menschen. Mendelssohns Glaube war typisch für die Aufklärung: Kühl und leidenschaftslos neigte er dazu, Paradox und Vieldeutigkeit in der religiösen Erfahrung unberücksichtigt zu lassen. Für Mendelssohn war das Leben ohne Gott bedeutungslos, aber das hieß nicht, daß sein Glaube leidenschaftlich war: Ihm genügte vollauf das Wissen, daß Gott durch den Verstand zugänglich war. Im Zentrum seiner Theologie steht die Barmherzigkeit Gottes. Wären die Menschen ausschließlich auf Offenbarungen angewiesen, so wäre das nicht mit der Barmherzigkeit Gottes vereinbar, denn dann wären ganz offensichtlich viele Menschen vom göttlichen Heilsplan ausgeschlossen. Die abstrusen intellektuellen Fähigkeiten, die die Falsafa forderte und die sich nur wenige Menschen aneignen konnten, spielen in Mendelssohns Philosophie deshalb keine Rolle; er vertraute mehr auf den allen zugänglichen gesunden Menschenverstand. Ein solcher Ansatz birgt freilich die Gefahr, daß man Gott allzuleicht menschlichen Vorurteilen anpaßt und diese dadurch verabsolutiert.

Als im Jahr 1767 seine Schrift *Phädon* mit der philosophischen Verteidigung der Unsterblichkeit der Seele erschien, war die Reaktion nichtjüdischer und christlicher Kreise positiv, wenn auch zuweilen herablassend. Der junge Schweizer Pfarrer Johann Kaspar Lavater schrieb, der Verfasser sei reif für den Übertritt zum Christentum, und forderte Mendelssohn auf, sein Judentum öffentlich zu verteidigen. Mendelssohn sah sich fast gegen seinen Willen zu einer rationalen Verteidigung des Judentums gedrängt, obwohl er sich gar nicht für traditionelle jüdische Glaubensinhalte wie den Gedanken des auserwählten Volkes oder die Vorstellung vom Gelobten Land eingesetzt hatte. Es war eine Gratwanderung: Mendelssohn wollte nicht das Schicksal Spinozas erleiden, aber auch nicht durch eine zu erfolgreiche Verteidigung des Judentums den Zorn der Christen auf sich ziehen. Er argumentierte wie andere Deisten, daß die Offenbarung nur dann annehmbar sei, wenn ihre Wahrheit durch die Vernunft erwiesen werden könne. Das Dogma der Dreieinigkeit halte diesem Kriterium nicht stand. Das Judentum sei keine geoffenbarte Religion, sondern geoffenbartes Gesetz. Die jüdische Gottesvorstellung sei im wesentlichen identisch mit jener natürlichen Religion, die Besitz der gesamten Menschheit sei und durch die Vernunft ohne weitere Hilfsmittel erfaßt werden könne. Mendelssohn stützte sich auf die alten kosmologischen und ontologischen Beweise; das mosaische Gesetz habe es den Juden ermöglicht, sich Gott richtig vorzustellen und nicht einen Götzen anzubeten. Er beendete seine Verteidigung mit einem Plädoyer für die Toleranz. Die universale Religion der Vernunft sollte zur Achtung anderer Arten der Annäherung an Gott führen. Dazu gehörte auch der von den Kirchen Europas jahrhundertelang verfolgte jüdische Glaube.

Einen größeren Einfluß auf die Juden als Mendelssohn hatte Immanuel Kant, dessen *Kritik der reinen Vernunft* (1781) im letzten Jahrzehnt von Mendelssohns Leben erschien. Kant definierte die Aufklärung als »Ausgang des Menschen aus seiner selbstverschuldeten Unmündigkeit«, als Vertrauen auf den eigenen Verstand statt auf eine äußere Autorität.[25] Der einzige Weg, der zu Gott führt, ist das autonome moralische Bewußtsein, und das nannte Kant die »praktische Vernunft«. Dinge wie die Lehrautorität der Kirchen, das Gebet und kirchliche Rituale tat er als schmückendes Beiwerk der Religion ab, das die Menschen daran hindere, auf ihre eigenen Kräfte zu vertrauen, und sie statt dessen ermutige, sich auf die Leitung eines anderen zu verlassen. Doch Kant bestritt nicht die Existenz eines Gottes überhaupt. Wie al-Ghazzali einige Jahrhunderte vor ihm, argumentierte er, die herkömmlichen Argumente für die Existenz Gottes seien nutzlos, da unser Verstand nur Dinge fassen könne, die in Raum oder Zeit existierten, nicht aber eine Wirklichkeit jenseits dieser Kategorien. Er räumte freilich ein, daß die Menschen eine natürliche Neigung hätten, diese Grenze zu überschreiten und nach einem vereinheitlichenden Prinzip zu suchen, das ihnen die Wirklichkeit als zusammenhängendes Ganzes zeige. Dieses Prinzip sei die Idee Gottes. Man könne die Existenz Gottes nicht logisch beweisen, aber genausowenig könne man das Gegenteil beweisen. Die Idee Gottes ist Kant zufolge von wesentlicher Bedeutung, denn sie stellt eine Art Orientierungslinie dar und versetzt die Menschen damit in die Lage, sich ein umfassendes Bild von der Welt zu machen.

Gott war darum für Kant eine vorteilhafte Einrichtung, die mißbraucht werden konnte. Die Vorstellung eines weisen und allmächtigen Schöpfers kann die wissenschaftliche Forschung untergraben und zu einem trägen Vertrauen auf einen *deus ex machina* führen, einen Gott, der unsere Wissenslücken füllt. Sie kann auch die Quelle überflüssiger Mystifikationen sein und so zu erbitterten Streitigkeiten führen gleich jenen, welche die Geschichte der Kirchen verdunkeln. Kant hätte bestritten, daß er Atheist sei. Seine Zeitgenossen beschrieben ihn als einen frommen Mann, der sich der menschlichen Fähigkeit zum Bösen zutiefst bewußt war. Genau das machte den Gottesgedanken für ihn so wichtig. In seiner *Kritik der praktischen Vernunft* schreibt er, die Menschen bräuchten für ein moralisches Leben einen Herrscher, der Tugend mit Glück belohne. So gesehen, ist Gott bei Kant lediglich eine nachträgliche Hinzufügung zur Ethik. Im Zentrum der Religion steht nicht mehr das Geheimnis

Gottes, sondern der Mensch. Gott ist nicht mehr der Grund allen Seins, sondern eine Strategie, die uns in die Lage versetzt, effizienter und moralischer zu leben. Nicht lange nach Kant entwickelten andere Denker diese Vorstellung von menschlicher Autonomie noch ein Stück weiter und schafften den zum Schemen gewordenen Gott ganz ab. Kant war einer der ersten abendländischen Denker, der die Gültigkeit der herkömmlichen Gottesbeweise anzweifelte und zeigte, daß sie in Wirklichkeit nichts bewiesen. Die Beweise erlangten ihre alte Kraft nie wieder.

Auf einige Christen wirkte dies geradezu befreiend. Sie waren überzeugt, daß Gott den einen Weg zum Glauben nur deshalb verschlossen hatte, um einen anderen zu öffnen. John Wesley (1703–1791) schrieb in *A Plain Account of Genuine Christianity* (Eine einfache Darstellung des wahren Christentums):

> Manchmal möchte ich fast glauben, Gott in seiner Weisheit habe zugelassen, daß in späterer Zeit die äußeren Beweise des Christentums mehr oder weniger verschwunden und unsichtbar geworden sind zu diesem nämlichen Zweck, daß die Menschen (zumal die verständigeren unter ihnen) sich nicht mit ihnen begnügen können, sondern auch in sich selbst blicken und auf das Licht aufmerken müssen, das in ihrem Herzen scheint.[26]

Neben dem Rationalismus der Aufklärung entwickelte sich eine neue Frömmigkeit, die oft »Religion des Herzens« genannt wird. Obwohl mehr im Herzen angesiedelt als im Kopf, hatte sie doch viel mit dem Deismus gemein. Sie forderte die Menschen auf, sich von äußeren Beweisen und Autoritäten abzuwenden und den jedermann zugänglichen Gott in ihren Herzen zu entdecken. Die Schüler der Brüder Wesley oder des deutschen Pietisten Nikolaus Ludwig Graf von Zinzendorf (1700–1760) lebten wie viele Deisten in dem Bewußtsein, daß sie das Christentum von den Hinzufügungen späterer Jahrhunderte reinigten und zur »einfachen« und »wahrhaften« Religion Christi und der ersten Christen zurückkehrten.

John Wesley war ein leidenschaftlicher Christ. Als junger Student am Lincoln College in Oxford hatte er zusammen mit seinem Bruder Charles eine studentische Gesellschaft gegründet, den sogenannten »Heiligen Klub«. Die Mitglieder des Klubs führten ein methodisch geordnetes Leben, darum nannte man sie Methodisten. 1735 reisten John und Charles als Missionare in die amerikanische Kolonie Georgia, doch bereits zwei Jahre später kehrte John niedergeschlagen zurück. In sein Tagebuch schreibt er: »Ich zog nach Amerika aus, um Indianer zu bekehren; doch wehe, wer soll mich bekehren?«[27] Auf der Reise waren die Brüder von einigen Missionaren der Herrnhuter Brüdergemeinde tief beeindruckt worden, die alle Dogmen ablehnten und darauf beharrten, daß die Religion ausschließlich eine Sache des Herzens sei. 1738 erlebte John bei einer Andacht der Herrnhuter in einer Kapelle in der Londoner Aldersgate Street seine Bekehrung; er war überzeugt, Gott selbst habe ihn beauftragt, diese neue Form des Christentums in England zu predigen. Von da an reisten er und seine Schüler durch das Land und predigten den Arbeitern und Bauern in Stadt und Land.

Im Zentrum stand das Erlebnis der »Wiedergeburt«. Es war »absolut notwendig«, den »Atem Gottes« in der Seele zu spüren; er erfüllt den Christen mit einer bewußt empfundenen, »ständigen und dankbaren Liebe zu Gott«, so daß es »natürlich und in gewisser Weise notwendig ist, alle Kinder Gottes barmherzig, gütig und mitfühlend zu lieben«.[28] Dogmen über Gott aufzustellen war sinnlos und brachte womöglich Schaden. Die psychologische Wirkung der Worte Christi auf den Gläubigen war der beste Beweis ihrer Wahrheit. Die emotionale Erfahrung der Religion war wie im Puritanismus der einzige Beweis des wahren Glaubens und darum der Erlösung. Eine solche Glaubensschwärmerei für jedermann konnte freilich auch gefährlich sein. Die Mystiker hatten immer die Gefahren des geistlichen Weges betont und vor Hysterie gewarnt: Zeichen der wahren mystischen Versenkung seien Friede und Ruhe. Der Glaube der wiedergeborenen Christen konnte zur Raserei führen, wie die gewaltsamen Ekstasen der Quäker und Shaker zeigen. Auch Verzweiflung war eine mögliche Folge: Der englische Dichter William Cowper (1731–1800) wurde verrückt, als er sich nicht mehr erlöst fühlte. Weil ihm dieses Gefühl abhanden gekommen war, glaubte er sich verdammt.

Die Religion des Herzens übersetzte Glaubenssätze über Gott in innere Gefühlszustände. Zinzendorf, Patron verschiedener religiöser Gemeinden, die auf seinen Gütern in Sachsen lebten, vertrat wie Wesley die Auffassung, der Glaube sei nicht Sache der Gedanken oder des Kopfes, sondern des Herzens; er sei ein im Herzen angezündetes Licht.[29] Die Gelehrten sollten ruhig weiter über das Geheimnis der Dreieinigkeit nachsinnen, die Bedeutung des Dogmas liege nicht in der Beziehung von Gottvater, Sohn und Heiligem Geist zueinander, sondern in ihrer Beziehung zu den Menschen.[30] Die Menschwerdung drücke das Geheimnis der Neugeburt des einzelnen Christen aus, den Moment, in dem Christus zum »König des Herzens« werde. Eine solche gefühlsbetonte Frömmigkeit gab es auch innerhalb der römisch-katholischen Kirche in der Herz-Jesu-Verehrung. Sie setzte sich gegen eine starke Opposition der Jesuiten und der Amtskirche durch, denen der oft sentimentale Gefühlsüberschwang verdächtig war, und besteht bis heute fort. In vielen katholischen Kirchen findet sich eine Christusstatue, in der auf der entblößten Brust Christi ein von einem Flammenkranz umgebenes Herz zu sehen ist. Auf diese Weise war Christus Marguerite-Marie Alacoque (1647–1690) in ihrem Kloster in Paray-le-Monial in Frankreich erschienen. Dieser Christus hat keine Ähnlichkeit mehr mit der schroffen Gestalt der Evangelien. Sein weinerliches Selbstmitleid zeigt die Gefahr der Konzentration auf das Gefühl unter Ausschluß des Verstandes. Marguerite-Marie Alacoque schrieb 1682 nieder, wie Jesus ihr zu Beginn der Fastenzeit erschienen war:

> … über und über mit Wunden und Blutergüssen bedeckt. Sein herrliches Blut strömte auf allen Seiten an ihm herunter. »Hat denn keiner Mitleid mit mir?« fragte er düster und traurig. »Hat niemand Erbarmen mit mir und hilft mir meine Last tragen, der ich zu dieser Zeit aufgrund der Sünden der Menschheit in einem so bejammernswerten Zustand bin?«[31]

Am Beispiel dieser hochgradig neurotischen Frau, die ihren Abscheu vor dem bloßen Gedanken an geschlechtliche Liebe offen bekannte, die an einer Eßstörung litt und sich ungesunden masochistischen Akten unterzog, um ihre »Liebe« zum Herz Jesu zu beweisen, wird deutlich, wie eine Religion des Herzens allein in die Irre gehen kann. Der Christus von Marguerite-Marie ist in vielem nur eine Projektion ihrer eigenen Wünsche; das Herz Jesu entschädigt sie für die Liebe, die sie nie erfahren hat. »Du sollst«, sagt Jesus zu ihr, »für immer seine [des Herzens Jesu] geliebte Schülerin sein, der Gegenstand seines Wohlgefallens und die Dienerin seiner Wünsche. Es soll die Erfüllung all deiner Sehnsucht sein; es wird dich in deiner Schwäche stützen und deine Pflichten für dich erfüllen.«[32] Eine solche Frömmigkeit, die sich ausschließlich auf den Menschen Jesus konzentriert, ist eine Projektion, die den Christen in neurotischer Ichbezogenheit gefangenhält.

Obwohl wir uns damit weit vom kühlen Rationalismus der Aufklärung entfernt haben, gibt es eine Verbindung zwischen der Religion des Herzens in ihrem besten Sinn und dem Deismus. Kant etwa war in Königsberg im Geist des Pietismus aufgewachsen, jener Richtung des Protestantismus, in der auch Zinzendorf wurzelte. Kants Vorstellungen einer Religion innerhalb der Grenzen der bloßen Vernunft sind der Religion der Pietisten verwandt, die »in der Verfassung der Seele selbst niedergelegt« ist,[33] nicht in einer Offenbarung, wie sie in den Dogmen einer autoritären Kirche festgehalten wird. Als Kants radikale religiöse Ansichten bekannt wurden, soll er seinen Diener, einen Pietisten, mit den Worten beruhigt haben, er habe die Lehre nur zerstört, um Platz für den Glauben zu schaffen.[34] John Wesley seinerseits war von der Aufklärung fasziniert und schätzte das Ideal der Freiheit ganz besonders. Er interessierte sich für Wissenschaft und Technik, dilettierte in elektrischen Experimenten und teilte den Optimismus der Aufklärung hinsichtlich der menschlichen Natur und der Möglichkeit des Fortschritts. Der amerikanische Wissenschaftler Albert C. Outler hat festgestellt, daß die neue Religion des Herzens und der Rationalismus der Aufklärung sich beide gegen die bestehende Gesellschaft wandten und äußeren Autoritäten mißtrauten; beide verbündeten sich mit der Moderne gegen das Alte, beide verabscheuten die Unmenschlichkeit und begeisterten sich für die Menschenliebe. Es scheint geradezu, als habe eine radikale Frömmigkeit dazu beigetragen, daß die Ideale der Aufklärung bei Juden wie Christen Fuß faßten. Einige dieser extremen religiösen Bewegungen sind einander bemerkenswert ähnlich. Sie stellen Reaktionen auf die großen Veränderungen der Zeit und die Verletzung religiöser Tabus dar. Einige Sekten galten als blasphemisch, andere als atheistisch, wieder andere hatten Führer, die behaupteten, Inkarnationen Gottes zu sein. Viele Sekten verkündeten in messianischem Ton das unmittelbar bevorstehende Anbrechen einer vollkommen neuen Welt.

Unter der puritanischen Herrschaft Oliver Cromwells war es in England zu einem Ausbruch apokalyptischer Erregung gekommen, besonders nach der Hinrichtung König Karls I. im Jahre 1649. Die Obrigkeit hatte Mühe, den in der Armee und im gewöhnlichen Volk brodelnden religiösen Eifer unter Kontrolle zu bringen; viele glaubten, der Tag des Herrn stünde kurz bevor. Wie in der Bibel versprochen, würde Gottes Geist über sein Volk kommen, und sein Königreich würde unwiderruflich in England gegründet werden. Cromwell scheint selbst ähnliche Hoffnungen gehegt zu haben, genauso jene Puritaner, die sich in den zwanziger Jahren des 16. Jahrhunderts in Neuengland niedergelassen hatten. Im Jahre 1649 gründete Gerard Winstanley die Gemeinde der »Digger« in der Nähe von Cobham in Surrey, entschlossen, die Menschheit in den ursprünglichen Zustand zurückzuführen, als Adam noch den Garten Eden bestellt hatte. In seiner neuen Gemeinschaft sollten Privateigentum, Klassenunterschiede und Machtstreben allmählich verschwinden. Die ersten Quäker – George Fox, James Naylor und ihre Schüler – predigten, alle Menschen könnten unmittelbar mit Gott in Verbindung treten. Jeder Mensch verfüge über die Möglichkeit der inneren Erleuchtung und könne, sei diese Erleuchtung erst einmal über ihn gekommen, unabhängig von Klassenzugehörigkeit und sozialer Stellung bereits hier auf Erden erlöst werden. Fox predigte Pazifismus, Gewaltverzicht und radikale Gleichheit für seine Gesellschaft der Freunde. Die Hoffnung auf Freiheit, Gleichheit und Brüderlichkeit war in England schon 140 Jahre vor der Erstürmung der Bastille durch die Pariser Bevölkerung zum Ausdruck gekommen.

Die extremsten Vertreter der neuen religiösen Gesinnung hatten viel mit den als »Brüder des freien Geistes« bekannten Häretikern des späten Mittelalters gemein. Wie der britische Historiker Norman Cohn in seinem Buch *Das neue irdische Paradies. Revolutionärer Millenarismus und mystische Anarchisten des Mittelalters* erläutert, wurden die Brüder von ihren Gegnern des Pantheismus bezichtigt. Sie sagten frei heraus: »Gott ist alles, was existiert«, »Gott ist in jedem Stein und in jedem Glied des menschlichen Körpers, so sicher wie das eucharistische Brot«.[35] Es handelte sich um eine neue Auslegung von Plotins Sichtweise. Das dem Einen entströmte unveränderliche Wesen aller Dinge war göttlich. Alles, was existierte, strebte danach, zu seiner göttlichen Quelle zurückzukehren, und wurde schließlich wieder von Gott aufgesogen. Selbst die drei Personen der Dreieinigkeit würden letztendlich wieder in der ursprünglichen Einheit aufgehen. Seelenheil erlangt man durch die Anerkennung seiner eigenen göttlichen Natur hier auf Erden. Einer der Brüder verfaßte eine Abhandlung, die in der Zelle eines Einsiedlers in der Nähe des Rheins entdeckt wurde. Darin heißt es: »Die Essenz Gottes ist die Essenz Gottes.« Die Brüder versicherten wiederholt: »Jede vernunftbegabte Kreatur ist in ihrer besonderen Art gesegnet.«[36] Es handelte sich dabei weniger um ein philosophisches Glaubensbekenntnis als um den leidenschaftlichen Wunsch, die Grenzen des Menschseins zu überschreiten. Wie der Bischof von Straßburg bemerkte, »behaupten die Brüder, sie seien von Natur aus Gott, ohne irgendeinen Unterschied zu machen. Sie glauben, sie würden alle göttlichen Vollkommenheiten in sich vereinen, unvergänglich sein und bis in alle Ewigkeit existieren.«[37]

Cohn argumentiert, bei extremistischen christlichen Sekten in England zur Zeit Cromwells wie den Quäkern, den Levellers und den Antinomisten handele es sich um Erweckungsbewegungen der Irrlehre des Freien Geistes aus dem 14. Jahrhundert. Natürlich dürfe man darunter keine bewußten Erweckungsbewegungen verstehen, doch seien diese Schwärmer aus dem 17. Jahrhundert selbständig zu einer pantheistischen Sichtweise gelangt, die man unwillkürlich als die populäre Version des bald darauf von Spinoza vertretenen philosophischen Pantheismus ansah. Winstanley glaubte wahrscheinlich nicht an einen transzendenten Gott, obwohl er es – wie die anderen Radikalen auch – vermied, sein Glaubensbekenntnis in klaren Begriffen zu formulieren. Keine der revolutionären Sekten glaubte wirklich daran, daß die Menschen ihr Seelenheil dem Sühneopfer des historischen Menschen Jesus verdankten. Der für sie wichtige Christus war eine durch die Mitglieder der Gemeinde verbreitete Präsenz, praktisch nicht zu unterscheiden vom Heiligen Geist. Alle stimmten darin überein, daß Prophezeiungen immer noch das wichtigste Mittel waren, Gott näherzukommen, und daß die unmittelbare Inspiration durch den Geist den Lehren der bestehenden Religionen überlegen war. Fox lehrte seine Quäker, in Schweigen verharrend Gott ihre Aufwartung zu machen, einem Schweigen, das an den griechischen *Hesychasmus* oder an die *via negativa* der mittelalterlichen Philosophen erinnerte. Die alte Vorstellung von einem dreieinigen Gott verblaßte, denn die immanente göttliche Präsenz konnte nicht in drei Personen aufgespalten werden. Ihr Charakteristikum war das Einssein, das sich in der Einheit und der Gleichheit der verschiedenen Gemeinden spiegelte. Wie die Brüder hielten sich auch einige Antinomisten für göttlich. Manche behaupteten, sie seien Christus oder eine neue Inkarnation von Gott. Als Erlöser predigten sie eine revolutionäre Lehre und eine neue Weltordnung. Der presbyterianische Kritiker Thomas Edwards faßte in seinem polemischen Traktat *Gangraena or a Catalogue and Discovery of Many of the Errors, Heresies, Blasphemies and pernicious Practices of the Sectarians of this time* (Brandgeschwür oder Aufzählung und Darlegung vieler Irrtümer, Irrlehren, gotteslästerlicher Ansichten und schädlicher Praktiken der Sektierer der gegenwärtigen Zeit, 1640) die Ansichten der Antinomisten so zusammen:

Jegliche Kreatur im ersten Stadium der Schöpfung war Gott, und jede Kreatur ist Gott, jede Kreatur, der Leben und Atmung, eine Ausströmung Gottes gegeben ist. Alle werden zu Gott zurückkehren, in ihn aufgesogen werden, wie ein Wassertropfen in den Ozean ... Einem im Heiligen Geist getauften Menschen ist das Wissen um alle Dinge gegeben, sogar im gleichen Maß wie Gott, was als ein erhabenes Mysterium angesehen werden muß ... Daß, wenn ein Mensch durch den Heiligen Geist sich im Stande der Gnade weiß, er vor Gott kein Sünder ist, obwohl er einen Mord begangen hat oder der Trunksucht verfallen ist ... Die ganze Erde gehört den Heiligen, und es sollte eine Gütergemeinschaft bestehen, und die Heiligen sollten teilhaben an den Ländereien und Grundstücken der Edelmänner und Großgrundbesitzer.[38]

Wie Spinoza wurde auch den Antinomisten vorgeworfen, sie seien Atheisten. In ihrer Lehre von der Willensfreiheit brachen sie bewußt mit christlichen Tabus und behaupteten blasphemisch, zwischen Gott und den Menschen gäbe es keinerlei Unterschied. Nicht jeder war zu der wissenschaftlichen Abstraktion Kants oder Spinozas fähig, aber in der Verzückung der Antinomisten oder der inneren Erleuchtung der Quäker kann man eine ähnliche Sehnsucht erkennen wie ein Jahrhundert später bei den französischen Revolutionären, die die Göttin der Vernunft ins Pantheon erhoben.

Mehrere Antinomisten erhoben den Anspruch, der Messias zu sein, eine Reinkarnation Gottes, dazu bestimmt, das neue Königreich zu gründen. Die uns vorliegenden Berichte über ihr Leben weisen in einigen Fällen auf Geisteskrankheit hin. Dennoch hatten sie viele Anhänger und sprachen offensichtlich ein spirituelles und soziales Bedürfnis im England ihrer Zeit an. William Franklin, angesehener Hausbesitzer, wurde im Jahre 1646 geisteskrank, nachdem ein Teil seiner Familie von der Pest dahingerafft worden war. Er entsetzte seine christlichen Glaubensgenossen mit der Behauptung, er sei Gott und Christus, widerrief jedoch später und bat um Vergebung. Zwar schien er wieder im Vollbesitz seiner geistigen Kräfte zu sein, doch er verließ seine Frau, begann wahllos mit anderen Frauen zu schlafen und führte ein ehrloses Leben als Bettler. Eine der Frauen, Mary Gadbury, hatte Visionen und hörte Stimmen, die eine neue Gesellschaftsordnung prophezeiten, in der alle Standesunterschiede abgeschafft wären. Sie gab sich Franklin als Christus ihrem Herrn hin. Allem Anschein nach folgten viele Menschen Franklin und Mary Gadbury. Doch 1650 wurden sie festgenommen, ausgepeitscht und in Bridewell ins Gefängnis geworfen. Etwa zur selben Zeit verehrten die Menschen auch einen gewissen John Robbins als Gott: Er behauptete, Gottvater zu sein, und glaubte, seine Frau werde in Kürze den Erlöser der Welt gebären.

Einige Historiker bestreiten, daß Männer wie Robbins und Franklin Antinomisten waren, und weisen darauf hin, daß wir über ihr Wirken nur durch ihre Gegner unterrichtet sind, die möglicherweise ihre Glaubensbekenntnisse aus polemischen Gründen verzerrten. Einige Texte von bedeutenden Antinomisten wie Jacob Bauthumely, Richard Coppin und Laurence Clarkson blieben jedoch

442

erhalten und zeugen von demselben Denken: Auch sie predigten eine revolutionäre soziale Weltanschauung. In seiner Abhandlung *The Light and Dark Sides of God* (Die helle und die dunkle Seite Gottes, 1650) beschreibt Bauthumely Gott in Begriffen, die an den Glauben der Sufis erinnern: Gott sei Auge, Ohr und Hand des Menschen, der sich ihm zuwende. »O Gott, wie soll ich Dich beschreiben?« fragt er. »Denn wenn ich sage, ich sehe Dich, bist es nur Du, der sich selbst sieht; nichts in mir ist nämlich fähig, Dich zu erblicken, nur Du allein kannst das: Wenn ich sage, ich kenne Dich, handelt es sich um nichts anderes als um Dein Wissen.«[39] Wie die Rationalisten distanziert sich Bauthumely von der Lehre der Dreieinigkeit und modifiziert, wiederum wie ein Sufi, seinen Glauben an die Göttlichkeit Christi durch die Aussage, daß Gott, auch wenn er tatsächlich göttlich sei, nicht in nur einem Menschen offenbar werden könne: »Er wohnt wirklich und wahrhaftig im Fleisch anderer Menschen und Kreaturen, ebenso wie in Christus, dem Menschen.«[40] Die Anbetung eines einzelnen, auf einen bestimmten Bereich begrenzten Gottes ist eine Form von Abgötterei; der Himmel ist kein Ort, sondern die spirituelle Präsenz Christi. Die biblische Vorstellung von Gott war nach Bauthumelys Auffassung unzulänglich: Sünde ist keine Handlung, sondern ein Zustand, eine Unvollkommenheit unserer göttlichen Natur. Und dennoch ist Gott geheimnisvollerweise auch in der Sünde gegenwärtig, die lediglich »die dunkle Seite Gottes, ein bloßes Fehlen von Licht« symbolisiert.[41] Bauthumelys Gegner warfen ihm zwar vor, er sei Atheist, tatsächlich jedoch vertritt er in seinem Buch weitgehend die Auffassungen von Fox, Wesley und Zinzendorf. Allerdings drückt er sich sehr viel drastischer aus. Wie die späteren Pietisten und Methodisten versuchte er, einen Gott zu verinnerlichen, der distanziert und auf menschenunähnliche Weise objektiv war, und traditionelle Lehren in religiöse Erfahrungen umzusetzen. Wie später die Philosophen der Aufklärung und die Vertreter einer Religion des Herzens lehnte er Autoritäten ab und hegte ein optimistisches Bild der menschlichen Natur.

Bauthumely liebäugelte mit der gleichermaßen faszinierenden wie subversiven Doktrin von der Heiligkeit der Sünde. Wenn Gott alles ist, ist die Sünde nichts – eine Behauptung, die Antinomisten wie

Laurence Clarkson und Alastair Coppe durch schamlose Verstöße gegen die geltende Sexualmoral oder durch Fluchen und blasphemische Äußerungen in der Öffentlichkeit zu belegen versuchten. Vor allem Coppe war berüchtigt wegen seines übermäßigen Konsums von Alkohol und Tabak. Nachdem er Antinomist geworden war, begann er, einem offenbar lange unterdrückten Verlangen nach Flüchen und Kraftausdrücken zu frönen. Schilderungen zufolge fluchte er eine volle Stunde lang auf der Kanzel einer Londoner Kirche und beschimpfte die Wirtin einer Schenke auf so üble Weise, daß sie noch Stunden später zitterte. Möglicherweise war dies eine Reaktion auf die repressive puritanische Moral mit ihrer krankhaften Fixierung auf die Sündhaftigkeit der Menschen. Fox und seine Quäker betonten nachdrücklich, daß die Sünde keineswegs unvermeidlich sei. Zweifellos forderte er seine »Freunde« nicht zum Sündigen auf, und er lehnte die Zügellosigkeit der Antinomisten entschieden ab. Doch er bemühte sich, ein positives Menschenbild zu predigen und das Gleichgewicht wiederherzustellen. In seinem Traktat *A Single Eye* (Ein einzelnes Auge) schrieb Laurence Clarkson, »Sünde« existiere nur in der Einbildung der Menschen, da Gott alle Dinge gut geschaffen habe. Gott selbst habe in der Bibel behauptet, er werde die Dunkelheit wieder in Helligkeit verwandeln. Den Monotheisten war es schon immer nicht leichtgefallen, sich mit der Realität der Sünde abzufinden. Allerdings hatten die Mystiker versucht, zu einer ganzheitlicheren Sichtweise zu gelangen. Juliana von Norwich hatte geglaubt, Sünde sei »schicklich« und in gewissem Sinn notwendig. Die Kabbalisten wiesen darauf hin, daß Sünde auf mysteriöse Weise mit Gott verbunden war. Die Ausschweifungen von Antinomisten wie Coppe und Clarkson können als ein noch nicht ganz geglückter Versuch betrachtet werden, ein bedrückendes Christentum abzuschütteln, das die Gläubigen mit seiner Doktrin von einem zornigen, rachsüchtigen Gott terrorisiert hatte. Rationalisten und »erleuchtete« Christen versuchten ebenfalls, sich von den Fesseln einer Religion zu befreien, die Gott als grausame Autoritätsperson darstellte. Sie alle begaben sich auf die Suche nach einer sanfteren Gottheit. Sozialhistoriker haben darauf hingewiesen, daß das Christentum in der westlichen Welt aufgrund der häufigen Wechsel zwischen

Zeiten der Repression und Zeiten der Liberalität eine einzigartige Stellung unter den Weltreligionen einnimmt. Sie konstatierten ebenfalls, daß die repressiven Phasen gewöhnlich mit einem religiösen Aufschwung einhergingen. Das eher lockere moralische Klima zur Zeit der Aufklärung wurde in vielen Teilen der westlichen Welt von der Unterdrückung im viktorianischen Zeitalter abgelöst, begleitet von der Wiederbelebung einer mehr fundamentalistisch geprägten Religiosität. In unserer heutigen Zeit haben wir erlebt, daß die Toleranz der sechziger Jahre von der eher puritanischen Moral der achtziger Jahre abgelöst wurde, begleitet von einem Aufschwung des christlichen Fundamentalismus im Westen. Es handelt sich dabei um ein vielschichtiges Phänomen, dem zweifellos mehr als eine Ursache zugrunde liegt. Dennoch ist es verlockend, dies damit in Verbindung zu bringen, daß die Menschen im Westen Schwierigkeiten mit dem Bild Gottes haben. Es mag zwar sein, daß die Theologen und Mystiker des Mittelalters in ihren Predigten einen Gott der Liebe verkündeten, doch lassen die Darstellungen der Schrecken und Qualen der Verdammten über den Portalen der Kathedralen andere Schlüsse zu. Wie wir gesehen haben, war die Einstellung der westlichen Welt zu Gott oft von Unwissenheit und seelischen Kämpfen geprägt. Antinomisten wie Clarkson und Coppe verhöhnten christliche Tabus und predigten die Heiligkeit der Sünde zur selben Zeit, als in etlichen europäischen Ländern der Hexenwahn um sich griff. Die radikalen Christen in England zur Zeit Cromwells rebellierten ebenfalls gegen einen Gott und eine Religion, die zu hohe Ansprüche stellte und zu furchteinflößend war.

Das neue Christentum der Wiedergeborenen, das im 17. und 18. Jahrhundert allmählich im Westen auftauchte, war in vielen Punkten krankhaft und durch heftige Gefühlsstürme, bisweilen auch gefährliche Gefühlsverwirrungen gekennzeichnet. Wir können dies an der Welle religiöser Leidenschaft erkennen, die Neuengland in den dreißiger Jahren des 18. Jahrhunderts überschwemmte und unter der Bezeichnung »das Große Erwachen« bekannt wurde. Ausgelöst wurde die Bewegung durch den Evangelienprediger George Whitfield, einen Schüler und Kollegen der Brüder Wesley, und durch die vom Höllenfeuer handelnden Predigten von Jonathan Edwards (1703–1758), einem Absolventen der Yale-Universität. Edwards beschreibt das Erwachen in seiner Abhandlung *A Faithful Narrative of the Surprising Work of God in Northampton, Connecticut* (Ein wahrer Bericht vom überraschenden Wirken Gottes in Northampton, Connecticut). Er schildert seine Gemeindemitglieder als ganz gewöhnliche Menschen: solide, gesittet und rechtschaffen, doch mit mangelndem religiösen Eifer. Sie waren nicht besser und nicht schlechter als die Menschen in irgendeiner Kolonie. Im Jahre 1734 fanden jedoch zwei junge Leute einen erschütternd frühen Tod, und dieses Ereignis (anscheinend unterstützt durch einige furchteinflößende Worte von Edwards selbst) versetzte die Stadt in einen fanatischen religiösen Taumel. Die Menschen sprachen nur noch von religiösen Dingen, sie hörten auf zu arbeiten und verbrachten den ganzen Tag mit dem Lesen der Bibel. Innerhalb von rund einem halben Jahr waren etwa dreihundert Menschen aus allen Gesellschaftsschichten zu den Wiedergeborenen konvertiert, manchmal waren es nicht weniger als fünf Gläubige in der Woche. Edwards betrachtete diese Manie als das unmittelbare Werk von Gott höchstpersönlich. Er meinte dies ganz wörtlich, nicht als eine fromme Redewendung. Wiederholt sprach er davon, Gott sei in Neuengland offensichtlich »von seiner üblichen Verhaltensweise abgewichen« und habe die Menschen auf großartige und wundersame Art in Begeisterung versetzt. Es muß jedoch angemerkt werden, daß der Heilige Geist sich zuweilen in reichlich hysterischen Symptomen offenbarte. Wir erfahren von Edwards, daß die Menschen sich aus Angst vor Gott manchmal völlig »verloren« glaubten und »sich von Schuldgefühlen überwältigt, ohne Aussicht auf Gottes Gnade, in einen Abgrund gezogen fühlten«. Auf diese Stimmung folgte eine gleichermaßen extreme Begeisterung, wenn sie sich von einem Tag auf den anderen für erlöst hielten. Sie pflegten »in Gelächter auszubrechen und gleichzeitig, in Tränen aufgelöst, laut zu weinen. Manchmal konnten sie sich nicht beherrschen, unter lautstarken Ausrufen ihrer großen Bewunderung Ausdruck zu verleihen.«[42] Offenkundig sind wir hier weit entfernt von der gelassenen Selbstbeherrschung, die in den Augen von Mystikern aller großen religiösen Traditionen das Merkmal wahrer Erleuchtung war.

Heftige Gefühlsausbrüche und Gefühlsschwankungen blieben kennzeichnend für die religiösen Erweckungsbewegungen in Amerika. Die Menschen erlebten eine Wiedergeburt, begleitet von heftigen, schmerzhaften Krämpfen und Anstrengungen, es war eine neue Version des alten Kampfes mit Gott. Die Bewegung des Great Awakening verbreitete sich wie eine Seuche in den Städten und Dörfern der Umgebung, wie es auch ein Jahrhundert später der Fall war, als der Staat New York die »vom Flächenbrand erfaßte Region« hieß, weil er so regelmäßig von den Flammen religiösen Eifers erfaßt wurde. Edwards bemerkte, daß seine Konvertiten in ihrem exaltierten Zustand die ganze Welt wunderbar fänden. Sie konnten sich nicht von ihren Bibeln losreißen und vergaßen sogar zu essen. Wie vielleicht nicht anders zu erwarten, ebbte ihr Hochgefühl nach einiger Zeit ab, und nach ungefähr zwei Jahren stellte Edwards fest, daß »sich der Geist Gottes allmählich spürbar von uns zurückzog«. Wiederum meinte er das nicht metaphorisch. Er war ein überzeugter Vertreter der wörtlichen Auslegung religiöser Sachverhalte und zweifelte nicht daran, daß es sich bei der Bewegung des Great Awakening um eine unmittelbare Offenbarung Gottes in ihrer Mitte gehandelt habe, um das fühlbare Wirken des Heiligen Geistes wie beim ersten Pfingstfest. Als Gott sich dann, so unvermittelt wie er gekommen war, zurückgezogen hatte, nahm der Satan – wieder völlig wörtlich zu verstehen – seinen Platz ein. Der Begeisterung folgte selbstzerstörerische Verzweiflung. Zuerst brachte sich ein armer Kerl um, indem er sich die Kehle durchschnitt. »Danach schienen sehr viele Menschen in dieser und in anderen Städten den übermächtigen Drang zu verspüren, ihm nachzueifern. Viele glaubten einer Aufforderung zu folgen, als hätte jemand gesagt: ›Schneide dir die Kehle durch, die Gelegenheit ist günstig. Jetzt!‹ Zwei Menschen verloren den Verstand wegen ›seltsamer, schwärmerischer Wahnvorstellungen‹.«[43] Es fanden keine weiteren Bekehrungen statt, doch waren die Menschen, die diese Erfahrung überlebt hatten, gelassener und lebensfroher als vor ihrem Übertritt zur Bewegung des Great Awakening. Zumindest stellte Edwards es so dar. Der Gott des Jonathan Edwards und seiner Konvertiten, der sich unter solch ungewöhnlichen und beunruhigenden Umständen offenbarte, war eindeutig nicht weniger furchteinflößend und willkürlich im Umgang mit seinem Volk. Der Gefühlsüberschwang, die manische Verzückung und der Sturz in tiefe Verzweiflung zeigen, daß viele einfache Menschen in Amerika Schwierigkeiten hatten, das richtige Mittelmaß im Umgang mit »Gott« zu finden. Es demonstriert ferner die Überzeugung, die wir auch in der wissenschaftlich geprägten Religion Newtons finden, daß Gott unmittelbar verantwortlich für alles ist, was auf der Welt geschieht, und sei es noch so grotesk.

Es ist schwierig, diese inbrünstige und irrationale Religiosität mit der unerschütterlichen Gelassenheit der amerikanischen Founding Fathers in Verbindung zu bringen. Edwards hatte viele Kritiker, die die Bewegung des Great Awakening entschieden ablehnten. Gott drücke sich nur im Einklang mit der Vernunft aus, gaben die Liberalen zu bedenken, nicht durch gewaltsame Eingriffe in die Geschicke der Menschen. Alan Heimart argumentiert in seinem Werk *Religion and the American Mind; From the Great Awakening to the Revolution* (Amerika und die Religion. Von der Großen Erweckung zur Revolution), die Wiederbelebung der Erweckungsbewegung sei die evangelische Version des aufklärerischen Ideals vom Streben nach individuellem Glück gewesen, Inbegriff der »existentiellen Befreiung von einer Welt, in der ›alles heftige Befürchtungen weckt‹«.[44] Die Bewegung des Great Awakening setzte sich vor allem in den ärmeren Kolonien durch, wo die Menschen wenig Aussicht auf Glück in dieser Welt hatten, trotz der Hoffnungen der Aufklärung. Die Erfahrung der Wiedergeburt, hatte Edwards gesagt, münde in ein Gefühl der Freude und ein Wahrnehmen von Schönheit, das sich grundlegend von jedem natürlichen Gefühl unterscheide. Im Great Awakening habe daher eine Gotteserfahrung die Aufklärung der Neuen Welt mehr als nur einigen wenigen erfolgreichen Menschen in den Kolonien näher gebracht. Ferner sollten wir uns ins Gedächtnis zurückrufen, daß auch die philosophische Aufklärung als eine gewissermaßen religiöse Erfahrung empfunden wurde. Die Begriffe *eclairissement* und *Aufklärung* haben einen eindeutigen religiösen Beiklang. Jonathan Edwards' Gott leistete auch einen Beitrag zum revolutionären Enthusiasmus von 1775. In den Augen der Erweckungsprediger hatte Großbritannien die neue Erleuchtung verloren, die während der puritanischen Revolution so ausgeprägt gewesen war, und wirkte nun dekadent und rückschrittlich.

Edwards und seine Kollegen ermunterten die Amerikaner der unteren Schichten, die ersten Schritte zur Revolution zu tun. Messianismus spielte eine entscheidende Rolle bei Edwards Religion: Menschliche Bemühungen würden die Gründung von Gottes Königreich beschleunigen, in der Neuen Welt war es erreichbar, ja stand es sogar nahe bevor. Die Bewegung des Great Awakening vermittelte den Menschen (trotz ihres tragischen Ausgangs), daß der in der Bibel beschriebene Prozeß der Erlösung bereits begonnen hatte. Gott war fest in das Projekt eingebunden. Edwards interpretierte die Lehre von der Dreieinigkeit politisch: Der Sohn war »die durch Gottes Verständnis erzeugte Gottheit« und damit der Entwurf für das neue Commonwealth; der Geist, »die in der Handlung sich offenbarende Gottheit«, war die Kraft, die diesen meisterlichen Plan rechtzeitig vollenden würde.[45] In Amerika, der Neuen Welt, werde Gott in der Lage sein, seine eigenen Glanzleistungen auf der Erde zu betrachten, die Gesellschaft werde die »Vortrefflichkeit« Gottes widerspiegeln. Das Neue England werde eine »Stadt auf dem Hügel«, ein Licht für die Heiden sein, das »mit seinem Widerschein den Ruhm des davon aufgestiegenen Jehovas erhellt, reizvoll und hinreißend für alle«.[46] Jonathan Edwards' Gott werde im Commonwealth menschliche Gestalt annehmen: Eine wohlgeordnete Gesellschaft verkörperte Christus.

Andere Calvinisten waren unter den Vorreitern des Fortschritts: Sie setzten die Chemie auf die Lehrpläne in Amerika, Edwards' Enkel Timothy Dwight betrachtete wissenschaftliche Kenntnisse als Auftakt zur endgültigen Vervollkommnung der Menschheit. Ihr Gottesbild beinhaltete nicht notwendigerweise Bildungsfeindlichkeit, wie die amerikanischen Liberalen manchmal glaubten. Die Calvinisten lehnten Newtons Kosmologie ab, weil sie Gottes Handlungsspielraum, nachdem er die Dinge einmal in Gang gebracht hatte, stark einschränkte. Wie wir gesehen haben, zogen sie einen Gott vor, der im wörtlichen Sinn auf der Welt aktiv war: Ihre Lehre von der Prädestination zeigt, daß ihrer Meinung nach Gott tatsächlich für alles verantwortlich war, was auf der Welt geschah, für Gutes und Schlechtes. Das bedeutete, daß die Wissenschaft nur den Gott zeigen konnte, der in all den Handlungen seiner Geschöpfe – natürlicher, staatlicher, naturwissenschaftlicher und spiritueller Art – zu erkennen war, selbst in den zufällig erscheinenden. In gewisser Hinsicht waren die Calvinisten kühner in ihrem Denken als die Liberalen, die deren Erweckungseifer ablehnten und ein einfaches Glaubensbekenntnis den »spekulativen, verwirrenden Vorstellungen« vorzogen, die sie an den Ausführungen von Erweckungspredigern wie Whitfield und Edwards störten. Alan Heimart meint, daß die Ursprünge des Anti-Intellektualismus in der amerikanischen Gesellschaft möglicherweise nicht bei den Calvinisten zu suchen sind, sondern bei den eher vernunftorientierten Bostonern wie Charles Chauncey oder Samuel Quincey, die »verständlichere und offensichtlichere« Vorstellungen von Gott hegten.[47]

Im Judentum ebneten einige bemerkenswert ähnliche Entwicklungen ebenfalls den Weg für die Verbreitung rationalistischer Ideale und halfen vielen Juden, sich der nichtjüdischen Bevölkerung in Europa anzugleichen. In dem apokalyptischen Jahr 1666 verkündete ein jüdischer Messias, die Erlösung stehe kurz bevor. Seine Worte wurden von Juden in aller Welt mit großer Begeisterung aufgenommen. Sabbatai Zevi war 1626 am Jahrestag der Zerstörung des Tempels als Sohn wohlhabender sephardischer Juden in Smyrna in Kleinasien zur Welt gekommen. Als Heranwachsender entwickelte er merkwürdige Verhaltensweisen, die wir heute vielleicht als manisch-depressive Symptome diagnostizieren würden. Zeitweise versank er in tiefe Verzweiflung, er verließ seine Familie und lebte vollkommen zurückgezogen. Darauf folgten regelmäßig Zeiten von an Ekstase grenzender Hochstimmung. In diesen »manischen« Phasen verstieß er manchmal bewußt und auf spektakuläre Weise gegen Moses Gesetz: Er aß verbotene Nahrungsmittel in der Öffentlichkeit, nannte den geheiligten Namen Gottes und behauptete, er sei durch eine besondere Offenbarung dazu aufgefordert worden. Er glaubte, der lang ersehnte Messias zu sein. Schließlich konnten es die Rabbis nicht länger dulden, und sie verbannten Sabbatai im Jahre 1656 aus der Stadt. Er wurde Wanderprediger in den jüdischen Gemeinden des osmanischen Reiches. Während einer »manischen« Phase verkündete er in Istanbul, die Thora sei abgeschafft worden, und rief dabei laut aus: »Gesegnet seist Du, o Herr, unser Gott, der das Verbotene erlaubt!« In Kairo verursachte er einen Skandal durch die Heirat mit einer Frau, die

450

den mörderischen Pogromen in Polen im Jahre 1648 entkommen war und nun als Prostituierte lebte. 1662 machte sich Sabbatai auf den Weg nach Jerusalem. Zu diesem Zeitpunkt befand er sich in einer »depressiven« Phase und glaubte von Dämonen besessen zu sein. In Palästina hörte er von einem jungen, erfahrenen Rabbi namens Nathan, der als fähiger Teufelsaustreiber galt. Er schickte sich an, ihn in seinem Heim in Gaza aufzusuchen.

Wie Sabbatai hatte auch Nathan die Kabbala Isaak Lurias studiert. Als er den bekümmerten Juden aus Smyrna kennenlernte, sagte er ihm, daß es keine Dämonen gebe: Seine abgrundtiefe Verzweiflung beweise, daß er in der Tat der Messias sei. Bei seinem Abstieg in diese Tiefen kämpfe er gegen die bösen Mächte der anderen Seite, dabei befördere er die göttlichen Funken in das Reich von *kelipot*, das nur vom Messias selbst erlöst werden könne. Sabbatai habe den Auftrag, in die Hölle hinabzusteigen, bevor er Israel endgültig erlösen könne. Zuerst wollte Sabbatai nichts davon hören, Nathans Redegewandtheit bewirkte jedoch, daß er schließlich einwilligte. Am 31. Mai 1665 wurde er von »manischer« Freude erfaßt und verkündete, ermutigt von Nathan, seine messianische Mission. Führende Rabbis taten sein Gebaren als gefährlichen Unsinn ab, doch viele palästinensische Juden versammelten sich um Sabbatai, und er wählte zwölf Schüler als Richter der sich angeblich in Kürze wieder bildenden Stämme Israels aus. Nathan gab die frohe Botschaft brieflich an die jüdischen Gemeinden in Italien, Holland, Deutschland und Polen und an die Städte des osmanischen Reiches weiter. Messianische Leidenschaft breitete sich wie ein Lauffeuer in der jüdischen Welt aus. Jahrhunderte der Verfolgung und Verbannung hatten die europäischen Juden von den übrigen Glaubensrichtungen isoliert, und dieser gefährliche Zustand hatte viele zu der Ansicht bewogen, die Zukunft der Welt hänge ausschließlich von den Juden ab. Die Sephardim, Abkömmlinge der Exiljuden in Spanien, hatten Gefallen an der lurianischen Kabbala gefunden, viele glaubten inzwischen an das unmittelbar bevorstehende Ende der Welt. All das nährte den Kult um Sabbatai Zevi. Immer wieder hatte es in der jüdischen Geschichte Menschen gegeben, die den Anspruch erhoben, der Messias zu sein; doch nie zuvor hat ein angeblicher Messias soviel Zulauf gehabt. Für Juden, die Vorbehalte gegen Sabbatai hegten, wurde es gefährlich, offen ihre Meinung zu sagen. Seine Anhänger kamen aus allen Schichten der jüdischen Gesellschaft: Arme und Reiche, Gebildete und Ungebildete. Pamphlete und Plakate verbreiteten die frohe Botschaft in englischer, holländischer, deutscher und italienischer Sprache. In Polen und Litauen wurden ihm zu Ehren öffentliche Prozessionen abgehalten. Im osmanischen Reich wanderten Propheten durch die Straßen und beschrieben Visionen, in denen sie Sabbatai auf einem Thron sitzend gesehen hatten. Alle Geschäfte ruhten, die türkischen Juden ersetzten in den Sabbat-Gebeten den Namen des Sultans durch Sabbatais Namen. Schließlich wurde Sabbatai im Januar 1666 bei seiner Ankunft in Istanbul als Rebell festgenommen und in Gallipoli inhaftiert.

Nach Jahrhunderten der Verfolgung, Verbannung und Demütigung keimte Hoffnung auf. Überall auf der Welt verspürten die Juden eine innere Freiheit und Erlösung, ähnlich der von den Anhängern der Kabbala kurzzeitig empfundenen Ekstase bei der Betrachtung der geheimnisvollen Welt der Sefiroth. Nun war die Erfahrung der Erlösung nicht mehr allein einigen wenigen Privilegierten vorbehalten, sondern schien auch der Allgemeinheit zugänglich zu sein. Zum ersten Mal hatten die Juden das Gefühl, ihr Leben habe einen Sinn; die Aussicht auf Erlösung war nicht länger nur eine vage, in ferner Zukunft liegende Hoffnung, sondern real und greifbar nahe in der Gegenwart. Die Rettung war da! Dieser Umschwung hinterließ einen unauslöschlichen Eindruck. Der Blick der gesamten jüdischen Welt war auf Gallipoli gerichtet, wo Sabbatai selbst diejenigen, die ihn festgenommen hatten, beeindruckte. Der türkische Wesir sorgte für eine komfortable Unterbringung. Sabbatai begann, seine Briefe mit folgender Wendung zu unterzeichnen: »Ich bin der Herr, euer Gott, Sabbatai Zevi.« Als er jedoch zu seiner Verhandlung nach Istanbul zurückgebracht wurde, war er wieder stark depressiv. Der Sultan stellte ihn vor die Wahl, entweder zum Islam überzutreten oder zum Tode verurteilt zu werden: Sabbatai entschied sich für den Islam, und wurde daraufhin sofort aus der Haft entlassen. Er bezog ein fürstliches Ruhegeld und starb am 17. September 1676 als augenscheinlich treuer Muslim.

Verständlicherweise waren die schrecklichen Nachrichten aus Istanbul ein schwerer Schlag für seine Anhänger. Viele sagten sich von ihrem Glauben los. Die Rabbis versuchten, jede Erinnerung an Sabbatai auszumerzen: Sie zerstörten alle Briefe, Pamphlete und Traktate, die sie finden konnten. Bis zum heutigen Tag sind viele Juden peinlich berührt von diesem messianischen Debakel und haben Mühe, sich damit auseinanderzusetzen. Rabbis und Rationalisten spielten gleichermaßen seine Bedeutung herunter. In jüngster Zeit folgen jedoch Gelehrte dem Beispiel des verstorbenen Gershom Scholem, der sich bemühte, die Bedeutung dieser seltsamen Episode und ihrer noch bedeutsameren Nachwirkungen zu verstehen.[48] So erstaunlich es auch scheinen mag, trotz des Skandals um seinen Abfall vom Glauben blieben viele Juden ihrem Messias treu. Die Erfahrung der Erlösung war so eindrucksvoll gewesen, daß sie nicht glauben konnten, Gott habe eine solche Täuschung zugelassen. Es handelt sich dabei um ein höchst bemerkenswertes Beispiel dafür, daß die religiöse Heilserfahrung mehr wiegt als bloße Fakten und Vernunft. Vor die Entscheidung gestellt, ihren neugewonnenen Glauben aufzugeben oder einen abtrünnigen Messias anzuerkennen, lehnten es erstaunlich viele Juden aus allen Schichten ab, sich den unerbittlichen Fakten der Geschichte zu beugen. Nathan aus Gaza widmete sich für den Rest seines Lebens der Aufgabe, das Mysterium um Sabbatai zu predigen: Durch den Übertritt zum Islam habe er seinen lebenslangen Kampf mit den Kräften des Bösen fortgesetzt. Erneut habe er sich bemüßigt gefühlt, gegen die stärksten religiösen Tabus seines Volkes zu verstoßen, um in die Dunkelheit hinabzusteigen und das Reich von *kelipot* zu befreien. Er habe die tragische Last seiner Mission auf sich genommen und sei in die tiefsten Tiefen hinabgestiegen, um die Welt der Gottlosigkeit von innen zu besiegen. In der Türkei und in Griechenland hielten ungefähr zweihundert Familien Sabbatai die Treue: Nach seinem Tod beschlossen sie, seinem Beispiel zu folgen, um seinen Kampf gegen das Böse fortzuführen, und konvertierten 1683 zum Islam. Insgeheim blieben sie dem Judentum treu, hielten engen Kontakt zu den Rabbis und versammelten sich abwechselnd in den verschwiegenen Synagogen ihrer Häuser. 1689 unternahm ihr Führer, Jacob Querido, die Hadsch nach Mekka, und die Witwe des Messias erklärte, er sei die Reinkarnation von Sabbatai Zevi. In der Türkei gibt es noch immer eine kleine Gruppe von *Domneh* (Abtrünnigen), die nach außen hin ein untadeliges islamisches Leben führen, sich insgeheim jedoch leidenschaftlich zu ihrem Judentum bekennen.

Andere alte Sabbatarier gingen nicht so weit, sondern blieben ihrem Messias und der Synagoge treu. Es scheint mehr von diesen geheimen Sabbatariern gegeben zu haben, als man früher glaubte. Im 19. Jahrhundert betrachteten es viele Juden, die sich assimiliert hatten oder eine liberalere Form des Judentums praktizierten, als eine Schande, Sabbatarier als Vorfahren gehabt zu haben, doch allem Anschein nach hielten viele bedeutende Rabbis im 18. Jahrhundert Sabbatai für den Messias. Scholem schreibt, man dürfe die Zahl der Anhänger des Messianismus nicht unterschätzen, auch wenn er innerhalb des Judentums nie zu einer Massenbewegung geworden sei. Diese Gedanken sagten besonders den Marranen zu, die von den Spaniern gezwungen worden waren, zum Christentum zu konvertieren, schließlich aber wieder zum Judentum zurückkehrten. Die Vorstellung von der Apostasie als einem Mysterium linderte ihr Schuldgefühl und ihre Gewissensbisse. Der Sabbatarianismus blühte in sephardischen Gemeinden in Marokko, auf dem Balkan, in Italien und Litauen. Einige Vertreter, wie Benjamin Kohn aus Reggio und Abraham Rorigo aus Modena, waren bedeutende Kabbalisten und ließen über ihre Verbindung zu der Bewegung nichts verlauten. Vom Balkan aus verbreitete sich die messianische Sekte zu den aschkenasischen Juden in Polen, die durch den wachsenden Antisemitismus in Osteuropa erschöpft und demoralisiert waren. 1759 folgten die Schüler des sonderbaren und düsteren Propheten Joseph Frank dem Beispiel ihres Messias und konvertierten massenweise zum Christentum, blieben aber heimlich dem Judentum treu.

Scholem weist auf einen aufschlußreichen Vergleich mit dem Christentum hin. Ungefähr 1600 Jahre früher war eine andere Gruppe von Juden nicht fähig gewesen, ihre in einen skandalträchtigen Messias gesetzten Hoffnungen aufzugeben, der den Tod eines gemeinen Verbrechers in Jerusalem gestorben war. Was der heilige Paulus als den Skandal des Kreuzes bezeichnet hatte, war nicht weniger schockierend als der Skandal um einen abtrünnigen Messias. In beiden Fällen verkündeten die Anhänger die Entstehung einer neuen Form des Judentums, die die alte ersetzt hatte; sie nahmen einen paradoxen Glauben an. Die christliche Auffassung, die Niederlage des Kreuzes bedeute neues Leben, stimmte mit der Überzeugung der Sabbatarier überein, bei der Apostasie handele es sich um ein heiliges Mysterium. Beide Gruppen glaubten, das Weizenkorn müsse in der Erde verrotten, um Frucht zu tragen. Sie waren der Auffassung, die alte Thora habe ausgedient und sei durch das neue Gesetz des Geistes ersetzt worden. Beide entwickelten Dreifaltigkeits- und Inkarnationsvorstellungen von Gott.

Wie viele Christen im 17. und 18. Jahrhundert fühlten sich die Sabbatarier an der Schwelle zu einer neuen Welt. Kabbalisten hatten oft gesagt, daß in den letzten Tagen die wahren Mysterien Gottes, die während des Exils im Dunkeln geblieben seien, offenbart würden. Weil die Sabbatarier der Überzeugung waren, im messianischen Zeitalter zu leben, nahmen sie sich das Recht, sich von traditionellen Gottesvorstellungen zu distanzieren, selbst wenn dies bedeutete, daß sie einer augenscheinlich blasphemischen Theologie folgten. So glaubte Abraham Cardoso (gestorben 1706), der Marraner wurde und mit dem Studium der christlichen Theologie begann, daß alle Juden wegen ihrer Sünden dazu ausersehen seien, Abtrünnige zu werden. Dies solle ihre Strafe sein. Doch Gott habe sein Volk vor diesem schrecklichen Schicksal bewahrt und dem Messias erlaubt, das gewaltige Opfer für sie auf sich zu nehmen. Er kam zu dem erschreckenden Schluß, daß die Juden während der im Exil verbrachten Zeit jegliches wahre Wissen um Gott verloren hätten.

Wie die Christen und Deisten der Aufklärung versuchte Cardoso, seine Religion von den seiner Meinung nach nicht authentischen Zusätzen zu befreien und zum unverfälschten Glauben der Bibel zurückzukehren. Man wird sich daran erinnern, daß einige christliche Gnostiker im zweiten Jahrhundert eine Art metaphysischen Antisemitismus entwickelt hatten und Jesu Christi verborgenen Gott vom grausamen Gott der Juden unterschieden, der für die Erschaffung der Welt verantwortlich war. Nun führte Cardoso diese alte Idee unbewußt wieder ein, kehrte sie aber vollständig ins Gegenteil um. Er lehrte, es gebe zwei Götter: Der eine Gott ist derjenige, der sich Israel geoffenbart hatte, der andere der allgemein bekannte. In jeder Kultur haben die Menschen die Existenz einer Ersten Ursache nachgewiesen – das ist Aristoteles' Gott, der in der gesamten heidnischen Welt angebetet wurde. Dieser Gott besitzt keine religiöse Bedeutung: Er hat die Welt nicht erschaffen und bekundet nicht das geringste Interesse an den Menschen. Daher hat er sich auch nicht in der Bibel geoffenbart und wird darin an keiner Stelle erwähnt. Der zweite Gott, der sich Abraham, Mose und den Propheten geoffenbart hat, ist von ganz anderer Art: Er hat die Welt aus dem Nichts erschaffen, Israel erlöst und sich als Gott Israels zu erkennen gegeben. Im Exil wurden Philosophen wie Saadja und Maimonides jedoch von den Goyim beeinflußt und übernahmen einige ihrer Ideen. Als Folge verwechselten sie die Gottheiten miteinander und lehrten die Juden, beide seien ein und derselbe Gott. Das Ergebnis war, daß die Juden den Gott der Philosophen anbeteten, als wäre er der Gott ihrer Väter.

In welcher Beziehung stehen die beiden Götter zueinander? Cardoso entwickelte eine Theologie der Dreieinigkeit, um den zweiten Gott erklären zu können, ohne den jüdischen Monotheismus aufgeben zu müssen: Es existiert eine Gottheit, die aus drei Hypostasen oder Parsufim (Gesichtern) besteht. Das erste wird *Atika Kadisha* genannt, der heilige Alte. Bei diesem handelt es sich um die Erste Ursache. Der zweite Parsuf hat im ersten seinen Ursprung und heißt *Malka Kadisha;* das war der Gott Israels. Der dritte Parsuf ist die Schechina, die, wie von Isaak Luria beschrieben, von der Gottheit verbannt worden war. Cardoso zufolge handelt es sich bei diesen »drei Bändern des Glaubens« nicht um drei vollkommen voneinander getrennte Götter, sondern sie bilden auf mysteriöse Weise eine Einheit, da sie alle dieselbe Gottheit darstellen. Cardoso war ein gemäßigter Sabbatarier. Er hielt es nicht für seine Pflicht, seinem Glauben untreu zu werden, diese Aufgabe hatte bereits Sabbatai Zevi um seinetwillen übernommen. Mit der Einführung einer Dreieinigkeit verstieß er jedoch gegen ein Tabu. Im Lauf der Jahrhunderte hatten die Juden die Dreieinigkeitslehre immer entschiedener abgelehnt, sie hielten sie für blasphemisch und an Abgötterei grenzend. Erstaunlich viele Juden sympathisierten dennoch mit dieser verbotenen Auffassung. Als die Jahre ohne irgendwelche Veränderungen auf der Welt vergingen, mußten die Sabbatarier ihre messianischen Hoffnungen modifizieren. Sabbatarier wie Nehemiah Hayim, Samuel Primo und Jonathan Eibeschütz kamen zu dem Schluß, daß das »Mysterium der Gottheit« *(sod ha-elohut)* 1666 nicht vollständig gelüftet worden sei. Wie Luria prophezeit hatte, hatte sich die Schechina allmählich »aus dem Staub erhoben«, war jedoch noch nicht zur Gottheit zurückgekehrt. Bei der Erlösung handele es sich um einen sich langsam entwickelnden Prozeß, und während der Zeit des Übergangs sei es zulässig, sich weiterhin nach dem alten Gesetz zu richten und in der Synagoge seine Gebete zu sprechen, während man insgeheim ein Anhänger der messianischen Doktrin blieb. Dieser revidierte Sabbatarianismus erklärt, wie es vielen Rabbis, die Sabbatai Zevi für den Messias gehalten hatten, gelungen war, im 18. Jahrhundert in ihren Ämtern zu bleiben.

Die Extremisten wurden abtrünnig und bekannten sich zu einer Theologie der Inkarnation; damit verstießen sie gegen ein weiteres jüdisches Tabu. Sie glaubten schließlich, Sabbatai Zevi sei nicht nur der Messias, sondern eine Inkarnation Gottes gewesen. Wie beim Christentum entwickelte sich dieser Glaube über einen längeren Zeitraum hinweg. Abraham Cardosos Lehre erinnerte an den Glauben des heiligen Paulus an die Verherrlichung Jesu nach seiner Auferstehung: Als um die Zeit seiner Apostasie die Erlösung kam, war Sabbatai in die Dreieinigkeit der Parsufim erhoben worden. »Der Heilige *[Malka Kadisha]*, gelobt sei Er, entschwand nach oben, und Sabbatai Zevi stieg statt seiner zum Gott auf.«[49] Irgendwie war er in göttlichen Rang erhoben worden und hatte den Platz des Gottes von Israel eingenommen, des zweiten Parsuf. Bald darauf entwickelten die zum Islam konvertierten Dönme die Idee noch weiter und beschlossen, der Gott Israels sei herabgestiegen und in Sabbatai zu Fleisch und Blut geworden. Da sie außerdem glaubten, jeder ihrer Führer sei eine Reinkarnation des Messias, ergab sich daraus, daß sie ebenfalls Avatare wurden, vielleicht auf ganz ähnliche Weise wie die schiitischen Imame. Jede Generation von Abtrünnigen hatte einen Führer, der als Inkarnation des Göttlichen galt.

Jacob Frank (1726–95), der 1759 seine aschkenasischen Schüler zur Taufe führte, hatte gleich zu Beginn seiner Laufbahn zu verstehen gegeben, er sei die Inkarnation Gottes. Er wurde als die furchteinflößendste Gestalt in der gesamten Geschichte des Judentums beschrieben. Er besaß keine Bildung und trug diese Tatsache stolz zur Schau, hatte jedoch die Fähigkeit, eine düstere Mythologie zu entwickeln. Seine Gedanken sagten vielen Juden zu, die ihren Glauben als leer und unbefriedigend empfanden. Frank predigte, das alte Gesetz sei aufgehoben. In der Tat müßten alle Religionen vernichtet werden, auf daß Gottes Glanz klar zum Ausdruck komme. In seinen *Slowa Panskie* (Buch der Worte des Herrn) überschritt er die Grenze vom Sabbatarianismus zum Nihilismus. Alles muß zerstört werden: »Wo immer der erste Adam hinkam, da wurde eine Stadt erbaut, aber wo ich gehe, wird alles zerstört, denn ich bin nur gekommen, um alles zu zerstören.«[50] Es besteht eine beunruhigende Parallele zu einigen Worten Christi, der ebenfalls behauptet hatte, er sei nicht gekommen, um den Frieden zu bringen, sondern das Schwert. Im Gegensatz zu Jesus und dem heiligen Paulus wollte Frank jedoch nichts anderes an die Stelle der alten heiligen Traditionen setzen. Sein nihilistisches Glaubensbekenntnis war möglicherweise nicht allzu weit von dem seines jüngeren Zeitgenossen, des Marquis de Sade, entfernt. Nur durch den Abstieg in die Tiefen der Verderbtheit, so lehrte er, könnten die Menschen aufsteigen, um den guten Gott zu finden. Das bedeutete nicht nur die Zurückweisung jeglicher Art von Religion, sondern war eine Anweisung zur Ausübung »seltsamer Handlungen«, die in freiwillige Erniedrigung und völlige Schamlosigkeit mündeten.

Frank war kein Kabbalist, sondern predigte eine unverblümtere Version von Cardosos Theologie. Er glaubte, jeder der drei Parsufim der Dreieinigkeit von Sabbatai würde auf der Erde von einem anderen Messias verkörpert. Sabbatai Zevi, den Frank als »den Ersten« bezeichnete, war die Inkarnation des »guten Gottes« gewesen und entsprach Cardosos *Atika Kadisha* (dem heiligen Alten); er selbst war die Inkarnation des zweiten Parsuf, des Gottes Israels. Der dritte Messias, eine Inkarnation der Schechina, würde eine Frau sein; Frank nannte sie »die Jungfrau«. Zur damaligen Zeit befand sich die Welt jedoch angeblich im Bann unheilvoller Mächte. Sie würde erst erlöst werden, wenn die Menschen sich an Franks nihilistischem Evangelium orientierten. Die Jakobsleiter glich einem V: Um zu Gott aufzusteigen, mußte man zuerst wie Jesus und Sabbatai zu den tiefsten Abgründen hinabsteigen. »Dies sage ich euch«, verkündete Frank. »Christus, von dem Ihr wißt, sagte, er sei gekommen, die ganze Welt von Satan loszukaufen; ich aber bin gekommen, sie von allen bis jetzt gültigen Gesetzen und Satzungen zu lösen. Meine Aufgabe ist es, dies alles aufzuheben, dann wird der gute Gott sich offenbaren.«[51] Wer Gott finden und sich von den bösen Mächten befreien wollte, mußte seinem Führer Sprosse für Sprosse in den Abgrund folgen und dabei gegen all die Gesetze verstoßen, die am meisten in Ehren gehalten wurden. »Ich sage euch, daß alle Soldaten ohne Religion sein müssen. Das heißt, daß sie aus eigener Kraft zur Freiheit gelangen müssen.«[52]

Aus dieser letzten Aussage können wir auf den Zusammenhang zwischen Franks düsterer Vision und der rationalistischen Aufklärung schließen. Die polnischen Juden, die sich an seinem Evangelium orientierten, hatten zweifellos die Erfahrung gemacht, daß ihre Religion nicht in der Lage war, ihnen bei der Anpassung an ihre erschütternden Lebensbedingungen in einer für Juden unsicheren Welt zu helfen. Nach Franks Tod verlor seine Lehre die anarchistische Stoßrichtung. Seine Anhänger hielten nur noch an der Überzeugung fest, Frank sei eine Inkarnation Gottes gewesen, sowie an einem laut Scholem »ausgeprägten, innigen Gefühl der Erlösung«.[53] Die Französische Revolution deuteten sie als ein an sie gerichtetes Zeichen Gottes: Sie gaben ihren Antinomismus zugunsten politischer Aktionen auf und träumten von einer Revolution, aus der eine neue Weltordnung hervorgehen würde. In ähnlicher Weise waren die zum Islam konvertierten Dönme in den frühen Jahren des 20. Jahrhunderts häufig aktive Jungtürken, und viele assimilierten sich gänzlich in der weltlichen Türkei des Kemal Atatürk. Der Widerwille aller Sabbatarianer gegenüber von außen aufgezwungenen Vorschriften war in gewisser Hinsicht als eine Rebellion gegen die Bedingungen des Gettos zu verstehen. Der Sabbatarianismus, scheinbar eine rückständige, bildungsfeindliche Religion, hatte ihnen geholfen, sich von den alten Denkweisen zu befreien, und sie für neue Ideen empfänglich gemacht. Die gemäßigten Sabbatarianer, die nach außen hin dem Judentum treu geblieben waren, traten oft als Pioniere in der jüdischen Aufklärungsbewegung *(Haskalah)* auf, sie waren auch aktiv an der Entwicklung des Reform-Judentums im 19. Jahrhundert beteiligt. Häufig waren die Ideen dieser reformfreudigen *maskilim* eine seltsame Mischung aus Altem und Neuem. So sagte Joseph Welte aus

Prag, der um das Jahr 1800 als Schriftsteller wirkte, seine Helden seien Moses Mendelssohn, Immanuel Kant, Sabbatai Zevi und Isaak Luria. Nicht jedem war es gegeben, über die schwierigen Pfade der Wissenschaft und der Philosophie Zugang zur Moderne zu finden. Die mystischen Glaubensbekenntnisse radikaler Christen und Juden ermöglichten es ihnen, zu einem säkularen Weltbild zu gelangen, das sie früher als abstoßend empfunden hätten. Dabei sprachen sie die tieferen, primitiveren Regionen der Psyche an. Manche Menschen vertraten neue, blasphemische Ideen von Gott, und ihre Kinder distanzierten sich dann vollkommen von ihm.

Zur selben Zeit, als Jacob Frank sein nihilistisches Evangelium entwickelte, entdeckten andere polnische Juden einen völlig anderen Messias. Seit den Pogromen des Jahres 1648 waren die polnischen Juden traumatischen Erfahrungen von Vertreibung und Demoralisierung ausgesetzt gewesen, die an Intensität der Verbannung der Sephardim aus Spanien gleichkamen. Viele besonders gebildete und besonders religiöse jüdische Familien in Polen waren entweder ausgerottet worden oder in das vergleichsweise sichere Westeuropa ausgewandert. Zehntausende von Juden wurden verschleppt, viele zogen als Nomaden von Stadt zu Stadt, ohne Aussicht, sich für immer niederzulassen. Die Rabbis, die blieben, hatten häufig wenig Rückgrat und suchten in den Mauern ihrer Studierzimmer Schutz vor der bitteren Realität der Außenwelt. Umherstreifende Kabbalisten sprachen von der dämonischen Finsternis der Welt der *achra sitra,* der anderen, von Gott abgespalten Seite. Das Desaster um Sabbatai Zevi trug zur allgemeinen Desillusionierung und Anomie bei. Einige Juden aus der Ukraine wurden von der christlichen pietistischen Bewegung beeinflußt, die auch in der russisch-orthodoxen Kirche aufgetaucht war. Die Juden hatten begonnen, eine ähnliche Form charismatischer Religion zu entwickeln. Es gab Berichte von Juden, die in Ekstase gerieten, während der Gebete Lieder anstimmten und in die Hände klatschten. In den dreißiger Jahren des 18. Jahrhunderts kristallisierte sich einer der Ekstatiker als der unbestrittene Führer dieser jüdischen gefühlsbetonten Religion heraus und gründete die unter der Bezeichnung Chassidismus bekanntgewordene Schule.

Israel Ben Eliezer war kein Gelehrter. Anstatt sich mit dem Studium

des Talmud zu beschäftigen, ging er lieber in den Wäldern spazieren, sang Lieder und erzählte Kindern Geschichten. Er lebte mit seiner Frau in bitterer Armut im südlichen Polen, in einer Hütte in den Karpaten. Eine Zeitlang grub er nach Kalk und verkaufte ihn an die Einwohner der nächstgelegenen Stadt. Dann betrieben er und seine Frau eine Gastwirtschaft. Im Alter von etwa sechsunddreißig Jahren verkündete er, er sei Gesundbeter und Teufelsaustreiber geworden. Er reiste durch die Dörfer Polens, heilte die Krankheiten der Bauern und Städter mit pflanzlichen Mitteln, Amuletten und Gebeten. Zu der Zeit behaupteten viele Heiler, sie kurierten die Kranken im Namen des Herrn. Israel war inzwischen zu einem Baal Shem Tov, einem Meister des guten Namens, avanciert. Obwohl er nie ordiniert worden war, nannten ihn immer mehr Anhänger Rabbi Israel Baal Schem Tov oder einfach »der Besht«. Die meisten Heiler begnügten sich mit Magie, doch der Besht war auch noch Mystiker. Die Erfahrung mit Sabbatai Zevi hatte ihn von den Gefahren überzeugt, Mystik mit Messianismus zu verbinden, und er wandte sich einer früheren Form des Kabbalismus zu, die jedoch nicht nur einer Elite vorbehalten, sondern jedem zugänglich sein sollte. Anstatt den göttlichen Funkenregen auf die Welt als Unglück anzusehen, lehrte der Besht seinen Chassidim, das Gute daran zu sehen: Die Funken waren in jedem Gegenstand der Schöpfung enthalten, darum war die ganze Welt von der Gegenwart Gottes erfüllt. Ein frommer Jude konnte Gott in den unbedeutendsten Handlungen des täglichen Lebens erfahren – beim Essen, Trinken, beim Geschlechtsverkehr mit seiner Frau –, weil die göttlichen Funken allgegenwärtig waren. Die Menschen waren nicht von Heerscharen von Dämonen umgeben, sondern lebten in der Gegenwart eines Gottes, der in jedem Windstoß oder Grashalm präsent war: Er wollte, daß die Juden sich ihm vertrauensvoll und freudig näherten.
Der Besht verwarf Lurias großartige Pläne zur Rettung der Welt. Ein Chassid war nur dafür verantwortlich, die in den Gegenständen seiner persönlichen Welt eingeschlossenen Funken wieder zusammenzufügen – bei seiner Frau, seinen Dienstboten, Möbeln und Lebensmitteln. Wie Hillel Zeitlin, ein Schüler des Besht, erklärte, trägt ein Chassid eine einzigartige Verantwortung gegenüber seiner persönlichen Umgebung, der nur er allein gerecht werden kann:

»Jeder Mensch ist der Erlöser einer Welt, die ganz ihm gehört. Er sieht nur, was er und nur er allein sehen soll, und fühlt nur das, wofür er persönlich ausersehen wurde.«[54] Die Anhänger der Kabbala hatten eine Disziplin der Konzentration *(devekut)* ersonnen, die den Mystikern half, sich der Präsenz Gottes bewußt zu werden, wohin auch immer sie sich wandten. Wie ein Anhänger der Kabbala aus Zefat im 17. Jahrhundert erläutert hatte, sollten Mystiker sich in die Einsamkeit zurückziehen, das Studium der Thora unterbrechen und »sich das Licht der Schechina über ihren Köpfen vorstellen, als wären sie vollständig davon umgeben und säßen inmitten von Licht«.[55] Dieses Gefühl von Gottes Präsenz versetzte sie in zitternde, ekstatische Freude. Der Bescht lehrte seine Anhänger, daß diese Ekstase nicht einer privilegierten mystischen Elite vorbehalten sei, sondern daß jeder Jude die Pflicht habe, *devekut* zu praktizieren und sich der alles durchdringenden Präsenz Gottes bewußt zu werden. In der Tat kam ein Scheitern bei *devekut* der Abgötterei gleich, einer Leugnung des Satzes, daß neben Gott nichts wirklich existiere. Diese Haltung brachte den Bescht in Konflikt mit der Regierung, die befürchtete, daß die Juden das Studium der Thora zugunsten dieser möglicherweise gefährlichen und exzentrischen Übungen aufgeben würden.

Der Chassidismus verbreitete sich jedoch rasch, da er den unzufriedenen Juden eine hoffnungsvolle Botschaft brachte: Viele Konvertiten scheinen ehemalige Sabbatarier gewesen zu sein. Der Bescht wollte nicht, daß seine Schüler sich von der Thora abwandten. Statt dessen verkündete er eine neue mystische Auslegung: Das Wort *mitzvah* (Gebot) bedeutete ein Bündnis. Wenn ein Chassid während der Ausübung von *devekut* ein Gebot des Gesetzes befolgte, schloß er ein Bündnis mit Gott, der Ursache allen Seins. Zugleich sorgte er dafür, daß die göttlichen Funken sich in der Person oder Sache, mit der er sich gerade befaßte, wieder mit Gott vereinigten. Die Thora hatte die Juden lange Zeit ermutigt, die Welt durch die Befolgung der *mitzvot* von Sünden zu reinigen, und der Bescht legte dies lediglich auf mystische Weise aus. In ihrem Eifer, die Welt zu retten, griffen die Chassidim manchmal zu ziemlich dubiosen Mitteln: Viele wurden zu starken Rauchern, um die Funken in ihrem Tabak zu befreien. Baruch von Medzibozh (1757–1810), ein Enkel des

Besht, besaß ein prächtiges Haus mit wundervollen Möbeln und Wandteppichen und rechtfertigte den Besitz mit der Behauptung, ihm lägen nur die Funken in diesen herrlichen Kostbarkeiten am Herzen. Abraham Joshua Heschel von Apt (gestorben 1825) aß gut und vor allem reichlich, um die Funken in seinem Essen zurückzubefördern.[56] In der Bewegung des Chassidismus läßt sich trotz aller Auswüchse das Bemühen erkennen, Sinn in einer grausamen und gefährlichen Welt zu finden. Die Übungen des *devekut* waren ein einfallsreicher Versuch, den Schleier der Vertrautheit von der Welt wegzuziehen, um die ihr innewohnende Herrlichkeit zu entdecken. Ähnliche Züge trug die phantasiereiche Vision der zeitgenössischen englischen Romantiker William Wordsworth (1770–1850) und Samuel Taylor Coleridge (1772–1834), die das »eine Leben«, das die gesamte Realität verbindet, in allem um sie herum zu sehen glaubten. Ebenso erkannten die Chassidim in allem die göttliche, durch die gesamte Schöpfung treibende Energie, die trotz der Leiden durch Verbannung und Verfolgung die Welt in einen wundervollen Ort verwandelte. Mit der Zeit würde die materielle Welt ganz und gar bedeutungslos und alles zur Epiphanie werden. Moses Teitelbaum von Ujhaly (1759–1841) sagte, beim Anblick des brennenden Dornbusches habe Mose ganz einfach die göttliche Präsenz erblickt, von der jeder einzelne Busch erfüllt sei und die jeden Busch am Leben erhalte.[57] Die ganze Welt schien in himmlisches Licht getaucht, die Chassidim schrien vor Freude in ihrer Ekstase, klatschten und stimmten Lieder an. Manche schlugen sogar einen Salto, um zu zeigen, daß die Herrlichkeit ihrer Vision die ganze Welt auf den Kopf gestellt hatte.

Im Gegensatz zu Spinoza und einigen radikalen Christen glaubte der Besht nicht, daß alles Gott sei, sondern daß alle Geschöpfe in Gott ruhten, der ihnen Leben und Existenz geschenkt habe. Er war die Lebenskraft, der alles sein Dasein verdankte. Der Besht war nicht der Auffassung, die Chassidim würden durch *devekut* göttlich oder sogar mit Gott vereint werden – solch kühne Vorstellungen erschienen allen jüdischen Mystikern überspannt. Statt dessen suchten sie die Nähe Gottes und entwickelten ein Bewußtsein für seine Präsenz. Die meisten waren einfache, naive Menschen, die sich oft übertrieben ausdrückten, doch waren sie sich der Tatsache bewußt, daß ihre Mythologie nicht wörtlich zu verstehen war. Sie erzählten lieber Geschichten, als philosophische oder talmudische Diskussionen zu führen, da sie Fiktives für das beste Mittel hielten, eine Erfahrung zu vermitteln, die wenig mit Fakten und Vernunft zu tun hatte. Ihre Sichtweise war ein schöpferischer Versuch, die gegenseitige Abhängigkeit von Gott und Menschheit anschaulich zu beschreiben. Bei Gott handelte es sich nicht um eine unpersönliche Realität außerhalb der Erde: In der Tat glaubten die Chassidim, daß sie in gewisser Weise als seine Schöpfer anzusehen waren, da sie ihn nach seiner Vernichtung wieder von neuem erschaffen hatten. Indem sie sich die göttlichen Funken in ihnen selbst bewußt machten, erreichten sie eine vollkommenere Menschlichkeit. Erneut brachten sie diese Erkenntnis in den mythologischen Begriffen der Kabbala zum Ausdruck. Dov Baer, der Nachfolger des Besht, sagte, Gott und Mensch bildeten eine Einheit: Ein Mann werde erst dann *adām* werden, wie Gott es am Tag der Schöpfung beabsichtigt habe, wenn er das Gefühl des Getrenntseins von den übrigen Daseinsformen verloren habe und in die »kosmische Gestalt des ursprünglichen Menschen transformiert wurde, wie sie Ezechiel auf dem Thron erblickt hatte«.[58] Dies war eine spezifisch jüdische Version des griechischen oder buddhistischen Glaubens, daß die Erleuchtung dem Menschen seine eigene transzendente Dimension ins Bewußtsein brachte.

Die Griechen hatten diese Erkenntnis in der Lehre von der Menschwerdung und Vergöttlichung Christi ausgedrückt. Die Anhänger des Chassidismus entwickelten ihre eigene Inkarnationslehre. Der Zaddik, der Rabbi der Chassidim, wurde zum Avatar seiner Generation, zu einem Mittler zwischen Himmel und Erde und einem Vertreter der göttlichen Präsenz. Wie Rabbi Menahem Nahum von Tschernobyl (1730–1797) schrieb, ist der Zaddik »wahrhaftig ein Teil von Gott und nimmt sozusagen einen Platz an seiner Seite ein«.[59] Genau wie die Christen in dem Versuch, sich Gott anzunähern, Christus imitierten, imitierte der Chassid seinen Zaddik, dem der Aufstieg zu Gott gelungen war und der *devekut* perfekt beherrschte. Er war der lebende Beweis dafür, daß die Erleuchtung möglich war. Da der Zaddik Gott nahe stand, konnten sich die Chassidim durch ihn dem Gebieter über das Universum nähern. Sie scharten sich um ihren Zaddik und hingen an seinen Lippen, wenn er ihnen eine Geschichte über den Besht erzählte oder einen Vers aus der Thora erläuterte. Wie die enthusiastischen christlichen Sekten war der Chassidismus keine auf den einzelnen ausgerichtete Religion, sondern ausgesprochen gemeinschaftsorientiert. Die Chassidim versuchten, ihrem Zaddik bei seinem Aufstieg zum Höchsten gemeinsam mit ihrem Meister als Gruppe zu folgen. Verständlicherweise waren die eher orthodoxen Rabbis aus Polen entsetzt von diesem Persönlichkeitskult, weil der gelehrte Rabbi, der lange Zeit als die Inkarnation der Thora angesehen worden war, darin keine Rolle spielte. Die Opposition wurde von Rabbi Elijah Ben Soloman Zalman (1770–1797) angeführt, dem Gaon oder Direktor der Akademie in Wilna. Das Sabbatai-Zevi-Debakel hatte bei einigen Juden eine ausgeprägt feindselige Haltung gegenüber der Mystik bewirkt, und der Gaon von Wilna wurde oft als Verfechter einer vernunftbetonteren Religion betrachtet. Dennoch war er ein eifriger Anhänger der Kabbala und außerdem ein Meister des Talmud. Sein vertrauter Schüler Rabbi Hayyim von Volozhin pries seine »vollkommene und meisterliche Beherrschung des gesamten *Sohar* …, den er mit inbrünstiger Liebe und in Furcht vor der göttlichen Majestät, heilig und rein und in wundervoller *devekut* studierte«.[60] Wenn er von Isaak Luria sprach, begann er am ganzen Körper zu zittern. Er hatte phantastische Träume und Offenbarungen, beteuerte jedoch stets, daß das Studium der Thora seine wichtigste Verbindung zu Gott sei. Er zeigte ein bemerkenswertes Verständnis für den Sinn von Träumen als Befreiung von tief im Unterbewußten schlummernden Erlebnissen. Wie Rabbi Hayyim fortfährt: »Er pflegte zu sagen, daß Gott den Schlaf nur deshalb geschaffen habe, um es den Menschen zu ermöglichen, daß er die Erkenntnisse gewinne, die sich ihm selbst nach viel Mühe und Anstrengung nicht erschließen könnten, wenn die Seele an den Körper gebunden bleibe, da der Körper wie ein trennender Vorhang wirke.«[61]

Die Kluft zwischen Mystik und Rationalismus ist nicht so groß, wie wir gerne glauben möchten. Die Bemerkungen des Gaon von Wilna über den Schlaf spiegeln eine klare Einsicht in die Rolle des Unbewußten wider: Wir haben alle schon Freunde beschworen, ein Problem »zu überschlafen« in der Erwartung, daß sie auf eine Lösung stoßen, die ihnen im wachen Zustand verborgen geblieben wäre. Wenn unser Geist empfänglich und entspannt ist, kommen die Ideen aus den tieferliegenden Schichten der Seele. Diese Erfahrung haben auch Wissenschaftler wie Archimedes gemacht, der sein berühmtes Prinzip im Bad entdeckte. Ein wahrhaft schöpferischer Philosoph oder Wissenschaftler muß sich, wie der Mystiker, der dunklen Welt der ungeschaffenen Realität und dem nebelhaften Unbewußten stellen, in der Hoffnung, beides zu durchdringen. Solange sie mit Logik und Begriffen ringen, sind sie notwendigerweise in bereits bekannten Vorstellungen oder Gedankenmustern gefangen. Oft wirken Entdeckungen wie »eine Gabe« von außen, kreative Menschen sprechen von Visionen und Eingebungen. So hatte Edward Gibbon (1737–1794), der religiöse Schwärmerei verabscheute, bei seinen Überlegungen inmitten der Ruinen des Kapitols einen gewissermaßen visionären Moment, der ihn bewog, sein Werk *Der Untergang des römischen Weltreiches* zu schreiben. Arnold Toynbee, ein Historiker des 20. Jahrhunderts, bezeichnete dieses Erlebnis als eine »Kommunion«: »Er war sich unmittelbar des Flusses der Geschichte bewußt, der ihn in einer mächtigen Strömung sanft durchfloß, und seines eigenen Lebens, das wie eine Welle in der Strömung einer gewaltigen Flut anschwoll.« Ein solcher Moment der Inspiration, folgert Toynbee, ist vergleichbar mit der »Erfahrung, die von Menschen, denen sie gewährt wurde, als beglückende Vision geschildert wurde«.[62] Auch Albert Einstein sagte, daß Mystik am Anfang aller wahren Kunst und Wissenschaft stehe:

> Das Wissen um die Existenz des für uns Undurchdringlichen, der Manifestationen tiefster Vernunft und leuchtendster Schönheit, die unserer Vernunft nur in ihren primitivsten Formen zugänglich sind, dies Wissen und Fühlen macht wahre Religiosität aus; in diesem Sinn und nur in diesem gehöre ich zu den tief religiösen Menschen.[63]

In diesem Sinn kann die religiöse Aufklärung, die von Mystikern wie dem Bescht entdeckt wurde, auf der gleichen Ebene angesiedelt werden wie einige andere Errungenschaften des Zeitalters der Vernunft: Sie ermöglichte den einfacheren Menschen einen phantasievollen Übergang in die neue Welt der Moderne.

In den achtziger Jahren des 18. Jahrhunderts vertrat Rabbi Shneur Zalman von Lyaday (1745–1813) die Meinung, daß der Gefühlsüberschwang des Chassidismus durchaus mit der intellektuellen Forschung zu vereinbaren sei. Er begründete eine neue Form des Chassidismus und war bestrebt, Mystik und rationale Kontemplation zu verbinden. Die Bewegung wurde unter dem Namen Chabad bekannt, einem Akrostichon der drei Attribute Gottes: Chochma (Weisheit), Bina (Intelligenz) und Du'at (Wissen). Wie frühere Mystiker, die Philosophie mit Spiritualität vermischt hatten, glaubte auch Zalman, daß metaphysische Betrachtungen eine wesentliche Vorbereitung für das Gebet seien, da sie die Grenzen des Intellekts verdeutlichten. Seine Lehre begann bei der fundamentalen Vision des Chassidismus von der Präsenz Gottes in allen Dingen und führte den Mystiker durch einen dialektischen Prozeß zu der Erkenntnis, daß Gott die einzige Realität war. Zalman sagte: »Vom Standpunkt Gottes aus, gelobt sei Er, sind alle Welten, als wären sie buchstäblich null und nichtig.«[64] Sieht man von Gott als ihrer Lebenskraft ab, existiert die Schöpfung nicht. Lediglich unserer begrenzten Wahrnehmungskraft ist es zu verdanken, daß sie gesondert zu existieren scheint, doch das ist eine Illusion. Gott ist nicht wirklich ein transzendentes Wesen in einer anderen Sphäre der Realität, denn er ist nicht außerhalb der Welt. In Wahrheit ist die Lehre von Gottes Transzendenz eine weitere Illusion unseres Geistes, für den es fast unmöglich ist, in einen Bereich jenseits sinnlicher Eindrücke vorzustoßen. Die mystischen Disziplinen des Chabad halfen den Juden, sich in Bereiche jenseits sinnlicher Wahrnehmung zu begeben, um die Dinge von Gottes Standpunkt aus zu betrachten. Für einen nicht erleuchteten Menschen scheint es auf der Welt keinen Gott zu geben. Die Beschäftigung mit der Kabbala überwindet die rationalen Grenzen und hilft uns, die uns auf der Welt umgebende Präsenz Gottes zu entdecken.

Die Anhänger des Chabad teilten das Vertrauen der Aufklärung in die Fähigkeit des menschlichen Geistes, mit Gott Kontakt aufzunehmen, suchten dies jedoch mit den althergebrachten Methoden des Paradoxons und der mystischen Konzentration zu erreichen. Wie der Besht war auch Zalman überzeugt, daß jeder in den Genuß der Gottesvision kommen konnte: Chabad war nicht für eine Elite von Mystikern gedacht. Selbst wenn es einigen Menschen an spirituellem Talent mangelte, konnten sie die Erfahrung der Erleuchtung machen. Doch es war harte Arbeit. Wie Zalmans Sohn, Rabbi Dov Baer von Lubawitsch (1773–1827) erklärte, mußte man mit einem entmutigenden Eingeständnis der eigenen Unzulänglichkeit beginnen. Bloß vom Gehirn gesteuerte Kontemplation genügte nicht: Sie mußte von Selbstanalyse, dem Studium der Thora und Gebeten begleitet werden. Es war schmerzlich, die eigenen intellektuellen und im Bereich der Phantasie liegenden Vorurteile über die Welt zu überprüfen, und die meisten Menschen sträubten sich sehr dagegen, ihren Standpunkt aufzugeben. Hatte der Chassid aber erst einmal seine Selbstgefälligkeit überwunden, so gelangte er zu der Einsicht, daß es außer Gott keine Realität gab. Wie der Sufi, der die Erfahrung von *fana* gemacht hatte, erreichte der Chassid Ekstase. Baer sagte, er wachse über sich hinaus: »Sein ganzes Wesen ist so in Anspruch genommen, daß nichts übrig bleibt und er völlig unbefangen ist.«[65] Die Schüler des Chabad machten die Kabbala zu einem Werkzeug der psychologischen Analyse und der Selbsterkenntnis und lehrten die Chassidim, Sphäre um Sphäre immer tiefer in die innere Welt hinabzusteigen, bis sie den Mittelpunkt ihrer selbst erreichten. Dort entdeckten sie dann den Gott, der die einzig wahre Realität war. Der Geist konnte durch den Einsatz von Vernunft und Phantasie Gott finden, doch war das nicht der objektive Gott der Philosophen und der Wissenschaftler wie Newton, sondern eine zutiefst subjektive, mit dem eigenen Ich untrennbar verbundene Realität.

Das 17. und das 18. Jahrhundert waren eine Zeit der übertriebenen Extreme und geistigen Turbulenzen, in denen sich die revolutionären politischen und sozialen Umwälzungen widerspiegelten. In der muslimischen Welt gab es zu dieser Zeit nichts Vergleichbares. Allerdings ist für einen Menschen aus dem Westen nur schwer etwas darüber in Erfahrung zu bringen, denn das islamische Gedankengut des 18. Jahrhunderts wurde nicht näher erforscht. Westliche Gelehrte taten diese Zeit oft zu leichtfertig als eine uninteressante Epoche ab, und man behauptete, während Europa die Aufklärung erlebte, sei der Islam im Rückgang begriffen gewesen. Diese Darstellung wurde unlängst als zu vereinfachend in Frage gestellt. Obwohl die Briten 1767 die Herrschaft über Indien erlangten, waren die Muslime sich noch nicht voll der beispiellosen Art der westlichen Herausforderung bewußt. Der indische Sufi Schah Walli-Ullah von Delhi (1703–1762) spürte möglicherweise als erster diesen neuen Geist. Er war ein eindrucksvoller Denker. Zwar stand er dem kulturellen Universalismus argwöhnisch gegenüber, doch meinte er, die Muslime sollten sich zusammenschließen, um ihr Erbe zu bewahren. Die Schia lehnte er ab, aber er plädierte dafür, daß Sunniten und Schiiten eine gemeinsame Basis finden sollten. Er versuchte, die Scharia zu reformieren, um sie den neuen Verhältnissen in Indien besser anzupassen. Walli-Ullah ahnte offenbar, was für Folgen der Kolonialismus haben würde; sein Sohn führte einen Dschihad gegen die Briten an. Sein religiöses Denken war eher konservativ und orientierte sich stark an Ibn al-Arabi. Ohne Gott konnte der Mensch sein volles Potential nicht ausschöpfen. Die Muslime waren immer noch damit zufrieden, in religiösen Dingen aus der Fülle der Vergangenheit zu leben, Walli-Ullah ist ein Beispiel für die Kraft, die nach wie vor vom Sufismus ausging. In vielen Teilen der Welt war der Sufismus jedoch im Rückgang begriffen, und eine neue Reformbewegung in Arabien kündigte die Abkehr von der Mystik an. Diese Entwicklung prägte die muslimische Gottesvorstellung im 19. Jahrhundert und die islamische Antwort auf die Herausforderung des Westens.

Wie die christlichen Reformer des 16. Jahrhunderts wollte Muhammad Ibn al-Wahhab (gestorben 1784), ein Jurist aus Najd auf der arabischen Halbinsel, den Islam zu seiner ursprünglichen Reinheit zurückführen und alle späteren Zusätze beseitigen. Besondere Abneigung hegte er gegenüber der Mystik. Alle Ansätze zu einer Inkarnationstheologie verdammte er, einschließlich der Verehrung der Sufi-Heiligen und der schiitischen Imame. Er widersetzte sich sogar dem Kult um das Grab des Propheten in Medina: Kein Mensch, so berühmt er auch gewesen sein mochte, sollte die Aufmerksamkeit von Gott ablenken. Al-Wahhab gelang es, Muhammad Ibn Saud, den Herrscher eines kleinen Fürstentums in Zentralasien, zu bekehren, und zusammen leiteten sie eine Reform in die Wege, mit der versucht werden sollte, die erste Umma des Propheten und seiner Gefährten im Geiste zu neuem Leben zu erwecken. Sie prangerten die Unterdrückung der Armen an, die Gleichgültigkeit gegenüber dem Elend von Witwen und Waisen, Unmoral und Abgötterei. In einem heiligen Krieg bekämpften sie ihre kaiserlichen Herrscher, die Ottomanen, da sie der Meinung waren, nicht Türken, sondern Araber sollten die muslimischen Völker anführen. Tatsächlich gelang es ihnen, ein beträchtliches Stück Land der ottomanischen Herrschaft zu entreißen; die Türken bekamen es erst 1818 wieder in ihre Gewalt. Vor allem eroberte die neue Sekte sich einen festen Platz in der Gedankenwelt vieler Menschen im Islam. Pilger auf dem Weg nach Mekka waren beeindruckt von der neuen Frömmigkeit, die frischer und eindringlicher wirkte als der Sufismus. Im 19. Jahrhundert wurde der Wahhabismus zur vorherrschenden Richtung im Islam. Der Sufismus wurde immer mehr an den Rand gedrängt mit der Folge, daß er noch mehr bizarre und abergläubische Vorstellungen hervorbrachte. Wie die Juden und Christen entfernten sich die Muslime schrittweise vom mystischen Ideal und wandten sich einer mehr rationalistischen Form der Frömmigkeit zu.

In Europa leiteten einige wenige Menschen eine Entwicklung ein, die von Gott wegführte. Jean Meslier, ein Priester vom Land, der ein vorbildliches Leben geführt hatte, starb 1729 als Atheist. Er hinterließ eine Denkschrift, die Voltaire in Umlauf brachte. Darin drückte Meslier seinen Ekel vor der Menschheit aus und seine Unfähigkeit, an Gott zu glauben. Newtons unendlicher Raum war nach Mesliers Auffassung die einzige ewig gültige Realität: Nichts existierte außer der Materie. Religion war ein von den Reichen ersonnener Plan zur Unterdrückung und Entmündigung der Armen. Das Christentum war durch seine besonders lächerlichen Lehren wie die Dreieinigkeit und die Menschwerdung charakterisiert. Diese Art, Gott zu leugnen, empfanden die Philosophen als zu große Zumutung. Voltaire entfernte die betont atheistischen Passagen und machte den Abbé zu einem Deisten. Gegen Ende des Jahrhunderts gab es jedoch einige Philosophen, die sich voller Stolz als Atheisten bezeichneten, allerdings waren sie nur eine sehr kleine Minderheit. Hier zeigte sich eine vollkommen neue Entwicklung. Bis zu dem Zeitpunkt war die Bezeichnung »Atheist« ein Schimpfwort gewesen, ein besonders schmachvoller Ausdruck, den man Feinden an den Kopf warf. Nun diente das Wort allmählich als stolz zur Schau getragenes Markenzeichen. Für den schottischen Philosophen David Hume (1711–1776) war der Atheismus die logische Konsequenz des neuen Empirismus. Es war nicht nötig, über eine wissenschaftliche Erklärung der Realität hinauszugehen, und es war philosophisch nicht zu begründen, daß man an irgend etwas jenseits der sinnlichen Erfahrungswelt glauben sollte. In seiner Schrift *Die Naturgeschichte der Religion* widerlegt Hume das Argument, das die Existenz Gottes vom Entwurf des Universums her zu begründen suchte, und führt an, es beruhe auf Analogieschlüssen, die nicht zwingend seien. Man könne zwar geltend machen, daß die Ordnung der realen Welt auf einen intelligenten Oberaufseher hindeute, doch wie seien dann das Böse und die offensichtliche Unordnung zu erklären? Diese Frage war nicht zu beantworten, und Hume, der die *Naturgeschichte* 1750 verfaßt hatte, veröffentlichte sie klugerweise nicht. Ungefähr zwölf Monate später wurde der französische Philosoph Denis Diderot (1713–1784) ins Gefängnis geworfen, weil er in seinem *Lettre sur les aveugles à l'usage de ceux qui voient* (Brief über die Blinden zum Gebrauch der Sehenden) die gleiche Frage gestellt hatte. Er präsentierte darin der breiten Öffentlichkeit einen kompromißlosen Atheismus.

Diderot selbst stritt ab, Atheist zu sein. Er sagte lediglich, es interessiere ihn nicht, ob Gott existiere oder nicht. Als Voltaire sein Buch kritisierte, antwortete er: »Ich glaube an Gott, obwohl ich mich auch sehr gut mit den Atheisten verstehe ... Es ist ... sehr wichtig, Schierling nicht mit Petersilie zu verwechseln; doch an Gott zu glauben oder nicht ist vollkommen unwichtig.« Mit unfehlbarer Sicherheit hatte Diderot den entscheidenden Punkt angesprochen. Sobald »Gott« keine leidenschaftlich subjektiv empfundene Erfahrung mehr ist, existiert »er« nicht. Wie Diderot im selben Brief schrieb, war es sinnlos, an den Gott der Philosophen zu glauben, der sich niemals in die Angelegenheiten der Welt einmischt. Der Verborgene Gott war zum *Deus Otiosus* geworden: »Gleichgültig ob Gott existiert oder nicht, zählt er doch zu den hehrsten und sinnlosesten Wahrheiten.«[66] Diderot vertrat genau die gegensätzliche Auffassung zu Pascal, der die Wette auf die Existenz oder Nicht-Existenz Gottes als etwas höchst Bedeutsames ansah. In seinen 1746 veröffentlichten *Pensées philosophiques* (Philosophische Gedanken) tat Diderot

Pascals religiöse Erfahrung als zu subjektiv ab: Er und die Jesuiten seien gleichermaßen leidenschaftlich an Gott interessiert gewesen, hätten jedoch sehr verschiedene Vorstellungen von ihm gehabt. Wie sollte man sich zwischen ihnen entscheiden? Ein solcher »Gott« war nichts als *tempérament*. An diesem Punkt, drei Jahre vor der Veröffentlichung des *Lettre sur les aveugles* glaubte Diderot, daß die Wissenschaft – und nur die Wissenschaft – den Atheismus widerlegen könne. Er entwickelte eine eindrucksvolle neue Interpretation der Begründung Gottes aus der Schöpfung: Anstatt auf die unermeßliche Bewegung des Weltraums zu blicken, forderte er die Menschen eindringlich auf, die der Natur zugrundeliegende Struktur zu untersuchen. Die Zusammensetzung eines Samens, eines Schmetterlings oder eines Insekts war zu kompliziert, um zufällig entstanden zu sein. In den *Pensées* glaubte Diderot immer noch, mit dem Verstand könne die Existenz Gottes bewiesen werden. Newton hatte sich jeglichen Aberglaubens und aller Torheiten der Religion entledigt: Ein Wunder wirkender Gott war den Kobolden gleichzusetzen, mit denen wir den Kindern Angst einjagen.

Drei Jahre später, nach einer Erörterung mit Newton, war Diderot nicht mehr davon überzeugt, daß die Außenwelt einen Beweis für die Existenz Gottes liefern könne. Er erkannte klar, daß Gott absolut nichts mit der neuen Wissenschaft zu tun hatte. Doch konnte er diese revolutionären, aufrührerischen Gedanken nur in fiktiver Form ausdrücken. Im *Lettre sur les aveugles* schildert Diderot ein imaginäres Streitgespräch zwischen einem Anhänger Newtons, den er »Herrn Holmes« nennt, und Nicholas Saunderson (1682–1739), dem blindgeborenen Mathematiker aus Cambridge. Saunderson fragt Holmes, wie das Argument vom göttlichen Entwurf mit »Monstern« und Mißgeburten wie ihm zu vereinbaren sei. Sein Fall zeuge mitnichten von intelligenter und wohlwollender Planung:

> Was ist diese Welt, Herr Holmes? Eine Zusammensetzung, immer wieder Umwälzungen unterworfen, die alle eine beständige Tendenz zur Zerstörung anzeigen; eine schnelle Aufeinanderfolge von Wesen, die einander ablösen, sich verdrängen und verschwinden; eine vergängliche Symmetrie, eine vorübergehende Ordnung.[67]

Der Gott Newtons und vieler konventioneller Christen, der im wörtlichen Sinn für jegliches Geschehen verantwortlich sein sollte, war eine nicht nur absurde, sondern entsetzliche Vorstellung. Von »Gott« Erklärungen über Dinge zu erwarten, die wir selbst uns gerade nicht erklären können, war falsch verstandene Demut. »Mr. Holmes, mein guter Freund«, resümiert Diderots Saunderson, »gesteht Eure Ignoranz ein.«

Nach Diderots Auffassung wird ein Schöpfer nicht gebraucht. Materie ist nicht der passive, wertlose Stoff, wie Newton und die Protestanten in ihrer Phantasie glaubten, sondern besitzt eine ihren eigenen Gesetzen folgende Eigendynamik. Das Gesetz der Materie – und nicht ein »Göttlicher Mechaniker« – ist für die Form der Realität verantwortlich. Nichts außer der Materie existiert. Diderot ging noch einen Schritt weiter als Spinoza. Anstatt zu sagen, es gebe außer der Natur keinen Gott, sagte Diderot, es existiere nur die Natur und überhaupt kein Gott. Er stand mit seiner Meinung nicht allein: Wissenschaftler wie Abraham Trembley und John Turbeville Needham hatten das Prinzip der produktiven Materie entdeckt, das nun als Hypothese in Biologie, Mikroskopie, Zoologie, Naturgeschichte und Geologie seinen Einzug hielt. Wenige waren jedoch bereit, auf Gott ganz zu verzichten. Selbst die Philosophen, die den Salon von Paul Heinrich Baron von Holbach (1723–1789) frequentierten, unterstützten nicht öffentlich den Atheismus, obwohl sie die sehr offenen Diskussionen schätzten. Frucht ihrer Debatten war Holbachs Buch *Système de la nature ou Des loix du monde physique et du monde moral* (System der Natur oder Von den Gesetzen der physischen und der moralischen Welt, 1770), das zur Bibel des atheistischen Materialismus wurde. Es existiert keine übernatürliche Alternative zur Natur, denn die Natur ist, so Holbach, »nur eine unermeßliche Kette von Ursachen und Wirkungen ..., die sich unaufhörlich wechselseitig auseinander ergeben«.[68] An einen Gott zu glauben ist unredlich und bedeutet, daß wir unsere wahren Erfahrungen verleugnen. Es ist darüber hinaus ein Akt der Verzweiflung. Die Religion schuf Götter, weil die Menschen keine andere Erklärung finden konnten, die es vermocht hätte, sie über das tragische Leben auf dieser Welt hinwegzutrösten. Sie wandten sich dem imaginären Trost von Religion und Philosophie zu in dem Versuch, irgendein illusorisches Gefühl der Kontrolle zu erzeugen und eine ihrer Vorstellung nach im Verborgenen lauernde »Instanz« milde zu stimmen, um Schrecken und Verderben abzuwehren. Aristoteles hat nicht recht: Philosophie ist nicht das Ergebnis eines edlen Strebens nach Wissen, sondern einer feigen Sehnsucht, Schmerz zu vermeiden. Die Wiege der Religion war daher Ignoranz und Furcht, ein aufgeklärter Mensch muß ihr den Rücken kehren.

Holbach versuchte sich an einer eigenen Geschichte Gottes: Zuerst beteten die Menschen die Naturgewalten an. Dieser primitive Animismus hatte seine Berechtigung, da die Menschen sich damit nicht über die Welt hinaus orientieren wollten. Das Unglück nahm seinen Lauf, als die Menschen begannen, die Sonne, den Wind und das Meer zu personifizieren, und Götter nach ihrem eigenen Ebenbild schufen. Schließlich verschmolzen sie all diese kleinen Götter zu einer großen Gottheit, die sich lediglich aus einer Projektion und einer Unmenge von Widersprüchen zusammensetzte. Dichter und Theologen taten im Lauf der Jahrhunderte nichts anderes als

> einen gigantischen, übertriebenen Mann zu schaffen, den sie durch die Anhäufung unvereinbarer Eigenschaften ad absurdum führten. Menschen würden in Gott nie etwas anderes als einen Vertreter der menschlichen Rasse sehen, dessen Proportionen sie zu vergrößern suchten, bis sie ein völlig unbegreifliches Wesen geschaffen hätten.

Die Geschichte zeigt, daß es unmöglich ist, die sogenannte Güte Gottes mit seiner Allmacht zu vereinen. Jede Vorstellung von Gott scheitert zwangsläufig an ihrer Inkohärenz. Die Philosophen und Wissenschaftler haben ihr Bestes getan, eine Vorstellung zu erhalten, doch erging es ihnen nicht anders als den Dichtern und Theologen. Die hohe Vollkommenheit, die Descartes glaubte bewiesen zu haben, war schlicht ein Produkt seiner Phantasie. Selbst der große Newton war »ein Sklave der Vorurteile seiner Kindheit«. Er entdeckte den absoluten Weltraum und schuf aus dem Nichts einen Gott, der einfach ein mächtiger Mann war, ein göttlicher Despot, der seine menschlichen Schöpfer terrorisierte und sie zu Sklaven machte.[69]

Glücklicherweise würde die Aufklärung die Menschheit in die Lage versetzen, sich von diesen infantilen Denkweisen zu befreien. Die Wissenschaft würde den Platz der Religion einnehmen. »Wenn die Unkenntnis der Natur zur Entstehung der Götter führte, ist die Kenntnis der Natur dazu bestimmt, sie zu zerstören.«[70] Es existiert keine höhere Wahrheit, kein zugrundeliegendes Muster, kein großartiger Entwurf. Es gibt nur die Natur selbst:

> Die Natur ist keine Schöpfung; sie hat immer durch sich selbst existiert, alles vollzieht sich in ihrem Schoß; sie ist eine unermeßliche, mit Materialien versehene Werkstatt und stellt die Werkzeuge selbst her, deren sie bedarf, um zu wirken: Alle ihre Werke sind Wirkungen ihrer Energie und der Agentien oder Ursachen, die sie hervorbringt, die sie enthält, die sie wirken läßt.[71]

Gott ist nicht nur unnötig, sondern sogar ausgesprochen schädlich. Gegen Ende des Jahrhunderts verbannte Paul Simon de Laplace (1749–1827) Gott aus der Physik. Das Planetensystem wurde zu einer von der Sonne ausgehenden Lichtenergie, die allmählich abkühlte. Als Napoleon ihn fragte, wer all dies geschaffen habe, antwortete er schlicht: *»Je n'avais pas besoin de cette hypothèse-là.«* (»Diese Hypothese [die Annahme eines Schöpfers] brauchte ich nicht.«)

Jahrhundertelang hatten Monotheisten aller drei großen Religionen behauptet, daß Gott nicht einfach ein anderes Wesen sei. Er existierte nicht wie die anderen Phänomene, die wir erfahren. Im Westen waren christliche Theologen jedoch der Gewohnheit verfallen, von Gott zu sprechen, als wäre er wirklich ein existierendes Ding. Sie griffen die neue Wissenschaft auf, um den Gott zu beweisen, als könne er geprüft und analysiert werden wie alles andere auch. Diderot, Holbach und Laplace stellten diesen Versuch auf den Kopf und kamen zu demselben Schluß wie viele Mystiker: Dort draußen gab es nichts. Wenig später verkündeten auch andere Wissenschaftler und Philosophen triumphierend, Gott sei tot.

10

Ist Gott tot?

Anfang des 19. Jahrhunderts war der Atheismus endgültig zu einem zentrales Thema geworden. Die Fortschritte in Wissenschaft und Technik weckten bei vielen Menschen ein ganz neues Gefühl von Autonomie und Unabhängigkeit, und nicht wenige erklärten sich auch als frei von Gott. Denker wie Ludwig Feuerbach, Karl Marx, Charles Darwin, Friedrich Nietzsche und Sigmund Freud entwarfen philosophische Gedankengebäude und wissenschaftliche Interpretationen der Wirklichkeit, in denen für Gott kein Platz mehr war. Gegen Ende dieses Jahrhunderts waren sogar etliche zu der Überzeugung gelangt, daß man als rationaler, emanzipierter Mensch die Pflicht hatte, Gott zu töten, falls er noch nicht tot sein sollte. Das Gottesbild, das im Westen jahrhundertelang Gültigkeit gehabt hatte, erschien nun geradezu gefährlich falsch; offensichtlich hatte das Zeitalter der Vernunft über Jahrhunderte des Aberglaubens und der Bigotterie triumphiert. Aber war es wirklich so? Nun hatte der Westen die Initiative ergriffen, und sein Weg sollte für Juden und Muslime verhängnisvolle Folgen haben. Sie wurden gezwungen, ihre eigene Position neu zu überdenken. Viele der atheistischen Gedankengänge klangen überzeugend. Der anthropomorphe, persönliche Gott der Christen im Westen war angreifbar, entsetzliche Verbrechen waren in seinem Namen begangen worden. Dennoch wurde sein Tod nicht voller Freude als Befreiung begrüßt, sondern löste Zweifel, Furcht und in einigen Fällen schwere Krisen aus. Manche versuchten Gott zu retten, indem sie neue Theologien entwickelten, die ihn von den Zwängen des naturwissenschaftlichen Denkens befreien sollten, aber der Atheismus ließ sich nicht mehr vertreiben.
Es gab allerdings auch eine Gegenreaktion gegen den Kult der

Vernunft. Die Dichter, Romanautoren und Philosophen der romantischen Bewegung empfanden einen radikalen Rationalismus als Einschränkung, da er so wichtige Bereiche des menschlichen Geistes wie die Phantasie und die Intuition außer acht ließ. Einige deuteten die Lehren und Mysterien des Christentums säkular und schufen damit eine neue Theologie ohne Bezug auf eine Wirklichkeit »dort draußen«. Sie übersetzten die alten Themen von Himmel und Hölle, Wiedergeburt und Erlösung in die Sprache der Nach-Aufklärung. Der amerikanische Literaturkritiker M. R. Abrams bezeichnete diese Haltung geistreich als »natural supernaturalism«, was man vielleicht als »natürliche Auslegung des Übernatürlichen« übersetzen könnte.[1] Gemeint war die kreative Phantasie, die eine neue Wahrheit entstehen lassen konnte. Der englische Dichter John Keats (1798–1821) faßte dies in einer Anspielung auf die Geschichte der Erschaffung Evas in Miltons *Paradise Lost* mit den folgenden Worten zusammen: »Die Einbildungskraft kann mit Adams Traum verglichen werden – er erwachte und fand ihn Wirklichkeit geworden.« Miltons Adam hatte von einer noch nicht geschaffenen Wirklichkeit geträumt, und als er erwachte, sah er sie in Gestalt einer Frau leibhaftig vor sich. Im selben Brief bezeichnet Keats die Phantasie als eine heilige Gabe. Er sei nur zweier Dinge sicher und gewiß: »der Heiligkeit der Regungen des Herzens und der Wahrheit der Einbildungskraft – was die Einbildungskraft als Schönheit ergreift, muß Wahrheit sein – ob es nun vorher existierte oder nicht«.[2] Der Verstand spielt in diesem kreativen Prozeß kaum eine Rolle. Keats definierte die von ihm so genannte »Negative Capability« als »die Fähigkeit des Menschen, in Ungewißheiten, Rätseln, Zweifeln zu verweilen, ohne nervöses Verlangen nach Tatsachen und Ursachen«.[3] Wie der Mystiker, so muß auch der Dichter die Vernunft transzendieren und in einer Haltung des stillen Wartens verharren.

Auf ganz ähnliche Weise hatten mittelalterliche Mystiker ihre Gotteserfahrung beschrieben. So nahm für Ibn al-Arabi die Phantasie in den Tiefen des Selbst die ungeschaffene Wirklichkeit auf ihre ganz eigene Weise wahr. Obwohl Keats William Wordsworth (1770–1850), der zusammen mit Samuel Taylor Coleridge (1772–

1834) die romantische Bewegung in England eingeleitet hatte, eher kritisch gegenüberstand, hegten beide Dichter ähnliche Vorstellungen von der Phantasie. Wordsworth pries in seinen besten Gedichten die innige Verbindung und das Zusammenspiel von menschlichem Geist und natürlicher Welt; so werde eine Vision geschaffen, die allem Bedeutung verleihe.[4] Wordsworth war selbst Mystiker, seine Naturerlebnisse ähnelten einer Gotteserfahrung. In seinem Gedicht *Tintern Abbey* schildert er den empfänglichen Geisteszustand, der zu einer ekstatischen Schau der Wirklichkeit führte:

> … die segensvolle Stimmung,
> Wo uns die Bürde der Geheimnisse
> Und wo uns die ermüdend schwere Last
> All dessen, was unfaßbar auf der Erde,
> Erleichtert wird: Die reine hohe Stimmung,
> Wo uns die Liebe sanft und still geleitet,
> Bis, wenn der Odem in des Körpers Hülle,
> Der Pulsschlag selbst in uns zu stocken scheint,
> Den Körper Schlaf umfängt, doch unsre Seele
> Zum Leben erst erwacht und wir mit Augen,
> Die von der Freude und der Harmonien Macht
> Beruhigt sind, ins Sein der Dinge schauen.[5]

Diese Vision entspringt nicht dem Verstand, sondern dem Herzen und dem Gefühl. Die rein analytischen Kräfte des »sich einmischenden Intellekts« konnten nach Wordsworth diese Art der Intuition sogar zerstören. Die Menschen brauchen keine gelehrten Bücher und Theorien, sondern nur eine »weise Passivität« und »ein Herz, das sieht und empfängt«.[6] Am Anfang jeglicher Erkenntnis steht Wordsworth zufolge eine subjektive Erfahrung, allerdings keine unwissende und zügellose, sondern eine »weise«. Auch für Keats war eine Wahrheit erst dann wahr, wenn sie sich am Puls erfühlen ließ und von leidenschaftlichen Empfindungen lebendig ins Herz getragen wurde.

Wordsworth spricht von einem »Geist«, der den natürlichen Phänomenen immanent ist und sich doch gleichzeitig von ihnen unterscheidet:

Dann fühlt ich um mich, was mir selbst die Freude
Erhabnen Denkens störte, hohen Sinn
Von etwas, das ins tiefste Wesen dringt,
Das in dem Licht der Abendsonne wohnt,
Im großen Weltmeer, der belebten Luft,
Ein Antrieb und ein Geist, der alles zwingt,
Was der Gedanke sich als Vorwurf wählt,
Und der durch alle Dinge ewig rollt.[7]

Philosophen wie Hegel entdeckten einen solchen Geist hinter den Ereignissen der Geschichte. Wordsworth war darauf bedacht, eine konventionelle, religiöse Deutung dieser Erfahrung zu vermeiden, obwohl er zu anderen Gelegenheiten, insbesondere im Zusammenhang mit ethischen Fragen, ausgesprochen gerne über Gott redete.[8] Mit dem Gott der Mystiker, den die Reformatoren ablehnten, waren die englischen Protestanten nicht vertraut. Gott sprach durch das Gewissen, das die Menschen zur Pflicht ermahnte; er lenkte ihre Herzenswünsche in die richtige Richtung, hatte jedoch mit der von Wordsworth in der Natur wahrgenommenen »Gegenwart« offensichtlich wenig gemeinsam. Der stets um eine genaue Ausdrucksweise bemühte Wordsworth nannte sie schlicht »Etwas«. Mit diesem Wort, das oft eine genaue Definition ersetzt, konnte Wordsworth jenen Geist beschreiben, dem er als echter, mystischer Agnostiker keinen Namen geben wollte, da er sich in keine der ihm bekannten Kategorien einordnen ließ.
Ein anderer mystischer Dichter dieser Epoche schlug apokalyptische Töne an und verkündete den Tod Gottes. In seinen frühen Gedichten benutzte William Blake (1757–1827) eine dialektische Methode: Begriffe von offensichtlich genau entgegengesetzter Bedeutung wie »Unschuld« und »Erfahrung« enthüllte er als halbwahren Ausdruck einer viel komplexeren Wirklichkeit. Auf diese Weise verwandelte er die ausgewogenen Antithesen, die die Reimpaare der englischen Dichtung im Zeitalter der Vernunft beherrscht hatten, in eine Methode zur Formulierung einer ganz persönlichen, subjektiven Sichtweise. In den *Liedern der Unschuld und Erfahrung* zeigt er auf, daß diese zwei gegensätzlichen Zustände der menschlichen Seele erst durch die Synthese Bedeutung er-

halten: Aus Unschuld muß Erfahrung werden, die Erfahrung wiederum muß erst in die tiefsten Niederungen absinken, bevor die wahre Unschuld wiedererlangt werden kann. Der Dichter wird bei Blake zum Propheten, »der Heute, Einst und Morgen schaut« und der das Heilige Wort vernimmt, das am Anfang der Zeit an die Menschheit gerichtet wurde:

> Wie's ruft die erlöschende Seel,
> Weinend, weinend im Abendtau;
> Wie's Sterne lenkt
> Und will und gedenkt,
> Daß alles, was gefallen, von neuem vertrau.[9]

Wie die Gnostiker und die Kabbalisten beschäftigte Blake die Vorstellung des Gefallenseins. Erst wenn die Menschen sich ihres sündigen Zustandes bewußt werden, ist ihnen wahre Erkenntnis möglich. Wie die frühen Mystiker benutzt auch Blake das Bild eines Sündenfalls als Symbol für einen in unserer irdischen Wirklichkeit ständig zu beobachtenden Prozeß.

Blake wehrte sich gegen das Weltbild der Aufklärer, die die Wahrheit systematisch zu erfassen versuchten. Doch ebenso rebellierte er gegen den Gott der Christen, weil er dazu benutzt worden sei, um Frauen und Männer sich selbst zu entfremden und ihre Menschlichkeit zu beschneiden. Dieser Gott sei geschaffen worden, um unnatürliche Gesetze verkünden zu können, die die Sexualität, die Freiheit und die spontane Freude unterdrückten. In seinem Gedicht »Der Tiger« verspottet Blake die »furchteinflößende Symmetrie« dieses unmenschlichen Gottes, den er fern von der Welt in tiefen Abgründen oder weit entfernten Himmeln vermutet. Der ganz andere Gott, der Schöpfer der Welt, macht in Blakes Gedichten mehrere Veränderungen durch: Gott muß in die Welt fallen und in der Person Jesu sterben.[10] Er verwandelt sich sogar in Satan, den Feind der Welt. Wie die Gnostiker, die Kabbalisten und die ersten Trinitarier stellt sich auch Blake eine *Kenosis* vor, eine Selbstentäußerung der göttlichen Natur Christi, durch die Gott aus seinem einsamen Himmel gefallen und in Menschengestalt auf die Erde gekommen ist. Die autonome Gottheit in ihrer eigenen Welt, die von den Menschen verlangt, sich einem von außen verfügten, heteronomen Gesetz zu unterwerfen, gibt es nicht mehr. Keine menschliche Handlung ist Gott fremd, selbst in der von der Kirche unterdrückten Sexualität manifestiert sich die Passion Jesu. Mit Gottes freiwilligem Tod in Jesu hat der transzendente, entfremdende Gott aufgehört zu existieren. Nach dem endgültigen Tod Gottes wird schließlich das göttliche Gesicht der Menschheit zutage treten:

> Jesus sagte: »Würdest du jemanden lieben, der niemals
> für dich starb, oder jemals für jemanden sterben,
> der nicht schon für dich gestorben ist?
> Und wenn Gott nicht für den Menschen stürbe
> und sich nicht ewig hingäbe
> für den Menschen, dann könnte der Mensch
> nicht existieren. Denn der Mensch ist Liebe,
> so wie Gott Liebe ist: Jede Freundlichkeit
> gegenüber einem anderen ist ein kleiner Tod
> nach göttlichem Vorbild; und doch
> kann der Mensch nur durch Brüderlichkeit leben.[11]

Blake rebellierte gegen die Institution Kirche. Doch einige Theologen versuchten, die Vorstellungen der Romantiker in die offizielle christliche Lehre zu integrieren. Auch sie fanden die Vorstellung von einem fernen, transzendenten Gott gleichzeitig abstoßend und irrelevant und betonten statt dessen die Bedeutung der subjektiven religiösen Erfahrung. 1799, ein Jahr nachdem Wordsworth und Coleridge in England ihre *Lyrical Ballads* (Lyrische Balladen) herausgebracht hatten, veröffentlichte in Deutschland Friedrich Schleiermacher (1768–1834) sein romantisches Manifest mit dem Titel *Über die Religion. Reden an die Gebildeten unter ihren Verächtern.* Dogmen seien keine göttlichen Tatsachen, schrieb er, sondern in der Hauptsache einfach nur »abstrakte Ausdrücke religiöser Anschauungen«.[12] Der religiöse Glaube lasse sich nicht auf die Lehrsätze der Glaubensbekenntnisse beschränken, er setze auch ein gefühlsmäßiges Begreifen und eine innere Hingabe voraus. Das Denken und der Verstand haben für Schleiermacher in der Religion durchaus ihren Platz, doch sie bringen uns nicht allzu weit. Wenn die Grenzen des Verstandes erreicht sind, muß das Gefühl die Reise zum Absoluten fortsetzen. Wenn Schleiermacher von »Gefühl« spricht, meint er damit nicht sentimentale Anwandlungen, sondern eine Intuition, die den Menschen zum Unendlichen hintreibt. Das Gefühl steht nicht im Gegensatz zur Vernunft, sondern ist ein Sprung der Phantasie, der uns über das einzelne hinausführt und uns die Gesamtzusammenhänge erkennen läßt. Das auf diese Weise erlangte Gottesbild entspringt dem Innern des einzelnen Gläubigen und entsteht nicht in der Auseinandersetzung mit objektiven Tatsachen.

Seit Thomas von Aquin hatten die westlichen Theologen die Bedeutung der Rationalität meist überbetont, nach der Reformation verstärkte sich diese Tendenz noch. Schleiermachers romantische Theologie war ein Versuch, das Gleichgewicht zwischen Gefühl und Vernunft wiederherzustellen. Er machte deutlich, daß das Gefühl kein Selbstzweck ist und ohne die Unterstützung des Verstandes die Religion nicht erschöpfend zu erklären vermag. Sowohl der Verstand wie auch das Gefühl weisen über sich selbst hinaus auf eine unbeschreibliche Wirklichkeit. Das Wesen der Religion definierte Schleiermacher als »ein Gefühl der schlechthinigen Abhängigkeit«.[13] Wie wir noch sehen werden, war eine solche Haltung den fortschrittlichen Denkern des 19. Jahrhunderts ein Greuel, jedoch meinte Schleiermacher keine kriecherische Unterwürfigkeit gegenüber Gott. Der Satz bezieht sich im Textzusammenhang auf die tiefe Verehrung, die im Menschen aufsteigt, wenn er über das Mysterium des Lebens nachsinnt. Schleiermachers ehrfurchtsvolle Haltung entspringt der universalen menschlichen Erfahrung des Numinosen. Als die israelitischen Propheten in ihren Visionen mit dem Heiligen konfrontiert wurden, empfanden sie blankes Entsetzen. Romantikern wie Wordsworth flößte jener Geist, dem sie in der Natur begegneten, ehrfürchtige Bewunderung und ein ähnliches Gefühl der Abhängigkeit ein. Später erforschte Schleiermachers berühmter Schüler Rudolf Otto diese Erfahrung in seinem bedeutenden Werk *Das Heilige* und zeigte auf, daß es einem Menschen, wenn er mit dieser Transzendenz konfrontiert wurde, nicht mehr möglich ist, sich weiterhin für das A und O allen Seins zu halten.

Gegen Ende seines Lebens fragte sich Schleiermacher allerdings, ob er die Bedeutung des Gefühls und der Subjektivität nicht vielleicht doch überbetont hatte. Er war sich bewußt, daß das Christentum zunehmend als eine veraltete Religion empfunden wurde, manche christlichen Lehren waren mißverständlich und boten dem neuen Skeptizismus viel Angriffsfläche. So schien beispielsweise die Lehre von der Dreieinigkeit zu besagen, daß es drei Götter gab. Schleiermachers Schüler Albrecht Ritschl (1822–1889) sah darin ein krasses Beispiel für eine Hellenisierung: Durch die Überlagerung mit metaphysischen Vorstellungen aus der griechischen Naturphilosophie, die mit der ursprünglichen christlichen Erfahrung gar nichts zu tun hätten, sei die christliche Botschaft verfälscht worden.[14] Schleiermacher und Ritschl hatten nicht erkannt, daß jede Generation ihr eigenes Gottesbild entwerfen mußte, so wie jeder romantische Dichter die Wahrheit an seinem eigenen Puls spüren mußte. Die griechischen Kirchenväter hatten lediglich versucht, die semitische Gottesvorstellung in ihre eigene Theologie zu integrieren, indem sie sie mit Begriffen aus ihrer eigenen Kultur neu formulierten. In das neue Zeitalter der Technik, das im Westen inzwischen angebrochen war, paßten diese älteren Gottesvorstellungen nicht mehr. Dennoch bestand Schleiermacher bis zum Schluß darauf, daß religiöse Gefühle nicht im Gegensatz zur Vernunft stünden. Auf seinem Sterbebett sagte er: »Ich muß die tiefsten spekulativen Gedanken denken, und die sind mir völlig eins mit den innigsten religiösen Empfindungen.«[15] Alle Gottesvorstellungen waren nutzlos, solange sie nicht vom Gefühl und der persönlichen religiösen Erfahrung intuitiv transformiert wurden.

Im Verlaufe des 19. Jahrhunderts versuchte ein bedeutender Philosoph nach dem anderen, das traditionelle Gottesbild in Frage zu stellen, zumindest das Gottesbild des Westens. Besonders großen Anstoß nahmen sie an der Vorstellung von einer übernatürlichen Gottheit »dort draußen«, die keine objektive Existenz hatte. Wie bereits dargelegt, hatte man Gott im Westen immer mehr zu einem höchsten Wesen gemacht, während andere Monotheisten andere Wege gingen und sich von dieser Art der Theologie abkehrten. Sowohl die Juden als auch die Muslime und die orthodoxen Christen hatten trotz ihrer ansonsten unterschiedlichen Auffassungen darauf bestanden, daß unsere menschlichen Vorstellungen von Gott der unfaßbaren Wirklichkeit niemals gerecht werden könnten und daher als rein symbolische Beschreibungen verstanden werden müßten. Irgendwann ist in jeder Religion einmal gesagt worden, daß Gott treffender als »Nichts« zu beschreiben sei, da »Er« in keinem uns begreifbaren Sinne existiere. Im Verlaufe der Jahrhunderte geriet dieses phantasievolle Gottesbild im Westen jedoch immer mehr aus dem Blickfeld. Sowohl für die Katholiken wie für die Protestanten wurde »Er« ein Sein, eine andere, der uns bekannten Welt hinzugefügte Wirklichkeit, die unser Treiben wie ein himmlischer »Großer Bruder« überwachte. Es ist nicht verwunderlich, daß dieses Gottesbild für viele Menschen in der Zeit nach den großen Revolutionen unannehmbar war, da es sie zu unehrenhafter Unterwürfigkeit und Abhängigkeit verdammte, die mit der Menschenwürde unvereinbar war. Die atheistischen Philosophen des 19. Jahrhunderts rebellierten mit gutem Grund gegen diesen Gott, und ihre Kritik regte viele ihrer Zeitgenossen dazu an, ihrem Beispiel zu folgen. Scheinbar sagten diese Denker etwas vollkommen Neues, tatsächlich wiederholten sie, oft ohne es zu wissen, nur alte Erkenntnisse über Gott, die andere Monotheisten schon lange vor ihnen ausgesprochen hatten.

So entwickelte Georg Wilhelm Friedrich Hegel (1770–1831) eine Philosophie, die in mancher Hinsicht verblüffende Parallelen zur Kabbala aufwies. Darin lag eine gewisse Ironie, denn er betrachtete das Judentum nicht nur als eine niedere Religion, sondern machte es auch für das primitive Gottesbild verantwortlich, das so großen Schaden angerichtet hatte. Für Hegel war der jüdische Gott ein Tyrann, der bedingungslose Unterwerfung unter ein ganz und gar unannehmbares Gesetz forderte. Jesus hatte versucht, die Menschen von dieser unwürdigen Unterwürfigkeit zu befreien, doch die Christen liefen in die gleiche Falle wie die Juden und kultivierten ebenfalls das Bild eines göttlichen Despoten. Nun war es an der Zeit, diese barbarische Gottheit abzuschaffen und sich um eine aufgeklärte Auffassung von der Conditio humana zu bemühen. Hegels auf die Polemik im Alten Testament gestützte krasse Fehleinschätzung der jüdischen Religion war eine neue Form von metaphysischem Antisemitismus. Wie für Kant verkörperte auch für Hegel das Judentum alle Mängel und Unzulänglichkeiten von Religion. In seiner *Phänomenologie des Geistes* (1807) ist Gott nicht mehr der Geist, der der Welt das Leben eingehaucht hat, sondern wieder die konventionelle Gottheit. Wie die Kabbala beschreibt auch Hegel einen Geist, der bereit ist, seine absolute Souveränität aufzugeben und sich der Welt zuzuwenden. Und wie der Gott der Kabbala verwirklicht sich dieser Geist in Abhängigkeit von der Welt und von den Menschen. Hegel wiederholt damit eine alte, auch für das Christentum und den Islam charakteristische monotheistische Auffassung: Gott ist keine zusätzliche, fakultative Wirklichkeit, kein von der irdischen Wirklichkeit abgetrenntes Sein in einer eigenen Welt, sondern auf mannigfaltige Weise mit der Menschheit verbunden. Zur Erläuterung seines Konzeptes benutzt Hegel genau wie Blake eine dialektische Methode und definiert die Menschheit und den Geist, das Endliche und das Unendliche, zu zwei voneinander abhängigen Hälften einer einzigen Wahrheit, die in denselben Prozeß der Selbstverwirklichung eingebunden sind. Anstatt eine ferne Gottheit durch die Einhaltung eines fremden, ungewollten Gesetzes zu besänftigen, erklärt Hegel im Grunde das Göttliche zu einer Dimension unserer Menschlichkeit. Tatsächlich haben Hegels Vorstellungen von der *Kenosis* des Geistes, der sich selbst entäußert, um der Welt immanent zu werden und in ihr menschliche Gestalt anzunehmen, viel mit den von allen drei Religionen entwickelten Vorstellungen von der Menschwerdung Gottes gemeinsam.

Hegel war jedoch nicht nur Romantiker, sondern auch ein Philosoph der Aufklärung und stufte daher die Vernunft höher ein als die Phantasie. Für ihn waren die Vernunft und die Philosophie der Religion überlegen, da letztere der »Vorstellung« (Phantasie) verhaftet blieb. Auch damit gab er unwissentlich Erkenntnisse wieder, die andere schon vor ihm formuliert hatten – in diesem Fall die Faylasufs. Und wie die Faylasufs leitete auch Hegel seine Schlußfolgerungen über das Absolute aus der Arbeitsweise des einzelnen menschlichen Geistes ab, da dieser in einen dialektischen Prozeß eingebunden sei, in dem sich das Ganze widerspiegele.

Arthur Schopenhauer (1789–1860) fand Hegels Philosophie geradezu lächerlich optimistisch. 1819 unterrichtete Schopenhauer ebenfalls an der Berliner Universität und hielt seine Vorlesungen provokativ zur selben Zeit ab wie Hegel. 1819 erschien auch sein Buch *Die Welt als Wille und Vorstellung.* Für Schopenhauer ist in der Welt nichts Absolutes, keine Vernunft, kein Gott und kein Geist am Werk, es gibt nur einen rohen, instinktiven Lebenswillen. Trotz seiner düsteren Weltsicht setzte sich Schopenhauer auch mit religiösen Vorstellungen auseinander. So hatten seiner Meinung nach die Hindus und die Buddhisten (sowie jene Christen, die alles für eitel erklärt hatten) die Wirklichkeit richtig erfaßt, als sie behaupteten, alles in der Welt sei Illusion. Da es keinen erlösenden Gott gibt, können uns nur die Kunst, die Musik und die Disziplin der Entsagung und des Mitgefühls zu einem gewissen Maß an Gemütsruhe führen. Auf das Judentum und den Islam ging Schopenhauer nicht mehr ein; beide Religionen hatten seiner Meinung nach eine absurd vereinfachende und zweckmäßige Auffassung von der Geschichte. Diese Einschätzung erwies sich als prophetisch: Wie wir noch sehen werden, sind etliche Juden und Muslime in unserem Jahrhundert zu der Überzeugung gelangt, daß die traditionelle Vorstellung von der Geschichte als einer Theophanie, die Gott zum Herrn der Geschichte macht, zumindest reformbedürftig ist, viele lehnen sie inzwischen sogar vollkommen ab. Trotzdem stimmt Schopenhauer insofern mit den Juden und den Muslimen überein, als es in seinem Erlösungskonzept ebenfalls jedem einzelnen Menschen überlassen bleibt herauszufinden, welcher tiefere Sinn allem zugrunde liegt. Die Protestanten haben dagegen eine vollkommen andere Auffassung von der Erlösung. Ihr Gott ist absolut souverän, die Menschen können selbst nichts zu ihrer Erlösung beitragen, sondern sind ganz und gar auf eine äußere Gottheit angewiesen.

Die alten Lehren über Gott wurden immer häufiger als fehlerhaft und unzulänglich verdammt. Der dänische Philosoph Sören Kierkegaard (1813–1855) sah in den alten Glaubensbekenntnissen und Lehren Idole, ein reiner Selbstzweck und Ersatz für die unfaßbare Wirklichkeit Gottes. Der wahre christliche Glaube sei ein Sprung aus der Welt; er führe weg von den rückständigen menschlichen Vorstellungen und überkommenen Glaubenshaltungen hinaus ins Unbekannte. Andere wollten die Menschen lieber in dieser

Welt verwurzelt wissen und die Vorstellung von einer großen Alternative beiseite wischen. Der deutsche Philosoph Ludwig Andreas Feuerbach (1804–1872) beschrieb Gott in seinem einflußreichen Buch *Das Wesen des Christentums* (1841) als bloße menschliche Projektion. Die Gottesidee hat uns Feuerbach zufolge unserer eigenen Natur entfremdet, indem sie über unsere menschliche Unzulänglichkeit eine unmögliche Vollkommenheit gesetzt hat. So wurde Gott unendlich, mächtig und heilig, der Mensch hingegen endlich, schwach und sündig. Feuerbach legte seinen Finger auf eine elementare Schwachstelle der westlichen Tradition, die schon viele vor ihm als eine Gefahr im Monotheismus empfunden hatten. Durch eine solche Art von Projektion, die Gott von der Conditio humana abtrennte, wurde er leicht zu einem Idol. Anderen Traditionen war es auf unterschiedliche Weise gelungen, diese Klippe zu überwinden, doch im Westen war das Gottesbild leider tatsächlich immer mehr externalisiert worden, und das hatte eine sehr negative Bewertung der menschlichen Natur zur Folge. Anders als zum Beispiel in der griechisch-orthodoxen Theologie wurden in der westlichen Religion seit Augustinus stets die Schuld und die Sünde betont, das Ringen und die Anstrengung. Es überrascht daher nicht, daß Philosophen mit einem positiveren Menschenbild wie Feuerbach oder Auguste Comte (1775–1857) diesen Gott loswerden wollten, der in der Vergangenheit das Selbstvertrauen vieler westlicher Christen untergraben hatte.

Atheismus war immer die Ablehnung der gerade gültigen Gottesvorstellung. So hatte man auch die Juden und die Christen »Atheisten« genannt, weil sie die damals herrschenden heidnischen Vorstellungen von Göttlichkeit nicht übernahmen; dabei glaubten sie sehr wohl an einen Gott. Die neuen Atheisten des 19. Jahrhunderts kritisierten nur das im Westen verbreitete Gottesbild und keineswegs alle Vorstellungen von Gott. So ist nach Karl Marx (1818–1885) die Religion »der Seufzer der bedrängten Kreatur ... Sie ist das Opium des Volks.«[16] Trotz seines stark in der jüdisch-christlichen Tradition verwurzelten eschatologischen Geschichtsbildes lehnte er Gott als irrelevant ab. Da es außerhalb des geschichtlichen Prozesses keinen Sinn, keinen Wert und kein Ziel gab, konnte die Gottesidee den Menschen nicht weiterhelfen. Der Atheismus, die Verleugnung Gottes, war gleichermaßen Zeitverschwendung. Doch bot die Gottesidee der marxistischen Kritik reichlich Angriffsfläche, da Gott von den wohlhabenderen Schichten der Gesellschaft oft dazu benutzt wurde, eine soziale Ordnung zu rechtfertigen, in der der reiche Mann zufrieden in seinem Haus saß und der Arme davor. Das ließ sich freilich nicht von allen monotheistischen Religionen sagen. Ein Gott, der soziale Ungerechtigkeit duldete, hätte Amos, Jesaja und Mohammed entsetzt. Ihren Gottesvorstellungen lagen ganz andere Ziele zugrunde, die in mancherlei Hinsicht dem marxistischen Ideal recht nahe kamen.

Da viele Christen die Bibel und das, was darin über Gott gesagt ist, wörtlich auffaßten, konnten die wissenschaftlichen Erkenntnisse jener Zeit ihren Glauben leicht in Frage stellen. Charles Lyells Werk *Principles of Geology* (Prinzipien der Geologie, 1830–1833), das die riesigen Dimensionen der erdgeschichtlichen Zeit enthüllte, und Charles Darwins Abhandlung über *Die Entstehung der Arten durch natürliche Zuchtwahl,* in der die Evolutionstheorie entwickelt wurde, widersprachen offensichtlich dem Schöpfungsbericht der Bibel. Seit Newton spielte die Schöpfung eine zentrale Rolle im Gottesverständnis vieler westlicher Christen. Sie hatten inzwischen vollkommen vergessen, daß die biblische Schöpfungsgeschichte nicht als ein Tatsachenbericht über die physischen Ursprünge des Universums zu verstehen war. Tatsächlich war die Lehre von der Schöpfung *ex nihilo* lange umstritten und wurde erst relativ spät in die jüdische und die christliche Religion integriert. Im Islam ist es vollkommen selbstverständlich, daß Allah die Welt geschaffen hat. Wie das geschah, wird nicht im einzelnen erörtert, da die Lehre von der Schöpfung, wie jede andere Aussage des Korans über Gott, nur als eine »Parabel« beziehungsweise als ein Zeichen oder ein Symbol gilt. Monotheisten aller drei Religionen haben die Schöpfungsgeschichte im besten Sinne des Wortes als einen Mythos betrachtet, als einen symbolischen Bericht, der es den Menschen ermöglichte, eine ganz eigene religiöse Haltung zu entwickeln. Einige Juden und Muslime hatten sich bewußt um symbolische Auslegungen bemüht, die radikal von der wörtlichen Bedeutung abwichen. Im Westen neigte man jedoch dazu, sämtliche Aussagen der Bibel als Tatsachen aufzufassen. Viele machten Gott inzwischen im buchstäblichen und physischen Sinne für alles verantwortlich, was auf der Erde geschah, als würde er auf genau dieselbe Weise wie wir Menschen Dinge tun und Ereignisse auslösen.

Etliche Christen erkannten jedoch sofort, daß Darwins Erkenntnisse der Religion von Gott keineswegs den Todesstoß versetzten. Der christlichen Religion ist es inzwischen im wesentlichen gelungen, sich mit der Evolutionstheorie zu arrangieren. Die Juden und die Muslime waren von den neuen wissenschaftlichen Entdeckungen über die Ursprünge des Lebens sowieso nie ernsthaft beunruhigt gewesen, ihre religiösen Probleme hatten, ganz allgemein gesprochen, andere Ursachen. Es trifft allerdings zu, daß die im Westen immer stärker ausgeprägte säkulare Weltsicht zwangsläufig auch Angehörige anderer Religionen beeinflußte. Das buchstabengläubige Gottesbild ist nach wie vor weit verbreitet, außerdem sind in der westlichen Welt viele Menschen unterschiedlichster Überzeugung sich einig, daß die moderne Kosmologie der Gottesidee einen tödlichen Schlag versetzt hat.

Die Geschichte hat gezeigt, daß die Menschen ein Gottesbild dann verwerfen, wenn es für sie unbrauchbar geworden ist. Manchmal geschah dies in Form eines wütenden Bildersturms; so rissen zum Beispiel die alten Israeliten die Schreine der Kanaaniter nieder, und die Propheten polemisierten gegen die Götter ihrer heidnischen Nachbarn. Im Jahre 1882 griff Friedrich Nietzsche zu einer ähnlich rüden Taktik und erklärte, »Gott ist tot«. Angekündigt hatte er dieses umwälzende Ereignis bereits in seiner Parabel vom tollen Menschen, der am hellen Vormittag auf den Markt läuft und schreit: »Ich suche Gott! Ich suche Gott!« Einige hochnäsige Leute, die auf dem Platz herumstehen, fragen ihn, wo Gott seiner Meinung nach hingegangen sein könnte, ob er etwa weggelaufen sei oder gar ausgewandert. Der tolle Mensch durchbohrt sie mit seinen Blicken. »Wohin ist Gott?« ruft er. »Ich will es euch sagen! Wir haben ihn getötet – ihr und ich! Wir alle sind seine Mörder!« Ein unvorstellbares, aber nicht mehr rückgängig zu machendes Ereignis hat die Menschheit entwurzelt, die Erde aus ihrer Bahn geworfen und in ein wegloses Universum geschleudert. Alles, woran die Menschen sich zuvor orientieren konnten, ist nun auf einmal verschwunden. Der Tod Gottes löst eine Verzweiflung und Panik ohnegleichen aus. »Gibt es noch ein Oben und ein Unten?« schreit der tolle Mensch in seiner Qual. »Irren wir nicht wie durch ein unendliches Nichts?«[17]

Nietzsche hatte begriffen, daß sich im Bewußtsein des Westens eine radikale Veränderung vollzogen hatte, die es zunehmend schwieriger machen würde, an das Phänomen zu glauben, das die meisten Menschen »Gott« nannten. Angesichts der Erkenntnisse der Wissenschaft war es nicht mehr möglich, die Schöpfungsgeschichte wörtlich auszulegen. Die neuen Einsichten zeigten den Menschen eine Fülle von Möglichkeiten auf und verliehen ihnen Macht, so daß die Vorstellung von einem göttlichen Aufseher unannehmbar erschien. Die Menschen fühlten sich an der Schwelle zu einem neuen Zeitalter. Nietzsches Verrückter bestand darauf, daß der Tod Gottes eine neue, höhere Phase der menschlichen Geschichte einleiten würde. Um den Gottesmord zu rechtfertigen, mußten die Menschen selbst zu Göttern werden. In *Also sprach Zarathustra* (1883) verkündete Nietzsche die Geburt eines Übermenschen, der an die Stelle Gottes treten würde; der neue, aufgeklärte Mensch würde den alten christlichen Werten den Krieg erklären, die niedrigen Sitten des Pöbels zertreten und eine neue, starke Menschheit ankündigen, die frei wäre von den schwächlichen christlichen Tugenden wie Liebe und Mitleid. Nietzsche griff auf den in Religionen wie dem Buddhismus zu findenden alten Mythos von der ständigen Wiederkehr und Wiedergeburt zurück. Nun, da Gott tot war, konnte die Welt seinen Platz einnehmen und selbst zum höchsten Wert werden. Alles, was geht, kommt wieder zurück; alles, was stirbt, blüht erneut, und alles Zerbrochene wird neu zusammengefügt. Unsere Welt kann dann als ewig und göttlich verehrt werden, Attribute, die einst nur dem fernen, transzendenten Gott zugeschrieben wurden.

Nietzsche lehrte, daß der christliche Gott erbarmungswürdig, absurd und »ein Verbrechen am Leben« sei.[18] Er hätte die Menschen dazu gebracht, ihre Körper, ihre Leidenschaften und ihre Sexualität zu fürchten, und eine wehleidige Moral des Mitgefühls gefördert, die die Menschheit geschwächt habe. Es gebe keinen tieferen Sinn

oder höheren Wert, und kein Mensch habe das Recht, mit »Gott«
eine gefällige Alternative anzubieten. Es muß noch einmal betont
werden, daß der westliche Gott in dieser Hinsicht durchaus angreifbar war. In seinem Namen hatte man eine lebensverneinende
Askese gepredigt, die die Menschen sich selbst entfremdete, ihre
Menschlichkeit beschnitt und ihre sexuellen Regungen unterdrückte. Man hatte ihn als einfaches Allheilmittel und als eine Alternative zum irdischen Leben dargestellt.

Sigmund Freud (1856–1939) hielt den Glauben an Gott für eine
Illusion, der sich reife, erwachsene Menschen entledigen sollten.
Gott war für ihn keine Lüge, sondern ein Kunstgriff des Unbewußten, der durch die Psychologie enträtselt werden mußte. Ein
persönlicher Gott war lediglich eine überhöhte Vaterfigur. Das
Bedürfnis nach einer solchen Gottheit entsprang Freuds Meinung
der kindlichen Sehnsüchte nach einem mächtigen, beschützenden
Vater, der dafür sorgen sollte, daß es im Leben gerecht zuging
und daß das Leben nie aufhörte. Gott war eine Projektion dieser
Wünsche. Die Menschen fürchteten und verehrten ihn aus einem
ständigen Gefühl der Hilflosigkeit heraus. Die Religion gehörte in
die Kindheit der menschlichen Rasse. Als eine notwendige Ent-
wicklungsphase erleichterte sie den Übergang ins Erwachsensein
und förderte ethische Werte, die für die Gesellschaft von grundlegender Bedeutung waren. Nun, da die Menschheit längst erwachsen war, war es an der Zeit, die Religion aufzugeben. Die
Wissenschaft konnte als neuer Logos Gottes Platz einnehmen, die
neue Grundlage der Moral bilden und uns helfen, unseren Ängsten entgegenzutreten. Freuds enthusiastischer Glaube an die Wissenschaft hatte fast schon religiöse Züge: »Nein, unsere Wissenschaft ist keine Illusion! Eine Illusion aber wäre es zu glauben,
daß wir anderswoher bekommen könnten, was sie uns nicht geben kann.«[19]

Nicht alle Psychoanalytiker stimmten Freuds Auffassung von
Gott zu. Alfred Adler (1870–1937) räumte zwar ein, daß Gott
eine Illusion sei, doch diese Illusion habe den Menschen sehr
geholfen; sie sei ein brillantes und wirkungsvolles Symbol für
Großartigkeit gewesen. Der Gott von C. G. Jung (1875–1961)
ähnelte dem Gott der Mystiker, er war eine psychologische Wahr-

heit, die von jedem einzelnen subjektiv erfahren wurde. Als John Freeman Jung in dem berühmten Interview *Von Angesicht zu Angesicht* die Frage stellte, ob er an Gott glaube, antwortete dieser emphatisch: »Ich brauche nicht zu glauben, ich weiß es!« Jungs unerschütterliche Überzeugung macht deutlich, daß ein subjektiver Gott, der auf geheimnisvolle Weise in den Tiefen des Selbst mit dem Daseinsgrund identifiziert wurde, die Psychoanalyse überleben konnte – im Gegensatz zu einer mehr personalen, anthropomorphen Gottheit, die tatsächlich einen Zustand der Unreife fixieren konnte.

Wie viele andere Menschen in Europa war Freud sich dieses internalisierten subjektiven Gottes anscheinend gar nicht bewußt. Dennoch äußerte er die richtige Einsicht, daß jeder Versuch, die Religion einfach abzuschaffen, gefährlich sei. Man müsse den Menschen die Zeit lassen, Gott dann abzulegen, wenn sie dafür reif seien. Wenn man ihnen den Atheismus oder eine säkulare Weltsicht aufzwinge, bevor dieser Entwicklungsprozeß abgeschlossen sei, könne dies zu einer ungesunden Verleugnung oder Verdrängung führen.

Wie bereits dargelegt, kann Bilderstürmerei einer unterschwelligen Angst und einer Projektion unserer eigenen Ängste auf einen »anderen« entspringen. Anzeichen dafür waren bei manchen Atheisten, die Gott abschaffen wollten, deutlich erkennbar. So kam zum Beispiel Schopenhauer, obwohl er sich so sehr für eine Ethik des Mitleids einsetzte, mit anderen Menschen gar nicht zurecht und entwickelte sich zu einem Einsiedler. Seine einzige Gesellschaft war sein Pudel Atman. Nietzsche war im Gegensatz zu seinem Übermenschen ein zartfühlender, einsamer Mann mit labiler Gesundheit und endete schließlich im Wahnsinn. Seine enthusiastische Prosa mag den Eindruck erwecken, daß er Gott mit Freuden aufgab, doch das war nicht der Fall. In *Also sprach Zarathustra* läßt er den »Büßer des Geistes« zu Gott flehen:

Nein! Komm zurück,
Mit allen deinen Martern!
Zum Letzten aller Einsamen
O komm zurück!

492

All meine Tränenbäche laufen
Zu dir den Lauf!
Und meine letzte Herzensflamme –
Dir glüht sie auf!
O komm zurück,
Mein unbekannter Gott! Mein Schmerz! Mein letztes – Glück![20]

Nietzsches Theorien wurden ebenso wie die von Hegel von Deutschen einer späteren Generation dazu benutzt, die nationalsozialistische Politik zu rechtfertigen. Dies zeigt erneut, daß eine atheistische Ideologie zu ebenso grausamen Kreuzzügen anstacheln kann wie der Glaube an Gott.

Gott war im Westen stets mit der Vorstellung von einem unablässigen Ringen verbunden gewesen. Seine Abschaffung kostete jedoch ebenfalls viel Kraft und löste Furcht und ein Gefühl der Verlassenheit aus. So schreckte Alfred Lord Tennyson, der große viktorianische Dichter des Zweifels, in seiner Elegie *In Memoriam* entsetzt vor der Idee einer ziellosen, gleichgültigen und erbarmungslosen Natur zurück. Das 1850, neun Jahre vor Darwins *Entstehung der Arten*, veröffentlichte Gedicht zeigt, daß Tennyson bereits seinen Glauben schwinden fühlte und sich dadurch fühlte wie

ein Kind, das in der Nacht weint;
ein Kind, das nach dem Licht ruft;
ein Kind, dessen einzige Sprache ein Schrei ist.[21]

Matthew Arnold klagte in *Dover Beach* darüber, daß die Menschheit in einer dunklen, flachen Landschaft umherirre, seit das Meer des Glaubens unerbittlich zurückgewichen sei. Der Zweifel und das Entsetzen hatten inzwischen auch auf die orthodoxe Welt übergegriffen; die Infragestellung Gottes führte dort jedoch nicht zu der gleichen Skepsis wie im Westen, sondern eher zu einer Verneinung jeglichen tieferen Sinns. Fjodor Dostojewski, dessen Roman *Die Brüder Karamasow* (1880) im Grunde den Tod Gottes beschreibt, schilderte im März 1854 in einem Brief an eine Freundin seinen Konflikt zwischen Glauben und Religion:

Von mir will ich Ihnen sagen, ich bin ein Kind des Jahrhunderts, ein Kind des Unglaubens und Zweifels, bis zu diesem Moment und (ich weiß es) bis an mein Grab. Welch ungeheure Qual bereitete und bereitet mir mein Durst nach Glauben, der in meiner Seele desto größer wird, je mehr Gegenargumente ich in mir finde.[22]

Ähnlich ambivalent ist auch sein Werk. Iwan, der nach den Aussagen der anderen Figuren des Romans Atheist ist (und dem der inzwischen berühmt gewordene Satz zugeschrieben wird: »Wenn Gott nicht existiert, dann ist alles erlaubt«), sagt unmißverständlich, daß er an Gott glaubt. Dennoch findet er diesen Gott unannehmbar, weil er der Tragödie des Lebens keinen tieferen Sinn zu verleihen vermag. Der Grund für Iwans Glaubenskonflikt ist nicht die Evolutionstheorie, sondern das Leiden der Menschheit in der Geschichte: Allein der Tod eines einzigen Kindes ist seiner Meinung nach schon ein zu hoher Preis für die religiöse Aussicht, daß alles irgendwann ein gutes Ende nehmen wird. Wie wir in diesem Kapitel noch sehen werden, gelangten die Juden zu einer ähnlichen Auffassung. In Dostojewskis Roman gibt sogar der heilige Aljoscha zu, daß er nicht an Gott glaubt – ein Eingeständnis, das anscheinend aus einem unbekannten Winkel seines Unbewußten hervorbricht und völlig unbeabsichtigt über seine Lippen kommt. Ambivalenz und ein unbestimmtes Gefühl des Verlorenseins ziehen sich bis heute durch die gesamte Literatur, man denke nur an das Bild vom wüsten Land oder an das Warten der Menschheit auf einen Godot, der nie kommt.

In der muslimischen Welt war ein Unbehagen ganz ähnlicher Art spürbar, das allerdings andere Ursachen hatte. Gegen Ende des 19. Jahrhunderts stand Europas kulturelles »Sendungsbewußtsein« in voller Blüte. Im Jahr 1830 besetzten die Franzosen Algier, 1839 wurde Aden britische Kolonie. Im Laufe der folgenden Jahrzehnte eroberten Briten und Franzosen Tunesien (1881), Ägypten (1882), den Sudan (1898) sowie Libyen und Marokko (1912). 1920 teilten Großbritannien und Frankreich den in Protektorate und Mandatsgebiete aufgesplitterten Nahen Osten unter sich auf. Da die Europäer das gesamte 19. Jahrhundert hindurch im Namen des Fortschritts ihre kulturelle und wirtschaftliche Vormachtstellung in dieser Region ausgebaut hatten, war der Kolonisationsplan lediglich der offizielle Ausdruck einer schon lange zuvor in Gang gekommenen, schleichenden Europäisierung. Das industrialisierte Europa war zu einer Weltmacht geworden. Lange bevor die Türkei und der Mittlere Osten offiziell unter westlicher Herrschaft standen, waren dort Handelsniederlassungen und Konsulate errichtet und die traditionellen Infrastrukturen und Lebensformen mehr und mehr zerstört worden. Diese Art der Kolonisation war vollkommen neu. Bei der Eroberung Indiens durch die Mogule hatten die Hindus zwar viele Elemente der muslimischen Kultur übernommen, doch lebte ihre eigene Kultur später wieder auf. Die neue Kolonialordnung hingegen veränderte das Leben der Völker auf Dauer, da sie von ihren Kolonialherrn abhängig wurden.

Die kolonisierten Länder waren nicht mehr in der Lage, sich weiterzuentwickeln. Die alten Institutionen funktionierten nicht mehr, zudem war die muslimische Gesellschaft inzwischen in zwei Lager gespalten: in die »Europäisierten« und die »Anderen«. Einige Muslime hatten inzwischen das europäische Bild vom »Orientalen« übernommen, bei dem es keinen Unterschied gab zwischen Muslimen, Hindus und Chinesen, und sie schauten verächtlich auf ihre traditioneller gesinnten Landsleute herab. Der persische Schah Nasiruddin (1848–1896) sagte oft, daß er seine Untertanen verachte. Aus Ländern mit einer einstmals lebendigen, intakten und eigenständigen Kultur war ein Block abhängiger Staaten geworden, die schlechte Imitation einer fremden Welt. Erfindungsgeist war der Motor des Modernisierungsprozesses in Europa und in den Vereinigten Staaten gewesen, durch bloße Nachahmung ließen sich derartige Fortschritte nicht erzielen. So weisen heute Anthropologen, die sich mit »modernisierten« Ländern in der arabischen Welt beschäftigen, darauf hin, daß zum Beispiel die Architektur und der Aufbau einer Stadt wie Kairo eher Unterdrückung widerspiegeln als Fortschritt.[23]

Die Europäer indessen kamen im Laufe des 19. Jahrhunderts zu der Überzeugung, daß sich die Überlegenheit ihrer Kultur nicht erst jetzt herausgestellt hatte, sondern daß sie schon immer die Vorreiter des Fortschritts gewesen waren. Sie legten oft eine bemerkenswerte

Unkenntnis der Weltgeschichte an den Tag. Die Inder, die Ägypter und die Syrer mußten nach westlicher Auffassung zu ihrem eigenen Besten europäisiert werden. Lord Alfred Cromer, von 1883 bis 1907 Generalkonsul von Ägypten, gibt in seiner Beschreibung Ägyptens die Haltung der Kolonialherren sehr deutlich wieder:

> Sir Alfred Lyall sagte einmal zu mir: »Genauigkeit ist dem orientalischen Geiste zuwider. Jeder anglo-indische Beamte sollte stets dieser Maxime eingedenk sein.« Mangel an Genauigkeit, der leicht zu Mangel an Wahrhaftigkeit entartet, ist in der Tat das Hauptcharakteristische des orientalischen Geistes.
>
> Der Europäer ist ein scharfer Denker; seine Darstellung der Tatsachen birgt keinen Doppelsinn in sich; er ist von Natur ein Logiker, wenn er auch vielleicht Logik nicht studiert hat; er liebt Ebenmaß in allen Dingen; er ist von Natur skeptisch und verlangt Beweise, ehe er eine Behauptung als wahr anerkennen kann; sein geschulter Verstand arbeitet wie eine Maschine. Der Geist des Orientalen andererseits entbehrt wie seine malerischen Straßen des Ebenmaßes. Seine Gedankenfolge ist unordentlicher Art. Obwohl die alten Araber sich bis zu einem ziemlich hohen Grade die Wissenschaft der Dialektik aneigneten, sind ihre Nachkommen auffallend mangelhaft in bezug auf Logik begabt. Sie sind oft nicht imstande, die klarsten Schlußfolgerungen aus einfachen Voraussetzungen, deren Wahrheit sie zugeben, zu ziehen.[24]

Eines der Probleme, das die Kolonialherren zu überwinden hatten, war der Islam. Das zur Zeit der Kreuzzüge von den Christen entwickelte negative Bild des Propheten Mohammed und seiner Religion lebte in Europa ebenso weiter wie der Antisemitismus. Während der Kolonialzeit betrachtete man den Islam als eine fatalistische Religion, die sich grundsätzlich jedem Fortschritt widersetzte. So wischte Lord Cromer zum Beispiel alle Bemühungen des ägyptischen Reformers Muhammad Abduh mit dem Argument beiseite, der Islam sei gar nicht in der Lage, sich selbst zu reformieren.

Den Muslimen blieb wenig Zeit und Kraft, ihr traditionelles Gottesbild weiterzuentwickeln, da sie inzwischen voll und ganz damit beschäftigt waren, den Westen einzuholen. Einige sahen im säkularisierten Denken des Westens die Antwort, jedoch mußten die meisten Vorstellungen, die der Westen als positiv und belebend empfand, der islamischen Welt fremd bleiben, da sie nicht zur gegebenen Zeit aus den islamischen Traditionen heraus entstanden waren. Während man im Westen »Gott« als die Quelle der Selbstentfremdung betrachtete, beraubte in der muslimischen Welt der Kolonisationsprozeß die Menschen ihrer Identität. Von den Wurzeln ihrer eigenen Kultur abgeschnitten, fühlten sich die Muslime vollkommen orientierungslos und verloren. Einige muslimische Reformer versuchten, den Fortschritt zu beschleunigen, indem sie den Islam mit aller Gewalt zurückdrängten. Ihre Bemühungen hatten nicht den erhofften Erfolg. Der später als Kemal Atatürk bekannt gewordene Mustafa Kemal (1881–1938) wollte den neuen türkischen Nationalstaat, der nach der Zerschlagung des Osmanenreiches im Jahre 1917 entstanden war, in ein westliches Land verwandeln. Er trennte den Islam vom Staat und erklärte die Religion zur Privatsache. Die Sufi-Orden wurden aufgelöst, ihre Mitglieder gingen in den Untergrund. Die Islamschulen (Madrasa) wurden geschlossen, die muslimischen Geistlichen (Ulema) wurden nicht mehr vom Staat ausgebildet. Ein symbolischer Ausdruck der Säkularisierungspolitik war die Abschaffung des Fes, an dem man bisher die religiöse Klasse des Trägers erkennen konnte. Gleichzeitig war diese Maßnahme auch ein psychologischer Versuch, die Menschen in eine westliche Uniform zu zwängen: Wer statt des Fes einen Hut aufsetzte, verwandelte sich dadurch gewissermaßen in einen Europäer. Schah Reza Khan, der von 1925 bis 1941 im Iran herrschte, bewunderte Atatürk und betrieb eine ganz ähnliche Politik: Er schaffte den Schleier ab, zwang die Mullahs, daß sie sich rasierten und statt des traditionellen Turbans das Käppi trugen, und verbot die traditionellen Feierlichkeiten zu Ehren des schiitischen Imams und des Märtyrers Husain.

Freud hatte richtig erkannt, daß die gewaltsame Unterdrückung der Religion zerstörerische Folgen haben würde. Die Religion ist wie die Sexualität ein menschliches Bedürfnis, das jeden Bereich des Lebens beeinflußt. Wenn sie unterdrückt wird, führt das zu ähnlich explosiven und destruktiven Reaktionen wie jede strenge sexuelle

Repression. Die Muslime beobachteten die Vorgänge in der neuen Türkei und im Iran mit einer Mischung aus Mißtrauen und Faszination. Im Verlaufe der persischen Geschichte hatten die Mullahs sich schon oft im Namen des Volkes gegen ihren Schah aufgelehnt, manchmal sogar mit außergewöhnlichem Erfolg. Als der Schah 1872 das Monopol für die Herstellung, den Verkauf und die Ausfuhr von Tabak an die Briten verkaufte und damit die iranischen Tabakhersteller ihrer Lebensgrundlage beraubte, verkündeten die Mullahs eine *fatwa* und verboten den Persern das Rauchen. Schließlich mußte der Schah den Briten die Konzession wieder entziehen. Die heilige Stadt Qom wurde zur Bastion gegen das despotische Regime in Teheran, das mit drakonischen Maßnahmen gegen den Islam vorging. So wie die Menschen auf einen unzulänglichen Theismus schnell mit einer völligen Ablehnung Gottes reagieren, kann umgekehrt jede Unterdrückung der Religion einen extremen Fundamentalismus fördern. In der Türkei führte die Schließung der Madrasa zwangsläufig zu einem Autoritätsverlust der Ulemas. Dadurch verlor das gebildete, sachliche und verantwortungsbewußte Element im Islam so sehr an Bedeutung, daß zuletzt nur noch einige extravagante Ausprägungen des im Untergrund weiterbestehenden Sufismus als einzige Religionsformen übrigblieben.

Andere Reformer hielten eine gewaltsame Unterdrückung der Religion für die falsche Lösung. Der Islam sei durch den Kontakt mit anderen Kulturen immer bereichert worden, zudem spiele die Religion bei der tiefgreifenden, langfristigen Reform der Gesellschaft eine wichtige Rolle. Vieles müsse sich ändern, manche Vorstellungen seien tatsächlich inzwischen überholt, außerdem seien Aberglauben und Unwissenheit weit verbreitet. Trotz allem aber habe der Islam den Menschen stets wichtige Erkenntnisse vermittelt, und wenn man zulasse, daß ihm Schaden zugefügt werde, werde das geistige Wohlergehen von Muslimen auf der ganzen Welt beeinträchtigt. Die muslimischen Reformer waren dem Westen nicht feindlich gesinnt. Für sie entsprachen die westlichen Ideale Gleichheit, Freiheit und Brüderlichkeit durchaus dem Geist des Islam. Der Islam repräsentierte ihrer Meinung nach dieselben Werte wie die jüdisch-christliche Religion, die Europa und die Vereinigten Staaten so entscheidend geprägt hatte. Die Modernisierung der westlichen

Gesellschaft hatte in mancher Hinsicht eine neue Form von Gleichheit geschaffen, daher erzählten die Reformer ihrem Volk, daß die Christen offenkundig ein besseres islamisches Leben führten als die Muslime selbst. Diese neue Begegnung mit Europa rief viel Begeisterung und Aufregung hervor. Wohlhabende Muslime studierten in Europa und sogen neben Philosophie und Literatur europäische Ideale regelrecht auf. Nach ihrer Rückkehr in die Heimat brannten sie darauf, ihre Landsleute an ihren Erfahrungen und Erkenntnissen teilhaben zu lassen. Zu Beginn des 20. Jahrhunderts bewunderte fast jeder muslimische Intellektuelle den Westen. Die Reformer waren zwar auch Intellektuelle, aber die meisten von ihnen bekannten sich gleichzeitig zu irgendeiner Form islamischer Mystik. Sie wandten sich besonders den intelligenteren und phantasievolleren Formen des Sufismus und der Israqi-Mystik zu, die den Muslimen auch früher schon in Krisenzeiten geholfen hatten. Die Gotteserfahrung war nichts Hemmendes, sondern eine Kraft, die die Menschen in einer sehr tiefen Schicht veränderte und auf diese Weise auch den Übergang ins moderne Zeitalter beschleunigen konnte. So war der iranische Reformer Jamal ad-Din al-Afghani (1839–1889) zugleich ein Anhänger von Suhrawardis Israqi-Mystik und ein leidenschaftlicher Befürworter der Modernisierung. Auf seinen Reisen durch den Iran, Afghanistan, Ägypten und Indien versuchte al-Afghani mit Erfolg, die Identität seiner jeweiligen Gesprächspartner anzunehmen. So präsentierte er sich den Sunniten als ein Sunnit und den Schiiten als ein schiitischer Märtyrer, während er vor anderen Gruppen als Revolutionär, Religionsphilosoph oder Parlamentarier auftrat. Durch Übungen der Israqi-Mystik können sich Muslime in einen Zustand versetzen, in dem sie mit ihrer jeweiligen Umgebung eins werden und von allen Grenzen im Selbst befreit sind. Al-Afghanis Verwegenheit und seine Fähigkeit, unterschiedliche Rollen anzunehmen, wurden später mit dieser das Selbst erweiternden, mystischen Disziplin in Verbindung gebracht.[25] Al-Afghani hielt die Religion für unverzichtbar, aber auch für reformbedürftig. Obwohl er nicht nur ein überzeugter, sondern ein wirklich leidenschaftlicher Theist war, ging er in seinem einzigen Buch *Die Widerlegung der Materialisten* kaum auf Gott ein. Da er sehr wohl wußte, daß der Westen die Vernunft schätzte und den Islam und die Orientalen für irrational hielt, versuchte er, den Islam als eine Religion zu beschreiben, die sich durch einen bedingungslosen Kult der Vernunft auszeichne. Selbst Rationalisten wie die Mutailiten hätten diese Beschreibung ihrer Religion mit Sicherheit befremdlich gefunden. Da al-Afghani jedoch mehr politischer Aktivist war als Philosoph, lassen sich sein Lebensweg und seine Überzeugungen anhand dieses einen literarischen Versuchs nicht beurteilen. Die Tatsache, daß er so sehr darauf bedacht war, den Islam als eine in jeder Hinsicht dem vermeintlichen Ideal des Westens entsprechende Religion darzustellen, zeigt, wie wenig selbstbewußt die Muslime zu jener Zeit waren. Es dauerte nicht lange, und die zerstörerischen Folgen dieser Haltung wurden deutlich.

Muhammad Abduh (1849–1905), der ägyptische Schüler al-Afghanis, verfolgte eine andere Strategie. Er beschloß, sein Wirken auf Ägypten zu beschränken und sich auf die intellektuelle Ausbildung der dortigen Muslime zu konzentrieren. Er hatte eine traditionelle islamische Erziehung genossen, dabei hatte der Sufi-Scheich Darwish recht großen Einfluß auf ihn ausgeübt. Darwish lehrte ihn, daß die Wissenschaft und die Philosophie die beiden sichersten Wege zur Gotteserkenntnis seien. Als Abduh dann an der hochangesehenen Ashar-Moschee in Kairo zu studieren begann, war er von deren veraltetem Lehrplan rasch enttäuscht. Um so stärker angezogen fühlte er sich von al-Afghani, der ihn in Theologie, Logik, Astronomie, Physik und Mystik unterrichtete. Während einige Christen im Westen die Wissenschaft als Feindin des Glaubens betrachteten, hatten die muslimischen Mystiker die Mathematik und die Wissenschaft schon früher oft als Einstieg in die Kontemplation benutzt. Heute sind besonders die Muslime der radikalen mystischen Sekten der Schia, zum Beispiel die Drusen oder die Alawiten, an der modernen Wissenschaft interessiert. In der islamischen Welt hegt man zwar ernsthafte Bedenken gegen die westliche Politik, jedoch sehen nur wenige Muslime einen Widerspruch zwischen ihrem Glauben an Gott und der westlichen Wissenschaft.

Abduh war hellauf begeistert, als er mit der westlichen Kultur in Berührung kam. Comte und Tolstoi übten besonders großen Einfluß auf ihn aus, mit Herbert Spencer war er sogar persönlich befreundet. Er übernahm nie ganz und gar den westlichen Lebensstil, reiste jedoch mit Vergnügen regelmäßig nach Europa und holte sich dort intellektuelle Anregungen. Dies bedeutete keineswegs, daß er den Islam aufgab – ganz im Gegenteil. Wie alle anderen Reformer wollte auch Abduh zu den Wurzeln seines Glaubens zurückkehren. Er forderte eine Rückbesinnung auf den Geist des Propheten und die ersten vier rechtgeleiteten Kalifen *(rashidun)*, lehnte jedoch im Gegensatz zu den Fundamentalisten nicht alles Moderne ab. Er bestand vielmehr darauf, daß die Muslime die Wissenschaften, die Technik und die westliche Philosophie studieren müßten, damit sie sich in der modernen Welt zurechtfinden und behaupten könnten. Die Scharia müsse reformiert werden, um den Muslimen die nötige intellektuelle Freiheit zu gewähren. Wie al-Afghani versuchte auch Abduh, den Islam als eine rationale Religion darzustellen. Im Koran hätten sich zum ersten Mal in der Geschichte der Menschheit die Vernunft und die Religion die Hand gereicht. Vor dem Erscheinen des Propheten habe man die Offenbarung mit Wundern, Legenden und einer irrationalen Rhetorik erklärt; der Koran habe nicht auf solche primitiven Methoden zurückgegriffen, sondern Beweise und rationale Erklärungen geliefert, außerdem die Ansichten der Ungläubigen bloßgelegt und mit rationalen Argumenten heftig kritisiert.[26] Die Vorwürfe al-Ghazzalis gegen die Faylasufs seien maßlos übertrieben gewesen und hätten zu einer Trennung von Frömmigkeit und Rationalismus geführt, die sich, wie der veraltete Lehrplan der Ashar-Moschee zeige, auf das intellektuelle Niveau der Ulemas sehr negativ ausgewirkt habe. Die Muslime sollten wieder zum rationalen, aufgeschlossenen Geist des Korans zurückkehren. Doch Abduh vertrat keinen vollkommen einseitigen Rationalismus. Er zitierte das Hadith: »Denke über Gottes Schöpfung nach, aber nicht über sein Wesen, sonst wirst du umkommen.« Die Vernunft könne das eigentliche Sein Gottes nicht begreifen, es werde immer ein Mysterium bleiben. Über Gott lasse sich nur sagen, daß er keinem anderen Wesen gleiche. So seien alle anderen Fragen, die Theologen sich stellten, nicht ernst zu nehmen und würden vom Koran als *zanna* verworfen.

Der bedeutendste muslimische Reformer in Indien war Sir Muhammad Iqbal (1876–1938). Er wurde für die Muslime das, was

Gandhi für die Hindus war. Iqbal war ein Sufi und ein Urdu-Dichter, das heißt in erster Linie ein Mann der Kontemplation. Er hatte eine westliche Erziehung genossen und hegte als Doktor der Philosophie eine große Bewunderung für Bergson, Nietzsche und A. N. Whitehead. Er versuchte, die Falsafa durch die Erkenntnisse dieser Philosophen zu bereichern und neu zu beleben, um so eine Brücke zwischen dem Osten und dem Westen zu schlagen. Seiner Meinung nach war der Islam in Indien erschreckend dekadent. Seit dem Verfall des Mogulreiches im 18. Jahrhundert seien die Muslime in Indien verunsichert; da ihnen das Selbstbewußtsein ihrer Brüder im Nahen Osten, der Heimat des Islam, fehle, verhielten sie sich den Engländern gegenüber noch defensiver als ihre dortigen Glaubensgenossen. Iqbal wollte die indischen Muslime aus ihrer Verunsicherung befreien, indem er die islamischen Prinzipien mit Hilfe der Dichtung und der Philosophie auf kreative Weise neu formulierte.

Westliche Philosophen wie Nietzsche hatten ihn von der Wichtigkeit des Individualismus überzeugt. Daher war für ihn das ganze Universum von einem Absoluten bestimmt, das die höchste Form von Individualität darstellte und von den Menschen »Gott« genannt wurde. Um ihre eigene, einzigartige Natur zu verwirklichen, mußten alle Menschen Gott ähnlich werden. Das bedeutete, daß jeder einzelne Mensch kreativ werden und sich zu einer individuellen Persönlichkeit entwickeln mußte. Die indischen Muslime sollten ihre Passivität und ihre ängstliche Zurückhaltung (die Iqbal auf persische Einflüsse zurückführte) ablegen. Das muslimische Prinzip des unabhängigen Urteils *(ijtihad)* sollte sie ermutigen, offen für neue Ideen zu sein. Der Koran fordere die Gläubigen auf, alles immer wieder neu zu überdenken und sich ständig selbst zu prüfen. Wie al-Afghani und Abduh versuchte auch Iqbal aufzuzeigen, daß die empirische Methode, der Schlüssel zum Fortschritt, ihren Ursprung im Islam gehabt habe und im Mittelalter auf dem Weg über die muslimische Wissenschaft und Mathematik in den Westen gelangt sei. Vor der Herausbildung der großen Religionen sei der Fortschritt der Menschheit vom Zufall und von besonders begabten und einfallsreichen einzelnen abhängig gewesen. Mohammeds Prophezeiung sei der Höhepunkt all dieser intuitiven Bemühungen gewesen und habe jede weitere Offenbarung überflüssig gemacht. Von da an hätten die Menschen sich auf die Vernunft und auf die Wissenschaft verlassen können.

Unglücklicherweise habe sich der Individualismus im Westen zu einer neuen Form der Götzenverehrung entwickelt. Man habe dort vergessen, daß sich jede wahre Individualität von Gott ableite. Wenn man dem Genius des Individuums gestatte, sich selbstherrlich von jeglicher Autorität loszusagen, könne er sich zu gefährlichen Höhenflügen emporschwingen. Die Vorstellung, daß die Zukunft der von Nietzsche angekündigten Rasse gottgleicher Übermenschen gehören solle, sei erschreckend: Die Menschen bräuchten die Auseinandersetzung mit einer Norm, die über die Launen und Einfälle des Augenblicks hinaus Gültigkeit besitze. Die Mission des Islam bestehe darin, den wahren Individualismus gegen die vom Westen pervertierte Form zu verteidigen. Die Muslime hätten ihr Sufi-Ideal vom vollkommenen Menschen als Ziel der Schöpfung und ihrer Existenz. Im Gegensatz zum Übermenschen, der sich für absolut überlegen halte und den Pöbel verachte, zeichne sich der vollkommene Mensch der Sufis durch seine Empfänglichkeit für das Absolute aus; er werde die Massen mitreißen. Die Welt in ihrem augenblicklichen Zustand sei auf die Begabung einer Elite angewiesen, die über die Gegenwart hinausblicken und die Menschheit in die Zukunft führen könne. Schließlich werde jeder Mensch in Gott die vollkommene Individualität erlangen. Iqbals Auffassung von der Rolle des Islam war zwar parteiisch, aber dennoch wesentlich differenzierter als viele Konzepte, die der Westen damals zur Verteidigung des Christentums gegen den Islam erdachte. Die Befürchtungen in bezug auf das Ideal des Übermenschen wurden in Iqbals letzten Lebensjahren durch die Ereignisse in Deutschland erschreckend bestätigt.

Zu jener Zeit waren die arabischen Muslime im Nahen Osten jedoch bereits nicht mehr überzeugt, daß sie der westlichen Bedrohung gewachsen sein würden. 1920 marschierten England und Frankreich in den Nahen Osten ein, dieses Jahr ging als »Jahr der Katastrophe« *(am-al-nakhbah)* in die arabische Geschichte ein. Der arabische Ausdruck bezeichnet eine Katastrophe von kosmischen Ausmaßen. Die Araber hatten gehofft, daß ihrer Unabhängigkeit nach dem Zusammenbruch des Osmanenreiches nichts mehr im Wege stehen würde. Durch die erneute Fremdherrschaft sahen sie sich nun jedoch wieder, und möglicherweise für alle Zeiten, daran gehindert, ihr Schicksal in die eigene Hand zu nehmen: Gerüchten zufolge waren die Engländer im Begriff, Palästina ohne Rücksicht auf die dort lebenden Araber den Zionisten zu übergeben. Die Araber fühlten sich übergangen und zutiefst gedemütigt. Der kanadische Wissenschaftler Wilfred Cantwell Smith hat darauf hingewiesen, daß dieses Gefühl der Schmach durch die Erinnerung an die einstige Größe noch verstärkt wurde: »Von entscheidender Bedeutung für die Kluft zwischen [dem modernen Araber] und, zum Beispiel, dem modernen Amerikaner ist eben dieser große Unterschied zwischen einer Gesellschaft, die sich an ihre einstige Größe nur noch erinnert, und einer Gesellschaft, die sich ihrer heutigen Größe bewußt ist.«[27] Durch diese Situation wurden auch wichtige religiöse Überzeugungen der Muslime in Frage gestellt. Das Christentum ist in erster Linie eine Religion des Leidens und der Not und kam, zumindest im Westen, hauptsächlich in schlechten Zeiten unverfälscht zum Ausdruck: Weltlicher Ruhm läßt sich mit dem Bild vom gekreuzigten Christus nicht leicht in Einklang bringen. Der Islam dagegen ist eine Religion des Erfolgs. Im Koran heißt es, daß einer Gesellschaft, die nach dem Willen Gottes lebt (sich also um Gerechtigkeit, Gleichheit und eine angemessene Verteilung des Reichtums bemüht), Erfolg beschieden sein wird. Lange Zeit schien die muslimische Geschichte diese Lehre zu bestätigen. Während Christus allem Anschein nach gescheitert war, war Mohammeds Leben von erstaunlichem Erfolg gekrönt gewesen. Er hatte sich nicht nur um die Religion verdient gemacht, sondern gleichzeitig die Voraussetzungen für die phänomenale Entwicklung des muslimischen Reiches im 7. und 8. Jahrhundert geschaffen. Dies bestätigte offensichtlich die Auffassung der Muslime, daß Gott religiöse Verdienste mit weltlichem Erfolg belohnte: Allah hatte auf höchst eindrucksvolle Weise in der Geschichte sein Versprechen eingelöst. In der Folgezeit hatten die Muslime lange keinen Grund, an dieser Überzeugung zu zweifeln, selbst Katastrophen wie die Invasion der Mongolen überstanden sie erfolgreich. Im Verlauf der Jahrhunderte erlangte die Umma eine beinahe sakramentale Bedeutung. Sie offenbarte die Gegenwart Gottes. Nun sah es jedoch so aus, als habe die muslimische Geschichte einen vollkommen falschen Verlauf genommen, folglich mußte auch das Gottesbild neu überdacht werden. In Zukunft bemühten sich viele Muslime verstärkt darum, die islamische Geschichte wieder ins Lot zu bringen und die Vision des Korans in der Welt Wirklichkeit werden zu lassen.

Noch größere Selbstzweifel befielen die Araber, als sie durch den engeren Kontakt mit Europa erkannten, wie tief man im Westen den Propheten und seine Religion verachtete. Während einige muslimische Gelehrte auf diese Schmach mit Apologetik reagierten, schwelgten andere in Träumen von vergangenen Triumphen – eine gefährliche Mischung. Gott war inzwischen nicht mehr das Hauptthema. Dies geht aus einer Untersuchung von Cantwell Smith über die Entwicklung der ägyptischen Zeitschrift *Al-Azhar* zwischen 1930 und 1948 hervor. Die Zeitschrift hatte in dieser Zeit zwei Chefredakteure: Von 1930 bis 1933 war es al-Khidr Husain, ein Traditionalist im besten Sinne, der seine Religion nicht als ein politisches und historisches Gebilde betrachtete, sondern als eine transzendente Idee. Der Islam war seiner Auffassung nach nicht ein bereits voll verwirklichtes Ideal, sondern eine Aufforderung, ein Aufruf zu künftigem Handeln. Da Husain es für schwierig, ja sogar für unmöglich hielt, das göttliche Ideal im menschlichen Leben zu verwirklichen, beunruhigten ihn vergangene oder gegenwärtige Mißerfolge der Umma nicht sonderlich. Er war selbstbewußt genug, das Verhalten der Muslime auch zu kritisieren; alle Ausgaben, die während seiner Amtszeit erschienen, enthielten zahlreiche Ermahnungen und Ratschläge. Für Husain war es völlig selbstverständlich, daß Allah existierte. Er wußte nicht, wie es in jemandem aussah, der glauben wollte, aber nicht glauben konnte. In einer frühen Ausgabe der Zeitschrift erläuterte ein Autor namens Yusuf al-Djini den alten teleologischen Gottesbeweis. Smith schreibt, in diesem in nahezu feierlichem Stil abgefaßten Artikel sei eine intensive und lebendige Wertschätzung der Schönheit und Erhabenheit der Natur zum Ausdruck gekommen. Für al-Djini offenbarte die Natur die Gegenwart Allahs, an dessen Existenz er keinerlei Zweifel hegte. Sein Artikel war eher eine Meditation als eine logische Begründung der Existenz Gottes, und es kümmerte ihn nicht im geringsten, daß westliche Wissenschaftler genau diesen »Gottesbeweis« längst widerlegt hatten. Doch seine Position war bereits überholt. Der Leserkreis der Zeitschrift schrumpfte.

Im Jahre 1933 übernahm Farid Wajdi die Zeitschrift, und die Leserzahl verdoppelte sich schlagartig. Wajdis wichtigstes Anliegen war es, seinen Lesern zu versichern, daß der Islam wirklich »in Ordnung« war. Husain wäre sicher nie auf den Gedanken gekommen, daß der Islam, eine transzendente Idee im Geist Gottes, von Zeit zu Zeit solche Worte der Unterstützung nötig haben könnte. Wajdi hingegen betrachtete den Islam als eine bedrohte menschliche Einrichtung. Daher mußte man den Islam zunächst einmal verteidigen und deutlich machen, daß er Bewunderung und Zustimmung verdiente. Wajdis Schriften waren Wilfred Cantwell Smith zufolge von einer tiefen Irreligiosität durchdrungen. Wie andere Muslime vor ihm betonte auch Wajdi immer wieder, daß alles, was derzeit im Westen gelehrt werde, schon vor Jahrhunderten vom Islam entdeckt worden sei. Im Gegensatz zu seinen Vorgängern sprach er jedoch so gut wie nie von Gott. Sein Hauptanliegen war der Islam als menschliche Wirklichkeit, der irdische Wert hatte in gewisser Weise den transzendenten Gott ersetzt. So faßt Smith zusammen:

> Ein wahrer Muslim ist nicht ein Mensch, der an den Islam glaubt – schon gar nicht an den Islam in der Geschichte –, sondern jemand, der an Gott glaubt und von der Gültigkeit der durch seinen Propheten übermittelten Offenbarung überzeugt ist. Letzterer wird [von Wajdi] zwar sehr verehrt, aber von Überzeugung ist wenig zu spüren. Und Gott wird auf diesen Seiten erstaunlich selten erwähnt.[28]

Spürbar sind statt dessen eine große Unsicherheit und ein Mangel an Selbstvertrauen: Der Meinung des Westens wurde inzwischen allzu große Bedeutung beigemessen. Muslime wie Husain hatten zwar das Wesen der Religion und die Zentralität Gottes begriffen, dafür aber den Bezug zur modernen Welt verloren. Andererseits war denjenigen, die das moderne Leben kannten, das Gefühl für Gott abhanden gekommen. Aus diesem Ungleichgewicht heraus entschlossen sich einige Muslime, politisch aktiv zu werden. Ihr Aktivismus ähnelte dem der heutigen Fundamentalisten, die Gott ebenfalls immer mehr aus den Augen verlieren.

Die europäischen Juden hatte die feindselige Kritik an ihrem Glauben gleichfalls verunsichert. So entwickelten in Deutschland jüdische Philosophen eine sogenannte »Wissenschaft des Judentums« und legten die jüdische Geschichte auf der Grundlage von Hegels Philosophie ganz neu aus. Auf diese Weise wollten sie den Vorwurf entkräften, daß das Judentum eine unterwürfige, entfremdende Religion sei. Der erste, der eine solche Neuinterpretation der Geschichte Israels versuchte, war Solomon Formstecher (1809–1889). In seiner Abhandlung mit dem Titel *Die Religion des Geistes* (1841) beschrieb er Gott als eine allen Dingen immanente Weltseele. Dieser Geist sei jedoch nicht, wie Hegel behauptet habe, von der Welt abhängig. Formstecher bestand nachdrücklich auf der alten Unterscheidung zwischen Gottes Wirken und Gottes Wesen, letzteres könne von Menschen nicht erkannt werden. Während Hegel den Gebrauch einer bildhaften Sprache verurteilte, waren für Formstecher Symbole die einzig angemessene Art, über Gott zu sprechen, da Gott jenseits aller philosophischen Konzepte stehe. Dennoch sei das Judentum bereits vor allen anderen Religionen zu einem fortschrittlichen Gotteskonzept gelangt, und es werde bald der ganzen Welt vor Augen führen, wie eine wahre Religion des Geistes aussehe.

Primitive, heidnische Religionen haben Gott mit der Natur gleichgesetzt, so Formstecher weiter. Diese spontane, unüberlegte Phase war die Kindheit der Menschheit. Mit der Zeit wurden die Menschen selbstbewußter und reif für ein differenzierteres Gottesbild. Sie begannen zu begreifen, daß dieser »Gott« oder »Geist« nicht in der Natur enthalten war, sondern sich über ihr und jenseits von ihr befand. Die Propheten, die dieses neue Gottesbild entwickelten, gingen dann dazu über, eine ethische Religion zu predigen. Zunächst vermuteten sie die Kraft, die ihnen ihre Offenbarungen eingegeben hatte, außerhalb ihrer selbst. Doch dann erkannten sie, daß sie nicht von einem vollkommen äußerlichen Gott abhängig waren, sondern von ihrer eigenen geisterfüllten Natur inspiriert wurden. Die Juden waren Formstecher zufolge das erste Volk mit einem solchen ethischen Gottesbild. Die lange Zeit des Exils und der Verlust ihres Tempels brachten sie davon ab, sich auf Äußerlichkeiten zu verlassen und bei einer äußeren Kraft Halt zu suchen. Statt dessen entwickelten sie ein fortschrittlicheres religiöses Bewußtsein, das ihnen den freien Zugang zu Gott ermöglichte. Seitdem waren sie weder auf zwischen Gott und den Menschen vermittelnde Priester angewiesen, noch wurden sie, wie Hegel und Kant behauptet hatten, von einem fremden Gesetz eingeschüchtert, sondern sie hatten gelernt, Gott in ihrem Geist und in ihrer Individualität zu finden. Das Christentum und der Islam versuchten dem jüdischen Beispiel zu folgen, allerdings mit weniger Erfolg. So enthielt etwa das Gottesbild des Christentums noch viele heidnische Elemente, während die Juden sich bereits von solchen überholten Vorstellungen gelöst hatten; bald würden sie gänzlich frei davon sein. Auf diese Endphase ihrer Entwicklung sollten sie sich, so Formstecher, vorbereiten, indem sie die zeremoniellen Gesetze, Relikte einer früheren, längst überwundenen Phase ihrer Geschichte, hinter sich ließen.

Wie die muslimischen Reformer waren auch die Vertreter der »Wissenschaft des Judentums« sehr darauf bedacht, ihren Glauben als eine durch und durch rationale Religion darzustellen. Vor allem wollten sie die Kabbala loswerden, die seit dem Aufkommen des Chassidismus als peinlich empfunden wurde. So schenkte Samuel Hirsch in seiner 1842 veröffentlichten *Religionsphilosophie der Juden* der mystischen Dimension des Judentums keinerlei Beachtung, sondern schilderte eine ethische, rationale Geschichte Gottes, deren Endzweck die Freiheit war. Was den Menschen über die Natur erhebt, ist seine Fähigkeit, zu sich »Ich« zu sagen. Dieses Selbstbewußtsein ist nichts anderes als das Bewußtsein einer unbedingten persönlichen Freiheit. Die heidnischen Religionen waren Hirsch zufolge darum nicht in der Lage gewesen, ein solches Gefühl der Autonomie zu vermitteln, da die Menschen in den frühen Phasen ihrer Entwicklung das Selbstbewußtsein für eine Gabe Gottes hielten. Für die Heiden war die Natur die Quelle ihrer persönlichen Freiheit, und wegen ihrer Abhängigkeit von der Natur erschienen ihnen manche Sünden unvermeidlich. Abraham wies jedoch den Fatalismus und die passive Abhängigkeit der Heiden von sich, vollkommen Herr seiner selbst, stand er allein vor Gott. Ein solcher

Mensch war imstande, Gott in allen Erscheinungsformen des Lebens zu erkennen. Gott, der Herr des Universums, hat die Welt so geschaffen, um uns das Erreichen der inneren Freiheit zu ermöglichen; zur Freiheit wird jeder einzelne Mensch von niemand geringerem als Gott hin erzogen. Das Judentum ist keineswegs eine so unterwürfige Religion, wie die Nichtjuden glauben. Es war immer eine fortschrittlichere Religion als zum Beispiel das Christentum, das sich von seinen jüdischen Wurzeln abgewandt hatte und zu den irrationalen und abergläubischen Vorstellungen der Heiden zurückgekehrt war.

Nachman Krochmal (1785–1840), dessen *Führer der Verirrten der Zeit* 1841 posthum veröffentlicht wurde, schreckte vor den mystischen Neigungen seiner Glaubensgenossen hingegen nicht zurück. Wie die Kabbalisten bezeichnete er »Gott« oder »den Geist« gerne als »Nichts« und verwendete das kabbalistische Bild von der Emanation, um zu beschreiben, wie Gott sich den Menschen offenbarte. Die Leistungen der Juden seien nicht Ergebnis einer unterwürfigen Abhängigkeit von Gott, sondern dem Wirken des kollektiven Bewußtseins. Im Verlaufe der Jahrhunderte hätten die Juden ihr Gottesbild immer mehr verfeinert. So mußte Gott sich ihnen zur Zeit ihres Auszugs aus Ägypten noch in Wundern offenbaren, bei der Rückkehr aus Babylon war ihr Gottesbild dann bereits so fortschrittlich, daß sie keiner Zeichen und Wunder mehr bedurften. Was die Juden unter Gottesverehrung verstehen, hat nichts mit der sklavischen Abhängigkeit zu tun, die ihnen die Gojim unterstellen, sondern entspricht fast ganz dem philosophischen Ideal. Der einzige Unterschied zwischen der Religion und der Philosophie besteht darin, daß letztere sich in Begriffen ausdrückt, während die Religion sich, wie Hegel gesagt hat, einer bildhaften Sprache bedient. Doch auch diese Art von symbolischer Sprache ist Gott nicht angemessen, denn er übersteigt all unsere Vorstellungen. In Wirklichkeit können wir nicht einmal sagen, daß er existiert, da unser Verständnis von Existenz so einseitig und begrenzt ist.

Das neue Selbstvertrauen, das die Emanzipation den Juden verliehen hatte, erlitt einen schweren Schlag, als in Osteuropa und Rußland unter Zar Nikolaus II. ein übler Antisemitismus aufbrach und auf Westeuropa übergriff. Frankreich, das erste Land, das die Juden zu gleichberechtigten Staatsbürgern erklärt hatte, erlebte eine Welle von hysterischem Antisemitismus, nachdem 1895 der jüdische Offizier Alfred Dreyfus zu Unrecht wegen Hochverrats verurteilt worden war. Im selben Jahr wurde in Wien der erklärte Antisemit Karl Lueger zum Bürgermeister gewählt. In Deutschland fühlten sich die Juden bis zur Machtergreifung Hitlers noch sicher, und einem Denker wie Hermann Cohen (1842–1918) bereitete immer noch der metaphysische Antisemitismus Kants und Hegels die größten Sorgen. Da er in erster Linie den Vorwurf entkräften wollte, das Judentum sei eine unterwürfige Religion, bestritt er, daß Gott eine äußere Wirklichkeit war, die von oben herab Gehorsam forderte. Gott sei lediglich eine vom menschlichen Geist entworfene Idee, ein Symbol des ethischen Ideals. Cohen geht unter anderem auf die biblische Geschichte vom brennenden Dornbusch ein, in der Gott zu Mose über sich selbst sagt: »Ich bin, der ich bin.« Damit wird nach Cohen auf einfache Weise zum Ausdruck gebracht, daß das, was wir Gott nennen, schlicht das Sein selbst ist. Dieses ist nicht vergleichbar mit den uns bekannten bloßen Wesen, die an dem »einzigen Sein« lediglich teilhaben können. In der 1919, ein Jahr nach seinem Tod, veröffentlichten Schrift *Die Religion der Vernunft aus den Quellen des Judentums* besteht Cohen weiterhin darauf, daß Gott nur eine menschliche Idee ist. Allerdings würdigt er nun auch die emotionale Rolle der Religion im menschlichen Leben. Eine bloße ethische Idee – wie Gott – könnte uns keinen Trost spenden. Die Religion hingegen lehrt uns die Nächstenliebe, daher kann man den Gott der Religion – im Gegensatz zum Gott der Ethik und der Philosophie – mit der Nächstenliebe gleichsetzen.

Cohens Gedanken wurden von Franz Rosenzweig (1886–1929) bis zur Unkenntlichkeit weiterentwickelt. Er entwarf ein Bild vom Judentum, das sich von dem seiner Zeitgenossen grundlegend unterschied. Er war nicht nur einer der ersten Existentialisten, sondern äußerte zum Teil auch Vorstellungen, die an die östlichen Religionen erinnerten. Seine Unabhängigkeit läßt sich vielleicht aus der Tatsache heraus erklären, daß er sich bereits als junger Mann vom Judentum abwandte und zum Agnostiker wurde. Später spielte er dann mit dem Gedanken, zum Christentum überzutreten, kehrte aber schließlich doch zum Judentum zurück. Rosenzweig bestritt vehement, daß die Befolgung der Thora eine sklavische, unterwürfige Abhängigkeit von einem tyrannischen Gott fördere. In der Religion gehe es nicht nur um Moral, in erster Linie sei sie eine Begegnung mit dem Göttlichen. Aber auf welche Weise können einfache Sterbliche dem transzendenten Gott begegnen? Bedauerlicherweise schreibt Rosenzweig darüber kein Wort; darin liegt die Schwäche seiner Philosophie. Er mißtraut Hegels Versuch, den Geist mit den Menschen und der Natur zu verschmelzen: Wenn wir unser menschliches Bewußtsein nur als eine Manifestation der Weltseele betrachten, dann hören wir auf, wirkliche Individuen zu sein. Als Existentialist betont Rosenzweig die totale Isolation jedes einzelnen. Jeder ist in der großen Menschenmenge allein, verloren und voller Angst. Nur wenn Gott sich uns zuwendet, werden wir von der Anonymität und der Furcht erlöst. Daher verkürzt Gott unsere Individualität nicht, sondern hilft uns vielmehr, ein Höchstmaß an Bewußtsein unserer selbst zu erlangen.

Auf irgendeine anthropomorphe Weise können die Menschen Gott nicht begegnen. Gott ist die Ursache allen Seins und darum mit unserer eigenen Existenz so eng verflochten, daß wir unmöglich mit ihm sprechen können, als wäre er lediglich ein Mensch wie wir. Es gibt weder Worte noch Vorstellungen, um Gott zu beschreiben. Die Kluft zwischen ihm und den Menschen wird allerdings durch die Gebote der Thora überbrückt. Die Gojim halten sie fälschlicherweise für reine Verbote, doch in Wirklichkeit sind sie Sakramente, symbolische Handlungen, die über sie selbst hinausweisen und die Juden in jene göttliche Dimension einführen, die dem Sein jedes einzelnen Menschen zugrunde liegt. Rosenzweig vertritt die Auffassung der Rabbis, die Gebote der Thora, die für sich genommen oft keine Bedeutung hätten, seien so eindeutig symbolisch, daß sie uns über unsere begrenzten Begriffe und Konzepte hinaustragen und uns dem unfaßbaren Sein nahebringen könnten. Sie sollten zu einer Haltung des Lauschens und Wartens verhelfen, zu einer gelassenen Aufmerksamkeit gegenüber der Ursache allen Seins. Die Mizwot entfalten ihre Wirkung nicht automatisch; jeder einzelne Mensch muß sie sich auf eine Weise aneignen und dabei jede einzelne Mizwa von einem äußeren Befehl in eine ureigene Haltung, in ein eigenes inneres Muß verwandeln. Die Thora ist zwar ein spezifisch jüdisches religiöses Element, dennoch ist die Offenbarung keineswegs ausschließlich dem Volk Israel vorbehalten. Ein Jude wird Gott natürlich mit den traditionellen, symbolischen Gesten des Judentums begegnen, ein Christ wird ganz andere Symbole benutzen. Zwar lassen sich alle Lehren über Gott bestimmten Glaubensbekenntnissen zuordnen, doch in erster Linie sind sie Symbole innerer Einstellungen. So sind zum Beispiel die Lehren von der Schöpfung und der Offenbarung keine wörtlich zu verstehenden Tatsachenberichte über Ereignisse im Leben Gottes und der Welt. In den Offenbarungsmythen kommt vielmehr unsere persönliche Gotteserfahrung zum Ausdruck, und die Schöpfungsmythen symbolisieren die absolute Kontingenz unserer menschlichen Existenz, das niederschmetternde Wissen um unsere völlige Abhängigkeit von der Ursache allen Seins, die jegliches Sein überhaupt erst möglich macht. Als Schöpfer trat Gott zwar erst in dem Augenblick mit seinen Geschöpfen in Verbindung, in dem er sich jedem einzelnen von ihnen offenbarte, aber wäre er nicht der Schöpfer, die Ursache allen Seins, dann hätte die religiöse Erfahrung für die Menschheit keinerlei Bedeutung. Sie wäre dann nicht mehr als eine Reihe außergewöhnlicher Ereignisse. Da für Rosenzweig die universale Dimension der Religion im Vordergrund stand, war ihm die neue politische Richtung des Judentums, mit dem die Juden allerorten auf den Antisemitismus reagierten, eher suspekt. Israel sei nicht im Gelobten Land, sondern in Ägypten zu einem Volk geworden, daher werde sich sein Schicksal als ewiges Volk nur erfüllen, wenn es seine Verbindungen zur irdischen Welt löse und sich aus der Politik heraushalte.

Jene Juden, die die Auswirkungen des eskalierenden Antisemitismus am eigenen Leib zu spüren bekamen, waren allerdings nicht der Meinung, daß sie sich eine solche unpolitische Haltung leisten konnten. Sie konnten nicht seelenruhig darauf warten, daß der Messias oder Gott ihr Volk erlösen würde, sondern sahen sich gezwungen, selbst um die Rettung zu kämpfen. 1882, ein Jahr nach den ersten Pogromen in Rußland, verließ eine größere Gruppe von Juden Osteuropa, um sich in Palästina niederzulassen. Sie waren überzeugt, daß die Juden ihre Entfremdung erst dann überwinden und ganz zu sich finden konnten, wenn sie ihr eigenes Land besaßen. Der Wunsch, nach Zion (das war der alte Name für Jerusalem) zurückzukehren, wurde zunächst von einer betont säkularen Bewegung geäußert: Die Geschichte des jüdischen Volkes hatte die Zionisten davon überzeugt, daß die jüdische Religion und ihr Gott den Juden nicht helfen konnten. In Rußland und Osteuropa war der Zionismus ein Ableger des revolutionären, auf die Theorien von Karl Marx gegründeten Sozialismus. Die jüdischen Revolutionäre mußten jedoch bald feststellen, daß ihre sozialistischen Genossen ebenso antisemitisch gesonnen waren wie der Zar, und sie befürchteten, daß ihnen unter einem kommunistischen Regime kein besseres Los beschieden sein würde. Die Ereignisse sollten ihnen schließlich recht geben. Einige glühende junge Sozialisten wie David Ben Gurion (1886–1973) packten einfach ihre Koffer und segelten nach Palästina. Dort wollten sie eine vorbildliche Gesellschaft aufbauen, die den Nichtjuden den Weg aufzeigen und das sozialistische Jahrtausend ankündigen sollte. Andere hatten für solche marxistischen Träume keine Zeit. Der charismatische Österreicher Theodor Herzl (1860–1904) betrachtete diesen Vorstoß der Juden als ein Kolonisationsprojekt: Unter dem Schutz einer europäischen Großmacht sollte der jüdische Staat zur Vorhut des Fortschritts in der islamischen Wildnis werden.

Obwohl der Zionismus sich offen als eine säkulare Bewegung darstellte, bedienten die Zionisten sich instinktiv einer religiösen Terminologie. Im Grunde war es eine Religion ohne Gott. Die Zionisten waren von ekstatischen und mystischen Zukunftshoffnungen erfüllt und griffen nicht nur auf die alten Themen Erlösung, Pilgerschaft und Wiedergeburt zurück, sondern auch auf die Gepflogenheit, sich als Zeichen für ihr erlöstes Selbst neue Namen zu geben. Asher Ginsberg, einer der frühen Propagandisten der Bewegung, nannte sich Ahad Ha'am (Einer aus dem Volk). Durch seine Identifikation mit dem neuen jüdischen Nationalgefühl empfand er sich nun endlich als sein eigener Herr, obwohl er nicht an die Durchführbarkeit des Planes von einem jüdischen Staat in Palästina glaubte. Er wollte dort nur ein »geistiges Zentrum« errichten, und dessen Ausstrahlung sollte die Juden in der Welt zur inneren Einheit führen. Das »geistige Zentrum« war eine Art Gottesersatz; es sollte Antworten auf alle Lebensfragen geben, die Juden in ihrem tiefsten Herzen berühren und all ihre Gefühle ansprechen. Die Zionisten lenkten die religiösen Gefühle einfach auf ein anderes Ziel. Die Erfüllung wurde nun nicht mehr bei einem transzendenten Gott gesucht, sondern in der irdischen Welt. Der hebräische Begriff *hagshamah* (in etwa zu übersetzen als »greifbar machen«) hatte in der jüdischen Philosophie des Mittelalters eine negative Bedeutung. Man benutzte ihn, um eine Haltung zu kritisieren, die Gott physische Eigenschaften zuschrieb. Im Zionismus wurde *hagshamah* nun zu einem Wort für Erfüllung, für die Verkörperung der Hoffnungen Israels in der irdischen Welt. Bisher hatte das Heilige im Himmel gewohnt, jetzt war statt dessen Palästina im wahrsten Sinne des Wortes zu einem »heiligen« Land geworden.

Wie heilig Palästina den ersten Siedlern war, wird aus den Schriften von Aron B. Gordon (gestorben 1922) deutlich. Gordon war ein orthodoxer Jude und Kabbalist, bevor er mit siebenundvierzig Jahren zum Zionismus übertrat. Als einer der ersten Pioniere arbeitete der kränkliche, bärtige Mann mit dem weißen Haar Seite an Seite mit den jüngeren Siedlern auf dem Feld, und abends tanzte er begeistert mit ihnen und rief immer wieder: »Freude! ... Freude!« Früher, so schrieb er, hätte man dieses Erlebnis der Vereinigung mit dem Land Israel als eine Offenbarung der Schechina bezeichnet. Das Heilige Land sei zu einem heiligen Wert geworden, seine spirituelle Kraft sei allein den Juden zugänglich, denn sie hätten diesen einzigartigen jüdischen Geist geschaffen. Gordon beschreibt diese Heiligkeit mit Begriffen aus der Kabbala, die einst auf die geheimnisvolle Sphäre Gottes angewendet worden waren:

> Die Seele des Juden ist die Frucht der Landschaft Israels. Klarheit, die Tiefe eines unendlich klaren Himmels, eine klare Sicht, Nebel der Reinheit. Selbst das göttliche Unbekannte scheint in dieser Klarheit zu verschwinden, wenn es vom begrenzten sichtbaren Licht ins unendliche, verborgene Licht hinübergleitet. Die Menschen dieser Welt begreifen weder diese klare Sicht noch das leuchtende Unbekannte in der jüdischen Seele.[29]

Bei der Ankunft im Nahen Osten empfand Gordon die Landschaft, die so ganz anders war als seine russische Heimat, als fremd und erschreckend. Doch dann erkannte er, daß er sie durch Arbeit *(avodah,* ein Wort, das auch im Zusammenhang mit religiösen Riten verwendet wird)* zu seiner eigenen machen konnte. Indem die Juden das Land bearbeiteten, das nach Meinung der Zionisten von den Arabern vernachlässigt worden war, wollten sie es für sich erobern und gleichzeitig sich selbst von der Entfremdung des Exils erlösen. Die sozialistischen Zionisten nannten ihre Pionierbewegung »Eroberung durch Arbeit«, ihre Kibbuzim waren weltliche Klöster, wo sie gemeinsam lebten und ihre Erlösung erarbeiteten. Das Urbarmachen des Landes weckte ein mystisches Gefühl der Wiedergeburt und der universalen Liebe. Gordon beschreibt es so:

In dem Maße, wie meine Hände sich an die Arbeit gewöhnten, meine Augen besser zu sehen und meine Ohren besser zu hören lernten und mein Herz zu verstehen begann, lernte auch meine Seele, über die Hügel zu springen, sich emporzuschwingen, aufzusteigen – sich zu bisher unbekannter Weite auszudehnen, das Land um mich herum, die ganze Welt und alles, was sich auf ihr befindet, zu umarmen und zu erkennen, daß sie selbst von den Armen des ganzen Universums liebevoll umschlossen wird.[30]

Die Arbeit der Pioniere war ein säkulares Gebet. Um das Jahr 1927 schrieb der junge Wissenschaftler Avraham Schlonski (1900– 1973), der damals als Pionier beim Straßenbau mitarbeitete, das folgende Gedicht an das Land Israel:

Kleide mich, gute Mutter, in eine herrliche, farbenprächtige Robe
und führe mich im Morgengrauen zu meiner Arbeit.
Mein Land ist in Licht eingehüllt wie in einen Gebetsschal.
Die Häuser treten hervor wie Tefillimkapseln,
und die von Hand gepflasterten Straßen
ziehen sich übers Land wie Gebetsriemen.
Hier richtet die wunderschöne Stadt ihr Morgengebet an ihren Schöpfer.
Und unter den Schöpfern ist dein eigener Sohn Avraham,
ein straßenbauender Barde in Israel.[31]

Der Zionist braucht Gott nicht mehr, er ist der Schöpfer.

Andere Zionisten hielten an einem konventionelleren Glauben fest. Der Kabbalist Isaac Kook (1865–1935), damals der wichtigste Rabbi der Juden in Palästina, war vor seiner Ankunft im Land Israel kaum mit der nichtjüdischen Welt in Berührung gekommen. Er betonte, wer Gott zu dienen glaube, indem er ihn, unabhängig von den Idealen und Pflichten der Religion, einfach nur als ein besonderes Einzelwesen verehrte, habe ein unreifes Gottesbild.[32] Gott sei kein weiteres Wesen anderer Art, En-Sof transzendiere solche menschlichen Begriffe wie Persönlichkeit. Sich unter Gott ein bestimmtes Wesen vorzustellen sei Götzenanbetung und zeuge von einer primitiven Geistesverfassung. Obwohl Kook tief in der jüdischen Tradition verwurzelt war, erschreckten ihn die Auffassungen der Zionisten nicht. Die Anhänger der Arbeiterbewegung glaubten zwar, sie hätten die Religion abgeschüttelt, doch sei dieser atheistische Zionismus nur eine vorübergehende Phase. In den Pionieren sei Gott am Werke, in diesen »Hüllen« der Dunkelheit seien die göttlichen »Funken« eingeschlossen und warteten auf Erlösung. Alle Juden seien tief im Innern untrennbar mit Gott verbunden und erfüllten Gottes Plan auch dann, wenn sie es gar nicht wüßten oder nicht wahrhaben wollten. Während des Exils habe der Heilige Geist sein Volk verlassen. Das Volk habe die Schechina in Synagogen und Studierzimmern versteckt, aber bald werde Israel zum spirituellen Zentrum der Welt werden und den Nichtjuden das wahre Gottesbild offenbaren.

Diese Art von Spiritualität konnte gefährlich sein. Aus der Verehrung des Heiligen Landes entwickelte sich die Abgötterei des heutigen jüdischen Fundamentalismus. In der muslimischen Welt hatte die Verehrung des historischen Islam einen ähnlichen Fundamentalismus gefördert. Sowohl die Juden wie die Muslime waren bemüht, in einer dunklen Welt einen Sinn zu finden. Der Gott der Geschichte hatte sie scheinbar im Stich gelassen. Die Furcht der Zionisten vor der gänzlichen Auslöschung ihres Volkes hatte sich als berechtigt erwiesen. Nach dem Holocaust fühlten sich viele Juden außerstande, weiter an ihrem überkommenen Gottesbild festzuhalten. Der Nobelpreisträger Elie Wiesel hatte während seiner Kindheit in Ungarn nur für Gott gelebt. Sein Leben war von den Lehren des Talmud bestimmt gewesen, und er hatte gehofft, eines Tages in die

Mysterien der Kabbala eingeführt zu werden. Als kleiner Junge wurde er zuerst nach Auschwitz und später nach Buchenwald deportiert. Als er in der ersten Nacht im Todeslager den schwarzen Rauch aus den Schornsteinen des Krematoriums aufsteigen sah, in das man später auch die Leichname seiner Mutter und seiner Schwester schleppen sollte, da wußte er, daß diese Flammen seinen Glauben für immer verzehrt hatten. Die Welt, in der er nun lebte, war die reale Entsprechung der von Nietzsche entworfenen Welt ohne Gott. Jahre später schrieb er, daß er nie mehr das nächtliche Schweigen vergessen werde, das ihn in alle Ewigkeit um die Lust am Leben gebracht hatte: »Nie werde ich die Augenblicke vergessen, die meinen Gott und meine Seele mordeten, und meine Träume, die das Antlitz der Wüste annahmen.«[33]

Eines Tages erhängte die Gestapo ein Kind. Ihr Vorhaben, einen kleinen Jungen vor Tausenden von Zuschauern zu hängen, beunruhigte selbst die SS. Wiesel erinnert sich, daß ihm das Gesicht des Kindes vorkam wie das eines Engels mit traurigen Augen. Schweigend, aschfahl, aber fast ruhig sei der Junge zum Galgen hinaufgestiegen. Hinter Wiesel fragte ein Mithäftling: »Wo ist Gott? Wo ist Er?« Das Kind starb erst nach einer halben Stunde, und die ganze Zeit mußten die Häftlinge ihm ins Gesicht sehen. Derselbe Mitgefangene fragte noch einmal: »Wo ist Gott?« Und Wiesel hörte eine Stimme in seinem Innern antworten: »Wo er ist? Dort – dort hängt er, am Galgen.«[34]

Dostojewski hatte gesagt, daß der Tod eines einzigen Kindes Gott widerlege, aber selbst er, dem Unmenschlichkeit durchaus nicht fremd war, hätte sich die Todesumstände dieses Kindes wohl kaum vorstellen können. Der Alptraum von Auschwitz stellt die traditionellen Gottesbilder grundsätzlich in Frage und macht den fernen Gott der Philosophen mit seiner transzendenten *apatheia* geradezu unerträglich. Viele Juden finden die biblische Vorstellung von einem Gott, der sich in der Geschichte manifestiert, inzwischen unhaltbar. Sie sind wie Wiesel der Auffassung, daß dieser Gott in Auschwitz starb. Auch die Annahme eines persönlichen Gottes, einer Art überlebensgroßen Menschen, wirft Probleme auf. Wenn dieser Gott allmächtig ist, dann hätte er den Holocaust verhindern können. Wenn er dagegen unfähig war, ihn aufzuhalten, dann war er ohnmächtig und nutzlos; und wenn er das Morden hätte unterbinden können, sich aber dagegen entschied, dann wäre er ein Monstrum. Nicht nur die Juden sind der Auffassung, daß der Holocaust der herkömmlichen Theologie ein Ende gesetzt hat.

Andererseits weiß man, daß einige Juden auch noch in Auschwitz den Talmud studierten und die traditionellen Feiertage einhielten – nicht weil sie hofften, daß Gott sie doch noch retten würde, sondern weil es für sie einen Sinn ergab. In einer Geschichte heißt es, eines Tages habe eine Gruppe von Juden in Auschwitz über Gott Gericht gehalten. Sie klagten ihn der Grausamkeit und des Betrugs an. Die üblichen Antworten auf die Frage nach dem Bösen und dem Leid in der Welt spendeten ihnen inmitten einer Obszönität dieses Ausmaßes ebensowenig Trost wie seinerzeit Ijob. Sie konnten für Gott keine Entschuldigung und keine mildernden Umstände finden, daher sprachen sie ihn schuldig und sagten, er habe sogar den Tod verdient. Der Rabbi verkündete das Urteil. Dann blickte er zum Himmel hinauf und erklärte die Verhandlung für geschlossen. Es war Zeit für das Abendgebet.

11

Hat Gott eine Zukunft?

Wir nähern uns dem Ende des zweiten Jahrtausends. Die Wahrscheinlichkeit ist groß, daß die Welt, wie wir sie kennen, bald der Vergangenheit angehören wird. Jahrzehntelang leben wir schon mit dem Wissen, daß wir Waffen geschaffen haben, die das menschliche Leben auf dem Planeten auslöschen können. Der Kalte Krieg mag zwar zu Ende sein, die neue Weltordnung erscheint jedoch nicht minder beängstigend als die alte. Eine ökologische Katastrophe kann sich ereignen, das Aids-Virus droht eine nicht mehr beherrschbare Seuche auszulösen. Innerhalb von zwei oder drei Generationen werden so viele Menschen auf der Erde leben, daß der Planet sie nicht mehr ernähren kann. Tausende werden als Opfer von Hunger und Dürre sterben. Generationen glaubten, das Ende der Welt sei nahe; uns scheint eine unvorstellbare Zukunft zu erwarten. Wie wird die Gottesidee in den nächsten Jahren überleben? Dreitausend Jahre lang hat sie sich ständig verändert, um den Erfordernissen der Gegenwart gerecht zu werden. In unserem Jahrhundert stellen jedoch immer mehr Menschen fest, daß sie nichts mehr damit anzufangen wissen, und wenn religiöse Ideen nicht mehr wirksam sind, können sie nicht überleben. Vielleicht gehört die Gottesidee wirklich der Vergangenheit an. Der amerikanische Wissenschaftler Peter Berger stellt fest, daß wir oft unterschiedliche Maßstäbe anlegen, wenn wir die Vergangenheit mit unserer eigenen Zeit vergleichen. Ist die Vergangenheit analysiert und relativiert worden, ist die Gegenwart gegen Relativierung gefeit, und unsere aktuelle Situation wird zu einer absoluten Größe: Auf diese Weise »wird den Verfassern des Neuen Testaments ein falsches, aus deren Zeit stammendes Bewußtsein zugeschrieben, und zugleich betrachtet der Analytiker das Bewußtsein seiner Zeit als reinen intellektuellen Glücksfall«.[1]

Areligiöse Denker des 19. und 20. Jahrhunderts betrachteten den Atheismus als notwendige Bedingung für das Menschsein im wissenschaftlichen Zeitalter.

Gute Gründe sprechen für diese Anschauung. In Europa werden die Kirchen immer leerer, der Atheismus ist nicht länger die mühsam angeeignete Ideologie einiger intellektueller Pioniere, sondern die vorherrschende Geistesverfassung. In der Vergangenheit trat er stets als Folge einer bestimmten Gottesvorstellung auf, heute hat er die ihm innewohnende Beziehung zum Theismus verloren und ist die mechanische Antwort auf die Lebenserfahrung in einer säkularisierten Gesellschaft geworden. Wie die amüsierte Menschenmenge, die sich um Nietzsches tollen Mann schart, läßt viele die Aussicht auf ein Leben ohne Gott unberührt. Andere sind ausgesprochen erleichtert über seine Abwesenheit. Diejenigen von uns, die in der Vergangenheit ein gespanntes Verhältnis zur Religion hatten, empfinden es als befreiend, daß sie den Gott los sind, der sie in der Kindheit terrorisiert hat. Es ist herrlich, wenn man sich nicht vor einem rachsüchtigen Gott verkriechen muß, der jedem mit ewiger Verdammnis droht, der sich nicht an seine Gebote hält. Wir haben eine neue intellektuelle Freiheit und können kühn unsere eigenen Ideen verfolgen, ohne raffiniert schwierige Glaubensartikel umgehen zu müssen und uns dabei ständig unbehaglich zu fühlen. Wir stellen uns vor, daß der abscheuliche Gott, den wir aus unserer Erfahrung kennen, der authentische Gott der Juden, Christen und Muslime ist, und machen uns oft nicht klar, daß es sich dabei nur um ein unglückliches Mißverständnis handelt.

Oft breitet sich Trostlosigkeit aus. Jean-Paul Sartre (1905–80) sprach von einer Lücke im Bewußtsein, die früher Gott ausgefüllt habe. Dennoch beharrte er darauf, daß Gott abgelehnt werden müsse, selbst wenn er existieren sollte, denn die Gottesidee negiere unsere Freiheit. Die traditionelle Religion lehrt, daß wir nur dann vollkommen menschlich sind, wenn wir mit Gottes Vorstellung von Menschlichkeit übereinstimmen. Statt dessen, so Sartre, müssen wir den Menschen als die Verkörperung der Freiheit ansehen. Sartres Atheismus war kein tröstlicher Glaube, doch andere Existentialisten betrachteten die Abwesenheit Gottes ausdrücklich als

Befreiung. Maurice Merleau-Ponty (1908–61) argumentierte, in Wirklichkeit negiere Gott unsere Begeisterungsfähigkeit, anstatt sie zu verstärken. Da Gott absolute Vollkommenheit symbolisiere, gebe es für uns nichts mehr zu tun und zu erreichen. Albert Camus (1913–1960) verkündete einen heroischen Atheismus. Die Menschen sollten Gott trotzig zurückweisen und all ihre liebevolle Fürsorge der Menschheit zukommen lassen. Wie immer haben die Atheisten nicht ganz unrecht. Gott war in der Tat in der Vergangenheit dazu benutzt worden, Kreativität zu unterdrücken. Wenn als generelle Antwort auf jedes nur mögliche Problem und jede Eventualität auf Gott verwiesen wird, dann kann dies in der Tat unsere Begeisterungsfähigkeit und unser Gefühl, etwas erreicht zu haben, im Keim ersticken. Ein leidenschaftlicher und engagierter Atheismus kann religiöser sein als ein halbherziger oder bornierter Gottesglaube.

In den fünfziger Jahren unseres Jahrhunderts warfen logische Positivisten wie A. J. Ayer (1910–91) die Frage auf, ob es sinnvoll sei, an Gott zu glauben. Die Naturwissenschaften lieferten die einzig zuverlässige Wissensquelle, da ihre Ergebnisse empirisch überprüft werden könnten. Ayer fragte nicht, ob Gott existierte oder nicht, sondern ob die Gottesidee überhaupt von Bedeutung war. Er sagte, eine Behauptung sei sinnlos, wenn wir keine Möglichkeit sähen, sie zu verifizieren oder sie als falsch zu entlarven. Die Aussage »auf dem Mars existieren vernunftbegabte Wesen« ist nicht sinnlos, denn wir können die Behauptung überprüfen, sobald uns die entsprechenden technischen Möglichkeiten zur Verfügung stehen. Gleichermaßen macht ein einfacher Mensch, der an den traditionellen alten Mann im Himmel glaubt, keine sinnlose Aussage, wenn er sagt: »Ich glaube an Gott«, denn nach dem Tod werden wir höchstwahrscheinlich in der Lage sein herauszufinden, ob die Aussage wahr ist oder nicht. Problematisch wird es allerdings, wenn der mehr intellektuell orientierte Gläubige sagt: »Gott existiert nicht auf irgendeine uns verständliche Weise« oder »Gott ist nicht gut im menschlichen Sinn des Wortes«. Diese Aussagen sind zu vage. Es ist keine Möglichkeit denkbar, wie sie überprüft werden könnten, daher sind sie sinnlos. In der Formulierung von Ayer: »Der Theismus ist so verworren, und die Sätze, in denen ›Gott‹

vorkommt, sind so unzusammenhängend und so ungeeignet, Wahres von Falschem zu trennen, daß es von der Logik her unmöglich ist, von Glauben oder Unglauben, Vertrauen oder mangelndem Vertrauen zu sprechen.«[2] Der Atheismus ist so unverständlich und bedeutungslos wie der Theismus. An dem Begriff »Gott« ist nichts, was geleugnet oder mit Skepsis betrachtet werden müßte.

Wie Freud glaubten auch die Positivisten, daß religiöser Glaube ein Zeichen von Unreife sei, die von der Wissenschaft überwunden würde. Seit den fünfziger Jahren unseres Jahrhunderts kritisieren Sprachphilosophen die logischen Positivisten und halten ihnen vor, daß das, was Ayer als das Verifikationsprinzip bezeichnete, selbst nicht verifiziert werden könne. Heute sind wir weniger geneigt, eine so optimistische Haltung gegenüber der Wissenschaft einzunehmen, die lediglich den naturwissenschaftlichen Bereich erklären kann. Wilfred Cantwell Smith meinte, die logischen Positivisten hätten sich in einer Zeit als Wissenschaftler etabliert, als zum ersten Mal in der Geschichte die Wissenschaft die reale Welt ausdrücklich als vom Menschen getrennt angesehen habe.[3] Die Art von Aussagen, auf die Ayer sich bezog, lassen sich sehr gut für die objektiven Tatsachen der Wissenschaft verwenden, sind jedoch ungeeignet für weniger eindeutige menschliche Erfahrungen. Wie Lyrik oder Musik ist auch die Religion nicht zugänglich für diese Art von Untersuchungen und Überprüfungen. In jüngerer Zeit führten Sprachphilosophen wie Antony Flew das Argument an, es sei vernünftiger, eine naturbedingte Erklärung zu finden als eine religiöse: Die alten »Beweise« vermögen nicht mehr zu überzeugen; die Rede von der Schöpfung ist sinnlos, weil wir außerhalb des Systems stehen müßten, um zu sehen, ob Naturphänomene durch ihre eigenen Gesetze bedingt sind oder durch eine von außen wirkende Kraft. Der Satz, wir seien »unwesentliche« oder »unvollkommene« Wesen, beweist nichts, da es dafür immer eine elementare, wenn auch nicht übernatürliche Erklärung geben könnte. Flew ist weniger Optimist als Feuerbach, Marx oder die Existentialisten. Bei ihnen fehlt das qualvolle Ringen um die Wahrheit, die heroische Herausforderung, sie fühlten sich schlicht der Vernunft und der Wissenschaft als dem einzigen Weg nach vorn verpflichtet.

Wir haben allerdings gesehen, daß nicht alle an Religion interessierten Menschen ihr Augenmerk auf »Gott« richteten in der Erwartung, bei ihm eine Erklärung für das Universum zu finden. Viele empfanden die Gottesbeweise als Ablenkungsmanöver. Nur die Christen im Westen empfanden die Wissenschaft als Bedrohung, die es sich zur Gewohnheit machten, die Heilige Schrift wörtlich aufzufassen und Lehren zu interpretieren, als wären sie objektive Tatsachen. Wissenschaftler und Philosophen, die in ihren Gedankengebäuden keinen Platz für Gott haben, beziehen sich gewöhnlich auf die Vorstellung von Gott als einer ersten Ursache. Genau diese Vorstellung haben Juden, Muslime und die griechisch-orthodoxen Christen im Mittelalter verworfen. Sie suchten einen subjektiven »Gott«, und der konnte nicht wie eine objektive Tatsache bewiesen werden, die für alle gleich ist. Er konnte ebensowenig innerhalb eines physikalischen Systems des Universums lokalisiert werden wie das buddhistische Nirwana.

Dramatischer als die Sprachphilosophen gingen die radikalen Theologen der sechziger Jahre vor. Als begeisterte Anhänger Nietzsches verkündeten sie den Tod Gottes. 1966 behauptete Thomas J. Altizer in seiner Schrift ... *daß Gott tot sei*, die »frohe Botschaft« vom Tod Gottes habe uns von der Versklavung durch eine tyrannische, transzendente Gottheit befreit: »Nur, wenn wir Gottes Tod innerlich akzeptieren, ja sogar wünschen, können wir befreit werden von einem transzendenten Wesen aus dem Jenseits, einem fremdartigen Jenseits, das leer und dunkel wurde durch Gottes Selbstentfremdung in Christus.«[4] Altizer spricht in Begriffen der Mystik von der dunklen Nacht der Seele und dem Schmerz des Verlassenseins. Gottes Tod verkörpert das Schweigen, das nötig war, bevor Gott wieder Bedeutung erlangen konnte. All unsere alten Begriffe von Göttlichkeit mußten verschwinden, bevor die Theologie wieder neu entstehen konnte. Wir warten auf eine Sprache und einen Stil, die Gott noch einmal vorstellbar machen werden. Altizers Theologie ist eine leidenschaftliche Dialektik, die die dunkle, gottlose Welt angreift in der Hoffnung, sie werde ihr Geheimnis preisgeben. Präziser und logischer drückt sich Paul van Buren aus. In seinen *Reden von Gott – in der Sprache der Welt* (1963) sagt er, es sei nicht länger möglich, von einem Gott zu sprechen, der in der Welt aktiv sei. Wissenschaft und Technologie hätten den alten Mythen den Boden entzogen. Der schlichte Glaube an den alten Mann im Himmel sei offensichtlich absurd, doch auch auf den mehr vom Intellekt gesteuerten Glauben der Theologen treffe dies genauso zu. Wir müssen ohne Gott auskommen und uns an Jesus von Nazareth halten. Das Evangelium handelt »von der frohen Botschaft eines freien Menschen, der andere Menschen befreite«. Jesus von Nazareth war der Befreier, »der Mensch, der bestimmt, was es heißt, ein Mensch zu sein«.[5]

In seiner Schrift *Radical Theology and the Death of God* (Radikale Theologie und der Tod Gottes, 1966) führt William Hamilton aus, diese Form der Theologie stamme ursprünglich aus den Vereinigten Staaten, die schon immer einen Hang zur Utopie gehabt hätten und auf keine bedeutende eigene theologische Tradition zurückblicken könnten. Die Bildersprache vom Tod Gottes sei ein Zeichen für die Anomie und die Unkultur des technischen Zeitalters, die es unmöglich machten, auf die alte Weise an den biblischen Gott zu glauben. Hamilton sieht die theologische Haltung als eine Möglichkeit, im 20. Jahrhundert Protestant zu sein. Luther verließ sein Kloster und ging in die Welt hinaus. Auf die gleiche Weise wandten er und die anderen christlichen Radikalen sich dezidiert weltlichen Dingen zu. Sie entfernten sich von dem heiligen Ort, wo Gott üblicherweise war, und machten sich auf, den Menschen Jesus zu finden – in ihrem Nachbarn draußen, in der von Technologie, Großstadthetze, Gewalt, Sex und Geld geprägten Welt. Der moderne weltoffene Mensch braucht keinen Gott. Bei Hamilton gibt es keine Bewußtseinslücke, die Gott ausfüllt: Der Mensch sucht sich seine eigene Lösung auf der Welt.

Dieser unbekümmerte Optimismus der sechziger Jahre wirkt heute hilflos. Zweifellos hatten die Radikalen recht mit ihrer Meinung, daß der alte Stil, von Gott zu sprechen, für viele nicht mehr akzeptabel war. In den neunziger Jahren hält man vergebens nach Befreiung und einem Neubeginn Ausschau. Die Theologen, die den Tod Gottes verkünden, müssen sich den Vorwurf anhören, ihre Sicht sei die des wohlhabenden weißen Amerikaners der Mittelschicht. Schwarze Theologen wie James H. Cone fragen, warum die Weißen sich das Recht herausnehmen zu behaupten, der Tod

Gottes habe die Freiheit gebracht, während sie in Wahrheit Menschen im Namen Gottes versklavt hätten. Der jüdische Theologe Richard Rubenstein kann nicht begreifen, wie man eine Menschheit ohne Gott so kurze Zeit nach dem Holocaust der Nazis als etwas Positives ansehen kann. Nach seiner festen Überzeugung ist der Gott der Geschichte ein für allemal in Auschwitz gestorben. Dennoch glaubt Rubenstein nicht, daß die Juden sich ihrer Religion entledigen können. Nach der fast völligen Vernichtung des europäischen Judentums dürften sie sich nicht von ihrer Vergangenheit abwenden. Der freundliche moralische Gott des liberalen Judentums hat sich jedoch als unbrauchbar erwiesen. Dieser Gott war zu antiseptisch, er ignorierte die Tragödie des Lebens und wartete, daß die Welt sich von allein bessern würde. Rubenstein favorisiert den Gott der jüdischen Mystiker. Ihn fasziniert Isaak Lurias Zimzum, der Gedanke, Gottes freiwilliger Akt der Selbstentfremdung habe die Schöpfung ins Leben gerufen. Die Mystiker betrachteten Gott als ein Nichts, von dem wir gekommen sind und zu dem wir zurückkehren werden. Rubenstein stimmt mit Sartre darin überein, daß das Leben leer ist. Er sieht den Gott der Mystiker als eine phantasievolle Möglichkeit an, sich auf die menschliche Erfahrung des Nichts einzulassen.[6]

Andere jüdische Theologen fanden ebenfalls Trost in Lurias Kabbala. Hans Jonas zufolge können wir nach Auschwitz nicht mehr an die Allmacht Gottes glauben. Als Gott die Welt erschuf, hielt er sich absichtlich zurück und teilte die Schwachheit der Menschen. Er konnte nun nichts mehr tun, die Menschen mußten durch Gebete und die Einhaltung der Gebote der Thora die harmonische Einheit für die Gottheit und die Welt neu herstellen. Der britische Theologe Louis Jacobs hat diesen Gedanken verworfen und lehnt das Bild von Zimzum als plump anthropomorph ab: Es lege uns die zu wörtliche Fragestellung nahe, wie Gott denn die Welt erschaffen habe. Gott schränkt sich nicht ein, er hält nicht sozusagen den Atem an, bevor er ausatmet. Ein ohnmächtiger Gott ist nutzlos und kann nicht der Sinn der menschlichen Existenz sein. Es ist besser, auf die klassische Erklärung zurückzugreifen, daß Gott bedeutender ist als die Menschen und seine Gedanken und Möglichkeiten anders geartet sind als die unsrigen. Gott mag zwar unbegreiflich sein, doch haben die Menschen die freie Wahl, diesem unbeschreiblichen Gott zu vertrauen und irgendeinen Sinn zu bejahen, selbst angesichts der Sinnlosigkeit. Der römisch-katholische Theologe Hans Küng stimmt Jacobs zu, allerdings bevorzugt er eine angemessenere Erklärung für das Tragische als den wirklichkeitsfremden Mythos von Zimzum. Küng zufolge können die Menschen kein Vertrauen zu einem schwachen Gott haben, sehr wohl aber zu dem lebendigen Gott, der den Menschen die Kraft gab, in Auschwitz zu beten.

Manchen erscheint es immer noch möglich, einen Sinn in der Gottesidee zu finden. Der Schweizer Theologe Karl Barth (1886–1968) widersetzte sich dem liberalen Protestantismus Schleiermachers mit der Betonung religiöser Erfahrung. Doch er war ebenfalls ein Gegner der natürlichen Theologie. Seiner Meinung nach ist es ein Irrweg, wenn man Gott in rationalen Begriffen zu fassen versucht, nicht nur wegen der Begrenztheit des menschlichen Geistes, sondern auch weil die Menschheit durch den Sündenfall verdorben ist. Jede natürliche Idee über Gott weist zwangsläufig Mängel auf, und es ist eine Form von Abgötterei, einen solchen Gott anzubeten. Die einzig gültige Quelle, die Wissen über Gott vermitteln kann, ist die Bibel. Eine schlimme Vorstellung: Auf die Erfahrung können wir uns nicht stützen, ebensowenig auf die natürliche Vernunft, der Geist ist korrupt und unzuverlässig, und es gibt auch keine Möglichkeit, von anderen Glaubensbekenntnissen zu lernen, weil die Bibel die einzig gültige Offenbarung ist. Wie ist es möglich, so radikale Skepsis gegenüber den Kräften des Intellekts mit einer so unkritischen Bejahung der Wahrheiten der Heiligen Schrift zu verbinden?

Paul Tillich (1868–1965) hielt den personalen Gott des traditionellen westlichen Theismus für endgültig überholt, doch zugleich glaubte er, daß Religion für die Menschen eine Notwendigkeit sei. Eine tief verwurzelte Angst ist Teil des menschlichen Wesens. Sie ist nichts Neurotisches, da sie unausrottbar ist und durch keine Therapie beseitigt werden kann. Wir fürchten uns ständig vor Verlust und dem Schrecken der Vernichtung, während wir beobachten, wie unser Körper allmählich und unerbittlich verfällt. Tillich stimmte mit Nietzsche darin überein, daß der personale Gott eine schädliche Idee sei, die es verdiene, verworfen zu werden:

Die Vorstellung eines »personalen Gottes«, der natürliche Abläufe störend beeinflußt oder »eine unabhängige Ursache der natürlichen Abläufe« ist, macht Gott zu einem natürlichen Objekt neben anderen, einem Objekt unter anderen, einem Wesen unter anderen Wesen, vielleicht zum bedeutendsten, doch nichtsdestoweniger zu einem Wesen. Dies bedeutet in der Tat nicht nur die Zerstörung des naturwissenschaftlichen Systems, sondern darüber hinaus die Zerstörung jeglicher sinnvollen Idee von Gott.[7]

Ein unaufhörlich im Universum herumpfuschender Gott wäre absurd; ein Gott, der die menschliche Freiheit und Kreativität störend beeinflußte, wäre ein Tyrann. Wird Gott als ein Selbst in seiner eigenen Welt betrachtet, als ein Ich, das sich auf ein Du bezieht, als eine Ursache, die getrennt von ihrer Wirkung gesehen werden muß, ist »er« ein Wesen, nicht das Seiende selbst. Ein allmächtiger, allwissender Tyrann unterscheidet sich nicht von einem irdischen Diktator, für den alles und jeder ein Zahnrad in der von ihm kontrollierten Maschine ist. Ein Atheismus, der einen solchen Gott ablehnt, ist vollkommen berechtigt.

Statt dessen sollten wir uns bemühen, einen »Gott« zu finden, der über dem personalen Gott steht. Diese Idee ist nicht neu. Seit der Zeit, als die Bibel geschrieben wurde, waren sich die Theisten immer der paradoxen Natur des Gottes bewußt, zu dem sie beteten, und sie erkannten, daß der personalisierte Gott ausgeglichen wurde durch die im wesentlichen überpersönliche Göttlichkeit. Jedes Gebet ist ein Widerspruch, da beim Gebet der Versuch unternommen wird, zu jemandem zu sprechen, der nicht sprechen kann. Man bittet jemanden um bestimmte Dinge, der sie, bevor er darum gebeten wurde, entweder gewährt hat oder nicht. Im Gebet sagen wir »du« zu einem Gott, der als Wesen dem »Ich« näher steht als unser eigenes Ich. Tillich zieht es vor, Gott als die Grundlage allen Seins zu definieren. Die Teilhabe an einem solchen Gott über »Gott« entfremdet uns der Welt nicht, sondern ermöglicht uns eine intensive Beschäftigung mit der Realität. Wir werden veranlaßt, zu uns selbst zu finden. Die Menschen benötigen Symbole, wenn sie über das Sein an sich sprechen: Nüchtern oder realistisch darüber zu sprechen ist ungenau und unwahr.

Jahrhundertelang ermöglichten die Symbole »Gott«, »Vorsehung« oder »Unsterblichkeit« den Menschen, die Furcht vor dem Leben und die schreckliche Angst vor dem Tod zu ertragen. Wirken diese Symbole jedoch nicht mehr, breiten sich Furcht und Zweifel aus. Menschen, die von solchem Grauen und einer solchen Unruhe ergriffen werden, sollten den Gott über dem in Verruf gekommenen theistischen »Gott« suchen, der seine symbolische Kraft verloren hat.

Im Gespräch mit Laien ersetzte Tillich den eher technischen Terminus »Grundlage des Seins« durch den Begriff »fundamentale Frage«. Er betonte, bei der menschlichen Glaubenserfahrung dieses »über Gott stehenden Gottes« handele es sich nicht um eine eigentümliche, von anderen Zuständen abgrenzbare Form unseres emotionalen oder intellektuellen Erlebens. Man könne nicht sagen »ich habe gerade ein besonderes ›religiöses‹ Erlebnis«, da der das Sein symbolisierende Gott Vorrang habe und fundamental für alle unsere Gefühle des Muts, der Hoffnung und der Verzweiflung sei. Es sei kein bestimmter Zustand mit einem besonderen Namen, sondern Gott durchdringe jede unserer normalen menschlichen Erfahrungen. Ein Jahrhundert früher hatte Feuerbach etwas Ähnliches behauptet, als er sagte, Gott sei nicht zu trennen von der normalen menschlichen Psychologie. Nun war dieser Atheismus in einen neuen Theismus umgewandelt worden.

Liberale Theologen versuchten herauszufinden, ob es möglich war, zu glauben und gleichzeitig zur modernen intellektuellen Welt zu gehören. Bei dem Entwurf ihrer neuen Konzeption von Gott wandten sie sich anderen Disziplinen zu: der Naturwissenschaft, der Psychologie, der Soziologie und anderen Religionen. Auch dieser Versuch war nicht neu. Im 3. Jahrhundert waren Origenes und Klemens von Alexandria in diesem Sinne liberale Christen gewesen, als sie den Platonismus in die semitische Religion von Jahwe eingeführt hatten. Nun verband der Jesuit Pierre Teilhard de Chardin (1881–1955) seinen Glauben an Gott mit der modernen Wissenschaft. Er war Paläontologe mit einem besonderen Interesse für prähistorisches Leben und gründete seine neue theologische Lehre auf sein Verständnis von der Evolution. Er sah den gesamten evolutionären Kampf als eine göttliche

Kraft an, die das Universum von der Materie zum Geist und zur Persönlichkeit katapultierte und schließlich über die Persönlichkeit hinaus zu Gott. Gott war immanent und Mensch geworden auf der Welt, die Welt war ein Sakrament seiner Gegenwart. Teilhard de Chardin regte an, die Christen sollten, statt sich auf Jesus, den Menschen, zu konzentrieren, die kosmische Darstellung von Christus in Paulus' Briefen an die Kolosser und Epheser übernehmen. Christus war der »Omega-Punkt« des Universums, der Höhepunkt des Evolutionsprozesses, an dem Gott alles wird. Aus der Heiligen Schrift wissen wir, daß Gott die Liebe ist, die Wissenschaft zeigt uns, daß die natürliche Welt auf eine immer größere Komplexität zusteuert und zugleich auf eine größere Einheit in dieser Vielfalt. Die Verbindung von Einheit und Differenzierung ist eine weitere Möglichkeit, jene, die gesamte Schöpfung erfüllende, Liebe zu betrachten. Teilhard de Chardins Kritiker wandten ein, er identifiziere Gott so vollkommen mit der Welt, daß das Gefühl seiner Transzendenz verlorengehe. Doch seine Theologie des Diesseits war eine willkommene Abwechslung zu der Weltverachtung, die nur allzu oft die katholische Spiritualität prägt.

In den sechziger Jahren formulierte in den Vereinigten Staaten Daniel Day Williams (geboren 1910) seine sogenannte Entwicklungstheologie, die ebenfalls Gottes Einheit mit der Welt betont. Williams war stark beeinflußt von dem britischen Philosophen A. N. Whitehead (1861–1947), der Gott unauflösbar in die Entwicklung der Welt eingebunden gesehen hatte. Whitehead hatte ausgeführt, die Vorstellung von Gott als einem anderen Wesen, verschlossen und gefühllos, sei nicht plausibel. Er drückte die den Propheten vertraute Idee eines anteilnehmenden Gottes in der Sprache des 20. Jahrhunderts aus:

Ich behaupte, daß Gott leidet, wenn er am Leben der Gesellschaft teilnimmt. Er teilt das Leid der Welt und ist damit die höchste Instanz der Erkenntnis, der Hinnahme und der Umwandlung des Leidens in Liebe auf der Welt. Ich bin der Auffassung, daß Gott fühlt. Andernfalls würde die Existenz Gottes keinen Sinn ergeben.[8]

Whitehead beschreibt Gott als »den großen Gefährten, den Mit-Leidenden, der uns versteht«. Williams gefiel Whiteheads Definition; er spricht gern von Gott als dem »Verhalten« der Welt oder als einem »Ereignis«.[9] Es ist falsch, die übernatürliche Ordnung über die natürliche Welt unserer Erfahrung zu stellen. Es gibt nur eine Ordnung des Seins. Das ist jedoch keine Herabsetzung. In unser Verständnis des Natürlichen sollten wir alle Bestrebungen, Fähigkeiten und das gesamte Potential mit einbeziehen, das früher einmal als übernatürlich gegolten hat. Auch unsere »religiösen Erfahrungen« zählen dazu, wie die Buddhisten stets versichert haben. Auf die Frage, ob er glaube, Gott sei von der Natur getrennt zu sehen, antwortete Williams, er sei sich nicht sicher. Er lehnte die alte griechische Vorstellung der *apatheia* als geradezu blasphemisch ab: Sie stelle Gott als distanziert, teilnahmslos und selbstsüchtig dar. Er lehnte auch den Pantheismus ab. Mit seiner Theologie versuchte er lediglich, ein Ungleichgewicht zu korrigieren, weil der daraus resultierende entfremdete Gott nach Auschwitz und Hiroshima nicht mehr hinzunehmen sei.

Andere Theologen waren weniger optimistisch, was die Errungenschaften der modernen Welt betraf, und wollten an der Transzendenz Gottes als Herausforderung für die Menschen festhalten. Der Jesuit Karl Rahner entwickelte eine stärker transzendental orientierte Theologie, die Gott als das höchste Mysterium und Jesus als entscheidende Manifestation dessen ansieht, was die Menschheit erreichen kann. Bernard Lonergan unterstrich ebenfalls die Bedeutung der Transzendenz und des Denkens im Gegensatz zur Erfahrung. Der bloße Intellekt kann die Vision, nach der er strebt, nicht erreichen: Er stößt ständig auf Grenzen des Verstehens, die eine Änderung unserer Einstellung erfordern. In allen Kulturen orientierten sich die Menschen an denselben Geboten: intelligent, verantwortungsvoll, liebevoll und, wenn nötig, wandlungsfähig zu sein. Die ureigenste Natur des Menschen verlangt also, daß wir uns und unsere gegenwärtigen Vorstellungen überwinden, und dieses Prinzip deutet auf die Präsenz dessen, was in der ernsthaften Forschung als das göttliche Element in der Natur des Menschen bezeichnet wurde. Der Schweizer Theologe Hans Urs von Balthasar meint, daß wir, anstatt Gott in der Logik und in Abstraktionen zu suchen, unser Augenmerk der Kunst zuwenden sollten. In brillanten Studien über Dante und Bonaventura zeigt Balthasar, daß Katholiken Gott in menschlicher Form »gesehen« haben. Die Betonung der Schönheit in den rituellen Gesten, im Schauspiel und bei den großen katholischen Künstlern weist darauf hin, daß Gott mit den Sinnen erfaßt werden kann und nicht allein mit dem Intellekt.

Muslime und Juden haben ebenfalls versucht, in der Vergangenheit Vorstellungen von Gott zu finden, die für die Gegenwart geeignet sind. Abu al-Kalam Azad (gestorben 1959), ein angesehener pakistanischer Theologe, beschäftigte sich mit dem Koran auf der Suche nach einer Sicht Gottes, die nicht so transzendent war, daß er zum absoluten Nichts wurde, und nicht so persönlich, daß er zum Idol wurde. Er wies auf den symbolischen Charakter der Abhandlungen im Koran hin und hob hervor, daß ein Gleichgewicht bestehe zwischen bildlichen, figürlichen und anthropomorphen Beschreibungen und den ständigen Ermahnungen, daß Gott unvergleichlich sei. Andere orientierten sich an den Sufis, um Aufschluß über Gottes Verhältnis zur Welt zu gewinnen. Der Schweizer Sufi Frithjof Schuon besann sich auf Ibn al-Arabis Lehre von der Einzigartigkeit des Seins *(Wahdat al-Wujud)*, um zu zeigen, daß – da Gott die einzige Realität sei – nichts außerhalb existiere, aber daß er und die Welt wirklich göttlich seien. Schuon erläutert dies mit dem Hinweis, daß es sich dabei um eine esoterische Wahrheit handele, die nur im Zusammenhang mit den mystischen Übungen des Sufismus verstanden werden könne.

Andere Theologen brachten Gott näher zu den Menschen und verbanden ihn mit den politischen Herausforderungen der jeweiligen Zeit. In den Jahren vor der iranischen Revolution scharte der junge Laienphilosoph Dr. Ali Shariati eine riesige Anhängerschaft aus der gebildeten Mittelklasse um sich. Ihre Mobilisierung gegen den Schah ging zu einem Gutteil auf sein Konto, an seiner religiösen Botschaft hatten die Mullahs indes einiges auszusetzen. Bei Demonstrationen trugen die Menschen regelmäßig sein Bildnis neben dem von Ayatollah Khomeini. Allerdings kann man sich fragen, wie es ihm in Khomeinis Iran ergangen wäre. Shariati war überzeugt, der Einfluß des Westens habe die Muslime von ihren kulturellen Wurzeln abgeschnitten. Sie müßten die alten Symbole ihres Glaubens neu interpretieren, um diesem Übel abzuhelfen. Genau dies habe Mohammed getan, als er den alten Ritualen der Hadsch im Rahmen der monotheistischen Religion eine neue Bedeutung verliehen habe. In seinem Buch *Hadsch* führt Shariati seine Leser auf eine Pilgerfahrt nach Mekka und formulierte dabei schrittweise eine dynamische Konzeption von Gott, die jeder in seiner Phantasie für sich selbst entwickeln sollte. Auf diese Weise würden die Pilger beim Erreichen der Kaaba erkennen, welchen Sinn es hatte, daß der Schrein leer war: »Dies ist nicht euer letztes Reiseziel; die Kaaba ist ein Zeichen, daß ihr auf dem richtigen Weg seid; sie zeigt euch nur, welche Richtung ihr einschlagen müßt.«[10] Die Kaaba bezeugte die Wichtigkeit, alle menschlichen Vorstellungen des Göttlichen zu transzendieren und sie nicht als Selbstzweck zu behandeln. Warum ist die Kaaba ein einfacher Würfel, ohne Schmuck und Verzierung? Weil sie »das Geheimnis Gottes im Universum« symbolisiert: »Gott ist formlos, farblos, ohne Falsch; welche Form oder Beschaffenheit die Menschheit wählt, sieht oder sich vorstellt, es handelt sich dabei nicht um Gott.«[11] Die Hadsch ist die Antithese der Entfremdung, die so viele Iraner in der nachkolonialen Epoche gespürt hatten. Sie symbolisiert den existentiellen Weg eines jeden Menschen, der sein Leben ändert und es auf den unbeschreiblichen Gott ausrichtet. Shariatis aktivistischer Glaube war gefährlich: Die Geheimpolizei des Schahs folterte und deportierte ihn und war möglicherweise verantwortlich für seinen Tod in London im Jahr 1977.

Martin Buber (1878–1965) hatte eine ähnlich dynamische Vision vom Judentum als einem spirituellen Prozeß und Streben nach elementarer Einheit. Religion sei die Begegnung mit einem personalen Gott und ereigne sich fast immer bei der Begegnung mit einem anderen Menschen. Buber zufolge gibt es zwei Sphären: Einmal den Bereich von Zeit und Raum, in dem wir uns auf andere Wesen als Subjekt und Objekt beziehen, als Ich-Es. Im zweiten Bereich beziehen wir uns auf andere, wie sie wirklich sind, und betrachten sie als Selbstzweck. Dies ist der Ich-Du-Bereich, der die Präsenz Gottes offenbart. Das Leben ist ein endloser Dialog mit Gott, er gefährdet unsere Freiheit und unsere Kreativität nicht, da Gott uns nie sagt, was er von uns will. Wir erfahren ihn einfach als eine Präsenz und ein Gebot und müssen uns die Bedeutung des Ganzen selbst erarbeiten. Das war ein Bruch mit einem erheblichen Teil der jüdischen Tradition, und Bubers Exegese traditioneller Texte wirkt manchmal etwas gezwungen. Als Kantianer hatte Buber nichts übrig für die Thora, er empfand sie als entfremdend: Gott ist kein Gesetzgeber. Die Ich-Du-Begegnung bedeutet Freiheit und Spontaneität, nicht Druck einer vergangenen Tradition. Dennoch sind die Mizwot von zentraler Bedeutung für einen Großteil der jüdischen Spiritualität. Möglicherweise ist darum Buber bei den Christen populärer als bei den Juden.

Buber erkannte, daß der Begriff »Gott« beschmutzt und herabgesetzt worden war, doch er lehnte es ab, auf ihn zu verzichten. »Wo könnte ich ein Wort finden, das diesem gleichkäme, um dieselbe Realität zu beschreiben?« Es habe eine zu große und komplexe Bedeutung, zu viele geistliche Assoziationen. Doch diejenigen, die das Wort »Gott« ablehnten, müßten respektiert werden, da so viele entsetzliche Dinge in seinem Namen geschehen seien.

> Wie gut läßt es sich verstehen, daß manche vorschlagen, eine Zeit über von den »letzten Dingen« zu schweigen, damit die mißbrauchten Worte erlöst werden! Aber *so* sind sie nicht zu erlösen. Wir können das Wort »Gott« nicht reinwaschen, und wir können es nicht ganzmachen; aber wir können es, befleckt und zerfetzt wie es ist, vom Boden erheben und aufrichten über einer Stunde großer Sorge.[12]

Im Gegensatz zu den anderen Rationalisten lehnte Buber Mythen nicht ab: Er fand, Lurias Mythos von den göttlichen, in der Welt gefangenen Funken sei von entscheidender symbolischer Bedeutung. Die Trennung der Funken von der Gottheit symbolisiere die menschliche Erfahrung der Entfremdung. Wenn wir mit anderen Kontakt aufnähmen, würden wir die ursprüngliche Einheit wiederherstellen und die Entfremdung in der Welt verringern.

Während Buber auf die Bibel und den Chassidismus zurückblickte, kehrte Abraham Joshua Heschel zum Geist der Rabbis und des Talmud zurück. Im Gegensatz zu Buber glaubte er, daß die Mizwot den Juden helfen würden, den enthumanisierenden Tendenzen der Moderne etwas entgegenzusetzen. Die Handlungen erfüllen mehr Gottes Bedürfnisse als unsere eigenen. Das moderne Leben ist gekennzeichnet von Depersonalisation und Ausbeutung: Selbst Gott wird zu einem Ding gemacht, das manipuliert werden kann und uns gefällig sein soll. Die Religion ist stumpfsinnig und schal geworden; wir brauchen eine »Tiefen-Theologie«, um die verkrusteten Strukturen aufzubrechen, um wieder wie früher Ehrfurcht und Staunen zu empfinden und ein Gefühl für das Mysterium zu entwickeln. Der Versuch, die Existenz Gottes logisch zu erklären, ist zum Scheitern verurteilt. Der Glaube an Gott entspringt einer unmittelbaren Vorstellung, die nichts mit Konzepten und Rationalität zu tun hat. Die Bibel muß wie die Poesie metaphorisch gelesen werden, wenn sie dieses Gefühl für das Heilige wieder vermitteln soll. Die Mizwot müssen ebenfalls als symbolische Gesten betrachtet werden, die uns dazu erziehen sollen, in der Gegenwart Gottes zu leben. Jede Mizwa ist ein Ort der Begegnung in den winzigen Facetten irdischen Lebens. Ähnlich einem Kunstwerk hat die Welt der Mizwot ihre eigene Logik und ihren eigenen Rhythmus. Vor allem sollen wir uns darüber im klaren sein, daß Gott die Menschen braucht. Er ist nicht der distanzierte Gott der Philosophen, sondern der von den Propheten beschriebene Gott des Mitfühlens.

Auch atheistische Philosophen wurden in der zweiten Hälfte des 20. Jahrhunderts von der Gottesidee angezogen. In *Sein und Zeit* (1927) sah Martin Heidegger (1899–1976) das Sein auf ganz ähnliche Weise wie Tillich, obwohl er abgestritten hätte, daß »Gott« im christlichen Sinn gemeint sei. Das Sein war etwas anderes als die einzelnen Seienden und völlig getrennt von den normalen Kategorien des Denkens. Einige Christen wurden von Heideggers Werk angeregt, auch wenn dessen moralische Seite durch seine Verbindung zum Nazi-Regime diskreditiert ist. In seiner Antrittsvorlesung in Freiburg mit dem Titel *Was ist Metaphysik?* entwikkelte Heidegger eine Reihe von Ideen, die bereits in den Werken von Plotin, Dionysius und Duns Scotus aufgetaucht waren. Da das Sein »völlig anders« ist, ist es eigentlich ein Nichts – kein Ding, weder ein Objekt noch ein besonderes Wesen. Dennoch ermöglicht es jegliches andere Leben. Die Menschen des Altertums hatten geglaubt, daß aus Nichts auch nichts entstehen könne. Heidegger kehrte diese Maxime um: *Ex nihilo omne ens qua ens fit.* Er beendete seinen Vortrag mit einer von Leibniz gestellten Frage: Warum gibt es überhaupt Seiendes und nicht einfach nichts? Die Frage provoziert ein Gefühl des Schocks und der ungläubigen Verwunderung. So haben Menschen zu allen Zeiten reagiert angesichts der Welt und des Rätsels, warum überhaupt etwas existiert. In seiner *Einführung in die Metaphysik* (1935) stellte Heidegger zu Beginn die gleiche Frage. Die Theologen meinten, sie hätten die richtige Antwort gefunden, und verfolgten alles auf etwas anderes zurück, auf Gott. Dieser Gott war jedoch einfach ein weiteres Wesen und nicht etwas vollkommen anderes. Heidegger hatte eine beschränkte Vorstellung vom Gott der Religion – die freilich von vielen religiösen Menschen geteilt wird –, aber er sprach oft in mystischen Begriffen über das Sein. Er bezeichnet es als großes Paradoxon, beschreibt den Denkprozeß als ein Warten oder Lauschen auf das Sein und schildert die Erfahrung einer Rückkehr und eines Rückzugs des Seins, vergleichbar mit der Art und Weise, in der die Mystiker die Abwesenheit Gottes empfanden. Die Menschen können auf keine Weise dem Sein durch Denken zu einer Existenz verhelfen. Seit der griechischen Antike neigen die Menschen in der westlichen Welt dazu, das Sein zu vergessen, und konzentrieren sich statt dessen auf Seiendes – die technische Zivilisation des Westens verdankt diesem Umstand ihre Entstehung. In einem gegen Ende seines Lebens verfaßten Aufsatz mit der Überschrift »Nur ein Gott kann uns retten« deutet Heidegger an, daß die Erfahrung der Abwesenheit Gottes uns in unserer heutigen Zeit davon befreien kann, daß wir uns übermäßig mit Seiendem beschäftigen. Doch wir können nichts tun, um das Sein gegenwärtig zu machen. Wir können nur auf eine neue Ankunft in der Zukunft hoffen.

Der marxistische Philosoph Ernst Bloch (1884–1977) war der Ansicht, die Vorstellung von Gott gehöre zur menschlichen Natur. Das gesamte menschliche Leben ist auf Zukunft ausgerichtet, wir empfinden unser Leben immer als unvollkommen und unfertig. Im Gegensatz zu den Tieren sind wir nie zufrieden, sondern wollen immer noch mehr. Wir sehen uns genötigt, unser Denken einzusetzen und uns weiterzuentwickeln, da wir an jedem Punkt unseres Lebens über das gegenwärtige Stadium hinaus in ein nächstes übergehen müssen: Das Baby wird Kleinkind, das Kleinkind erlangt immer neue Fähigkeiten und wächst zum Schulkind heran und so weiter. All unsere Träume und Sehnsüchte sind auf die Zukunft gerichtet. Selbst die Philosophie beginnt mit Verwunderung, der Erfahrung des Nicht-Wissens, des Noch-Nicht. Der Sozialismus beschwört ebenfalls einen Idealzustand. Obwohl der Marxismus den Glauben ablehnt, findet man Bloch zufolge überall da, wo Hoffnung ist, auch Religion. Wie Feuerbach sieht auch Bloch Gott als das menschliche Ideal, das noch nicht existiert. In seinen Augen ist das keine Entfremdung, sondern ein wesentlicher Bestandteil der Conditio humana.

Max Horkheimer (1895–1973), einer der Theoretiker der Frankfurter Schule, betrachtete »Gott« ebenfalls als ein wichtiges Ideal, und zwar auf eine Weise, die an die Propheten erinnert. Horkheimer zufolge spielt es keine Rolle, ob Gott existiert oder nicht und ob wir an ihn glauben oder nicht. Ohne die Gottesidee gibt es keinen absoluten Sinn, keine absolute Wahrheit und keine Moral. Ethik wird eine Frage des Geschmacks, einer Stimmung oder einer Laune. Wenn die Politik und die Moral nicht irgendwie die Vorstellung von »Gott« beinhalten, bleiben sie eher pragmatisch und sachbezogen und werden nicht weise. Wenn nichts Absolutes existiert, gibt es keinen Grund, nicht zu hassen oder Krieg schlimmer als Frieden zu finden. Religion ist im wesentlichen ein inneres Gefühl, daß ein Gott tatsächlich existiert. Einer unserer frühesten Träume ist das Verlangen nach Gerechtigkeit. (Wie oft hören wir, daß Kinder sich beklagen: »Das ist ungerecht!«) Die Religion registriert die Wünsche und Anklagen von unzähligen Menschen angesichts von Leid und Unrecht. Sie bringt uns unsere begrenzte Natur zu Bewußtsein; wir alle hoffen, daß die Ungerechtigkeit auf der Welt nicht der endgültige Zustand ist.

Die Beobachtung, daß Menschen ohne konventionelle religiöse Überzeugungen immer wieder auf zentrale Themen zurückkommen, die wir in der Geschichte Gottes entdeckt haben, weist darauf hin, daß die Vorstellung nicht so fremd ist, wie viele von uns vielleicht annehmen. Allerdings vollzog sich in der zweiten Hälfte des 20. Jahrhunderts eine Abkehr von der Idee eines personalen Gottes, der sich wie eine größere Ausgabe von uns Menschen verhält. Das ist nichts Neues. Wie wir gesehen haben, zeigt die Heilige Schrift der Juden, die die Christen ihr »Altes« Testament nennen, einen ähnlichen Prozeß; im Koran wurde Allah von Anfang an in weniger personalen Begriffen beschrieben als Gott in der jüdisch-christlichen Tradition. Lehren wie die Dreieinigkeit, die Mythologie und der Symbolismus der mystischen Vorstellungswelten betonten, daß Gott mit der üblichen Vorstellung von Persönlichkeit nicht zu fassen sei. Doch scheint dies vielen Gläubigen nicht hinreichend klar geworden zu sein. Als John Robinson, der Bischof von Woolwich, 1963 in seiner Schrift *Ehrlich gegenüber Gott* erklärte, er könne nicht länger an den alten persönlichen Gott »dort draußen« glauben, erhob sich in Großbritannien ein Sturm der Entrüstung. Für ähnliches Aufsehen sorgten verschiedene Bemerkungen von David Jenkins, dem Bischof von Durham, obgleich seine Gedanken in der akademischen Theologie vollkommen selbstverständlich sind. Don Cupitt, der Dekan des Emmanuel College in Cambridge, wurde auch als »der atheistische Priester« betitelt: Er findet den traditionellen realistischen Gott des Theismus inakzeptabel und schlägt eine Art christlichen Buddhismus vor, der das religiöse Erleben vor der Theologie an die erste Stelle setzt. Wie Robinson ist auch Cupitt durch rationales Denken zu einer Erkenntnis vorgedrungen, die Mystiker aller drei Glaubensrichtungen auf eine intuitive Art gewonnen haben. Auf jeden Fall ist die Vorstellung, daß Gott nicht wirklich existiert und es dort draußen nichts gibt, ganz und gar nicht neu.

Unangemessene Bilder vom Absoluten werden immer weniger toleriert. Solche Bilderstürmerei ist durchaus angebracht, da die Gottesidee in der Vergangenheit oft in zerstörerischer Weise eingesetzt wurde. Eine charakteristische neue Entwicklung seit den siebziger Jahren unseres Jahrhunderts ist das Vordringen einer Form der Religiosität, die wir gewöhnlich als »Fundamentalismus« bezeichnen. Diese Entwicklung ist in den meisten großen Weltreligionen einschließlich der drei monotheistischen zu beobachten. Der Fundamentalismus ist starr, intolerant und hat weitreichende politische Implikationen. In den Vereinigten Staaten, die schon immer für extremistische und apokalyptische Schwärmerei empfänglich waren, taten sich die christlichen Fundamentalisten in der New-Right-Bewegung zusammen. Die Fundamentalisten kämpfen für die Abschaffung des Rechts auf Abtreibung und eine harte Linie in moralischen und sozialen Fragen. Jerry Falwells »Moralische Mehrheit« gelangte in der Ära Reagan zu erstaunlicher politischer Macht. Andere Evangelisten wie Maurice Cerillo, der die vermeintlich authentischen Reden Jesu wörtlich auffaßt, halten Wunder für ein wesentliches Merkmal des wahren Glaubens. Gott wird dem Gläubigen alles geben, worum er in seinem Gebet bittet. In Großbritannien haben Fundamentalisten wie Colin Urquhart das gleiche behauptet. Die christlichen Fundamentalisten kümmern sich wenig um Christi liebevolles Mitgefühl, ohne Zögern verurteilen sie Menschen, die sie als »Feinde Gottes« ansehen. Die meisten sind der Meinung, Juden und Muslime würden in der Hölle enden. Urquhart sagt rundweg, alle orientalischen Religionen seien vom Teufel inspiriert.

Auch in der muslimischen Welt gibt es ähnliche Bewegungen, die im Westen Aufsehen erregt haben. Muslimische Fundamentalisten haben Regierungen gestürzt und die Feinde des Islam entweder getötet oder mit der Todesstrafe bedroht. In gleicher Weise haben sich jüdische Fundamentalisten in den besetzten Gebieten auf der Westbank und im Gaza-Streifen niedergelassen mit der erklärten Absicht, die arabischen Bewohner notfalls mit Gewalt zu vertreiben. Sie glauben, auf diese Weise den Weg für die nahe bevorstehende Ankunft des Messias zu ebnen. Der Fundamentalismus ist in allen seinen Formen ein extrem beschränkter Glaube. So predigte der verstorbene Rabbi Meir Kahane, extremstes Mitglied von Israels ultrarechtem Flügel, bis zu seiner Ermordung 1991 in New York:

Im Judentum gibt es nicht mehrere Botschaften. Es gibt nur eine. Und diese Botschaft lautet, das zu tun, was Gott will. Manchmal wünscht Gott, daß wir in den Krieg ziehen, manchmal möchte er, daß wir im Frieden leben ... Doch es gibt nur eine Botschaft: Gott wollte, daß wir in dieses Land kommen, um einen jüdischen Staat zu errichten.[13]

Eine solche Haltung macht die jahrhundertelange Entwicklung des jüdischen Denkens zunichte und greift die deuteronomistische Perspektive des Buches Josua wieder auf. Es überrascht nicht, daß Menschen, die derart entwürdigende Äußerungen hören, die

»Gott« darstellen, als mache er anderen Menschen ihre ureigensten Rechte streitig, der Meinung sind, wir sollten uns so schnell wie möglich von ihm lossagen.

In Wahrheit ist diese Art von Religiosität, wie wir auch im letzten Kapitel gesehen haben, ein Rückzug von Gott. Wenn von Menschen gesetzte, zeitgebundene Werte wie »die Familie«, »der Islam« oder »das Gelobte Land« zum Mittelpunkt religiösen Eifers gemacht werden, ist das eine neue Form von Abgötterei. Diese Art von kämpferischer Rechtschaffenheit war im Laufe der langen Geschichte Gottes eine ständige Versuchung für die Monotheisten. Dies ist der falsche Weg. Der Gott der Juden, Christen und Muslime hatte eine schlechte Ausgangsposition, da der Stammgott Jahwe auf unerträgliche Weise Partei für sein eigenes Volk ergriff. Kreuzfahrer der neuen Zeit, die auf dieses primitive Ethos zurückgreifen, verleihen den Stammeswerten einen vollkommen unangemessen hohen Stellenwert und erheben von Menschen geschaffene Ideale in den Rang einer transzendenten Realität, während in Wahrheit doch die Transzendenz eine Herausforderung für unsere vorgefaßten Meinungen sein sollte. Sie verleugnen darüber hinaus ein entscheidendes monotheistisches Thema. Seit der Zeit, da die Propheten Israels den alten heidnischen Kult Jahwes reformierten, verkündete der Gott der Monotheisten stets das Ideal des Erbarmens.

Wir haben gesehen, daß Erbarmen ein Kennzeichen der meisten Denksysteme war, die in der Achsenzeit entstanden. Das Ideal des Erbarmens beflügelte sogar die Buddhisten zu einer bedeutenden religiösen Umorientierung, als sie die Ergebenheit gegenüber Buddha und den Bodhisattvas (*bhakti*) einführten. Die Propheten beteuerten, Kult und Anbetung seien wertlos, wenn sich nicht die Gesellschaft als Ganze dem Ethos der Gerechtigkeit und des Mitgefühls verschreibe. Diese Erkenntnisse wurden von Jesus, Paulus und den Rabbis entwickelt, die alle dieselben jüdischen Ideale teilten und zur Verwirklichung der Ideale weitreichende Veränderungen im Judentum anstießen. Der Koran macht die Schaffung einer mitfühlenden und gerechten Gesellschaft zum Kernstück der reformierten Religion von Allah. Mitgefühl ist eine besonders schwierige Tugend. Sie verlangt, daß wir die Grenzen unserer Selbstsucht, Unsicherheit und ererbten Vorurteile überwinden. Verständlicherweise gab es Zeiten, in denen alle drei monotheistischen Religionen bei der Durchsetzung dieser großen Ansprüche versagten. Im 18. Jahrhundert lehnten die Deisten das traditionelle westliche Christentum vorwiegend aus dem Grund ab, weil es so auffallend grausam und intolerant geworden war. Derselbe Grund zählt für viele auch heute noch. Nur allzu oft teilen konventionelle Gläubige, die keine Fundamentalisten sind, deren aggressive Rechtschaffenheit. Sie benutzen »Gott«, um ihre eigenen Vorlieben und Abneigungen zu untermauern, indem sie sie Gott zuschreiben. Doch Juden, Christen und Muslime, die regelmäßig die Gottesdienste besuchen, aber Menschen verunglimpfen, die anderen ethnischen und ideologischen Lagern angehören, verleugnen eine fundamentale Wahrheit ihrer Religion. Ebenso unpassend ist es für Juden, Christen und Muslime, ein ungerechtes soziales System gutzuheißen. Der Gott des historischen Monotheismus verlangt Barmherzigkeit, nicht Opfer, und Mitgefühl statt geziemender Liturgie.

Oft bestand auch ein Unterschied zwischen Menschen, die eine kultische Form der Religion ausübten und solchen, die ein Gefühl für den Gott des Erbarmens entwickelten. Die Propheten wetterten gegen ihre Zeitgenossen, die der Meinung waren, die Anbetung im Tempel genüge. Jesus und der heilige Paulus ließen beide keinen Zweifel daran, daß eine äußerliche Befolgung von Geboten nutzlos ist, wenn sie nicht von Güte begleitet wird: Dies sei wenig besser, als Blechinstrumente oder eine scheppernde Zimbel ertönen zu lassen. Mohammed geriet mit denjenigen Arabern in Konflikt, die die heidnischen Gottheiten neben Allah mit den alten Ritualen anbeten wollten, ohne sich an das Ethos des Erbarmens zu halten, das Gott als eine Bedingung für jede wahrhaftige Religion forderte. Eine ähnliche Kluft hatte sich auch in der heidnischen Welt Roms aufgetan: Die alte kultische Religion feierte den Status quo, während die Philosophen eine Botschaft verkündeten, die ihrer Ansicht nach die Welt verändern würde. Möglicherweise wurde die Religion des Erbarmens des einen Gottes nur von einer Minorität befolgt; die meisten fanden es wohl zu anspruchsvoll, sich auf den höchsten Grad des Gott-Erlebens mit den kompromißlosen ethischen Forderungen einzulassen. Seit der Zeit, da Mose die Gesetzestafeln vom Berg Sinai brachte, bevorzugte es die Mehrheit stets, ein Goldenes Kalb anzubeten, ein traditionelles, nicht bedrohliches Bild einer Gottheit, das die Menschen für sich selbst entworfen hatten, mit den tröstlichen, altehrwürdigen Ritualen. Der Hohepriester Aaron überwachte die Herstellung des goldenen Bildes. Selbst die etablierte Kirche steht der Inspiration von Propheten und Mystikern oft ablehnend gegenüber, wenn sie von einem viel anspruchsvolleren Gott berichten.

Gott kann auch als unwürdiges Allheilmittel mißbraucht werden, als Alternative zum irdischen Leben und als Objekt ausschweifender Phantasie. Die Gottesidee wurde häufig als Opium für das Volk benutzt. Das ist besonders gefährlich, wenn Gott als ein Wesen in seinem eigenen Himmel verstanden wird – genau wie wir, nur größer und besser –, und der Himmel als Paradies aller irdischen Wonnen erscheint. Ursprünglich sollte »Gott« den Menschen helfen, sich auf diese Welt zu konzentrieren und sich der unerfreulichen Realität zu stellen. Selbst der heidnische Kult Jahwes betonte trotz aller offensichtlichen Unzulänglichkeiten die Verwicklung Jahwes in aktuelle Ereignisse der weltlichen Zeit, im Gegensatz zu der geheiligten Zeit der Riten und Mythen. Die Propheten Israels zwangen ihr Volk, sich ihre eigene soziale Schuld und die drohende politische Katastrophe im Namen Gottes vor Augen zu führen. Gott offenbarte sich in historischen Begebenheiten. Die christliche Lehre von der Menschwerdung Gottes betonte die göttliche Immanenz in der Welt der Menschen aus Fleisch und Blut. Das Interesse am Hier und Jetzt war besonders im Islam stark ausgeprägt: Mohammed, politisch und spirituell ein Genie, war durch und durch Realist. Wie wir gesehen haben, teilten spätere Generationen von Muslimen sein Anliegen, den göttlichen Willen in der menschlichen Geschichte zu verwirklichen durch die Schaffung einer gerechten und moralischen Gesellschaft. Von Anfang an wurde Gott als ein Gebieter gesehen, der zum Handeln aufforderte. Von dem Zeitpunkt an, als Gott – als El oder als Jahwe – Abraham von seiner Familie in Haran wegschickte, beinhaltete die Religion Taten auf dieser Welt und einen schmerzlichen Verlust der alten heiligen Dinge.

Diese Gewichtsverschiebung brachte auch große Belastungen mit sich. Der heilige Gott, der vollkommen anders war, wurde von den Propheten als ungeheurer Schock erlebt. Er forderte von seinem

Volk eine ähnliche Heiligkeit und Distanz. Während er auf dem Sinai zu Mose sprach, war es den Israeliten verboten, sich dem Fuß des Berges zu nähern. Ein gänzlich neuer Abgrund hatte sich zwischen der Menschheit und dem Göttlichen aufgetan und bewirkte, daß die ganzheitliche Anschauung des Heidentums ihre Gültigkeit verlor. Gott und Welt gehörten unterschiedlichen Sphären an. Diese Sicht spiegelte das erwachende Bewußtsein der unveräußerlichen Autonomie des Individuums wider. Es ist kein Zufall, daß der Monotheismus während der babylonischen Gefangenschaft Wurzeln schlug, zur gleichen Zeit, als die Israeliten das Ideal der persönlichen Verantwortung entwickelten, das sowohl im Judentum als auch im Islam entscheidende Bedeutung erlangte.[14] Wir haben gesehen, daß die Rabbis die Idee eines immanenten Gottes benutzten, um den Juden zu helfen, ein Gefühl für die geheiligten Rechte der menschlichen Persönlichkeit zu entwickeln. Dennoch war Entfremdung weiterhin eine Gefahr bei allen drei Glaubensbekenntnissen, im Westen war das Gotteserleben stets von Schuldgefühlen und einem pessimistischen Menschenbild begleitet. Im Judentum und im Islam wurde das Befolgen von Thora und Scharia manchmal als fremdbestimmte Erfüllung eines externen Gesetzes betrachtet, obwohl, wie wir gesehen haben, die Männer, die jene Gesetze aufgestellt hatten, dies nicht im mindesten beabsichtigt hatten.

Jene Atheisten, die die Emanzipation von einem Gott predigten, der einen so unterwürfigen Gehorsam fordert, protestierten gegen ein unangemessenes, doch leider vertrautes Gottesbild. Die Grundlage war wiederum eine zu personalistische Konzeption des Göttlichen. Die in der Heiligen Schrift verwendete Metapher von Gottes Urteil wurde zu wörtlich aufgefaßt, Gott erschien als eine Art Großer Bruder im Himmel. Das Bild vom göttlichen Tyrannen, der seinen widerspenstigen menschlichen Dienern ein lästiges Gesetz auferlegt, muß verschwinden. Heute ist es nicht mehr statthaft und auch nicht möglich, die Menschen durch Terror und Drohungen zu Wohlverhalten zu zwingen – der Zerfall der kommunistischen Regime im Herbst 1989 hat das dramatisch gezeigt. Die anthropomorphe Vorstellung von Gott als Gesetzgeber und Herrscher verträgt sich nicht mit dem Charakter des postmodernen Zeitalters. Dennoch haben die Atheisten, die kritisieren, die Gottesidee sei unnatürlich, nicht völlig recht. Wir haben gesehen, daß Juden, Christen und Muslime bemerkenswert ähnliche Vorstellungen von Gott entwickelt haben, die wiederum anderen Konzeptionen des Absoluten ähneln. Wenn die Menschen versuchen, einen elementaren Sinn und elementare Werte im menschlichen Leben zu finden, scheint ihr Denken in eine bestimmte Richtung zu gehen. Niemand zwingt sie dazu, offensichtlich liegt es in ihrer Natur.

Damit Gefühle nicht in – aggressiven oder euphorischen – Überschwang ausarten, müssen sie von der kritischen Intelligenz durchdrungen werden. Das Gotteserleben muß Schritt halten mit anderen aktuellen Entwicklungen, einschließlich denen des Geistes. Das Experiment der Falsafa war ein Versuch, den Glauben an Gott mit dem neuen Kult des Rationalismus der Muslime, Juden und später auch der römischen Christen zu verbinden. Schließlich zogen sich die Muslime und die Juden von der Philosophie zurück. Der Rationalismus, folgerten sie, hatte zwar seine Vorteile, besonders in empirischen Disziplinen wie Naturwissenschaft, Medizin und Mathematik, paßte jedoch nicht recht für die Diskussion über einen Gott, der jenseits aller Konzeptionen stand. Die Griechen hatten das bereits geahnt und schon früh ein Mißtrauen gegenüber ihrer eigenen Metaphysik entwickelt. Einer der Nachteile der philosophischen Methode, Gott zu erörtern, lag darin, daß sie den Eindruck vermittelte, die höchste Gottheit sei lediglich ein anderes Wesen, das bedeutendste aller existierenden Dinge und nicht eine Realität vollkommen anderer Art. Dennoch war das Wagnis der Falsafa wichtig, weil es der Notwendigkeit Rechnung trug, Gott mit anderen Erfahrungen zusammenzuführen – wenn auch nur, um herauszufinden, inwieweit das überhaupt möglich war. Es ist schädlich und unnatürlich, Gott in intellektueller Isolation in ein nur ihm vorbehaltenes heiliges Getto zu drängen. Es kann die Menschen in ihrer Meinung bestärken, daß sie an ihr Verhalten nicht die normalen Maßstäbe von Moral und Rationalität anzulegen brauchen, da es doch scheinbar von »Gott« inspiriert ist.

Von Anfang an war die Falsafa mit Wissenschaft in Verbindung gebracht worden. Ihre anfängliche Begeisterung für Medizin, Astronomie und Mathematik hatte die ersten muslimischen Faylasufs inspiriert, über Allah in metaphysischen Begriffen zu sprechen.

Unter dem Einfluß der Naturwissenschaften veränderten sie ihre Weltsicht, und sie stellten fest, daß sie nicht auf die gleiche Art über Gott denken konnten wie andere Muslime. Die philosophische Auffassung von Gott unterschied sich auffallend von der des Korans, doch sammelten die Faylasufs gewisse Kenntnisse, die zur damaligen Zeit in Gefahr waren, in der Umma verlorenzugehen. Aus dem Koran spricht eine außerordentlich positive Haltung gegenüber anderen religiösen Traditionen: Mohammed war nicht der Meinung, er gründe eine neue, exklusive Religion, er dachte vielmehr, jeder rechtgeleitete Glaube komme von dem einen Gott. Um das 9. Jahrhundert herum verloren die Ulemans dies jedoch allmählich aus den Augen und förderten den Kult des Islam als der einzig wahren Religion. Die Faylasufs griffen auf den älteren universalistischen Ansatz zurück, allerdings gelangten sie auf einem anderen Weg dorthin. Wir haben heute eine ähnliche Möglichkeit. In unserem wissenschaftlichen Zeitalter können wir nicht auf die gleiche Weise über Gott nachdenken wie unsere Vorfahren, doch die Herausforderung der Wissenschaft kann uns helfen, daß wir einige alte Wahrheiten wieder richtig einschätzen.

Wir haben gesehen, daß Albert Einstein die mystische Religion schätzte. Trotz seines berühmten Ausspruchs, Gott würfele nicht, glaubte er nicht, daß seine Relativitätstheorie das Bild von Gott beeinflußte. Bei einem Aufenthalt in England im Jahre 1921 fragte der Erzbischof von Canterbury Einstein, welche Bedeutung die Relativitätstheorie für die Religion habe. Er antwortete: »Überhaupt keine. Die Relativitätstheorie ist eine rein wissenschaftliche Angelegenheit, die nichts mit Religion zu tun hat.«[15] Wenn Christen mit Bestürzung auf Wissenschaftler wie Stephen Hawking reagieren, der für Gott in seiner Kosmologie keinen Platz hat, verstehen sie Gott in anthropomorphen Begriffen wohl immer noch als ein Wesen, das die Welt genau so erschaffen hat, wie wir dies tun würden. Ursprünglich stellten sich die Menschen die Schöpfung keineswegs so nüchtern vor. Die Juden zeigten erst um die Zeit der babylonischen Gefangenschaft Interesse an Jahwe als Schöpfer. Der griechischen Welt war ihr Denken fremd: Die Schöpfung *ex nihilo* war bis zum Konzil von Nicäa im Jahre 341 nicht die offizielle christliche Doktrin. Die Schöpfung ist eine zentrale Lehre des Korans; sie wird jedoch, wie alle seine Aussagen über Gott, als »Parabel« oder »Zeichen« *(aya)* einer unbeschreiblichen Wahrheit aufgefaßt. Jüdische und muslimische Rationalisten betrachteten sie als eine schwierige und problematische Lehre, viele lehnten sie ab. Sufis und Kabbalisten zogen die griechische Metapher der Emanation vor. Auf jeden Fall war die Kosmologie ursprünglich keine wissenschaftliche Beschreibung des Anfangs der Welt, sondern der symbolische Ausdruck einer spirituellen und psychologischen Wahrheit. Darum verursachten die neuen Erkenntnisse der Naturwissenschaft in der muslimischen Welt keine große Aufregung. Im Westen dominiert jedoch schon lange ein sich mehr am einzelnen Wort orientierendes Verständnis der Heiligen Schrift. Wenn manche Christen im Westen das Gefühl haben, ihr Glaube an Gott werde durch die Naturwissenschaft untergraben, sehen sie wahrscheinlich Gott als Newtons großen Mechaniker vor sich, ein personalisiertes Bild Gottes, das wohl aus religiösen wie auch aus wissenschaftlichen Gründen verworfen werden sollte. Die Herausforderung der Wissenschaft könnte für die Kirchen eine solche Erschütterung sein, daß sie den symbolischen Charakter der Schilderungen der Heiligen Schrift neu zu schätzen lernen.

Aus verschiedenen Gründen stößt die Vorstellung eines personalen Gottes in der heutigen Zeit immer mehr auf Ablehnung: Aus moralischer, intellektueller, wissenschaftlicher und spiritueller Sicht ist sie nicht mehr haltbar. Auch Feministinnen lehnen den personalen Gott ab, der »seinem« Geschlecht nach seit der heidnischen Zeit, als die Menschen in Stämmen lebten, männlich ist. Doch es kann ebenso einschränkend sein, von »sie« – ausgenommen in einem dialektischen Sinn – zu sprechen, da es den unermeßlichen Gott auf eine rein menschliche Kategorie beschränkt. Die alte metaphysische Auffassung von Gott als dem höchsten Wesen, die im Westen lange beherrschend war, wird inzwischen als unbefriedigend empfunden. Der Gott der Philosophen war das Produkt eines inzwischen überholten Rationalismus, daher sind die traditionellen »Beweise« seiner Existenz nicht länger gültig. Die Tatsache, daß die Deisten der Aufklärung sich eher zum Gott der Philosophen hingezogen fühlten, kann als erster Schritt in Richtung auf den Atheismus unserer heutigen Zeit verstanden werden. Wie der alte Himmelsgott ist dieser Gott so weit entfernt von der Menschheit und der irdischen Welt, daß er ohne weiteres zum *Deus otiosus* werden und aus unserem Bewußtsein entschwinden kann.

Der Gott der Mystiker bietet scheinbar eine Alternative. Die Mystiker haben immer schon beteuert, Gott sei kein anderes Wesen; sie sagten, er existiere nicht wirklich und er sei am besten als Nichts zu bezeichnen. Dieser Gott entspricht der heutigen atheistischen Stimmung unserer weltlich orientierten Gesellschaft mit ihrem Mißtrauen gegenüber unvollkommenen Bildern vom Absoluten. Anstatt Gott als eine objektive Tatsache zu sehen, die wissenschaftlich bewiesen werden kann, behaupten die Mystiker, er sei eine subjektive Erfahrung, auf geheimnisvolle Weise gleichzusetzen mit dem Grund für die irdische Existenz. Eine Annäherung an diesen Gott kann nur durch die Phantasie erfolgen. Sie ist eine Kunstform, vergleichbar den anderen bedeutenden künstlerischen Symbolen, die das erhabene Mysterium, die unbeschreibliche Schönheit und die Bedeutung des Lebens zum Ausdruck gebracht haben. Die Mystiker benutzten Musik, Tanz, Lyrik, Prosa, Erzählungen, Malerei, Bildhauerei und Architektur, um diese über alle Begriffe erhabene Realität auszudrücken. Wie jede Form von Kunst setzt die Mystik jedoch Intelligenz, Disziplin und Selbstkritik als Vorsichtsmaßnahme gegen vergötternde Gefühlsseligkeit und Projektion voraus. Der Gott der Mystiker konnte sogar die Feministinnen überzeugen, da sowohl die Sufis als auch die Kabbalisten schon seit langem versuchen, ein weibliches Element in das Göttliche einzubringen.

Es gibt jedoch auch Schattenseiten. Seit dem Sabbatai-Zevi-Fiasko und dem Schwinden des Sufismus in jüngster Zeit ist die Einstellung vieler Juden und Muslime zur Mystik von Argwohn geprägt. Der Westen konnte der Mystik noch nie viel abgewinnen. Die protestantischen und katholischen Reformatoren ächteten die Mystik entweder oder behandelten sie als Randerscheinung, und auch das wissenschaftliche Zeitalter der Vernunft förderte sie nicht. Seit den sechziger Jahren unseres Jahrhunderts regt sich ein neues Interesse an der Mystik, das in der Begeisterung für Yoga, Meditation und Buddhismus zum Ausdruck kommt. Doch dieser Bereich steht in Widerspruch zu unserer auf Objektivität und Wissenschaftlichkeit bedachten Mentalität. Der Gott der Mystiker ist nicht einfach zu begreifen. Langwierige Übungen unter Anleitung eines erfahrenen Meisters sind erforderlich, und es muß viel Zeit investiert werden. Der Mystiker muß hart arbeiten, um das besondere Gefühl für die Realität zu entwickeln, die unter der Bezeichnung Gott bekannt ist (wobei es viele Menschen ablehnen, dieser Realität einen Namen zu geben). Die Mystiker behaupten oft, die Menschen müßten ganz bewußt bei sich selbst das Gefühl für Gott zu erzeugen suchen, und zwar mit demselben Maß an Sorgfalt und Aufmerksamkeit, mit dem sich andere dem künstlerischen Schaffen widmen. Die Wahrscheinlichkeit ist eher gering, daß Menschen in einer Gesellschaft des schnellen Genusses, mit »fast food« und Echtzeitkommunikation, sich darauf einlassen. Der Gott der Mystiker wird nicht schön verpackt und gebrauchsfertig geliefert. Das Erlebnis mit ihm vollzieht sich nicht so rasch wie die unmittelbare Ekstase, die ein Erweckungsprediger hervorruft, der es in kürzester Zeit erreicht, daß eine ganze Gemeinde in die Hände klatscht und begeistert mit den Füßen trampelt.

Es ist durchaus möglich, sich manche mystischen Einstellungen anzueignen. Selbst wenn wir nicht in der Lage sind, wie ein Mystiker in die höheren Sphären des Bewußtseins vorzudringen, können wir doch lernen, daß Gott beispielsweise nicht auf eine stark simplifizierte Weise existiert oder daß das Wort »Gott« nur ein Symbol für eine Realität ist, die auf unbeschreibliche Weise darüber hinaus reicht. Ein mystischer Agnostizismus könnte uns dabei helfen, vorsichtig zu sein, und könnte verhindern, daß wir uns mit dogmatischem Selbstvertrauen vorschnell auf komplexe Zusammenhänge einlassen. Gehen uns solche Vorstellungen jedoch nicht in Fleisch und Blut über und passen sie nicht zu uns, dann wirken sie mit hoher Wahrscheinlichkeit wie sinnlose Abstraktionen. Mystik aus zweiter Hand kann ebenso unbefriedigend sein wie die Lektüre einer Gedichtinterpretation aus der Feder eines Literaturkritikers anstelle der Beschäftigung mit dem Original. Wir haben gesehen, daß die Mystik häufig als eine esoterische Disziplin galt, nicht weil die Mystiker das gemeine Volk ausschließen wollten, sondern weil die mystischen Wahrheiten nur vom intuitiven Teil des Geistes nach einer besonderen Ausbildung erfaßt werden konnten. Sie erhalten eine andere Bedeutung, wenn man sich ihnen auf diese besondere, dem logischen und rationalen Denken nicht zugängliche Weise nähert.

Seit der Zeit, da die Propheten Israels begonnen haben, ihre eigenen Gefühle und Erfahrungen Gott zuzuschreiben, haben sich Monotheisten stets in gewissem Sinn ihren eigenen Gott geschaffen. Gott war selten eine selbstverständliche Tatsache, auf die man genauso stoßen konnte wie auf irgendeine andere objektive Existenz. Augenscheinlich sind viele Menschen heute nicht mehr zu diesem Akt der Imagination bereit. Das muß nicht schlimm sein. Wenn in der Vergangenheit religiöse Ideen ihre Gültigkeit verloren hatten, verschwanden sie gewöhnlich unauffällig von der Bildfläche. Auch im wissenschaftlichen Zeitalter wird das Bild der Menschen von Gott verschwinden, wenn es nicht mehr adäquat ist. In der Vergangenheit haben die Menschen jedoch immer neue Symbole als Kristallisationspunkte der Spiritualität geschaffen. Zu allen Zeiten haben die Menschen ihr Gefühl für das Wunder des Lebens in einer Form von Glauben kultiviert. Die Ziellosigkeit, Entfremdung, Anomie und Gewalt, die für das heutige Leben so charakteristisch sind, scheinen Anzeichen dafür zu sein, daß viele Menschen in tiefe Verzweiflung stürzen, seit sie nicht mehr gezielt einen Glauben an »Gott« oder irgend etwas anderes – gleichgültig was – entwickeln können.

In den Vereinigten Staaten glauben nach neuesten Informationen angeblich neunundneunzig Prozent der Menschen an Gott. Allerdings ist das Vordringen fundamentalistischer Strömungen, apokalyptischer Visionen und leichtverdaulicher charismatischer Formen der Religiosität in Amerika reichlich beunruhigend. Die dramatisch zunehmende Kriminalität, das Drogenproblem und die häufigere Vollstreckung der Todesstrafe sprechen nicht für eine spirituell gesunde Gesellschaft. In Europa bleibt bei immer mehr Menschen der Platz in ihrem Bewußtsein leer, der einst Gott vorbehalten war. Einer der ersten, der diese nüchterne Trostlosigkeit in Worte gefaßt hat – und zwar auf ganz andere Weise als Nietzsche mit seinem heroischen Atheismus –, war Thomas Hardy. In dem am 30. Dezember 1899 verfaßten Gedicht »Die schwarze Drossel« drückt er das Versagen eines Geistes aus, der nicht mehr in der Lage ist, einen Glauben an den Sinn des Lebens zu entwickeln: Thomas Hardy schildert, wie die Menschen an einem grauen, trostlosen Wintertag in ihren Häusern Zuflucht suchen. Er vergleicht das zur Neige gehende Jahrhundert mit einer Leiche, deren Gruft das wolkenverhangene Firmament ist und für die der Wind einen Totengesang anstimmt. Seine Gemütslage entspricht dem allgemeinen Gefühl von Mutlosigkeit und Erschöpfung, das sich in der Natur widerspiegelt. Unvermittelt beginnt eine altersschwache, magere Drossel mit windzerzaustem Gefieder ein freudiges Lied zu singen und durchbricht damit die düstere Stimmung. Erstaunt fragt sich Hardy, was die Drossel zu diesem Jubelgesang veranlaßt hat. Weiß sie von einem Hoffnungsschimmer, der ihm verborgen geblieben ist?

Die Menschen können Leere und Trostlosigkeit nicht ertragen. Sie füllen die Leere, indem sie sich ein neues Sinnzentrum schaffen. Die Idole des Fundamentalismus sind kein geeigneter Ersatz für Gott. Wenn wir einen kraftvollen neuen Glauben für das 21. Jahrhundert entwickeln wollen, sollten wir die Geschichte Gottes auf Lehren und Warnungen hin neu überdenken.

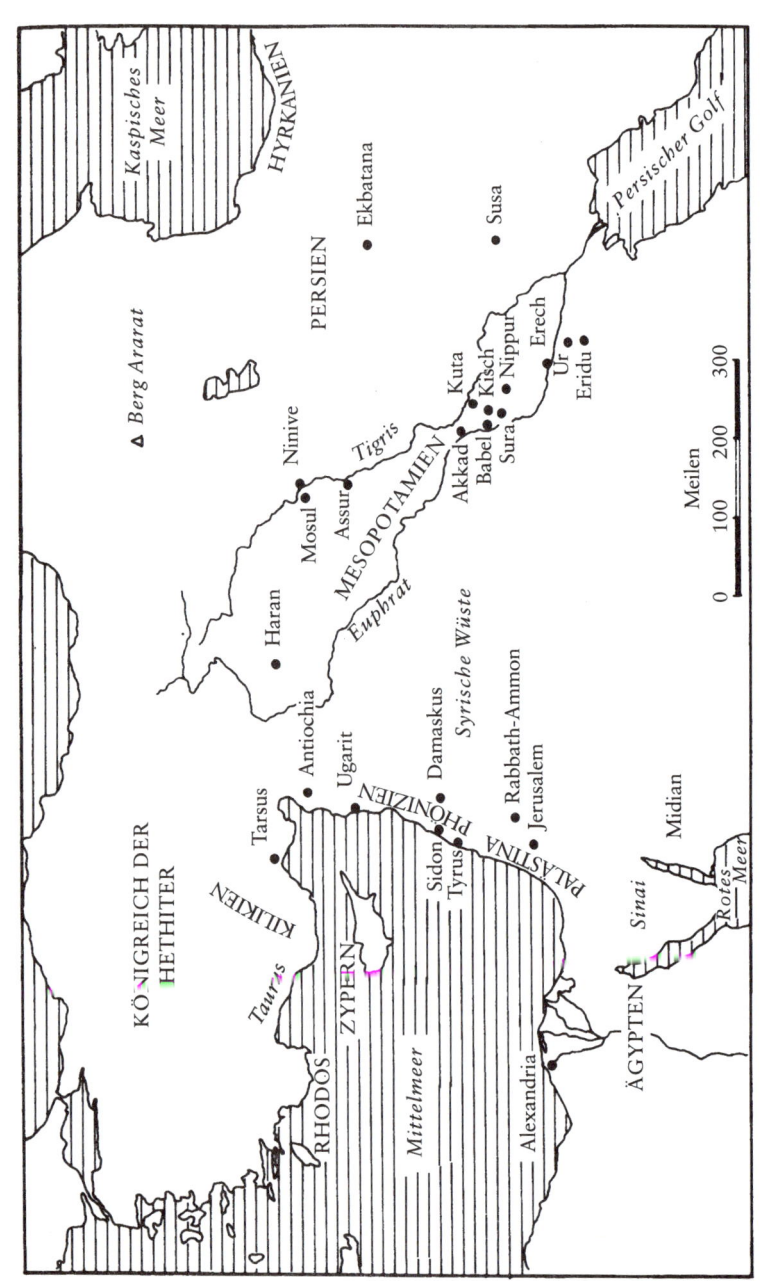

Das alte Vorderasien

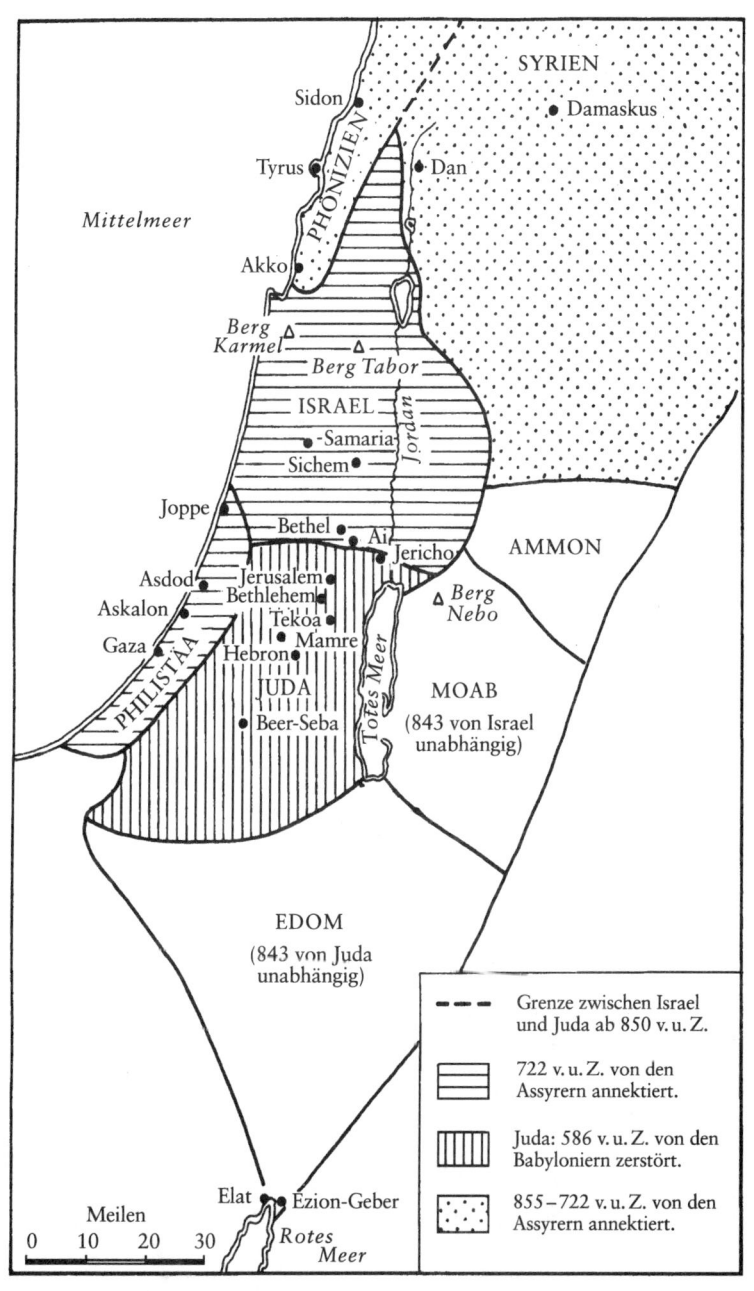

Das Königreich von Israel und Juda 722–586 v. u. Z.

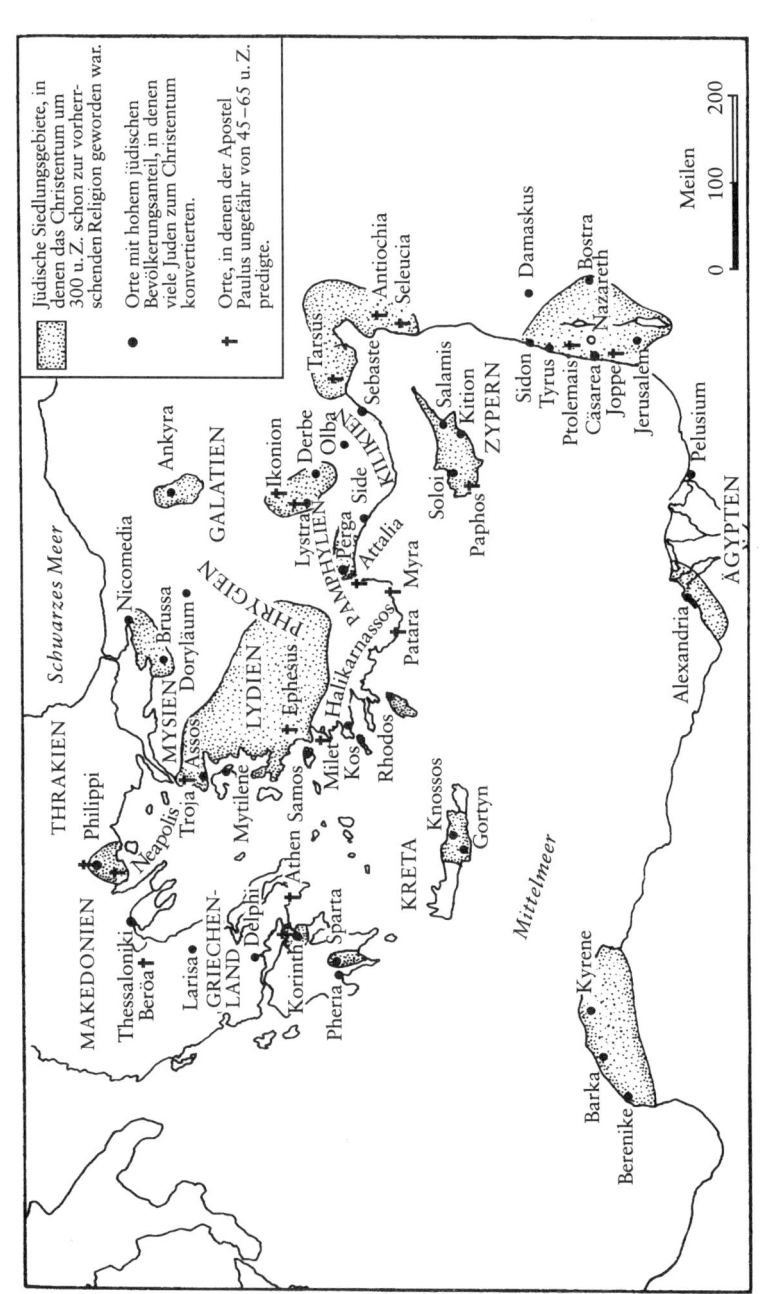

Christentum und Judaismus 50–300 u. Z.

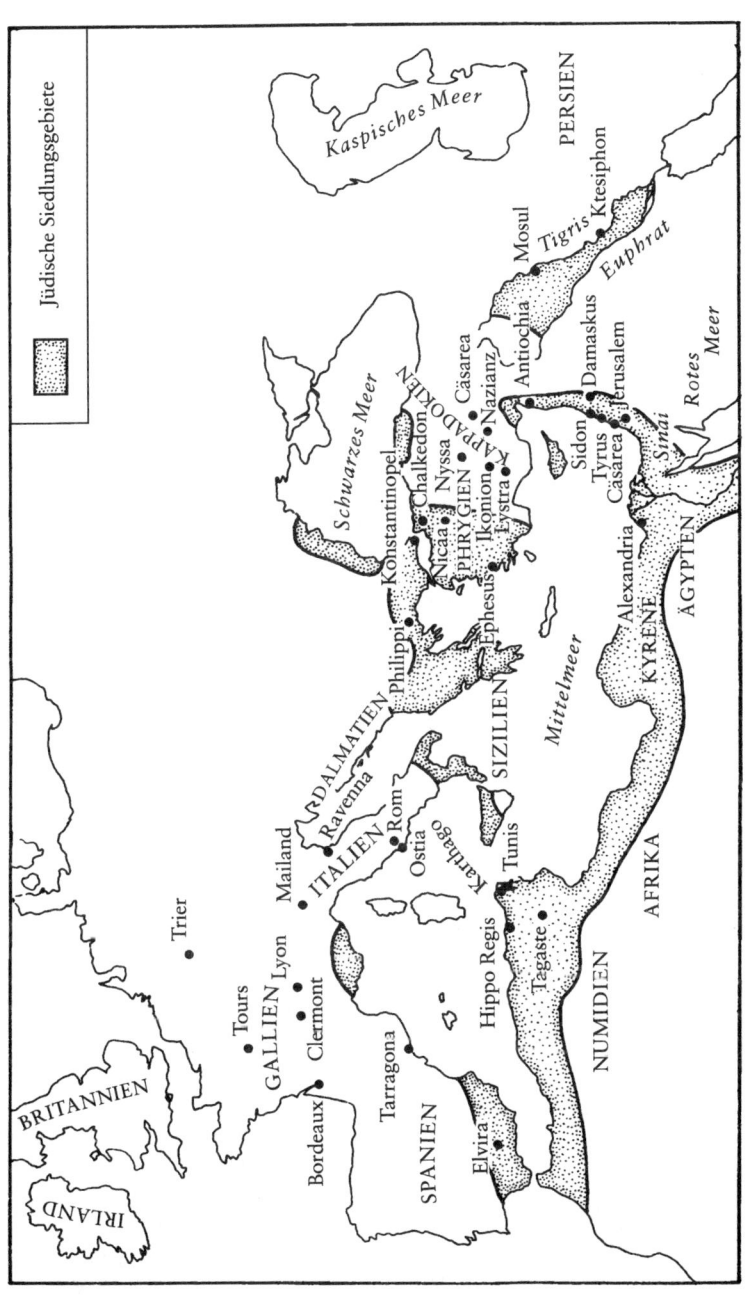

Die Welt der Kirchenväter

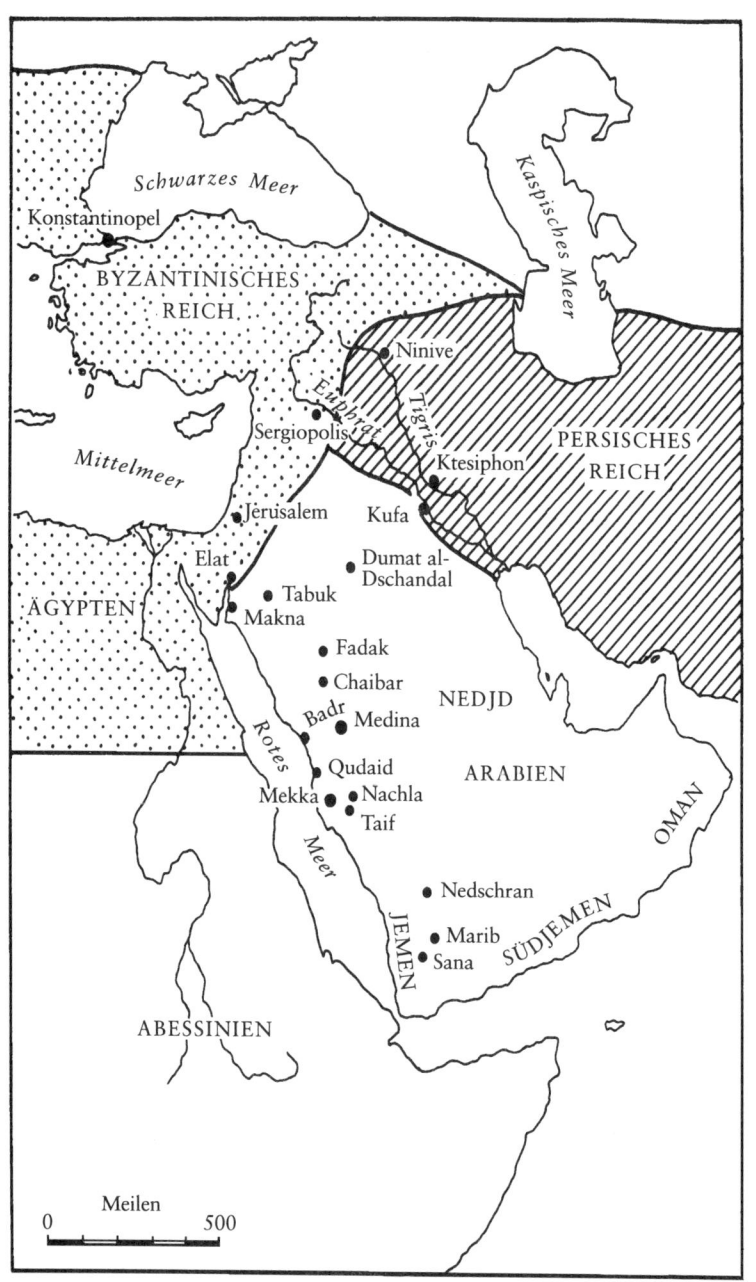

Arabien und Umgebung zur Zeit des Propheten Mohammed (570–632 u. Z.)

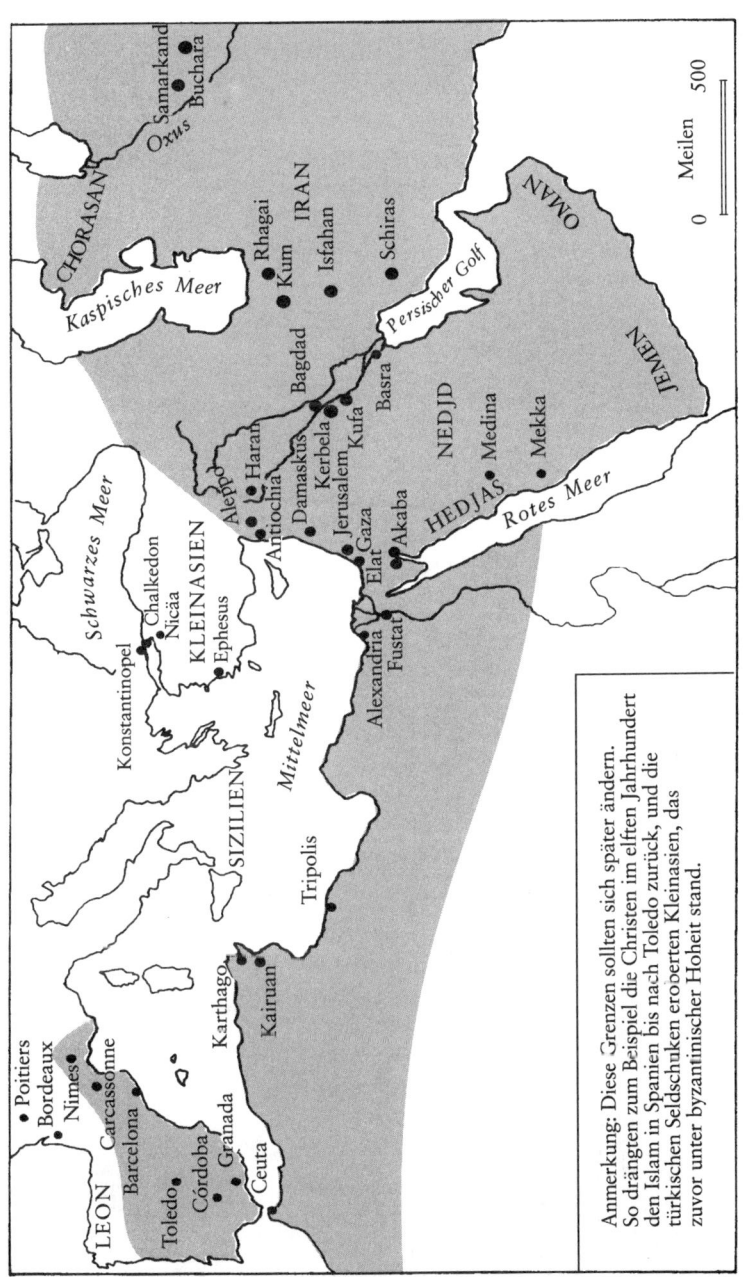

Anmerkung: Diese Grenzen sollten sich später ändern. So drängten zum Beispiel die Christen im elften Jahrhundert den Islam in Spanien bis nach Toledo zurück, und die türkischen Seldschuken eroberten Kleinasien, das zuvor unter byzantinischer Hoheit stand.

Das Islamische Reich um 750

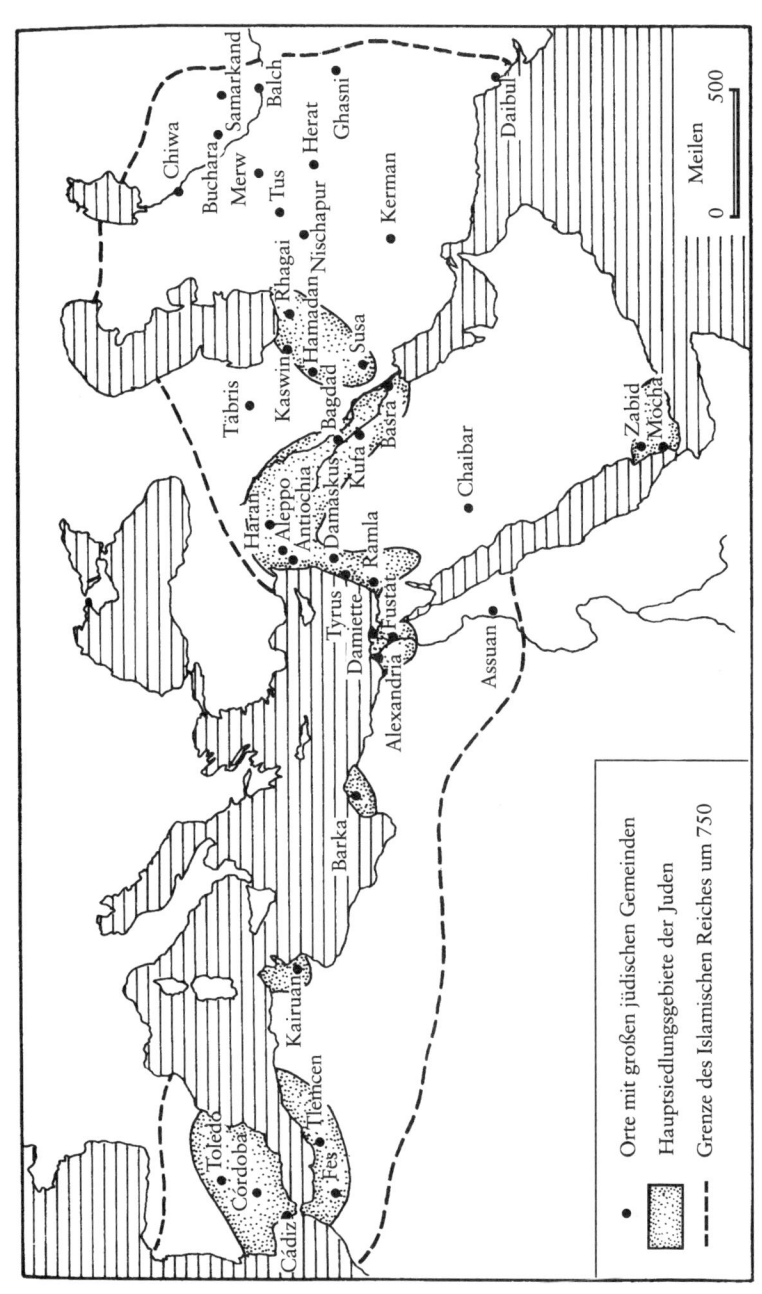

Die Juden im Islamischen Reich um 750

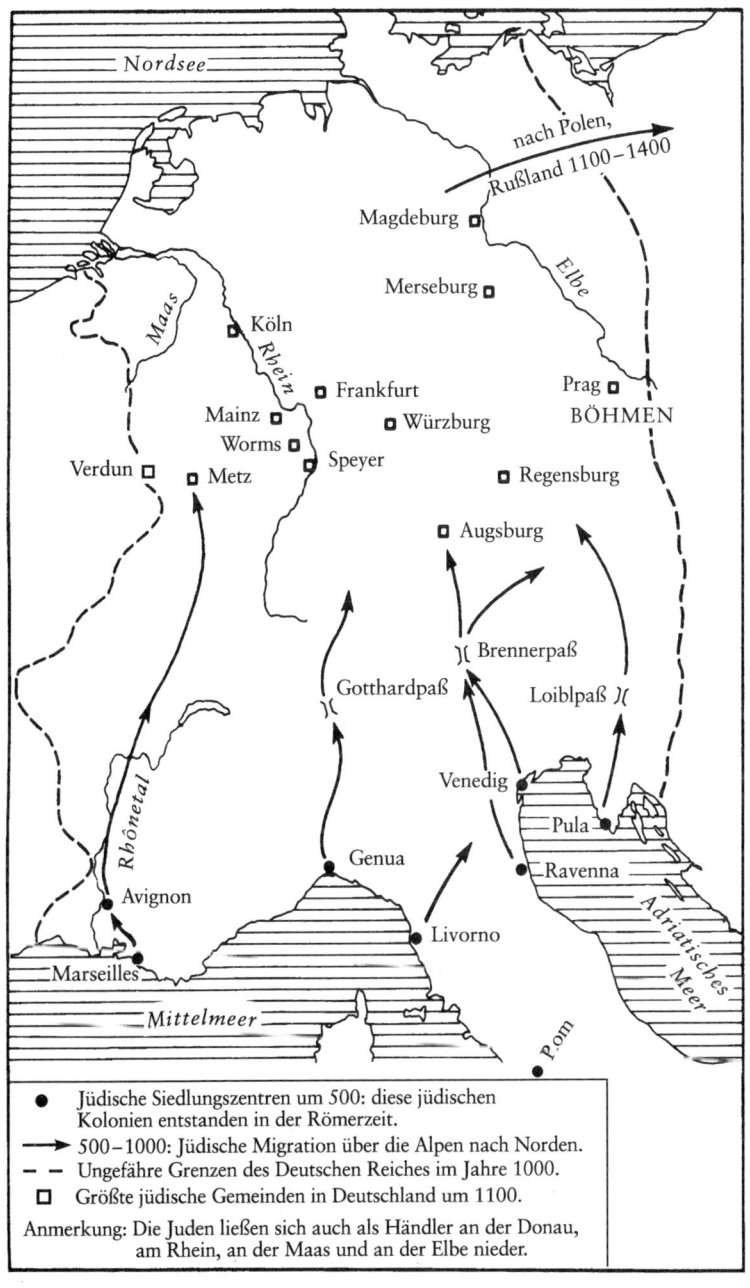

Nordsee

nach Polen,
Rußland 1100–1400

Magdeburg ◻

Merseburg ◻

Elbe

Maas

Köln ◻

Rhein

◻ Frankfurt

Prag ◻

BÖHMEN

Mainz ◻

◻ Würzburg

Worms ◻

Verdun ◻

◻ Metz

Speyer ◻

◻ Regensburg

◻ Augsburg

)(Brennerpaß

Gotthardpaß)(

Loiblpaß)(

Venedig ●

Rhônetal

Pula ●

Genua ●

Ravenna ●

Avignon ●

Livorno ●

Adriatisches Meer

Marseilles

Mittelmeer

Po ●

● Jüdische Siedlungszentren um 500: diese jüdischen
   Kolonien entstanden in der Römerzeit.
⟶ 500–1000: Jüdische Migration über die Alpen nach Norden.
− − Ungefähre Grenzen des Deutschen Reiches im Jahre 1000.
◻ Größte jüdische Gemeinden in Deutschland um 1100.
Anmerkung: Die Juden ließen sich auch als Händler an der Donau,
   am Rhein, an der Maas und an der Elbe nieder.

500–1100: Ansiedlung der Juden im östlichen Frankreich und in Deutschland

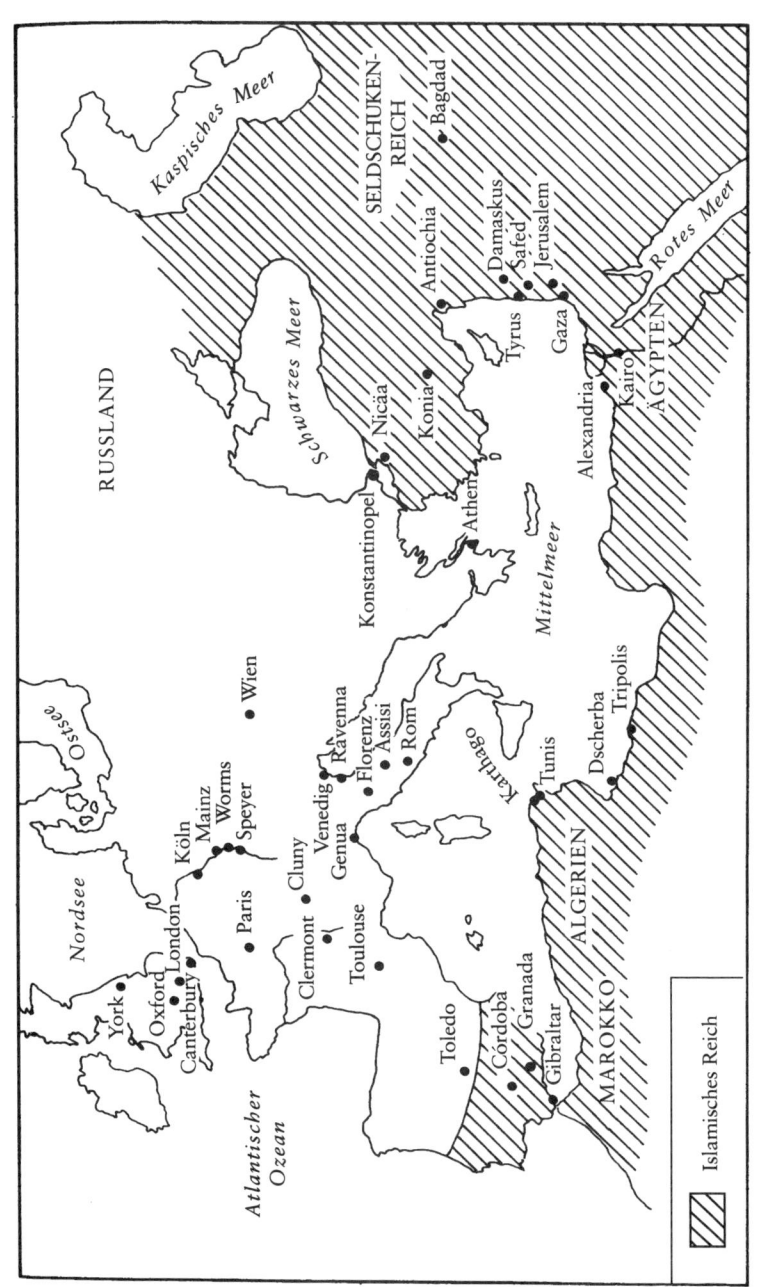

Der neue christliche Westen während des Mittelalters

Glossar

Achsenzeit. Von Karl Jaspers geprägte Bezeichnung für eine Phase des geistigen Umbruchs, die sich zeitlich von 800 bis 200 v. u. Z. und räumlich von China über Indien, den Iran und Palästina bis Griechenland erstreckt.

Alam al-mithal (Arabisch). Die Welt reiner Bilder: die archetypische Welt der Phantasie, die den muslimischen Mystiker und den kontemplativen Philosophen zu Gott führt.

Apatheia (Griechisch). Leidenschaftslosigkeit, Gelassenheit und Unanfechtbarkeit. Diese Gott von den griechischen Philosophen zugeschriebenen Eigenschaften wurden später in das christliche Gottesbild übernommen: Auch vom Gott der Christen nahm man an, daß ihm Leiden und Wandel fremd waren.

Archetypus. Die göttliche Welt der alten Götter als ursprüngliches Muster oder Prototyp der irdischen Welt. Nach den heidnischen Religionen war jede Erscheinung in der Menschenwelt Abbild einer Wirklichkeit in der himmlischen Welt. Siehe auch unter **Alam al-mithal**.

Aschkenasim. Aschkenas war seit dem Mittelalter eigentlich das hebräische Wort für Deutschland und wurde dann abgewandelt zu einer Bezeichnung für die deutschen und die mittel- und osteuropäischen Juden.

Atman (Sanskrit: »Hauch, Seele«). Die heilige Kraft von **Brahman** (s. dort), die jeder einzelne Mensch in sich spürt.

Avatar (Sanskrit: »Herabkunft«). In der Mythologie der Hindus ein Gott, der sich in Menschengestalt auf die Erde hinab begibt. Auch allgemeine Bezeichnung für eine Person, die man für eine Inkarnation des Göttlichen hält.

Aya (Plural: **Ayat**, Arabisch). Zeichen, Parabel. Im Koran die Manifestationen Gottes in der Welt.

Banat al-Lah (Arabisch). Die Töchter Allahs: im Koran Bezeichnung für die drei heidnischen Gottheiten *al-Lat, al-Ussa* und *Manat*.

Baqa (Arabisch: »Weiterleben«). Die Rückkehr des Sufi-Mystikers zu seinem erhöhten und erweiterten Selbst nach seiner Entwerdung, das heißt seinem zunehmenden Aufgehen in Gott (**Fana**, s. dort).

Batin (Arabisch). Der verborgene, innere Sinn des Korans. Ein Batinide ist ein Muslim, der den Koran nicht nach seinem Wortsinn versteht, sondern in ihm einen esoterischen, mystischen Sinn verborgen glaubt.

Bhakti (Sanskrit: »Hingabe, Liebe«). Verehrung **Buddhas** (s. dort) oder der Hindugötter, die in Menschengestalt auf der Erde erschienen sind.

Bodhisattva (Sanskrit: »Erleuchtungswesen«). Ein zukünftiger Buddha, der sein eigenes privates **Nirwana** zurückstellt, um die leidende, unerleuchtete Menschheit anzuleiten und zu retten.

Brahman (Sanskrit). Die heilige, lebenserhaltende Kraft, die allem Seienden innewohnt; die tiefere, innere Bedeutung des Seins.

Bruch der Gefäße. Begriff aus der Kabbala Isaak Lurias. Er beschreibt das Urunglück: Die Funken des göttlichen Lichts fielen auf die Erde und wurden in der Materie gefangen.

Buddha (Sanskrit: »Der Erleuchtete«). Titel für alle Menschen, die das **Nirwana** erreicht haben; oft ist damit jedoch auch einfach Siddhartha Gautama, der Begründer des Buddhismus, gemeint.

Dikr (Arabisch). Die im Koran beschriebene dauernde Vergegenwärtigung Gottes. Im Sufismus versteht man unter **Dikr** die ständige »Nennung« oder Rezitation von Gottes Namen als Mantra.

Dogma. Die griechischen Christen bezeichneten mit diesem Begriff die verborgenen, geheimen Traditionen der Kirche, die nur auf mystischem Wege begriffen und nur auf symbolische Weise beschrieben werden konnten. Im Westen versteht man unter **Dogma** inzwischen eine verbindlich festgelegte, normative Lehrmeinung oder Glaubensaussage.

Dynameis (Griechisch). Die »Kräfte« Gottes. Bezeichnung für Gottes Wirken in der Welt, das nach Auffassung der Griechen von Gottes unfaßbarem Wesen klar unterschieden werden muß.

Ekstase (Griechisch: »Aussichherausgehen«). Wird der Begriff auf Gott angewendet, so bezeichnet er eine **Kenosis** (s. dort) des verborgenen Gottes, der aus sich heraustritt und sich der Menschheit zu erkennen gibt.

El. Der alte **Hochgott** (s. dort) von Kanaan, der offensichtlich gleichzeitig auch der Gott Abrahams, Isaaks und Jakobs war, der Gott der Stammväter des Volkes Israel.

Emanation. Das Hervorgehen aller Daseinsstufen und -formen aus einer einzigen, ursprünglichen Quelle, bei den Monotheisten gleichbedeutend mit Gott. Einige Juden, Christen und Muslime – Philosophen und Mystiker eingeschlossen – griffen zur Beschreibung der Ursprünge des Lebens lieber auf diese alte Metapher zurück als auf die konventionelle biblische Geschichte, nach der Gott alle Dinge zu einem bestimmten Zeitpunkt geschaffen hat.

En-Sof (Hebräisch: »ohne Ende«). In der mystischen Theologie der Juden, der **Kabbala** (s. dort), das unergründliche, unerreichbare und jenseits aller menschlichen Erkenntnis liegende Wesen Gottes.

Energeiai (Griechisch: »Energien«). Gottes Wirken in der Welt, durch das wir etwas von ihm erkennen können. Wie **Dynameis** (s. dort) wird dieser Begriff dazu benutzt, die menschlichen Vorstellungen von Gott von der unbeschreiblichen und unfaßbaren Wirklichkeit selbst zu unterscheiden.

Enuma elisch. Das babylonische Weltschöpfungsepos, das beim Neujahrsfest gesungen wurde.

Epiphanie. Das Erscheinen einer Gottheit in Menschengestalt auf der Erde.

Falsafa (Arabisch). Philosophie, die den Versuch unternimmt, den Islam nach den Kriterien und Methoden des griechischen Rationalismus auszulegen.

Fana. Entwerdung. Das ekstatische In-Gott-Aufgehen des Sufi-Mystikers.

Faylasuf (Arabisch). Philosoph. Bezeichnung für die Muslime und Juden im islamischen Reich, die sich den rationalen und wissenschaftlichen Idealen von **Falsafa** (s. dort) verschrieben hatten.

Getik (Persisch). Die irdische Welt, in der wir leben und die wir mit unseren Sinnen wahrnehmen können.

Goi (Plural: **Gojim**). Hebräischer Ausdruck für Nichtjuden oder Heiden.

Hadith (Arabisch). Textsammlung, in der die Aussprüche oder Lehrsätze des Propheten Mohammed aufgezeichnet sind; wichtige Quelle des islamischen Gesetzes.

Hadsch (Arabisch). Die Pilgerreise der Muslime nach Mekka.

Hesychasmus (abgeleitet vom griechischen Begriff **Hesychia**: innere Stille, Ruhe). Die von den griechisch-orthodoxen Mystikern praktizierte stille Kontemplation, bei der Worte und Begriffe vermieden wurden.

Heiliger Geist. Die Rabbis benutzen diesen Begriff oft gleichbedeutend mit **Schechina** (s. dort) zur Beschreibung von Gottes Gegenwart auf der Erde. So unterscheiden sie den von Menschen erfahrbaren Gott von der stets unfaßbar bleibenden, völlig transzendenten Göttlichkeit. Im Christentum wurde der Heilige Geist zur dritten »Person« der Dreieinigkeit.

Heiligkeit. Auf hebräisch **Kaddosch**: die absolute Andersartigkeit Gottes; die radikale Trennung des Göttlichen von der profanen Welt.

Hidschra (Arabisch). Der Umzug der ersten Muslime von Mekka nach Medina im Jahre 622 v. u. Z. Mit diesem Ereignis begann die Ära des Islam.

Himmelsgott. Siehe **Hochgott**.

Hochgott (auch »**Himmelsgott**« genannt). Die von vielen Völkern als der einzige Gott und als der Schöpfer der Welt verehrte höchste Gottheit, die später durch ein Pantheon besser faßbarer Göttinnen und Götter mit spezifischen Fähigkeiten ersetzt wurde.

Homoousios (Griechisch: wesensgleich). Athanasius und seine Anhänger wollten mit diesem umstrittenen Begriff ihre Überzeugung verdeutlichen, daß Jesus und Gott, der Vater, von derselben Natur (**ousia**, s. dort) und daher auf gleiche Weise göttlich seien.

Hypostasis (Griechisch). Die Individuation eines Wesens (**ousia**, s. dort), z. B. der Gottheit in den drei Personen Vater, Sohn und Heiliger Geist.

Idolatrie. Die Anbetung oder Verehrung einer menschlichen oder von Menschen geschaffenen Wirklichkeit anstelle des transzendenten Gottes.

Ijtihad (Arabisch). Unabhängiges Räsonieren.

Ilm (Arabisch: »Erkenntnis«). Das geheime »Wissen« von Gott, über das nach Auffassung der schiitischen Muslime nur die **Imame** (s. dort) verfügten.

Imam (Arabisch). Für die **Schia** (s. dort) ist der **Imam** ein Nachfahre von Mohammeds Schwiegersohn Ali. Der jeweilige **Imam** wurde als **Avatar** (s. dort), als eine Inkarnationsform des Göttlichen, verehrt. Die sunnitischen Muslime bezeichnen mit **Imam** lediglich den Vorbeter in der Moschee, der das rituelle Gebet der Gläubigen leitet.

Inkarnation. Der Mensch gewordene Gott.

Islam (Arabisch). Ergebung (in Gottes Willen).

Ishraq (Arabisch: »erleuchtende Weisheit«). Die von Yahya Suhrawardi gegründete Ishraqi-Schule entwickelte eigene philosophische und spirituelle Vorstellungen.

Jahiliyya (Arabisch). Die Zeit der Unwissenheit. So nennen die Muslime die vorislamische Zeit in Arabien.

Jahwe. Hebräischer Name des Gottes Israels. Jahwe war ursprünglich möglicherweise der Gott eines anderen Volkes, der dann von Mose für die Israeliten übernommen wurde. Ab dem 3. und 2. Jahrhundert v. u. Z. sprachen die Juden den JHWH geschriebenen, heiligen Namen nicht mehr aus.

Kaaba (Arabisch). Der Allah geweihte würfelförmige Schrein in Mekka.

Kabbala (Hebräisch »Überlieferung«). Seit dem 13. Jahrhundert Bezeichnung für die jüdische Mystik. Hauptwerk ist das Buch »Der Sohar«.

Kalam (Arabisch: »Debatten«). Muslimische Theologie, die den Koran rational auszulegen versucht.

Kenosis (Griechisch). Selbstentäußerung.

Kerygma (Griechisch). Bezeichnung der griechischen Christen für die offizielle Lehre der Kirche, die sich im Gegensatz zum **Dogma** (s. dort) klar und rational ausdrücken läßt.

Logos (Griechisch: »Vernunft, Begriff, Wort«). Von den griechischen Theologen wurde Gottes Logos mit der **Weisheit** (s. dort) Gottes in den jüdischen Schriften oder mit dem im Prolog zum Johannesevangelium erwähnten Wort gleichgesetzt.

Madrasa. Islamschule.

Mana. Ein ursprünglich polynesisches Wort für die als heilig oder göttlich empfundenen unsichtbaren Kräfte, die alle Dinge durchdringen.

Menok (Persisch). Die himmlische, archetypische Seinssphäre.

Merkaba (Hebräisch). Thronwagen. Siehe **Thronwagenmystik.**

Mischna (Hebräisch). Von den als **Tannaim** bezeichneten frühen Rabbis zusammengestellte, bearbeitete und veröffentlichte Sammlung mündlicher Überlieferungen und Lehrsätze. Dieses jüdische Gesetzbuch, das in sechs Hauptkapitel und dreiundsechzig Unterkapitel aufgeteilt ist, dient als Grundlage für die offiziellen Kommentare zum **Talmud** (s. dort).

Mizwa (Plural: Mizwot). Gebot.

Muslim (Arabisch). Jemand, der sich Gott ergibt.

Mutasila (Arabisch). Eine muslimische Sekte, die den Koran rational zu erklären versuchte.

Nirwana (Sanskrit: »Abkühlen«, »Ausgehen« oder »Erlöschen« einer Flamme). Von den Buddhisten benutzter Begriff für die höchste Wirklichkeit, das Ziel und die Erfüllung des menschlichen Lebens und das Ende des Schmerzes. Das Nirwana ist wie Gott, das Heilsziel der Monotheisten, eine Erfahrung, die nicht rational beschrieben werden kann.

Das Numinose (Abgeleitet vom lateinischen Wort *Numen*: Geist). Die Erfahrung des Göttlichen, der Transzendenz und der **Heiligkeit** (s. dort), die stets Ehrfurcht, Erstaunen und Furcht ausgelöst hat.

Oikumene (Griechisch). Die zivilisierte Welt.

Orthodox, Orthodoxie. Wörtlich: »rechte Lehre«. Die griechischen Christen benutzten diesen Begriff, um die Anhänger der richtigen kirchlichen Lehre von Ketzern wie den Arianern oder Nestorianern zu unterscheiden. Der Begriff wird auch auf das streng gesetzestreue Judentum angewendet.

Ousia (Griechisch: »Essenz, Natur, Wesen«). Das, was ein Ding oder eine Person zu dem macht, was es ist. Auf Gott angewendet bezeichnet der Begriff das Wesen Gottes, das sich in den drei **Hypostasen** (s. dort) manifestiert.

Parsuf (Plural: **Parsufim**) (Hebräisch: »Gesichter«). Nach bestimmten Versionen der **Kabbala** (s. dort) offenbart sich der unfaßbare Gott der Menschheit durch mehrere, unterschiedliche »Gesichter«.

Patriarchen. Abraham, Isaak und Jakob, die Stammväter der Israeliten, werden die Patriarchen genannt.

Persona (Plural: **Personae**) (Lateinisch). Die von einem Schauspieler getragene Maske, die den von ihm dargestellten Charakter ausdrückt und seine Stimme im Theater ertönen läßt. Die westlichen Christen benutzen diesen Begriff gerne für die drei **Hypostasen** (s. dort) der Dreieinigkeit: Die drei »Personen« sind für sie der Vater, der Sohn und der Heilige Geist.

Pir (Persisch). Der spirituelle Meister muslimischer Mystiker.

Prophet. Jemand, der im Namen Gottes spricht.

Rigweda. Sammlung von Götterhymnen aus der Zeit zwischen 1500 und 900 v. u. Z.; sie verkündeten die religiösen Überzeugungen der Arier, die in das Industal eindrangen und dem Volk des indischen Subkontinents ihren Glauben aufzwangen.

Schahada. Das muslimische Glaubensbekenntnis: »Ich bezeuge: Es gibt keinen Gott außer Allah, und Mohammed ist sein Gesandter.«

Scharia. Das islamische heilige Gesetz, das sich auf den Koran und das **Hadith** (s. dort) stützt.

Schechina (Abgeleitet vom hebräischen Wort *shakan*: »sein Zelt aufschlagen«). Begriff für Gottes Gegenwart auf der Erde, mit dem die Rabbis die Gotteserfahrung des Juden von der unbeschreiblichen Wirklichkeit selbst unterscheiden. In der **Kabbala** wird **Schechina** mit der letzten **Sefira** (s. dort) gleichgesetzt.

Schia. Die »Partei« Alis. Nach Auffassung der muslimischen Schiiten sollten Ali Ibn Talib (der Schwiegersohn und Vetter des Propheten Mohammed) und seine Nachfahren, die **Imame** (s. dort), die islamische Gemeinschaft leiten.

Sefira (Plural: **Sefirot**) (Hebräisch: »Zahlen«). In der **Kabbala** (s. dort) die zehn Stufen oder Wirkungskräfte von Gottes sich entfaltender Selbstoffenbarung. Die zehn **Sefirot** sind:

1. Kether Eljon, die »höchste Krone« der Gottheit;
2. Chochma, die »Weisheit« oder Uridee Gottes;
3. Bina, die sich entfaltende »Intelligenz« Gottes;
4. Chessed, die »Liebe« oder »Gnade« Gottes;
5. Din, die »Macht« Gottes, die sich vor allem als strafende Macht und richtende Gewalt darstellt;

6. Tifereth, die »Herrlichkeit« Gottes;
7. Nezach, die »beständige Dauer« Gottes;
8. Hod, die »Majestät« Gottes;
9. Jessod, der »Grund« aller wirkenden und zeugenden Kräfte Gottes;
10. Malchuth, das »Reich« Gottes, auch **Schechina** (s. dort) genannt.

Sephardim. Die spanischen Juden.

Sh'ma. Das jüdische Glaubensbekenntnis:»Höre *(Shema)*, Israel; Jahwe ist unser Gott, Jahwe ist einzig!« (Deuteronomium 6,4).

Schiur Koma. Das Maß der Größe (Gottes). Ein umstrittener mystischer Text aus dem 5. Jahrhundert; er beschreibt die Gestalt, die Ezechiel auf dem himmlischen Wagen thronen sah.

Sufi, Sufismus. Die Mystiker beziehungsweise die mystische Spiritualität des Islam. Die Bezeichnung leitet sich wahrscheinlich vom arabischen Wort für Wolle *(Suf)* ab, da sich die frühen Sufis und Asketen meist – wie einst Mohammed und seine Gefährten – in grobe Wollkleider hüllten.

Sunna (Arabisch:»Praxis«). Die von der Tradition sanktionierten Gebräuche, mit denen man das Verhalten und die Taten des Propheten Mohammed nachzuahmen beabsichtigt.

Sunniten. Die *ahl al-sunnah*: Bezeichnung für die größte Gruppe unter den Muslimen; ihr Islam stützt sich auf den Koran, das Hadith und die **Sunna** (s. dort) sowie auf die **Scharia** (s. dort) im Gegensatz zum Islam der **Schia** (s. dort), der die Verehrung der **Imame** (s. dort) zum Inhalt hat.

Talmud (Hebräisch:»Studium« oder »Lernen«). Die klassischen rabbinischen Kommentare zum alten jüdischen Gesetzeskodex. Siehe auch unter **Mischna**.

Taqwa (Arabisch). Gottesbewußtsein.

Tariqa (Arabisch). Ein Orden von Sufimystikern. Siehe auch unter **Sufi**.

Tawhid (Arabisch:»Einheit«). Begriff für die göttliche Einheit Gottes sowie für die Integration, die von jedem Muslim verlangt wird, der sich Gott ganz ergeben will.

Tawil. Die von esoterischen Sekten wie den Ismailiten verfochtene symbolische und mystische Auslegung des Korans.

Tfillin. Die auch unter der Bezeichnung Phylakterien bekannten schwarzen Kästchen oder Kapseln mit dem auf Pergament geschriebenen Text des **Sh'ma**, die männliche Juden ab dreizehn Jahren, wie im Deuteronomium 6,4–7 befohlen, für das Morgengebet an der Stirn und am linken Oberarm in der Nähe des Herzens befestigen.

Theophanie. Eine den menschlichen Sinnen zugängliche Manifestation Gottes.

Theoria (Griechisch). Kontemplation.

Thora (Hebräisch). Die ersten fünf Bücher der Bibel – Genesis, Exodus, Levitikus, Numeri und Deuteronomium –, die das Gesetz Moses enthalten.

Thronwagenmystik. Eine frühe Form der jüdischen Mystik, die hauptsächlich den von Ezechiel erblickten himmlischen Thronwagen (**Merkaba**) und einen Aufstieg durch die himmlischen Hallen (**Hechaloth**) von Gottes Palast zu Gottes himmlischem Thron zum Gegenstand hatte.

Tikkun (Hebräisch: »Wiederherstellung«). Der in der Kabbala von Isaak Luria beschriebene Erlösungsprozeß, in dem die beim Bruch der Gefäße versprengten göttlichen Funken wieder gesammelt und mit Gott vereint werden.

Traditionarier. Die *ahl al-Hadith*: die Menschen des Hadith. Jene Muslime, die den Koran und das **Hadith** (s. dort) wörtlich auslegten, um den rationalistischen Tendenzen der **Mutasila** (s. dort) entgegenzuwirken.

Ulema. Islamischer Rechts- und Religionsgelehrter, auch »Stand der Gelehrten«.

Umma (Arabisch). Die muslimische Gemeinschaft.

Upanischaden. In der **Achsenzeit** (s. dort) verfaßte Hinduschriften.

Weda (Plural: **Weden**). Siehe **Rigweda**.

Weisheit. Hebräisch *Chochma*, griechisch *Sophia*. Die »Vermenschlichung« des göttlichen Plans in Form der Heiligen Schrift. Eine Methode zur Beschreibung von Gottes Wirken in der Welt. Die menschlichen Vorstellungen von Gott im Gegensatz zur unfaßbaren Wirklichkeit selbst.

Yoga. Schon sehr früh in Indien entwickelte Disziplin, die die Kräfte des Geistes »anspannt«. Durch Konzentrationsübungen gelangt der Yogi zu einer intensiven, gesteigerten Wahrnehmung der Wirklichkeit, die mit einem Gefühl des Friedens, der Glückseligkeit und der Gelassenheit verbunden ist.

Zanna (Arabisch). Raterei. Mit diesem Begriff werden im Koran sinnlose theologische Spekulationen bezeichnet.

Zikkurat. Von den Sumerern erbauter Tempelturm, dessen Stufenform auch in vielen anderen Teilen der Erde zu finden ist: Die Menschen konnten auf den gewaltigen Steinstufen zu ihren Göttern emporsteigen.

Zimzum (Hebräisch: »Zusammenziehen, zurückweichen«). Die lurianische Mystik enthält die Vorstellung von einem Gott, der sich in sich selbst zusammenzieht, um der Schöpfung Raum zu geben. Es handelt sich also um einen Akt der **Kenosis** (s. dort) und Selbsteinschränkung.

Anmerkungen

Zitate aus der jüdischen und christlichen Heiligen Schrift sind der *Einheitsübersetzung* entnommen. Zitate aus dem Koran stammen aus der Übersetzung von Rudi Paret (Stuttgart, Berlin, Köln, Mainz 1962).

Kapitel 1   Am Anfang ...

1 Mircea Eliade, *Kosmos und Geschichte. Der Mythos der ewigen Wiederkehr* (Frankfurt 1984).
2 Arthur Ungnad, *Die Religion der Babylonier und Assyrer. Religiöse Stimmen der Völker* (Jena 1921), S. 73.
3 Ebenda, S. 99.
4 Pindar, *Nemeische Oden VI* (Stuttgart 1986), S. 205.
5 E. O. James, *The Ancient Gods. Anat-Baal Texts 49, 11, 5* (London 1960), S. 88.
6 Genesis 2, 5–7.
7 Genesis 4, 26; Exodus 6, 3.
8 Genesis 31, 42; 49, 24.
9 Genesis 17, 1.
10 Homer, *Ilias XXIV*, 461 (Stuttgart 1979), S. 446.
11 Apostelgeschichte 14, 11–18.
12 Genesis 28, 15.
13 Genesis 26, 16–17. E fügte diesem Bericht Elemente aus den Schilderungen von J an, daher wird auch der Name Jahwe gebraucht.
14 Genesis 32, 30–31.
15 George E. Mendenhall, »The Hebrew Conquest of Palestine«, *The Biblical Archeologist,* 25 (1962); M. Weippert, *The Settlement of the Israelite Tribes in Palestine* (London 1971).
16 Deuteronomium 26, 5–8.
17 L. E. Bihu, »Midianite Elements in Hebrew Religion«, *Jewish Theological Studies,* 31; Salo Wittmeyer Baron, *A Social and Religious History of the Jews,* 10 Bde., (2. Aufl. New York 1952–1967), S. 46.

18 Exodus 3, 5–6.
19 Exodus 3, 14.
20 Exodus 19, 16–18.
21 Exodus 20, 2.
22 Josua 24, 14–15.
23 Josua 24, 24.
24 James, *The Ancient Gods*, S. 152; Psalmen 29, 89, 93.
25 1 Könige 18, 20–40.
26 1 Könige 19, 11–13.
27 *Rig-Veda oder die heiligen Lieder der Brahmanen*, hrsg. von Max Müller (Leipzig 1856–1869).
28 Paul Deussen (Übers. u. Hg.), *Sechzig Upanischaden des Veda* (Berlin 1921).
29 Ebenda.
30 Ebenda.
31 Ebenda.
32 Edward Conze, *Der Buddhismus. Wesen und Entwicklung* (Stuttgart 1990).
33 *Udana 8, 13*. Zitiert und übersetzt in: Paul Steintha, *Udanan* (London 1885), S. 81.
34 Platon, »Das Gastmahl«, *Sämtliche Dialoge*, hrsg. von Otto Apelt (Nachdruck Hamburg 1988), Bd. III, S. 59.
35 Aristoteles, Fragment 15 Rose.
36 Aristoteles, *Poetik*, 1461 b, 3.

Kapitel 2   Ein Gott

1 Jesaja 6, 3.
2 Rudolf Otto, *Das Heilige* (Breslau 1917).
3 Jesaja 6, 5.
4 Exodus 4, 10.
5 Psalmen 29, 89, 93. Dagon war der Gott der Philister.
6 Jesaja 6, 10.
7 Matthäus 13, 14f.
8 Keilinschrift auf einer Tafel, zitiert bei Chaim Potok, *Wanderings. History of the Jews* (New York 1978), S. 187.
9 Jesaja 6, 13.
10 Jesaja 6, 12.
11 Jesaja 10, 5f.
12 Jesaja 1, 3.
13 Jesaja 1, 11f.

14 Jesaja 1, 15ff.
15 Amos 7, 15ff.
16 Amos 3, 8.
17 Amos 8, 7.
18 Amos 5, 18.
19 Amos 3, 1f.
20 Hosea 8, 5.
21 Hosea 6, 6.
22 Genesis, 4, 1.
23 Hosea 2, 23f.
24 Hosea 2, 18f.
25 Hosea 1, 2.
26 Hosea 1, 9.
27 Hosea 13, 2.
28 Jeremia 10; Psalmen 31, 6; 115, 4–8; 135, 15.
29 Übersetzung des Gedichts von John Bowker in: *The Religious Imagination and the Sense of God* (Oxford 1978), S. 73.
30 Siehe Genesis 14, 20.
31 2 Könige 32, 3–10; 2 Chronik 34, 14.
32 Deuteronomium 6, 4ff.
33 Deuteronomium 7, 2.
34 Deuteronomium 7, 5f.
35 Deuteronomium 28, 64–8.
36 2 Chronik 34, 5ff.
37 Exodus 23, 33.
38 Josua 11, 21f..
39 Jeremia 25, 8f.
40 Jeremia 13, 15ff.
41 Jeremia 1, 6–10.
42 Jeremia 23, 9.
43 Jeremia 20, 7ff.
44 In China werden das Tao und der Konfuzianismus als zwei Facetten einer einzigen, den inneren und äußeren Menschen betreffenden Spiritualität verstanden. Hinduismus und Buddhismus sind einander verwandt und können beide als eine Art reformiertes Heidentum angesehen werden.
45 Jeremia 2, 31f.; 12, 7–11; 14, 7ff.; 6, 11.
46 Jeremia 32, 15.
47 Jeremia 44, 15–19.
48 Jeremia 31, 33.
49 Ezechiel 1, 4–25.

50 Ezechiel 3, 14f.
51 Ezechiel 8, 12.
52 Psalm 137.
53 Jesaja 11, 15f.
54 Jesaja 51, 9f. Dieses Thema taucht immer wieder auf. Siehe Psalm
65, 7; 74, 13f.; 77, 16; Ijob 3, 8; 7, 12.
55 Jesaja 46, 1.
56 Jesaja 43, 10f.
57 Jesaja 51, 9f.
58 Jesaja 55, 8f.
59 Jesaja 19, 24f.
60 Exodus 33, 20.
61 Exodus 33, 18.
62 Exodus 34, 29–35.
63 Exodus 40, 34; Ezechiel 9, 3.
64 Vgl. Psalmen 74 und 104.
65 Exodus 25, 8f.
66 Exodus 25, 3ff.
67 Exodus 39, 32, 43; 40, 33; 40, 2, 17; 31, 3, 13.
68 Deuteronomium 5, 12–17.
69 Deuteronomium 14, 1–21.
70 Sprichwörter 8, 22, 23, 30, 31.
71 Jesus Sirach 24, 3–6.
72 Die Weisheit des Salomo 7, 25f.
73 *De Specialibus Legibus 1, 43.*
74 *Quod deus sit immutabilis* 62; *Das Leben Mosis* 1, 75.
75 *Ueber Abraham* 121ff.
76 *De migratione Abrahami* 34f.
77 Shabbat 31a.
78 Aroth de Rabba Nathan 6.
79 Loudis Jacobs, *Faith* (London 1968), S. 7.
80 Leviticus Rabba 8, 2; Sotah 9b.
81 Exodus Rabba 34, 1; Hagigah 13b; zu Exodus 15,3.
82 Bawa Metzia 59b.
83 Mischna Psalm 25, 6; Psalm 139, 1; Tanhuma 3, 80.
84 Kommentare zu Ijob 11, 7; Mischna Psalm 25, 6.
85 Also sprach Rabbi Johannan Ben Nappacha: »Wer Gott zu sehr
preist, wird vernichtet werden.«
86 Genesis Rabba 68, 9.
87 B. Berakoth 10a; Leviticus Rabba 4, 8; Jalkut über Psalm 90, 1;
Exodus Rabba.

88 B. Migillah 29a.
89 Hoheslied Rabba 2; Jerusalem Sukkah 4.
90 Numeri Rabba 11, 2; Deuteronomium Rabba 7, 2 laut Sprichwörter
    8, 34.
91 Mekhilta de Rabbi Simon über Exodus 19, 6. Vgl. Apostelgeschichte
    4, 32.
92 Hoheslied Rabba 8, 12.
93 Jalkut über Hoheslied 1, 12.
94 Sifre über Deuteronomium 36.
95 A. Marmorstein, *The Old Rabbinic Doctrine of God. The Names
    and Attributes of God* (Oxford 1927), S. 171–174.
96 Niddah 31b.
97 Jalkut über 2 Samuel 22; B. Yoma 22b; Jalkut über Ester 5, 2.
98 Jacob E. Neusner, »Varieties of Judaism in the Formative Age«,
    in: Arthur Green (Hrsg.), *Jewish Spirituality,* 2 Bde. (London 1986,
    1988), Bd. I, S. 172f.
99 Sifre über Leviticus 19, 8.
100 Mekhilta über Exodus 20, 13.
101 Piske Aboth 6, 6; Horayot 13a.
102 Sanhedrin 4, 5.
103 Bawa Metzia 58b.
104 Arakin 15b.

Kapitel 3   Ein Licht für die Nichtjuden

 1 Markus 1, 18, 11.
 2 Markus 1, 15. Die Übersetzung lautet oft, »das Königreich Gottes
    ist nahe«, doch ist das Griechische aussagekräftiger.
 3 Siehe Geza Vermes, *Jesus the Jew* (London 1973); Paul Johnson, *A
    History of the Jews* (London 1987).
 4 Matthäus 5, 17ff.
 5 Matthäus 7, 12.
 6 Matthäus 23.
 7 Talmud Soferim 13–2.
 8 Matthäus 17, 2.
 9 Matthäus 17, 5.
10 Matthäus 17, 20; Markus 11, 22f.
11 Astasahasrika 15, 293 zitiert bei Edward Conze, *Der Buddhismus,*
    a.a.O., S. 125.
12 *Bhagavad-Gita. Krishna's Counsel in War* (New York 1986), XI, 14,
    S. 97.

13 Ebenda, XI, 21, S. 100.
14 Ebenda, XI, 18, S. 100.
15 Galater 1, 11; 14.
16 Vgl. Römer 12, 5; 1 Korinther 4, 15; 2 Korinther 2, 17; 5, 17.
17 1 Korinther 1, 24.
18 Zitiert von Paulus in der Rede, die er nach dem Verfasser der Apostelgeschichte 17, 28 gehalten hat. Das Zitat stammt wahrscheinlich von Epimenides.
19 1 Korinther 15, 4.
20 Römer 6, 4; Galater 5, 16–25; 2 Korinther 5, 17; Epheser 2, 15.
21 Kolosser 1, 24; Epheser 3, 1, 13; 9, 3; 1 Korinther 1, 13.
22 Römer 1, 12–18.
23 Philipper 2, 6–11.
24 Johannes 1, 3.
25 1 Johannes 1, 1.
26 Apostelgeschichte 2, 2.
27 Ebenda, 2, 9, 10.
28 Joël 3, 1–5.
29 Apostelgeschichte 2, 22–36.
30 Ebenda, 7, 48.
31 Zitiert bei A. D. Nock, *Conversion. The Old and the New in Religion from Alexander the Great to Augustine of Hippo* (Oxford 1933), S. 207.
32 *Ad Baptizandos,* zitiert in: Wilfred Cantwell Smith, *Faith and Belief* (Princeton 1979), S. 259.
33 Bericht von Irenäus, *Häresien* I.1.1. Die meisten Schriften der frühen »Häretiker« sind verlorengegangen und tauchen nur noch in der Polemik ihrer orthodoxen Gegner auf.
34 Hippolytus, *Des Heiligen Hippolytus von Rom Widerlegung aller Häresien* 7.21.4. (München, Kempten 1922).
35 Irenäus, *Der heilige Irenäus, Bischof von Lyon. Wider die Häresien* 1.5.3. (Neukirchen 1972).
36 Hippolytus, *Häresien* 8.15.1–2.
37 Lukas 6, 43.
38 Irenäus, *Häresien* 1.27.2.
39 Tertullianus, Quintus S., *Tertullians sämtliche Schriften 1.6.1.* (Köln 1882).
40 Origenes, übersetzt von Paul Koetschau, *Gegen Kelsos 1.9.* (München 1986).
41 Origenes, *Ermahnung an die Griechen 59.2.* (München 1986).
42 Ebenda, 10.106.4.

43 Origenes, *Der Lehrer* 2.3.381. (München 1986).
44 Origenes, *Ermahnung an die Griechen* 1.8.4. (München 1986).
45 Irenäus, *Häresien* 5.16.2. (Neukirchen 1972).
46 Plotinus, *Enneaden,* 5.6.
47 Ebenda 5.3.11.
48 Ebenda 7.3.2.
49 Ebenda 5.2.1.
50 Ebenda 4.3.9.
51 Ebenda 4.3.9.
52 Ebenda 6.7.37.
53 Ebenda 6.9.9.
54 Ebenda 6.9.4.
55 Jaroslav Pelikan, *The Christian Tradition. A History of the Development of Doctrine,* 5 Bde., Bd. I: *The Emergence of the Catholic Tradition* (Chicago 1971), S. 103.

Kapitel 4 Dreieinigkeit: Der Gott der Christen

1 Das berichtet Gregor von Nyssa.
2 Arius in einem Brief an seinen Verbündeten Eusebius. Auf englisch zitiert in Robert C. Gregg und Dennis E. Groh, *Early Arianism. A View of Salvation* (London 1981), S. 66.
3 Arius in seinem Brief an Bischof Alexander.
4 Sprichwörter 8, 22.
5 Johannes 1, 3.
6 Ebenda 1, 2.
7 Brief von Paulus an die Philipper, 2, 6–11.
8 Arius in seinem Brief an Bischof Alexander, 6. 2.
9 Athanasius, *Gegen die Heiden,* in der Reihe: *Bibliothek der Kirchenväter* (Kempten, München 1917), Kap. 41.
10 Athanasius, *De Incarnatione verbi* (übersetzt von E. P. Meijering), (Amsterdam 1989), Kap. 54, S. 357.
11 Diese Fassung weicht von dem als Nicänum bekannt gewordenen Glaubensbekenntnis ab, das eigentlich 381 auf dem Konzil von Konstantinopel verfaßt wurde.
12 Athanasius, »On the Councils of Ariminium and Seleucia«, 41.1., englisch in: *A Select Library of Nicene and Post-Nicene Fathers of the Christian Church,* Bd. 4 (Grand Rapids/Mich. 1980), S. 448–480.
13 Athanasius, *Leben des Heiligen Antonius,* in der Reihe: Bibliothek der Kirchenväter, a. a. O., Kap. 67.

14 Basilius von Caesarea, *Über den Heiligen Geist* (Freiburg 1967), Kap. XXVII, 55b, S. 99.

15 Ebenda.

16 Gregor von Nyssa, *Contra Eunomium*, hrsg. von Werner Jaeger (Berlin 1921), Kap. 3.

17 Ebenda.

18 Gregor von Nyssa, *Der Aufstieg des Moses*, (Freiburg 1963), Abschnitt 377 A, S. 92.

19 Basilius von Caesarea, *Des Heiligen Basilius des Großen Ausgewählte Schriften*, in der Reihe: *Bibliothek der Kirchenväter*, a. a. O., Bd. 1, Brief Nr. 234 (an Amphilochius), Abschnitt 1, S. 283.

20 Gregor von Nazianz, in: Joseph Barbel, *Gregor von Nazianz. Die fünf theologischen Reden* (Düsseldorf 1963), S. 227.

21 Gregor von Nyssa, »Ad Ablabium: Quod non sint tres dei«, in: *Gregorii Nysseni. Opera Dogmatica Minora*, Teil 1, hrsg. von Fridericus Mueller (Leiden 1958), S. 35–57.

22 G. L. Prestige, *God in Patristic Thought*, (London 1952), S. 300.

23 Gregor von Nyssa, »Ad Ablabium: Quod non sint tres dei«, a. a. O.

24 Gregor von Nazianz, *Ausgewählte Schriften des Gregor von Nazianz*, in der Reihe: *Bibliothek der Kirchenväter*, Rede Nr. III, 40, 41, S. 85f.

25 Gregor von Nazianz, Rede Nr. 29, 6–10 (3. theologische Rede über den Sohn), auf englisch in: *A Select Library of Nicene and Post-Nicene Fathers of the Christian Church*, Bd. 7, hrsg. von Philip Schaff und Henry Wace (Grand Rapids/Mich. 1980), S. 303ff.

26 Basilius von Caesarea, *Des Heiligen Basilius des Großen Ausgewählte Briefe*, in der Reihe: *Bibliothek der Kirchenväter*, a. a. O., Brief Nr. 38, 4, S. 74f.

27 Augustinus, *Über die Dreieinigkeit*, (München 1936), Buch VII, Kap. iv, 1.

28 Augustinus, *Bekenntnisse*, in der Reihe: *Bibliothek der Kirchenväter*, (München 1914), Band N. A. 1, 7, Buch I, Kap. i.

29 Ebenda, Buch VIII, Kap. vii. (17).

30 Ebenda, Buch VIII, Kap. xii. (28).

31 Ebenda, Buch VIII, Kap. xii. (29); Bibelzitat aus dem Brief von Paulus an die Römer 13, 13–14.

32 Ebenda, Buch X, Kap. xvii. (26).

33 Ebenda, Buch X, Kap. xxvii. (38).

34 Ebenda.

35 Augustinus, *Über die Dreieinigkeit*, (München 1936), Buch VIII, Kap. ii. 3.

36 Ebenda.

37 Ebenda, Buch X, Kap. x. 14.

38 Ebenda, Buch X, Kap. xi. 18.

39 Ebenda.

40 Andrew Louth, *The Origins of the Christian Mystical Tradition* (Oxford 1983), S. 79.

41 Augustinus, *Über die Dreieinigkeit,* Bd. 2 (München 1936), Buch XIV, Kap. viii.

42 Ebenda.

43 Augustinus, *Enchiridion,* in der Reihe: *Bibliothek der Kirchenväter,* a. a. O., Bd. N. A. 1.8, Kap. 26. 27.

44 Tertullian, *Über den weiblichen Putz,* in der Reihe: *Bibliothek der Kirchenväter,* Bd. N. A. 6.1, Buch I. i.

45 Augustinus, Brief Nr. 243 (an Laetus), Abschnitt 10, zitiert nach: *Saint Augustine, Letters,* (Washington, New York 1956), Bd. 5.

46 Augustinus, *Über den Wortlaut der Genesis,* (Paderborn 1961), Bd. 2, Buch IX, V.9.

47 Dionysius Areopagita, Brief Nr. IX, 1 (1105D) (an den Hierarchen Titus), in: *Die angeblichen Schriften des Areopagiten Dionysius,* Teil 1 (Sulzbach 1823), S. 196f.

48 Ebenda.

49 Dionysius Areopagita, *Über die himmlische Hierarchie* (Stuttgart 1986), Kap. I.

50 Dionysius Areopagita, *Die Namen Gottes* (Stuttgart 1988), Kap. II,7.

51 Ebenda, Kap. XIII, 3.

52 Ebenda, Kap. XIII, 3.

53 Ebenda, Kap. VII, 3.

54 Ebenda, Kap. I.

55 Dionysius Areopagita, »Von der mystischen Theologie«, Kap. 3, in: *Mystische Theologie und andere Schriften* (München 1956).

56 Dionysius Areopagita, *Die Namen Gottes* (Stuttgart 1988), Kap. IV, 13.

57 Maximus Confessor, *Ambigua,* Migne, PG 91.1088c.

Kapitel 5 Einheit: Der Gott des Islam

1 Muhammad Ibn Ishaq, *Mohammed. Das Leben des Propheten* (Tübingen, Basel 1976).

2 Koran 96, 1.

3 Muhammad Ibn Ishaq, a. a. O.

4 Ebenda.

575

5 Maxime Rodinson, *Mohammed* (Frankfurt 1975), S. 78.

6 Bukhair, Hadith 1.3. Zitiert in Martin Lings, *Muhammad. His Life Based On the Earliest Sources* (London 1983), S. 44f.

7 William Wordsworth, »Expostulation and Reply«, in: *The Poetical Works of William Wordsworth*, hrsg. von W. Knight (Edinburgh 1882), S. 237.

8 Koran 75, 16–19.

9 Koran 42, 7.

10 Koran 88, 21–2.

11 Koran 29, 61–3.

12 Koran 96, 6–8.

13 Koran 80, 24–32.

14 Koran 92, 18; 9, 103; 63, 9; 102, 1.

15 Koran 24, 1, 45.

16 Koran 2, 164.

17 Koran 20, 113f.

18 Muhammad Ibn Ishaq, a.a.O.

19 Ebenda.

20 George Steiner, *Von realer Gegenwart. Hat unser Sprechen Inhalt?* (München 1990).

21 Koran 53, 19–26.

22 Karen Armstrong, *Muhammad. A Western Attempt to Understand Islam* (London 1991), S. 108–117.

23 Koran 109.

24 Koran 112.

25 Seyyed Hossein Nasr, »God« in: *Islamic Spirituality* (London 1987), S. 321.

26 Koran 2, 11.

27 Koran 55, 26.

28 Koran 24, 35.

29 Karen Armstrong, *Muhammad,* a.a.O., S. 21–44 und 86ff.

30 Koran 29, 46.

31 Muhammad Ibn Ishaq, a.a.O.

32 So lautet Muhammad Asads Übersetzung des Begriffs »Ahl al-Kitab«, der gewöhnlich mit »die Leute der Schrift« wiedergegeben wird.

33 Koran 2, 135–6.

34 Ali Schariati, *Hadsch* (Bonn 1983).

35 Koran 33, 55.

36 Seyyed Hossein Nasr, »The Significance of the Sunnah and the Hadith«, in: *Islamic Spirituality,* S. 107f.

37 1. Brief des Johannes 1, 1.

38 W. Montgomery Watt, *Free Will and Predestination in Early Islam* (London 1948), S. 139.

39 Abu al-Hasan Ibn Ismail al-Aschari, »Malakat« 1.197, in: A. J. Wensinck, *The Muslim Creed. Its Genesis and Historical Development* (Cambridge 1932), S. 67f.

Kapitel 6 Der Gott der Philosophen

1 Zitiert bei S. H. Nasr, »Theology, Philosophy and Spirituality« in *Islamic Spirituality: Manifestations* (London 1991), S. 411.

2 Sie stammten beide aus Rayy im Iran.

3 Azim Nanji, »Ismailism«, in: S. H. Nasr, *Islamic Spirituality. Foundation* (London 1987), S. 195f.

4 Henry Corbin, *Spiritual Body and Celestial Earth. From Mazdean Iran to Shiite Iran* (London 1990), S. 51–72.

5 Ebenda, S. 51.

6 Zitiert bei Majid Fakhry, *A History of Islamic Philosophy* (New York, London 1970), S. 193.

7 Ebenda, S. 187.

8 Aristoteles, *Metaphysik* XII, 1074b, 32.

9 *Al Mandiqh al Dalal*, in: W. Montgomery Watt, *The Faith and Practice of Al Ghazzali* (London 1953), S. 20.

10 Zitiert bei John Bowker, *The Religious Imagination and the Sense of God* (Oxford 1978), S. 202.

11 Westliche Gelehrte hielten al-Ghazzali nach der Lektüre seiner Werke tatsächlich für einen Faylasuf.

12 Zitiert bei Roy Mottahedeh, *Der Mantel des Propheten* (München 1987), S. 176.

13 John Bowker, a.a.O., S. 222–226.

14 Koran 24, 35.

15 Mishkat al-Anwar, zitiert in Fakhry, *A History of Islamic Philosophy* S. 278.

16 Jehuda Halevi, *Der Kusari* Buch II, übers. von David Cassel (Zürich 1990), S. 129ff.

17 Koran 3, 7.

18 Aufgelistet bei Fakhry, a.a.O., S. 313f.

19 Aufgelistet bei Julius Guttmann, *Die Philosophie des Judentums* (München 1933), S. 202.

20 Zitiert bei J. Abelson, *The Immanence of God in Rabbinic Literature*, S. 245.

21 Zu diesem Konflikt siehe auch: Karen Armstrong, *Holy War. The Crusades and their Impact on Today's World* (New York 1991, London 1992), S. 49–75.

22 Johannes Scotus Eriugena, *Expositiones super Ierarchiam Caelestem S. Dionysii,* 2.1, lateinisch in: Migne (Patrologia Latina), Bd. 122, *Johannes Scotus Eriugena.*

23 Johannes Scotus Eriugena, *Peri physeon,* Migne, PL, 122.

24 Ebenda.

25 Ebenda. 680D-681A.

26 Ebenda.

27 Vladimir Lossky, *Die mystische Theologie der morgenländischen Kirche* (Graz 1961), S. 73–86.

28 Anselm von Canterbury, »Monologion«, *Monologion. Proslogion* (Köln 1966), Kap. I.

29 Anselm von Canterbury, »Proslogion«, *Monologion. Proslogion,* a.a.O., Kap. I.

30 Anselm von Canterbury, »Proslogion«, *Monologion. Proslogion,* a.a.O., Kap. II.

31 John Macquarrie, *In Search of Deity: An Essay in Dialectical Theism* (London 1984), S. 201f.

32 Bernhard von Clairvaux, »Brief« 191,1, lateinisch in: Migne (Patrologia Latina), Bd. 182, *Bernardus,* Bd. I, De erroribus Petri Abaelardi.

33 Zitiert bei Henry Adams, *Mont Saint-Michel and Chartres* (London 1986), S. 296.

34 Karen Armstrong, *Holy War,* a.a.O., S. 199–234.

35 Thomas von Aquin, »De Potentia«, 2, q.7, a.5 ad 14 in: *Quaestiones Disputatae* (Rom 1965), Bd. 2.

36 Thomas von Aquin, *Summa Theologica,* (Salzburg 1933), Bd. 1, Buch 1, Frage 13, Artikel 11.

37 Bonaventura, Pilgerbuch der Seele zu Gott, 3.1.

38 Ebenda, 1.7.

Kapitel 7   Der Gott der Mystiker

1 Hagigah 14b; bezogen auf die Psalmen 101, 7; 116, 15 und 25, 16.

2 Zitiert in: Louis Jacobs (Hg.), *The Jewish Mystics* (Jerusalem 1976, London 1990), S. 23.

3 Zweiter Korintherbrief, 12, 2–4.

4 Das Hohelied, 5, 10–15.

5 Englische Übersetzung in: T. Carmi (Hg. und Übers.), *The Penguin Book of Hebrew Verse* (London 1981), S. 199.

6 Koran, 53, 13–17.

7 Bekenntnisse IX, 24. Zitiert nach: *Augustinus. Confessiones/Bekenntnisse,* Lateinisch und Deutsch; eingeleitet, übersetzt und erläutert von Joseph Bernhart (4. Aufl. München 1980), S. 463ff.

8 Joseph Campbell, Bill Moyers, *The Power of Myth* (New York 1988), S. 85.

9 Annemarie Schimmel, *And Muhammad is His Messenger. The Veneration of the Prophet in Islamic Piety* (Chapel Hill, London 1985), S. 161–175.

10 *Bekenntnisse,* IX, 24, S. 465.

11 *Bekenntnisse,* IX, 24, S. 465ff.

12 Ebenda.

13 *Moralia* (Erklärung des Buches Ijob), V. 66.

14 Ebenda, XXIV, 11.

15 *Ezechiel-Homilien,* II, ii, 1.

16 *Homilien über das Hohelied Salomos,* 6.

17 Brief 234.1.

18 *Über das Gebet,* 67.

19 Ebenda, 71.

20 *Ambigua,* PG.91.1088c.

21 Peter Brown, Sabine MacCormack, »Artifices of Eternity«, in: Peter Brown, *Society and the Holy in Late Antiquity* (London 1992), S. 212.

22 Nikephoros, *Apologia maior,* 70.

23 *Theologische Reden,* I.

24 *Ethische Reden,* 1, 3.

25 *Reden,* 26.

26 *Ethische Reden,* 5.

27 Zitiert nach der englischen Übersetzung der griechischen Ausgabe: *Hymns of Divine Love,* 28, 114f., 160–162.

28 *Encyclopaedia of Islam* (Leiden 1913), Eintrag unter Stichwort »Tasawwuf«.

29 Zitiert bei A. J. Arberry, *Sufism. An Account of the Mystics of Islam* (London 1950), S. 43.

30 Zitiert in R. A. Nicholson, *The Mystics of Islam* (London 1963), S. 115.

31 *Narrative,* zitiert bei Marshall G. S. Hodgson, *The Venture of Islam. Conscience and History in a World Civilization,* 3 Bde. (Chicago 1974), Bd. 1, S. 404.

32 Zitiert bei Arberry, *Sufism,* a.a.O., S. 59.

33 Zitiert bei Nicholson, *The Mystics of Islam,* a.a.O., S. 151.

34 Zitiert bei Arberry, *Sufism,* a.a.O., S. 60.

35 Koran, 2, 32.

36 *Hiqmat al-Ishraq,* zitiert bei Henry Corbin, *Spiritual Body and Celestial Earth. From Mazdean Iran to Shiite Iran,* (London 1990), S. 168f.

37 Mircea Eliade, *Shamanism,* S. 9, 508.

38 J. P. Sartre, *Das Imaginäre. Phänomenologische Psychologie der Einbildungskraft* (Reinbek b. Hamburg 1971), passim.

39 *Futuhat al Makkiyah,* II, 326, zitiert bei Henri Corbin, *Creative Imagination in the Sufism of Ibn Arabi* (London 1970), S. 330.

40 *The Diwan, Interpretations of Ardent Desires,* zitiert ebenda, S. 138.

41 *La Vita Nuova,* englische Übersetzung von Barbara Reynolds (Harmondsworth 1969), S. 29f.

42 *Läuterungsberg,* XVII, 13–18, übersetzt von Wilhelm G. Hertz (München 1978).

43 William Chittick, »Ibn al-Arabi and His School«, in: Sayyed Hossein Nasr (Hg.), *Islamic Spirituality. Manifestations* (New York, London 1991), S. 61.

44 Koran, 18, 69.

45 Zitiert bei Henri Corbin, *Creative Imagination in Ibn al-Arabi,* S. 111.

46 William Chittick, »Ibn al-Arabi and His School«, a.a.O., S. 58.

47 Majid Fakhry, *A History of Islamic Philosophy* (New York, London 1970), S. 282.

48 R. A. Nicholson, *The Mystics of Islam,* S. 105.

49 R. A. Nicholson (Hg.), *Eastern Poetry and Prose* (Cambridge 1922), S. 148.

50 *Masnawi,* I,i, zitiert in Hodgson, *The Venture of Islam,* II, S. 250.

51 Zitiert in: *This Longing. Teaching Stories and Selected Letters of Rumi,* übersetzt und herausgegeben von Coleman Banks und John Moyne (Putney 1988), S. 20.

52 »Einheitsgesang«, zitiert in Gershom Scholem, *Die jüdische Mystik in ihren Hauptströmungen* (Frankfurt/Main 1967), S. 118.

53 Ebenda, S. 12.

54 Zitiert ebenda, S. 238.

55 Ebenda.

56 Ebenda, S. 148.

57 Ebenda, S. 155.

58 Zitiert bei J. C. Clark, *Meister Eckhart. An Introduction to the Study of his Works with an Anthology of his Sermons* (London 1957), S. 28.

59 Simon Tugwell, »Dominican Spirituality«, in: Louis Dupre, Don E. Saliers (Hgg.), *Christian Spirituality III* (New York, London 1989), S. 28.

60 Zitiert in Clark, *Meister Eckhart,* a.a.O., S. 40.

61 Predigt »Qui audit me non confundetur«, in: Josef Quint (Übers. und Hg.), *Meister Eckhart. Deutsche Predigten und Traktate* (Zürich 1979), S. 202.

62 Zitiert nach R. B. Blakeney, *Meister Eckhart. A New Translation* (New York 1957), S. 288.

63 Zitiert nach »On Detachment«, in: Edmund Coledge, Bernard McGinn (Hgg. und Übers.), *Meister Eckhart. The Essential Sermons, Commentaries, Treatises and Defence* (London 1981), S. 87.

64 *Theophanes*, PG.932D.

65 Predigten, 16.

66 Triaden, 1.3.47

Kapitel 8   Ein Gott für Reformer

1 *Majma'at al-Rasail*, zitiert bei Majid Fakhry, *A History of Islamic Philosophy* (New York, London 1970), S. 351.

2 Marshall G. S. Hodgson, *The Venture of Islam. Conscience and History in a World Civilization*, 3 Bde. (Chicago 1984), Bd. II, S. 334ff.

3 *Kitab al hikmat al-arshiya*, zitiert bei Henri Corbin, *Spiritual Body and Celestial Earth. From Mazedean Iran to Shiite Iran* (London, 1990), S. 164.

4 Zitiert bei M. S. Raschid, *Iqbal's Concept of God*, (London 1981), S. 103f.

5 Zitiert bei Gershom Scholem, *Die jüdische Mystik in ihren Hauptströmungen* (Frankfurt/Main 1967), S. 277.

6 Ebenda, S. 271; zur lurianischen Kabbala siehe ebenso Scholem, *The Messianic Idea in Judaism and Other Essays in Jewish Spirituality* (New York 1971), S. 43f.; R. J. Zwi Weblosky, »The Safed Revival and its Aftermath«, in: Arthur Green (Hg.), *Jewish Spirituality*, 2 Bde. (London 1986, 1988), II, Jacob Katz, »Halakah and Kabbalah as Competing Disciplines of Study«, ebenda; Laurence Fine, »The Contemplative Practice of Yehudim in Lurianic Kabbala«, ebenda; Louis Jacobs, »The Uplifting of the Sparks in Later Jewish Mysticism«, ebenda.

7 *The Mountain of Contemplation*, 4.

8 Thomas à Kempis, *The Imitation of Christ*, übers. von Leo Sherley Poole (Harmondsworth 1953), I, i, S. 27.

9 Richard Kieckhafer, »Major Currents in Late Medieval Devotion«, in: Jill Rait (Hg.), *Christian Spirituality. High Middle Ages and Reformation* (New York, London 1989), S. 87.

10 Juliana von Norwich, *Revelations of Divine Love*, übersetzt von Clifton Wolters (London 1981), 15, S. 87–88.

11 *Enconiom Sancti Thomae Aquinatis,* zitiert bei William J. Bouwsme, »The Spirituality of Renaissance Humanism«, in: Raitt, *Christian Spirituality,* a.a.O., S. 244.

12 Brief an seinen Bruder Gherado, 2. Dezember 1348, in: David Thompson (Hg.), *Petrarch, a Humanist among Princes. An Anthology of Petrarch's Letters and Translations from His Works* (New York, 1971), S. 90.

13 Zitiert bei Charles Trinkaus, *The Poet as Philosopher. Petrarch and the Formation of Renaissance Consciousness* (New Haven 1979), S. 87.

14 *De docta ignorantia (Die belehrte Unwissenheit),* I.22.

15 *Trialogus de possest (Über das Seinkönnen),* 17.5.

16 Norman Cohn, *Europe's Inner Demons* (London 1976).

17 Zitiert bei Alister E. McGrath, *Reformation Thought. An Introduction* (Oxford, New York 1988), S. 73.

18 Kommentar zu Psalm 90, 3.

19 Kommentar zu Galater 3, 19.

20 Zitiert bei McGrath, *Reformation Thought,* a.a.O., S. 74.

21 1 Korinther 1, 25.

22 *Heidelberger Disputation,* 21 in: Martin Luther *Die Hauptschriften* (Berlin), S. 31.

23 Ebenda, 19f., S. 30f.

24 Ebenda.

25 Zitiert bei Jaroslav Pelikan, *The Christian Tradition. A History of the Development of Dogma,* 5 Bde., IV, *Reformation of Church and Dogma* (Chicago, London 1984), S. 156.

26 Kommentar zu Galater, 3, 19.

27 *Der Katechismus* (Potsdam 1937), S. 18. Zitiert bei Pelikan, *Reformation of Church,* S. 161.

28 Alister E. McGrath, *Johann Calvin. Eine Biographie* (Zürich 1991), S. 7.

29 Zitiert bei McGrath, *Johann Calvin,* a.a.O., S. 251.

30 *Institutio religionis Christianae,* I, XIII, 2.

31 Zitiert in Pelikan, *Reformation of Church,* a.a.O., S. 327.

32 Ebenda, S. 326.

33 Zitiert in McGrath, *Reformation Thought,* a.a.O., S. 87.

34 McGrath, *Johann Calvin,* a.a.O., S. 99.

35 William James,*The Varieties of Religious Experience,* hrsg. von Martine E. Marty (New York, Harmondsworth 1982), S. 127–185.

36 John Bossy, *Christianity in the West 1400–1700* (Oxford, New York 1985), S. 96.

37 McGrath, *Johann Calvin*, a.a.O., S. 211–219.
38 R. C. Lovelace, »Puritan Spirituality: the Search for a Rightly Reformed Church«, in: Louis Dupre, Don E. Saliers (Hgg.), *Christian Spirituality: Post Reformation and Modern* (New York, London 1989), S. 313.
39 Geistliche Übungen, 230.
40 Zitiert bei Hugo Rahner SJ, *Ignatius von Loyola als Mensch und Theologe* (Freiburg 1964), S. 229.
41 Zitiert bei Pelikan, *The Christian Doctrine and Modern Culture (Since 1700)* (Chicago, London 1989), S. 39.
42 Lucien Febvre, *The Problem of Unbelief in the Sixteenth Century. The Religion of Rabelais,* übersetzt von Beatrice Gottlieb (Cambrigde/Mass., London 1982), S. 351.
43 Ebenda, S. 355f.
44 Zitiert bei J. C. Davis, *Fear, Myth and History, the Ranters and the Historians* (Cambridge 1986), S. 114.
45 McGrath, *Johann Calvin*, a.a.O., S. 131.
46 Zitiert bei Robert S. Westman, »The Copernicans and the Churches«, in: David C. Lindberg, Ronald E. Numbers (Hgg.), *God and Nature. Historical Essays in the Encounter Between Christianity and Science* (Berkeley, Los Angeles, London 1986).
47 Psalm 93, 1; Psalm 104, 19.
48 William R. Shea, »Galileo and the Church«, in: D. Lindberg, R. Numbers (Hgg.), *God and Nature,* S. 125.

Kapitel 9   Aufklärung

1 *Pascal,* ausgewählt und eingeleitet von Reinhold Schneider (Frankfurt/M. 1954), S. 122.
2 Blaise Pascal, *Gedanken,* übers. von Wolfgang Rüttenauer (Wiesbaden 1947), S. 300.
3 Ebenda, S. 183.
4 Ebenda, S. 41.
5 Ebenda, S. 306.
6 Ebenda, S. 45.
7 Römer 1, 19–20.
8 René Descartes, *Discours de la Méthode – Von der Methode,* übers. und hrsg. von Lüder Gäbe (Hamburg 1960), S. 61.
9 René Descartes, *Discourse on Method, Optics and Meteorology* (Indianapolis 1965), S. 263.
10 Ebenda, S. 361.

11 Zitiert in A. R. Hall und L. Tilling (Hgg.), *The Correspondence of Isaac Newton,* 3 Bde. (Cambridge 1959–77), 10. Dezember 1692, III, S. 234f.

12 Ebenda, 17. Januar 1693, S. 240.

13 Isaac Newton, *Mathematische Grundlagen der Naturphilosophie* (Hamburg 1988), S. 226ff.

14 »Corruptions of Scripture«, zitiert bei Richard S. Westfall, »The Rise of Science and Decline of Orthodox Christianity. A Study of Kepler, Descartes and Newton«, in: David C. Lindberg, Ronald L. Numbers (Hgg.), *God and Nature. Historical Essays on the Encounter between Christianity and Science* (Berkeley, Los Angeles, London 1986), S. 231.

15 Ebenda, S. 231f.

16 Zitiert in Jaroslav Pelikan, *The Christian Tradition. A History of the Development of Doctrine,* Bd. 5, *Christian Doctrine and Modern Culture (Since 1700)* (Chicago, London 1989), S. 66.

17 Ebenda, S. 105.

18 Ebenda, S. 101.

19 Ebenda, S. 103.

20 John Milton, *Das verlorene Paradies* (Leipzig 1921), S. 59.

21 Voltaire, *Philosophisches Wörterbuch* (Frankfurt/M. 1985), S. 190.

22 Ebenda, S. 56.

23 Zitiert in Theun de Vries, *Spinoza* (Hamburg 1970), S. 41.

24 Baruch de Spinoza, *Theologisch-Politischer Traktat* (Hamburg 1976), S. 7f.

25 Immanuel Kant, *Was ist Aufklärung?,* hrsg. und eingeleitet von Jürgen Zehbe (Göttingen 1967), S. 55.

26 Zitiert in Pelikan, *Christian Doctrine and Modern Culture,* S. 110.

27 Zitiert in Sherwood Eliot Wirt (Hg.), *Spiritual Awakening. Classic Writings of the eighteenth century devotions to inspire and help the twentieth century reader* (Tring 1988), S. 9.

28 Albert C. Outler (Hg.), *John Wesley. Writings,* 2 Bde. (Oxford, New York 1964), S. 194ff.

29 Pelikan, *Christian Doctrine and Modern Culture,* S. 125.

30 Ebenda, S. 126.

31 Zitiert in George Tickell SJ, *The Life of Blessed Margaret Mary* (London 1890), S. 258.

32 Ebenda, S. 221.

33 Samuel Shaw, *Communion with God,* zitiert in Albert C. Outler, »Pietism and Enlightenment. Alternatives to Tradition«, in: Louis Dupre, Don E. Saliers (Hgg.), *Christian Spirituality: Post Reformation and Modern* (New York, London 1989), S. 245.

34 Ebenda, S. 248.

35 Norman Cohn, *The Pursuit of the Millenium. Revolutionary Millennarians and Mystical Anarchists of the Middle Ages* (London 1957), S. 172.

36 Ebenda, S. 173.

37 Ebenda, S. 174.

38 Ebenda, S. 290.

39 Ebenda, S. 303.

40 Ebenda, S. 304.

41 Ebenda, S. 305.

42 Zitiert bei S. E. Wirt (Hg.), *Spiritual Awakening,* a.a.O., S. 110.

43 Ebenda, S. 113.

44 Alan Heimart, *Religion and the American Mind. From the Great Awakening to the Revolution* (Cambridge/Mass. 1968), S. 43.

45 »An Essay on the Trinity«, zitiert ebenda, S. 62f.

46 Ebenda, S. 101.

47 Ebenda, S. 167.

48 Gershom Scholem, *Sabbatai Zevi* (Princeton 1973).

49 Zitiert bei Gershom Scholem, »Erlösung durch Sünde«, in: *Judaica 5* (Frankfurt/Main 1992), S. 84.

50 Ebenda, S. 95.

51 Ebenda, S. 95.

52 Ebenda, S. 95.

53 Ebenda, S. 105.

54 Ebenda, S. 190.

55 Ebenda, S. 207.

56 Louis Jacobs, »The Uplifting of the Sparks«, in: Arthur Green (Hg.), *Jewish Spirituality,* 2 Bde. (London 1986, 1988), II, S. 118–121.

57 Ebenda, S. 125.

58 Scholem, »Devekut«, in: *The Messianic Idea in Judaism,* S. 226f.

59 Arthur Green, »Typologies of leadership and the Hasidic Zaddick«, in: *Jewish Spirituality,* II, S. 132.

60 *Sifra de-Zeniuta* (übers. von R. J. Za. Werblowsky), in: Louis Jacobs (Hg.), *The Jewish Mystics* (Jerusalem 1976, London 1990), S. 171.

61 Ebenda, S. 174.

62 Arnold H. Toynbee, *A Study of History,* 12 Bde. (Oxford 1934–61), X, S. 128.

63 Albert Einstein, *Mein Weltbild* (Zürich, Stuttgart, Wien 1953), S. 10.

64 Zitiert in: Rachel Elin, »HaBaD: The Contemplative Ascent to God«, in: Green (Hg.), *Jewish Spirituality II,* S. 161.

65 Ebenda, S. 196.

66 Zitiert in: Michael J. Buckley, *At the Origins of Modern Atheism* (New Haven, London 1987), S. 225.

67 Denis Diderot, übersetzt von Theodor Lücke, »Brief über die Blinden. Zum Gebrauch für die Sehenden«, in: *Philosophische Schriften* (Frankfurt 1967), S. 81.

68 Paul Heinrich Dietrich Baron von Holbach, übersetzt von Fritz-Georg Voigt, *System der Natur* (Berlin 1960), S. 31.

69 Ebenda, S. 227.

70 Ebenda, S. 174.

71 Ebenda, S. 380.

Kapitel 10   Ist Gott tot?

1 M. H. Abrams, *Natural Supernaturalism. Tradition and Revolution in Romantic Literature* (New York 1971), S. 66.

2 Brief von John Keats vom 22. November 1817, zitiert in: *The Letters of John Keats,* hrsg. von H. E. Rollins, 2 Bde., (Cambridge/Mass. 1958), S. 184f.

3 Brief an George und Thomas Keats vom 21. (27.?) Dezember 1817, ebenda, S. 191.

4 William Wordsworth, »The Prelude« II, 256–264, in: *The Poetical Works of William Wordsworth,* hrsg. von W. Knight (Edinburgh 1882).

5 William Wordsworth, »Zeilen, wenige Meilen von Tintern Abbey geschrieben«, in: *Lyrik der englischen Romantik,* hrsg. von Siegfried Schmitz (München 1967), S. 28.

6 William Wordsworth, »Expostulation and Reply«; »The Tables Turned«, in: *The Poetical Works of William Wordsworth,* a.a.O.

7 William Wordsworth, »Tintern Abbey«, a.a.O.

8 William Wordsworth, »Ode To Duty«; »The Prelude«, XII, 316, in: *The Poetical Works of William Wordsworth,* a.a.O.

9 William Blake, »Eingang« (zu den Liedern der Erfahrung), in: *Lyrik der englischen Romantik,* a.a.O., S. 7.

10 William Blake, *Jerusalem* (London 1951), 33, 1–24.

11 Ebenda, 96, 23–28.

12 F. D. E. Schleiermacher, *Der christliche Glaube* (Gotha 1889), Einleitung 2.

13 Ebenda, Einleitung 9.

14 Albert Ritschl, *Theologie und Metaphysik* (Bonn 1881).

15 F. D. E. Schleiermacher, zitiert in: *Schleiermachers Leben in Briefen* (Berlin 1860), S. 511f.

16 MEGA I/2, S. 171.

17 Friedrich Nietzsche, *Die fröhliche Wissenschaft* (Berlin 1973), S. 158f.

18 Friedrich Nietzsche, *Der Antichrist* (Berlin 1969), S. 251.

19 Sigmund Freud, »Die Zukunft einer Illusion«, in: *Studienausgabe,* Bd. IX (Frankfurt 1974) S. 135–189, Zitat S. 189.

20 Friedrich Nietzsche, *Also sprach Zarathustra* (Berlin 1968), S. 312f.

21 Alfred Lord Tennyson, *In Memoriam* (Oxford 1982), 54, Zeilen 18–20, S. 78f.

22 Fjodor M. Dostojewski, *Briefe,* Bd. 1 (Leipzig 1984), S. 111.

23 Michael Gilsenan, *Recognizing Islam. Religion and Society in the Modern Middle East,* (London, New York 1985), S. 38.

24 Lord Cromer, *Das heutige Ägypten,* Bd. 2 (Berlin 1908), S. 140ff.

25 Roy Mottahedeh, *The Mantle of the Prophet. Religion and Politics in Iran* (London 1985), S. 183f.

26 Risalat al-Tawhid, zitiert in: Majid Fakhry, *A History of Islamic Philosophy* (New York, London 1971), S. 378.

27 Wilfred Cantwell Smith, *Islam in Modern History,* (Princeton, London 1957), S. 95.

28 Ebenda, S. 146.

29 Zitiert in: Eliezer Schweid, *The Land of Israel. National Home or Land of Destiny* (New York 1985), S. 158.

30 Ebenda, S. 143.

31 »Avodah«, 1–8, in: T. Carmi (Hg.), *The Penguin Book of Hebrew Verse* (London 1981), S. 534.

32 »The Service of God«, zitiert in: Ben Zion Bokser (Hg. und Übers.), *The Essential Writings of Abraham Isaac Kook* (Warwick, New York 1988), S. 50.

33 Elie Wiesel, *Die Nacht zu begraben, Elischa* (München, Esslingen a. N. 1961), S. 56.

34 Ebenda, S. 92ff.

Kapitel 11   Hat Gott eine Zukunft?

1 Peter Berger, *A Rumour of Angels* (London 1970), S. 58.

2 A. J. Ayer, *Language, Truth and Logic* (Harmondsworth 1974), S. 152.

3 Wilfred Cantwell Smith, *Belief and History* (Charlottesville 1985), S. 10.

4 Thomas J. J. Altizer, *The Gospel of Christian Atheism* (London 1966), S. 136.

5 Paul van Buren, *Reden von Gott in der Sprache der Welt* (Zürich, Stuttgart 1965), S. 138.

6 Richard L. Rubenstein, *After Auschwitz. Radical Theology and Contemporary Judaism* (Indianapolis 1966), passim.

7 Paul Tillich, *Theology and Culture* (New York, Oxford 1964), S. 129.

8 Alfred North Whitehead, »Suffering and Being«, in: *Adventures of Ideas* (Harmondsworth 1942), S. 191f.

9 Ders., *Process and Reality* (Cambridge 1929), S. 497.

10 Ali Shariati, *Hajj* (Teheran 1988), S. 46.

11 Ebenda, S. 48.

12 Martin Buber, *Gottesfinsternis. Betrachtungen zur Beziehung zwischen Religion und Philosophie*, zitiert in: Hans Küng, *Existiert Gott? Antwort auf die Gottesfrage der Neuzeit* (München 1978), S. 560.

13 Zitiert in: Raphael Mergui, Philippa Simmonot, *Israel's Ayatollahs. Meir Kahane and the Far Right in Israel* (London 1987), S. 43.

14 Persönliche Verantwortung ist im Christentum natürlich auch wichtig, doch wird ihr im Judentum und Islam besondere Bedeutung zugemessen, da Juden und Muslime keine Priester als Vermittler haben. Diese Sicht der Beziehung des Menschen zu Gott wurde von den protestantischen Reformern neu belebt.

15 Zitiert bei Philipp Frank, *Einstein. Sein Leben und seine Zeit* (Braunschweig, Wiesbaden 1979), S. 303f.

Bibliographie

Allgemeines

Baillie, John. *The Sense of the Presence of God.* London 1962.

Berger, Peter. *A Rumour of Angels.* London 1970.

— (Hg.). *The Other Side of God. A Polarity in World Religions.* Garden City/New York 1981. Eine Reihe von erhellenden Aufsätzen über den Konflikt zwischen einem inneren und einem äußeren Gott.

Bowker, John. *The Religious Imagination and the Sense of God.* Oxford 1978.

— *Problems of Suffering in Religions of the World.* Cambridge 1970. Zwei gelehrte, aber sehr lesbar geschriebene Bücher über die Weltreligionen.

Campbell, Joseph. *Der Heros in tausend Gestalten.* Frankfurt/Main 1953.

Campbell, Joseph, Bill Moyers. *Die Kraft der Mythen.* Zürich, München 1989. Der Text einer populären amerikanischen Fernsehserie über die Mythologie in der traditionellen Gesellschaft und in den großen Weltreligionen.

Cupitt, Don. *Taking Leave of God.* London 1980. Ein provozierendes und leidenschaftliches Plädoyer für einen »Christlichen Buddhismus« – für eine Spiritualität ohne einen äußerlichen Gott.

Eliade, Mircea. Die Autorin ist eine Kapazität auf dem Gebiet vergleichender Religionswissenschaften: unerläßliche Lektüre.

— *Kosmos und Geschichte. Der Mythos der ewigen Wiederkehr.* Frankfurt 1984.

— *Das Heilige und das Profane, vom Wesen des Religiösen.* Hamburg 1957.

— *Die Sehnsucht nach dem Ursprung.* Wien 1973.

James, William. *Die religiöse Erfahrung in ihrer Mannigfaltigkeit.* Leipzig 1907. Ein anregendes, klassisches Werk, das nach wie vor Gültigkeit besitzt.

Katz, Steven T. *Mysticism and Religious Traditions*. Oxford 1983. Informative Aufsätze über die Beziehung zwischen Dogma und Mystizismus in den Weltreligionen.

Louth, Andrew. *Discerning the Mystery. An Essay on the Nature of Theology*. Oxford 1983. Äußerst empfehlenswert; ein schmales Buch, das zum Wesentlichen vordringt.

Macquarrie, John. *Thinking about God*. London 1975.

— *In Search of Deity. An Essay in Dialectical Theism*. New York 1985. Zwei ausgezeichnete Bücher über den Gott der Christen sowie über die Bedeutung und die Grenzen des Verstandes bei der Suche nach religiöser Wahrheit.

Otto, Rudolf. *Das Heilige*. Breslau 1917. Ein klassisches und wirklich grundlegendes Werk.

Smart, Ninian. *The Philosophy of Religion*. London 1979. Hilfreiche wissenschaftliche Aufsätze.

— *The Religious Experience of Mankind*. New York/Glasgow 1969/1971. Das Buch vermittelt einen sehr nützlichen Überblick.

Smith, Wilfred Cantwell. Drei brillante und inspirierende Bücher eines hervorragenden kanadischen Autors.

— *Belief and History*. Charlottesville 1977.

— *Faith and Belief*. Princeton 1979.

— *Towards a World Theology*. London 1981.

Ward, Keith. *The Concept of God*. Oxford 1974. Eine brauchbare Zusammenfassung einiger christlicher Vorstellungen des Westens.

Woods, Richard. *Understanding Mysticism*. London 1980.

Zaehner, R. H. *Mystik – religiös und profan*. Stuttgart 1960.

Die Bibel

Albright, W. F. *Yahweh and the Gods of Canaan*. London 1968.

Alter, Robert. *The Literary Guide to the Bible*. London 1987. Enthält äußerst fesselnde Ausführungen bedeutender Theologen über die Heilige Schrift der Juden und der Christen.

Bartlett, John R. *The Bible, Faith and Evidence*. London 1990. Eine ausgezeichnete wissenschaftliche und dennoch gut lesbare Einführung.

Childs, Brerand. *Myth and Reality in the Old Testament*. London 1959.

Driver, G. R. *Canaanite Myths and Legends*. Edinburgh 1956.

Fishbane, Michael. *Text and Texture, Close Readings of Selected Biblical Texts*. New York 1979. Sehr empfehlenswert.

Fohrer, G. *Geschichte der israelitischen Religion.* Berlin 1969.

Fox, Robin Lane. *The Unauthorised Version. Truth and Fiction in the Bible.* London 1991. Wissenschaftlich, aber gleichzeitig sehr unterhaltsam geschrieben; ein Blick auf die Bibel aus der Perspektive eines Historikers.

Frankfort, H. *Frühlicht des Geistes.* Stuttgart 1954.

Gaster, T. H. *Thespis, Ritual, Myth and Drama in the Ancient Near East.* New York 1950.

Heschel, Abraham, J. *The Prophets.* 3 Bde., New York 1962. Ein Klassiker: inspirierende Pflichtlektüre.

Hooke, S. H. *Middle Eastern Mythology. From the Assyrians to the Hebrews.* London 1963. Eine gute Zusammenfassung, die sich großer Beliebtheit erfreut.

Josipovici, Gabriel. *The Book of God. A Response to the Bible.* New Haven, London 1988. Sensible und originelle Sicht der Bibel aus der Perspektive eines Literaturwissenschaftlers.

Kaufmann, Yehezkel. *The Religion of Israel. From its Beginnings to the Babylonian Exile.* London 1961. Eine sehr gut verständliche Ausgabe eines klassischen wissenschaftlichen Werkes.

Nicholson, E. W. *God and His People.* London 1986.

Pederson, J. *Israel: its Life and Culture.* London 1926. Ebenfalls ein sehr gewinnbringendes Buch.

Smith, Mark S. *The Early History of God; Yahweh and the Other Deities in Ancient Israel.* San Francisco 1990. Eine detaillierte wissenschaftliche Studie.

Das Neue Testament

Bornkamm, Günther. Zwei wichtige und einflußreiche Werke:
— *Jesus von Nazareth.* 14. Aufl. Stuttgart 1988.
— Paulus. Hans Freiherr von Campenhausen zum 65. Geburtstag. 6. Aufl. Stuttgart 1987.

Bowker, John. *Jesus and the Pharisees.* Cambridge 1983. Ausgezeichnete, inspirierende Studie.

Bultmann, Rudolf. *Jesus Christus und die Mythologie.* Hamburg 1964.

Davies, W. D. *Paul and Rabbinic Judaism.* London 1948.

Hick, John (Hg.). *Wurde Gott Mensch? Der Mythos vom fleischgewordenen Gott.* Gütersloh 1979. Eine Reihe kontroverser, aber sehr anregender Aufsätze von führenden englischen Autoren.

Kasemann, Ernst. *Perspectives on Paul.* London 1971.

Moule, C. F. D. *The Origin of Christology.* Cambridge 1977.

Sanders, E. P. Zwei wichtige wissenschaftliche Bücher:
— *Paulus und das palästinische Judentum*. Göttingen 1985.
— *Jesus and Judaism*. London 1989.
Theissen, Gerd. *The First Followers of Jesus, A Sociological Analysis of the earliest Christianity*. London 1978.
Vermes, Geza. *Jesus the Jew*. London 1973.
Wilson, R. Mc L. *Gnosis und Neues Testament*. Stuttgart 1971.

Die Rabbis

Abelson, J. *The Immanence of God in Rabbinical Literature*. London 1912. Ein Buch, das den Talmud lebendig werden läßt.
Belkin, Samuel. *In His Image, the Jewish Philosophy of Man as expressed in Rabbinic Tradition*. London 1961. Ein ausgezeichnetes Buch, das die Bedeutung der Rabbis für die heutige Welt aufzeigt.
Finkelstein, L. *Akiba, Scholar, Saint and Martyr*. Cleveland 1962.
Kaddushin, Max. *The Rabbinic Mind*. 2. Aufl. New York 1962.
Marmorstein, A. *The Old Rabbinic Doctrine of God. The Names and Attributes of God*. London 1927.
— *Studies in Jewish Theology*. Oxford 1950.
Montefiore, C. G., Loewe, H. (Hgg.). *A Rabbinic Anthology*. New York 1974.
Moore, George F. *Judaism in the First Centuries of the Christian Era*. Oxford 1927–1930.
Neusner, Jacob. *Life of Yohannan ben Zakkai*. Leiden 1962.
Schechter, Solomon. *Aspects of Rabbinic Theology*. New York 1909.

Frühes Christentum

Chadwick, Henry. *Die Kirche in der antiken Welt. Berlin 1972*.
— *Betrachtungen über das Gewissen in der griechischen, jüdischen und christlichen Tradition*. Opladen 1974.
Geffcken, J. *Der Ausgang des griechisch-römischen Heidentums*. Heidelberg 1920.
Grant, R. M. *Gnosticism and Early Christianity*. Oxford 1959.
Fox, Robin Lane. *Pagans and Christians in the Mediterranean world from the second century AD to the conversion of Constantine*. London 1986.
Frend, W. H. C. *Martyrdom and Persecution in the Early Church, A Study of the Conflict from the Maccabees to Donatus*. Oxford 1965. Eine faszinierende Abhandlung über die Christenverfolgungen.
Kelly, J. N. D. *Altchristliche Glaubensbekenntnisse*. Göttingen 1972.

Liebeschütz, J. H. W. G. *Continuity and Change in Roman Religion.* Oxford 1979. Das wohl beste Buch zu diesem Thema.

Lilla, Salvatore. *Clement of Alexandria: A Study in Christian Platonism and Gnosticism.* Oxford 1971.

Nock, A. D. *Conversion. The Old and the New in Religion from Alexander the Great to Augustine of Hippo.* Oxford 1933. Ein klassisches und äußerst erhellendes Werk.

— *Early Christianity and its Hellenistic Background.* Oxford 1904.

Pagels, Elaine. *Versuchung durch Erkenntnis. Die gnostischen Evangelien.* Frankfurt/Main 1981.

— *Adam, Eva und die Schlange. Die Theologie der Sünde.* Hamburg 1991.

Payne, Robert. *The Holy Fire: the Story of the Fathers of the Eastern Church.* New York 1957.

Die Kirchenväter und die Dreifaltigkeit

Brown, Peter. Gelehrte, brillant geschriebene Bücher von einem der inspirierendsten Autoren unserer Zeit: Pflichtlektüre.

— *Augustine of Hippo: A Biography.* London 1967.

— *Religion and Society in the Age of St Augustine.* Chicago, London 1972.

— *The Making of Late Antiquity.* London 1978.

— *Welten im Aufbruch. Die Zeit der Spätantike.* Bergisch Gladbach 1980.

Chesnut, R. C. *Three Monophysite Christologies.* Oxford 1976. Äußerst empfehlenswert.

Danielou, Jean. *The Origins of Latin Christianity.* Philadelphia 1977.

Gregg, Robert C., Dennis E. Groh. *Early Arianism – A View of Salvation.* London 1981.

Grillmeier, Alois. *Jesus, der Christus im Glauben der Kirche. Von der apostolischen Zeit bis zum Konzil von Chalcedon.* Freiburg 1979.

Lacugna, Catherine Mowry. *God for Us. The Trinity and Christian Life.* Chicago, San Francisco 1973, 1991.

Louth, Andrew. *The Origins of the Christian Mystical Tradition. From Plato to Denys.* Oxford 1983. Eine ausgezeichnete Abhandlung über die Verwurzelung der kirchlichen Lehren in der religiösen Erfahrung.

— *Denys the Areopagite.* London 1989.

McGinn, Bernard, Meyendorff, John (Hgg.). *Christian Spirituality: Origins to the Twelfth Century.* London 1985. Hervorragende Aufsätze führender Autoren; besonders erhellend sind die Beiträge zur Dreieinigkeit.

Meyendorff, John. *Byzantine Theology. Historical Trends and Doctrinal Themes.* New York, London 1975. Eine exzellente allgemeine Darstellung; besonders interessant sind die Ausführungen zu trinitarischen und christologischen Fragen.

Murray, Robert. *Symbols of Church and Kingdom. A Study in Early Syriac Tradition.* Cambridge 1975.

Pannikkar, Raimundo.*The Trinity and the Religious Experience of Man.* Madras 1970. Ein brillantes Buch, das die trinitarische Theologie mit anderen religiösen Traditionen verknüpft.

Pelikan, Jaroslav. *The Christian Tradition. A History of the Development of Doctrine. 5 Bde.* Unverzichtbare Informationsquellen über diese Zeit:
— *The Emergence of the Catholic Tradition (I) (100–600).* Chicago, London 1971.
— *The Spirit of the Eastern Tradition (II) (600–1700).* Chicago, London 1974.
— *The Growth of Medieval Theology (III) (600–1300).* Chicago, London 1978. Zu Anselm von Canterbury und der lateinischen Auffassung von Dreieinigkeit und Christologie.

Prestige, G. L. *God in Patristic Thought.* London 1952. Ganz besonders hilfreich in bezug auf die griechischen Fachbegriffe.

Williams, Rowan. *Arius; Heresy and Tradition.* London 1987.

Der Prophet Mohammed und der Islam

Andrae, Tor. *Die Person Mohammeds in Lehre und Glauben seiner Geschichte.* Stockholm 1918. Das Buch enthält wertvolle Einsichten, auch wenn einige der darin enthaltenen Informationen inzwischen überholt sind.

Armstrong, Karen. *Muhammad, a Western Attempt to Understand Islam.* London 1991.

Gimaret, Daniel. *Les Noms Divins en Islam. Exégèse Lexicographique et Théologique.* Paris 1988.

Hodgson, Marshall G. S. *The Venture of Islam. Conscience and History in a World Civilisation.* 3 Bde., Chicago 1984. Viel mehr als nur eine Geschichte des Islam: Hodgson stellt die Entwicklung dieser religiösen Tradition in einen universellen Kontext. Pflichtlektüre.

Jafri, H. M. *Origins and Early Development of Shia Islam.* London 1981.

Lings, Martin. *Muhammad. His Life Based on the Earliest Sources.* London 1983.

Khan, Muhammad Zafrulla. *Islam. Its Meaning for Modern Man.* London 1962.

Nasr, Seyyed Hossein. Ein höchst inspirierender iranischer Autor. Sehr empfehlenswert.
— (Hg.). *Islamic Spirituality.* 2 Bde., London 1987.
— *Ideals and Realities of Islam.* London 1971.
Rahman, Fazlur. *Islam.* Chicago 1979. Vielleicht die beste einbändige Abhandlung über den Islam.
Rodinson, Maxime. *Mohammed.* Frankfurt 1975. Eine irreligiöse Interpretation aus der Sicht eines Marxisten.
Ruthven, Malise. *Seid Wächter der Erde. Die Gedankenwelt des Islam.* Frankfurt/Main 1987.
Von Grunebaum, G. E. *Classical Islam. A History (600–1258).* London 1970.
Watt, W. Montgomery. Nützliche Bücher von einem überaus produktiven und scharfsichtigen Autor:
— *Muhammad at Mecca.* Oxford 1953.
— *Muhammad at Medina.* Oxford 1956.
— *Islam and the Integration of Society.* London 1961.
— *Muhammad's Mecca: History and the Qur'an.* Edinburgh 1988.
Wensick, A. J. *The Muslim Creed. Its Genesis and Historical Development.* Cambridge 1932. Ein faszinierendes wissenschaftliches Werk.

Falsafa, Kalam und mittelalterliche Theologie

Al-Farabi. *Philosophy of Plato and Aristotle.* Glencoe/Ill. 1962. Eine hervorragende Darstellung der Positionen der Faylasufs.
Corbin, Henri. *Histoire de la philosophie islamique.* Paris 1964.
Fakhry, Majid. *A History of Islamic Philosophy.* London 1970. Das Buch beschreibt nicht nur die philosophischen, sondern auch die theologischen Entwicklungen bis zum heutigen Tage.
Gilson, Etienne. *The Spirit of Medieval Philosophy.* London 1936.
Guttmann, Julius. *Die Philosophie des Judentums.* München 1933. Pflichtlektüre.
Husik, I. *A History of Medieval Jewish Philosophy.* Philadelphia 1940.
Leaman, Oliver. *An Introduction to medieval Islamic philosophy.* Cambridge 1985.
McCarthie, Richard. *The Theology of al-Ashair.* Beirut 1953.
Morewedge, P. (Hg.). *Islamic Philosophical Theology.* New York 1979.
— (Hg.). *Islamic Philosophy and Mysticism.* New York 1981.
— *The Metaphysics of Avicenna.* London 1973.
Meyndorff, John. *Gregory Palamas and Orthodox Spirituality.* New York 1974.

Netton, I. R. *Muslim Neoplatonists. An Introduction to the Thought of the Brethren of Purity.* Edinburgh 1991.

Pegis, Anton C. *At the Origins of the Thomistic Notion of Man.* New York 1963. Eine brillante Beschreibung der augustinischen Wurzeln der westlichen Scholastik

Pelikan, Jaroslav. *The Christian Tradition. A History of the Development of Doctrine.* 5 Bde., London 1974–1978.

Rosenthal, F. *Knowledge Triumphant. The Concept of Knowledge in Medieval Islam.* Leiden 1970.

Sharif, M. M. *A History of Muslim Philosophy.* Wiesbaden 1963. Das Buch enthält trotz gewisser Schwächen sehr gute Ausführungen zu Ar-Razi und Al-Farabi.

Von Grunebaum, G. E. *Medieval Islam.* Chicago 1946.

Watt, W. Montgomery. *The Formative Period of Islamic Thought.* Edinburgh 1973.

— *Free Will and Predestination in Early Islam.* London 1948.

— *Muslim Intellectual: The Struggle and Achievement of Al-Ghazzali.* Edinburgh 1963.

Mystik

Affifi, A. E. *The Mystical Philosophy of Ibn al-Arabi.* Cambridge 1938.

Arberry, A. J. *Sufism. An Account of the Mystics of Islam.* London 1950.

Bakhtiar, L. *Sufi Expression of the Mystic Quest.* London 1979.

Bension, Ariel. *The Zohar in Muslim and Christian Spain.* London 1932.

Blumenthal, David. *Understanding Jewish Mysticism.* New York 1978.

Butler, Dom Cuthbert. *Western Mysticism. The Teaching of Saints Augustine, Gregory and Bernard on Contemplation and the Contemplative Life. Neglected Chapters in the History of Religion.* 2. Aufl. London 1927.

Chittick, William C. *The Sufi Path of Love: The Spiritual Teachings of Rumi.* Albany 1983.

Corbin, Henri. Drei äußerst empfehlenswerte Bücher:

— *Avicenna and the Visionary Recital.* Princeton 1960.

— *Creative Imagination in the Sufism of Ibn Arabi.* London 1970.

— *Spiritual Body and Celestial Earth. From Mazdean Iran to Shiite Iran.* London 1990. Ausgezeichnet sind die Informationen und die Gedanken zum Thema *Alam Al-Mithall.*

Green, Arthur. *Jewish Spirituality.* London 1986.

Gruenwold, Ithamar. *Apocalyptic and Merkavah Mysticism.* Leiden 1980.

Jacobs, Louis (Hg.). *The Jewish Mystics.* London 1990.

Leclercq, J. *Spirituality of the Middle Ages.* London 1968.

Lossky, Vladimir. *Die mystische Theologie der morgenländischen Kirche.* Graz 1961. Pflichtlektüre.

Marcus, Ivan G. *Piety and Society: the Jewish Pietists of Medieval Germany.* Leiden 1981.

Massignon, Louis. *The Passion of al-Hallaj.* 4 Bde., Princeton 1982. Ein klassisches Werk.

Nasr, Seyyed Hossein (Hg.). *Islamic Spirituality. I: Foundations.* London 1987. *II: Manifestations.* London 1991.

Nicholson, Reynold A. *The Mystics of Islam.* London 1914. Eine sehr nützliche Einführung.

Schaya, Leo. *The Universal Meaning of the Kabbalah.* London 1971.

Schimmel, Annemarie M. *Mystische Dimensionen des Islam.* Aalen 1979.

— *Rumi. Ich bin der Wind, und du bist das Feuer. Leben und Werk des großen Mystikers.* Düsseldorf, Köln 1978.

Scholem, Gershom G. Der Autor ist die führende Kapazität auf diesem Gebiet: Pflichtlektüre!

— *Die jüdische Mystik in ihren Hauptströmungen.* Frankfurt/Main 1957.

— *Die Geheimnisse der Schöpfung. Ein Kapitel aus dem kabbalistischen Buche Solar.* Frankfurt/Main 1992.

— *Zur Kabbala und ihrer Symbolik.* Zürich 1960.

— *Jewish Gnosticism, Merkabah Mysticism and Talmudic Tradition.* New York 1960.

Smith, Margaret. *Rabia the Mystic and her Fellow Saints in Islam.* London 1928.

Temple, Richard. *Icons and the Mystical Origins of Christianity.* Shaftesbury 1990.

Valiuddin, Mir. *Contemplative Disciplines in Sufism.* London 1980.

Reformationszeit

Bossy, John. *Christianity in the West, 1400–1700.* Oxford, New York 1985. Eine exzellente kurze Studie

Collinson, P. *The Religion of Protestants.* London 1982.

Crew, P. Mack. *Calvinist Preaching and Iconoclasm in the Netherlands.* Cambridge 1978. Gute Ausführungen zum Bildersturm.

Delumeau, Jean. *Catholicism between Luther and Voltaire: a new view of the Counter-Reformation.* London, Philadelphia 1977. Trotz mancher Schwächen enthält das Buch einige sehr nützliche Informationen.

Evennett, H. O. *The Spirit of the Counter-Reformation.* Cambridge 1968.

Febvre, Lucien. *The Problem of Unbelief in the Sixteenth Century.* Cambridge/Mass. 1982.

Green, Arthur (Hg.). *Jewish Spirituality. Bd. I.* London 1988. Einige ausgezeichnete Artikel über die lurianische Kabbala.

McGrath, Alister E. *The Intellectual Origins of the European Reformation.* New York 1987.

— *Reformation Thought. An Introduction.* New York 1988.

— *Johann Calvin. Eine Biographie.* Zürich 1991.

Nuttall, G. F. *The Holy Spirit in Puritan Faith and Experience.* Oxford 1946.

Pelikan, Jaroslav. *The Christian Tradition, A History of the Development of Doctrine. 5 Bde., IV: Reformation of Church and Dogma.* London 1984.

Potter, G. *Zwingli.* Cambridge 1976.

Raitt, Jill (Hg.). *Christian Spirituality: High Middle Ages and Reformation.* New York 1988; London 1989.

Trinkaus, Charles. *In Our Image and Likeness: Humanity and Divinity in Italian and Humanist Thought.* 2 Bde., London 1970.

— (Hg.). *The Pursuit of Holiness in Late Medieval and Renaissance Religion.* Leiden 1974.

Williams, G. H. *The Radical Reformation.* Philadelphia 1962.

Wright, A. D. *The Counter-Reformation. Catholic Europe and the Non-Christian World.* London 1982.

Aufklärung

Altmann, Alexander. *Essays in Jewish Intellectual History.* Hanover/NY 1981.

— *Moses Mendelssohn: A Biographical Study.* Alabama 1973.

Buber, Martin. *Die chassidische Botschaft.* Heidelberg 1952.

— *Die Legende des Baalschem.* Frankfurt/Main 1922.

Buckley, Michael J. *At the Origins of Modern Atheism.* New Haven, London 1987. Eine gründliche und scharfsichtige Analyse von Atheismus und Orthodoxie im christlichen Westen des achtzehnten Jahrhunderts.

Cassirer, Ernst. *Die Philosophie der Aufklärung.* Tübingen 1973.

Cohn, Norman. *Das Ringen um das tausendjährige Reich.* Bern 1961. Enthält einen informativen Abschnitt über die Antinomisten im puritanischen England.

Cragg, Gerald R. *The Church in the Age of Reason 1648–1789.* New York 1960.

— *Reason and Authority in the Eighteenth Century* Cambridge 1964.

Dupré, Louis, Saliers, Don (Hgg.). *Christian Spirituality: Post Reformation and Modern.* New York, London 1989.

Gay, Peter. *The Enlightenment. An Interpretation.* 2 Bde., New York 1960.

Guardini, Romano. *Christliches Bewußtsein. Versuche über Pascal.* 4. Aufl. Mainz 1991.

Haller, William. *The Rise of Puritanism.* New York 1938.

Heimert, Alan. *Religion and the American Mind: From the Great Awakening to the Revolution.* Cambridge/Mass. 1968.

Lindberg, David C., Ronald L. Numbers (Hgg.). *God and Nature. Historical Essays on the Encounter between Christianity and Science.* Berkeley, Los Angeles, London 1986.

Outler, Albert C. *John Wesley. Writings.* 2 Bde., Oxford, New York 1964.

Ozment, S. E. *Mysticism and Dissent.* London 1973.

Pelikan, Jaroslav. *The Christian Tradition, A History of the Development of Doctrine.* 5 Bde., V: *Christian Doctrine and Modern Culture (Since 1700).* London 1989.

Scholem, Gershom G. *The Messianic Idea in Judaism and Other Essays on Jewish Spirituality.* New York 1971. Aufsätze über des Sabbatianismus und den Chassidismus.

— *Sabbati Zwi: Der mystische Messias.* Frankfurt/Main 1992.

Gott in unserer Zeit

Ahmed, Akbar S. *Postmodernism and Islam. Predicament and Promise.* London, New York 1992.

Altizer, Thomas J. J., Hamilton, William. *Radical Theology and the Death of God.* New York, London 1966.

Baeck, Leo. *Das Wesen des Judentums.* Köln 1960.

Barth, Karl. *The Knowledge of God and the Service of God.* London 1938.

Balthasar, Hans Urs von. *Herrlichkeit. Eine theologische Ästhetik.* 3 Bde., Einsiedeln 1961, 1962, 1965.

— *Love Alone: The Way of Revelation.* London 1968.

Chadwick, Owen. *The Secularization of the European Mind in the 19th Century.* Cambridge 1975.

Cone, James. *Schwarze Theologie. Eine christliche Interpretation der Black-Power Bewegung.* München 1971.

D'Antonio, Michael. *Fall from Grace. The Failed Crusade of the Christian Right.* London 1990.

De Chardin, Pierre Teilhard. *Der göttliche Bereich. Ein Entwurf des Inneren.* Freiburg 1963.

— *Das Auftreten des Menschen.* Freiburg 1964.

Heschel, Abraham J. *Die ungesicherte Freiheit. Essays zur menschlichen Existenz.* Neunkirchen 1985.

— *Gott sucht den Menschen.* Neunkirchen 1980.

Hussain, Asaf. *Islamic Iran. Revolution and Counter-Revolution.* London 1985.

Iqbal, Mohammed. *Six Lectures on the Reconstruction of Religious Thought in Islam.* Lahore 1930.

Keddie, Nicki R. (Hg.). *Religion and Politics in Iran. Shi'ism from Quietism to Revolution.* New Haven, London 1983.

Küng, Hans. *Existiert Gott? Antwort auf die Gottesfrage der Neuzeit.* München 1978.

Malik, Hafeez. *Iqbal. Poet-Philosopher of Pakistan.* New York 1971.

Masterson, Patrick. *Atheism and Alienation. A Study of the Philosophic Sources of Contemporary Atheism.* Dublin 1971.

Mergui, Raphael, Simonnot Philippe. *Israel's Ayatollahs. Meir Kahane and the Far Right in Israel.* London 1987.

Mottahedeh, Roy. *Der Mantel des Propheten oder Das Leben eines persischen Mullah zwischen Religion und Politik.* München 1987. Äußerst empfehlenswert.

O'Donovan, Leo (Hg.). *A World of Grace. An Introduction to the Themes and Foundations of Karl Rahner's Theology.* New York 1978.

Riches, John (Hg.). *The Analogy of Beauty: the Theology of Hans Urs von Balthasar.* Edinburgh 1986.

Robinson, J. A. T. *Honest to God.* London 1963.

— *Exploration into God.* London 1967.

Rosenzweig, Franz. *Der Stern der Erlösung.* Heidelberg 1954.

Rubenstein, Richard L. *After Auschwitz. Radical Theology and Contemporary Judaism.* Indianapolis 1966.

Schleiermacher, Friedrich Daniel Ernst. *Über die Religion. Reden an die Gebildeten unter ihren Verächtern.* Stuttgart 1969 (anonym ersch. 1799).

— *Der Christliche Glaube.* Gotha 1889.

Schweid, Eliezer. *The Land of Israel: National Home or Land of Destiny.* New York 1985.

Smith, Wilfred Cantwell. *Islam in Modern History.* Princeton, London 1957. Eine brillante und hellsichtige Studie.

Steiner, George. *Von realer Gegenwart. Hat unser Sprechen Inhalt?* München 1990.

Tillich, Paul. *Der Mut zum Sein.* Würzburg 1953.

Tracy, David. *The Achievement of Bernard Lonergan.* New York 1971.

Whitehead, A. N. *Process and Reality.* Cambridge 1929.

— *Religion in the Making.* Cambridge 1926.

Personenregister

Abaelardus, Petrus 288, 290
Abduh, Muhammad 500–501
Abraham 28, 31–33, 105, 220
Abulafia 349–351
Adler, Alfred 491
Akiba 110, 116, 300–302, 304
al-Afghani, Jamal ad-Din 499–500
al-Arabi, Muid ad-Din Ibn 323, 329, 331, 333–335, 337, 346, 477
al-Aschari, Abu Al-Hasan Ibn Ismail 237
al-Baqillani 239
al-Farabi, Abu Nasr 250–251, 254, 323
al-Ghazzali, Abu Hamid 267, 271, 322–323
al-Halladsch 321–322, 355
al-Jawziyah, Ibn Al-Qayin 361
al-Junaid 319–322
al-Kindi, Yaqub Ibn Ishaq 247
al-Wahhab, Muhammad Ibn 469
Alacoque, Marguerite-Marie 437
Alexander (Bischof) 101, 155, 157
Allah 194–195, 202, 204–205, 210, 213–216, 239, 242
Ambrosius 172, 177
Amos 74, 76–77
Anselm von Canterbury 187, 286–287

Aristoteles 62–64, 77, 104–105, 143, 164, 243, 275, 291, 293, 331
Arius 155, 157–158, 161, 170, 188
Arnold, Gottfried 423
Atatürk (= Mustafa Kemal) 459, 497
Athanasius 155, 157, 161–163, 176, 180, 189, 213
Augustinus 171–179, 257, 290, 307–309, 312, 392, 487
Azad, Abu al-Kalam 531

Baer, Dov 464
Balthasar, Hans Urs von 530
Barth, Karl 526
Basilides 139
Basilius 164, 166, 170, 181, 311
Bauthumely, Jacob 442
Bellarmine, Robert 403
Berger, Peter 519
Bernhard von Clairvaux 288, 290
Besht 461–463
Beza, Theodor 393
Bistami, Abu Yazid 319, 321
Blake, William 479–481, 485
Bloch, Ernst 535
Bonaventura 293–294
Bowker, John 268

Sachregister